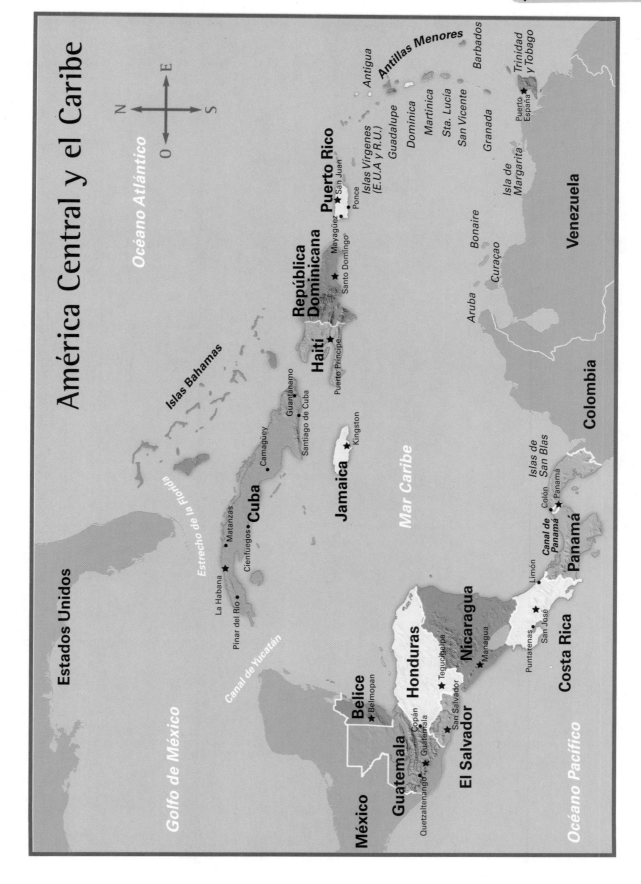

América Central y el Caribe

Instructor's Annotated Edition

AVENTURAS

Primer curso de lengua española

Philip Redwine Donley
Austin Community College

José Luis Benavides
California State University, Northridge

Solivia Márquez
Boston University

VISTA
HIGHER LEARNING

Boston, Massachusetts

Publisher: José A. Blanco

Editorial Director: Denise St. Jean

Director of Operations: Stephen Pekich

Art Director: Linda Jurras

Staff Editors: Sabrina Celli, Gustavo Cinci, Deborah Coffey, Francisco de la Rosa, Sarah Kenney, Kristen Odlum, Paola Ríos Schaff

Contributing Writers and Editors: Sharon Alexander, Janet Welsh Crossley, Kristen Gagne, Jane Johnson, Mary F. Lado, Lynne R. Lemley, Cherie Mitschke, Lourdes Murray, Nicolás Naranjo, Marcia Tugendhat

Senior Designer: Polo Barrera

Design Team: Anne Alvarez, Linde Gee

Photographer: Martin Bernetti

Production Team: : Holly Kersey, Oscar Díez, María Eugenia Castaño, Mauricio Henao

Printed in the United States of America.

Student Text ISBN 1-932000-45-3
Instructor's Annotated Edition ISBN 1-932000-54-2

Library of Congress Card Number: 2002096483

1 2 3 4 5 6 7 8 9 VH 06 05 04 03 02

Instructor's Annotated Edition

Table of Contents

The **AVENTURAS** Story

Vista Higher Learning, the publisher of **AVENTURAS**, was founded with one mission: to raise the teaching of Spanish to a higher level. Years of experience working with textbook publishers convinced us that more could be done to offer you superior tools and to give your students a more profound learning experience. Along the way, we questioned everything about the way textbooks support the teaching of introductory college Spanish.

In fall 2000, the result was **VISTAS: Introducción a la lengua española,** a textbook and coordinated package of ancillaries that looked different and were different. **PANORAMA**, a briefer text based on **VISTAS**, followed in fall 2001. We took a fresh look at introductory college Spanish and found that hundreds of Spanish instructors nationwide liked what they saw. In just two years, **VISTAS** and **PANORAMA** became the most widely adopted new introductory college Spanish programs in more than a decade.

Now Vista Higher Learning, our authors, and our editors welcome you to **AVENTURAS**, our new introductory college Spanish program that shares the hallmark user-friendly and video-integrated approach of **VISTAS** and **PANORAMA**, yet offers its own distinctive content, design, and full complement of coordinated print and technology components.

We hope that you and your students enjoy using **AVENTURAS**. Please contact us with your questions, comments, and reactions.

Vista Higher Learning
31 St. James Avenue
Boston, MA 02116-4104
TEL: 800-618-7375
FAX: 617-426-5215
www.vistahigherlearning.com

Getting to Know AVENTURAS

Dynamic and new, **AVENTURAS** offers a student-friendly approach to introductory Spanish. One of its main goals is to make learning Spanish easier, more rewarding, and active so that students will be successful language learners. To meet this goal, **AVENTURAS** emphasizes an interactive, communicative approach. It develops students' speaking, listening, reading, and writing skills so that they are capable of expressing their own ideas with confidence when they need to communicate in real-life situations. It presents practical, high-frequency vocabulary, and it focuses on grammar as a tool for communication rather than a set of abstract rules to be memorized. **AVENTURAS** also stresses cultural knowledge because it is an integral part of language learning and successful communication. It introduces students to the everyday lives of Spanish speakers, as well as the different countries and regions of the Spanish-speaking world.

Here are just a few key features that make **AVENTURAS** stand out:

- **AVENTURAS** integrates video with the student textbook closely and distinctively in a four-page **Aventuras** section found toward the beginning of each text lesson, and in each lesson's **Gramática** section, where captioned photos taken from the video illustrate the use of the structures studied.

- **AVENTURAS** integrates grammar and practice activities in a more cohesive way, to facilitate and support learning. It provides students with immediate access to information essential for communication by having the grammar explanations and corresponding activities appear on one self-contained spread of two facing pages.

- **AVENTURAS** has a carefully crafted, innovative graphic design and organization. Page layout, color-coded sections, and other graphic elements enhance students' learning and make navigation easy. Photos, drawings, realia, charts, graphs, and diagrams both support pedagogical purposes and heighten interest.

- **AVENTURAS** incorporates communicative practice in every section of every lesson, plus includes a three-part practice sequence for grammar points that moves from form-focused **¡Manos a la obra!** exercises, to directed, yet meaningful **Práctica** exercises, to open-ended, interactive **Conversación** activities.

To get the most out of pages IAE-6 – IAE-16 in your Instructor's Annotated Edition, you should familiarize yourself with the front matter to the **AVENTURAS** Student Text, especially Introduction (p. iii), **AVENTURAS**-at-a-Glance (pages xii-xxv), Video Program (pages xxvi-xxvii), and Ancillaries (pages xxviii-xxix).

Getting to Know Your Instructor's Annotated Edition

The Instructor's Annotated Edition (IAE) of **AVENTURAS** contains a wealth of teaching resources. Answers to all exercises with discrete answers have been overprinted on the student-text pages for your convenience. In addition, marginal annotations were created to complement and support varied teaching styles, to extend the rich contents of the student text, and to save you time in class preparation and course management. The annotations are suggestions; they are not meant to be prescriptive or limiting. Here are the principle types of annotations you will find in the **AVENTURAS** IAE:

- **Preview** Questions on the lesson opener photo for use in jumpstarting the lesson
- **Instructional Resources** A correlation to all student and instructor supplements available to reinforce each lesson section or subsection. The following abbreviations appear in the listings:

WB	Workbook
LM	Lab Manual
VM	Video Manual
IRM	Instructor's Resource Manual
OT	Overhead Transparencies
VCD-ROM	Video CD-ROM
ICD-ROM	Interactive CD-ROM

- **Suggestion** Ideas or techniques for presenting individual instructional elements and relevant cultural information
- **Expansion** Ideas and activities for expanding, varying, and reinforcing individual instructional elements
- **Variación léxica** Alternate words and expressions used in the Spanish-speaking world or extra information related to specific vocabulary items
- **Teaching Option** Supplemental activities, including games, that practice the language of the lesson section
- **Script** Printed transcripts of the audio recordings on the Textbook CDs for the **A escuchar** exercises in the **Preparación** section and the **Escuchar** activity in the **Ampliación** section
- **Video Synopsis** Summaries in the **Aventuras** section that recap the video episode
- **Evaluation** Suggested rubrics for the **Escribir** activity in the **Ampliación** section
- **National Standards' Icons** Special icons linking the sections or subsections to specific Standards

Please check our WWW site www.vistahigherlearning.com periodically for program updates and additional teaching support.

AVENTURAS and the *Standards for Foreign Language Learning*

Since 1982, when the *ACTFL Proficiency Guidelines* were first published, that seminal document and its subsequent revisions have influenced the teaching of modern languages in the United States. **AVENTURAS** was written with the concerns and philosophy of the *ACTFL Proficiency Guidelines* in mind. It emphasizes an interactive, proficiency-oriented approach to the teaching of language and culture.

AVENTURAS' pedagogy was also informed from its inception by the *Standards for Foreign Language Learning in the 21st Century.* First published under the auspices of the National Standards in Foreign Language Education project, the Standards are organized into five goal areas, often called the Five Cs: Communication, Cultures, Connections, Comparisons, and Communities.

Since **AVENTURAS** takes a communicative approach to the teaching and learning of Spanish, the Communications goal is an integral part of the student text. For example, the basic structure of the **Gramática** section with explanations and activities presented on the same page supports and facilitates communication by providing students with immediate access to information essential to using Spanish in the on-page activities. In addition, diverse formats (interviews, role-plays, surveys, task-based, and so forth) in **A conversar** in **Preparación**, **Conversación** in **Gramática**, and **Conversar** in **Ampliación** engage students in communicative exchanges. **A escuchar** in **Preparación**, and **Escuchar** in **Ampliación** develop students listening and interpreting skills. Furthermore, **Un paso más** in **Ampliación** guides students in presenting information, concepts, and ideas to their classmates on a variety of topics and in varied ways.

The Cultures goal is most evident in the **Exploración, Español en vivo**, and **Aventuras en los países hispanos** sections, but **AVENTURAS** also weaves culture into virtually every page, exposing students to the multiple facets of practices, products, and perspectives of the Spanish-speaking world. With respect to the Connections goal, students can connect with other disciplines such as geography, history, and fine arts in the **Aventuras en los países hispanos** sections. They can also acquire information and recognize distinctive cultural viewpoints in the non-literary and literary texts of the **Lectura** sections. The **Pronunciación** and **Gramática** sections, with their clear explanations, reflect the Comparisons goal. Students can work toward the Connections and Communities goals when they do the **En Internet** activities, as well as the activities on the **AVENTURAS** Web Site. In addition, special Standards' icons appear on the pages of your IAE to call out sections that have a particularly strong relationship with the Standards. You will find many more connections to the Standards as you work with the student textbook and its ancillaries.

General Teaching Considerations

Orienting Students to the Student Textbook

Since the interior and graphic design of **AVENTURAS** was created to support and facilitate students' language learning experience, you may want to spend some time orienting students to the textbook on the first day of class. Have students flip through **Lección 1**, pointing out the major sections. Explain that all lessons are organized in the same manner and that, because of this, they will always know "where they are" in the textbook. Emphasize that sections are self-contained, occupying either a full page or a spread of two facing pages, which eliminates the need to flip back and forth to do activities or to reference grammar explanations. Call students' attention to the use of color to highlight important information in charts, diagrams, word lists, exercise **modelos**, and activity titles. Also point out how the major sections of each lesson are color-coded for easy navigation: red for **Preparación**, blue for **Aventuras**, green for **Gramática**, orange for **Lectura**, and gold for **Vocabulario**. Then have students turn to the **Aventuras en los países hispanos** section that follows **Lección 2**. Explain that these sections cover different countries or regions of the Spanish-speaking world and that they appear every two lessons.

Flexible Lesson Organization

To meet the needs of diverse teaching styles, institutions and instructional objectives, the lesson organization of **AVENTURAS** is flexible. For example, you can begin with the lesson opening page and progress sequentially through the lesson. If you do not want to devote class time to teaching grammar, you can assign the **Gramática** explanations for outside study, freeing up class time for other purposes like developing speaking skills; building listening, reading, or writing skills; learning more about the Spanish-speaking world; or working with the video program. Or you might have students do the **A escuchar** in **Preparación**, **Escuchar** in **Ampliación**, and the **Pronunciación** sections in the language lab or at home. You might even prefer to skip some sections entirely or use them only periodically, depending on students' interests and time constraints. If you plan on using the **AVENTURAS** Testing Program, however, be aware that the tests and exams contain sections based on language presented in **Preparación**, **Gramática**, and the **Expresiones útiles** of **Aventuras**.

Identifying Active Vocabulary

All words and expressions appearing with the illustrations and in the thematic lists in the **Preparación** section are considered active vocabulary. Also, the words and expressions in the **Expresiones útiles** boxes in the **Aventuras** section, as well as words in charts, word lists and sample sentences in the **Gramática** section are also part of the active vocabulary load. At the end of each lesson, the **Vocabulario** section provides a convenient one-page summary of the items students should know and that may appear on tests and exams.

To increase students' lexicon, the Instructor's Resource Manual includes a supplemental vocabulary list for each lesson that may be distributed to the class. Also, where appropriate, the Instructor's Annotated Edition provides marginal annotations with information on lexical variations in Spanish. In both cases, these words and expressions are optional and not tested.

Creating and Using a Picture File

Many language instructors find picture files useful for extending and/or varying practice of vocabulary groups or grammatical points. One of the easiest ways to assemble a picture file is to get into the habit of looking for dramatic photographs or drawings as you flip through magazines. Another way is to ask students to bring in illustrations that appeal to them and that they would like to talk about. These materials can be mounted on posterboard, laminated, and filed in a box. The pictures can be arranged in various ways—by theme (for example, the family, clothing, or pastimes), by grammatical topic (preterite vs. imperfect, descriptive adjectives, or the present subjunctive), or by textbook lesson.

General Suggestions for Using *Preparación*

Lesson Vocabulary

- Introduce the new vocabulary using one of the full-color overhead transparencies.

- Introduce the new vocabulary by providing comprehensible input on your own in the form of a description or narration or through the use of tapes, videos, or readings.

- Introduce the new vocabulary using Total Physical Response (TPR).

- Ask questions based on the new vocabulary and photos or illustrations.

A escuchar

- If class time is limited, assign the **A escuchar** activities as homework, although it is advisable to do this section in class for the first few lessons, so students develop good listening habits.

- In the first few lessons, tell students that they should listen for general meaning and not worry about understanding every word they hear.

- Before playing the recording, read the direction line to the class to set the scene and have students read through the exercise as a pre-listening activity.

- If the recorded passage is long, allow students to take notes.

- If students have difficulty completing the listening activity in the textbook, play the recording for them again.

A practicar

- The **A practicar** exercises can be done orally as class, pair, or group activities. They may also be assigned as written homework.

- See the instructor annotations for individual activities in your IAE.

A conversar

- Have students form pairs or groups quickly, or assign students to pairs and groups.

- Allow sufficient time for pairs or groups to do the **A conversar** activities (between five and fifteen minutes depending on the activity), but do not give them too much time or they may lapse into English and socialize. Always give students a time limit for an activity before they begin.

- Insist on the use of Spanish only during these activities. Encourage students to use language creatively.

- Monitor students to make sure they are on task. Note common errors to be worked on for general improvement.

- Remind students to jot down information during the interview and survey activities.

Pronunciación

- Explain how the sounds are pronounced.

- Have students find examples of the sounds in the lesson vocabulary, if they exist.

- Model pronunciation of example words followed by choral repetition.

- Remind students that the **Pronunciación** section is recorded on the Textbook CDs and the Lab CDs so that they can practice the sounds on their own.

General Suggestions for Using *Aventuras*

Fotonovela and *Expresiones útiles*

- To introduce the **Fotonovela**, have students predict what will happen based on the video stills.

- To introduce the **Fotonovela**, have students brainstorm a list of things that might happen based on the title of a specific scenario, for example, shopping or checking into a hotel.

- Have students read the first half of **Fotonovela** and predict what will happen in the second half.

- See ideas under **General Suggestions for Using the AVENTURAS Video**, page IAE-13.

- Where appropriate, explain which phrases in the **Expresiones útiles** are more or less formal, emphatic, or polite.

- Have students identify situations in which they would use certain phrases in the **Expresiones útiles.**

¿Qué piensas?

- The **¿Qué piensas?** activities can be done orally as class, pair, or group activities. Some may be assigned as written homework if they do not involve pair or group work.

- See the instructor annotations for individual activities in your IAE.

Exploración

- Relate **Exploración** to the lesson theme.

- Use the photos as a basis for cross-cultural comparisons. Have students describe what they see in each photo, and then explain how things are similar or different in their culture. In the early lessons, this discussion should be conducted in English since students lack the necessary linguistic ability in Spanish.

- Use **Exploración** as a reading comprehension exercise. Have students read the material in class, then ask them content questions or give them true/false statements.

- Use **Exploración** as a pronunciation exercise by having different students read the captions aloud in class.

- If time permits, show a video or slides related to the topic.

- Have students research additional information about the topic in the library or on the Internet.

General Suggestions for Using *Gramática*

Grammar Explanations

- Try to keep grammar explanations to a minimum, about three to five minutes for each point. Grammar explanations can be assigned as homework so that class time can be devoted to the **Práctica** and **Conversación** activities.

- Have students locate examples of the grammar points in the **Aventuras** section.

- See the Instructor's Resource Manual for specific ideas or techniques for presenting individual grammar points in each lesson.

¡Manos a la obra!, *Práctica*, and *Conversación*

- The **¡Manos a la obra!** and **Práctica** exercises can be done orally with the whole class or in pairs or small groups. They may also be assigned as written homework.

- For general suggestions about the **Conversación** activities, see **A conversar**, page IAE-10.

- See the instructor annotations for individual activities in the Instructor's Resource Manual.

Español en vivo

- If class time is limited, assign this section as written homework.

- See the instructor annotations for individual activities in the Instructor's Resource Manual.

General Suggestions for Using *Ampliación*

Escuchar

- Briefly discuss the listening tip in each **Escuchar** activity with students. Point out how these strategies will help them develop their listening skills.

- For further suggestions on the **Escuchar** activity, see **A escuchar**, page IAE-9.

Conversar

- For suggestions, see **A conversar**, page IAE-10.

Escribir

- These activities can be assigned as written homework or they may be done in class as pair or group writing activities.

- Briefly discuss the writing tip in each **Escribir** activity with students. Point out how these strategies will help them develop their writing skills in Spanish.

- In the first lesson, explain the four steps in the writing process (**Organízalo, Escríbelo, Corrígelo,** and **Compártelo**) and their purpose. Tell students on what basis you will grade their work.

- Encourage students to be creative in their writing, but remind them to keep their writing simple and to use vocabulary and structures they know.

General Suggestions for Using *Lectura*

- Briefly discuss the **Antes de leer** with students. Point out that these reading strategies will develop their reading skills. Discourage students from translating the readings into English or relying on a dictionary.

- Use the photos and other visuals as a basis for cross-cultural comparisons. Have students describe what they see and then explain how things are similar or different in their culture. In the early lessons, this discussion should be conducted in English, since students lack the necessary linguistic ability in Spanish.

- If the **Lectura** is used as an in-class reading comprehension exercise, students can complete the **¿Comprendiste?** and **¿Preguntas?** activities orally as a class, in pairs, or in groups of three.

General Suggestions for Using *Aventuras en los países hispanos*

- This section can be used as an in-class or outside-of-class assignment. It may also be presented at any time you see fit; you do not have to wait until the end of the lesson it follows.

- Have students look at the map or project an overhead transparency with the map. Ask them to read aloud the names of the cities and geographical features, or ask questions about the locations of certain cities and geographical features.

- For additional suggestions, see **Exploración**, page IAE-11.

General Suggestions for Using the AVENTURAS Video

The **Aventuras** section in Lessons 1-15 of the student text and the **AVENTURAS** video were created as interlocking pieces. All photos in the **Aventuras** section are actual video stills from the corresponding video module. The printed conversations are shortened versions of the video module. Both the **Aventuras** conversations and their expanded video versions represent comprehensible input at the discourse level; they were purposely written to use language from the corresponding lesson's **Preparación** and **Gramática** sections. Thus, as of **Lección 2**, they recycle known language, preview grammar points students will study later in the lesson, and, in keeping with the concept of "i + 1," contain a small amount of unknown language.

Since the **Aventuras** section in the text and the **AVENTURAS** video are so closely connected, you may use them in different ways. For instance, you can use the **Aventuras** section as an advance organizer, presenting it before showing the video module. You can also show the video module first and follow up with the **Aventuras** section in the text, or you can show the video module at the end of the lesson as a culminating activity. You can even use the **Aventuras** text section as a stand-alone, video-independent section.

Depending on your teaching preferences and campus facilities, you might decide to show the video modules in class or to assign them for viewing outside the classroom. You could begin by showing the first one or two modules in class to familiarize the students with the characters, story line, style, "flashbacks," and **Resumen** sections. After that, you could work in class only with the **Aventuras** section and have students view the remaining video modules outside of class. No matter which approach you choose, students have ample materials to support viewing the video independently and processing it in a meaningful way. For each video module, there are **¿Qué piensas?** activities in the **Aventuras** section of the corresponding textbook lesson and additional activities in the Video Manual.

You might also want to use the **AVENTURAS** video in class when working with the **Gramática** sections. You could play the sections of the dramatic episode that correspond to the video stills in the grammar explanations or show parts of the episode and ask students to identify certain grammar points.

You could also focus on the video's **Resumen** sections. In these, one of the main video characters recaps the episode by reminiscing about its key points. These reminiscences, which emphasize the lesson's active vocabulary and grammatical points, take the form of footage pulled out of the dramatic episode and repeated in black and white images. The main character who "hosts" each **Resumen** begins and ends the section with a few lines that do not appear in the live segment. These sentences provide a new, often humorous setting for the host character's reminiscences, as well as opportunities for students to process language they have been studying within the context of the video storyline.

In class, you could play the parts of the **Resumen** section that exemplify individual grammar points as you progress through each **Gramática** section. You could also wait until you complete all of the **Gramática** sections and review them by showing the corresponding **Resumen** section in its entirety.

Course Planning

The **AVENTURAS** program was developed keeping in mind the need for flexibility and manageability in a wide variety of academic situations. The following sample course plans illustrate how **AVENTURAS** can be used in courses on a semester or quarter system, and in courses that complete the book in two, three, or four semesters. You should, of course, feel free to organize your courses in the way that best suits your students' needs and your instructional goals.

Two-Semester System

The following chart shows how the **AVENTURAS** program can be completed in a two-semester course. The division of material allows the present indicative tense, the present progressive tense, and the preterite to be presented in the first semester; the second semester covers the imperfect, the subjunctive, the present and past perfect tenses, the future, and the conditional.

Semester 1	Semester 2
Lecciones 1–8	Lecciones 9–16

Three-Semester Course or Quarter System

This chart presents one way to configure **AVENTURAS** for a three-semester course or for the quarter system. This arrangement allots only five lessons to the second and third semesters, which gives students more time to absorb and practice new verb tenses.

Semester 1	Semester 2	Semester 3
Lecciones 1–6	Lecciones 7–11	Lecciones 12–16

Four-Semester System

This chart illustrates how **AVENTURAS** can be used in a four-semester course. The lessons are equally divided among the four semesters, allowing students to progress at a steady pace.

Semester 1	Semester 2	Semester 3	Semester 4
Lecciones 1–4	Lecciones 5–8	Lecciones 9–12	Lecciones 13–16

Lesson Planning

AVENTURAS has been carefully planned to meet your instructional needs and for maximum flexibility. Vocabulary presentations and grammar topics have been designed with students and ease of use in mind. This sample lesson plan illustrates how **AVENTURAS** can be used in a two-semester program with five contact hours per week and fifty-minute classes.

   NOTE: Specific instructional techniques, suggestions, and other relevant material are presented in marginal annotations on the pages of the **AVENTURAS** Instructor's Annotated Edition and in the Instructor's Resource Manual.

Sample Lesson Plan for *Lección 1*

Day 1
1. Introduce yourself, present the course syllabus, and explain the course objectives.
2. Preview the **Preparación** section and present the lesson vocabulary.
3. Do the **A escuchar** activities and the **A practicar** activities with the class.
4. Have students review the lesson vocabulary, and read through the **A conversar** and **Pronunciación** sections for the next class.

Day 2
1. Review greetings and the lesson vocabulary.
2. Have students do the **A conversar** activities in class.
3. Go over the **Pronunciación** section and work through the activities with the class.
4. Preview the **fotonovela** and the **Expresiones útiles** in the **Aventuras** section.
5. Have students read the **fotonovela** and the **Exploración** section for the next class. Tell them to prepare the ¿**Qué piensas?** activities.

Day 3
1. Review greetings, the lesson vocabulary, and the **Expresiones útiles**.
2. Present the **fotonovela** and do the ¿**Qué piensas?** activities.
3. Ask pairs of students to demonstrate the gestures discussed in the **Exploración** section. Have students do the **Cómentalo** activities in pairs.
4. Present **Gramática 1.1**.
5. Have students study **Gramática 1.1** and prepare the ¡**Manos a la obra!** and **Práctica** activities for the next class.

Day 4
1. Review the lesson vocabulary and the **Expresiones útiles**.
2. Work through the ¡**Manos a la obra!** and **Práctica** activities for **Gramática 1.1** with the class.
3. Have students do the **Conversación** activities during class.
4. Present **Gramática 1.2**.
5. Have students study **Gramática 1.2** and prepare the ¡**Manos a la obra!** and **Práctica** activities for the next class.

Day 5
1. Review **Gramática 1.1**.
2. Work through **¡Manos a la obra!** and **Práctica** activity 1 for **Gramática 1.2** with the class. Have students do **Práctica** activity 2 in pairs.
3. Have students do the **Conversación** activities during class.
4. Present **Gramática 1.3**.
5. Have students study **Gramática 1.3** and prepare the **¡Manos a la obra!** and **Práctica** activities for the next class.

Day 6
1. Review **Gramática 1.2**.
2. Work through **¡Manos a la obra!** for **Gramática 1.3** with the class. Have students do the **Práctica** activities in pairs.
3. Have students do the **Conversación** activities during class.
4. Present **Gramática 1.4**.
5. Have students study **Gramática 1.4** and prepare the **¡Manos a la obra!** and **Práctica** activities for the next class.

Day 7
1. Review **Gramática 1.3**.
2. Work through **¡Manos a la obra!** and **Práctica** activity 1 for **Gramática 1.3** with the class. Have students do **Práctica** activity 2 in pairs.
3. Have students do the **Conversación** activities during class.
4. Have students do the **Escuchar** and **Conversar** activities in the **Ampliación** section during class.
5. Have students read the **Lectura** and prepare the **Después de leer** activities for the next class. Also assign either the **Escribir** or the **Un paso más** activity.

Day 8
1. Go over the **Antes de leer** and **Después de leer** activities with the class.
2. Review **Lección 1** with the class. Explain to students what material will be covered on **Prueba A** for **Lección 1**.

Day 9
1. Administer **Prueba A** for **Lección 1**. Reserve **Prueba B** for makeup examinations.
2. Preview the **Preparación** section for **Lección 2**.
3. Have students read the **Preparación** section and prepare the **A escuchar** and **A practicar** activities for the next class.

The lesson plan presented here is not prescriptive; there is no one correct way to teach or present the lessons. You should feel free to adapt the materials to accommodate your own teaching preferences and your students' learning styles. If you are on the semester system and have fewer than five contact hours per semester or if you are on a quarter system, you will find the **AVENTURAS** program very flexible. Simply pick and choose from its array of instructional resources and use them in the way that makes the most sense for your program.

AVENTURAS

Primer curso de lengua española

Philip Redwine Donley
Austin Community College

José Luis Benavides
California State University, Northridge

Solivia Márquez
Boston University

VISTA
HIGHER LEARNING

Boston, Massachusetts

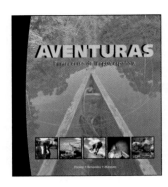

Publisher: José A. Blanco

Editorial Director: Denise St. Jean

Director of Operations: Stephen Pekich

Art Director: Linda Jurras

Staff Editors: Sabrina Celli, Gustavo Cinci, Deborah Coffey, Francisco de la Rosa, Sarah Kenney, Kristen Odlum, Paola Ríos Schaff

Contributing Writers and Editors: Sharon Alexander, Janet Welsh Crossley, Kristen Gagne, Jane Johnson, Mary F. Lado, Lynne R. Lemley, Cherie Mitschke, Lourdes Murray, Nicolás Naranjo, Marcia Tugendhat

Senior Designer: Polo Barrera

Design Team: Anne Alvarez, Linde Gee

Photographer: Martin Bernetti

Production Team: María Eugenia Castaño, Oscar Díez, Mauricio Henao, Holly Kersey

Printed in the United States of America.

Student Text ISBN 1-932000-45-3
Instructor's Annotated Edition ISBN 1-932000-54-2

Library of Congress Card Number: 2002116925

1 2 3 4 5 6 7 8 9 VH 06 05 04 03

Introduction

Welcome to **AVENTURAS**. You are about to embark on an exciting adventure as you learn Spanish and explore the many diverse cultures of the Spanish-speaking world.

AVENTURAS is a new introductory Spanish program designed to provide you with an active learning experience. Its goal is to help you learn to communicate in Spanish in the real world. In light of this, here are some of the features you will encounter:

- Practical, high-frequency vocabulary for you to use in communicating in real-life situations

- Clear, concise grammar explanations that graphically highlight important concepts you need to learn

- Numerous guided activities to practice the vocabulary and grammar structures you are learning, so that you feel confident communicating in Spanish

- Abundant opportunities to interact in a variety of communicative situations with a classmate, in small groups, or with the whole class

- Systematic development of reading, writing, and listening skills that integrates learning strategies and a process approach

- Presentation of important cultural aspects of the daily lives of Spanish speakers and coverage of the entire Spanish-speaking world

- A complete set of print and technology ancillaries to make learning Spanish easier for you

In addition, **AVENTURAS** incorporates features unique to textbooks published by Vista Higher Learning that distinguish them from other college-level introductory Spanish textbooks:

- Original, user-friendly graphic design and layout that both support and facilitate language learning

- A visually dramatic and more cohesive way of integrating video with the student textbook

- An abundance of illustrations, photos, charts, and graphs, all specifically chosen or created to help you learn

- A highly structured, easy-to-navigate lesson organization

AVENTURAS has sixteen lessons, and each lesson is organized exactly in the same manner. In addition, a special **Aventuras en los países hispanos** section appears after every two lessons. To familiarize yourself with the textbook's organization and features, turn to page xii and take the **AVENTURAS**-at-a-glance tour.

table of contents

	PREPARACIÓN	AVENTURAS

table of contents

	PREPARACIÓN	AVENTURAS

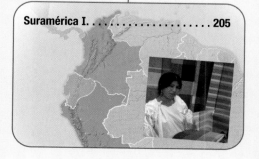

table of contents

	PREPARACIÓN	AVENTURAS

GRAMÁTICA

LECTURA

AVENTURAS EN LOS PAÍSES HISPANOS

table of contents

	PREPARACIÓN	AVENTURAS

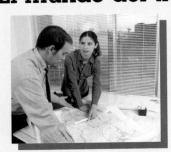

AVENTURAS-at-a-glance

Lesson Openers
outline the content and goals
of each lesson.

Communicative Goals

You will learn how to:
- talk about pastimes, weekend activities, and sports
- make plans and invitations
- say what you are going to do.

4 El fin de semana

PREPARACIÓN

pages 78-83
- Words related to pastimes and sports
- Places and activities in the city
- Word stress and accent marks

AVENTURAS

pages 84-87
- Don Francisco informs the students that they have an hour of free time. Inés and Javier decide to walk through the city. Maite and Álex go to a park.

GRAMÁTICA

pages 88-97
- The present tense of **ir**
- Present tense of stem-changing verbs
- Verbs with irregular **yo** forms

LECTURA

pages 98-99
- Newspaper article: *Guía para el fin de semana*

RECURSOS

These student supplements provide additional practice:
- Textbook Audio CD
- Workbook/Video Manual (WB/VM)
- Lab Manual (LM)
- Lab Audio CDs
- Video CD-ROM
- Interactive CD-ROM
- WB/VM/LM Answer Key

Lesson organization Each lesson's content is organized in major sections that are color-coded for easy navigation.

Recursos The **recursos** box provides a handy reference to program-specific ancillaries that reinforce and expand on the lesson's content.

Preparación
introduces meaningful vocabulary central to the lesson theme.

4 PREPARACIÓN

El fin de semana

EL FIN DE SEMANA

pasear en bicicleta
to ride a bicycle

ACTIVIDADES Y DISTRACCIONES

escalar montañas *to climb mountains*
escribir una carta *to write a letter*
un mensaje electrónico *to write an e-mail*
esquiar *to ski*
ir de excursión (a las montañas) *to go on a hike (in the mountains)*
leer el periódico *to read the newspaper*
el correo electrónico *to read e-mail*
una revista *to read a magazine*
nadar en la piscina *to swim in the pool*
pasear por la ciudad/el pueblo *to walk around the city/town*
practicar deportes (m. pl.) *to practice sports*
ver películas *to see movies*
visitar un monumento *to visit a monument*

patinar (en línea)
to rollerblade

una (tarjeta) postal
a postcard

bucear
to scuba dive

tomar el sol
to sunbathe

LOS DEPORTES

el baloncesto *basketball*
el ciclismo *cycling*
el esquí (acuático) *(water) skiing*
el fútbol americano *football*
el golf *golf*
el hockey *hockey*
la natación *swimming*
el tenis *tennis*
el voleibol *volleyball*

el equipo *team*
el/la jugador(a) *player*
el partido *game*
la pelota *ball*
ganar *win*
ser aficionado/a (a) *to be a fan (of)*

deportivo/a *sports-related*

el fútbol
soccer

el béisbol
baseball

el/la excursionista
hiker

LUGARES

la casa *house*
el centro *downtown*
el cine *movie theater*
el gimnasio *gym, gymnasium*
el museo *museum*
el parque *park*
el restaurante *restaurant*

la iglesia
church

el café
café

la piscina
pool

OTRAS PALABRAS

la diversión *entertainment; fun activity*
el fin de semana *weekend*
el lugar *place*
el pasatiempo *pastime, hobby*
los ratos libres *spare time*
el tiempo libre *free time*
favorito/a *favorite*
pasar el tiempo *to spend time*

recursos

| R | Textbook CD Lección 4 | WB pp. 31-32 | LM p. 19 | Lab CD Lección 4 | ICD-ROM Lección 4 |

78 setenta y ocho

setenta y nueve 79

Art High-frequency vocabulary is presented with dynamic, full-color photos and illustrations.

Vocabulary Important theme-related vocabulary appears in easy-to-reference Spanish-English lists.

AVENTURAS-at-a-glance

Preparación
practices vocabulary in stages in a variety of contexts.

A escuchar Practice always begins with listening activities that allow you to recognize and understand the new vocabulary in real-life contexts, before you have to use it orally or in writing. Drawings and photos are often used to facilitate your comprehension.

A practicar Practice always continues with guided, meaningful activities that reinforce the new vocabulary in diverse and engaging formats.

wraps up vocabulary practice with communicative activities.

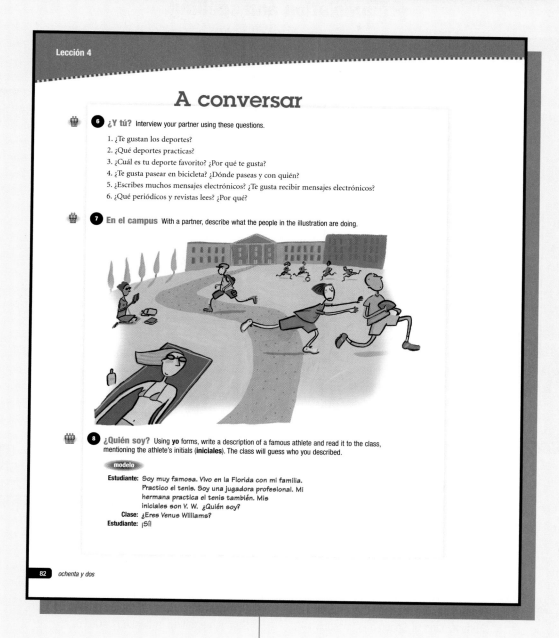

A conversar

6 **¿Y tú?** Interview your partner using these questions.

1. ¿Te gustan los deportes?
2. ¿Qué deportes practicas?
3. ¿Cuál es tu deporte favorito? ¿Por qué te gusta?
4. ¿Te gusta pasear en bicicleta? ¿Dónde paseas y con quién?
5. ¿Escribes muchos mensajes electrónicos? ¿Te gusta recibir mensajes electrónicos?
6. ¿Qué periódicos y revistas lees? ¿Por qué?

7 **En el campus** With a partner, describe what the people in the illustration are doing.

8 **¿Quién soy?** Using **yo** forms, write a description of a famous athlete and read it to the class, mentioning the athlete's initials (**iniciales**). The class will guess who you described.

modelo

Estudiante: Soy muy famosa. Vivo en la Florida con mi familia. Practico el tenis. Soy una jugadora profesional. Mi hermana practica el tenis también. Mis iniciales son V. W. ¿Quién soy?
Clase: ¿Eres Venus Williams?
Estudiante: ¡Sí!

A conversar This final set of activities gets you using the words and expressions creatively for self-expression in interactions with a partner, a small group, or the entire class.

Preparación

Pronunciación and *Ortografía* present the basics of Spanish pronunciation and spelling.

Pronunciación explains the sounds and pronunciation of Spanish in Lessons 1–9.

Ortografía focuses on topics related to Spanish spelling in Lessons 10–16.

Aventuras
tells the story of four students traveling in Ecuador.

Personajes The photo-based conversations take place among a cast of recurring characters—four college students on vacation in Ecuador and the bus driver who accompanies them.

AVENTURAS Video The photo-based **Aventuras** conversations appear in the textbook's video program. To learn more about the video, turn to pages xxvi and xxvii in this at-a-glance tour.

Conversations Taken from the **AVENTURAS** video, the conversations re-enter vocabulary from **Preparación**. They also preview structures from the upcoming **Gramática** section in context <u>and</u> in a comprehensible way.

Expresiones útiles organizes new, active words and expressions by language function so you can focus on using them for real-life, practical purposes.

Aventuras

¿Qué piensas? reinforces the *Aventuras* conversations.

¿Qué piensas?

1 Ordenar Put the following events in order from 1 to 5.

_____ a. Álex y Maite deciden ir al parque.

_____ b. Álex y el joven juegan al fútbol.

_____ c. Maite y Álex vuelven al autobús.

_____ d. Maite decide escribir unas postales.

_____ e. El joven causa un accidente.

2 Pasatiempos Scan **Aventuras** and indicate which pastimes the characters mention. Then indicate whether you participate in each pastime.

ÁLEX

_____
_____
_____

MAITE

_____
_____
_____

3 Preguntas Get together with a partner and take turns asking each other these questions.

1. ¿Qué desean hacer Inés y Javier?
_____

2. ¿Cuáles son los deportes favoritos de Álex?
_____

3. ¿Qué desea hacer Maite en el parque?
_____

4. ¿Qué desea hacer Álex en el parque?
_____

5. ¿Qué deciden hacer Álex y Maite esta noche?
_____

6. ¿Cuáles son tus pasatiempos favoritos?
_____

7. ¿Cuáles son los pasatiempos favoritos de tu mejor (*best*) amigo/a?
_____

¿Qué piensas? provides guided exercises to check your understanding of the **Aventuras** conversations and communicative activities to allow you to react to them in a personalized way.

Aventuras

Exploración provides cultural information related to the *Aventuras* episode.

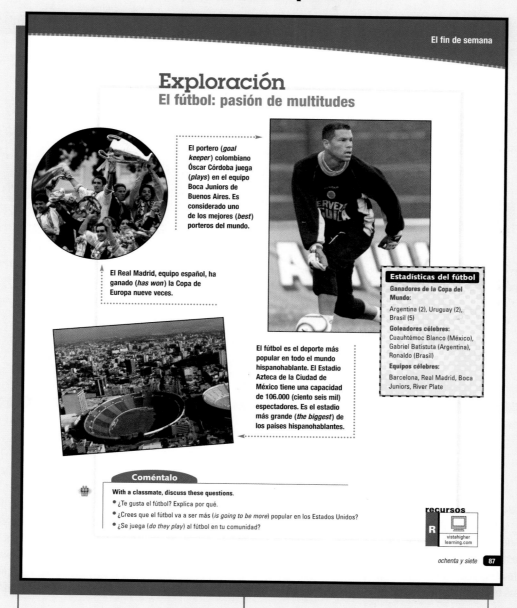

El fin de semana

Exploración
El fútbol: pasión de multitudes

El portero (*goal keeper*) colombiano Óscar Córdoba juega (*plays*) en el equipo Boca Juniors de Buenos Aires. Es considerado uno de los mejores (*best*) porteros del mundo.

El Real Madrid, equipo español, ha ganado (*has won*) la Copa de Europa nueve veces.

Estadísticas del fútbol

Ganadores de la Copa del Mundo:
Argentina (2), Uruguay (2), Brasil (5)

Goleadores célebres:
Cuauhtémoc Blanco (México), Gabriel Batistuta (Argentina), Ronaldo (Brasil)

Equipos célebres:
Barcelona, Real Madrid, Boca Juniors, River Plate

El fútbol es el deporte más popular en todo el mundo hispanohablante. El Estadio Azteca de la Ciudad de México tiene una capacidad de 106.000 (ciento seis mil) espectadores. Es el estadio más grande (*the biggest*) de los países hispanohablantes.

Coméntalo

With a classmate, discuss these questions.
- ¿Te gusta el fútbol? Explica por qué.
- ¿Crees que el fútbol va a ser más (*is going to be more*) popular en los Estados Unidos?
- ¿Se juega (*do they play*) al fútbol en tu comunidad?

recursos

R

vistahigher learning.com

ochenta y siete **87**

Dynamic photos bring to life important facets of the cultural topic.

Photo captions expand on the cultural points, spotlighting important and intriguing facts.

Coméntalo gives you the opportunity to discuss and react to the cultural information.

Gramática
uses innovative design to support the learning of Spanish.

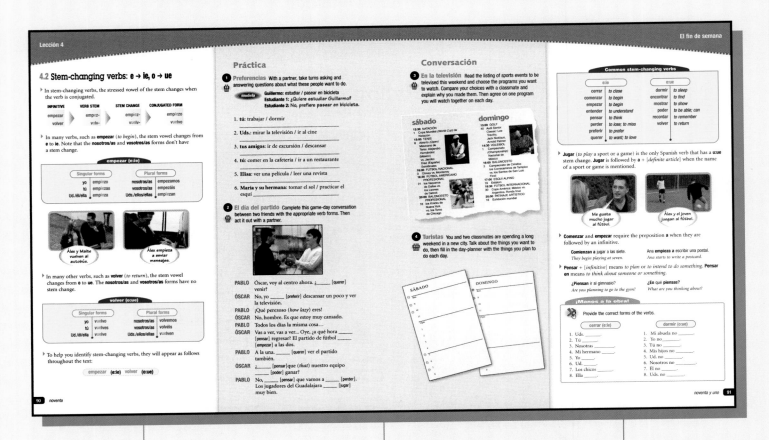

Text Format For each grammar point, the explanation and practice activities appear on one self-contained spread of two facing pages. Grammar explanations in the outside panels offer handy on-page support for the activities in the central, inside panels, providing you with immediate access to information essential to communication.

Charts and Diagrams Within the clear, easy-to-grasp grammar explanations, colorful, carefully designed charts and diagrams call out key grammatical structures and forms, as well as important related vocabulary.

Graphics-intensive Design Photos from the **AVENTURAS** Video Program consistently integrate the lesson's video episode and **Aventuras** section with the grammar explanations. There are also additional photos, drawings, and graphic devices, enlivening activities and heightening visual interest.

Gramática

provides varied types of directed and communicative practice.

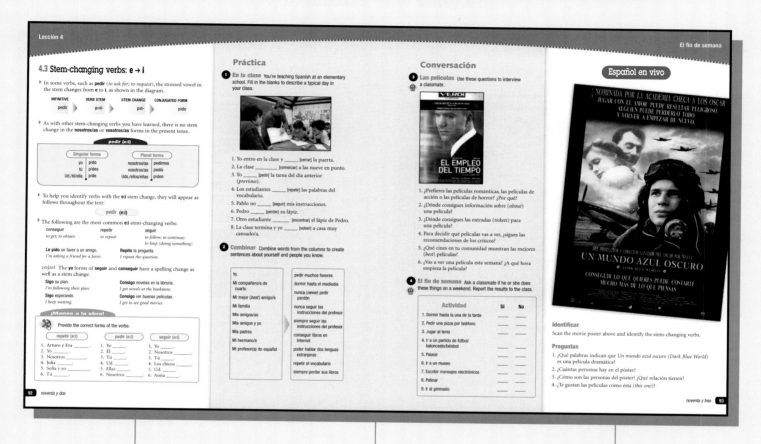

¡Manos a la obra! exercises are your first step in practicing each new grammar point. They get you working with the grammar point right away in simple, easy-to-understand formats.

Práctica activities provide a wide range of guided exercises in contexts that combine current and previously learned vocabulary with the current grammar point.

Español en vivo activities incorporate authentic documents, like advertisements and movie posters, into the grammar practice, highlighting the new grammar point in a real-life context.

Conversación offers opportunities for creative expression using the lesson's grammar and vocabulary. Activities take place with a partner, in small groups, or with the whole class.

AVENTURAS-at-a-glance

Gramática

Ampliación develops language skills as it synthesizes the lesson's grammar and vocabulary.

Escuchar uses a recorded conversation or narration to develop your listening skills in Spanish and checks your understanding of what you heard.

Tips present valuable on-the-spot listening and writing strategies to help you carry out the accompanying activities more easily and effectively.

Conversar focuses on developing your oral communication skills through realistic, practical role-plays and situations.

Escribir provides a writing topic and takes you step-by-step through the writing process, including planning, writing a first draft, peer review, and correcting your work.

Un paso más engages you in a project in which you research and create a tangible product such as a radio broadcast, a brochure, or a Web page.

En Internet lists relevant topics you can research on the Web.

develops reading skills in the context of the lesson theme.

Antes de leer presents helpful reading strategies and pre-reading activities to build your reading abilities in Spanish.

Readings are specifically related to the lesson theme and recycle the vocabulary and grammar you have learned. Lessons 13 – 16 feature literary selections so you can experience reading works by well-known authors in Spanish.

Después de leer includes exercises to check your comprehension of the reading.

Coméntalo activities encourage you to discuss and to apply the material in the reading to your own life.

Vocabulario

summarizes all the active vocabulary in each lesson.

4 VOCABULARIO

Actividades

bucear	to scuba dive
escalar montañas (f. pl.)	to climb mountains
escribir una carta	to write a letter
un mensaje electrónico	an e-mail message
una (tarjeta) postal	a postcard
esquiar	to ski
ganar	to win
ir de excursión (a las montañas)	to go for a hike (in the mountains)
leer el correo electrónico	to read e-mail
un periódico	a newspaper
una revista	a magazine
nadar	to swim
pasar el tiempo	to spend time
pasear en bicicleta	to ride a bicycle
pasear por la ciudad/el pueblo	to walk around the city/town
patinar (en línea)	to skate (in-line)
practicar deportes (m. pl.)	to play sports
ser aficionado/a (a)	to be a fan (of)
tomar el sol	to sunbathe
ver películas (f. pl.)	to see movies
visitar un monumento	to visit a monument
la diversión	fun activity; entertainment
el/la excursionista	hiker
el fin de semana	weekend
el pasatiempo	pastime, hobby
los ratos libres	spare time
el tiempo libre	free time

Deportes

el baloncesto	basketball
el béisbol	baseball
el ciclismo	cycling
el equipo	team
el esquí (acuático)	(water) skiing
el fútbol	soccer
el fútbol americano	football
el golf	golf
el hockey	hockey
el/la jugador(a)	player
la natación	swimming
el partido	game
la pelota	ball
el tenis	tennis
el voleibol	volleyball

Verbos

cerrar (e:ie)	to close
comenzar (e:ie)	to begin
conseguir (e:i)	to get; to obtain
dormir (o:ue)	to sleep
empezar (e:ie)	to begin
encontrar (o:ue)	to find
entender (e:ie)	to understand
hacer	to do; to make
ir	to go
jugar (u:ue)	to play
mostrar (o:ue)	to show
oír	to hear
pedir (e:i)	to ask for; to request
pensar (e:ie)	to think
pensar + inf.	to intend; to plan
pensar en	to think about
perder (e:ie)	to lose; to miss
poder (o:ue)	to be able to; can
poner	to put; to place
preferir (e:ie)	to prefer
querer (e:ie)	to want; to love
recordar (o:ue)	to remember
repetir (e:i)	to repeat
salir	to leave
seguir (e:i)	to follow; to continue
suponer	to suppose
traer	to bring
ver	to see
volver (o:ue)	to return

Adjetivos

deportivo/a	sports-related
favorito/a	favorite

Lugares

el café	café
la casa	house
el centro	downtown
el cine	movie theater
el gimnasio	gymnasium
la iglesia	church
el lugar	place
el museo	museum
el parque	park
la piscina	swimming pool
el restaurante	restaurant

Expresiones útiles	See page 85.

recursos

R | Lab CD Lección 4 | LM p. 24

Aventuras en los países hispanos
presents the nations of the Spanish-speaking world.

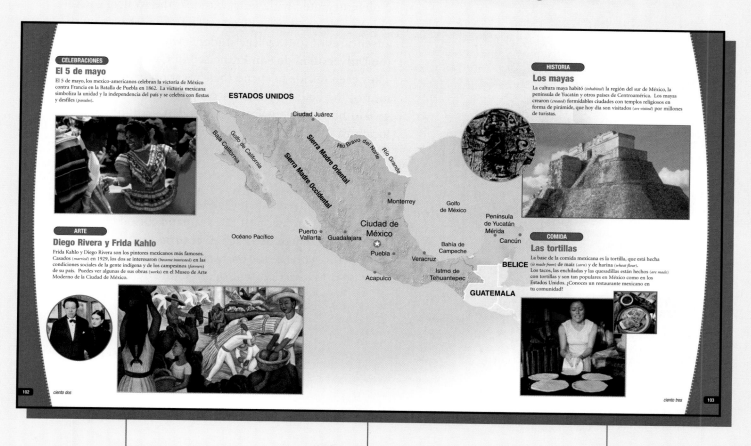

CELEBRACIONES

El 5 de mayo

El 5 de mayo, los mexico-americanos celebran la victoria de México contra Francia en la Batalla de Puebla en 1862. La victoria mexicana simboliza la unidad y la independencia del país y se celebra con fiestas y desfiles (*parades*).

ARTE

Diego Rivera y Frida Kahlo

Frida Kahlo y Diego Rivera son los pintores mexicanos más famosos. Casados (*married*) en 1929, los dos se interesaron (*became interested*) en las condiciones sociales de la gente indígena y de los campesinos (*farmers*) de su país. Puedes ver algunas de sus obras (*works*) en el Museo de Arte Moderno de la Ciudad de México.

ESTADOS UNIDOS

Ciudad Juárez
Baja California
Golfo de California
Río Bravo del Norte
Río Grande
Sierra Madre Oriental
Sierra Madre Occidental
Monterrey
Golfo de México
Península de Yucatán
Mérida
Cancún
Océano Pacífico
Puerto Vallarta
Guadalajara
Ciudad de México
Puebla
Bahía de Campeche
Veracruz
BELICE
Acapulco
Istmo de Tehuantepec
GUATEMALA

HISTORIA

Los mayas

La cultura maya habitó (*inhabited*) la región del sur de México, la península de Yucatán y otros países de Centroamérica. Los mayas crearon (*created*) formidables ciudades con templos religiosos en forma de pirámide, que hoy día son visitados (*are visited*) por millones de turistas.

COMIDA

Las tortillas

La base de la comida mexicana es la tortilla, que está hecha (*is made from*) de maíz (*corn*) y de harina (*wheat flour*). Los tacos, las enchiladas y las quesadillas están hechos (*are made*) con tortillas y son tan populares en México como en los Estados Unidos. ¿Conoces un restaurante mexicano en tu comunidad?

102 *ciento dos*

ciento tres 103

Opening page The opening page sets the scene for the section with a dramatic photo and statistics about the location.

Maps illustrate significant geographical sites and features and situate the country or area within its region and the world.

Photo captions Contemporary, eye-catching photos with captions explore key facets of the target location's culture such as history, fine arts, foods, celebrations, and traditions.

¿Qué aprendiste? activities check your understanding of key ideas.

En Internet suggests related topics for you to investigate further on the Web.

Video program

Fully integrated with your textbook, the **AVENTURAS** video contains fifteen episodes. The episodes present the adventures of four college students who are studying at the **Universidad de San Francisco** in Quito, Ecuador. They each decide to spend their vacation break on a bus tour of the Ecuadorian countryside with the ultimate goal of hiking up a volcano. The video, shot in various locations in Ecuador, tells their story and the story of Don Francisco, the tour bus driver who accompanies them.

The **Aventuras** section in each textbook lesson is actually an abbreviated version of the dramatic episode featured in the video. Therefore, each **Aventuras** section can be done before you see the corresponding video episode, after it, or as a section that stands alone in its own right.

The Cast

Here are the main characters you will meet when you watch the **AVENTURAS** video:

From México, Alejandro (Álex) Morales Paredes

From Ecuador,
Inés Ayala Loor

From Puerto Rico,
Javier Gómez Lozano

From Spain,
María Teresa (Maite)
Fuentes de Alba

And, also from Ecuador,
don Francisco Castillo
Moreno

As you watch each video episode, you will first see a live segment in which the characters interact using vocabulary and grammar you are studying. As the video progresses, the live segments carefully combine new vocabulary and grammar with previously taught language. You will then see a **Resumen** section in which one of the main video characters recaps the live segment, emphasizing the grammar and vocabulary you are studying within the context of the episode's key events.

In addition, in most of the video episodes, there are brief pauses to allow the characters to reminisce about their home country. These flashbacks—montages of real-life images shot in Spain, Mexico, Puerto Rico, and various parts of Ecuador—connect the theme of the video to everyday life in various parts of the Spanish-speaking world.

Student Ancillaries

Textbook Audio CDs

Free-of-charge with each copy of **AVENTURAS**, the Textbook Audio CDs contain the audio recordings for the following activities in your textbook: the **A escuchar** exercises in each **Preparación** section, the **Pronunciación** exercises (Lessons 1–9), and the **Escuchar** activity in each **Ampliación** section.

Workbook/Video Manual

The Workbook activities provide additional practice of the vocabulary and grammar in each textbook lesson. The Video Manual includes previewing, viewing, and post-viewing activities to help you understand and explore each module of the **AVENTURAS** video.

Lab Manual

The Lab Manual activities for each textbook lesson focus on building your listening comprehension, speaking, and pronunciation skills in Spanish.

Web-SAM

Created in conjunction with Quia Corporation, the Web-SAM is the electronic version of the printed **AVENTURAS** Workbook, Lab Manual, and Video Manual. The Web-SAM delivers these components in their entirety on-line with automatic scoring, plus it includes the complete Lab Audio Program. The Web-SAM also offers instructors in-depth, easy-to-use tracking of students' scores by individual student, by class, by activity, and by lesson. Instructors can also customize the Web-SAM by editing existing exercises to create their own activities.

Lab Audio Program

The Lab Audio Program contains the recordings to be used in conjunction with the activities of the Lab Manual. It comes in two versions: 16 high-fidelity audio CDs or 1 audio CD-ROM containing compressed MP3 files that can be played in the CD-ROM drive of your computer.

Video Program

This text-specific video includes dramatic vignettes, cultural footage, and unique summary features that are fully integrated with the lessons in your textbook

Interactive CD-ROMs

Free-of-charge with each copy of **AVENTURAS**, these two dual-platform CD-ROMs provide useful reference tools and highly interactive, visually captivating multimedia materials and activities.

Video CD-ROM

Free-of-charge with each copy of **AVENTURAS**, the Video CD-ROM offers you the complete Video Program with videoscripts, note-taking capabilities, and enhanced navigation tools.

Web Site (vistahigherlearning.com)

The **AVENTURAS** Web site at **vistahigherlearning.com** supports you and your instructor with a wide range of online resources—cultural information and links, Internet activities, teaching suggestions, lesson plans, course syllabi, and more—that directly correlate to your textbook and go beyond it.

Pocket Dictionary & Language Guide

Free-of-charge with each copy of **AVENTURAS**, the Pocket Dictionary & Language Guide is a text-specific, portable reference for Spanish words and expressions, idioms, and more, that both complements and extends the vocabulary and other information presented in **AVENTURAS**.

Instructor Ancillaries

In addition to the student ancillaries, all of which are available to the instructor, the following supplements are also available.

Instructor's Annotated Edition
The Instructor's Annotated Edition (IAE) provides a wealth of information designed to support classroom teaching. The IAE contains answers to exercises over printed on the page, cultural and lexical information, suggestions for implementing and extending student activities, and cross-references to student and instructor ancillaries.

Instructor's Resource Manual
The Instructor's Resource Manual (IRM) offers materials that reinforce and expand on the lessons in the student text. It includes a supplementary reproducible list of vocabulary for each lesson, teaching suggestions and expansion activities for the **Gramática** sections and selected **Preparación** section in the student textbook, English equivalents of the **Aventuras** photo captions, tapescripts of the Lab Audio Program and Textbook Audio CDs, and the videoscript of the **AVENTURAS** Video Program.

Workbook/Lab Manual/Video Manual Answer Key
This component contains answer keys for all activities with discrete answers in the Workbook, Lab Manual, and Video Manual.

Testing Program with Audio CD
The Testing Program contains versions A and B of the following: a test for each of the textbook's 16 lessons, semester exams for Lessons 1–8 and 9–16, and quarter exams for Lessons 1–6, 7–11, and 12–16. All tests and exams include sections on listening comprehension, vocabulary, grammar, and communication. Listening scripts, answer keys, suggestions for oral tests, and an audio CD of the listening sections are also provided.

Test Files CD-ROM for Windows® and Macintosh®
This CD-ROM contains the tests, exams, listening scripts, and answer keys of the printed Testing Program as Microsoft Word® files.

Overhead Transparencies
The Overhead Transparencies include maps of the Spanish-speaking world, drawings to reinforce vocabulary presented in the textbook's **Preparación** sections, and other useful illustrations for presenting or practicing concepts such as telling time.

acknowledgments

On the behalf of its authors and editors, Vista Higher Learning expresses its sincere appreciation to the many college professors nationwide who reviewed the AVENTURAS manuscript. Their insights, ideas, and detailed comments were invaluable to the final product.

AVENTURAS Reviewers

Anna Adams
Muhlenberg College, PA

Lourdes Albuixech
Southern Illinois University, IL

Rosalinda S. Alemany
University of Lousiana at Lafayette, LA

Tom Alsop
Marian College, IN

Isabel Álvarez
University of Wisconsin-Oshkosh, WI

Hersilia Álvarez-Ruf
Hope College, MI

Catherine Angell
Austin Community College
Rio Grande Campus, TX

Mary Jo Arns-Radaj
Normandale Community College, MN

Ingetraut R. Baird
Anderson University, IN

Robert Baum
Arkansas State University, AK

Judy Berry-Bravo
Pittsburg State University, KS

Keith H. Brower
Salisbury University, MD

María Teresa Cabal-Krastel
University of Maryland-College Park, MD

Francisco Cabanillas
Bowling Green State University, OH

José A. Carmona
Daytona Beach Community College, FL

Marco Tulio Cedillo
Lynchburg College, VA

June Chatterjee
Contra Costa College, CA

Maritza Chinea-Thornberry
University of South Florida, FL

Anne Marie Chuckrey
Quinnipiac University, CT

Chyi Chung
Northwestern University, IL

Richard K. Curry
Texas A&M University, TX

Aida Dean
University of Richmond, VA

Ana María Díaz-Marcos
Dartmouth College, NH

Rocio de la Rosa Duncan
Rockhurst University, MO

Douglas Duno
Chaffey College, CA

Mark Ebel
Huntingdon College, AL

Barbara Eickmeyer
Coconino Community College, AZ

Otis Philip Elliott, Jr.
Southern University at Baton Rouge, LA

Francia Espinosa
Broome Community College, NY

Molly Falsetti
Smith College, MA

Claudia Ferman
University of Richmond, VA

April Fisher
Oregon State University, OR

Judith Friedemann
College of Southern Idaho, ID

Celerina J. García
New School University, NY

Raquel N. González
University of Michigan, MI

Gail González
Georgetown College, KY

Amy Gregory
University of Tennessee-Knoxville, TN

Carolyn J. Halstead
West Virginia State College, WV

Alexandra D. Henderson
Catawba College, NC

Danielle Holden
Oakton Community College, IL

Roberta Holtzman
Schoolcraft College, MI

Channing Horner
Northwest Missouri State University, MO

Diana R. Hossain
Manchester Community College, CT

Harriet Hutchinson
Bunker Hill Community College, MA

Elizabeth Janzen
Kansas State University, KS

Hilary Landwehr
Northtern Kentucky University, KY

Jeff Longwell
New Mexico State University, NM

Sergio Martínez
San Antonio College, TX

Adrian Pablo Massei
Furman University, SC

Marsha Mawhirter
Butler County Community College, KS

Kathryn Gene McConnell
Point Loma Nazarene University, CA

Rose McEwen
State University of New York College
at Geneseo, NY

Sandra Delgado Merrill
Central Missouri State University, MO

Nancy Taylor Minguez
Old Dominion University, VA

Edgar J. Montaño
John A. Logan College, IL

Eunice Doman Myers
Wichita State University, KS

Marcella Ochoa
Cornell College, IA

María de los Santos Onofre-Madrid
Angelo State University, TX

Keith Phillips
Moraine Valley Community College, IL

David Quintero
Seattle Central Community College, WA

Maria T. Quintero-Pi
Hillsborough Community College, FL

Karen L. Robinson
University of Nebraska at Omaha, NE

Fernando Sánchez-Gutiérrez
Illinois State University, IL

Theresa Ann Sears
North Carolina State University, NC

Michele Shaul
Queens University of Charlotte, NC

Victor E. Slesinger
Palm Beach Community College, FL

Anita Smith
Pitt Community College, NC

Lidia C. Stahl
Southern Illinois University, IL

Kristi Steinbrecher
Coastal Carolina University, SC

Antoinette Tackkett
Coffeyville Community College, KS

Ralph F. Tarnasky
Aims Community College, CO

Edith Valladares
Central Piedmont Community College, NC

José L. Varela-Ibarra
Eastern Kentucky University, KY

Barry L. Velleman
Marquette University, WI

Marianne J. Verlinden
College of Charleston, SC

Gayle Fiedler Vierma
University of Southern California, CA

Gloria F. Waldman
York College, CUNY, NY

Julia Wescott
Canisius College, NY

Alexander P. Wolpe
Ohlone College, CA

Janice Wright
College of Charleston, SC

1 Hola, ¿Qué tal?

PREVIEW Have students look at the photo. Ask: What do you think the young women are doing? Say: It is common in Hispanic cultures for friends to greet each other with a kiss (or two) on the cheek. Ask: How do you greet your friends?

Communicative Goals

You will learn how to:

- use greetings, farewells, courtesy expressions and numbers
- identify yourself and others
- tell time

PREPARACIÓN

pages 2-7

- Words related to meeting, greeting, and saying good-bye
- Courtesy expressions
- Pronouncing the Spanish alphabet

AVENTURAS

pages 8-11

- Mrs. Ramos, from the travel agency Ecuatur, greets the students and hands out their travel papers. Don Francisco, the driver, introduces himself and asks the students to board the bus.

GRAMÁTICA

pages 12-21

- Nouns and articles
- Numbers 0-30
- Present tense of **ser**
- Telling time

LECTURA

pages 22-23

- Address book: *Información importante*

RECURSOS

These student supplements provide additional practice:

- Textbook Audio CD
- Workbook/Video Manual (WB/VM)
- Lab Manual (LM)
- WB/VM/LM Answer Key
- Lab Audio CDs
- Video CD-ROM
- Interactive CD-ROM

HOLA, ¿QUÉ TAL?

SALUDOS Y DESPEDIDAS

Buenas noches. *Good evening; good night.*
Buenas tardes. *Good afternoon.*
Hasta la vista. *See you later.*
Hasta pronto. *See you soon.*

SEÑORA	Hola, señor Lara. ¿Cómo está usted?
SEÑOR	Muy bien, gracias. ¿Y usted, señora Salas?
SEÑORA	Bien, gracias.
SEÑOR	Hasta luego, señora Salas. Saludos al señor Salas.
SEÑORA	Adiós.

¿CÓMO ESTÁS?

¿Cómo estás? *(familiar) How are you?*
No muy bien. *Not very well.*
¿Qué pasa? *What's happening?; what's going on?*

JUANA	Hasta luego, Sofía.
SOFÍA	Chau, Juana. Nos vemos mañana.

SUGGESTION Write a few greetings, farewells, and courtesy expressions on the board. Explain their meanings and model pronunciation. Circulate around the room greeting students, making introductions, and encouraging responses.

CARLOS	¿Qué tal, Roberto?
ROBERTO	Regular. ¿Y tú?
CARLOS	Bien. ¿Qué hay de nuevo?
ROBERTO	Nada.

recursos

R	Textbook CD Lección 1	WB pp. 1-2	LM p. 1	Lab CD Lección 1	ICD-ROM Lección 1

INSTRUCTIONAL RESOURCES WB, LM, OT, Text CD, ICD-ROM

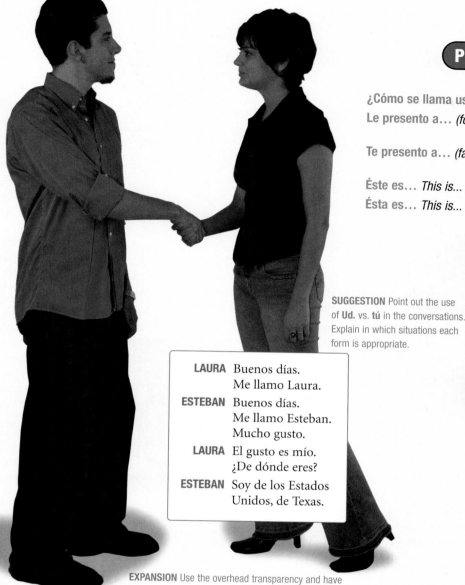

PRESENTACIONES

¿Cómo se llama usted? *(formal) What's your name?*

Le presento a… *(form.) I would like to introduce (name) to you.*

Te presento a… *(fam.) I would like to introduce (name) to you.*

Éste es… *This is… (masculine)*

Ésta es… *This is… (feminine)*

SUGGESTION Point out the use of **Ud.** vs. **tú** in the conversations. Explain in which situations each form is appropriate.

LAURA	Buenos días. Me llamo Laura.
ESTEBAN	Buenos días. Me llamo Esteban. Mucho gusto.
LAURA	El gusto es mío. ¿De dónde eres?
ESTEBAN	Soy de los Estados Unidos, de Texas.

SUSANA	Leti, éste es el señor Garza.
LETICIA	Encantada.
SEÑOR GARZA	Igualmente. ¿De dónde es usted, señora?
LETICIA	Soy de Puerto Rico. ¿Y usted?
SEÑOR GARZA	De México.

EXPANSION Use the overhead transparency and have students identify informal and formal conversations. Have small groups create conversations based on the pictures and share them with the class.

¡Muchas gracias!

EXPRESIONES DE CORTESÍA

Por favor. *Please.*

De nada. *You're welcome.*

No hay de qué. *You're welcome.*

Lo siento. *I'm sorry.*

Muchas gracias. *Thank you very much; thanks a lot.*

VARIACIÓN LÉXICA Point out these lexical items:
Buenos días. → Buenas.
De nada → A la orden.
Lo siento → Perdón.
¿Qué tal? → ¿Cómo te va?; ¿Qué hubo? (*Col.*)

The following abbreviations appear in the list of Instructional Resources: **WB** (Workbook), **LM** (Lab Manual), **VM** (Video Manual), **IRM** (Instructor's Resource Manual), **OT** (Overhead Transparencies), **ICD-ROM** (Interactive **CD-ROM**), and **VCD-ROM** (Video CD-ROM).

A escuchar

 1 **¿Lógico o ilógico?** Listen to each conversation and indicate whether it is logical or illogical.

	Lógico	Ilógico
1.		✓
2.	✓	
3.	✓	
4.		✓
5.	✓	
6.	✓	

 2 **¡Hola!** Margarita is having an all-day party to celebrate her twentieth birthday. Listen to the conversations and indicate whether each guest is arriving (**Llega**) or leaving (**Sale**).

	Llega	Sale
1. Ramiro	✓	
2. Sra. Sánchez		✓
3. Luisa	✓	
4. Vicente		✓
5. Profesor Lado	✓	
6. Sr. Torres		✓

 3 **Seleccionar** Listen to each question or statement, then choose the correct response.

1. a. Muy bien, gracias.   (b.) Me llamo Graciela.
2. a. Lo siento.   (b.) Mucho gusto.
3. (a.) Soy de Puerto Rico.   b. No muy bien.
4. (a.) No hay de qué.   b. Regular.
5. a. Mucho gusto.   (b.) Hasta pronto.
6. (a.) Nada.   b. Igualmente.
7. a. Me llamo Guillermo Montero.   (b.) Muy bien, gracias.
8. (a.) Buenas tardes. ¿Cómo estás?   b. El gusto es mío.

recursos

R | Textbook CD Lección 1

INSTRUCTIONAL RESOURCE Text CD

---

1 SCRIPT
1. **S1:** Hola, Sandra. ¿Qué tal?
   S2: El gusto es mío.
2. **S1:** Hasta luego, Sr. Lagos. Saludos a la Sra. Lagos.
   S2: Adiós.
3. **S1:** Hasta mañana, Juan.
   S2: Nos vemos.
4. **S1:** Antonio, éste es el Sr. Arce. **S2:** Igualmente.
5. **S1:** ¡Hola, Norma! ¿Qué hay de nuevo? **S2:** Nada.
6. **S1:** ¿De dónde es usted, señor? **S2:** Soy de México.

2 SUGGESTION Point out the abbreviations **Sr.**, **Sra.**, and **Srta.** for the titles **señor**, **señora**, and **señorita**. Tell students there is no Spanish equivalent for the title *Ms.*

2 SCRIPT
1. **S1:** ¡Hola, Ramiro! ¿Cómo estás?
   S2: Bien, gracias. ¿Y tú?
2. **S1:** Hasta luego, Margarita.
   S2: Gracias por todo, Sra. Sánchez. Adiós.
3. **S1:** Buenos días, Luisa.
   S2: ¡Hola!
4. **S1:** Nos vemos, Margarita.
   S2: Chau, Vicente. Hasta mañana.
5. **S1:** Buenas tardes, Margarita.
   S2: Buenas tardes, Profesor Lado. ¿Cómo está usted?
6. **S1:** Buenas noches, Sr. Torres. Saludos a la Sra. Torres.
   S2: Hasta pronto.

3 SCRIPT
1. ¿Cómo te llamas?
2. Te presento a Juan Pablo.
3. ¿De dónde es Ud.?
4. Muchas gracias.
5. Nos vemos.
6. ¿Qué pasa?
7. ¿Cómo está Ud.?
8. Buenas tardes, Sr. Fernández.

A practicar

④ Escoger For each expression, write a word or phrase that expresses a similar idea.

> **modelo**
>
> ¿Cómo estás? *¿Qué tal?*

1. De nada. *No hay de qué.*
2. Encantado. *Mucho gusto.*
3. Adiós. *Chau; hasta luego/mañana/pronto.*
4. Te presento a Antonio. *Éste es Antonio.*
5. ¿Qué hay de nuevo? *¿Qué pasa?*
6. Mucho gusto. *El gusto es mío.*

⑤ Ordenar With a classmate, put this scrambled conversation in order. Then act it out.

—Muy bien, gracias. Soy Rosabel.

—Soy del Ecuador. ¿Y tú?

—Mucho gusto, Rosabel.

—Hola. Me llamo Carlos. ¿Cómo estás?

—Soy de la Argentina.

—Igualmente. ¿De dónde eres, Carlos?

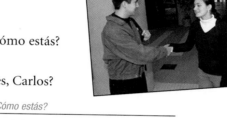

CARLOS	*Hola. Me llamo Carlos. ¿Cómo estás?*
ROSABEL	*Muy bien, gracias. Soy Rosabel.*
CARLOS	*Mucho gusto, Rosabel.*
ROSABEL	*Igualmente. ¿De dónde eres, Carlos?*
CARLOS	*Soy del Ecuador. ¿Y tú?*
ROSABEL	*Soy de la Argentina.*

⑥ Cambiar With a partner, correct the second part of each conversation to make it logical. *Answers will vary.*

> **modelo**
>
> —¿Qué tal?
>
> —~~No hay de qué.~~ Bien. ¿Y tú?

1. —Hasta mañana, señora Ramírez. Saludos al señor Ramírez.
   —*Muy bien, gracias.*

2. —¿Qué hay de nuevo, Alberto?
   —*Me llamo Alberto. ¿Cómo te llamas tú?*

3. —Miguel, ésta es la señorita Perales.
   —*No hay de qué, señorita.*

4. —¿De dónde eres, Antonio?
   —*Muy bien, gracias. ¿Y tú?*

A conversar

 7 Diálogos With a partner, complete and act out these conversations. *Answers will vary.*

> **DIÁLOGO 1**
>
> —Hola. Me llamo Teresa. ¿Cómo te llamas tú?
>
> _____
>
> —Soy de Puerto Rico. ¿Y tú?
>
> _____

> **DIÁLOGO 2**
>
> _____
>
> —Muy bien, gracias. ¿Y usted, señora López?
>
> _____
>
> —Hasta luego, señora. Saludos al señor López.
>
> _____

 8 Conversaciones With a partner, make up a conversation in Spanish for each photo. *Answers will vary.*

9 Situaciones Work with two classmates to write and act out these situations. *Answers will vary.*

1. As you leave class on the first day of school, you strike up a conversation with the two students who were sitting next to you. You find out each person's name and where he or she is from before you say goodbye.

2. You meet up with a friend and find out how he or she is doing. As you are talking, your friend Elena walks by. Introduce her to your friend.

3. You say hello to your parents' friends Sra. Sánchez and Sr. Rodríguez and find out how they are doing. As you say goodbye, you send greetings to Sra. Rodríguez.

7 EXPANSION Have students rewrite **Diálogo 1** in the formal register and **Diálogo 2** in the familiar register. Tell them to substitute their own names and personal information where possible.

8 SUGGESTION To prepare students, have them brainstorm who the people in the photos are and what they are talking about. Ask them whether the people in the photos would use the **tú** or **Ud.** form when conversing.

9 SUGGESTION Assign situations to different groups and have them perform their role-plays for the class.

🎧 Pronunciación

The Spanish alphabet

The Spanish alphabet consisted of 30 letters until 1994, when the **Real Academia Española** (*Royal Spanish Academy*) removed **ch** (**che**) and **ll** (**elle**). You may still see **ch** and **ll** listed as separate letters in reference works printed before 1994. Two Spanish letters, **ñ** (**eñe**) and **rr** (**erre**), don't appear in the English alphabet. The letters **k** (**ka**) and **w** (**doble ve**) are used only in words of foreign origin.

Letra	Nombre(s)	Ejemplos	Letra	Nombre(s)	Ejemplos
a	a	adiós	ñ	eñe	mañana
b	be	bien, problema	o	o	once
c	ce	cosa, cero	p	pe	profesor
d	de	diario, nada	q	cu	qué
e	e	estudiante	r	ere	regular, señora
f	efe	foto	rr	erre	carro
g	ge	gracias, Gerardo, regular	s	ese	señor
			t	te	tú
h	hache	hola	u	u	usted
i	i	igualmente	v	ve	vista, nuevo
j	jota	Javier	w	doble ve	walkman
k	ka, ca	kilómetro	x	equis	existir, México
l	ele	lápiz			
m	eme	mapa	y	i griega, ye	yo
n	ene	nacionalidad	z	zeta, ceta	zona

Práctica Spell these words aloud in Spanish.

1. nada
2. maleta
3. quince
4. muy
5. hombre
6. por favor
7. San Fernando
8. Estados Unidos
9. Puerto Rico
10. España
11. Javier
12. Ecuador
13. Maite
14. gracias
15. Nueva York

Oraciones Repeat these sentences after your instructor, then spell each word aloud.

1. Me llamo Carmen.
2. Hasta luego, señora Herrera.
3. ¿Qué tal, David?
4. Buenos días, Pedro.

Refranes Read these sayings aloud after your instructor.

Ver es creer.[1]

En boca cerrada no entran moscas.[2]

1 Seeing is believing. 2 Silence is golden.

SUGGESTION Model pronunciation of the Spanish alphabet and the example words. Have students repeat after you.

EXPANSION Ask students to spell their names in Spanish.

EXPANSION Do a dictation activity in which you spell Spanish words as students write them down. Spell each word twice. Then write the list of words on the board or on a transparency so students can check their work.

EXPANSION For additional practice with the alphabet, give students these **refranes: De tal palo, tal astilla** (*A chip off the old block*); **Los ojos son el espejo del alma.** (*The eyes are the mirror of the soul.*); **El rayo nunca cae dos veces en el mismo lugar.** (*Lightning never strikes twice in the same place.*); **No dejes para mañana lo que puedas hacer hoy.** (*Don't put off until tomorrow what you can do today.*)

recursos

R	Textbook CD Lección 1	LM p. 2	Lab CD Lección 1	ICD-ROM Lección 1

INSTRUCTIONAL RESOURCES LM, Text CD, ICD-ROM

¡Todos a bordo!

Los cuatro estudiantes, don Francisco y la Sra. Ramos se reúnen (*meet*) en la universidad.

VIDEO SYNOPSIS Don Francisco, the bus driver, and Sra. Ramos, a representative of Ecuatur, meet the four travelers at the university. Sra. Ramos passes out travel documents. Inés and Maite introduce themselves, as do Javier and Álex.

SRA. RAMOS Buenos días, chicos. Yo soy Isabel Ramos de la agencia Ecuatur.

DON FRANCISCO Y yo soy don Francisco, el conductor.

SRA. RAMOS Bueno, ¿quién es María Teresa Fuentes de Alba?

MAITE ¡Soy yo!

SRA. RAMOS Ah, bien. Aquí tienes los documentos de viaje.

MAITE Gracias.

SRA. RAMOS ¿Javier Gómez Lozano?

JAVIER Aquí… Soy yo.

JAVIER ¿Qué tal? Me llamo Javier.

ÁLEX Mucho gusto, Javier. Yo soy Álex. ¿De dónde eres?

JAVIER De Puerto Rico. ¿Y tú?

ÁLEX Yo soy de México.

DON FRANCISCO Bueno, chicos, ¡todos a bordo!

INÉS Con permiso.

recursos

R | Video/ VCD-ROM Lección 1 | VM pp. 169-170 | ICD-ROM Lección 1

PREVIEW Have students cover the Spanish captions and guess what this episode is about based on the video stills. Record their predictions and review them later.

SUGGESTION Play the video module and ask the class to write down the greetings they hear. Play the module again and ask students to write the courtesy expressions they hear, including ways to say "pleased to meet you" and "excuse me."

INSTRUCTIONAL RESOURCES VM, Video (00:02:18), VCD-ROM

Personajes

DON FRANCISCO

JAVIER

INÉS

ÁLEX

MAITE

SRA. RAMOS

4

SRA. RAMOS Y tú eres Inés Ayala Loor, ¿verdad?

INÉS Sí, yo soy Inés.

SRA. RAMOS Y tú eres Alejandro Morales Paredes, ¿no?

ÁLEX Sí, señora.

5

INÉS Hola. Soy Inés.

MAITE Encantada. Yo me llamo Maite. ¿De dónde eres?

INÉS Soy del Ecuador, de Portoviejo. ¿Y tú?

MAITE De España. Soy de Madrid, la capital. Oye, ¿qué hora es?

INÉS Son las diez y tres minutos.

9

ÁLEX Perdón.

10

DON FRANCISCO ¿Y los otros?

SRA. RAMOS Son todos.

DON FRANCISCO Está bien.

Expresiones útiles

Identifying yourself and others

¿Cómo se llama usted?
What's your name?

Yo soy don Francisco, el conductor.
I'm Don Francisco, the driver.

¿Cómo te llamas?
What's your name?

Me llamo Javier.
My name is Javier.

¿Quién es… ?
Who is… ?

Aquí… Soy yo.
Here… That's me.

Tú eres… , ¿verdad?/¿no?
You are… , right?/no?

Saying what time it is

¿Qué hora es?
What time is it?

Es la una. / Son las dos.
It's one o'clock. / It's two o'clock.

Son las diez y tres minutos.
It's 10:03.

Saying "excuse me"

Con permiso.
Pardon me; excuse me. (to request permission)

Perdón.
Pardon me; excuse me.
(to get someone's attention or to ask forgiveness)

When starting a trip

¡Todos a bordo!
All aboard!

¡Buen viaje!
Have a good trip!

Getting a friend's attention

Oye…
Listen…

SUGGESTION Have students read individual parts of the **Aventuras** episode aloud, or have them get together in groups of six and act out the episode.

SUGGESTION Point out that **don** and **doña** are used with first names in Spanish-speaking countries to show respect: **don Francisco, doña Rita.**

SUGGESTION Model pronouncing the expresions, having students repeat after you. Explain to students that learning each lesson's **Expresiones útiles** will help improve their conversational skills.

SUGGESTION Identify forms of the verb **ser** and point out some subject pronouns. Tell students they will learn more about these concepts in **Gramática** section 1.3.

¿Qué piensas?

1 Completar Complete this conversation.

INÉS   Hola. ¿Cómo te __llamas__?

MAITE   __Me__ llamo __Maite__.
        ¿Y __tú__?

INÉS   Inés. Mucho __gusto__.

MAITE   __El__ gusto __es__ mío.

INÉS   ¿De dónde __eres__?

MAITE   __Soy__ de __España__.
        ¿Y __tú__?

INÉS   Del __Ecuador__.

2 ¿Cierto o falso? Indicate if each statement is **cierto** (*true*) or **falso** (*false*). Then correct the false statements.

Cierto	Falso	
✓		1. Javier y Álex son pasajeros (*passengers*). _____
	✓	2. Javier Gómez Lozano es el conductor. _Don Francisco es el conductor._
	✓	3. Inés Ayala Loor es de la agencia Ecuatur. _Isabel Ramos es de la agencia Ecuatur._
✓		4. Inés es del Ecuador. _____
✓		5. Maite es de España. _____
✓		6. Javier es de Puerto Rico. _____
	✓	7. Álex es del Ecuador. _Álex es de México._

3 Conversar Using these cues, have a conversation with someone you just met at an airport.
Answers will vary.

- Greet each other.
- Find out each other's names.
- Ask each other how you are feeling today.
- Find out where each of you is from.
- Wish each other a good trip and say goodbye.

1 SUGGESTION Have students act out the dialogue and add sentences of their own.

2 SUGGESTION Have students work in pairs.

2 SUGGESTION Have students locate the countries and cities mentioned (**España, México, Puerto Rico, Ecuador, Madrid** and **Portoviejo**) on the maps on the inside covers of their texts.

3 EXPANSION Tell students to jot down the responses to their questions. Then ask them to introduce their partner to the class.

Exploración
Los saludos

SUGGESTION Point out that greeting people with a kiss is not unique to the Spanish-speaking world. This custom is common in many parts of the world.

EXPANSION To check comprehension, ask students if these sentences are true (**Cierto**) or false (**Falso**):
1. Daniel y Juan se dan la mano. (**Falso**)
2. El Sr. Rivas y la Sra. Casas se dan un abrazo. (**Falso**)
3. Rita y su abuela se dan un beso. (**Cierto**)

Daniel y Juan se dan un abrazo (*give each other a hug*).

El señor Rivas y la señora Casas se dan la mano (*shake hands*).

Rita le da un beso a su abuela (*kisses her grandmother*).

Observaciones

• **Darse la mano**
Hispanics generally shake hands when they meet for the first time.

• **El abrazo**
Hispanic men often greet men they know well with an **abrazo**—a quick hug and a pat on the back.

• **El beso**
Hispanic women often greet friends and loved ones with a brief kiss on one or both cheeks.

Coméntalo

With a classmate, discuss these questions.
• How do you greet a person you don't know well?
• How do you greet your friends?
• How do you greet your parents?

recursos

R | vistahigher learning.com

1.1 Nouns and articles

NATIONAL STANDARDS comparisons

▸ Nouns identify people, animals, places, or things. All Spanish nouns have gender (masculine or feminine) and number (singular or plural).

▸ Most nouns that refer to males are masculine. Most nouns that refer to females are feminine.

Masculine		Feminine	
el hombre	the man	la mujer	the woman
el chico	the boy	la chica	the girl
el pasajero	the passenger	la pasajera	the passenger
el conductor	the driver	la conductora	the driver
el profesor	the teacher	la profesora	the teacher

la chica   **la pasajera**   **el chico**   **el conductor**

▸ Most nouns ending in **–o**, **–ma**, and **–s** are masculine. Most nouns ending in **–a**, **–ción**, and **–dad** are feminine.

Masculine		Feminine	
el cuaderno	the notebook	la cosa	the thing
el diario	the diary	la escuela	the school
el diccionario	the dictionary	la grabadora	the tape recorder
el número	the number	la maleta	the suitcase
el vídeo	the video	la mochila	the backpack
el problema	the problem	la palabra	the word
el programa	the program	la lección	the lesson
el autobús	the bus	la conversación	the conversation
el país	the country	la nacionalidad	the nationality

¡ojo! El **lápiz** (*pencil*), el **mapa** (*map*), and el **día** (*day*) are masculine. **La mano** (*hand*) is feminine.

▸ Some nouns have identical masculine and feminine forms. The definite article (**el** or **la**) indicates the gender of these words.

Masculine		Feminine	
el **turista**	the tourist	la **turista**	the tourist
el **joven**	the young man	la **joven**	the young woman
el **estudiante**	the student	la **estudiante**	the student

Práctica

1 **Singular y plural** Make the singular words plural and the plural words singular.

1. el turista ___los turistas___
2. la cosa ___las cosas___
3. la mujer ___las mujeres___
4. la mochila ___las mochilas___
5. los países ___el país___
6. el problema ___los problemas___
7. unos hombres ___un hombre___
8. unos diarios ___un diario___
9. un pasajero ___unos pasajeros___
10. una escuela ___unas escuelas___

2 **Identificar** For each photo, provide the noun and the appropriate definite and indefinite articles.

 modelo

las maletas, unas maletas

1. ___la computadora, una computadora___

4. ___el chico, un chico___

2. ___los cuadernos, unos cuadernos___

5. ___las fotografías, unas fotografías___

3. ___las mujeres, unas mujeres___

6. ___el autobús, un autobús___

INSTRUCTIONAL RESOURCES WB, LM, IRM (teaching tips, etc.), ICD-ROM

Conversación

3 **Clasificar** With a partner, identify the photos in Spanish and supply the definite and indefinite articles. Then indicate whether the photos represent objects or persons.

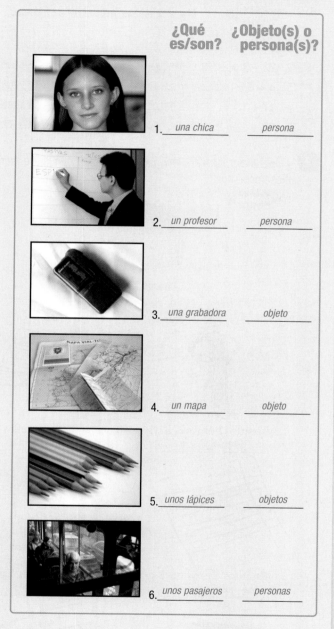

	¿Qué es/son?	¿Objeto(s) o persona(s)?
1.	una chica	persona
2.	un profesor	persona
3.	una grabadora	objeto
4.	un mapa	objeto
5.	unos lápices	objetos
6.	unos pasajeros	personas

4 **Charadas** In groups, play a game of charades. Individually, think of two nouns for each charade—for example, a boy using a computer (**un chico; una computadora**). The first person to guess correctly acts out the next charade. *Answers will vary.*

Plural of nouns

▶ Nouns that end in a vowel form the plural by adding **–s**. Nouns that end in a consonant add **–es**. Nouns that end in **–z** change the **–z** to **–c**, then add **–es**.

SINGULAR	PLURAL	SINGULAR	PLURAL
el chico	los chicos	el país	ls países
la palabra	las palabras	el lápiz	los lápices

¡ojo! When a singular noun has an accent mark on the last syllable, the accent is dropped from the plural form:

la lección → las lecciones   el autobús → los autobuses

▶ The masculine plural form may refer to a mixed-gender group.

1 pasajero + 2 pasajeras = 3 pasajeros

Spanish articles

Spanish has four forms that are equivalent to the English definite article *the*. Spanish also has four forms that are equivalent to the English indefinite article, which, according to context, may mean *a, an,* or *some*.

Spanish articles

Definite articles

MASCULINE		FEMININE	
el diccionario	the dictionary	la computadora	the computer
los diccionarios	the dictionaries	las computadoras	the computers

Indefinite articles

un pasajero	a (one) passenger	una fotografía	a (one) photograph
unos pasajeros	some passengers	unas fotografías	some photographs

¡Manos a la obra!

Provide the correct articles.

¿el, la, los o las?
1. __la__ chica
2. __el__ chico
3. __la__ maleta
4. __los__ cuadernos
5. __la__ mochila
6. __las__ mujeres

¿un, una, unos o unas?
1. __un__ autobús
2. __unas__ escuelas
3. __una__ computadora
4. __unos__ hombres
5. __una__ señora
6. __unos__ lápices

1.2 Numbers 0–30

Numbers 0–30

0 cero	6 seis	12 doce	18 dieciocho	24 veinticuatro
1 uno	7 siete	13 trece	19 diecinueve	25 veinticinco
2 dos	8 ocho	14 catorce	20 veinte	26 veintiséis
3 tres	9 nueve	15 quince	21 veintiuno	27 veintisiete
4 cuatro	10 diez	16 dieciséis	22 veintidós	28 veintiocho
5 cinco	11 once	17 diecisiete	23 veintitrés	29 veintinueve
				30 treinta

▶ Before a masculine noun, **uno** shortens to **un**. Before a feminine noun, **uno** changes to **una**.

> un **hombre** → veintiún **hombres**

> una **mujer** → veintiuna **mujeres**

▶ To ask *how many*, use **¿Cuántos?** with a masculine noun and **¿Cuántas?** with a feminine one. **Hay** means both *there is* and *there are*. Use **¿Hay…?** to ask *is/are there…?* Use **no hay** to express *there is/are not*.

—**¿Hay** chicas en la fotografía?
Are there girls in the picture?

—No, **no hay** chicas.
No, there aren't any girls.

—**¿Cuántos** chicos **hay?**
How many guys are there?

—**Hay** cuatro.
There are four.

¡ojo! The numbers **16–19** and **21–29** can also be written as three words, as in **diez y seis** and **veinte y uno**. **Uno** and **veintiuno** are used when counting (**uno, dos, tres… veinte, veintiuno, veintidós…**). They are also used after a noun, even if it is feminine (**la lección uno**).

¡Manos a la obra!

   Provide the Spanish words for these numbers.

1. **7** _siete_	6. **15** _quince_	11. **30** _treinta_	16. **10** _diez_
2. **16** _dieciséis_	7. **21** _veintiuno_	12. **4** _cuatro_	17. **2** _dos_
3. **29** _veintinueve_	8. **9** _nueve_	13. **12** _doce_	18. **5** _cinco_
4. **1** _uno_	9. **23** _veintitrés_	14. **28** _veintiocho_	19. **22** _veintidós_
5. **0** _cero_	10. **11** _once_	15. **14** _catorce_	20. **13** _trece_

Práctica

1 **Matemáticas** Solve these math problems.

> + **más** − **menos** = **es** (singular)/**son** (plural)

modelo   **9 + 2 =** Nueve más dos son once.

1. **3 + 10 =** _Tres más diez son trece._
2. **22 − 3 =** _Veintidós menos tres son diecinueve._
3. **4 + 8 =** _Cuatro más ocho son doce._
4. **17 + 13 =** _Diecisiete más trece son treinta._
5. **22 + 1 =** _Veintidós más uno son veintitrés._
6. **5 − 2 =** _Cinco menos dos son tres._
7. **11 + 12 =** _Once más doce son veintitrés._
8. **10 − 10 =** _Diez menos diez es cero._
9. **3 + 14 =** _Tres más catorce son diecisiete._
10. **22 − 11 =** _Veintidós menos once son once._

2 **¿Cuántos hay?** How many persons or things are there in these drawings?

modelo

¿Cuántas maletas hay?
Hay cuatro maletas.

1. ¿Cuántos hombres hay?
Hay un hombre.

4. ¿Cuántas fotografías hay?
Hay cuatro fotografías.

2. ¿Cuántos chicos hay?
Hay veinticinco chicos.

5. ¿Cuántos turistas hay?
Hay tres turistas.

3. ¿Cuántas conductoras hay?
Hay una conductora.

6. ¿Cuántas chicas hay?
Hay diecisiete chicas.

Conversación

3 **Describir** Get together with a classmate and answer these questions about the photo.

1. ¿Cuántos conductores hay en la fotografía?

   Hay un conductor.

2. ¿Cuántas mujeres hay?

   Hay dos mujeres.

3. ¿Cuántos hombres hay?

   Hay tres hombres.

4. ¿Cuántos pasajeros hay?

   Hay cuatro pasajeros.

5. ¿Cuántos pasajeros son hombres?

   Dos pasajeros son hombres.

6. ¿Cuántos autobuses hay?

   Hay un autobús.

4 **En la clase** With a classmate, take turns asking and answering these questions about your classroom.
Answers will vary.

1. ¿Cuántos estudiantes hay?
2. ¿Cuántos profesores hay?
3. ¿Cuántos hombres hay?
4. ¿Cuántas mujeres hay?
5. ¿Hay una computadora?
6. ¿Hay fotografías?
7. ¿Cuántos mapas hay?
8. ¿Hay diccionarios?
9. ¿Hay cuadernos?
10. ¿Cuántas grabadoras hay?
11. ¿Cuántas mochilas hay?
12. ¿Hay chicos?

Español en vivo

Libro de cuentos: $ 12

Oso con pijama: $ 15

Árbol de Navidad: $ 30

La felicidad: no tiene precio

Hay ciertas cosas que el dinero no puede comprar, para todo lo demás existe MasterCard.

Aceptada en más lugares de los que imaginas.

Identificar

Scan the advertisement above, find the places where numbers appear, and say the numbers out loud.

Preguntas

1. Fill in the prices of the following items:
   Teddy bear _____ Storybook _____ Christmas tree _____
2. What is the message of the advertisement?
3. Do you think it is effective? Why?

1.3 Present tense of ser (*to be*)

Subject Pronouns

	Subject pronouns		
	Singular		**Plural**
FIRST PERSON	yo	*I*	nosotros *we (masculine)* / nosotras *we (feminine)*
SECOND PERSON	tú	*you (familiar)*	vosotros *you (masc., fam.)* / vosotras *you (fem., fam.)*
THIRD PERSON	usted (Ud.)	*you (formal)*	ustedes (Uds.) *you (form.)*
	él	*he*	ellos *they (masc.)*
	ella	*she*	ellas *they (fem.)*

▶ A subject pronoun replaces the name or title of a person or thing and acts as the subject of a verb.

> Carlos **es estudiante.** → **Él es estudiante.**

▶ Spanish has two subject pronouns that mean *you* (singular). Use **tú** when talking to friends, family members, and small children. Use **usted** when talking to someone with whom you have a more formal relationship, such as an employer or a professor, or to someone who is older than you.

▶ **Usted** and **ustedes** are abbreviated **Ud.** and **Uds.**

¡ojo! In Latin America, **ustedes** and **Uds.** are used as the plural of both **tú** and **usted.** In Spain, **vosotros/as** is used as the plural of **tú.**

▶ **Nosotros, vosotros,** and **ellos** refer to a group of males or to a group of males and females. **Nosotras, vosotras,** and **ellas** refer only to groups of females.

nosotros, vosotros, ellos   nosotros, vosotros, ellos   nosotras, vosotras, ellas

▶ There is no Spanish equivalent of the English subject pronoun *it.*

—¿Qué es?   —Es una computadora.
What is it?   *It's a computer.*

INSTRUCTIONAL RESOURCES WB, LM, IRM (teaching tips, etc.), ICD-ROM

Práctica

1 **¿Quién es?** With a partner, take turns asking who these people are and where they are from. *Answers will vary.*

modelo

Estudiante 1: ¿Quién es?
Estudiante 2: Es Jennifer López.

Estudiante 1: ¿De dónde es?
Estudiante 2: Es de Nueva York.

Jennifer López / Nueva York

Martin Sheen / Ohio

Sammy Sosa / La República Dominicana

Gloria Estefan / Cuba

Salma Hayek / México

Shakira / Colombia

Carlos Santana / México

2 **¿Qué es?** Ask your partner what each object is and to whom it belongs.

modelo

Estudiante 1: ¿Qué es?
Estudiante 2: Es una grabadora.
Estudiante 1: ¿De quién es?
Estudiante 2: Es del profesor.

1.

E1: ¿Qué es? E2: Es una maleta.
E1: ¿De quién es? E2: Es de la señora López.

3.

E1: ¿Qué es? E2: Es un cuaderno.
E1: ¿De quién es? E2: Es de Manuel.

2.

E1: ¿Qué es? E2: Es un cuaderno.
E1: ¿De quién es? E2: Es de Sara.

4.

E1: ¿Qué es? E2: Es una computadora
E1: ¿De quién es? E2: Es de Rafael.

Conversación

3 En el dormitorio Using the items in the word bank, ask your partner questions about Susana's dorm room. *Answers will vary.*

¿Quién?	¿De dónde?	¿Cuántos?
¿Qué?	¿De quién?	¿Cuántas?

4 Personas famosas Pretend to be a person from Spain, Mexico, Puerto Rico, Cuba, or the United States who is famous in one of these professions. Your classmates will try to guess who you are. *Answers will vary.*

actor	actor
actriz	actress
deportista	athlete
escritor(a)	writer
cantante	singer
músico/a	musician

modelo

Estudiante 3: ¿Eres de Cuba?
Estudiante 1: Sí.
Estudiante 2: ¿Eres mujer?
Estudiante 1: No. Soy hombre.
Estudiante 3: ¿Eres músico?
Estudiante 1: No. Soy actor.
Estudiante 2: ¿Eres Andy García?
Estudiante 1: ¡Sí! ¡Sí!

Andy García

The present tense of ser

ser (to be)

Singular forms		Plural forms	
yo	soy (*I am*)	nosotros/as	somos (*we are*)
tú	eres (*you are*)	vosotros/as	sois (*you are*)
Ud./él/ella	es (*you are; he/she is*)	Uds./ellos/ellas	son (*you/they are*)

▶ Use **ser** to identify people and things.

—¿Quién **es** ella? *Who is she?*
—**Es** Inés Ayala Loor. *She's Inés Ayala Loor.*

—¿Qué **es**? *What is it?*
—**Es** un mapa. *It's a map.*

▶ Use **ser** to express possession, along with **de**. De combines with **el** to form the contraction **del**.[1] Note that Spanish doesn't use [*apostrophe*] + *s* to indicate possession.

—¿**De** quién **es**? *Whose is it?*
—**Es** el diario **de** Maite. *It's Maite's diary.*

—¿**De** quiénes **son**? *Whose are they?*
—**Son** los lápices **del** chico. *They are the boy's pencils.*

▶ Use **ser** to express origin, along with **de**.

—¿**De** dónde **es** Inés? *Where is Inés from?*
—**Es del** Ecuador. *She's from Ecuador.*

▶ Use **ser** to talk about someone's occupation.[2]

Don Francisco **es** conductor. *Don Francisco is a driver.*

Isabel **es** profesora. *Isabel is a teacher.*

---

[1] **De** does not form contractions with **la, los,** or **las.**
[2] Spanish does not use **un** or **una** after **ser** when mentioning a person's occupation, unless the occupation is accompanied by an adjective.

¡Manos a la obra!

 Provide the correct subject pronouns in the first column, and the correct present forms of **ser** in the second column. The first item has been done for you.

1. Gabriel	él	es
2. Juan y yo	nosotros	somos
3. Óscar y Flora	ellos	son
4. Adriana	ella	es
5. las turistas	ellas	son
6. el chico	él	es
7. los conductores	ellos	son
8. el señor y la señora Ruiz	ellos	son

1.4 Telling time

▶ Use numbers with the verb **ser** to tell time. To ask what time it is, use **¿Qué hora es?** To say what time it is, use **es la** with **una** and **son las** with other hours.

Es la una.

Son las cuatro.

▶ Express time from the hour to the half hour by adding minutes.

Son las dos **y diez**.

Son las ocho **y veinte**.

▶ Use **y cuarto** or **y quince** to say that it's fifteen minutes past the hour. Use **y media** or **y treinta** to say that it's thirty minutes past the hour.

Son las cuatro **y cuarto**.

Son las nueve **y media**.

Práctica

1 **Emparejar** Match each watch with the correct statement.

_4_   _5_   _1_

_3_   _6_   _2_

1. Son las ocho menos veinticinco de la mañana.
2. Es la una menos diez de la mañana.
3. Son las tres y cinco de la mañana.
4. Son las dos menos cuarto de la tarde.
5. Son las seis y media de la mañana.
6. Son las once y veinte de la noche.

2 **¿Qué hora es?** With a partner, answer the questions using the clocks as a guide.

modelo

Estudiante 1: Son las siete de la noche en Los Ángeles. ¿Qué hora es en San Antonio?
Estudiante 2: Son las nueve de la noche en San Antonio.

7:00 PM   **6:00** PM   **5:00** PM   **4:00** PM
Miami   **San Antonio**   **Denver**   **Los Ángeles**

1. Son las cuatro en punto de la tarde en Los Ángeles.
   ¿Qué hora es en Miami? _Son las siete de la tarde._
2. Son las seis de la tarde en San Antonio.
   ¿Qué hora es en Denver? _Son las cinco de la tarde._
3. Son las siete de la noche en Denver.
   ¿Qué hora es en Los Ángeles? _Son las seis de la tarde._
4. Son las dos y media de la tarde en Los Ángeles.
   ¿Qué hora es en Miami? _Son las cinco y media de la tarde._
5. Son las once de la mañana en San Antonio.
   ¿Qué hora es en Los Ángeles? _Son las nueve de la mañana._
6. Es la una de la tarde en Los Ángeles.
   ¿Qué hora es en San Antonio? _Son las tres de la tarde._

Conversación

3 En la televisión With a partner, take turns asking and answering questions about these television listings. *Answers will vary.*

modelo

Estudiante 1: ¿A qué hora es el programa
Las computadoras?
Estudiante 2: Es a las nueve en punto de la noche.

TV Hoy
Programación

Hora	Programa
11:00 am	Telenovela: *Cuatro viajeros y un autobús*
12:00 pm	Película: *El cóndor* (drama)
2:00 pm	Telenovela: *Dos mujeres y dos hombres*
3:00 pm	Programa juvenil: *Fiesta*
3:30 pm	Telenovela: *¡Sí, sí, sí!*
4:00 pm	Telenovela: *El diario de la Sra. González*
5:00 pm	Telenovela: *Tres mujeres*
6:00 pm	Noticias
7:00 pm	Especial musical: *Música folklórica de México*
7:30 pm	La naturaleza: *Jardín secreto*
8:00 pm	Noticiero: *Veinticuatro horas*
9:00 pm	Documental: *Las computadoras*
10:00 pm	Telecomedia: *Don Paco y doña Tere*
11:00 pm	Película: *Pedro Páramo*

4 Entrevista Use the following questions to interview a classmate. *Answers will vary.*

1. ¿Qué hora es?
2. ¿A qué hora es la clase de español?
3. ¿A qué hora es el programa *60 minutes*?
4. ¿A qué hora es el programa *Nightline*?
5. ¿Hay una fiesta el sábado (*on Saturday*)? ¿A qué hora es?
6. ¿Hay un concierto el sábado? ¿A qué hora es?

▶ To express time from the half-hour to the hour in Spanish, subtract minutes or a portion of an hour from the next hour.

Son las dos **menos cuarto**.

Son las once **menos quince**.

Son las nueve **menos diez**.

Son las ocho **menos cinco**.

Time-telling expressions

▶ Here are some useful phrases related to time-telling.

—**¿Qué hora es?**
What time is it?

—Son las cuatro **de la tarde.**
It's 4 p.m. (in the afternoon).

—Son las diez **de la noche.**
It's 10 p.m. (at night).

—**¿A qué hora es** la clase?
(At) what time is the class?

—La clase es **a la una.**
The class is at one o'clock.

—Son las nueve **de la mañana.**
It's 9 a.m. (in the morning).

—Es **el mediodía.**
It's noon.

—Es **la medianoche.**
It's midnight.

—La clase es **a las dos.**
The class is at two o'clock.

—La clase es a las ocho **en punto.**
The class is at 8 o'clock on the dot (sharp).

¡Manos a la obra!

Practice telling time by completing these sentences. The first item has been done for you.

1. (1:00 a.m.)   Es la ____una____ de la mañana.
2. (2:50 a.m.)   Son las tres ___menos___ diez de la mañana.
3. (4:15 p.m.)   Son las cuatro y _cuarto/quince_ de la tarde.
4. (8:30 p.m.)   Son las ocho y _media/treinta_ de la noche.
5. (9:15 a.m.)   Son las nueve y quince de la ___mañana___.
6. (12:00 p.m.) Es el ___mediodía___.
7. (6:00 a.m.)   Son las seis de la ___mañana___.
8. (4:05 p.m.)   Son las cuatro y cinco de la ___tarde___.
9. (12:00 a.m.) Es la ___medianoche___.
10. (9:55 p.m.) Son las ___diez___ menos cinco de la noche.

Ampliación

 ## 1 Escuchar

A Listen to the conversation between Srta. Martínez and a traveler. Then fill in the missing information on the form.

⭐ **TIP** **Listen for words you know.** Listening for familiar words and phrases will help you follow a conversation.

Aero Tur ✈

Número de pasajeros
1. *uno*

Nombre (first name) del pasajero
2. *Alejandro*

Apellido (last name) del pasajero
3. *Cavazos*

Destino
4. *Quito*

Número de maletas
5. *dos*

B When does this conversation take place? How do you know?

2 Conversar

With two classmates, act out an interview between school newspaper reporters and a visiting **profesor de literatura.** After introducing themselves, the reporters should find out the following information.
Answers will vary.

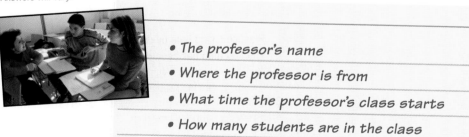

- The professor's name
- Where the professor is from
- What time the professor's class starts
- How many students are in the class

recursos

| R | Textbook CD Lección 1 | WB pp. 3-8 | LM pp. 3-8 | Lab CD Lección 1 | ICD-ROM Lección 1 | vistahigherlearning.com |

INSTRUCTIONAL RESOURCE Text CD

Ampliación

3 SUGGESTION Write the standard headings used in a telephone/address list on the board: **Nombre, Teléfono, Dirección electrónica.** You may also want to add **Número de casa, Número de oficina,** and **Número de fax** to the list. Encourage students to use their imagination in adding categories and to make annotations on their lists.

3 EXPANSION

Criteria	Scale
Content	1 2 3 4
Organization	1 2 3 4
Comprehensibility	1 2 3 4
Accuracy	1 2 3 4
Creativity	1 2 3 4

Scoring

Excellent	18-20 points
Good	14-17 points
Satisfactory	10-13 points
Unsatisfactory	< 10 points

4 SUGGESTION Have students brainstorm a list of possible cities or assign students specific cities so that a wide variety is covered.

4 EXPANSION Bring in a map of the United States and ask students to name the cities described in the presentations as you mark them on the map.

4 EXPANSION You might have students read the **Aventuras en los países hispanos** on pages 49–52 at this point.

3 Escribir

Write a list of names, numbers, addresses, and websites that will help you in your study of Spanish. Use the plan below to guide you in your writing. *Answers will vary.*

TIP Write in Spanish. Use grammar and vocabulary that you know. Also, look at your textbook for examples of style, format, and expressions in Spanish.

Organízalo | Make a list of campus resources and contact information. Then explore web resources and jot down a few addresses.

Escríbelo | Using the material you have compiled, write the first draft of your list.

Corrígelo | Exchange papers with a classmate and comment on the organization, style, and grammatical correctness of each other's work. Then revise your first draft, keeping your classmate's comments in mind.

Compártelo | Share your list with two new classmates. If they found resources you didn't mention, add them to your list. Store your list with your other study aids.

4 Un paso más

Prepare a presentation about how Hispanic cultures have influenced an American city. Include the following in your presentation: *Answers will vary.*

- An introduction of yourself in Spanish
- A general description of the city
- Examples of how Hispanic cultures have influenced the city
- Photos, drawings, and charts to make your presentation more interesting.

SAN ANTONIO

 En Internet

Investiga estos temas en el sitio vistahigherlearning.com.

- Ciudad de Nueva York
- Ciudad de Miami
- Ciudad de Los Ángeles

Antes de leer

Cognates are words that share similar meanings and spellings in two or more languages. The Spanish words **computadora**, **problema**, and **programa** are examples of cognates.

When you read in Spanish, look for cognates and use them to get the general meaning of what you're reading. But watch out for false cognates such as **librería**, which means *bookstore*, not *library*.

Laura, a university student, made a list of important names and numbers she needed to remember. Look for cognates while you read her list.

For now, read the phone numbers one digit at a time. The period (.) is called **punto** and the "at" symbol (@) is called **arroba.**

Teléfonos importantes

Sra. Ruiz (asistente de matemáticas) 74.87.11

Oficina de ayuda financiera 74.14.57

Administración universitaria
(número principal) 74.83.00

Dormitorio Los Pinos 74.90.83

Policía del campus 74.87.40

Dra. Chen 74.24.81

Estadio de béisbol 74.75.44

Pizzería Roma 74.77.23

Cooperativa Orgánica Fina 74.66.04

Llamar a la
Sra. Ruiz

10 a.m.

Direcciones electrónicas

Oficina de matemáticas
ofna@matematicas.unimetro.edu.pe

Profesora González
a.gonzalez@matematicas.unimetro.edu.pe

Farmacia
rx@farmaciagomez.com.pe

Gimnasio
informacion@gimnasio.unimetro.edu.pe

Después de leer

¿Comprendiste?

Indicate whether each statement is **cierto** (*true*) or **falso** (*false*).

Cierto	Falso	
✓	___	1. Professor González works in the math department.
___	✓	2. If Laura wanted to to get a student loan, she would call 74.83.00.
___	✓	3. Laura never eats pizza.
✓	___	4. If Laura needed to report a crime, she would dial 74.87.40.
✓	___	5. To find out the price of organic apples, Laura would dial 74.66.04.
✓	___	6. Laura would call 74.75.44 to get a baseball ticket.

Coméntalo

Think about the names, phone numbers, and e-mail addresses that Laura keeps in her address book. If you were preparing a similar address book, what names, telephone numbers, and e-mail addresses would you include?

recursos

R

vistahigher
learning.com

Saludos

Hola.	Hello; hi.
Buenos días.	Good morning.
Buenas tardes.	Good afternoon.
Buenas noches.	Good evening; good night.

Despedidas

Adiós.	Goodbye.
Nos vemos.	See you.
Hasta luego.	See you later.
Hasta la vista.	See you later.
Hasta pronto.	See you soon.
Hasta mañana.	See you tomorrow.
Saludos a…	Greetings to…
Chau.	Bye.

¿Cómo está?

¿Cómo está usted?	How are you? (form.)
¿Cómo estás?	How are you? (fam.)
¿Qué hay de nuevo?	What's new?
¿Qué pasa?	What's happening?; what's going on?
¿Qué tal?	How are you?; how is it going?
(Muy) bien, gracias.	(Very) well, thanks.
Nada.	Nothing.
No muy bien.	Not very well.
Regular.	So-so; OK.

Expresiones de cortesía

De nada.	You're welcome.
Lo siento.	I'm sorry.
(Muchas) gracias.	Thank you (very much); thanks (a lot).
No hay de qué.	You're welcome.
Por favor.	Please.

Títulos

señor (Sr.)	Mr.; sir
señora (Sra.)	Mrs.; ma'am
señorita (Srta.)	Miss

Presentaciones

¿Cómo se llama usted?	What's your name? (form.)
¿Cómo te llamas (tú)?	What's your name? (fam.)
Me llamo…	My name is…
¿Y tú?	And you? (fam.)
¿Y Ud.?	And you? (form.)
Mucho gusto.	Pleased to meet you.
El gusto es mío.	The pleasure is mine.
Encantado/a.	Delighted; Pleased to meet you.
Igualmente.	Likewise.
Éste/ésta es…	This is…
Le presento a…	I would like to introduce you to… (form.)
Te presento a…	I would like to introduce you to… (fam.)

Países

Ecuador	Ecuador
España	Spain
Estados Unidos (EE.UU.)	United States
México	Mexico
Puerto Rico	Puerto Rico

Verbos

ser	to be

¿De dónde es?

¿De dónde es Ud.?	Where are you from? (form.)
¿De dónde eres?	Where are you from? (fam.)
Soy de…	I'm from …

Palabras adicionales

¿Cuánto(s)/a(s)?	How many?
¿De quién…?	Whose …? (sing.)
¿De quiénes…?	Whose …? (plural)
(No) Hay	There is (not); there are (not)

Sustantivos

el autobús	bus
la capital	capital city
la chica	girl
el chico	boy
la computadora	computer
la comunidad	community
el/la conductor(a)	chauffeur; driver
la conversación	conversation
la cosa	thing
el cuaderno	notebook
el día	day
el diario	diary
el diccionario	dictionary
la escuela	school
el/la estudiante	student
la foto(grafía)	photograph
la grabadora	tape recorder
el hombre	man
el/la joven	youth; young person
el lápiz	pencil
la lección	lesson
la maleta	suitcase
la mano	hand
el mapa	map
la mochila	backpack
la mujer	woman
la nacionalidad	nationality
el número	number
el país	country
la palabra	word
el/la pasajero/a	passenger
el problema	problem
el/la profesor(a)	teacher
el programa	program
el/la turista	tourist
el vídeo	video

Expresiones útiles	See page 9.
Numbers 0–30	See page 14.
Subject Pronouns	See page 16.
Time-telling expressions	See page 18.

recursos

R	Lab CD Lección 1	LM p. 6

2 Las clases

PREVIEW Have students look at the photo. Say:
Es una foto de dos jóvenes en la universidad.
Then ask: **¿Qué son los jóvenes? (Son
estudiantes.) ¿Qué tiene el chico en la mano?**

Communicative Goals

You will learn how to:
- talk about people, places, classes
- express likes and dislikes
- chat with a new friend
- talk about prices

PREPARACIÓN

pages 26-31
- Words related to people, places, and classes at university
- Days of the week
- Pronouncing Spanish vowels

AVENTURAS

pages 32-35
- Maite, Inés, Álex and Javier begin to get to know each other on the bus as they talk about their classes. Maite pretends to be a radio host and interviews the other students about their current classes.

GRAMÁTICA

pages 36-45
- Present tense of **-ar** verbs
- Forming questions
- Present tense of **estar**
- Numbers 31-100

LECTURA

pages 46-47
- Brochure: *UAM: La mejor universidad de Europa*

RECURSOS

These student supplements provide additional practice:
- Textbook Audio CD
- Workbook/Video Manual (WB/VM)
- Lab Manual (LM)
- WB/VM/LM Answer Key
- Lab Audio CDs
- Video CD-ROM
- Interactive CD-ROM

LAS CLASES

el laboratorio
laboratory

LUGARES

la cafetería *cafeteria*
la librería *bookstore*
la residencia estudiantil *dormitory*
la universidad *university*

la biblioteca
library

el estadio
stadium

SUGGESTION Identify items in the transparency or the text, then in the room, and ask questions. Ex: (Transparency) **Es un lápiz.** (Looking around the room) Ex: **¿Hay un lápiz en la clase? ¿Cuántos lápices hay en la clase? ¿Dónde hay un libro de biología? ¿De quién es el libro de historia?**

la química
chemistry

LAS CLASES

la administración *business administration*
  de empresas
el arte *art*
la biología *biology*
la clase *class*
la contabilidad *accounting*
los cursos *courses*
el español *Spanish*
la física *physics*
la historia *history*
el inglés *English*
las lenguas extranjeras *foreign languages*

las matemáticas *mathematics*
el periodismo *journalism*
la psicología *psychology*
la sociología *sociology*

la geografía
geography

VARIACIÓN LÉXICA Point out these lexical items:
pluma → bolígrafo
pizarra → tablero *(Col.)*
tarea → asignación *(P. Rico)*;
        deberes *(Esp., Arg.)*

la computación
computer science

recursos

R	Textbook CD Lección 2	WB pp. 9-10	LM p. 7	Lab CD Lección 2	ICD-ROM Lección 2

INSTRUCTIONAL RESOURCES WB, LM, OT, Text CD, ICD-ROM

EN LA CLASE

el reloj
clock; watch

el borrador *eraser*
el examen *test; exam*
el horario *schedule*
la mesa *table*
el papel *paper*
la pizarra *blackboard*
la pluma *pen*
la prueba *test; quiz*
la puerta *door*
el semestre *semester*
la silla *chair*
la tarea *homework*
la tiza *chalk*
el trimestre *trimester; quarter*
la ventana *window*

el mapa
map

el libro
book

EXPANSION Ask students what phrases or words they associate with various items. Ex: **la pizarra** (ex. **la tiza, el borrador**), **el reloj** (¿Qué hora es? **Son las...**), **la biblioteca** (los libros, los exámenes, las materias).

el escritorio
desk

el profesor
teacher; professor

PERSONAS

el/la compañero/a de clase *classmate*
el/la compañero/a de cuarto *roommate*
el/la estudiante *student*

EXPANSION Write **¿Qué clases tomas?** and **Tomo...** on the board and explain their meaning. Have students circulate, introducing themselves, finding where others are from, and asking what classes they are taking. Conclude by asking students to present the information they have found about a classmate.

LOS DÍAS DE LA SEMANA

lunes *Monday*
martes *Tuesday*
miércoles *Wednesday*
jueves *Thursday*
viernes *Friday*
sábado *Saturday*
domingo *Sunday*

el día *day*
la semana *week*

Hoy es... *Today is...*

A escuchar

1 **Escuchar** Listen to Professor Morales talk about her Spanish classroom, then check the items she mentions.

1. puerta ☑
2. ventanas ☑
3. pizarra ☑
4. borrador ☐
5. tiza ☑
6. escritorios ☑

7. sillas ☐
8. libros ☑
9. plumas ☑
10. mochilas ☐
11. papel ☑
12. reloj ☑

2 **Mis clases** Listen and fill in the calendar with Maria's class schedule. Then complete the sentences below.

María

Estudiante	María		Semestre Nº 1	
	lunes	martes	miércoles	jueves	viernes
AM	10:30 arte				
			11 periodismo		
PM					biblioteca
		2:15 computación			
				3:30 geografía	

1. Éste es el primer (*first*) __semestre__ de María en la universidad.
2. El horario de María es de cuatro __clases__ .
3. La clase de __arte__ es el lunes a las diez y media de la mañana.
4. La clase de __computación__ es el martes a las dos y quince de la tarde.
5. La clase de periodismo es el __miércoles__ a las once de la mañana.
6. La clase de __geografía__ es el jueves a las tres y media de la tarde.
7. María estudia (*studies*) en la __biblioteca__ los viernes.

recursos

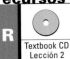

R
Textbook CD
Lección 2

1 SCRIPT
¿Qué hay en mi clase de español? ¡Muchas cosas! Hay una puerta y cinco ventanas. Hay una pizarra con tiza. Hay muchos escritorios para los estudiantes. En los escritorios de los estudiantes hay libros y plumas. En la mesa de la profesora hay papel. Hay un mapa y un reloj en la clase también.

2 SCRIPT
Hola, ¿qué tal? Me llamo María. Éste es mi primer semestre en la universidad. Mi horario es de cuatro clases. Mi clase de arte es el lunes a las diez y media de la mañana, mi clase de computación es el martes a las dos y quince de la tarde y mi clase de periodismo es el miércoles a las once de la mañana. Mi clase de geografía es el jueves a las tres y media de la tarde. Mi día de biblioteca es el viernes. En la biblioteca estudio para mis exámenes y la tarea.

2 SUGGESTION Using sentences 2 through 6 as a model, have students prepare four statements about their classes to share with the class or a partner. Prepare a class schedule like María's on the board if time permits.

2 SUGGESTION Point out that the days of the week are always written in lowercase.

INSTRUCTIONAL RESOURCE Text CD

A practicar

3 Clasificar Indicate whether each word is a **Persona**, **Objeto**, **Curso**, or **Lugar** (*place*).

	Persona	Objeto	Curso	Lugar
1. el periodismo			✓	
2. la residencia estudiantil				✓
3. la estudiante	✓			
4. el estadio				✓
5. la tiza		✓		
6. la contabilidad			✓	
7. la pluma		✓		
8. la compañera de clase	✓			

4 Cursos What is the subject matter of each class?

modelo
la cultura de España, los verbos
Es la clase de español.

1. los microbios, los animales
   Es la clase de biología.

2. George Washington, Martin Luther King, Jr.
   Es la clase de historia.

3. la geometría, la trigonometría
   Es la clase de matemáticas.

4. Frida Kahlo, Leonardo da Vinci
   Es la clase de arte.

5. África, el río Amazonas
   Es la clase de geografía.

6. Freud, Jung
   Es la clase de psicología.

Frida Kahlo, famosa pintora (*painter*) mexicana.

El río Amazonas, en la América del Sur.

5 Analogías Use these words to complete the analogies. Five words will not be used.

1. dos ⟷ cuatro ⊜ martes ⟷ _____ *jueves*
2. hoy ⟷ mañana ⊜ viernes ⟷ _____ *sábado*
3. EE.UU. ⟷ mapa ⊜ hora ⟷ _____ *reloj*
4. inglés ⟷ lengua ⊜ miércoles ⟷ _____ *día*
5. maleta ⟷ pasajero/a ⊜ mochila ⟷ _____ *estudiante*
6. pluma ⟷ papel ⊜ tiza ⟷ _____ *pizarra*
7. papel ⟷ cuaderno ⊜ libro ⟷ _____ *biblioteca*

biblioteca	pizarra	profesor(a)
jueves	semana	miércoles
estudiante	día	reloj
sábado	martes	domingo

A conversar

6 **Horario** Create your own class schedule like the one below. Then discuss it with a classmate.
Answers will vary.

Manuel Domínguez

Estudiante	Manuel Domínguez		Semestre N° 1	
lunes	**martes**	**miércoles**	**jueves**	**viernes**
8:30 biología Profesora Morales		8:30 biología		8:30 biología
10:15 inglés Profesor Herrera	9:45 historia Península Ibérica Profesora Cortés	10:15 inglés	9:45 historia	10:15 inglés
3:30 laboratorio (biología)	12:45 psicología Profesor Blanco	1:15 arte Profesor Pérez	12:45 psicología	1:15 arte
4:30 discusión (historia) biblioteca				

modelo

Estudiante 1: ¿Cuándo tomas (*when do you take*) biología?
Estudiante 2: Los lunes, miércoles y viernes tomo (*I take*) biología a las ocho y media de la mañana.
Estudiante 1: ¿Quién es el profesor?
Estudiante 2: Es la profesora Morales.

7 **Entrevistas** Use these questions to interview two classmates. Then share the results of your interviews with the class. *Answers will vary.*

1. ¿Cómo te llamas?
2. ¿Cómo estás hoy?
3. ¿De dónde eres?
4. ¿Cuántos cursos tomas?

5. ¿Cuándo tomas…?
6. ¿A qué hora es la clase de…?
7. ¿Quién es el/la profesor(a)?
8. ¿Qué hora es ahora (*now*)?

8 **Nuevos amigos** You meet a new student in the cafeteria. Have a conversation based on the following cues. *Answers will vary.*

- Greet your new acquaintance.
- Find out how he or she is doing.
- Ask where he or she is from.
- Compare class schedules.
- Say goodbye.

7 SUGGESTION Have students jot down the responses to their questions. Then ask them to report what one partner said and to write a paragraph about the other partner.

7 EXPANSION Have students prepare and ask additional interview questions.

TEACHING OPTION Have students work in groups, imagining that they are meeting several new students on campus. Remind students to include introductions as part of their conversations. Have the groups practice and present the activity as a skit without using notes of any kind.

Pronunciación

Spanish vowels

a   **e**   **i**   **o**   **u**

Spanish vowels are never silent; they are always pronounced in a short, crisp way without the glide sounds used in English.

Álex   **clase**   **nada**   **encantada**

The letter **a** is pronounced like the *a* in *father*, but shorter.

el   **ene**   **mesa**   **elefante**

The letter **e** is pronounced like the *e* in *they*, but shorter.

Inés   **chica**   **tiza**   **señorita**

The letter **i** sounds like the *ee* in *beet,* but shorter.

hola   **con**   **libro**   **don Francisco**

The letter **o** is pronounced like the *o* in *tone*, but shorter.

uno   **regular**   **saludos**   **gusto**

The letter **u** sounds like the *oo* in *room*, but shorter.

Práctica Practice the vowels by saying the names of these places in Spain.

1. Madrid
2. Alicante
3. Tenerife
4. Toledo
5. Barcelona
6. Granada
7. Burgos
8. La Coruña

Oraciones Read the sentences aloud, focusing on the vowels.

1. Hola. Me llamo Ramiro Morgado.
2. Estudio arte en la Universidad de Salamanca.
3. Tomo también (*also*) literatura y contabilidad.
4. Ay, tengo clase en cinco minutos. ¡Nos vemos!

Refranes Practice the vowels by reading these sayings aloud.

Cada loco con su tema.[2]

Del dicho al hecho hay un gran trecho.[1]

1 Easier said than done.
2 To each his own.

recursos

| R | Textbook CD Lección 2 | LM p. 8 | Lab CD Lección 2 | ICD-ROM Lección 2 |

¿Qué clases tomas?

Maite, Inés, Javier y Álex hablan de las clases.

1

ÁLEX Hola Ricardo… Aquí estamos en la Mitad del Mundo. ¿Qué tal las clases en la UNAM?

2

MAITE Es exactamente como las fotos en los libros de geografía.

INÉS ¡Sí! ¿También tomas tú geografía?

MAITE Yo no. Yo tomo inglés y literatura. También tomo una clase de periodismo.

3

MAITE Muy buenos días. María Teresa Fuentes, de Radio Andina FM 93. Hoy estoy con estudiantes de la Universidad San Francisco de Quito. ¡A ver! La señorita que está cerca de la ventana… ¿Cómo te llamas y de dónde eres?

6

MAITE ¿En qué clase hay más chicos?

INÉS Bueno, eh… en la clase de historia.

MAITE ¿Y más chicas?

INÉS En la de sociología hay más chicas, casi un ochenta y cinco por ciento.

7

MAITE Y tú, joven, ¿cómo te llamas y de dónde eres?

JAVIER Me llamo Javier Gómez y soy de San Juan, Puerto Rico.

MAITE ¿Tomas muchas clases este semestre?

JAVIER Sí, tomo tres: historia y arte los lunes, miércoles y viernes y computación los martes y jueves.

8

MAITE ¿Te gustan las computadoras, Javier?

JAVIER No me gustan nada. Me gusta mucho más el arte… y, sobre todo, me gusta dibujar.

ÁLEX ¿Cómo que no? ¿No te gustan las computadoras?

recursos

R	Video/ VCD-ROM Lección 2	VM pp. 171-172	ICD-ROM Lección 2

Personajes

JAVIER

INÉS

ÁLEX

MAITE

INÉS Hola. Me llamo Inés Ayala Loor y soy del Ecuador, de Portoviejo.

MAITE Encantada. ¿Qué clases tomas en la universidad?

INÉS Tomo geografía, inglés, historia, sociología y arte.

MAITE Tomas muchas clases, ¿no?

INÉS Pues sí, me gusta estudiar mucho.

ÁLEX Pero si son muy interesantes, hombre.

JAVIER Sí, ¡muy interesantes!

Expresiones útiles

Talking about classes
¿Qué tal las clases en la UNAM?
How are classes going at UNAM?
Tomas muchas clases, ¿no?
You're taking lots of classes, aren't you?
Pues sí.
Well, yes.
¿En qué clase hay más chicos?
In which class are there more guys?
En la clase de historia.
In history class.

Talking about likes/dislikes
¿Te gusta estudiar?
Do you like to study?
Sí, me gusta mucho. Pero también me gusta mirar la televisión.
Yes, I like it a lot. But I also like to watch television.
¿Te gustan las computadoras?
Do you like computers?
Sí, me gustan muchísimo.
Yes, I like them very much.
No, no me gustan nada.
No, I don't like them at all.

Talking about location
Aquí estamos en…
Here we are at/in…
¿Dónde está la señorita?
Where is the young woman?
Está cerca de la ventana.
She's near the window.

Expressing hesitation
A ver…
Let's see…
Bueno…
Well…

SUGGESTION Point out that **UNAM** is the **Universidad Nacional Autónoma de México**, located in Mexico City.

SUGGESTION Play the segment and have students give you a play-by-play description of the action.

SUGGESTION Point out concepts from this lesson's **Gramática** section, including **tomo** and **tomas** as a regular **–ar** verb, **está** and **estamos** from **estar** to express location and well-being, and using **¿no?**, **¿qué?**, and **¿dónde?** to form questions. Point out the written accent on the question words.

SUGGESTION Model the pronunciation of the **Expresiones útiles**, having students repeat after you. Then have pairs prepare a short dialogue, personalizing the questions and answers.

¿Qué piensas?

1 **Escoger** Choose the answer that best completes each sentence.

1. Maite toma (*is taking*) ___c___ en la universidad.

   a. geografía, inglés y periodismo   b. inglés, periodismo y arte
   c. periodismo, inglés y literatura

2. Inés toma sociología, geografía, ___a___ .

   a. inglés, historia y arte   b. periodismo, computación y arte
   c. historia, literatura y biología

3. Javier toma ___b___ clases este semestre.

   a. cuatro   b. tres
   c. dos

4. Javier toma historia y ___c___ los ___c___ .

   a. computación; martes y jueves   b. arte; lunes, martes y miércoles
   c. arte; lunes, miércoles y viernes

Inés

Javier   **Maite**

2 **Completar** These sentences are similar to things said in the **Aventuras** episode. Complete each sentence with the correct word(s).

1. Maite, Javier, Inés y yo estamos en _____la Mitad del Mundo_____ .
2. Hay fotos impresionantes de la Mitad del Mundo en los libros de _____geografía_____.
3. Me llamo María Teresa Fuentes. Estoy aquí con estudiantes de ___la Universidad San Francisco___ .
                                                                              de Quito
4. Hay muchos chicos en _____la clase de historia_____.
5. No me gustan las computadoras. Me gusta más _____el arte_____.

3 **Conversar** Use the following guidelines to have a conversation with a partner. *Answers will vary.*

• Greet each other.
• Ask each other where you are from.
• Find out what each of you likes to study.
• Find out how many classes each of you is taking.
• Find out which classes each of you likes and dislikes.
• Say goodbye.

Exploración
Las universidades hispanas

SUGGESTION Have students locate the countries mentioned (**México, Argentina, España, República Dominicana**) on the maps on the inside covers of their texts.

SUGGESTION Explain that in Spanish-speaking countries, unlike in the United States, students usually enroll in programs that prepare them for a specific career and have few electives. Classes are conducted as lectures that meet once or twice weekly, and grades are often based on a scale of one to ten, where five is passing.

Estadísticas universitarias

PRINCIPALES UNIVERSIDADES DEL MUNDO HISPANO	Número de estudiantes
1. Universidad Nacional Autónoma de México (México)	255.000
2. Universidad de Buenos Aires (Argentina)	206.700
3. Universidad Complutense de Madrid (España)	140.000
4. Universidad Autónoma de Santo Domingo (República Dominicana)	100.000

La Universidad de Salamanca, fundada en el siglo XIII (*thirteenth century*), es una de las universidades preeminentes de Europa. Ofrece muchos cursos y clases de español para extranjeros (*foreigners*).

La Universidad Nacional Autónoma de México (UNAM), con unos 255.000 (doscientos cincuenta y cinco mil) estudiantes, es una de las más grandes del mundo (*biggest in the world*).

Fundada en 1821 (mil ochocientos veinte y uno), la Universidad de Buenos Aires (UBA) es un importante centro de estudios sociales y científicos. La UBA ayudó (*helped*) en la formación de tres científicos que ganaron (*won*) el Premio Nobel.

EXPANSION To check comprehension, ask **1.** ¿Cuál es una de la universidades más grandes del mundo? (UNAM) **2.** Cuál es una de las universidades preeminentes de Europa? (La Universidad de Salamanca) **3.** Cuál es la universidad que ayudó en la formación de tres ganadores del Premio Nobel? (UBA)

Coméntalo

With a classmate, discuss the following questions. *Answers will vary.*

- ¿Cuál (*which*) es la universidad más grande en tu ciudad (*city*) o estado (*state*)?
- ¿Te gustaría (*would you like*) estudiar español en Salamanca? (Sí, me gustaría… / No, no me gustaría…)

recursos
R vistahigher learning.com

2.1 The present tense of regular –ar verbs

▸ To create the forms of regular verbs, drop the infinitive endings (**–ar,** **–er, –ir**). Then add the endings of the different subject pronouns. The chart below demonstrates how to conjugate regular **–ar** verbs.

estudiar (*to study*)

yo	estudio	*I study*
tú	estudias	*you (fam.) study*
Ud./él/ella	estudia	*you (form.) study; he/she studies*
nosotros/as	estudiamos	*we study*
vosotros/as	estudiáis	*you (fam.) study*
Uds./ellos/ellas	estudian	*you (form.)/they study*

¿Tomas muchas clases este semestre?

Sí, tomo tres.

Common –ar verbs

bailar	*to dance*	explicar	*to explain*
buscar	*to look for*	hablar	*to talk; to speak*
caminar	*to walk*	llegar	*to arrive*
cantar	*to sing*	llevar	*to carry*
comprar	*to buy*	mirar	*to look (at); to watch*
contestar	*to answer*	necesitar	*to need*
conversar	*to talk*	practicar	*to practice*
descansar	*to rest*	preguntar	*to ask (a question)*
desear	*to want; to wish*	preparar	*to prepare*
dibujar	*to draw*	regresar	*to return*
enseñar	*to teach*	terminar	*to end; to finish*
escuchar	*to listen*	tomar	*to take; to drink*
esperar	*to wait (for); to hope*	trabajar	*to work*
estudiar	*to study*	viajar	*to travel*

▸ The Spanish present tense can be translated in several ways. Note the following examples.

Ana **trabaja** en la cafetería.
Ana works in the cafeteria.
Ana is working in the cafeteria.
Ana does work in the cafeteria.

Paco **viaja** a Madrid mañana.
Paco travels to Madrid tomorrow.
Paco is traveling to Madrid tomorrow.
Paco does travel to Madrid tomorrow.

Práctica

1 **¿Te gusta... ?** Get together with a classmate and take turns asking each other if you like these activities. *Answers will vary.*

¿Te gusta... ?		Sí, me gusta/No, no me gusta
Do you like... ?		*Yes, I like/No, I don't like*

modelo
Estudiante 1: ¿Te gusta tomar el autobús?
Estudiante 2: Sí, me gusta tomar el autobús. / No, no me gusta tomar el autobús.

	Sí	No
bailar	___	___
cantar	___	___
dibujar	___	___
estudiar	___	___
mirar la televisión	___	___
trabajar	___	___
viajar	___	___

2 **Completar** Complete the conversation with a partner.

Juan   **Linda**

JUAN ¡Hola, Linda! ¿Qué tal las clases?

LINDA Bien. ___Tomo___ [tomar] tres clases: química, biología y computación. Y tú, ¿cuántas clases ___tomas___ [tomar]?

JUAN ___Tomo___ [tomar] cuatro: sociología, biología, arte y literatura. Yo ___tomo___ [tomar] biología a las cuatro. ¿Y tú?

LINDA Lily, Alberto y yo ___tomamos___ [tomar] biología a las diez.

JUAN ¿___Estudian___ [estudiar] ustedes mucho?

LINDA Sí, porque (*because*) hay muchos exámenes. Alberto y yo ___estudiamos___ [estudiar] dos horas juntos todos los días (*together every day*).

JUAN ¿Lily no ___estudia___ [estudiar] con ustedes?

LINDA No, ella ___estudia___ [estudiar] con su novio (*boyfriend*), Arturo.

Conversación

3 Describir With a partner, describe what the people in the photos are doing.

modelo

Manuela baila.

Manuela

Héctor

1. _Héctor dibuja._

Ernesto

3. _Ernesto descansa._

Mariana y Tina

2. _Mariana y Tina miran la televisión._

Mario y Celia

4. _Mario y Celia toman el autobús._

4 Entrevista Use these questions to interview a classmate.
Answers will vary.

1. ¿Qué clases tomas?
2. ¿A qué hora terminan las clases?
3. ¿Qué llevas a la clase de español?
4. ¿Cuántas lenguas hablas?
5. ¿Estudias en la biblioteca o en la residencia estudiantil?
6. ¿Necesitas estudiar hoy para un examen?
7. ¿Miras mucho la televisión?
8. ¿Te gusta viajar? ¿Viajas mucho?
9. ¿Te gusta bailar? ¿Bailas salsa?
10. ¿Cuándo (when) descansas?
11. ¿Caminas a la clase de español?
12. ¿Te gusta conversar con tus amigos? ¿Conversan Uds. en español?

Using verbs in Spanish

▸ When two verbs are used together with no change of subject, the second verb is generally in the infinitive.

Deseo hablar con Maite.
I want to speak with Maite.

Necesito comprar lápices.
I need to buy pencils.

▸ To make a sentence negative, use **no** before the conjugated verb.

Yo **no** miro la televisión.
I don't watch television.

Ella **no** desea bailar.
She doesn't want to dance.

▸ Subject pronouns are often omitted because the verb endings indicate who the subject is.

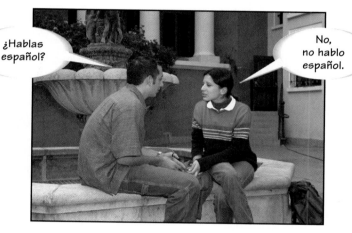

¿Hablas español?

No, no hablo español.

▸ Subject pronouns are occasionally used for clarification.

—¿Qué enseñan **ellos**?
What do they teach?

—**Él** enseña arte y **ella** enseña química.
He teaches art and she teaches chemistry.

▸ Sometimes subject pronouns are used for emphasis.

—¿Quién desea trabajar hoy?
Who wants to work today?

—**Yo** no deseo trabajar.
I don't want to work.

¡Manos a la obra!

Provide the present tense forms of the verbs.

1. ¿A qué hora ___regresan___ [regresar] Uds.?
2. Yo ___hablo___ [hablar] español.
3. Uds. ___desean___ [desear] trabajar.
4. Elena y yo ___estudiamos___ [estudiar] mucho.
5. Mateo no ___baila___ [bailar] muy bien.
6. Tú no ___trabajas___ [trabajar] en la cafetería.
7. Yo no deseo ___estudiar___ [estudiar].
8. Ellos ___cantan___ [cantar] muy bien.

2.2 Forming questions in Spanish

NATIONAL STANDARDS comparisons

▶ You can form a question by raising the pitch of your voice at the end of a sentence. Be sure to use an upside-down question mark (¿) at the beginning of a question and a regular question mark (?) at the end.

¿Dibujas mucho?

Las computadoras son muy interesantes, ¿no?

Statement	Question
Uds. trabajan los sábados.	¿Uds. trabajan los sábados?
You work on Saturdays.	*Do you work on Saturdays?*
Miguel busca un mapa.	¿Miguel busca un mapa?
Miguel is looking for a map.	*Is Miguel looking for a map?*

▶ You can also form a question by putting the subject after the verb. The subject may even be placed at the end of the sentence.

Statement	Question
SUBJECT VERB	VERB SUBJECT
Uds. trabajan los sábados.	¿**Trabajan Uds.** los sábados?
You work on Saturdays.	*Do you work on Saturdays?*
SUBJECT VERB	VERB SUBJECT
Carlota regresa a las seis.	¿**Regresa** a las seis **Carlota?**
Carlota returns at six.	*Does Carlota return at six?*
SUBJECT VERB	VERB SUBJECT
La clase termina a las cinco.	¿**Termina** a las cinco **la clase?**
The class ends at five.	*Does the class end at five?*

▶ Questions can also be formed by adding **¿no?** or **¿verdad?** at the end of a statement.

Statement	Question
Uds. trabajan los sábados.	Uds. trabajan los sábados, **¿verdad?**
You work on Saturdays.	*You work on Saturdays, right?*
Carlota regresa a las seis.	Carlota regresa a las seis, **¿no?**
Carlota returns at six.	*Carlota returns at six, doesn't she?*
La clase termina a las cinco.	La clase termina a las cinco, **¿no?**
The class ends at five.	*The class ends at five, doesn't it?*

Práctica

1 En el centro estudiantil Use the clues to ask questions about what's going on at the student center.

modelo

Ernesto / estudiar con Sara
¿Estudia Ernesto con Sara? /
¿Estudia con Sara Ernesto?

1. Sandra / hablar con su compañera de cuarto
¿Habla Sandra con su compañera de cuarto? / ¿Habla con su compañera de cuarto Sandra?

2. La profesora Soto / buscar una mesa
¿Busca la profesora Soto una mesa? / ¿Busca una mesa la profesora Soto?

3. Jaime / preparar la tarea
¿Prepara Jaime la tarea? / ¿Prepara la tarea Jaime?

4. Jorge y Leticia / trabajar en la cafetería
¿Trabajan Jorge y Leticia en la cafetería? / ¿Trabajan en la cafetería Jorge y Leticia?

5. Los chicos / escuchar música por la radio
¿Escuchan los chicos música por la radio? / ¿Escuchan música por la radio los chicos?

2 Una conversación Irene and Manolo are chatting (quietly!) in the library. Complete their conversation with the appropriate questions.

IRENE *¿Cómo estás? / ¿Qué tal?*
MANOLO Bien, gracias. *¿Y tú?*
IRENE Muy bien. *¿Qué hora es?*
MANOLO Son las nueve.
IRENE *¿Qué estudias?*
MANOLO Estudio historia.
IRENE *¿Por qué?*
MANOLO Porque hay un examen mañana.
IRENE *¿Te gusta la clase?*
MANOLO Sí, me gusta mucho la clase.
IRENE *¿Quién enseña la clase?*
MANOLO El profesor Padilla enseña la clase.
IRENE *¿Tomas psicología este semestre?*
MANOLO No, no tomo psicología este semestre.

INSTRUCTIONAL RESOURCES WB, LM, IRM (teaching tips, etc.), ICD-ROM

Conversación

3 **Encuesta** Change the phrases in the first column into questions and use them to survey two or three classmates. Then report the results of your survey to the class.
Answers will vary.

Actividades	Nombres
1. Estudiar contabilidad	_____
2. Tomar una clase de sociología	_____
3. Dibujar bien	_____
4. Cantar bien	_____
5. Bailar bien	_____
6. Escuchar jazz	_____
7. Necesitar comprar un reloj	_____
8. Tomar el autobús a la escuela	_____
9. Llevar una mochila a clase	_____
10. Desear viajar a España	_____

4 **Entrevista** Imagine that you are a reporter for the school newspaper. Use these questions and write three of your own to interview a classmate about student life.
Answers will vary.

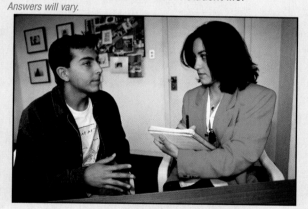

1. ¿Dónde estudias? ¿Cuándo?
2. ¿Quién es tu profesor favorito?
3. ¿Cuántas clases tomas?
4. ¿Necesitas estudiar más (*more*)?
5. ¿Cómo llegas a la escuela?
6. ¿Trabajas? ¿Dónde?
7. ¿Qué programas miras en la televisión?
8. ¿_____?
9. ¿_____?
10. ¿_____?

Spanish interrogative words

▶ The following interrogative words are used to form questions in Spanish.

Interrogative words

¿Cómo?	How?	¿De dónde?	From where?
¿Cuál?, ¿Cuáles?	Which?; which one(s)?	¿Por qué?	Why?
¿Cuándo?	When?	¿Cuánto/a?	How much?
¿Qué?	What?; which?	¿Cuántos/as?	How many?
¿Dónde?	Where?	¿Quién?, ¿Quiénes?	Who?
¿Adónde?	Where (to)?		

▶ Use interrogative words in questions that require more than a simple *yes* or *no* answer. Interrogative words always carry a written accent mark.

¿Cuándo descansan Uds.?
When do you rest?

¿Qué clases tomas?
What classes are you taking?

¿Adónde caminamos?
Where are we walking to?

¿De dónde son ellos?
Where are they from?

▶ In questions that contain interrogative words, the pitch of your voice falls at the end of the sentence.

¿Cómo llegas a la escuela?
How do you get to school?

¿Por qué necesitas estudiar?
Why do you need to study?

¡Manos a la obra!

Make questions out of these statements. Use intonation in the first column and **¿no?** in the second.

Statement	Intonation	¿no?
1. Hablas inglés.	¿Hablas inglés?	Hablas inglés, ¿no?
2. Trabajamos mañana.	¿Trabajamos mañana?	Trabajamos mañana, ¿no?
3. Uds. desean bailar.	¿Uds. desean bailar?	Uds. desean bailar, ¿no?
4. Raúl estudia mucho.	¿Raúl estudia mucho?	Raúl estudia mucho, ¿no?
5. Enseño a las nueve.	¿Enseño a las nueve?	Enseño a las nueve, ¿no?
6. Luz mira la televisión.	¿Luz mira la televisión?	Luz mira la televisión, ¿no?
7. Los chicos descansan.	¿Los chicos descansan?	Los chicos descansan, ¿no?
8. Él prepara la prueba.	¿Él prepara la prueba?	Él prepara la prueba, ¿no?
9. Tomamos el autobús.	¿Tomamos el autobús?	Tomamos el autobús, ¿no?
10. Necesito una pluma.	¿Necesito una pluma?	Necesito una pluma, ¿no?

2.3 The present tense of estar

▶ In Lesson 1, you learned how to conjugate and use the verb **ser** (*to be*). You will now learn a second verb which means *to be*, the verb **estar**.

▶ Although **estar** ends in **–ar**, it does not follow the pattern of regular **–ar** verbs. The **yo** form (**estoy**) is irregular. Also, all forms but the **yo** and **nosotros/as** forms have an accented **á**. As you will see, **ser** and **estar** are used in different ways.

estar (to be)

yo	estoy	*I am*
tú	estás	*you (fam.) are*
Ud./él/ella	está	*you (form.) are; he/she is*
nosotros/as	estamos	*we are*
vosotros/as	estáis	*you (fam.) are*
Uds./ellos/ellas	están	*you (form.)/they are*

Hola, Ricardo. Aquí estamos en la Mitad del Mundo.

Hoy estoy con estudiantes de la universidad.

Uses of ser and estar

Uses of estar	Uses of ser
LOCATION	**IDENTITY**
Estoy en el Ecuador.	Hola, soy Maite.
I am in Ecuador.	*Hello, I'm Maite.*
Inés está al lado de Javier.	**OCCUPATION**
Inés is next to Javier.	Soy estudiante.
	I'm a student.
HEALTH	**ORIGINS**
Álex está enfermo hoy.	¿Eres de España?
Álex is sick today.	*Are you from Spain?*
	Sí, soy de España.
WELL-BEING	*Yes, I'm from Spain.*
¿Cómo estás, Maite?	**TIME-TELLING**
How are you, Maite?	Son las cuatro.
Estoy muy bien, gracias.	*It's four o'clock.*
I'm very well, thank you.	

Práctica

1 **Completar** Complete this phone conversation between Daniela and her mother with the correct forms of **ser** or **estar**.

MAMÁ Hola, Daniela. ¿Cómo ___estás___?

DANIELA Hola, mamá. ___Estoy___ bien. ¿Dónde ___está___ papá? ¡Ya (*already*) ___son___ las ocho de la noche!

MAMÁ No ___está___ aquí. ___Está___ en la oficina.

DANIELA Y Andrés y Margarita, ¿dónde ___están___ ellos?

MAMÁ ___Están___ en el restaurante García con Martín.

DANIELA ¿Quién ___es___ Martín?

MAMÁ ___Es___ un compañero de clase. ___Es___ de México.

DANIELA Y el restaurante García, ¿dónde ___está___?

MAMÁ ___Está___ cerca de la Plaza Mayor, en San Modesto.

DANIELA Gracias, mamá. Voy (*I'm going*) al restaurante. ¡Hasta pronto!

2 **¿Dónde está… ?** You are having trouble finding several things in the school bookstore. Look at the drawing and ask the clerk (your partner) where the items are located. *Answers will vary.*

modelo

Estudiante 1: ¿Dónde están las mochilas?
Estudiante 2: Las mochilas están debajo de las computadoras.

Conversación

3 **¿Dónde estás... ?** Find out where your partner is at these times. *Answers will vary.*

1. ¿Dónde estás los viernes al mediodía?
2. ¿Dónde estás los miércoles a las nueve y cuarto de la mañana?
3. ¿Dónde estás los lunes a las once y diez de la mañana?
4. ¿Dónde estás los jueves a las doce y media de la tarde?
5. ¿Dónde estás los viernes a las dos y veinticinco de la tarde?
6. ¿Dónde estás los martes a las cuatro menos diez de la tarde?
7. ¿Dónde estás los jueves a las seis menos cuarto de la tarde?
8. ¿Dónde estás los miércoles a las ocho y veinte de la noche?

4 **La Ciudad Universitaria** You and your partner are at the **Facultad de Bellas Artes** (*School of Fine Arts*). Take turns asking each other where other buildings on the campus map are located.

Facultad de Medicina
Facultad de Administración de Empresas
Facultad de Química
biblioteca
Colegio Mayor Cervantes
Facultad de Bellas Artes

1. ¿Está lejos la biblioteca de la Facultad (*school*) de Bellas Artes?
2. ¿Dónde está la Facultad de Medicina?
3. ¿Está la Facultad de Administración de Empresas a la derecha de la biblioteca?
4. ¿Dónde está el Colegio Mayor Cervantes?
5. ¿Está la Facultad de Administración de Empresas detrás del Colegio Mayor Cervantes?
6. ¿Dónde está la Facultad de Química?

Estar with prepositions of locations

Prepositions of location

al lado de	next to; beside	delante de	in front of
a la derecha de	to the right of	detrás de	behind
a la izquierda de	to the left of	encima de	on top of
en	in; on; at	entre	between; among
cerca de	near	lejos de	far from
con	with	sobre	on; over
debajo de	below; under		

¡A ver! La señorita que está cerca de la ventana...

Aquí estoy con cuatro estudiantes de la universidad... ¡Qué aventura!

▶ **Estar** is often used with certain prepositions to describe the location of a person or an object.

La cafetería está **al lado de** la biblioteca.
The cafeteria is beside the library.

Los libros están **encima del** escritorio.
The books are on top of the desk.

El laboratorio está **cerca de** la clase.
The lab is near the classroom.

Maribel está **delante de** José.
Maribel is in front of José.

El estadio no está **lejos de** la librería.
The stadium isn't far from the bookstore.

Estamos **entre** amigos.
We are among friends.

Juan está **en** la biblioteca.
Juan is at the library.

El libro está **sobre** la mesa.
The book is on the table.

¡Manos a la obra!

Provide the present tense forms of **estar**.

1. Uds. **están** en la clase.
2. José **está** en la biblioteca.
3. Yo **estoy** en el estadio.
4. Nosotras **estamos** en la cafetería.
5. Tú **estás** en el laboratorio.
6. Elena **está** en la librería.
7. Ellas **están** en la clase.
8. Ana y yo **estamos** en la clase.
9. Ud. **está** en la biblioteca.
10. Javier y Maribel **están** en el estadio.
11. Nosotros **estamos** en la clase.
12. Yo **estoy** en el laboratorio.
13. Carmen y María **están** en la librería.
14. Tú **estás** en la clase.

2.4 Numbers 31–100

Numbers 31–100

31 treinta y uno	37 treinta y siete	50 cincuenta
32 treinta y dos	38 treinta y ocho	60 sesenta
33 treinta y tres	39 treinta y nueve	70 setenta
34 treinta y cuatro	40 cuarenta	80 ochenta
35 treinta y cinco	41 cuarenta y uno	90 noventa
36 treinta y seis	42 cuarenta y dos	100 cien, ciento

¿En qué clase hay más chicas?

En la de sociología... casi un ochenta y cinco por ciento.

▸ The word **y** is used in most numbers from **31** through **99**.

Hay **ochenta y cinco** exámenes.
There are eighty-five exams.

Hay **cuarenta y dos** estudiantes.
There are forty-two students.

▸ With numbers that end in **uno** (31, 41, etc.), **uno** becomes **un** before a masculine noun and **una** before a feminine noun.

Hay **treinta y un** chicos.
There are thirty-one guys.

Hay **treinta y una** chicas.
There are thirty-one girls.

▸ **Cien** is used before nouns and in counting. The words **un**, **una**, and **uno** are never used before **cien** in Spanish. **Ciento** is used for numbers over one hundred.

—¿Cuántos libros hay?
How many books are there?

—Hay **cien** libros.
There are one hundred books.

—¿Cuántas sillas hay?
How many chairs are there?

—Hay **ciento diez** sillas.
There are one hundred ten chairs.

¡Manos a la obra!

 Provide the word form of each number.

1. **56** cincuenta y seis
2. **31** treinta y uno
3. **84** ochenta y cuatro
4. **99** noventa y nueve
5. **43** cuarenta y tres
6. **68** sesenta y ocho
7. **72** setenta y dos
8. **35** treinta y cinco
9. **87** ochenta y siete
10. **59** cincuenta y nueve
11. **100** cien
12. **61** sesenta y uno
13. **96** noventa y seis
14. **74** setenta y cuatro
15. **42** cuarenta y dos

Práctica

1 **Baloncesto** Provide these basketball scores in Spanish.

OHIO STATE | MICHIGAN

DUKE | VIRGINIA

1. ochenta y cinco, setenta y cuatro
4. setenta y ocho, sesenta y cuatro

FLORIDA | FLORIDA STATE

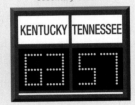
KENTUCKY | TENNESSEE

2. cien, noventa y dos
5. sesenta y tres, cincuenta y siete

STANFORD | UCLA

TEXAS | OKLAHOMA

3. cincuenta y ocho, cuarenta y nueve
6. noventa y uno, ochenta y seis

2 **Números de teléfono** You are a telephone operator in Spain. Give the appropriate phone numbers and addresses when callers ask for them. *Answers will vary.*

122	MORALES – NAYA	
Morales Ballesteros, José	Venerable Centenares, 22	(91) 944-6662
Morales Benito, Francisco	Plaza Ahorro, 16	(91) 773-1216
Morales Borrego, Flora	Mayor, 51	(91) 634-3211
Morales Calvo, Emilio	Villafuerte, 49	(91) 472-2350
Morales Campos, María Josefa	Toledo, 35	(91) 419-7660
Morales Cid, Pedro	Rosal, 98	(91) 773-1382
Morales Conde, Ángel	Alameda, 67	(91) 944-3915
Morales Crespo, José Pascual	Fernando de la Peña, 13	(91) 634-7148
Morales de la Iglesia, Juliana	Buenavista, 80	(91) 834-5238
Morales Fraile, María Rosa	Plaza March, 74	(91) 834-3371

modelo

Estudiante 1: ¿Cuál es el número de teléfono de José Morales Ballesteros, por favor?

Estudiante 2: Es el noventa y uno, noventa y cuatro, cuatro, sesenta y seis, sesenta y dos.

INSTRUCTIONAL RESOURCES WB, LM, IRM (teaching tips, etc.), ICD-ROM

Conversación

3 Precios (prices) With a partner, take turns asking how much the items in the ad cost. *Answers will vary.*

modelo

Estudiante 1: Deseo comprar papel. ¿Cuánto cuesta (*how much does it cost*)?
Estudiante 2: Un paquete cuesta (*costs*) cuatro dólares y cuarenta y un centavos.

$4,41 paquete
$5,59 caja
$36
$19,50
$4,98
$5,31 caja
$87

4 Entrevista Find out the telephone numbers and e-mail addresses of four classmates. *Answers will vary.*

modelo

Estudiante 1: ¿Cuál es tu (*your*) número de teléfono?
Estudiante 2: Es el 6-35-19-51.
Estudiante 1: ¿Y tu dirección de correo electrónico (*e-mail address*)?
Estudiante 2: Es jota-Smith-arroba (*at*)-pe-ele-punto-e-de-u (jsmith@pl.edu).

Español en vivo

Below is the table of contents from a Latin American magazine.

CONTENIDO

72 Cuestionario
¿Dónde buscas el amor?

59 Encuesta
Entrevistamos a 100 estudiantes de la universidad para preguntarles cuáles son los cursos más importantes para su futuro profesional.

90 Rock en Español
Conversamos con la cantante mexicana Paulina Rubio sobre su nuevo álbum.

Identificar

Identify in Spanish the numbers used in the above document.

Preguntas

1. ¿Dónde buscas información sobre (*about*) tu futuro?
2. ¿En qué página está la información sobre la familia?
3. ¿Con quién conversan en la página 90?

1 Escuchar

A Listen to Armando and Julia's conversation. Then list the classes each person is taking. *Answers will vary.*

TIP Listen for cognates. Cognates are words that have similar spellings and meanings in two or more languages. Listening for cognates will help you increase your comprehension.

Armando
1. antropología
2. filosofía
3. japonés
4. italiano
5. cálculo

Julia
1. astronomía
2. geología
3. italiano
4. cálculo
5. _____

B ¿Cuántas clases toman Armando y Julia? ¿Cuántas clases tomas tú? ¿Qué clases te gustan y qué clases no te gustan? *Answers will vary.*

2 Conversar

Greet a classmate, find out how he or she is, and get to know your classmate better by asking these questions. *Answers will vary.*

- ¿Cómo te llamas?
- ¿De dónde eres?
- ¿Qué clases tomas?
- ¿Cuántas horas estudias cada día (each day) y dónde?
- ¿Cuál es tu número de teléfono?

1 SCRIPT
Armando: ¡Hola, Julia! ¿Cómo estás?
Julia: Bien. ¿Y tú, Armando?
Armando: Bien, gracias. ¿Qué tal tus clases?
Julia: Van bien.
Armando: ¿Tomas biología?
Julia: Este semestre no. Pero sí tomo astronomía y geología… los lunes, miercoles y viernes.
Armando: ¿Sólo dos? ¿Qué otras clases tomas?
Julia: Italiano y cálculo, los martes y jueves. ¿Y tú?
Armando: Los lunes, miércoles y viernes tomo antropología, filosofía y japonés. Los martes y jueves tomo italiano y cálculo.
Julia: ¿A qué hora es tu clase de italiano?
Armando: A las nueve, con la profesora Menotti.
Julia: Yo también tomo italiano los martes y jueves con la profesora Menotti, pero a las once.

2 EXPANSION Have students write down and ask a few additional questions such as **¿Dónde estás los sábados a la una de la tarde? ¿Cuál es tu dirección de correo electrónico? ¿Cuál es tu programa de televisión favorito?**

recursos

| Textbook CD Lección 2 | WB pp. 11-18 | LM pp. 9-12 | Lab CD Lección 2 | ICD-ROM Lección 2 | vistahigher learning.com |

INSTRUCTIONAL RESOURCE Text CD

Ampliación

¡Hola! Me llamo Alicia Roberts. Estudio matemáticas en la Universidad de Nueva York.

③ Escribir

Write a description of yourself to post on a website in order to meet Spanish-speaking people. *Answers will vary.*

TIP Brainstorm. Spend ten to fifteen minutes writing down ideas about the topic you are going to write about. The more ideas you write down, the more you'll have to choose from later when you start to organize your thoughts.

Organízalo — Make a list of things you would like people to know about you, including your name, your major, where you go to school, what you're studying, where you work, and your likes and dislikes.

Escríbelo — Using the material you have compiled, write the first draft of your description.

Corrígelo — Exchange papers with a classmate and comment on the organization, style, and grammatical correctness of each other's work. Then revise your first draft, keeping your classmate's comments in mind.

Compártelo — Read your descriptions aloud in small groups. Point out the three best features of each description.

④ Un paso más

Create a poster that will encourage students to study in a university in a Spanish-speaking country. The poster might include these elements: *Answers will vary.*

- A simple title
- Photos of university locations
- A campus map
- A short summary of the university's programs
- Photos of the town where the university is located.

 En Internet

Investiga estos temas en el sitio vistahigherlearning.com.

- Las universidades en España
- Las universidades en América Latina y en el Caribe

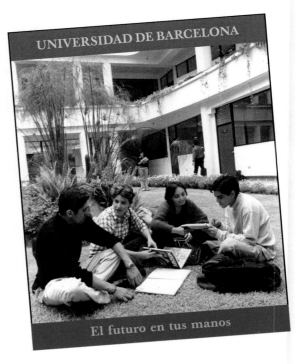

UNIVERSIDAD DE BARCELONA

El futuro en tus manos

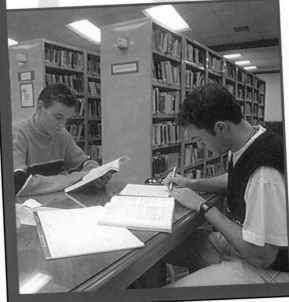

Antes de leer

Examina el texto

Recognizing the format of a document can help you to predict its content. For instance, invitations and classified ads follow an easily identifiable format, which usually gives you a general idea of the information they contain. Glance at the document on this page and identify it based on its format.

Cognados

With a classmate, make a list of cognates in the text and guess their English meanings. What do the cognates reveal about the content of the document?

Piénsalo

If you guessed that this text is a brochure from a university, you are correct. You can now infer that the document contains information on courses, departments, and the university campus.

SUGGESTION Tell students there are 67 universities in Spain: 48 public universities and 19 private ones. Detailed information may be found at the Spanish Ministry of Education, www.mec.es.

SUGGESTION Point out that the photo on page 47 is of the Retiro Park **(Parque del Buen Retiro)** in Madrid. Originally the gardens of the Royal Palace, the Retiro has become a great public park.

EXPANSION Have students correct the false statements in **¿Comprendiste?**.

EXPANSION Have students check the UAM website for information on its location relative to Retiro Park and other important sites of Madrid.

UAM
LA MEJOR UNIVERSIDAD DE EUROPA
Universidad Autónoma de Madrid

En el campus de la UAM hay ocho facultades:

- Ciencias
- Derecho
- Medicina
- Psicología
- Filosofía y Letras
- Ciencias Económicas y Empresariales
- Escuela Técnica Superior de Computación
- Facultad de Formación de Profesorado y Educación

Toma cursos de:

- Antropología Aplicada
- Microbiología
- Contabilidad
- Derecho Privado
- Ecología
- Economía General
- Filosofía Antigua
- Física General
- Geografía
- Historia Contemporánea
- Computación
- Literatura Española
- Matemáticas
- Psicología Social
- Química
- Sociología

INSTRUCTIONAL RESOURCE Website

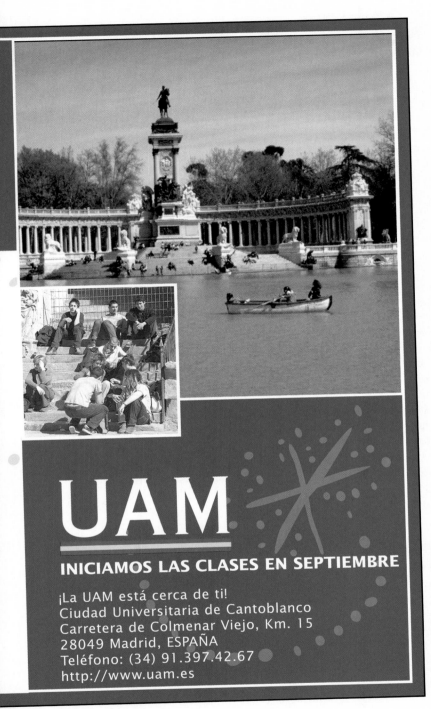

UAM

INICIAMOS LAS CLASES EN SEPTIEMBRE

¡La UAM está cerca de ti!
Ciudad Universitaria de Cantoblanco
Carretera de Colmenar Viejo, Km. 15
28049 Madrid, ESPAÑA
Teléfono: (34) 91.397.42.67
http://www.uam.es

Después de leer

¿Comprendiste?

Indicate whether each statement is **cierto** (*true*) or **falso** (*false*).

Cierto	Falso	
✓		1. La Universidad Autónoma de Madrid está en Europa.
	✓	2. En la UAM hay diez facultades.
	✓	3. Filosofía y Letras es un curso.
✓		4. Es posible estudiar microbiología en la UAM.
	✓	5. Hay cursos de literatura china en la UAM.
✓		6. Hay una facultad de psicología en la UAM.
✓		7. En la UAM, las clases inician en septiembre.
	✓	8. La UAM está en la carretera de Cantoblanco.

Preguntas

1. ¿Hay clases de contabilidad en la UAM?
   Sí, hay clases de contabilidad en la UAM.

2. ¿Es posible estudiar medicina en la UAM?
   Sí, es posible estudiar medicina en la UAM.

3. ¿En qué facultad hay clases de economía general?
   Hay clases de economía general en la Facultad de Ciencias Económicas y Empresariales.

4. ¿En qué facultad hay clases de microbiología?
   Hay clases de microbiología en la Facultad de Ciencias.

5. ¿En qué facultad hay clases de literatura española?
   Hay clases de literatura española en la Facultad de Filosofía y Letras.

Coméntalo

Look at the ad of the Universidad Autónoma de Madrid and identify the courses taught there. Does your university offer the same courses? Are you taking any of those courses? Based on this ad, would you be interested in studying at the UAM? Why or why not? *Answers will vary.*

mejor	best
derecho	law
carretera	highway

recursos
R vistahigher learning.com

La clase y la universidad

el borrador	eraser
la clase	class
el/la compañero/a de clase	classmate
de cuarto	roommate
el escritorio	desk
el/la estudiante	student
el libro	book
el mapa	map
la mesa	table
el papel	paper
la pizarra	blackboard
la pluma	pen
el/la profesor(a)	professor; teacher
la puerta	door
el reloj	clock; watch
la silla	chair
la tiza	chalk
la ventana	window
la biblioteca	library
la cafetería	cafeteria
el estadio	stadium
el laboratorio	laboratory
la librería	bookstore
la residencia estudiantil	dormitory
la universidad	university
el curso	course
el examen	test; exam
el horario	schedule
la prueba	test; quiz
el semestre	semester
la tarea	homework
el trimestre	trimester; quarter

Verbos

bailar	to dance
buscar	to look for
caminar	to walk
cantar	to sing
comprar	to buy
contestar	to answer
conversar	to talk; to chat
descansar	to rest
desear	to want; to wish
dibujar	to draw
enseñar	to teach
escuchar	to listen
esperar	to wait (for); to hope
estar	to be
estudiar	to study
explicar	to explain
hablar	to talk; to speak
llegar	to arrive
llevar	to carry
mirar	to watch; to look (at)
necesitar	to need
practicar	to practice
preguntar	to ask (a question)
preparar	to prepare
regresar	to return
terminar	to end; to finish
tomar	to take; to drink
trabajar	to work
viajar	to travel

Palabras adicionales

¿dónde?	where?
¿cuál?, ¿cuáles?	which; which ones?
¿por qué?	why?
porque	because

Los cursos

la administración de empresas	business administration
el arte	art
la biología	biology
la computación	computer science
la contabilidad	accounting
el español	Spanish
la física	physics
la geografía	geography
la historia	history
el inglés	English
las lenguas extranjeras	foreign languages
las matemáticas	mathematics
el periodismo	journalism
la psicología	psychology
la química	chemistry
la sociología	sociology

Los días de la semana	See page 27.
Expresiones útiles	See page 33.
Interrogative Words	See page 39.
Prepositions of location	See page 41.
Numbers 31-100	See page 42.

recursos

R

| Lab CD Lección 2 | LM p. 12 |

AVENTURAS EN LOS PAÍSES HISPANOS

Todos los años *(every year)*, en el mes de junio, Nueva York organiza un gran desfile *(great parade)* en honor a los puertorriqueños.

ESTADOS UNIDOS

PAÍS DE HABLA ESPAÑOLA

Estados Unidos

Población de origen hispano: 34.540.000
País de origen de hispanos en EE.UU:

6,6% otros
4,3% Cuba
9,6% Puerto Rico
14,3% Centroamérica y Sudamérica
65,2% México

SOURCE: U.S. Census Bureau

Estados de mayor población hispana

California 10.647.000
Texas 5.875.000
Nueva York 2.805.000
Florida 2.390.000
Illinois 1.267.000

SOURCE: U.S. Census Bureau

Ciudades de mayor población hispana

Chicago	L.A.	N.Y.	Miami	S. Francisco
1.3	6.5	3.5	1.8	1.5

Figures in millions

Lugares

La Pequeña Habana

En Miami, el barrio conocido como *(neighborhood known as)* La Pequeña Habana fue establecido *(was established)* por cubanos que escaparon de *(escaped)* la dictadura de Fidel Castro.

San Francisco

Los Ángeles

Las Vegas

San Diego

MÉXICO

Personalidades

Latinos famosos

Los estadounidenses de origen hispanoamericano contribuyen *(contribute)* en todos los niveles *(at all levels)* a la cultura y a la economía de los Estados Unidos.

Martin Sheen, actor, de origen salvadoreño

Ellen Ochoa, astronauta, de origen mexicano

Rosie Pérez, actriz, de origen puertorriqueño

Geraldo Rivera, periodista, de origen puertorriqueño

Influencia hispánica

La influencia de la cultura española es visible a través *(throughout)* de los Estados Unidos: desde California hasta la Florida.

**Palacio de los Gobernadores (1610),
Santa Fé, Nuevo México**

**Castillo de San Marcos (1565),
San Agustín, Florida**

**Misión de San Xavier del Bac (1692),
Tuscon, Arizona**

Comida

La comida mexicana

En casi todas las ciudades *(almost all cities)* de Estados Unidos hay restaurantes mexicanas. Hoy día, los tacos y las quesadillas son tan populares como *(are as popular as)* las hamburguesas y las papas fritas *(french fries)*.

chicago

Ciudad de
Nueva York

Washington DC

Océano
Atlántico

Miami

Golfo
de México

Mar Caribe

¿Qué aprendiste?

1 **¿Cierto o falso?** Indicate whether the following statements are true or false, based on what you've learned about Latinos in the USA.

Cierto	Falso	
✓		1. Los mexicanos son el grupo hispano más grande *(biggest)* de EE.UU.
	✓	2. En Florida no hay muchas personas de origen hispano.
✓		3. En Los Ángeles hay más de *(more than)* seis millones de latinos.
	✓	4. La Pequeña Habana está en la isla de Cuba.
	✓	5. Benicio del Toro es un policía en Los Ángeles.
✓		6. Gerardo Rivera es de origen hispano.
	✓	7. El Castillo de San Marcos está en Texas.
✓		8. En Nuevo México hay muchos edificios antiguos *(old buildings)* de origen español.
✓		9. Muchos puertorriqueños viven *(live)* en Nueva York.
	✓	10. A los estadounidenses, no les gustan los tacos.

2 **Preguntas** Answer the following questions. *Answers will vary.*

1. ¿Hay muchos hispanos en tu *(your)* comunidad? ¿De dónde son?
2. ¿Quién es Benicio del Toro?
3. ¿Dónde está el Palacio de Los Gobernadores?
4. ¿En qué ciudades de Estados Unidos hay más habitantes hispanos?
5. ¿Dónde está la Pequeña Habana?
6. ¿Te gustan los restaurantes mexicanos? ¿Por qué?

 En Internet

Busca más información sobre estos temas en el sitio vistahigherlearning.com. Presenta la información a tus compañeros/as de clase.

- El Día de los puertorriqueños
- La Pequeña Habana
- Rosie Pérez
- La ciudad de San Augustín en la Florida
- Las misiones españolas en California

3 La familia

PREVIEW Have students look at the photo. Say: **Es una foto de una familia.** Then ask: **¿Quién es el papá? ¿Quién es la mamá? ¿Cuántos hijos tiene la familia?**

Communicative Goals
You will learn how to:
• talk about your family
• describe people
• express ownership

PREPARACIÓN
pages 54-59
• Words related to family and professions
• Diphthongs and linking

AVENTURAS
pages 60-63
• On their way to Otavalo, Maite, Inés, Álex, and Javier talk about their families. Don Francisco observes the growing friendship between the four students.

GRAMÁTICA
pages 64-73
• Descriptive adjectives
• Possessive adjectives
• Present tense of regular **-er** and **–ir** verbs
• Present tense of **tener** and **venir**

LECTURA
pages 74-75
• Magazine article: *Familias de todo tipo*

RECURSOS
These student supplements provide additional practice:
• Textbook Audio CD
• Workbook/Video Manual (WB/VM)
• Lab Manual (LM)
• Interactive CD-ROM
• WB/VM/LM Answer Key
• Lab Audio CDs
• Video CD-ROM

LA FAMILIA

LA FAMILIA

el/la esposo/a *husband/wife*

el/la hermanastro/a *stepbrother/stepsister*

el/la hermano/a *brother/sister*

el/la hijastro/a *stepson/stepdaughter*

la madrastra *stepmother*

el/la medio/a hermano/a *half-brother/half-sister*

el padrastro *stepfather*

los padres *parents*

el abuelo
grandfather

la abuela
grandmother

el padre
father

la madre
mother

VARIACIÓN LÉXICA Point out these lexical items:
madre → mamá, mami (*colloquial*)
padre → papá, papi (*colloquial*)
muchacho/a → chico/a

los hijos
sons; children

la hija
daughter

LA FAMILIA EXTENDIDA

el/la cuñado/a *brother-in-law/sister-in-law*

el/la nieto/a *grandson/granddaughter*

la nuera *daughter-in-law*

los parientes *relatives*

el/la primo/a *cousin*

el/la sobrino/a *nephew/niece*

el/la suegro/a *father-in-law/mother-in-law*

el/la tío/a *uncle/aunt*

el yerno *son-in-law*

SUGGESTION
Ask: Who has a brother? Write **hermano** on the board. Ask: **¿Cómo se llama tu hermano?** After the student answers, ask: **¿Cómo se llama el hermano de ___?** Work through the remaining relationships in the same manner.

recursos

R				
Textbook CD Lección 3	WB pp. 21-22	LM p. 13	Lab CD Lección 3	ICD-ROM Lección 3

INSTRUCTIONAL RESOURCES WB, LM, OT, Text CD, ICD-ROM

el artista
artist

LAS PROFESIONES

el/la ingeniero/a   *engineer*
el/la periodista   *journalist*
el/la programador(a)   *computer programmer*

la médica
doctor

EXPANSION Have groups of three interview each other about their families, with one conducting the interview, one answering, and one taking notes. Intervals have students switch roles until all have had a turn. As a whole class, ask random students questions about the families of their group members.

OTRAS PALABRAS

SUGGESTION Ask students to name a profession based on the definition you provide. Ex: **Un hombre que programa las computadoras, ¿qué es? (Es un programador.) Una mujer que trabaja en un hospital, ¿qué es? (Es una doctora.)**

el/la amigo/a   *friend*
la gente   *people*
el/la muchacho/a   *boy/girl*
la persona   *person*

mi   *my (sing.)*
mis   *my (pl.)*

EXPANSION Use the overhead transparency. Ask: **¿Cómo se llama el padre? ¿Quién es la hija de Mirta? Con referencia a Marina, ¿quién es Héctor? Con referencia a Héctor, ¿quién es José Miguel? Con referencia a Héctor, ¿quién es Silvia?** Work through additional relationships.

el niño
boy; child

la niña
girl

el novio
boyfriend

la novia
girlfriend

A escuchar

 1 **Escuchar** Find Luisa Moya Sánchez on the family tree. Then listen to her statements and indicate whether they are **cierto** (*true*) or **falso** (*false*), based on her family tree.

	Cierto	Falso
1.	✓	
2.	✓	
3.		✓
4.		✓
5.		✓

	Cierto	Falso
6.	✓	
7.		✓
8.		✓
9.	✓	
10.		✓

 2 **Emparejar** You will hear some definitions of vocabulary words. Indicate the letter of the phrase that matches each definition.

1. a. Son mis padres.   b. Son mis abuelos.   c.⃝ Son mis suegros.
2. a.⃝ Es mi yerno.   b. Es mi sobrino.   c. Es mi cuñado.
3. a. Es un ingeniero.   b. Es una programadora. c.⃝ Es una artista.
4. a. Es mi prima.   b.⃝ Es mi sobrina.   c. Es mi abuela.
5. a. Son mis nietos.   b.⃝ Son mis primos.   c. Son mis abuelos.
6. a.⃝ Es mi nieto.   b. Es mi tío.   c. Es mi hermano.

recursos

R
Textbook CD
Lección 3

1 SCRIPT
1. Elena es mi prima.
2. Los yernos de mi abuela se llaman Andrés y Javier.
3. Mi hermana se llama Adela.
4. Andrés es mi abuelo.
5. Eduardo es mi tío.
6. Mis tías se llaman Pilar y Adela.
7. Javier es el padre de Adela.
8. Irene es mi abuela.
9. Elena es la sobrina de mi mamá.
10. Elena es la hija de Adela.

1 EXPANSION Play Luisa's statements again, stopping at the end of each. Where the statements are true, have students repeat. Where the statements are false, have students correct them.

2 SCRIPT
1. Son los padres de mi esposa.
2. Es el esposo de mi hija.
3. Es una mujer que dibuja mucho.
4. Es la hija de mi hermana.
5. Son los hijos de mi tío.
6. Es el hijo de mi hija.

2 EXPANSION Play the definitions again, stopping after each one so that students may provide a complete sentence that includes the definition and the answer.

INSTRUCTIONAL RESOURCE Text CD

A practicar

3 Completar Complete these sentences with the correct words.

1. Mi madre y mi padre son mis _____padres_____.
2. El padre de mi madre es mi _____abuelo_____.
3. Yo soy el _____tío_____ del hijo de mi hermana.
4. La esposa de mi hijo es mi _____nuera_____.
5. Yo soy el _____yerno_____ de los padres de mi esposa.
6. La hija de mi hermana es mi _____sobrina_____.
7. Mi hijo es el _____nieto_____ de mi padre.
8. El esposo de mi hermana es mi _____cuñado_____.

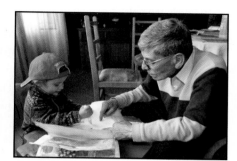

4 Profesiones Complete the description of each photo.

1. Juanita Fuertes es
_____profesora_____.

2. Héctor Ibarra es
_____periodista_____.

3. Alberto Díaz es
_____médico_____.

4. Elena Vargas Soto es
_____artista_____.

5. Carlota López es
_____ingeniera_____.

6. Irene González es
_____programadora_____.

A conversar

 5 **La familia Vargas** With a classmate, identify the members in the family tree by asking questions about how each family member is related to Graciela Vargas García.

modelo

Estudiante 1: ¿Quién es Beatriz Pardo de Vargas?
Estudiante 2: Es la abuela de Graciela.

Now take turns asking each other these questions.

1. ¿Cómo se llama el tío de Graciela? *El tío de Graciela se llama Carlos Antonio.*
2. ¿De dónde es María Susana? *María Susana es de Guayaquil.*
3. ¿Cómo se llama la hermana de Juan? *La hermana de Juan se llama Lupe.*
4. ¿De dónde es el yerno de David y Beatriz? *El yerno de David y Beatriz es de Cuenca.*
5. ¿Cómo se llama el sobrino de Lupe? *El sobrino de Lupe se llama Ramón.*
6. ¿De dónde es la abuela de Ernesto? *La abuela de Ernesto es de Ibarra.*

 6 **¿Y tú?** With a classmate, take turns asking each other the following questions. *Answers will vary.*

1. ¿Cuántas personas hay en tu familia?
2. ¿Cómo se llaman tus padres? ¿De dónde son?
3. ¿Cuántos hermanos tienes? ¿Cómo se llaman?
4. ¿Cuántos primos tienes? ¿Cuántos son niños y cuántos son adultos?
5. ¿Eres tío/a? ¿Cómo se llaman tus sobrinos/as? ¿Dónde estudian o trabajan?
6. ¿Tienes novio/a? ¿Tienes esposo/a? ¿Cómo se llama?

tengo *I have*	**tus** *your (fam., pl.)*
tienes *you (fam.) have*	**tu** *your (fam., sing.)*

5 **EXPANSION** Have students prepare and ask questions about the family tree.

5 **EXPANSION** Have students draw their own family tree and label each position with the Spanish term and the name of the family member. Model questions about the family. Ex: **¿Cómo se llama su padre? ¿Cómo es él? ¿Qué es? ¿Quién es el padre de su padre?**

TEACHING OPTION Have pairs of students create a fantasy family tree for a famous or fictitious person. Have them prepare and present a skit for the class in which one plays the fantasy person and the other asks interview questions about family members, their professions, personalities, relationships, etc.

6 **EXPANSION** Ask students to prepare and ask additional interview questions.

🎧 Pronunciación

Diphthongs and linking

hermano   **niña**   **cuñado**

In Spanish, **a**, **e**, and **o** are considered strong vowels. The weak vowels are **i** and **u**.

ruido   **parientes**   **periodista**

A diphthong is a combination of two weak vowels or of a strong vowel and a weak vowel. Diphthongs are pronounced as a single syllable.

la abuela   **mi hijo**   **una clase excelente**

Two identical vowel sounds that appear together are pronounced like one long vowel.

con Natalia   **sus sobrinos**   **las sillas**

Two identical consonants together sound like a single consonant.

es ingeniera   **mis abuelos**   **sus hijos**

A consonant at the end of a word is linked with the vowel at the beginning of the next word.

mi hermano   **su esposa**   **nuestro amigo**

A vowel at the end of a word is linked with the vowel at the beginning of the next word.

Práctica Say these words aloud, focusing on the diphthongs.

1. historia	5. residencia	9. lenguas
2. nieto	6. prueba	10. estudiar
3. parientes	7. puerta	11. izquierda
4. novia	8. ciencias	12. ecuatoriano

Oraciones Read these sentences aloud to practice diphthongs and linking words.

1. Hola. Me llamo Anita Amaral. Soy del Ecuador.
2. Somos seis en mi familia.
3. Tengo dos hermanos y una hermana.
4. Mi papá es del Ecuador y mi mamá es de España.

Refranes Read these sayings aloud to practice diphthongs and linking sounds.

> Hablando del rey de Roma, por la puerta se asoma.[2]

> Cuando una puerta se cierra, otra se abre.[1]

1 When one door closes, another opens.
2 Speak of the devil and he will appear.

recursos

R	Textbook CD Lección 3	LM p. 14	Lab CD Lección 3	ICD-ROM Lección 3

¿Es grande tu familia?

Los viajeros hablan de sus familias en el autobús.

VIDEO SYNOPSIS The bus trip continues. Maite, Inés, and Javier talk about their families. As they talk, Javier secretly sketches Inés. When Maite discovers what he is drawing, both he and Inés are embarrassed. Behind the wheel, Don Francisco wonders what is happening.

MAITE Inés, ¿tienes una familia grande?

INÉS Pues, sí… mis papás, mis abuelos, cuatro hermanas y muchos tíos y primos.

INÉS Sólo tengo un hermano mayor, Pablo. Su esposa, Francesca, es médica. No es ecuatoriana, es italiana. Sus papás viven en Roma, creo. Vienen de visita cada año. Ah… y Pablo es periodista.

MAITE ¡Qué interesante!

INÉS ¿Y tú, Javier? ¿Tienes hermanos?

JAVIER No, pero aquí tengo unas fotos de mi familia.

INÉS ¡Ah! ¡Qué bien! ¡A ver!

INÉS ¿Y cómo es él?

JAVIER Es muy simpático. Él es viejo, pero es un hombre muy trabajador.

MAITE Oye, Javier, ¿qué dibujas?

JAVIER ¿Eh? ¿Quién? ¿Yo? ¡Nada!

MAITE ¡Venga! ¡No seas tonto!

PREVIEW Ask students to read the title, glance at the video stills, and predict what they think the episode will be about. Record the predictions and return to them after having watched the video.

MAITE Jaaavieeer… Oye, pero ¡qué bien dibujas!

JAVIER Este… pues…¡Sí! ¡Gracias!

SUGGESTION Play the video segment without sound and have students create a plot summary based on visual clues. Then show the segment with sound and have students make corrections and fill in gaps in their work.

recursos

| Video/VCD-ROM Lección 3 | VM pp. 173-174 | ICD-ROM Lección 3 |

INSTRUCTIONAL RESOURCES VM, Video (Start 00:17:00), VCD-ROM

Personajes

DON FRANCISCO

JAVIER

INÉS

ÁLEX

MAITE

4

JAVIER ¡Aquí están!

INÉS ¡Qué alto es tu papá! Y tu mamá, ¡qué bonita!

5

JAVIER Mira, aquí estoy yo. Y éste es mi abuelo. Es el padre de mi mamá.

INÉS ¿Cuántos años tiene tu abuelo?

JAVIER Noventa y dos.

9

MAITE Álex, mira, ¿te gusta?

ÁLEX Sí, mucho. ¡Es muy bonito!

SUGGESTION Point out the masculine, feminine, singular, and plural forms of descriptive adjectives and the present tense of **tener** in the captions, the **Expresiones útiles**, and in your classroom conversation. Tell students that this material will be formally presented in the upcoming **Gramática** section.

10

DON FRANCISCO Epa, ¿qué pasa con Inés y Javier?

SUGGESTION Have students review the **Expresiones útiles**. In groups of five, direct them to select a role and read **¿Es grande tu familia?** Ask one or two groups to present the script to the rest of the class.

Expresiones útiles

Talking about your family

¿Tienes una familia grande?
Do you have a large family?

Sí… mis papás, mis abuelos, cuatro hermanas y muchos tíos.
Yes, my parents, my grandparents, four sisters, and many (aunts and) uncles.

Sólo tengo un hermano mayor/menor.
I only have one older/younger brother.

¿Tienes hermanos?
Do you have siblings?

No, soy hijo único.
No, I'm an only (male) child.

Su esposa, Francesca, es médica.
His wife, Francesca, is a doctor.

No es ecuatoriana, es italiana.
She's not Ecuadorian; she's Italian.

Pablo es periodista.
Pablo is a journalist.

Es el padre de mi mamá.
He is my mother's father.

Describing people

¡Qué alto es tu papá!
Your father is so tall!

Y tu mamá, ¡qué bonita!
And your mother, how pretty!

¿Cómo es tu abuelo?
What is your grandfather like?

Es simpático.
He's nice.

Es viejo.
He's old.

Es un hombre muy trabajador.
He's a very hard-working man.

Saying how old people are

¿Cuántos años tienes?
How old are you?

¿Cuántos años tiene tu abuelo?
How old is your grandfather?

Noventa y dos.
Ninety-two.

¿Qué piensas?

1 **¿Cierto o falso?** Indicate whether each sentence is **cierto** or **falso**. Correct the false statements.

Cierto **Falso**

✓ _____ 1. Inés tiene una familia grande.
_____

_____ ✓ 2. Pablo, el hermano de Inés, es médico.
Francesca es médica.

✓ _____ 3. La cuñada de Inés es italiana.
_____

✓ _____ 4. Javier no tiene hermanos.
_____

_____ ✓ 5. El abuelo de Javier es muy perezoso (*lazy*).
El abuelo de Javier es muy trabajador.

_____ ✓ 6. Javier habla del padre de su (*his*) padre.
Javier habla del padre de su mamá.

2 **Adivinar** Read these sentences and guess which video character is being described. Each name is used twice.

JAVIER   **INÉS**   **MAITE**

1. Tiene cuatro hermanas y muchos tíos y primos. ____*Inés*____
2. Su abuelo tiene noventa y dos años, pero es muy trabajador. ____*Javier*____
3. Ella dice que (*says that*) Javier dibuja muy bien. ____*Maite*____
4. Ella tiene muchas preguntas para (*for*) sus amigos. ____*Maite*____
5. Su mamá es muy bonita. ____*Javier*____
6. Su cuñada es médica. ____*Inés*____

3 **Sus familias** With a partner, use these questions to talk about your families. *Answers will vary.*

• ¿Es grande o pequeña (*small*) tu (*your*) familia? ¿Cuántas personas hay en tu familia?
• ¿Tienes muchos tíos y primos? ¿Dónde viven?
• ¿Tienes un(a) tío/a o un(a) primo/a favorito/a? ¿Cómo es?

1 EXPANSION Continue the activity with true/false statements such as: **El padre de Javier es alto. (Cierto) Javier tiene tres hermanos. (Falso; Javier no tiene hermanos.) Javier tiene unas fotos de su familia. (Cierto) Inés es italiana. (Falso; Inés es del Ecuador.)**

2 EXPANSION Taking each sentence in turn, expand (or have students expand) the information given by asking questions based on additional information provided in the video segment. Ex: 1. **¿Tiene Inés sólo hermanas? (No, tiene un hermano.) ¿Cómo se llama su hermano? (Pablo) ¿Qué es? (Es periodista.) ¿Tiene esposa? (Sí) ¿Cómo se llama ella? (Francesca) ¿De dónde es? (Italia) ¿Qué es? (Es médica.)**

3 EXPANSION Have students prepare additional interview questions to ask their partner.

NATIONAL communication cultures STANDARDS

Exploración
La familia en el mundo hispano

En los países hispanos las personas usan doble apellido (*double last name*): uno del padre y el otro (*other*) de la madre. En la foto está Juan Antonio Moreno López con su esposa, María Eugenia Rojas de Moreno, y sus hijos Emilio Moreno Rojas y Ana Moreno Rojas.

En muchas familias hispanas, los abuelos y los tíos viven (*live*) en la misma casa (*same house*). En la foto, aparecen Osvaldo Marín Donoso y su (*his*) esposa Mónica, con sus (*their*) dos hijas, su yerno y sus cuatro nietos.

Muchos estudiantes universitarios viven (*live*) con sus padres durante sus estudios (*during their studies*). José Miguel López Betancourt, en la foto, asiste (*attends*) a la Universidad de Caracas y vive en casa con sus padres José Manuel y Laura.

Estadísticas de la familia

Tamaño medio (*average size*) de la familia

Colombia 5.2
México 5.0
Argentina 3.7
Uruguay 3.3
España 2.9
Estados Unidos 2.6

SOURCE: UN Secretariat

Coméntalo

With a classmate, discuss these questions. *Answers will vary.*

- ¿Te gustaría vivir (*would you like to live*) con tu familia extendida? ¿Por qué sí o por qué no? (Sí, me gustaría… / No, no me gustaría…)

- ¿Te gustaría vivir con tus padres hasta (*until*) tu graduación de la universidad? ¿Por qué sí o por qué no?

recursos

R | vistahigher learning.com

3.1 Descriptive adjectives

▶ Descriptive adjectives describe nouns. In Spanish, most adjectives agree in gender and number with the nouns or pronouns they describe.

▶ Adjectives that end in **–o** and **–or** have four forms.

Masculine	Feminine
el chico alto	la chica alta
los chicos altos	las chicas altas
el hombre trabajador	la mujer trabajadora
los hombres trabajadores	las mujeres trabajadoras

▶ Adjectives that end in **–e** or a consonant have the same masculine and feminine forms.

Masculine	Feminine
el chico inteligente	la chica inteligente
los chicos inteligentes	las chicas inteligentes
el chico joven	la chica joven
los chicos jóvenes	las chicas jóvenes

▶ Adjectives that refer to nouns of different genders use the masculine plural form.

Paco es alto. Ana es alta. → Paco y Ana son altos.

Common adjectives

alto/a	tall	gordo/a	fat	moreno/a	dark-haired
antipático/a	unpleasant	grande	large; great	mucho/a	much; many; a lot of
bajo/a	short	guapo/a	handsome		
bonito/a	pretty	importante	important	pelirrojo/a	red-haired
bueno/a	good	inteligente	intelligent	pequeño/a	small
delgado/a	thin; slender	interesante	interesting	rubio/a	blond
difícil	hard; difficult	joven	young	simpático/a	nice; likeable
fácil	easy	malo/a	bad	tonto/a	silly; foolish
feo/a	ugly	mismo/a	same	trabajador(a)	hard-working
				viejo/a	old

Adjectives of nationality

▶ Adjectives of nationality are formed like other descriptive adjectives. Note that adjectives of nationality that end in a consonant add **–a** to form the feminine.

Masculine	Feminine
Toño es mexicano.	Gloria es mexicana.
Ellos son mexicanos.	Ellas son mexicanas.
Héctor es español.	Sara es española.
Ellos son españoles.	Ellas son españolas.

Práctica

1 Emparejar Read the descriptions and match them with the photos.

1. _E_ Mateo es moreno. 4. _B_ Andrés hace el (*acts*) tonto.
2. _D_ Henri es francés. 5. _A_ Tanya es canadiense.
3. _F_ Luisa es rubia. 6. _C_ Raquel es pelirroja.

A B C
D E F

2 Completar Look at the photo of Amanda's family and imagine their personalities. Complete the sentences with appropriate adjectives. *Answers will vary.*

1. Mi familia es _____.
2. Mis abuelos son _____. Mi abuelo es _____ y mi abuela es _____.
3. Mi padre se llama Julio. Él es _____.
4. Mi madre se llama Victoria. Ella es _____.
5. Mi hermana se llama Rosa. Ella es _____.
6. Y mi hermano Tomás es muy _____.

Conversación

3 **Describir** With a partner, take turns describing each photo. Tell your partner whether you agree (**Estoy de acuerdo**) or disagree (**No estoy de acuerdo**) with the descriptions. *Answers will vary.*

modelo

Estudiante 1: Los Ángeles es muy bonita.

Estudiante 2: No estoy de acuerdo. Es muy fea.

Los Ángeles

El Presidente Bush

La Torre (Tower) Sears

Britney Spears

Drew Carey

Santa Fe, Nuevo México

Nelly Furtado

4 **Anuncio personal** Write a personal ad that describes your ideal mate. Compare your ad with a classmate's. *Answers will vary.*

SOY ALTA, morena y bonita. Estudio arte en la universidad. Busco un chico similar. Mi novio ideal es alto, moreno, inteligente y muy simpático.

Some adjectives of nationality			
alemán, alemana	German	francés, francesa	French
canadiense	Canadian	japonés, japonesa	Japanese
ecuatoriano/a	Ecuadorian	inglés, inglesa	English
español(a)	Spanish	mexicano/a	Mexican
estadounidense	from the United States	norteamericano/a	(North) American
		puertorriqueño/a	Puerto Rican

The position of adjectives

▶ Adjectives generally follow the nouns they modify.

La mujer **rubia** es de España.
The blond girl is from Spain.

¿Cómo se llama la mujer **ecuatoriana**?
What is the Ecuadorian woman's name?

¡ojo! Unlike descriptive adjectives, adjectives of quantity are placed before the modified noun.

Hay **muchos** estudiantes.
There are many students.

Hablo con **dos** turistas.
I am talking with two tourists.

▶ **Bueno/a** and **malo/a** can be placed before or after a noun. Before a masculine singular noun, the forms are shortened: **bueno → buen**; **malo → mal**.

José es un **buen** amigo.
José es un amigo **bueno**.
José is a great friend.

Hoy es un **mal** día.
Hoy es un día **malo**.
Today is a bad day.

▶ When **grande** appears before a singular noun, it is shortened to **gran**.

¡ojo! The adjective **grande** also changes its definition depending on its position: **gran** = *great*, but **grande** = *big, large.*

Mandela es un **gran** hombre.
Mandela is a great man.

La familia de Inés es **grande**.
Inés' family is large.

¡Manos a la obra!

 Provide the appropriate forms of the adjective **simpático** in the first column and **español** in the second.

1. Eres _simpático/a_.
2. Yolanda es _simpática_.
3. Nosotros somos _simpáticos_.
4. Dolores y Pilar son _simpáticas_.
5. Diego es _simpático_.
6. Tomás y yo somos _simpáticos_.
7. Ellas son _simpáticas_.
8. La médica es _simpática_.
9. Los niños son _simpáticos_.
10. Él es _simpático_.

1. Soy _español(a)_.
2. Ángela es _española_.
3. Los turistas son _españoles_.
4. Nosotros somos _españoles_.
5. El periodista es _español_.
6. Ellos son _españoles_.
7. Clara y Bárbara son _españolas_.
8. Ella es _española_.
9. Rafael y yo somos _españoles_.
10. Luis es _español_.

3.2 Possessive adjectives

▶ Possessive adjectives express ownership.

Forms of possessive adjectives

Singular forms	Plural forms	
mi	mis	my
tu	tus	your (fam.)
su	sus	his, her, its, your (form.)
nuestro/a	nuestros/as	our
vuestro/a	vuestros/as	your (fam.)
su	sus	their, its, your (form.)

¡ojo! Spanish possessive adjectives agree in number with the nouns they modify. **Nuestro** and **vuestro** agree in gender and number.

mi **primo** | mis **primos**
nuestro tío | nuestros tíos

mi tía | mis tías
nuestra tía | nuestras tías

▶ Possessive adjectives are placed before the nouns they modify.

¡Qué alto es tu papá! Y tu mamá, ¡qué bonita!

Éste es mi abuelo. Es el padre de mi mamá.

▶ **Su** and **sus** have multiple meanings (*your, his, her, their, its*). To avoid confusion, use this construction: [*article*] + [*noun*] + **de** + [*subject pronoun*].

sus **parientes**
- los parientes de él/ella — *his/her relatives*
- los parientes de Ud./Uds. — *your relatives*
- los parientes de ellos/ellas — *their relatives*

¡Manos a la obra!

Provide the appropriate form of each possessive adjective.

1. Es ___mi___ (*my*) libro.
2. ___Mi___ (*my*) familia es ecuatoriana.
3. ___Tu___ (*your, fam.*) esposo es italiano.
4. ___Nuestro___ (*our*) profesor es español.
5. Es ___su___ (*her*) reloj.
6. Es ___tu___ (*your, fam.*) mochila.
7. Es ___su___ (*your, form.*) maleta.
8. ___Su___ (*their*) sobrina es alemana.
9. ___Sus___ (*her*) primos son franceses.
10. ___Nuestros___ (*our*) primos son canadienses.
11. Son ___sus___ (*their*) lápices.
12. ___Sus___ (*their*) nietos son japoneses.

Práctica

1 Completar Marta just took a photo of her family. Complete her description of the photo.

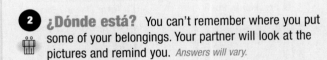

Ésta es una foto de ___mi___ familia. Aquí están ___mis___ abuelos. Son los padres de ___mi___ papá. ___Su___ casa (*home*) está en Miami.

Este hombre es ___mi___ papá. Se llama David y es médico. ___Mi___ mamá se llama Rebeca; es periodista. ___Mi___ tía Silvia es la hermana de ___ella___. Y aquí está ___mi___ hermano Ramón. La esposa de ___él___ se llama Sonia. ___Sus___ hijos Javier y Sara son ___mis___ sobrinos. Son muy simpáticos.

2 ¿Dónde está? You can't remember where you put some of your belongings. Your partner will look at the pictures and remind you. *Answers will vary.*

modelo

Estudiante 1: ¿Dónde está mi pluma?
Estudiante 2: Tu pluma está al lado de la computadora.

1.

4.

2.

5.

3.

6.

Conversación

3 Describir With a partner, describe these people and places. *Answers will vary.*

modelo

La biblioteca de tu universidad
La biblioteca de mi universidad es muy grande.
Hay muchos libros en la biblioteca.

1. Tus padres
2. Tus abuelos
3. Tu mejor (*best*) amigo/a
4. Tu novio/a ideal
5. Tu universidad
6. La librería de tu universidad
7. Tu profesor(a) favorito/a
8. Tu clase de español

4 Tres fotos Choose one of the three family photos and describe the family as if it were your own. Your partner will guess which photo you are describing. Then switch roles. *Answers will vary.*

Familia 1

Familia 2

Familia 3

Español en vivo

Identificar

Scan the advertisement above, and identify the instances where possessive adjectives are used.

Preguntas

1. ¿Quiénes son las personas del anuncio (*advertisement*)?
2. ¿Qué beben (*do they drink*)?
3. ¿Por qué les gusta la leche?

NATIONAL comparisons STANDARDS

3.3 Present tense of regular –er and –ir verbs

▸ In Lesson 2, you learned how to form the present tense of regular –ar verbs. You also learned about the importance of verb forms, which change to show who is performing the action. The chart below contains the forms of the regular –ar verb **trabajar**, which is conjugated just like **hablar, enseñar, comprar, estudiar,** and other –ar verbs you have learned. The chart also shows the forms of an –er verb and an –ir verb.

▸ **–Ar, –er,** and **–ir** verbs have very similar endings. Study the following chart to detect the patterns that make it easier for you to learn the forms of these verbs and to use them to communicate in Spanish.

Inés y Javier comen.

Maite escribe.

Present tense of –ar, –er, and –ir verbs

	trabajar	comer	escribir
	to work	*to eat*	*to write*
yo	trabajo	como	escribo
tú	trabajas	comes	escribes
Ud./él/ella	trabaja	come	escribe
nosotros/as	trabajamos	comemos	escribimos
vosotros/as	trabajáis	coméis	escribís
Uds./ellos/ellas	trabajan	comen	escriben

▸ The **yo** forms of all three types of verbs end in **–o.**

trabajo   como   escribo

▸ The endings for **–ar** verbs begin with **–a,** except for the **yo** form.

hablo   habla   habláis
hablas   hablamos   hablan

▸ The endings for **–er** verbs begin with **–e,** except for the **yo** form.

como   come   coméis
comes   comemos   comen

▸ **–Er** and **–ir** verbs have the exact same endings, except in the **nosotros/as** and **vosotros/as** forms.

nosotros ‹ comemos / escribimos   vosotros ‹ coméis / escribís

Práctica

1 **Emparejar** Susana is describing her family. Complete each sentence with the correct verb form.

1. Mi familia y yo ___*vivimos*___ [vivir] en Montevideo, Uruguay.
2. Mi hermano Alfredo es muy inteligente. Él ___*asiste*___ [asistir] a clases de lunes a viernes.
3. Los martes Alfredo y yo ___*corremos*___ [correr] en el parque.
4. Mis padres ___*comen*___ [comer] mucho; son un poco gordos.
5. Yo ___*creo*___ [creer] que (*that*) mis padres ___*deben*___ [deber] comer menos.

2 **Completar** Juan is talking about what he and his friends do after school. Complete his sentences.

modelo

Yo ___*corro*___ por (*for*) una hora.

1. Nosotros ___*comemos*___ en el restaurante.

3. Elena ___*escribe*___ en su diario.

2. Sofía y Eugenio ___*beben*___ café.

4. Susana y Bárbara ___*comparten*___ unas fotos.

5. Cristina ___*lee*___ en la biblioteca.

Conversación

3 Entrevista Use these questions to interview a classmate. Then report the results of your interview to the class. *Answers will vary.*

1. ¿Dónde comes al mediodía? ¿Comes mucho?

2. ¿Debes comer más (*more*) o menos (*less*)?

3. ¿Dónde vives?

4. ¿Con quién vives?

5. ¿Cuándo asistes a tus clases?

6. ¿Cuál es tu clase favorita? ¿Por qué?

7. ¿Qué cursos debes tomar el próximo (*next*) semestre?

8. ¿Lees *The National Enquirer*? ¿Qué periódicos (*newspapers*) leen tus padres?

9. ¿Recibes muchos mensajes electrónicos (*e-mails*)? ¿De quién?

10. ¿Escribes poemas o cuentos (*stories*)?

4 Encuesta Walk around the class and ask your classmates if they do (or should do) the things mentioned on the questionnaire. Try to find at least two people for each item. *Answers will vary.*

Actividad	Nombres
1. Asistir a conciertos de rock	_____
2. Correr todos los días (*every day*)	_____
3. Comprender chino	_____
4. Deber ser más (*more*) trabajador(a)	_____
5. Deber estudiar para (*for*) un examen	_____
6. Deber hablar más en la clase	_____
7. Abrir las ventanas cuando hace frío (*it's cold*)	_____
8. Deber mirar menos (*less*) la televisión	_____
9. Aprender contabilidad	_____
10. Creer que (*that*) la clase de español es fácil	_____
11. Vivir en una residencia estudiantil	_____
12. Deber leer más libros	_____

Common –er and –ir verbs

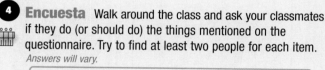

–er verbs		–ir verbs	
aprender	to learn	abrir	to open
beber	to drink	asistir (a)	to attend
comer	to eat	compartir	to share
comprender	to understand	decidir	to decide
correr	to run	describir	to describe
creer (en)	to believe (in)	escribir	to write
deber (+ inf.)	should, ought to; must	recibir	to receive
leer	to read	vivir	to live

Eugenio y Lilia **corren** en el parque.

Ramón **escribe** una carta.

¡Manos a la obra!

 Provide the correct forms of the verbs below.

correr

1. Graciela ___corre___.
2. Tú ___corres___.
3. Mi primo y yo ___corremos___.
4. Yo ___corro___.
5. Mis hermanos ___corren___.
6. Ud. ___corre___.
7. Uds. ___corren___.
8. La familia ___corre___.
9. Marcos y yo ___corremos___.

abrir

1. Ellos ___abren___ la puerta.
2. Carolina ___abre___ la maleta.
3. Yo ___abro___ las ventanas.
4. Nosotras ___abrimos___ los libros.
5. Ud. ___abre___ el cuaderno.
6. Tú ___abres___ la ventana.
7. Uds. ___abren___ las maletas.
8. Él ___abre___ el libro.
9. Los muchachos ___abren___ los cuadernos.

aprender

1. Él ___aprende___ español.
2. Uds. ___aprenden___ español.
3. Maribel y yo ___aprendemos___ inglés.
4. Tú ___aprendes___ japonés.
5. Uds. ___aprenden___ francés.
6. Mi hijo ___aprende___ chino.
7. Yo ___aprendo___ alemán.
8. Ud. ___aprende___ inglés.
9. Nosotros ___aprendemos___ italiano.

3.4 Present tense of **tener** and **venir**

▶ The verbs **tener** (*to have*) and **venir** (*to come*) are frequently used. You will have to learn each form individually because most of the forms are irregular.

Present tense of *tener* and *venir*

	tener	venir
	to have	to come
yo	tengo	vengo
tú	tienes	vienes
Ud./él/ella	tiene	viene
nosotros/as	tenemos	venimos
vosotros/as	tenéis	venís
Uds./ellos/ellas	tienen	vienen

¿Tienes hermanos?

Sí, tengo cuatro hermanas y un hermano mayor.

▶ Note that the **yo** forms are irregular:

tengo vengo

▶ The **nosotros** and **vosotros** forms are regular:

tenemos venimos
tenéis venís

▶ In the second person singular and the third person singular and plural forms, there is also an **e:ie** stem change.

INFINITIVE	VERB STEM		VERB FORM
tener	ten-	tú	tienes
		él/ella/Ud.	tiene
		ellos/ellas/Uds.	tienen
venir	ven-	tú	vienes
		él/ella/Ud.	viene
		ellos/ellas/Uds.	vienen

Práctica

1 Completar Complete the sentences with the forms of **tener** or **venir**.

1. Hoy nosotros ___*tenemos*___ una reunión familiar.
2. Todos (*all*) mis parientes ___*vienen*___, excepto mi tío Ricardo.
3. Él no ___*viene*___ porque vive en Guayaquil.
4. Mi prima Inés y su novio no ___*vienen*___ hasta las ocho porque ella ___*tiene*___ que trabajar.
5. En las fiestas mis sobrinos siempre (*always*) ___*tienen*___ ganas de cantar y bailar.
6. Después de (*after*) las fiestas, mi madre siempre dice que mis sobrinos son muy simpáticos. Creo que ella ___*tiene*___ razón.

2 Describir Describe these people using **tener** expressions.

1. ___*Tiene (mucha) prisa.*___

4. ___*Tienen (mucha) hambre.*___

2. ___*Tiene (mucho) calor.*___

5. ___*Tienen (mucho) frío.*___

3. ___*Tiene veintiún años.*___

6. ___*Tiene (mucha) sed.*___

INSTRUCTIONAL RESOURCES WB, LM, IRM (teaching tips, etc.), ICD-ROM

Conversación

 3 **¿Sí o no?** With a partner, discuss whether these statements apply to you. *Answers will vary.*

modelo

Estudiante 1: ¿Tiene tu madre cincuenta años?
Estudiante 2: No, tiene cuarenta y dos años.

	Sí	No
1. Mi padre tiene 57 años.	___	___
2. Mis padres vienen mucho a la universidad.	___	___
3. Vengo a clase a la medianoche.	___	___
4. Tengo dos pruebas hoy.	___	___
5. Mis amigos vienen mucho a mi casa (*house*).	___	___
6. Tengo muchos problemas con mi novio/a.	___	___
7. Tengo sed.	___	___
8. Tengo miedo de comer sushi.	___	___
9. Tengo que estudiar los domingos.	___	___
10. Tengo una familia grande.	___	___

 4 **Entrevista** Use these questions to interview a classmate. *Answers will vary.*

1. ¿Cuántos años tienes? ¿Y tus hermanos?
2. ¿Cuándo vienes a la clase de español?
3. ¿Tienes que estudiar hoy? ¿Por qué?
4. ¿Siempre (*always*) tienes razón?
5. ¿Tienes muchas fiestas en tu casa (*house*)? ¿Quiénes vienen a tus fiestas?
6. ¿Tienes sueño? ¿Por qué?
7. ¿Qué tienes ganas de hacer (*what do you feel like doing*) el sábado?
8. ¿De qué tienes miedo? ¿Por qué?
9. ¿Cuándo vienen tus amigos a tu casa, apartamento o residencia estudiantil?

Expressions with tener

▶ In certain expressions, Spanish uses the construction **tener** + [*noun*] instead of **ser** or **estar** to express the English equivalent *to be* + [*adjective*].

Expressions with *tener*	
tener... años	*to be . . . years old*
tener (mucho) calor	*to be (very) hot*
tener (mucho) cuidado	*to be (very) careful*
tener (mucho) frío	*to be (very) cold*
tener (mucha) hambre	*to be (very) hungry*
tener (mucho) miedo	*to be (very) afraid/scared*
tener (mucha) prisa	*to be in a (big) hurry*
tener razón	*to be right*
no tener razón	*to be wrong*
tener (mucha) sed	*to be (very) thirsty*
tener (mucho) sueño	*to be (very) sleepy*
tener (mucha) suerte	*to be (very) lucky*

▶ To express an obligation, use **tener que** (*to have to*) + [*infinitive*].

—¿**Tienes que** estudiar hoy?
Do you have to study today?

—**Sí, tengo que** estudiar física.
Yes, I have to study physics.

▶ To ask people if they feel like doing something, use **tener ganas de** (*to feel like*) + [*infinitive*].

—¿**Tienes ganas de** comer?
Do you feel like eating?

—No, **tengo ganas de** dormir.
No, I feel like sleeping.

¡Manos a la obra!

 Provide the appropriate forms of **tener** and **venir**.

tener

1. Ellos __tienen__ dos hermanos.
2. Yo __tengo__ una hermana.
3. El artista __tiene__ tres primos.
4. Nosotros __tenemos__ diez tíos.
5. Eva y Diana __tienen__ un sobrino.
6. Ud. __tiene__ cinco nietos.
7. Tú __tienes__ dos hermanastras.
8. Uds. __tienen__ cuatro hijos.
9. Ella __tiene__ una hija.

venir

1. Mis padres __vienen__ de México.
2. Tú __vienes__ de España.
3. Nosotras __venimos__ de Cuba.
4. Pepe __viene__ de Italia.
5. Yo __vengo__ de Francia.
6. Uds. __vienen__ de Canadá.
7. Alfonso y yo __venimos__ de Portugal.
8. Ellos __vienen__ de Alemania.
9. Ud. __viene__ de Venezuela.

Ampliación

❶ Escuchar

A Listen to Cristina and Laura's conversation. Then indicate who would make each statement.

 TIP Ask for repetition. You can ask someone to repeat by saying **¿Cómo?** (*What?*) or **¿Perdón?** (*Pardon me?*). You can ask your teacher to repeat by saying **Repítalo, por favor** (*Repeat it, please*). If you don't understand a recorded activity, simply replay it.

	Cristina	Laura
1. Mi novio habla sólo (*only*) del fútbol y del béisbol.	✓	
2. Tengo un novio muy interesante y simpático.		✓
3. Mi novio es alto y moreno.	✓	
4. Mi novio trabaja mucho.		✓
5. Mi amiga no tiene buena suerte con los muchachos.		✓
6. El novio de mi amiga es un poco gordo, pero guapo.	✓	

B ¿Cómo son Laura y Cristina? ¿Cómo son sus novios? ¿Tienes novio/a? ¿Cómo es? *Answers will vary.*

❷ Conversar

You are taking a couple of friends to a reunion of your extended family. So that there won't be any surprises for your friends, you have a conversation with them to tell them about your relatives. During the conversation, your friends should find out about the following: *Answers will vary.*

- Which family members are coming, including their names and their relationship to you
- What each family member is like
- How old each person is
- Where each person is from
- Where each person lives

recursos

R	Textbook CD Lección 3	WB pp. 23-30	LM pp. 15-17	Lab CD Lección 3	ICD-ROM Lección 3	vistahigher learning.com

❶ SCRIPT
Laura: ¿Qué hay de nuevo, Cristina?
Cristina: No mucho… sólo problemas con mi novio.
Laura: ¿Perdón?
Cristina: No hay mucho de nuevo… sólo problemas con mi novio, Rafael.
Laura: ¿Qué les pasa?
Cristina: Bueno, Rafael es alto y moreno…es muy guapo. Y es buena gente. Es inteligente también… pero es que no lo encuentro muy interesante.
Laura: ¿Cómo?
Cristina: No es muy interesante. Sólo habla del fútbol y béisbol. No me gusta hablar de fútbol los veinticuatro horas al día. No comprendo a los muchachos. ¿Cómo es tu novio, Laura?
Laura: Esteban es muy simpático. Es un poco gordo pero creo que es muy guapo. También es muy trabajador.
Cristina: ¿Es interesante?
Laura: Sí. Hablamos dos o tres horas cada día. Hablamos de muchas cosas… las clases, los amigos… de todo.
Cristina: ¡Qué bien! Siempre tengo mala suerte con los novios.

❷ SUGGESTION Before beginning the conversation, have students review descriptive adjectives and the present tense of regular verbs. You may also wish to have them brainstorm a list of words and ideas for each item.

❷ TEACHING OPTION Ask for a few volunteers to present a summary of their conversation to the rest of the class.

INSTRUCTIONAL RESOURCE Text CD

Ampliación

3 Escribir

3 **EXPANSION** Tell students that they may find it helpful to create idea maps with note cards. Writing each detail on a separate card allows students to rearrange ideas and experiment with organization. Remind students to write their ideas in Spanish, since they may not have the vocabulary or structures for some English items they generate.

3 **EVALUATION**

Criteria	Scale
Content	1 2 3 4
Comprehensibility	1 2 3 4
Organization	1 2 3 4
Accuracy	1 2 3 4
Use of visuals	1 2 3 4

Scoring

Excellent	18-20 points
Good	14-17 points
Satisfactory	10-13 points
Unsatisfactory	< 10 points

4 SUGGESTION Students may use newspaper or magazine photos for their family tree. Encourage students to use poster paper or overhead transparancies.

4 SUGGESTION Have students practice before a small group of classmates who can make suggestions before the student presents in front of the whole class. Extend the presentations over more than one class period so that each student will have sufficient time to present.

An e-mail friend wants to know about your family. Write a letter describing your family or an imaginary family. *Answers will vary.*

⭐ **TIP Use idea maps.** Idea maps help you group your information.

Organízalo — Use an idea map to help you list and organize information about your family.

Escríbelo — Using the material you have compiled, write the first draft of your letter. Use an appropriate greeting, such as **Querido/a** (*Dear*), and an appropriate closing, such as **Un abrazo** (*A hug*).

Corrígelo — Exchange papers with a classmate and comment on the organization, style, and grammatical correctness of each other's work. Then revise your first draft, keeping your classmate's comments in mind.

Compártelo — Read your letter aloud to a small group of classmates. Discuss how your families are similar (**semejantes**) and how they are different (**distintas**).

4 Un paso más

Create an illustrated family tree for your family and share it with the class. Your family tree might include these elements: *Answers will vary.*

- A simple title
- A format that clearly shows the relationships between family members
- Photos of family members and their names, following Hispanic naming conventions
- A few adjectives that describe each family member.

 En Internet

Investiga estos temas en el sitio vistahigherlearning.com.

- La familia en las culturas hispanas
- La amistad (*friendship*) en las culturas hispanas

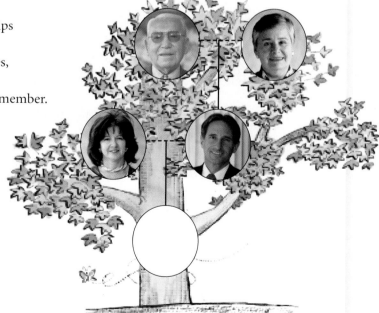

Antes de leer

You don't need to understand every word you read in Spanish. When you come across words you haven't learned, try to guess what they mean by looking at the context—the surrounding words and sentences. Look at this article about families and find a few words or phrases you don't know. Then guess what they mean, using the context as your guide.

Familias de todo tipo

◀ Hermana dedicada

Me llamo Isabel y tengo dieciocho años. Vivo con mi hermanito Daniel, mi padre Carlos y mi madre Estela. Estudio para programadora en la universidad. Soy muy buena para las computadoras. Por las tardes, le ayudo a Daniel a usar la computadora para hacer sus tareas. ¡Daniel aprende muy rápido!

Una madre ▶ orgullosa

Me llamo Ángela. Tengo dos hijos. Estoy muy orgullosa de ellos. La mayor se llama Lourdes y el menor José María. Lourdes tiene 18 años y José María tiene 15 años. Mis dos hijos son unos excelentes estudiantes. Lourdes toma clases de arquitectura y José María toma clases de italiano.

Primas futbolistas ▶

Me llamo Roberto Sandoval. Mi hija se llama Mónica y es una aficionada al fútbol. Los sábados y domingos ella juega al fútbol con su prima Carolina y juntas ven todos los partidos de fútbol en la televisión. Mónica y Carolina desean jugar en el equipo nacional. ¡Qué honor... dos primas en el equipo nacional!

Después de leer

¿Comprendiste?

Look at the magazine article and see how the words and phrases in the first box are used in context. Then find their translations in the second box.

1. ayudo ___e___	a. the oldest
2. aficionada ___h___	b. producer
3. la mayor ___a___	c. proud
4. el menor ___f___	d. they watch
5. orgullosa ___c___	e. I help
6. único ___g___	f. the youngest
	g. only
	h. fan

Preguntas

1. ¿Cuántas personas hay en la familia de Isabel?
   Hay cuatro personas en su familia.

2. ¿Con quién vive Luis?
   Luis vive con sus abuelos.

3. ¿Quiénes desean jugar en el equipo nacional?
   Mónica y Carolina desean jugar en el equipo nacional.

4. ¿Cuántos hijos tiene Ángela?
   Ángela tiene dos hijos.

Coméntalo

¿Es similar tu familia a las familias del artículo? En tu opinión, ¿son ideales las familias del artículo? ¿Cómo es la familia ideal? *Answers will vary.*

◄ Nieto único

Me llamo Luis y vivo con mi abuelo Artemio y mi abuela María. Soy su único nieto. No tengo hermanos ni primos. Mis abuelos trabajan mucho. Los fines de semana comemos con mis tías Carmen y Beatriz. Mis tías son muy cómicas.

MAYO DEL 2003

juega	plays
jugar	to play
juntas	together
partidos	games
equipo	team
ven	they watch
ni	nor

La familia

el/la abuelo/a	grandfather/grandmother
el/la cuñado/a	brother-in-law/sister-in-law
el/la esposo/a	husband/wife; spouse
la familia	family
el/la hermanastro/a	stepbrother/stepsister
el/la hermano/a	brother/sister
el/la hijastro/a	stepson/stepdaughter
el/la hijo/a	son/daughter
los hijos	children; sons
la madrastra	stepmother
la madre	mother
el/la medio/a hermano/a	half-brother/half-sister
el/la nieto/a	grandson/granddaughter
la nuera	daughter-in-law
el padrastro	stepfather
el padre	father
los padres	parents
los parientes	relatives
el/la primo/a	cousin
el/la sobrino/a	nephew/niece
el/la suegro/a	father-in-law/mother-in-law
el/la tío/a	uncle/aunt
el yerno	son-in-law

Adjetivos

alto/a	tall
antipático/a	unpleasant
bajo/a	short
bonito/a	pretty
buen, bueno/a	good
delgado/a	thin; slender
difícil	difficult; hard
fácil	easy
feo/a	ugly
gordo/a	fat
gran, grande	big, large; great
guapo/a	handsome; good-looking
importante	important
inteligente	intelligent
interesante	interesting
joven	young
mal, malo/a	bad
mismo/a	same
moreno/a	dark-haired
mucho/a	much; many; a lot of
pelirrojo/a	red-haired
pequeño/a	small
rubio/a	blond
simpático/a	nice; likeable
tonto/a	silly; foolish
trabajador(a)	hard-working
viejo/a	old

Verbos

abrir	to open
aprender	to learn
asistir (a)	to attend
beber	to drink
comer	to eat
compartir	to share
comprender	to understand
correr	to run
creer (en)	to believe (in)
deber (+ inf.)	to have to; should
decidir	to decide
describir	to describe
escribir	to write
leer	to read
recibir	to receive
tener	to have
venir	to come
vivir	to live

Expressions with *tener*

tener… años	to be… years old
tener (mucho) calor	to be (very) hot
tener (mucho) cuidado	to be (very) careful
tener (mucho) frío	to be (very) cold
tener ganas de (+ inf.)	to feel like (doing something)
tener (mucha) hambre	to be (very) hungry
tener (mucho) miedo	to be (very) afraid/scared
tener (mucha) prisa	to be in a (big) hurry
tener que (+ inf.)	to have to (do something)
tener razón	to be right
no tener razón	to be wrong
tener (mucha) sed	to be (very) thirsty
tener (mucho) sueño	to be (very) sleepy
tener (mucha) suerte	to be (very) lucky

Otras personas

el/la amigo/a	friend
la gente	people
el/la muchacho/a	boy/girl
el/la niño/a	child; boy/girl
el/la novio/a	boyfriend/girlfriend
la persona	person

Profesiones

el/la artista	artist
el/la médico/a	doctor; physician
el/la ingeniero/a	engineer
el/la periodista	journalist
el/la programador(a)	computer programmer

Expresiones útiles	See page 61.
Nationalities	See page 65.
Possessive adjectives	See page 66.

recursos

R | Lab CD Lección 3 | LM p. 18

INSTRUCTIONAL RESOURCES Tests, Text CD, IRM (supplemental vocabulary)

4 El fin de semana

PREVIEW Have students look at the photo. Say: **Es una foto de dos personas. Ellos pasean en bicicleta. ¿Cómo son los jóvenes? ¿Cuántos años tienen?**

Communicative Goals

You will learn how to:
- talk about pastimes, weekend activities, and sports
- make plans and invitations
- say what you are going to do.

PREPARACIÓN

pages 78-83
- Words related to pastimes and sports
- Places and activities in the city
- Word stress and accent marks

AVENTURAS

pages 84-87
- Don Francisco informs the students that they have an hour of free time. Inés and Javier decide to walk through the city. Maite and Álex go to a park.

GRAMÁTICA

pages 88-97
- Present tense of **ir**
- Present tense of stem-changing verbs
- Verbs with irregular **yo** forms

LECTURA

pages 98-99
- Newspaper article: *Guía para el fin de semana*

RECURSOS

These student supplements provide additional practice:
- Textbook Audio CD
- Workbook/Video Manual (WB/VM)
- Lab Manual (LM)
- Lab Audio CDs
- Video CD-ROM
- Interactive CD-ROM
- WB/VM/LM Answer Key

EL FIN DE SEMANA

pasear en bicicleta
to ride a bicycle

ACTIVIDADES Y DISTRACCIONES

escalar montañas *to climb mountains*

escribir una carta *to write a letter*

un mensaje electrónico *to write an e-mail*

esquiar *to ski*

ir de excursión (a las montañas) *to go on a hike (in the mountains)*

leer el periódico *to read the newspaper*

el correo electrónico *to read e-mail*

una revista *to read a magazine*

nadar en la piscina *to swim in the pool*

pasear por la ciudad/el pueblo *to walk around the city/town*

practicar deportes (m. pl.) *to practice sports*

ver películas *to see movies*

visitar un monumento *to visit a monument*

patinar (en línea)
to rollerblade

una (tarjeta) postal
a postcard

tomar el sol
to sunbathe

bucear
to scuba dive

recursos

R	Textbook CD Lección 4	WB pp. 31-32	LM p. 19	Lab CD Lección 4	ICD-ROM Lección 4

VARIACIÓN LÉXICA Point out these lexical items:
piscina → pileta (*Arg.*); alberca (*Méx.*)
baloncesto → básquetbol (*Amér. L.*)
béisbol → pelota (*P. Rico, Rep. Dom.*)

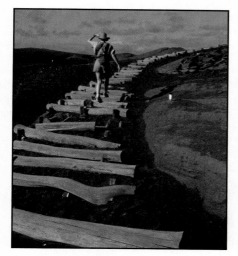

LOS DEPORTES

el baloncesto *basketball*
el ciclismo *cycling*
el esquí (acuático) *(water) skiing*
el fútbol americano *football*
el golf *golf*
el hockey *hockey*
la natación *swimming*
el tenis *tennis*
el voleibol *volleyball*

el equipo *team*
el/la jugador(a) *player*
el partido *game*
la pelota *ball*
ganar *win*
ser aficionado/a (a) *to be a fan (of)*

deportivo/a *sports-related*

el béisbol
baseball

el fútbol
soccer

el/la excursionista
hiker

VARIACIÓN LÉXICA Point out that some Spanish names for sports are derived from English (**el béisbol, el fútbol, el básquetbol, el golf, el hockey, el voleibol, el tenis**). Tell students that in the English-speaking world outside of the United States and Canada, soccer is called football. The game Americans know as football is called **fútbol americano** in the Spanish-speaking world.

la iglesia
church

LUGARES

la casa *house*
el centro *downtown*
el cine *movie theater*
el gimnasio *gym, gymnasium*
el museo *museum*
el parque *park*
el restaurante *restaurant*

el café
café

EXPANSION Have students write their three favorite sports or leisure activities in Spanish. Then tell them to share this information with a classmate who must remember it without writing it down. Ask random students to report their partners' activities.

la piscina
pool

OTRAS PALABRAS

la diversión *entertainment; fun activity*
el fin de semana *weekend*
el lugar *place*
el pasatiempo *pastime, hobby*
los ratos libres *spare time*
el tiempo libre *free time*
favorito/a *favorite*
pasar el tiempo *to spend time*

A escuchar

1 **Una estudiante muy activa** Every day, Laura does many things. Number the drawings in the order in which you hear Laura mention them.

3

1

2

4

5

2 **¿Qué haces?** Berta and Julio are discussing their plans for this weekend. Listen to their conversation and mark the activities that correspond to each person.

	Berta	Julio
1. El domingo voy a la piscina con mis amigas.	✓	
2. El sábado voy a jugar un partido de fútbol.		✓
3. Voy a ver una película.	✓	✓
4. Practico el fútbol todos los días.		✓
5. El sábado por la tarde trabajo en el café de mis padres.	✓	

1 SCRIPT

Laura: Cuando hace buen tiempo y tengo tiempo libre, me gusta practicar deportes. Soy muy aficionada al fútbol y al baloncesto. También practico el esquí acuático. Ah, y nadar. Nado casi todos los días en la piscina que hay en el centro. Cuando no tengo tiempo para ir a la piscina, patino en un parque cerca de casa. Cuando hace mal tiempo, voy a mi gimnasio favorito.

2 SCRIPT

Julio: Berta, ¿qué vas a hacer este fin de semana?
Berta: El domingo mis amigas y yo vamos a la piscina. Me gusta mucho tomar el sol. ¿Y tú? ¿Qué vas a hacer?
Julio: El sábado por la tarde voy a jugar un partido de fútbol con el equipo de la universidad.
Berta: ¿Juegas al fútbol?
Julio: Sí, practico todos los días. ¿Quieres venir al partido?
Berta: Lo siento, no puedo. El sábado por la tarde tengo que trabajar en el café de mis padres. Pero tengo tiempo libre por la noche… Voy muchos sábados al cine. ¿Vienes a ver una película?
Julio: ¡Muy bien! Hablamos más tarde para decidir la película. Tengo que irme ahora. Chau.

recursos

Textbook CD
Lección 4

INSTRUCTIONAL RESOURCE Text CD

A practicar

3 EXPANSION Have students correct the false statements.

3 EXPANSION For review, ask students to describe the people in the photos.

4 EXPANSION Ask students to provide sentences using the circled words or phrases.

5 EXPANSION Have students act out the conversation in pairs and tell them to continue the conversation by adding at least two lines.

5 EXPANSION Tell students to work in pairs and rewrite the conversation, substituting their own preferences.

3 Tiempo libre Indicate whether each statement is **cierto** or **falso**.

Gustavo y Simón

Las chicas

José

Don Fernando

Maribel

Doña Leonor

1. _Cierto_ Gustavo y Simón pasean por la ciudad en bicicleta.
2. _Cierto_ Las chicas juegan al fútbol.
3. _Falso_ José hace una excursión a las montañas.
4. _Cierto_ Don Fernando lee el periódico en el parque.
5. _Falso_ Maribel patina en línea.
6. _Cierto_ Doña Leonor pasea por la ciudad.

4 Los pasatiempos Circle the word or phrase that doesn't belong.

1. bucear • ir de excursión • (leer una revista) • esquiar
2. el baloncesto • (el ciclismo) • el voleibol • el fútbol
3. (la natación) • el cine • el café • la iglesia
4. (el golf) • la aficionada • el jugador • el excursionista
5. el periódico • (el pasatiempo) • la revista • el correo
6. ver películas • ir al museo • (practicar el hockey) • leer un periódico

5 Dos amigos Complete the conversation with the words given.

LUISA ¿Cómo te gusta ___pasar___ los ratos libres, Manuel?

MANUEL Bueno, Luisa, no tengo mucho ___tiempo___ libre, pero los fines de ___semana___ me gusta ver películas. Y tú, Luisa, ¿cuáles son tus ___pasatiempos___ favoritos?

LUISA Voy al ___gimnasio___. Nado en la ___piscina___. Y los sábados juego al ___voleibol___.

MANUEL ¡Uf! ¿Y qué haces para descansar?

LUISA Pues… para descansar me gusta ver películas.

MANUEL ¡Excelente! Hay una buena en un ___cine___ del ___centro___. ¿Quieres ir?

LUISA Sí, Manuel. Buena idea.

centro	**pasar**	**semana**
cine	**pasatiempos**	**tiempo**
gimnasio	**piscina**	**voleibol**

A conversar

6 **¿Y tú?** Interview your partner using these questions. *Answers will vary.*

1. ¿Te gustan los deportes?
2. ¿Qué deportes practicas?
3. ¿Cuál es tu deporte favorito? ¿Por qué te gusta?
4. ¿Te gusta pasear en bicicleta? ¿Dónde paseas y con quién?
5. ¿Escribes muchos mensajes electrónicos? ¿Te gusta recibir mensajes electrónicos?
6. ¿Qué periódicos y revistas lees? ¿Por qué?

7 **En el campus** With a partner, describe what the people in the illustration are doing. *Answers will vary.*

8 **¿Quién soy?** Using **yo** forms, write a description of a famous athlete and read it to the class, mentioning the athlete's initials (**iniciales**). The class will guess who you described. *Answers will vary.*

> **modelo**
>
> **Estudiante:** Soy muy famosa. Vivo en la Florida con mi familia. Practico el tenis. Soy una jugadora profesional. Mi hermana practica el tenis también. Mis iniciales son V. W. ¿Quién soy?
> **Clase:** ¿Eres Venus Williams?
> **Estudiante:** ¡Sí!

---

6 EXPANSION Using the lesson vocabulary, have students add at least two of their own questions to the list.

6 EXPANSION Have students jot down the responses to their questions. Then ask them to report what their partner said to the class. Have them write a paragraph about their partner.

7 EXPANSION Ask students additional questions related to the drawing. Ex: **¿Dónde están estas personas? ¿Cuántos chicos practican el fútbol? ¿y el fútbol americano? ¿Debe la gente tomar el sol mucho?**

TEACHING OPTION Play a game of continuous narration. One student begins: **Es sábado por la tarde y voy [al parque].** The next student then describes what he or she is doing there. **Estoy en el parque y patino en línea.** If necessary, students may change the locale. You may want to write some phrases on the board to help them: **voy a/al…, luego, después.**

Pronunciación

Word stress

SUGGESTION Model pronunciation having students repeat after you. Explain that **¿Cómo?** (**Práctica** item 6) has an accent because it is a question word.

EXPANSION Write a list of words on the board. In small groups, have students come up with the stress rule that applies to each word. Ex: **Inés, lápiz, equipo, pluma, Javier, chicas, francés, comer, mujer, tenis, hombre, libros, papel, Álex, excursión, deportes, pasear, esquí, voleibol, película, mensaje, practican.** Then have the class pronounce each word, paying particular attention to the word stress.

pe-lí-cu-la   **e-di-fi-cio**   **v**e**r**   **yo**

Every Spanish syllable contains at least one vowel. When two vowels (two weak vowels or one strong and one weak) are joined in the same syllable, they form a **diphthong**. A **monosyllable** is a word formed by a single syllable.

bi-blio-te-ca   **vi-si-tar**   **par-que**   **fút-bol**

The syllable of a Spanish word that is pronounced most emphatically is the "stressed" syllable.

pe-lo-ta   **pis-ci-na**   **ra-tos**   **ha-blan**

Words that end in **n, s,** or a **vowel** are usually stressed on the next-to-last syllable.

na-ta-ción   **pa-pá**   **in-glés**   **Jo-sé**

If words that end in **n, s,** or a **vowel** are stressed on the last syllable, they must carry an accent mark on the stressed syllable.

bai-lar   **es-pa-ñol**   **u-ni-ver-si-dad**   **tra-ba-ja-dor**

Words that do **not** end in **n, s,** or a **vowel** are usually stressed on the last syllable.

béis-bol   **lá-piz**   **ár-bol**   **Gó-mez**

If words that do **not** end in **n, s,** or a **vowel** are stressed on the next-to-last syllable, they must carry an accent mark on the stressed syllable.

Práctica Pronounce each word, stressing the correct syllable. Then give the word stress rule for each word.

1. profesor
2. Puebla
3. ¿Cuántos?
4. Mazatlán
5. examen
6. ¿Cómo?
7. niños
8. Guadalajara
9. programador
10. México
11. están
12. geografía

Oraciones Read the conversation aloud to practice word stress.

MARINA Hola, Carlos. ¿Qué tal?
CARLOS Bien. Oye, ¿a qué hora es el partido de fútbol?
MARINA Creo que es a las siete.
CARLOS ¿Quieres ir?
MARINA Lo siento, pero no puedo. Tengo que estudiar biología.

Refranes Read these sayings aloud to practice word stress.

En la unión está la fuerza.[2]

Quien ríe de último, ríe mejor.[1]

1 He who laughs last laughs loudest.
2 In unity, there is strength.

recursos

| R | Textbook CD Lección 4 | LM p. 20 | Lab CD Lección 4 | ICD-ROM Lección 4 |

¡Vamos al parque!

Los estudiantes pasean por la ciudad y hablan de sus pasatiempos.

VIDEO SYNOPSIS The travelers have an hour to explore the city before checking into the cabins. Javier and Inés decide to stroll around the city. Álex and Maite go to the park. While Maite writes postcards, Álex and a young man play soccer. A stray ball hits Maite. Álex and Maite return to the bus, and Álex invites her to go running with him that evening.

DON FRANCISCO Tienen una hora libre. Pueden explorar la ciudad, si quieren.

JAVIER Inés, ¿quieres ir a pasear por la ciudad?
INÉS Sí, vamos.

ÁLEX ¿Por qué no vamos al parque, Maite? Podemos hablar y tomar el sol.
MAITE ¡Buena idea! También quiero escribir unas postales.

ÁLEX ¡Maite!
MAITE ¡Dios mío!

JOVEN Mil perdones. Lo siento muchísimo.
MAITE ¡No es nada! Estoy bien.

ÁLEX Ya son las dos y treinta. Debemos regresar al autobús, ¿no?
MAITE Tienes razón.
ÁLEX Oye, Maite, ¿qué vas a hacer esta noche?
MAITE No tengo planes. ¿Por qué?

recursos

| Video/VCD-Rom Lección 4 | VM pp.175-176 | ICD-ROM Lección 4 |

PREVIEW Have students glance over the **fotonovela** and list the cognates they find. Ask them to guess what this episode is about based on the visuals and the cognates.

INSTRUCTIONAL RESOURCES VM, Video (Start 00:17:00), VCD-ROM

Personajes

DON FRANCISCO　JAVIER　INÉS　ÁLEX　MAITE　JOVEN

MAITE ¿Eres aficionado a los deportes, Álex?

ÁLEX Sí, me gusta mucho el fútbol. Me gusta también nadar, correr e ir de excursión a las montañas.

MAITE Yo también corro mucho.

ÁLEX Oye, Maite, ¿por qué no jugamos al fútbol con él?

MAITE Mmm… No quiero. Voy a terminar de escribir unas postales.

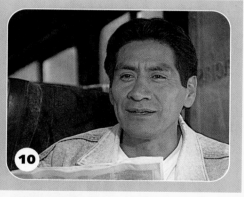

ÁLEX Eh, este… A veces salgo a correr por la noche. ¿Quieres venir a correr conmigo?

MAITE Sí, vamos. ¿A qué hora?

ÁLEX ¿A las seis?

MAITE Perfecto.

DON FRANCISCO Esta noche van a correr. ¡Y yo no tengo energía para pasear!

Expresiones útiles

Making invitations
¿Por qué no vamos al parque?
Why don't we go to the park?
¡Buena idea!
Good idea!
¿Por qué no jugamos al fútbol?
Why don't we play soccer?
Mmm… no quiero.
Hmm… I don't want to.
Lo siento, pero no puedo.
I'm sorry, but I can't.
¿Quieres pasear por la ciudad conmigo?
Do you want to walk around the city with me?
Sí, vamos.
Yes, let's go.

Making plans
¿Qué vas a hacer esta noche?
What are you going to do tonight?
No tengo planes.
I don't have any plans.

Talking about pastimes
¿Eres aficionado/a a los deportes?
Are you a sports fan?
Sí, me gustan todos los deportes.
Yes, I like all sports.
Sí, me gusta mucho el fútbol.
Yes, I like soccer a lot.

Apologizing
Mil perdones./Lo siento muchísimo.
I'm so sorry.

SUGGESTION Model the pronunciation of the **Expresiones útiles**, having students repeat after you. Then, explain that **vas, vamos**, and **van** are forms of **ir**. Point out that **quiero, quieres**, and **siento** are forms of **querer** and **sentir**, which have a stem change from **e** to **ie** in certain forms. Tell students they will learn more about these verbs in **Gramática** sections 4.1 and 4.2.

SUGGESTION Point out that soccer is the most popular sport in the Spanish-speaking world. You may also wish to have students read the **Exploración** section on page 87 at this time.

SUGGESTION Point out that going to a park is a popular pastime in Spanish-speaking countries. People go to parks to socialize with their friends and to enjoy themselves.

¿Qué piensas?

1 Ordenar Put the following events in order from 1 to 5.

_1_ a. Álex y Maite deciden ir al parque.

_3_ b. Álex y el joven juegan al fútbol.

_5_ c. Maite y Álex vuelven al autobús.

_2_ d. Maite decide escribir unas postales.

_4_ e. El joven causa un accidente.

2 Pasatiempos Scan **Aventuras** and indicate which pastimes the characters mention. Then indicate whether you participate in each pastime. *Answers will vary.*

ÁLEX

nadar, correr, ir de excursión a las montañas, jugar al fútbol,

tomar el sol _____

_____

MAITE

correr, pasear, escribir postales _____

_____

_____

3 Preguntas Get together with a partner and take turns asking each other these questions. *Answers will vary.*

1. ¿Qué desean hacer Inés y Javier?

_____

2. ¿Cuáles son los deportes favoritos de Álex?

_____

3. ¿Qué desea hacer Maite en el parque?

_____

4. ¿Qué desea hacer Álex en el parque?

_____

5. ¿Qué deciden hacer Álex y Maite esta noche?

_____

6. ¿Cuáles son tus pasatiempos favoritos?

_____

7. ¿Cuáles son los pasatiempos favoritos de tu mejor (*best*) amigo/a?

_____

Exploración
El fútbol: pasión de multitudes

El portero (*goal keeper*) colombiano Óscar Córdoba juega (*plays*) en el equipo Boca Juniors de Buenos Aires. Es considerado uno de los mejores (*best*) porteros del mundo.

El Real Madrid, equipo español, ha ganado (*has won*) la Copa de Europa nueve veces.

El fútbol es el deporte más popular en todo el mundo hispanohablante. El Estadio Azteca de la Ciudad de México tiene una capacidad de 106.000 (ciento seis mil) espectadores. Es el estadio más grande (*the biggest*) de los países hispanohablantes.

Estadísticas del fútbol
Ganadores de la Copa del Mundo:
Argentina (2), Uruguay (2), Brasil (5)

Goleadores célebres:
Cuauhtémoc Blanco (México), Gabriel Batistuta (Argentina), Ronaldo (Brasil)

Equipos célebres:
Barcelona, Real Madrid, Boca Juniors, River Plate

Coméntalo
With a classmate, discuss these questions. *Answers will vary.*
- ¿Te gusta el fútbol? Explica por qué.
- ¿Crees que el fútbol va a ser más (*is going to be more*) popular en los Estados Unidos?
- ¿Se juega (*do they play*) al fútbol en tu comunidad?

recursos

R   vistahigher learning.com

4.1 The present tense of ir

NATIONAL STANDARDS comparisons

ir (to go)

Singular forms		Plural forms	
yo	voy	nosotros/as	vamos
tú	vas	vosotros/as	vais
Ud./él/ella	va	Uds./ellos/ellas	van

▶ The verb **ir** (*to go*) is irregular in the present tense.

▶ **Ir** is often used with the preposition **a** (*to*). When **a** is followed by the article **el,** they form the contraction **al**. There is no contraction when **a** is followed by **la**, **las**, and **los**.

a + el = al

Voy al cine con María.
I'm going to the movies with María.

Ellos **van a** las montañas.
They are going to the mountains.

▶ The construction **ir a** + [*infinitive*] expresses actions that are going to happen in the future. It is equivalent to the English *to be going to* + [*infinitive*].

Voy a escribir unas postales.

Álex y Maite van a volver al autobús.

▶ **Vamos a** + [*infinitive*] can also express the idea of *let's (do something)*.

Vamos a pasear.
Let's take a stroll.

¡Vamos a ver!
Let's see!

¡ojo! Use **adónde** instead of **dónde** when asking a question with **ir**.

¿Adónde vas?
Where are you going?

¿Adónde van hoy?
Where are they going today?

¡Manos a la obra!

 Provide the present tense forms of **ir**.

1. Ellos __van__.
2. Yo __voy__ .
3. Tu novio __va__.
4. Adela __va__.
5. Mi prima y yo __vamos__.
6. Tú __vas__.
7. Uds. __van__.
8. Nosotros __vamos__.
9. Ud. __va__.
10. Nosotras __vamos__.
11. Miguel __va__.
12. Ellos __van__.

Práctica

1 **Adivina** Roberto has gone to see Doña Imelda, a fortune teller. Using **ir a** + [*infinitive*], say what Doña Imelda predicts.

modelo

Tu hermano Gabriel __va a__ ir a Europa.

1. Tú __vas a__ correr en el Maratón de Boston.
2. Tú y tu familia __van a__ escalar el monte Everest.
3. Tu hermano Pablo __va a__ jugar en la Liga Nacional de Fútbol.
4. Tu hermana Tina __va a__ recibir una carta misteriosa.
5. Tu hermana Rosario __va a__ patinar en los Juegos Olímpicos.
6. Tus padres __van a__ tomar el sol en Acapulco.
7. Tú __vas a__ ver las pinturas (*paintings*) de tu amiga en el Museo Nacional de Arte.
8. ¡Y yo __voy a__ ser muy, muy rica!

2 **¿Adónde vas?** You and some friends are visiting Madrid. Work with a partner and ask each other which sites you will visit today. Use the clues provided in the map. *Answers will vary.*

modelo

Estudiante 1: ¿Adónde va Ricardo?
Estudiante 2: Va al Palacio Real.

Conversación

 3 Situaciones With a partner, say where you and your friends go in the following situations. *Answers will vary.*

1. Cuando deseo descansar…

2. Cuando mi novio/a tiene que estudiar…

3. Si mis amigos necesitan practicar el español…

4. Si deseo hablar con unos amigos…

5. Cuando tengo dinero (*money*)…

6. Cuando mis amigos y yo tenemos hambre…

7. Si tengo tiempo libre…

8. Cuando mis amigos desean esquiar…

9. Si estoy de vacaciones (*on vacation*)…

10. Si quiero leer…

4 Encuesta Walk around the class and ask your classmates if they are going to do these activities today. Try to find at least two people for each item and write their names on the worksheet. Report your findings to the class. *Answers will vary.*

Actividades	Nombres
1. Comer en un restaurante	_____
2. Mirar la televisión	_____
3. Leer una revista	_____
4. Escribir un mensaje electrónico	_____
5. Correr	_____
6. Ver una película	_____
7. Pasear en bicicleta	_____
8. Estudiar en la biblioteca	_____

5 Entrevista Interview two classmates to find out what they are going to do this weekend. *Answers will vary.*

modelo

Estudiante 1: ¿Adónde vas este (*this*) fin de semana?

Estudiante 2: Voy a Guadalajara con mis amigos.

Estudiante 1: ¿Y qué van a hacer (*to do*) Uds. en Guadalajara?

Estudiante 2: Vamos a visitar unos monumentos y museos.

Español en vivo

Esta familia siempre va a estar unida, porque el Banco Atlantis siempre va a estar con ellos.

Hoy el hijo va a trabajar a otra ciudad, y aunque está lejos de su familia, ellos van a estar tranquilos. Porque su sueldo lo va a depositar en el Banco Atlantis. Y así, él va a ahorrar mucho dinero.

BANCO ATLANTIS
Vamos a ganarle dinero

Identificar

Scan the advertisement above, and identify the instances where the **ir a** + [*infinitive*] construction is used.

Preguntas

1. ¿Quiénes son las personas de la familia?

2. ¿Cómo va a estar la familia?

3. ¿Qué va a hacer (*to do*) el hijo?

4. En tu opinión, ¿por qué el hijo escoge (*does he choose*) el Banco Atlantis?

4.2 Stem-changing verbs: e → ie, o → ue

NATIONAL
comparisons
STANDARDS

▶ In stem-changing verbs, the stressed vowel of the stem changes when the verb is conjugated.

INFINITIVE	VERB STEM	STEM CHANGE	CONJUGATED FORM
empezar	empez-	empiez-	empiezo
volver	volv-	vuelv-	vuelvo

▶ In many verbs, such as **empezar** (*to begin*), the stem vowel changes from **e** to **ie**. Note that the **nosotros/as** and **vosotros/as** forms don't have a stem change.

empezar (e:ie)

Singular forms		Plural forms	
yo	empiezo	nosotros/as	empezamos
tú	empiezas	vosotros/as	empezáis
Ud./él/ella	empieza	Uds./ellos/ellas	empiezan

Álex y Maite vuelven al autobús.

Álex empieza a enviar mensajes.

▶ In many other verbs, such as **volver** (*to return*), the stem vowel changes from **o** to **ue**. The **nosotros/as** and **vosotros/as** forms have no stem change.

volver (o:ue)

Singular forms		Plural forms	
yo	vuelvo	nosotros/as	volvemos
tú	vuelves	vosotros/as	volvéis
Ud./él/ella	vuelve	Uds./ellos/ellas	vuelven

▶ To help you identify stem-changing verbs, they will appear as follows throughout the text:

empezar (e:ie) volver (o:ue)

Práctica

1 **Preferencias** With a partner, take turns asking and answering questions about what these people want to do.

modelo
Guillermo: estudiar / pasear en bicicleta
Estudiante 1: ¿Quiere estudiar Guillermo?
Estudiante 2: No, prefiere pasear en bicicleta.

1. **tú:** trabajar / dormir
   E1: ¿Quieres trabajar? E2: No, prefiero dormir.

2. **Uds.:** mirar la televisión / ir al cine
   E1: ¿Quieren Uds. mirar la televisión? E2: No, preferimos ir al cine.

3. **tus amigos:** ir de excursión / descansar
   E1: ¿Quieren ir de excursión tus amigos? E2: No, mis amigos prefieren descansar.

4. **tú:** comer en la cafetería / ir a un restaurante
   E1: ¿Quieres comer en la cafetería? E2: No, prefiero ir a un restaurante.

5. **Elisa:** ver una película / leer una revista
   E1: ¿Quiere ver una película Elisa? E2: No, (Elisa) prefiere leer una revista.

6. **María y su hermana:** tomar el sol / practicar el esquí *E1: ¿Quieren tomar el sol María y su hermana?*
   E2: No, (María y su hermana) prefieren practicar el esquí.

2 **El día del partido** Complete this game-day conversation between two friends with the appropriate verb forms. Then act it out with a partner.

PABLO Óscar, voy al centro ahora. ¿ *Quieres* [querer] venir?

ÓSCAR No, yo *prefiero* [preferir] descansar un poco y ver la televisión.

PABLO ¡Qué perezoso (*how lazy*) eres!

ÓSCAR No, hombre. Es que estoy muy cansado.

PABLO Todos los días la misma cosa...

ÓSCAR Vas a ver, vas a ver... Oye, ¿a qué hora *piensas* [pensar] regresar? El partido de fútbol *empieza* [empezar] a las dos.

PABLO A la una. *Quiero* [querer] ver el partido también.

ÓSCAR ¿*Piensas* [pensar] que (*that*) nuestro equipo *puede* [poder] ganar?

PABLO No, *pienso* [pensar] que vamos a *perder* [perder]. Los jugadores del Guadalajara *juegan* [jugar] muy bien.

Conversación

3 **En la televisión** Read the listing of sports events to be televised this weekend and choose the programs you want to watch. Compare your choices with a classmate and explain why you made them. Then agree on one program you will watch together on each day. *Answers will vary.*

sábado

13:30 NATACIÓN
1 Copa Mundial *(World Cup)* de Natación
15:00 TENIS
8 Abierto *(Open)* Mexicano de Tenis: Alejandro Hernández (México) vs. Jacobo Díaz (España) Semifinales
16:00 FÚTBOL NACIONAL
3 Chivas vs. Monterrey
16:30 FÚTBOL AMERICANO PROFESIONAL
21 los Vaqueros de Dallas vs. los Leones de Detroit
20:00 BALONCESTO PROFESIONAL
16 los Knicks de Nueva York vs. los Toros de Chicago

domingo

13:00 GOLF
40 Audi Senior Classic: Lee Treviño, Jack Nicklaus, Arnold Palmer
14:30 VOLEIBOL
1 Campeonato *(Championship)* Nacional de México
16:00 BALONCESTO
3 Campeonato de Cimeba: los Correcaminos de Tampico vs. los Santos de San Luis Final
17:00 ESQUÍ ALPINO
19 Eslálom
18:30 FÚTBOL INTERNACIONAL
30 Copa América: México vs. Argentina. Ronda final
20:00 PATINAJE ARTÍSTICO
16 Exhibición mundial

4 **Turistas** You and two classmates are spending a long weekend in a new city. Talk about the things you want to do, then fill in the day-planner with the things you plan to do each day. *Answers will vary.*

Common stem-changing verbs

e:ie		o:ue	
cerrar	*to close*	dormir	*to sleep*
comenzar	*to begin*	encontrar	*to find*
empezar	*to begin*	mostrar	*to show*
entender	*to understand*	poder	*to be able; can*
pensar	*to think*	recordar	*to remember*
perder	*to lose; to miss*	volver	*to return*
preferir	*to prefer*		
querer	*to want; to love*		

▶ **Jugar** (*to play* a sport or a game) is the only Spanish verb that has a **u:ue** stem change. **Jugar** is followed by **a** + [*definite article*] when the name of a sport or game is mentioned.

Me gusta mucho jugar al fútbol.

Álex y el joven juegan al fútbol.

▶ **Comenzar** and **empezar** require the preposition **a** when they are followed by an infinitive.

Comienzan a jugar a las siete.
They begin playing at seven.

Ana **empieza a** escribir una postal.
Ana starts to write a postcard.

▶ **Pensar** + [*infinitive*] means *to plan* or *to intend to do something*. **Pensar en** means *to think about someone or something.*

¿Piensan ir al gimnasio?
Are you planning to go to the gym?

¿En qué **piensas?**
What are you thinking about?

¡Manos a la obra!

Provide the correct forms of the verbs.

cerrar (e:ie)
1. Uds. *cierran*.
2. Tú *cierras*.
3. Nosotras *cerramos*.
4. Mi hermano *cierra*.
5. Yo *cierro*.
6. Ud. *cierra*.
7. Los chicos *cierran*.
8. Ella *cierra*.

dormir (o:ue)
1. Mi abuela no *duerme*.
2. Yo no *duermo*.
3. Tú no *duermes*.
4. Mis hijos no *duermen*.
5. Ud. no *duerme*.
6. Nosotros no *dormimos*.
7. Él no *duerme*.
8. Uds. no *duermen*.

4.3 Stem-changing verbs: e → i

▸ In some verbs, such as **pedir** (*to ask for; to request*), the stressed vowel in the stem changes from **e** to **i**, as shown in the diagram.

INFINITIVE	VERB STEM	STEM CHANGE	CONJUGATED FORM
pedir	ped-	pid-	pido

▸ As with other stem-changing verbs you have learned, there is no stem change in the **nosotros/as** or **vosotros/as** forms in the present tense.

pedir (e:i)

Singular forms		Plural forms	
yo	pido	nosotros/as	pedimos
tú	pides	vosotros/as	pedís
Ud./él/ella	pide	Uds./ellos/ellas	piden

▸ To help you identify verbs with the **e:i** stem change, they will appear as follows throughout the text:

pedir (e:i)

▸ The following are the most common **e:i** stem-changing verbs:

conseguir	repetir	seguir
to get; to obtain	*to repeat*	*to follow; to continue; to keep (doing something)*

Le pido un favor a un amigo.
I'm asking a friend for a favor.

Repito la pregunta.
I repeat the question.

¡ojo! The **yo** forms of **seguir** and **conseguir** have a spelling change as well as a stem change.

Sigo su plan.
I'm following their plan.

Consigo novelas en la librería.
I get novels at the bookstore.

Sigo esperando.
I keep waiting.

Consigo ver buenas películas.
I get to see good movies.

¡Manos a la obra!

Provide the correct forms of the verbs.

repetir (e:i)
1. Arturo y Eva _repiten_.
2. Yo _repito_.
3. Nosotros _repetimos_.
4. Julia _repite_.
5. Sofía y yo _repetimos_.
6. Tú _repites_.

pedir (e:i)
1. Yo _pido_.
2. Él _pide_.
3. Tú _pides_.
4. Ud. _pide_.
5. Ellas _piden_.
6. Nosotros _pedimos_.

seguir (e:i)
1. Yo _sigo_.
2. Nosotros _seguimos_.
3. Tú _sigues_.
4. Los chicos _siguen_.
5. Ud. _sigue_.
6. Anita _sigue_.

Práctica

1 En la clase You're teaching Spanish at an elementary school. Fill in the blanks to describe a typical day in your class.

1. Yo entro en la clase y _cierro_ [cerrar] la puerta.
2. La clase _comienza_ [comenzar] a las nueve en punto.
3. Yo _pido_ [pedir] la tarea del día anterior (*previous*).
4. Los estudiantes _repiten_ [repetir] las palabras del vocabulario.
5. Pablo no _sigue_ [seguir] mis instrucciones.
6. Pedro _pierde_ [perder] su lápiz.
7. Otro estudiante _encuentra_ [encontrar] el lápiz de Pedro.
8. La clase termina y yo _vuelvo_ [volver] a casa muy cansado/a.

2 Combinar Combine words from the columns to create sentences about yourself and people you know. *Answers will vary.*

Yo	pedir muchos favores
Mi compañero/a de cuarto	dormir hasta el mediodía
Mi mejor (*best*) amigo/a	nunca (*never*) pedir perdón
Mi familia	nunca seguir las instrucciones del profesor
Mis amigos/as	siempre seguir las instrucciones del profesor
Mis amigos y yo	conseguir libros en Internet
Mis padres	poder hablar dos lenguas extranjeras
Mi hermano/a	repetir el vocabulario
Mi profesor(a) de español	siempre perder sus libros

INSTRUCTIONAL RESOURCES WB, LM, IRM (teaching tips, etc.), ICD-ROM

Conversación

3 **Las películas** Use these questions to interview a classmate. *Answers will vary.*

1. ¿Prefieres las películas románticas, las películas de acción o las películas de horror? ¿Por qué?

2. ¿Dónde consigues información sobre (*about*) una película?

3. ¿Dónde consigues las entradas (*tickets*) para una película?

4. Para decidir qué películas vas a ver, ¿sigues las recomendaciones de los críticos?

5. ¿Qué cines en tu comunidad muestran las mejores (*best*) películas?

6. ¿Vas a ver una película esta semana? ¿A qué hora empieza la película?

4 **El fin de semana** Ask a classmate if he or she does these things on a weekend. Report the results to the class. *Answers will vary.*

Actividad	Sí	No
1. Dormir hasta la una de la tarde	____	____
2. Pedir una pizza por teléfono	____	____
3. Jugar al tenis	____	____
4. Ir a un partido de fútbol/ baloncesto/béisbol	____	____
5. Pasear	____	____
6. Ir a un museo	____	____
7. Escribir mensajes electrónicos	____	____
8. Patinar	____	____
9. Ir al gimnasio	____	____

Español en vivo

Identificar

Scan the movie poster above and identify the stem-changing verbs.

Preguntas

1. ¿Qué palabras indican que *Un mundo azul oscuro* (*Dark Blue World*) es una película dramática?

2. ¿Cuántas personas hay en el póster?

3. ¿Cómo son las personas del póster? ¿Qué relación tienen?

4. ¿Te gustan las películas como ésta (*this one*)?

4.4 Verbs with irregular **yo** forms

▸ In Spanish, several verbs have irregular **yo** forms in the present tense.

▸ The verbs **hacer** (*to do, to make*), **poner** (*to put, to place*), **salir** (*to leave*), **suponer** (*to suppose*), and **traer** (*to bring*) have **yo** forms that end in **–go**. The other forms are regular.

Verbs with irregular *yo* forms

	hacer	poner	salir	suponer	traer
yo	ha**go**	pon**go**	sal**go**	supon**go**	trai**go**
tú	haces	pones	sales	supones	traes
Ud./él/ella	hace	pone	sale	supone	trae
nosotros/as	hacemos	ponemos	salimos	suponemos	traemos
vosotros/as	hacéis	ponéis	salís	suponéis	traéis
Uds./ellos/ellas	hacen	ponen	salen	suponen	traen

A veces salgo a correr por la noche.

Nunca salgo a correr, no hago ejercicio, pero sí tengo energía... ¡para leer el periódico y tomar un café!

▸ **Poner** can mean *to turn on* a household appliance.

Carlos **pone** la radio.
Carlos turns on the radio.

María **pone** la televisión.
María turns on the television.

▸ **Salir de** is used to indicate that someone is leaving a particular place.

Hoy **salgo del** hospital.
Today I leave the hospital.

Sale de la clase a las cuatro.
He leaves class at four.

▸ **Salir para** is used to indicate someone's destination.

Mañana **salgo para** México.
Tomorrow I leave for Mexico.

Hoy **salen para** España.
Today they leave for Spain.

▸ **Salir con** means *to leave with someone or something*, or *to date someone*.

Alberto **sale con** su amigo.
Alberto is leaving with his friend.

Hoy voy a **salir con** mi hermana.
Today I'm going out with my sister.

Margarita **sale con** Guillermo.
Margarita is going out with Guillermo.

Mi primo **sale con** una chica muy bonita.
My cousin is going out with a very pretty girl.

INSTRUCTIONAL RESOURCES WB, LM, IRM (teaching tips, etc.), ICD-ROM

Práctica

1 **Completar** Complete this conversation with the appropriate verb forms. Then act it out with a partner.

ERNESTO David, ¿qué __haces__ [hacer] hoy?

DAVID Ahora estudio biología, pero esta noche __salgo__ [salir] con Luisa. Vamos al cine. Queremos __ver__ [ver] la nueva (*new*) película de Almodóvar.

ERNESTO ¿Y Diana? ¿Qué __hace__ [hacer] ella?

DAVID __Sale__ [salir] a comer con sus padres.

ERNESTO ¿Qué __hacen__ [hacer] Andrés y Javier?

DAVID Tienen que __hacer__ [hacer] las maletas. __Salen__ [salir] para Monterrey mañana.

ERNESTO Pues, ¿qué __hago__ [hacer] yo?

DAVID __Supongo__ [suponer] que puedes estudiar o __ver__ [ver] la televisión.

ERNESTO No quiero estudiar. Mejor __pongo__ [poner] la televisión.

2 **Describir** Form complete sentences with the cues provided. *Answers will vary.*

Fernán/poner

Yo/traer

Nosotras/ver

El estudiante/hacer

3 **Oraciones** Form sentences using the clues given.

modelo
Tú / ? / los libros / debajo de / escritorio
Tú pones los libros debajo del escritorio.

1. Nosotros / ? / mucha / tarea *Nosotros hacemos mucha tarea.*
2. ¿Tú / ? / la radio? *¿Tú oyes la radio?*
3. Yo / no / ? / el problema *Yo no veo el problema.*
4. Marta / ? / una grabadora / clase *Marta trae una grabadora a clase.*
5. Los señores Marín / ? / su casa / siete *Los señores Marín salen de/ para su casa a las siete.*
6. Yo / ? / que (*that*) / tú / ir / cine / ¿no? *Yo supongo que tú vas al cine ¿no?*

Conversación

4 **Preguntas** Get together with a classmate and ask each other these questions. *Answers will vary.*

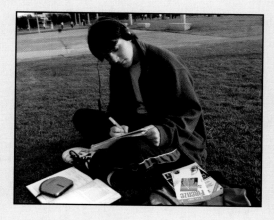

1. ¿A qué hora sales de tu residencia o de tu casa por la mañana? ¿A qué hora llegas a la universidad?
2. ¿A qué hora comienza la clase de español?
3. ¿Traes un diccionario a la clase de español? ¿Por qué? ¿Qué más traes?
4. ¿A qué hora salimos de la clase de español?
5. Cuando vuelves a la casa, ¿dónde pones tus libros? ¿Siempre (*always*) pones tus cosas en su lugar?
6. ¿Pones fotos de tu familia en tu casa? ¿De quiénes son las fotos?
7. ¿Cuándo estudias? ¿Haces la tarea cada (*each*) noche o prefieres ver la televisión?
8. ¿Oyes la radio cuando estudias?
9. ¿Qué vas a hacer mañana?
10. ¿Qué haces los fines de semana? ¿Sales con los amigos? ¿Adónde van?

5 **Charadas** In groups, play a game of charades. Each person should think of a phrase using **hacer, poner, salir, oír, traer,** or **ver** and act out the phrase. The first person to guess correctly acts out the next charade. *Answers will vary.*

6 **Situación** Ask a classmate if he or she wants to go out. He or she will accept. Then find out what activities your classmate prefers so you can decide where you want to go. Finally, negotiate the place and the time for your date with your classmate. *Answers will vary.*

The verbs **ver** and **oír**

▶ The verb **ver** (*to see*) has an irregular **yo** form. The other forms of **ver** are regular.

ver (to see)

Singular forms		Plural forms	
yo	veo	nosotros/as	vemos
tú	ves	vosotros/as	veis
Ud./él/ella	ve	Uds./ellos/ellas	ven

Oye, ¿por qué no jugamos al fútbol?

Maite ve la pelota.

▶ The verb **oír** (*to hear*) has an irregular **yo** form and a spelling change in the **tú, usted, él, ella, ustedes, ellos,** and **ellas** forms. The **nosotros/as** and **vosotros/as** forms have an accent mark.

oír (to hear)

Singular forms		Plural forms	
yo	oigo	nosotros/as	oímos
tú	oyes	vosotros/as	oís
Ud./él/ella	oye	Uds./ellos/ellas	oyen

Oigo a unas personas en la otra sala.
I hear some people in the other room.

¿**Oyes** la música latina?
Do you hear the Latin music?

¡Manos a la obra!

 Provide the correct forms of the verbs.

1. **salir**   Isabel _sale_.   Nosotros _salimos_.   Yo _salgo_.
2. **ver**   Yo _veo_.   Uds. _ven_.   Tú _ves_.
3. **poner**   Rita y yo _ponemos_.   Yo _pongo_.   Los niños _ponen_.
4. **hacer**   Yo _hago_.   Tú _haces_.   Ud. _hace_.
5. **oír**   Él _oye_.   Nosotros _oímos_.   Yo _oigo_.
6. **traer**   Ellas _traen_.   Yo _traigo_.   Tú _traes_.
7. **suponer**   Yo _supongo_.   Mi amigo _supone_.   Nosotras _suponemos_.

Ampliación

 1 Escuchar

A First you will hear José talking, then Anabela. Which person does each statement best describe?

⭐ **TIP Listen for general meaning.** You will be surprised at how much you can understand even if you don't know every word.

Descripción	José	Anabela
1. Es muy aficionado/a a los deportes.	☐	☑
2. Usa mucho la computadora.	☑	☐
3. Va mucho al cine.	☑	☐
4. Es una persona muy activa.	☐	☑
5. Le gusta descansar por la tarde.	☑	☐
6. Es una persona estudiosa.	☐	☑
7. Su deporte favorito es el ciclismo.	☐	☑
8. A veces va a ver un partido de béisbol.	☑	☑

B ¿Tienes más en común (*more in common*) con José o con Anabela? Explica tu respuesta.
Answers will vary.

 2 Conversar

You are planning to visit a friend who lives in another state. Call your friend and discuss your plans, including the following information: *Answers will vary.*

• *When you are going to arrive*

• *How long you are planning to stay*

• *What places you want to visit*

• *A few activities you can do together.*

1 SCRIPT

José: No me gusta practicar deportes, pero sí tengo muchos pasatiempos. Me gusta mucho escribir y recibir correo electrónico. Me gusta también ir con mis amigos a mi café favorito. Siempre duermo una siesta por la tarde. A veces voy a ver un partido de béisbol. Me gusta mucho ver películas de acción pero mi novia prefiere las de romance… y por lo tanto veo muchas películas de romance.

Anabela: Todos mis parientes dicen que soy demasiado activa. Soy aficionada a los deportes, pero también estudio mucho y necesito diversión. Aunque prefiero practicar el ciclismo, me gustan mucho la natación, el tenis, el golf… bueno, en realidad todos los deportes. No, eso no es cierto—no juego al baloncesto porque no soy alta. Para mis vacaciones quiero esquiar o escalar la montaña—depende si nieva. Suena divertido, ¿no?

1 EXPANSION Have students listen to the descriptions again and ask them to make a list of José's and Anabela's favorite pastimes.

2 SUGGESTION Give pairs of students a few minutes to plan what they are going to say. Have them role-play the conversation and then change partners and repeat. Ask a couple of pairs to share their conversations with the whole class.

recursos

R	Textbook CD Lección 4	WB pp. 33-40	LM p. 21-24	Lab CD Lección 4	ICD-ROM Lección 4	vistahigher learning.com

INSTRUCTIONAL RESOURCE Text CD

Ampliación

3 Escribir

Write a flyer describing the sports and recreational activities offered at your school.
Answers will vary.

 TIP **Use bilingual dictionaries carefully.** Use a Spanish-English dictionary to look up words you don't know, but consider each entry carefully in order to find the best word for your needs.

Organízalo | List the activities you could include in the flyer. Use an idea map to organize them.

Escríbelo | Using your idea map, write the first draft of your flyer.

Corrígelo | Exchange papers with a classmate and comment on the organization, style, and grammatical correctness of each other's work. Then revise your first draft, keeping your classmate's comments in mind.

Compártelo | Exchange papers with a new partner. Note any words that are new to you, so you can look them up later. Then turn your paper in to your teacher.

4 Un paso más

Prepare a radio broadcast of weekend sports events for a major city in the Spanish-speaking world. Include the following in your broadcast: *Answers will vary.*

- An introduction of yourself and your program
- A list of local sports events
- The location and time of each event
- A brief sign-off.

En Internet

Investiga estos temas en el sitio vistahigherlearning.com.

- Los deportes más (*most*) populares del mundo hispano
- Los pasatiempos más populares del mundo hispano

Antes de leer

The following article appeared in one of Mexico City's daily newspapers. Scan the headings and the visual elements of the article. Based on what you see, what do you think the reading is about?

Can you guess the meaning of the following cognates that appear in the article?

baladas	misticismo
concierto	naturaleza
exposición	realista
festival	recomendar
isla	romántico/a
majestuosidad	pintor
misterio	serenidad

SUGGESTION Tell students there are theaters in the United States that show foreign films, which are often dubbed in English or have English subtitles like *El hijo de la novia*. Some cities—Chicago, New York, Los Angeles, and San Francisco—have Latino film festivals, and some schools even offer courses in Latin American cinema. Give examples if available in your community. Encourage students to go see a foreign film or have them research the plot of *El hijo de la novia* online.

SUGGESTION Point out that Juan José Campanella lives in New York City and directs episodes of the TV series *Law and Order*.

EXPANSION Have students correct the false statements in ¿**Comprendiste?**

SUGGESTION Point out that Tomás Sánchez was born in Aguada de Pasajeros in 1948. In 1993 he moved to Miami, Florida, which has a large community of Cuban artists. Besides the Museo Nacional de Bellas Artes in La Habana, his works have been exhibited in Spain, Greece, Austria, and other countries.

EXPANSION In groups, have students prepare a similar **Guía para el fin de semana** for their school or community.

GUÍA para el fin

CINE

Festival de cine argentino

Para los aficionados al cine este fin de semana comienza El Festival de cine argentino en el Cine Rex. Se muestran las últimas películas de directores como Juan José Campanella, Fito Páez, Gabriela Tagliavini y Aníbal Di Salvo. Recomendamos especialmente la película *El hijo de la novia* del director Juan José Campanella. Esta película fue nominada para el Óscar como mejor película extranjera.

Fechas: 10-14 de marzo
Hora: 8:00 p.m.
Lugar: Cine Rex
Dirección: Calle del Espanto, 152

CONCIERTO

Canta Maribel Puértolas

Si quiere escuchar música, la cantante Maribel Puértolas va a ofrecer un concierto en el Café Los Amigos. Puértolas, de origen puertorriqueño, es una joven cantante. Sus baladas están en el nuevo CD *Verano de amor*. Si quiere pasar una noche muy romántica con su novio o novia, recomendamos este concierto.

Fecha: 15 de marzo
Hora: 7:00 p.m.
Lugar: Café Los Amigos
Dirección: Avenida Bolívar, 345

de semana

E X P O S I C I Ó N

El pintor Tomás Sánchez

El Museo de Arte Moderno ofrece una exposición del pintor cubano Tomás Sánchez. Las obras de Sánchez son paisajes realistas de la naturaleza de la isla de Cuba. Las pinturas expresan la serenidad y majestuosidad de la selva tropical cubana, en una atmósfera de misterio y misticismo. Tomás Sánchez es tal vez uno de los pintores cubanos contemporáneos más conocidos.

Fechas: 12 de marzo – 8 de abril
Lugar: Museo de Arte Moderno
Dirección: Avenida Juárez, 248

Después de leer

¿Comprendiste?

Based on the article, are these statements **cierto** or **falso**?

Cierto	Falso	
	✓	1. El artículo presenta noticias sobre eventos deportivos.
✓		2. La película *El hijo de la novia* fue nominada para un Óscar.
✓		3. Maribel Puértolas es una cantante de baladas.
	✓	4. Las pinturas de Tomás Sánchez se exhiben en el Cine Rex.
✓		5. Juan José Campanella es un director de cine argentino.
	✓	6. En el Café Los Amigos hay una exposición de arte.

Preguntas

Answer these questions based on the information provided in the reading.

1. ¿De dónde es Maribel Puértolas?
   Es de Puerto Rico.

2. ¿Qué clase de canciones (*songs*) canta ella?
   Canta baladas.

3. ¿Cómo son las pinturas de Tomás Sánchez?
   Son realistas.

4. ¿Dónde está la exposición de Tomás Sánchez?
   Está en el Museo de Arte Moderno, en la Avenida Juárez, 248.

5 ¿Qué película está dirigida por Juan José Campanella?
   El hijo de la novia está dirigida por Campanella.

6 ¿Dónde es el festival de cine?
   Es en el Cine Rex, en la Calle del Espanto, 152.

Coméntalo

Get together with several classmates. Discuss which of the activities in the article you would each prefer to do on a weekend and why.

últimas	*latest*
fue nominada para	*was nominated for*
extranjera	*foreign*
cantante	*singer*
ofrecer	*to offer*
verano	*summer*
paisajes	*landscapes*
selva	*jungle*

recursos

R

vistahigher
learning.com

Actividades

bucear	to scuba dive
escalar montañas (f. pl.)	to climb mountains
escribir una carta	to write a letter
un mensaje electrónico	an e-mail message
una (tarjeta) postal	a postcard
esquiar	to ski
ganar	to win
ir de excursión (a las montañas)	to go for a hike (in the mountains)
leer el correo electrónico	to read e-mail
un periódico	a newspaper
una revista	a magazine
nadar	to swim
pasar el tiempo	to spend time
pasear en bicicleta	to ride a bicycle
pasear por la ciudad/el pueblo	to walk around the city/town
patinar (en línea)	to skate (in-line)
practicar deportes (m. pl.)	to play sports
ser aficionado/a (a)	to be a fan (of)
tomar el sol	to sunbathe
ver películas (f. pl.)	to see movies
visitar un monumento	to visit a monument
la diversión	fun activity; entertainment
el/la excursionista	hiker
el fin de semana	weekend
el pasatiempo	pastime, hobby
los ratos libres	spare time
el tiempo libre	free time

Deportes

el baloncesto	basketball
el béisbol	baseball
el ciclismo	cycling
el equipo	team
el esquí (acuático)	(water) skiing
el fútbol	soccer
el fútbol americano	football
el golf	golf
el hockey	hockey
el/la jugador(a)	player
la natación	swimming
el partido	game
la pelota	ball
el tenis	tennis
el voleibol	volleyball

Verbos

cerrar (e:ie)	to close
comenzar (e:ie)	to begin
conseguir (e:i)	to get; to obtain
dormir (o:ue)	to sleep
empezar (e:ie)	to begin
encontrar (o:ue)	to find
entender (e:ie)	to understand
hacer	to do; to make
ir	to go
jugar (u:ue)	to play
mostrar (o:ue)	to show
oír	to hear
pedir (e:i)	to ask for; to request
pensar (e:ie)	to think
pensar + inf.	to intend; to plan
pensar en	to think about
perder (e:ie)	to lose; to miss
poder (o:ue)	to be able to; can
poner	to put; to place
preferir (e:ie)	to prefer
querer (e:ie)	to want; to love
recordar (o:ue)	to remember
repetir (e:i)	to repeat
salir	to leave
seguir (e:i)	to follow; to continue
suponer	to suppose
traer	to bring
ver	to see
volver (o:ue)	to return

Adjetivos

deportivo/a	sports-related
favorito/a	favorite

Lugares

el café	café
la casa	house
el centro	downtown
el cine	movie theater
el gimnasio	gymnasium
la iglesia	church
el lugar	place
el museo	museum
el parque	park
la piscina	swimming pool
el restaurante	restaurant

Expresiones útiles	See page 85.

recursos

| R | Lab CD Lección 4 | LM p. 24 |

INSTRUCTIONAL RESOURCES Tests, Text CD, IRM (supplemental vocabulary)

AVENTURAS EN LOS PAÍSES HISPANOS

En Acapulco, un saltador (*diver*) salta desde un acantilado (*cliff*) frente al Océano Pacífico. El lugar se llama La Quebrada y miles de turistas lo visitan cada (*each*) día. ¿Te gustaría (*would you like*) visitarlo algún (*some*) día?

MÉXICO

MÉXICO

Área: 1.972.550 km² (761.603 millas²)
Población: 101.851.000
Capital: México, D.F. – 18.372.000
Ciudades importantes: Guadalajara – 4.017.000, Monterrey – 3.514.000, Puebla – 2.025.000, Cancún – 1.325.000, Ciudad Juárez – 1.226.000
Moneda: peso mexicano

SOURCE: Population Division, UN Secretariat

El 5 de mayo

El 5 de mayo, los mexico-americanos celebran la victoria de México contra Francia en la Batalla de Puebla en 1862. La victoria mexicana simboliza la unidad y la independencia del país y se celebra con fiestas y desfiles (*parades*).

ESTADOS UNIDOS

Ciudad Juárez

Baja California

Golfo de California

Sierra Madre Oriental

Río Bravo

Sierra Madre Occidental

Océano Pacífico

Puerto Vallarta

Guadalajara

Diego Rivera y Frida Kahlo

Frida Kahlo y Diego Rivera son los pintores mexicanos más famosos. Casados (*married*) en 1929, los dos se interesaron (*became interested*) en las condiciones sociales de la gente indígena y de los campesinos (*farmers*) de su país. Puedes ver algunas de sus obras (*works*) en el Museo de Arte Moderno de la Ciudad de México.

INSTRUCTIONAL RESOURCES OT, Website

Los mayas

La cultura maya habitó (*inhabited*) la región del sur de México, la península de Yucatán y otros países de Centroamérica. Los mayas crearon (*created*) formidables ciudades con templos religiosos en forma de pirámide, que hoy día son visitados (*are visited*) por millones de turistas.

Río Grande

Monterrey

Golfo
de México

Península
de Yucatán
Mérida

Cancún

ad de
xico

ebla

Bahía de
Campeche

Veracruz

BELICE

Istmo de
Tehuantepec

ulco

GUATEMALA

Las tortillas

La base de la comida mexicana es la tortilla, que está hecha (*is made from*) de maíz (*corn*) y de harina (*wheat flour*). Los tacos, las enchiladas y las quesadillas están hechos (*are made*) con tortillas y son tan populares en México como en los Estados Unidos. ¿Conoces un restaurante mexicano en tu comunidad?

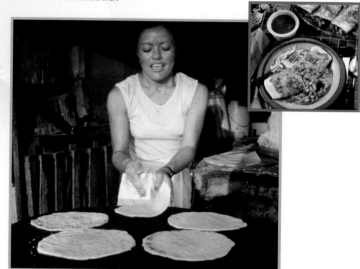

¿Qué aprendiste?

1 **¿Cierto o falso?** Say whether the following statements are **cierto** or **falso**, based on what you've learned about Mexico.

Cierto	Falso	
	✓	1. Guadalajara tiene una población mayor que (*greater than*) la de México, D.F.
✓		2. Frida Kahlo es una pintora.
	✓	3. El 5 de mayo es una celebración religiosa.
	✓	4. Los mayas inventaron (*invented*) las tortillas.
✓		5. En la Batalla de Puebla, México venció (*defeated*) a Francia.
	✓	6. Los mexicanos hacen las tortillas con tomates.
✓		7. Diego Rivera fue (*was*) el esposo de Frida Kahlo.
	✓	8. Puebla es la capital de México.
	✓	9. La harina es la base de la comida mexicana.
	✓	10. La moneda mexicana es el dólar mexicano.

2 **Preguntas** Answer the following questions, based on what you've learned about Mexico. *Answers will vary.*

1. ¿Qué aspecto cultural te interesa más (*interests you most*) de México: el arte, la historia o la comida? Explica tu respuesta.

2. ¿Celebran el 5 de mayo en tu comunidad? ¿Cómo lo celebran?

3. ¿Te gustan los cuadros de Diego Rivera y Frida Kahlo? Explica por qué.

4. ¿Por qué piensas que los mayas son importantes en la historia de México?

5. ¿Qué platos (*dishes*) típicos de México te gustan más? ¿Por qué?

6. ¿Por qué Diego de Rivera y Frida Kahlo decidieron pintar (*decided to paint*) la gente indígena y los campesinos?

En Internet

Busca más información sobre estos temas en el sitio vistahigherlearning.com. Presenta la información a tus compañeros/as de clase.

- El 5 de mayo
- Frida Kahlo y Diego Rivera
- Los mayas
- La comida mexicana

5 Las vacaciones

PREVIEW Have students look at the photo. Ask:
¿Dónde están los jóvenes? ¿Qué hacen en la piscina? ¿Qué tiempo hace? ¿Ellos están en la universidad? ¿Están de vacaciones?

Communicative Goals

You will learn how to:

- talk to hotel personnel
- describe a hotel
- talk about how you feel

PREPARACIÓN

pages 106-111

- Words related to vacationing and travel
- Weather, seasons, months, ordinal numbers
- Pronouncing **b** and **v**

AVENTURAS

pages 112-115

- The travelers check in at a hotel. Álex and Javier drop by the girls' cabin. Inés and Javier decide to explore the city further. Álex and Maite decide to stay behind. Maite notices that Javier and Inés spend lots of time together.

GRAMÁTICA

pages 116-125

- **Estar** with conditions and emotions
- The present progressive
- Comparing **ser** and **estar**
- Direct object nouns and pronouns

LECTURA

pages 126-127

- Brochure: *¡Descubre el Viejo San Juan!*

RECURSOS

These student supplements provide additional practice:

- Textbook Audio CD
- Workbook/Video Manual (WB/VM)
- Lab Manual (LM)
- Interactive CD-ROM
- WB/VM/LM Answer Key
- Lab Audio CDs
- Video CD-ROM

LAS VACACIONES

la estación del tren
train station

LAS VACACIONES Y LOS VIAJES

el aeropuerto *airport*
la agencia de viajes *travel agency*
el/la agente de viajes *travel agent*
la estación de autobuses *bus station*
del metro *subway station*
el/la inspector(a) de aduanas *customs officer*
el pasaje (de ida y vuelta) *(round-trip) ticket*
la tienda de campaña *tent*
el/la viajero/a *traveler*

el pasaporte
passport

SUGGESTION Ask: ¿A quién le gusta mucho viajar? Y ¿cómo prefieres viajar? ¿Te gusta viajar en tren? ¿en auto? ¿Cómo le gusta viajar a _____? Y a tí, ¿adónde te gusta viajar? ¿Cómo puedes viajar a _____?

¿QUÉ TIEMPO HACE?

¿Qué tiempo hace? *How's the weather?; what's the weather like?*
Está despejado. *It's clear.*
(muy) nublado. *It's (very) cloudy.*
Hace buen/mal tiempo. *It's nice/bad weather.*
(mucho) calor. *It's (very) hot.*
fresco. *It's cool.*
(mucho) frío. *It's (very) cold.*
(mucho) sol. *It's (very) sunny.*
(mucho) viento. *It's (very) windy.*
Hay (mucha) niebla. *It's (very) foggy.*

llover (o:ue) *to rain*
Llueve. *It's raining.*
nevar (e:ie) *to snow*
Nieva. *It's snowing.*

el botones
bellhop

EN EL HOTEL

el alojamiento *lodging*
la cabaña *cabin*
la cama *bed*
el/la empleado/a *employee*
la habitación *room*
individual *single room*
doble *double room*
el hotel *hotel*
el/la huésped *guest*
la pensión *boarding house*
el piso *floor (of a building)*
la planta baja *ground floor*

VARIACIÓN LÉXICA Point out these lexical items:
automóvil → coche (*Esp.*), carro (*Amér. L.*)
autobús → camión (*Méx.*), guagua (*P. Rico*)
motocicleta → moto (*coloquial*)

la llave
key

recursos

R	Textbook CD Lección 5	WB pp. 45-46	LM p. 25	Lab CD Lección 5	ICD-ROM Lección 5

ACTIVIDADES

acampar *to camp*

confirmar una reservación *to confirm a reservation*

estar de vacaciones *to be on vacation*

hacer turismo (m.) *to go sightseeing*

un viaje *to take a trip*

una excursión *to go on a hike, to go on a tour*

ir a la playa *to go to the beach*

ir de pesca *to go fishing*

de vacaciones *to go on vacation*

ir en autobús (m.) *to go by bus*

en auto(móvil) (m.) *to go by car*

en avión (m.) *to go by plane*

en barco (m.) *to go by boat*

en taxi (m.) *to go by taxi*

pasar por la aduana *to go through customs*

pescar *to fish*

ir en motocicleta (f.)
to go by motorcycle

hacer las maletas
to pack (one's suitcases)

sacar fotos (f.pl.)
to take pictures

montar a caballo
to go horseback riding

LAS ESTACIONES Y LOS MESES

el invierno *winter*

la primavera *spring*

el verano *summer*

el otoño *fall, autumn*

el año *year*

la estación *season*

el mes *month*

EXPANSION Play "20 Questions" with the months of the year.

NÚMEROS ORDINALES

primer, primero/a *first*

segundo/a *second*

tercer, tercero/a *third*

cuarto/a *fourth*

quinto/a *fifth*

sexto/a *sixth*

séptimo/a *seventh*

octavo/a *eighth*

noveno/a *ninth*

décimo/a *tenth*

SUGGESTION Point out that Spanish speakers label the ground floor of buildings **la planta baja** (first floor in the United States).

OTRAS PALABRAS Y EXPRESIONES

el ascensor *elevator*

el campo *countryside*

el equipaje *luggage*

la llegada *arrival*

el mar *ocean, sea*

la salida *departure; exit*

¿Cuál es la fecha de hoy? *What is today's date?*

Hoy es el primero (dos, tres,...) de marzo. *Today is March first (second, third,...).*

enero	January
febrero	February
marzo	March
abril	April
mayo	May
junio	June
julio	July
agosto	August
septiembre	September
octubre	October
noviembre	November
diciembre	December

A escuchar

1 **Escuchar** Indicate who would probably make each statement you hear. Each answer is used twice.

El agente de viajes

La inspectora de aduanas

El empleado del hotel

El agente de viajes	La inspectora de aduanas	El empleado del hotel
1. ✓	1. ___	1. ___
2. ✓	2. ___	2. ___
3. ___	3. ___	3. ✓
4. ___	4. ✓	4. ___
5. ___	5. ___	5. ✓
6. ___	6. ✓	6. ___

2 **¿Cierto o falso?** Listen to each sentence and indicate whether it is **cierto** or **falso**. Correct the false statements.

Cierto	Falso	
	✓	1. _Abrimos la puerta con una llave._
✓		2. ___
	✓	3. _Necesitas el pasaporte para pasar por la aduana._
	✓	4. _Un turista es una persona que hace turismo._
✓		5. ___
✓		6. ___
	✓	7. _Debes pasar por la aduana en el aeropuerto._
✓		8. ___

recursos

R | Textbook CD Lección 5

INSTRUCTIONAL RESOURCE Text CD

---

1 SCRIPT

1. ¡Deben ir a Puerto Rico! Allí hay unas playas muy hermosas y pueden acampar.
2. Deben llamarme el lunes para confirmar la reservación.
3. Muy bien, señor…aquí tiene la llave de su habitación.
4. Lo siento, pero tengo que abrir sus maletas.
5. Su habitación está en el piso once, señora.
6. Necesito ver su pasaporte y sus maletas, por favor.

1 EXPANSION Work with students to create a model: **Un agente de viajes … (prepara el paisaje de ida y vuelta.)** Then ask volunteers to do the same with **un botones, un huésped, un viajero, un inspector de aduanas, un empleado de hotel.**

2 SCRIPT

1. Abrimos la puerta con una cabaña.
2. Compramos los pasajes en la agencia de viajes.
3. Necesitas el pasaporte para ir a la playa.
4. Un botones es una persona que hace turismo.
5. Tomamos el avión en el aeropuerto.
6. En una habitación individual hay una cama.
7. Debes pasar por la aduana en la estación del metro.
8. Hacemos las maletas para ir de vacaciones.

A practicar

3 SUGGESTION Present these items aloud using the formula *Primero* tiene la misma relación con *segundo* que *enero* tiene con ... (*febrero*)

3 EXPANSION Ask volunteers to explain the relationship between each pair of words in the analogy. Ex: **Primero es número uno y segundo es número dos de los números. Enero es número uno y febrero es número dos de los meses.**

4 EXPANSION Ask individuals to share their answers to the questions of personal preference. Ex: _____, **cuando estás de vacaciones, ¿qué haces?** Ask other students to report on the preferences of their classmates. Ex: _____, **¿qué hace _____ cuando está de vacaciones?** Students must use complete sentences.

3 **Analogías** Complete the analogies.

equipaje	huésped	sacar
inspector	habitación	mar
febrero	llover	viajar
pasaporte		

1. primero → segundo ⊜ enero → ___*febrero*___
2. aeropuerto → viajero ⊜ hotel → ___*huésped*___
3. invierno → nevar ⊜ primavera → ___*llover*___
4. mes → año ⊜ maleta → ___*equipaje*___
5. hotel → botones ⊜ aduana → ___*inspector*___
6. pasaje → avión ⊜ llave → ___*habitación*___
7. acampar → campo ⊜ pescar → ___*mar*___
8. estudiante → libro ⊜ turista → ___*pasaporte*___
9. llave → abrir ⊜ pasaje → ___*viajar*___
10. maleta → hacer ⊜ foto → ___*sacar*___

4 **Contestar** Answer these questions with a classmate. *Answers will vary.*

modelo

¿Cuál es el primer mes de la primavera?
Estudiante 1: ¿Cuál es el primer mes de la primavera?
Estudiante 2: Marzo.

1. ¿Cuál es la fecha de hoy?
2. ¿Qué estación es? ¿Te gusta esta (*this*) estación?
3. ¿Cuál es el segundo mes del verano?
4. ¿Cuál es el primer mes del invierno?
5. ¿Cuál es la cuarta estación del año?
6. ¿Prefieres el otoño o la primavera? ¿Por qué?
7. ¿Prefieres el mar o la montaña? ¿Por qué?
8. ¿Te gusta más el campo o la ciudad?
9. Cuando estás de vacaciones, qué clima prefieres: ¿el calor o el frío?
10. ¿En qué mes piensas ir de vacaciones este año? ¿Adónde quieres ir?
11. ¿Cómo vas a ir: en barco, en motocicleta…?
12. ¿Prefieres comprar el pasaje en una agencia de viajes o en Internet?

A conversar

 5 **Describir** With a partner, describe what these people are doing.

Enrique y Juan
Enrique y Juan van de pesca.

Josefina
Josefina monta a caballo.

Ricardo
Ricardo va en motocicleta.

Don Luis
Don Luis abre la habitación.

Amalia
Amalia saca fotos.

El Sr. y la Sra. Montes
El Sr. y la Sra. Montes hacen las maletas.

 6 **Mis vacaciones** With a partner, have a conversation in Spanish about how you prepare for vacation and what you like to do on vacation. Use these questions as a guide. *Answers will vary.*

1. During what months or seasons do you prefer to travel?
2. What resources do you use to help you plan your trip (travel agents, books, the Internet, etc.)?
3. Do you spend your vacations with family? With friends?
4. Do you prefer to go to the beach, to the mountains, or to a favorite city or country? What is the weather like there?
5. What activities do you enjoy doing while on vacation?

5 EXPANSION Have students take turns asking a partner questions about each illustration, imagining details when no specific information is provided. Ex: 1. **¿Qué estación es? ¿Dónde están? ¿Qué tiempo hace? ¿Qué mes es? ¿Dónde trabajan cuando no están de vacaciones?**

5 EXPANSION Have student pairs select one of the illustrations. Have them create a story about it, inventing details liberally, and including both description and monologue/dialogue. Have the pairs present their creation to the class.

6 EXPANSION Have students present what they learned about their partner to the rest of the class. Students can vote on the most unusual or interesting vacation.

TEACHING OPTION Have pairs or small groups of students prepare original skits to present to the class. Have them use the activity questions to brainstorm and organize.

Pronunciación

Spanish b and v

bueno   **voleibol**   **biblioteca**   **vivir**

There is no difference in pronunciation between the Spanish letters **b** and **v**. However, each letter can be pronounced two different ways, depending on which letters appear next to them.

bonito   **viajar**   **también**   **investigar**

B and **v** are pronounced like the English hard *b* when they appear either as the first letter of a word, at the beginning of a phrase, or after **m** or **n**.

deber   **novio**   **abril**   **cerveza**

In all other positions, **b** and **v** have a softer pronunciation, which has no equivalent in English. Unlike the hard **b**, which is produced by tightly closing the lips and stopping the flow of air, the soft **b** is produced by keeping the lips slightly open.

bola   **vela**   **Caribe**   **declive**

In both pronunciations, there is no difference between **b** and **v**. The English *v* sound, produced by friction between the upper teeth and lower lip, does not exist in Spanish. Instead, the soft **b** comes from friction between the two lips.

Verónica y su esposo cantan boleros.

When **b** or **v** begins a word, its pronunciation depends on the previous word. At the beginning of a phrase or after a word that ends in **m** or **n**, it is pronounced as a hard **b**.

Benito es de Boquerón pero vive en Victoria.

Words that begin with **b** or **v** are pronounced with a soft **b** if they appear immediately after a word that ends in a vowel or any consonant other than **m** or **n**.

Práctica   Read these words aloud to practice the **b** and the **v**.

1. hablamos
2. trabajar
3. botones
4. van
5. contabilidad
6. bien
7. doble
8. novia
9. béisbol
10. cabaña
11. llave
12. invierno

Oraciones   Read these sentences aloud to practice the **b** and the **v**.

1. Vamos a Guaynabo en autobús.
2. Voy de vacaciones a la Isla Culebra.
3. Tengo una habitación individual en el octavo piso.
4. Víctor y Eva van en avión al Caribe.
5. La planta baja es bonita también.

Refranes   Read these sayings aloud to practice the **b** and the **v**.

No hay mal que por bien no venga.[1]

Hombre prevenido vale por dos.[2]

recursos

| R | Textbook CD Lección 5 | LM p. 26 | Lab CD Lección 5 | ICD-ROM Lección 5 |

Tenemos una reservación.

Don Francisco y los estudiantes llegan al hotel.

VIDEO SYNOPSIS The travelers check in at a hotel. Álex and Javier drop by the girls' cabin. Inés and Javier decide to explore the city further. Álex and Maite decide to stay behind. Maite notices that Javier and Inés spend a lot of time together.

1

EMPLEADA ¿En qué puedo servirles?

DON FRANCISCO Mire, yo soy Francisco Castillo Moreno y tenemos una reservación a mi nombre.

EMPLEADA Mmm… No veo su nombre aquí. No está.

2

DON FRANCISCO ¿Está segura, señorita? Quizás la reservación está a nombre de la agencia de viajes, Ecuatur.

EMPLEADA Pues sí, aquí está… dos habitaciones dobles y una individual, de la ciento uno a la ciento tres… todas en las primeras cabañas.

DON FRANCISCO Gracias, señorita. Muy amable.

3

BOTONES Bueno, la habitación ciento dos… Por favor.

6

INÉS Oigan, yo estoy aburrida. ¿Quieren hacer algo?

JAVIER ¿Por qué no vamos a explorar la ciudad un poco más?

INÉS ¡Excelente idea! ¡Vamos!

7

MAITE No, yo no voy. Estoy cansada y quiero descansar un poco porque a las seis voy a correr con Álex.

ÁLEX Y yo quiero escribir un mensaje electrónico antes de ir a correr.

8

JAVIER Pues nosotros estamos listos, ¿verdad, Inés?

INÉS Sí, vamos.

MAITE Adiós.

INÉS & JAVIER ¡Chau!

recursos

R | Video/VCD-ROM Lección 5 | VM pp. 177-178 | ICD-ROM Lección 5

PREVIEW Have students look over the video stills and list words and phrases related to tourism.

SUGGESTION Play the video segment without sound and have students create a plot summary based on visual clues. Then show the segment with sound and have students make corrections and fill in gaps.

Personajes

 DON FRANCISCO

 JAVIER

INÉS

 ÁLEX

 MAITE

EMPLEADA

 BOTONES

4

ÁLEX Hola, chicas. ¿Qué están haciendo?

MAITE Estamos descansando.

5

JAVIER Oigan, no están nada mal las cabañas, ¿verdad?

INÉS Y todo está muy limpio y ordenado.

ÁLEX Sí, es excelente.

MAITE Y las camas son tan cómodas.

9

ÁLEX Bueno, nos vemos a las seis.

MAITE Sí, hasta luego.

ÁLEX Adiós.

10

MAITE ¿Inés y Javier? Juntos otra vez.

Expresiones útiles

Talking to hotel personnel

¿En qué puedo servirles?
How can I help you?

Tenemos una reservación a mi nombre.
We have a reservation in my name.

Mmm… No veo su nombre. No está.
I don't see your name. It's not here.

¿Está seguro/a? Quizás/Tal vez está a nombre de Ecuatur.
Are you sure? Maybe it's in the name of Ecuatur.

Aquí está… dos habitaciones dobles y una individual.
Here it is, two double rooms and one single.

Aquí tienen las llaves.
Here are your keys.

Gracias, señorita. Muy amable.
Thank you, miss. Very kind/nice.

¿Dónde pongo las maletas?
Where do I put the suitcases?

Allí, encima de la cama.
There, on the bed.

Describing a hotel

No están nada mal las cabañas.
The cabins aren't bad at all.

Todo está muy limpio y ordenado.
Everything is very clean and orderly.

Es excelente/estupendo/ fabuloso/fenomenal.
It's excellent/stupendous/ fabulous/great.

Es increíble/magnífico/ maravilloso/perfecto.
It's incredible/magnificent/ marvelous/perfect.

Las camas son tan cómodas.
The beds are so comfortable.

Talking about how you feel

Estoy un poco aburrido/a/cansado/a.
I'm a little bored/tired.

EXTRA PRACTICE Have students review the **Expresiones útiles**. Assign students to groups of six or seven and direct them to select a role and read **Tenemos una reservación**. Ask one or two groups to present the script to the rest of the class.

¿Qué piensas?

1 Ordenar Put these events in the correct order.

   3   a. Las chicas descansan en su habitación.

   5   b. Javier e Inés deciden ir a explorar la ciudad.

   1   c. Don Francisco habla con la empleada del hotel.

   4   d. Javier, Maite, Inés y Álex hablan en la habitación de las chicas.

   2   e. El botones pone las maletas en la cama.

2 Completar Complete these sentences using the words below.

descansar	aburrida	el empleado
habitación individual	las camas	habitaciones dobles
las maletas	hacer las maletas	
cansada	la agencia de viajes	

1. La reservación para el hotel está a nombre de _la agencia de viajes_.
2. Los estudiantes tienen dos _habitaciones dobles_.
3. Don Francisco tiene una _habitación individual_.
4. Maite va a _descansar_ porque está _cansada_.
5. El botones lleva _las maletas_ a las habitaciones.
6. Las habitaciones son buenas y _las camas_ son cómodas.

3 Minidrama With two or three classmates, prepare a skit with the following scenes:
Answers will vary.

Scene 1: You call your travel agent and make a hotel reservation for a specific date.

Scene 2: You go to the front desk at the hotel to check in and find out that there are problems with your reservation. You solve the problems and check in.

Scene 3: You find a bellhop to take your bags to your room.

Scene 4: Your bellhop shows you to your room and asks you where to put your bags. You tell the bellhop where to put them and thank him or her.

1 SUGGESTION Have students write the sentences on slips of paper so that they can rearrange them as they determine the correct order.

1 EXPANSION Have students work in groups of three or four and write each of the sentences in large letters on individual pieces of paper. After arranging the sentences in order, the group creates a short skit related to the content of each sentence. Ask for groups to volunteer to present the sentences and the skit for the class.

2 SUGGESTION Students may do this activity individually or in a group, orally or in writing.

3 SUGGESTION Before beginning the skits, have the groups read **Tenemos una reservación** together to review vocabulary and phrases.

3 EXPANSION Have students continue the skit with a scene inside the room in which they discuss the condition and comfort of the room and its furnishings, and briefly discuss plans for the day.

Exploración
El alojamiento

España tiene unos paradores impresionantes. Generalmente los paradores son castillos o palacios que reflejan la cultura de la región.

Hay muchos tipos de alojamiento para las personas que viajan a los países hispanos. Por ejemplo, hay muchos hoteles elegantes como el Hotel San Juan en San Juan, Puerto Rico. Está cerca de la playa y ofrece hermosas (*beautiful*) habitaciones y jardines (*gardens*) tropicales.

Muchos estudiantes prefieren los albergues juveniles (*youth hostels*) porque son baratos (*inexpensive*). Además, los huéspedes tienen la oportunidad de conocer (*meet*) a personas de todo el mundo (*around the world*).

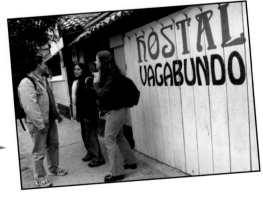

Estadísticas de hoteles

Cadenas de hoteles más importantes:
- Sol Meliá (España)
- Posadas de México (México)
- N.H. Hoteles (España)

Hoteles más grandes del mundo hispano:
- Moon Palace Hotel (Cancún, México)
- Oasis Cancún Hotel (Cancún, México)
- Sheraton María Isabel Hotel & Towers (México, D.F.)
- Hilton (Caracas, Venezuela)
- Catalonia Bávaro Resort (República Dominicana)
- Caribe Hilton Hotel (San Juan, Puerto Rico)

Coméntalo

With a classmate, discuss these questions. *Answers will vary.*
- Imagina que vas de vacaciones. ¿Prefieres estar en un hotel, un parador o en un albergue juvenil? ¿Por qué?
- ¿Hay un albergue juvenil en tu comunidad? ¿Hay un lugar similar a un parador?

recursos

R
vistahigher learning.com

5.1 **Estar** with conditions and emotions

 NATIONAL comparisons STANDARDS

▶ **Estar** is used to talk about how you are and to say where nouns are located.

Estoy bien, gracias.
I'm fine, thanks.

Juan **está** en la biblioteca.
Juan is at the library.

▶ **Estar** is used with adjectives to describe the physical condition of nouns.

La puerta **está** cerrada.
The door is closed.

Todo **está** muy limpio.
Everything is very clean.

▶ **Estar** is also used with adjectives to describe how people feel.

Estoy aburrida.

Estoy cansada.

Adjectives that describe emotions and conditions

abierto/a	*open*	equivocado/a	*wrong; mistaken*
aburrido/a	*bored; boring*	feliz	*happy*
alegre	*happy, joyful*	limpio/a	*clean*
avergonzado/a	*embarrassed*	nervioso/a	*nervous*
cansado/a	*tired*	ocupado/a	*busy*
cerrado/a	*closed*	ordenado/a	*orderly*
cómodo/a	*comfortable*	preocupado/a (por)	*worried (about)*
contento/a	*happy, content*	seguro/a	*sure; safe*
desordenado/a	*disorderly; messy*	sucio/a	*dirty*
enamorado/a (de)	*in love (with)*	triste	*sad*
enojado/a	*mad, angry*		

¡Manos a la obra!

 Provide the correct forms of **estar.**

1. La biblioteca __**está**__ cerrada los domingos por la noche.
2. Nosotros __estamos__ muy ocupados todos los lunes.
3. Ellas __están__ alegres porque tienen tiempo libre.
4. Javier __está__ enamorado de Maribel.
5. Diana __está__ enojada con su novio.
6. Yo __estoy__ nerviosa por el examen.
7. La habitación __está__ ordenada cuando vienen sus padres.
8. Uds. __están__ equivocados.
9. Ana __está__ cansada.

Práctica

1 **Un viaje** Tere is going on a trip. Say how she, her family, and her friends are feeling.

 Tere

nerviosa	enojado	felices
equivocados	están	estamos
estoy	está	

1. Hoy yo ___estoy___ muy contenta porque mañana voy a hacer un viaje a Chicago.
2. También estoy ___nerviosa___ porque voy en avión.
3. Mis padres ___están___ preocupados porque voy sola (*alone*).
4. Mi amiga Patricia y yo ___estamos___ tristes porque ella no puede ir.
5. Es que Patricia ___está___ ocupada con sus clases.
6. Mi novio César está ___enojado___ porque no puede ir.
7. Mis hermanos Juan y Rafael están ___felices___ porque no voy a estar en casa.
8. Todos (*they all*) piensan que voy a tener problemas. Creo que están ___equivocados___.

2 **¿Dónde están y cómo están?** Indicate where these people are and how they feel.

Sebastián

1. *Sebastián está en el parque. Está contento/feliz/alegre.*

Olivia y Marco

3. *Olivia y Marco están en el parque. Están enamorados.*

Mónica

2. *Mónica está en la biblioteca. Está cansada.*

El profesor Olmos

4. *El profesor Olmos está en la clase. Está enojado.*

Conversación

3 **Situaciones** With a partner, talk about how you feel in these situations. *Answers will vary.*

1. Cuando estoy de vacaciones...
2. Cuando hago un examen...
3. Cuando estoy con la familia...
4. Cuando estoy en la clase de español...
5. Cuando llueve...
6. Cuando asisto a un funeral...
7. Cuando mi novio/a sale con otro/a chico/a...

4 **Describir** With a partner, describe the following people and places.

Anabela
Está contenta.

Juan y Luisa
Están enojados.

la habitación de Teresa
Está ordenada/limpia.

la habitación de César
Está desordenada/sucia.

5 **Preguntas** Use these questions to interview your partner. *Answers will vary.*

1. ¿Estás ocupado/a este fin de semana? ¿Qué vas a hacer?
2. ¿Estás enamorado/a? ¿De quién?
3. ¿Qué haces cuando estás contento/a?
4. ¿Qué haces cuando estás aburrido/a?
5. ¿Qué haces cuando estás cansado/a?
6. ¿Qué haces cuando estás nervioso/a?

Español en vivo

Identificar

Scan the above advertisement and identify the adjectives that take the verb **estar**.

Preguntas

1. ¿Cómo están las personas del anuncio?
2. ¿Cuál es el aspecto más atractivo de la oferta (*offer*)?
3. ¿Te identificas (*do you identify*) con la descripción de la vida en la ciudad?

5.2 The present progressive

▸ Both Spanish and English have a present progressive tense, which consists of the present tense of the verb *to be* and the present participle (the *-ing* form of the verb in English).

Los chicos **están jugando.**
The kids are playing.

Los turistas **están viajando.**
The tourists are traveling.

Estoy escribiendo una postal.
I am writing a postcard.

Estás mirando la televisión.
You are watching television.

¿Qué están haciendo?

Estamos descansando.

▸ The present progressive is formed with **estar** and the present participle of the main verb.

ESTAR + PRESENT PARTICIPLE
Están cantando.
They are singing.

Estamos esperando.
We are waiting.

ESTAR + PRESENT PARTICIPLE
Estoy comiendo.
I am eating.

Ella **está trabajando.**
She is working.

▸ The present participle of regular verbs is formed as follows:

INFINITIVE	STEM	ENDING	PRESENT PARTICIPLE
hablar	habl-	-ando	hablando
comer	com-	-iendo	comiendo
escribir	escrib-	-iendo	escribiendo

▸ When the stem of an **–er** or **–ir** verb ends in a vowel, the present participle ends in **–yendo.**

INFINITIVE	STEM	ENDING	PRESENT PARTICIPLE
leer	le-	-yendo	leyendo
oír	o-	-yendo	oyendo
traer	tra-	-yendo	trayendo

Práctica

1 **De vacaciones** Mauricio and his family are vacationing in Mazatlán, Mexico. Complete his description of what everyone is doing right now.

1. Yo _estoy tomando el sol._   4. Mi mamá _está sacando fotos._

2. Mi hermana Elena _está nadando._   5. Mis hermanos _están jugando al voleibol._

3. Mi papá _está montando a caballo._   6. Mi abuela _está patinando en línea._

2 **Un amigo preguntón** You are on summer vacation. A nosy friend calls you at all hours to see what you're doing. Look at the clocks and tell him. *Answers will vary.*

modelo

 6:30 PM

Estoy descansando.

 3:30 AM

 3:30 PM

1. _____   3. _____

 12:30 PM

 10:00 AM

2. _____   4. _____

Conversación

 3 **¿Qué están haciendo?** With a partner, say what these celebrities are doing right now, using the cues provided.

 modelo Tiger Woods está jugando al golf.

Tiger Woods

Carlos Costa
Carlos Costa está jugando al tenis.

Nomar Garciaparra
Nomar Garciaparra está jugando al béisbol.

Marion Jones
Marion Jones está corriendo.

Michelle Kwan
Michelle Kwan está patinando.

Carlos Santana
Carlos Santana está cantando.

Christina Aguilera
Christina Aguilera está bailando.

4 **Describir** With a partner, describe what's going on in this picture. *Answers will vary.*

Irregular present participles

▸ The verbs **ir, poder,** and **venir** have irregular present participles (**yendo, pudiendo, viniendo**). Several other verbs have irregular present participles.

-ir stem changing verbs

e:ie in the present tense	PRESENT PARTICIPLE
preferir	prefiriendo
sentir	sintiendo
e:i in the present tense	
conseguir	consiguiendo
pedir	pidiendo
seguir	siguiendo
o:ue in the present tense	
dormir	durmiendo

Using the present progressive

▸ The present progressive is used less in Spanish than in English. In Spanish, the present progressive emphasizes that an action is *in progress*.

Ella todavía **está escuchando** música.
She is still listening to music.

Javier **está dibujando** ahora mismo.
Javier is drawing right now.

▸ In English, the present progressive is used with actions that occur over time or in the future. In Spanish, the simple present tense is used.

Practican fútbol este verano.
They're playing soccer this summer.

Salgo hoy a las tres.
I'm leaving today at three.

¡Manos a la obra!

Create complete sentences using the present progressive.

1. Mis amigos / descansar en la playa *Mis amigos están descansando en la playa.*
2. Nosotros / practicar deportes *Nosotros estamos practicando deportes.*
3. Carmen / comer en casa *Carmen está comiendo en casa.*
4. Nuestro equipo / ganar el partido *Nuestro equipo está ganando el partido.*
5. Yo / leer el periódico *Yo estoy leyendo el periódico.*
6. Él / pensar en comprar una bicicleta *Él está pensando en comprar una bicicleta.*
7. Uds. / explicar la lección *Uds. están explicando la lección.*
8. José y Francisco / dormir *José y Francisco están durmiendo.*
9. Marisa / leer el correo electrónico *Marisa está leyendo el correo electrónico.*
10. Yo / preparar sándwiches *Yo estoy preparando sándwiches.*
11. Carlos / tomar fotos *Carlos está tomando fotos.*
12. ¿Tú / dormir? *¿Estás durmiendo?*

5.3 Comparing ser and estar

NATIONAL comparisons STANDARDS

▶ **Ser** and **estar** both mean *to be*, but are used for different purposes.

Uses of *ser*

Nationality and place of origin	Los Gómez son peruanos.
	Luisa es de Cuzco.
Profession or occupation	Adela es ingeniera.
	Ana y yo somos médicos.
Traits of people and things	Sus padres son amables.
	El hotel es muy grande.
Generalizations	Es necesario trabajar.
Possession	Las postales son de Maite.
What something is made of	Las llaves son de metal.
Date and time	¿Qué hora es? Son las tres.
	¿Qué día es hoy? Hoy es lunes.
	Hoy es el dos de abril.
Where or when events occur	La fiesta es en mi casa.
	El concierto es a las ocho.

Soy Francisco Castillo Moreno. Yo soy de la agencia Ecuatur.

Su nombre no está en mi lista.

Uses of *estar*

Location or spatial relationships	El hotel no está lejos.
	Álex está en el cine.
Health	¿Cómo estás?
	Estoy enfermo.
Physical states and conditions	El conductor está cansado.
	Las puertas están cerradas.
Emotional states	Silvio está aburrido.
	Estoy contenta con el viaje.
Certain weather expressions	Está despejado.
	Está nublado.
On-going actions (progressive)	Estamos buscando el museo.
	Chela está durmiendo.

Práctica

1 **Completar** Complete this conversation with the correct forms of **ser** and **estar**.

TINA ¡Hola, Ricardo! ¿Cómo ___estás___?

RICARDO Hola, Tina. Bien, gracias. ¡Qué guapa ___estás___ hoy!

TINA Gracias. ___Eres___ muy amable. Oye, ¿qué ___estás___ haciendo? ¿___Estás___ ocupado?

RICARDO No, sólo ___estoy___ escribiendo un mensaje electrónico a mi amigo Sancho.

TINA ¿De dónde ___es___ él?

RICARDO Sancho ___es___ de Ponce, pero ahora él y su familia ___están___ de vacaciones en Nueva York.

TINA Y… ¿cómo ___es___ Sancho?

RICARDO ___Es___ moreno y un poco bajo. También ___es___ muy listo. Quiere ___ser___ ingeniero.

2 **En el aeropuerto** What do the people in the picture look like? How are they feeling? What are they doing?
Answers will vary.

Conversación

3 **Adivinar** Using the questions below as a guide, describe a few classmates to your partner. Don't mention their names. Your partner should guess which classmates you are describing. For a challenge, describe a couple of celebrities and your partner will guess their identities. *Answers will vary.*

- ¿Cómo es?
- ¿Cómo está?
- ¿De dónde es?
- ¿Dónde está?
- ¿Qué está haciendo?

4 **Describir** With a partner, describe the people in the drawing. Your descriptions should answer these questions. *Answers will vary.*

1. ¿Quiénes son?
2. ¿Dónde están?
3. ¿Cómo son?
4. ¿Cómo están?
5. ¿Qué están haciendo?
6. ¿Qué estación es?
7. ¿Qué tiempo hace?

Ser and estar with adjectives

▶ With many adjectives, both **ser** and **estar** can be used, but with different connotations. Statements with **ser** describe inherent, permanent qualities. **Estar** is used to describe temporary and changeable conditions.

Juan **es** nervioso.
Juan is nervous.

Juan **está** nervioso hoy.
Juan is nervous today.

Ana siempre **es** feliz.
Ana is always happy.

Ana **está** feliz hoy.
Ana is happy today.

▶ Some adjectives change in meaning depending on whether they are used with **ser** or **estar**.

With *ser*

El chico **es listo**.
*The boy is **smart**.*

La profesora **es mala**.
*The professor is **bad**.*

Jaime **es aburrido**.
*Jaime is **boring**.*

Las peras **son verdes**.
*The pears are **green**.*

El gato **es muy vivo**.
*The cat is very **lively**.*

El puente **es seguro**.
*The bridge is **safe**.*

With *estar*

El chico **está listo**.
*The boy is **ready**.*

La profesora **está mala**.
*The professor is **sick**.*

Jaime **está aburrido**.
*Jaime is **bored**.*

Las peras **están verdes**.
*The pears are **not ripe**.*

El gato **está vivo**.
*The cat is **alive**.*

Él no **está seguro**.
*He's **not sure**.*

¡Manos a la obra!

Form complete sentences with **ser** or **estar**.

1. Alejandra / cansado
   Alejandra está cansada.
2. Ellos / guapo hoy
   Ellos están guapos hoy.
3. Carmen / alto
   Carmen es alta.
4. Yo / la clase de español
   Yo estoy en la clase de español.
5. Película / a las once
   La película es a las once.
6. Hoy / viernes
   Hoy es viernes.
7. Nosotras / enojado
   Nosotras estamos enojadas.
8. Antonio / médico
   Antonio es médico.
9. Romeo y Julieta / enamorado
   Romeo y Julieta están enamorados.
10. Libros / de Ana
    Los libros son de Ana.
11. Marisa y Juan / estudiando
    Marisa y Juan están estudiando.
12. Fiesta / gimnasio
    La fiesta es en el gimnasio.

5.4 Direct object nouns and pronouns

▶ A direct object noun receives the action of the verb directly and generally follows the verb. In the example below, the direct object noun answers the question *what is Maite writing?*

SUBJECT	VERB	DIRECT OBJECT NOUN
Maite	está escribiendo	unas postales.
Maite	*is writing*	*some postcards.*

¿Dónde pongo las maletas?

Puede ponerlas encima de la cama.

Hay muchos lugares interesantes por aquí. ¿Quieren ir a verlos?

▶ When a direct object noun is a person or a pet, it is preceded by the word **a**. The "personal **a**" has no English equivalent.

Marta busca **a** sus amigos.
Marta looks for her friends.

Escucho **al** profesor.
I listen to the professor.

Direct object pronouns

Singular forms		Plural forms	
me	*me*	nos	*us*
te	*you (fam.)*	os	*you (fam.)*
lo	*you (m., form.);*	los	*you (m., form.);*
	him; it (m.)		*them (m.)*
la	*you (f., form.);*	las	*you (f., form.);*
	her; it (f.)		*them (f.)*

▶ Direct object pronouns replace direct object nouns. Like English, Spanish sometimes uses a direct object pronoun to avoid repetition.

DIRECT OBJECT	DIRECT OBJECT PRONOUN
Maribel hace las maletas.	Maribel **las** hace.
Felipe compra el sombrero.	Felipe **lo** compra.
Vicky tiene la llave.	Vicky **la** tiene.

¡**ojo**! In Spain and parts of Latin America, **le** and **les** are used when referring to people.

No **le** veo.
I don't see him/her.

No **les** escucha.
He/she doesn't listen to them.

Práctica

1 Seleccionar Choose the correct response.

1. ¿El artista quiere dibujarte con tu mamá?
   a. Sí, quiere dibujarlos mañana.
   b. Sí, nos quiere dibujar mañana.
   c. Sí, quiere dibujarte mañana.

2. ¿Quién tiene los pasajes?
   a. Yo lo tengo.
   b. Rita las lleva al aeropuerto.
   c. Mónica los tiene.

3. ¿Vas a llevar a tu hermana a la playa?
   a. No, no voy a llevarlas.
   b. No, no voy a llevarte.
   c. No, no voy a llevarla.

4. ¿Vas a hacer las maletas?
   a. Sí, voy a hacerla.
   b. Sí, voy a hacerlas.
   c. Sí, los voy a hacer.

5. ¿Quién tiene la llave de nuestra habitación?
   a. Yo no la tengo.
   b. Amalia los tiene.
   c. Yo lo tengo.

6. ¿Me puedes llevar al partido de fútbol?
   a. No, no las puedo llevar.
   b. Sí, los puedo llevar.
   c. Sí, te puedo llevar.

2 ¿Qué estás haciendo? A classmate has called to find out what you are doing to prepare for your trip to Cancún. Answer his or her questions. *Answers will vary.*

modelo

buscar tu cámara

Estudiante 1: ¿Estás buscando tu cámara?
Estudiante 2: No, no estoy buscándola.
Estudiante 1: ¿Cuándo la vas a buscar?
Estudiante 2: Voy a buscarla mañana (el lunes, a las dos, etc.).

1. preparar los documentos de viaje
2. confirmar tus reservaciones
3. buscar tu pasaje
4. buscar tu mochila
5. hacer tus maletas

Conversación

3 **Entrevista** Use these questions to interview a classmate. Your classmate should respond using direct object pronouns. *Answers will vary.*

1. ¿Quién prepara la comida (*food*) en tu casa?
2. ¿Visitas mucho a tus abuelos?
3. ¿Cuándo ves a tus amigos?
4. ¿Estudias español todos los días?
5. ¿Traes tu libro a clase? ¿Y tu cuaderno?
6. ¿Cuándo vas a hacer la tarea de la clase de español?
7. ¿Ves mucho la televisión? ¿Cuándo vas a ver tu programa favorito?
8. ¿Tienes las llaves de tu casa? ¿De tu carro (*car*)?

4 **En un café** Get together with a partner and take turns asking each other questions about the drawing. *Answers will vary.*

modelo

Estudiante 1: ¿Quién está leyendo el mapa?
Estudiante 2: El Sr. Torres está leyéndolo.

Ana
Santiago
La Sra. Torres
El Sr. Torres
Mario

Using direct object pronouns

▶ In affirmative sentences, direct object pronouns generally appear before the conjugated verb. In negative sentences, the pronoun is placed between the word **no** and the verb.

Katia tiene las llaves. → Katia **las tiene.**
Marcos **no practica** el tenis. → Marcos **no lo practica.**

▶ In the present progressive and in infinitive constructions, such as **ir a** + [*infinitive*], the direct object pronoun can be placed before the conjugated form, or attached to the present participle or infinitive.

Vamos a hacer las maletas. → Las **vamos a hacer.** / Vamos a **hacerlas.**

Quiero ver el estadio. → Lo **quiero ver.** / Quiero **verlo.**

▶ When a pronoun is attached to the present participle, an accent mark is added to maintain the proper stress.

Están buscando la llave. → La **están buscando.** / Están **buscándola.**

¿Estás mirando el programa? → ¿Lo **estás mirando?** / ¿Estás **mirándolo?**

¡Manos a la obra!

 Write new sentences, changing the direct object nouns into pronouns and making any other necessary changes.

1. Juan tiene el pasaporte.
   Juan lo tiene.

2. Confirman la reservación.
   La confirman.

3. Leemos la lección.
   La leemos.

4. Estudio el vocabulario.
   Lo estudio.

5. Aprendemos las palabras.
   Las aprendemos.

6. Escucho al profesor.
   Lo escucho.

7. Escribe los párrafos.
   Los escribe.

8. Tengo los pasajes.
   Los tengo.

9. Quiero las llaves.
   Las quiero.

10. Van a ver la película.
    Van a verla./La van a ver.

11. Quiero ver los monumentos.
    Quiero verlos./Los quiero ver.

12. Vamos a tener el examen.
    Vamos a tenerlo./Lo vamos a tener.

13. ¿Cuándo vas a hacer la tarea?
    ¿Cuándo vas a hacerla?/¿Cuándo la vas a hacer?

14. Están explorando el pueblo.
    Están explorándolo./Lo están explorando.

15. Él está comprando los libros.
    Él está comprándolos./Él los está comprando.

16. Estoy leyendo las cartas.
    Estoy leyéndolas./Las estoy leyendo.

Ampliación

① Escuchar

A Listen to the weather report by Hernán Jiménez and indicate which of these phrases are correct.

⭐ **TIP Listen for key words.** Listening for key words and phrases will help you identify the subject and main ideas, as well as some of the details.

Santo Domingo

✓ 1. hace sol

___ 2. va a hacer frío

___ 3. una mañana de mal tiempo

✓ 4. va a estar nublado

___ 5. buena tarde para tomar el sol

✓ 6. buena mañana para ir a la playa

San Francisco de Macorís

✓ 1. hace frío

___ 2. hace sol

___ 3. va a nevar

✓ 4. va a llover

✓ 5. hay niebla

___ 6. buen día para excursiones

B ¿Qué tiempo hace en Santo Domingo ahora? ¿Y en San Francisco de Macorís? ¿Qué tiempo hace en tu ciudad?

② Conversar

Get together with a classmate you don't know very well and ask each other questions using **ser**, **estar**, and other verbs. Be sure to ask about the following topics. *Answers will vary.*

- Las clases
- La familia
- Los amigos
- Los pasatiempos
- Las vacaciones
- Los parientes
- El tiempo
- Los compañeros de clase

① SCRIPT

Buenos días, queridos televidentes, les saluda el meteorólogo Hernán Jiménez, con el pronóstico del tiempo para nuestra bella isla. Hoy, 17 de octubre, a las diez de la mañana, la temperatura en Santo Domingo es de 26 grados. Hace sol con viento del este a 10 kilómetros por hora. En la tarde, va a estar un poco nublado con la posibilidad de lluvia. La temperatura máxima del día va a ser de 30 grados. Es una buena mañana para ir a la playa. En las montañas hace bastante frío ahora y hay niebla, especialmente en el área de San Francisco de Macorís. La temperatura mínima de estas 24 horas va a ser de 18 grados. Va a llover casi todo el día. ¡No es buen día para excursiones a las montañas! Hasta el noticiero del mediodía, me despido de ustedes. ¡Que les vaya bien!

② SUGGESTION Have students list the interrogative words they will use. Then have them list the uses of **ser** and **estar** they could use with each interrogative word.

recursos

| R | Textbook CD Lección 5 | WB pp. 47-52 | LM p. 27-30 | Lab CD Lección 5 | ICD-ROM Lección 5 | vistahigher learning.com |

INSTRUCTIONAL RESOURCE Text CD

Ampliación

Descripción del sitio (con foto)
A. Playa Grande
1. Playas seguras y limpias
2. Ideal para tomar el sol y descansar
B. El hotel
1. Abierto los 365 días del año
2. Piscina grande

3 Escribir

Write a tourist brochure for a hotel or resort. *Answers will vary.*

 TIP Make an outline. Separate topics and subtopics in order to provide a framework for the information you want to present.

Organízalo	Jot down the most attractive aspects of your hotel or resort. Then, organize your ideas into an outline.
Escríbelo	Using the outline you have compiled, write the first draft of your brochure.
Corrígelo	Exchange papers with a classmate and comment on the brochure's completeness, organization, grammatical correctness, and level of interest. Then revise your first draft, keeping your classmate's comments in mind.
Compártelo	Swap brochures with a classmate. After you have read the brochure, name the three aspects of the hotel or resort that appeal to you most or least.

4 Un paso más

Create a real or simulated website to promote a travel package to a resort in a Spanish-speaking country. Include images whenever possible. Your website should consist of the following pages:
Answers will vary.

- A home page with a general description of the tour and links to your other pages
- A page describing the means of transportation
- A page describing hotels and accommodations
- A page about the locations to be visited
- A page detailing activities available to travelers.

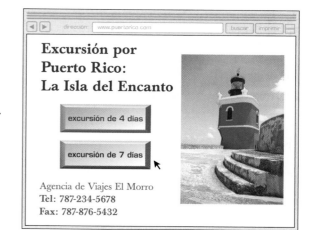

dirección: www.puertorico.com buscar imprimir

Excursión por Puerto Rico: La Isla del Encanto

excursión de 4 días

excursión de 7 días

Agencia de Viajes El Morro
Tel: 787-234-5678
Fax: 787-876-5432

En Internet

Investiga estos temas en el sitio vistahigherlearning.com.

- Balnearios (*resorts*) de España
- Balnearios de la América del Sur
- Balnearios de México, Centroamérica y el Caribe

SUGGESTION Remind students that at the time El Morro was built, piracy was a major concern for Spain and its Caribbean colonies.

Antes de leer

By scanning for specific information, you can learn a great deal about a text without reading it word for word. For example, you can scan a document to identify its format, to find cognates, or to find specific facts.

Examinar el texto

Scan the reading selection for cognates and write a few of them down.

1. _____
2. _____
3. _____
4. _____
5. _____

Based on the cognates you found, what do you think this document is about?

_____

_____

Preguntas

Read the following questions. Then scan the document again to look for answers to the questions.

1. What is the format of the reading selection?

_____

2. What place is the document about?

_____

3. What are some of the visual cues this document provides? What do they tell you about the content of the document?

_____

_____

4. Who produced the document, and what do you think the document is for?

_____

_____

¡Descubre el Viejo San Juan!

El Morro

El Morro es una fortaleza que defendió la bahía de San Juan entre los años 1500 y 1900. La arquitectura del lugar es extraordinaria. El Morro tiene numerosos túneles secretos, oscuras mazmorras y fantásticas vistas de la bahía. Además, en su interior hay un museo donde se explica la historia de la fortaleza.

La Iglesia de San José

La Iglesia de San José está en el norte de la ciudad, en la famosa plaza del mismo nombre. Esta iglesia es una construcción de 1532. De hecho, es la iglesia más antigua de la isla y un excelente ejemplo de la arquitectura gótica española del siglo XVI.

El Museo Pablo Casals

Pablo Casals es un famoso violonchelista español, que vivió los últimos años de su vida, de 1956 a 1973, en la isla de Puerto Rico. El Museo Pablo Casals es un interesante edificio del siglo XVIII. En su interior hay muchos objetos personales del músico, como su chelo, su piano y una gran cantidad de manuscritos y fotografías.

Hermosos hoteles y cafés

El Viejo San Juan ofrece unos hoteles impresionantes, con habitaciones lujosas y vistas increíbles de la ciudad y del mar. Cerca de los hoteles hay cafés muy agradables, donde los viajeros pueden conversar y escuchar diferentes estilos de música.

EXPANSION Have students check www.vistahigherlearning.com for additional information on Puerto Rico.

Después de leer

¿Comprendiste?

Indicate whether each statement is **cierto** or **falso**.

SUGGESTION Play an excerpt from a recording of Pablo Casals. Note that Casals' musicianship has been an inspiration for composers and musicians for many decades.

Cierto	Falso	
✓		1. El Morro es una fortaleza en la bahía de San Juan.
	✓	2. El Viejo San Juan no tiene hoteles buenos.
✓		3. El Museo Pablo Casals tiene muchos artículos personales del famoso violonchelista.
	✓	4. La Iglesia de San José tiene un museo donde se explica la historia de Puerto Rico.
✓		5. El Museo Pablo Casals es un edificio del siglo XVIII.
	✓	6. La Iglesia de San José es de estilo moderno.

Preguntas

1. ¿Dónde pasa Pablo Casals los últimos años de su vida?
Pablo Casals pasa los últimos años de su vida en Puerto Rico.

2. Describe la arquitectura de la Iglesia de San José.
Es un excelente ejemplo de la arquitectura gótica española del siglo XVI.

3. ¿Qué podemos hacer en los cafés del Viejo San Juan?
Podemos conversar y escuchar música.

4. ¿Qué hay en el interior de El Morro?
Hay un museo donde se explica la historia de la fortaleza.

5. ¿Dónde está la Iglesia de San José?
La Iglesia de San José está en el norte de la ciudad, en la famosa plaza del mismo nombre.

Coméntalo

Imagina que vas de vacaciones al Viejo San Juan. ¿En qué mes del año deseas ir? ¿Por qué? ¿Cómo prefieres viajar, en avión o en barco? ¿Quieres visitar los lugares mencionados aquí? ¿Por qué? *Answers will vary.*

mazmorras	dungeons
se explica	they explain; (something) is explained
además	besides
de hecho	in fact
más antigua	oldest
siglo	century
edificio	building
lujosas	luxurious

recursos

vistahigher learning.com

Los viajes y las vacaciones

el aeropuerto	airport
la agencia de viajes	travel agency
el/la agente de viajes	travel agent
la estación de autobuses	bus station
del metro	subway station
del tren	train station
el/la inspector(a) de aduanas	customs inspector
el pasaje (de ida y vuelta)	(round trip) ticket
el pasaporte	passport
la tienda de campaña	tent
el/la viajero/a	traveler
acampar	to camp
confirmar una reservación	to confirm a reservation
estar de vacaciones	to be on vacation
hacer las maletas	to pack (one's suitcases)
hacer un viaje	to take a trip
una excursión	to go on a hike; to go on a tour
hacer turismo (m.)	to go sightseeing
ir a la playa	to go to the beach
ir de pesca	to go fishing
de vacaciones	to go on vacation
ir en autobús (m.)	to go by bus
en auto(móvil) (m.)	to go by car
en avión (m.)	to go by plane
en barco (m.)	to go by boat
en motocicleta (f.)	to go by motorcycle
en taxi (m.)	to go by taxi
montar a caballo	to ride a horse
pasar por la aduana	to go through customs
pescar	to fish
sacar fotos (f. pl.)	to take pictures

En el hotel

el alojamiento	lodging
el/la botones	bellhop
la cabaña	cabin
la cama	bed
el/la empleado/a	employee
la habitación	room
individual	single room
doble	double room
el hotel	hotel
el/la huésped	guest
la llave	key
la pensión	boarding house
el piso	floor (of a building)
la planta baja	ground floor

Adjetivos

abierto/a	open
aburrido/a	bored; boring
alegre	happy, joyful
amable	nice; friendly
avergonzado/a	embarrassed
cansado/a	tired
cerrado/a	closed
cómodo/a	comfortable
contento/a	happy, content
desordenado/a	disorderly; messy
enamorado/a (de)	in love (with)
enojado/a	mad, angry
equivocado/a	wrong; mistaken
feliz	happy
limpio/a	clean
listo/a	ready; smart
nervioso/a	nervous
ocupado/a	busy
ordenado/a	orderly
preocupado/a (por)	worried (about)
seguro/a	sure; safe
sucio/a	dirty
triste	sad

¿Qué tiempo hace?

¿Qué tiempo hace?	How's the weather?; What's the weather like?
Está despejado.	It's clear.
(muy) nublado.	It's (very) cloudy.
Hace buen/mal tiempo.	It's nice/bad weather.
(mucho) calor.	It's (very) hot.
fresco.	It's cool.
(mucho) frío.	It's (very) cold.
(mucho) sol.	It's (very) sunny.
(mucho) viento.	It's (very) windy.
Hay (mucha) niebla.	It's (very) foggy.
llover (o:ue)	to rain
Llueve.	It's raining.
nevar (e:ie)	to snow
Nieva.	It's snowing.

Palabras y expresiones adicionales

el ascensor	elevator
el campo	countryside
el equipaje	luggage
la llegada	arrival
el mar	ocean, sea
la salida	departure; exit
ahora mismo	right now
todavía	yet; still
¿Cuál es la fecha de hoy?	What is today's date?
Hoy es el primero (dos, tres,...) de marzo.	Today is March first (second, third,...).

Las estaciones y los meses	See page 107.
Ordinal Numbers	See page 107.
Expresiones útiles	See page 113.
Direct object pronouns	See page 122.

recursos

| R | Lab CD Lección 5 | LM p. 30 |

INSTRUCTIONAL RESOURCES Tests, Text CD, IRM (supplemental vocabulary)

6 **¡De compras!**

PREVIEW Have students look at the photo. Say: **Es una foto de un mercado. La mujer es vendedora. El chico piensa comprar la camisa.** Then ask: **¿Va a comprar la camisa el chico?**

Communicative Goals

You will learn how to:
- discuss how much things cost
- talk about clothing
- talk to salespeople

PREPARACIÓN

pages 130-135
- Words related to shopping
- Colors and other adjectives
- Pronouncing **d** and **t**

AVENTURAS

pages 136-139
- Inés and Javier go to an open-air market. Inés browses the market and eventually buys a purse for her sister, as well as a shirt and a hat for herself. Javier buys a sweater for the hike in the mountains.

GRAMÁTICA

pages 140-149
- Numbers 101 and higher
- Preterite tense of regular verbs
- Indirect object pronouns
- Demonstrative adjectives and pronouns

LECTURA

pages 150-151
- Newspaper Advertisement: *El Palacio de la Ganga*

RECURSOS

These student supplements provide additional practice:
- Textbook Audio CD
- Workbook/Video Manual (WB/VM)
- Lab Manual (LM)
- WB/VM/LM Answer Key
- Lab Audio CDs
- Video CD-ROM
- Interactive CD-ROM

¡DE COMPRAS!

SUGGESTION Have students look at of the money from various countries and compare it with that of the U.S. Point out that as of 2002 Spain uses the currency of the European Union, the **Euro**, in place of the traditional **peseta**.

DE COMPRAS

el almacén *department store*
la caja *cash register*
el centro comercial *shopping mall*
el/la cliente/a *client*
el/la dependiente/a *clerk*
el mercado (al aire libre) *(open-air) market*
la rebaja *sale*
la tienda *shop, store*
el/la vendedor(a) *salesperson*

costar (o:ue) *to cost*
gastar *to spend (money)*
hacer juego (con) *to match*
ir de compras *to go shopping*
llevar *to wear*
regatear *to bargain*
usar *to wear; to use*
vender *to sell*

el dinero
money

el precio (fijo)
(fixed, set) price

la tarjeta de crédito
credit card

SUGGESTION Ask students questions on shopping preferences using pantomime. Write terms on the board as you say them. Ex: **¿A quién le gusta ir de compras? ¿Qué te gusta comprar? ¿discos compactos? ¿ropa?** (point to your own clothing) **¿Adónde vas para comprar estas cosas? ¿Cuánto dinero gastas?** (pantomime paying). **¿Te gusta regatear?** (Then, to another student:) **¿Adónde va _____? ¿Qué compra allí? ¿Cuánto gasta? Y tú, ¿qué te gusta comprar?**

recursos

R					
	Textbook CD Lección 6	WB pp. 53-54	LM p. 31	Lab CD Lección 6	ICD-ROM Lección 6

INSTRUCTIONAL RESOURCES WB, LM, OT, Text CD, ICD-ROM

VARIACIÓN LÉXICA
Point out these lexical items:
calcetines → medias (Amér. L.)
cinturón → correa (Col., Venez.)
gafas de sol → lentes oscuros, lentes negros
zapatos de tenis → zapatillas de deporte (Esp.)
                    zapatillas (Arg., Perú)
los bluejeans → pantalones de mezclilla (Méx)
                vaqueros (Esp.)

la corbata
tie

las gafas de sol
sunglasses

LA ROPA

el abrigo *coat*
los bluejeans *jeans*
la blusa *blouse*
la bolsa *bag; purse*
las botas *boots*
los calcetines *socks*
la camisa *shirt*
la camiseta *t-shirt*
la cartera *wallet*
la chaqueta *jacket*
el cinturón *belt*
la falda *skirt*
los guantes *gloves*
el impermeable *raincoat*

las medias *pantyhose, stockings*
los pantalones *pants*
cortos *shorts*
el par *pair*
la ropa *clothing, clothes*
interior *underwear*
las sandalias *sandals*
el sombrero *hat*
el suéter *sweater*
el traje *suit*
de baño *bathing suit*
el vestido *dress*
los zapatos de tenis *sneakers*

los zapatos
shoes

SUGGESTION Name a vacation spot and ask students what clothing they need to take. Make it a continuing narration whereby the next student must repeat all the items before adding one.
Ex: (you say:) **Vas a la playa. ¿Qué vas a llevar?**
(S1:) **Voy a llevar un traje de baño.**
S2:) **Voy a llevar un traje de baño y lentes de sol**, and so forth.

LOS COLORES

EXPANSION Have students do a mini fashion show, using adjectives and colors.
Ex: **Éste es mi compañero de clase Miguel, quien lleva hoy unos bluejeans viejos con zapatos de tenis blancos y rojos y una camiseta nueva.**

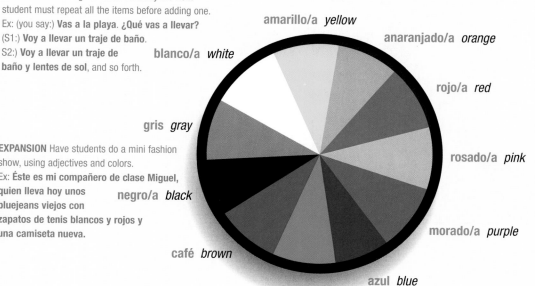

amarillo/a *yellow*
anaranjado/a *orange*
blanco/a *white*
rojo/a *red*
gris *gray*
rosado/a *pink*
negro/a *black*
morado/a *purple*
café *brown*
azul *blue*
verde *green*

ADJETIVOS

barato/a *cheap*
bueno/a *good*
cada *each*
caro/a *expensive*
corto/a *short*
elegante *elegant*
hermoso/a *beautiful*
largo/a *long*
loco/a *crazy*
nuevo/a *new*
otro/a *other; another*
pobre *poor*
rico/a *rich*

A escuchar

1 **Escuchar** Listen to Juanita and Vicente talk about what they're packing for their vacations. Indicate who is packing each item. If both are packing an item, write both names. If neither is packing an item, write an X.

 Vicente

 Juanita

Artículo	Nombre(s)	Artículo	Nombre(s)
1. abrigo	Vicente	7. gafas de sol	Vicente
2. zapatos de tenis	Juanita, Vicente	8. camisetas	Juanita, Vicente
3. impermeable	X	9. traje de baño	Juanita
4. chaqueta	Vicente	10. botas	Vicente
5. sandalias	Juanita	11. pantalones cortos	Juanita
6. bluejeans	Juanita, Vicente	12. suéter	Vicente

2 **¿Cierto o falso?** Look at the drawing and indicate whether each statement you hear is **cierto** or **falso**.

	Cierto	Falso
1.	✓	
2.	✓	
3.		✓
4.		✓
5.		✓
6.	✓	
7.		✓
8.	✓	

1 SCRIPT
Juanita: Hola. Me llamo Juanita. Mi familia y yo salimos de vacaciones mañana y estoy haciendo mis maletas. Para nuestra excursión al campo ya tengo bluejeans, camisetas y zapatos de tenis. También vamos a la playa… ¡no puedo esperar! Para ir a la playa necesito un traje de baño, pantalones cortos y sandalias. ¿Qué más necesito? Creo que es todo.
Vicente: Buenos días. Soy Vicente. Estoy haciendo mis maletas porque mi familia y yo vamos a las montañas a esquiar. Los primeros dos días vamos a hacer una excursión por las montañas. Necesito zapatos de tenis, camisetas, una chaqueta y bluejeans. El tercer día vamos a esquiar. Necesito un abrigo, un suéter y botas… y gafas oscuras para el sol.

2 SCRIPT
1. El dependiente lleva una corbata verde.
2. La clienta mira un suéter.
3. La clienta no tiene dinero.
4. El dependiente lleva gafas de sol.
5. El dependiente lleva un traje de baño.
6. La clienta lleva una bolsa.
7. La clienta lleva sandalias.
8. La clienta lleva una blusa y una falda.

2 EXPANSION Have students correct the false statements.

2 EXPANSION Have students prepare a drawing and a series of true/false statements.

recursos

R Textbook CD Lección 6

INSTRUCTIONAL RESOURCE Text CD

A practicar

3 EXPANSION Go over the answers quickly in class. After each answer, indicate why a particular item does not belong. Ex: 1. **La bolsa. La bolsa no se lleva en el cuerpo.**

4 EXPANSION Have students bring in pictures with people whose clothing you can see. Have them make false statements about them to a partner, who then objects and corrects the statements.

5 EXPANSION Go over answers in class by having students give complete sentences. Ex: **La rosa de Texas es amarilla.**

5 EXPANSION Have student pairs spend a few minutes creating a physical description of a well-known TV or cartoon character, which they then read aloud as the class guesses the identity. Ex: **Soy bajo y un poco gordo. Llevo pantalones cortos azules y una camiseta anaranjada. Tengo el pelo amarillo. También soy amarillo. ¿Quién soy? (Bart Simpson)**

3 Escoger Which item in each group does not belong?

1. (bolsa) • camiseta • blusa
2. medias • calcetines • (sombrero)
3. chaqueta • (falda) • abrigo
4. almacén • (vendedora) • tienda • mercado
5. regatear • gastar • (llevar) • costar
6. (vestido) • dinero • caja • tarjeta de crédito

4 Anita la contraria Your friend Anita always contradicts you. Indicate how she would respond to each sentence.

 modelo   El suéter nuevo de Tina es muy hermoso.
No, su suéter es muy feo.

1. Las sandalias de Rufino están sucias. _No, sus sandalias están limpias._
2. El impermeable de don José es muy grande. _No, su impermeable es muy pequeño._
3. La corbata del Sr. Garza es larga. _No, su corbata es corta._
4. Los trajes de Mauricio son bonitos. _No, sus trajes son feos._
5. Los zapatos de tenis de Noelia son nuevos. _No, sus zapatos de tenis son viejos._
6. El cinturón de Amalia es caro. _No, su cinturón es barato._

5 Preguntas Answer these questions with a classmate.

1. ¿De qué color es el suéter?
Es gris.

2. ¿De qué color es la corbata?
Es roja y azul.

3. ¿De qué color es la planta?
Es verde.

4. ¿De qué color es la rosa de Texas?
Es amarilla.

5. ¿De qué color es la casa donde vive el presidente de EE.UU?
Es blanca.

6. ¿De qué color es una cebra?
Es blanca y negra.

A conversar

6 **Marta y el Sr. Vega** With a classmate, answer the questions about the drawing.

Marta **El señor Vega**

1. ¿Qué lleva Marta? *Marta lleva un vestido, un sombrero, unas gafas de sol, una bolsa, un par de zapatos y unos guantes.*

2. ¿De qué color es su vestido? *Su vestido es rojo.*

3. ¿De qué color son sus zapatos? *Sus zapatos son negros.*

4. ¿De qué color son su sombrero y su bolsa? *Su sombrero y su bolsa son blancos.*

5. ¿Qué lleva el Sr. Vega? *Él lleva una chaqueta, una camisa, una corbata, un cinturón, unos pantalones, calcetines y zapatos de tenis.*

6. ¿De qué color es su camisa? *Su camisa es anaranjada.*

7. ¿De qué color son sus pantalones? *Sus pantalones son rosados.*

8. ¿Hacen juego la chaqueta, la camisa y los pantalones del Sr. Vega? *No, no hacen juego.*

7 **Entrevista** Use these questions to interview a classmate. Then report your findings to the class. *Answers will vary.*

1. ¿Adónde vas para (*in order to*) comprar ropa? ¿Por qué?

2. En tu opinión, ¿es importante comprar frecuentemente ropa nueva?

3. ¿Cuánto dinero gastas en ropa cada mes? ¿Cada año?

4. Cuando vas de compras, ¿buscas rebajas?

5. ¿Regateas cuando compras ropa?

6. ¿Prefieres pagar en efectivo (*cash*) o con una tarjeta de crédito?

6 **Present** Remind students to answer the questions in complete sentences.

6 **EXPANSION** Have students get up and mingle with classmates, sharing questions and statements as they do so about what each is wearing that day. Then ask a student volunteer to describe in detail one article of clothing or a complete outfit of someone in the class without identifying who they are, after which the class guesses the identity of the person from the descripton.

6 **EXPANSION** Bring in additional photos, drawings, and clip art and/or ask students to do so. Have students prepare questions about the illustrations to ask a partner or the class. Require that the answers be in complete sentences.

7 **EXPANSION** Students note information and preferences as each interview is presented. After all presentations are finished, students discuss and prepare a summary of class preferences and actions.

🎧 Pronunciación

The consonants **d** and **t**

¿Dónde?　　　**vender**　　　**nadar**　　　**verdad**

Like **b** and **v**, the Spanish **d** can also have a hard sound or a soft sound, depending on which letters appear next to it.

Don　　　**dinero**　　　**tienda**　　　**falda**

At the beginning of a phrase and after **n** or **l**, the letter **d** is pronounced with a hard sound. This sound is similar to the English *d* in *dog,* but a little softer and duller. The tongue should touch the back of the upper teeth, not the roof of the mouth.

medias　　　**verde**　　　**vestido**　　　**huésped**

In all other positions, **d** has a soft sound. It is similar to the English *th* in *there,* but a little softer.

Don Diego no tiene el diccionario.

When **d** begins a word, its pronunciation depends on the previous word. At the beginning of a phrase or after a word that ends in **n** or **l**, it is pronounced as a hard **d**.

Doña Dolores es de la capital.

Words that begin with **d** are pronounced with a soft **d** if they appear immediately after a word that ends in a vowel or any consonant other than **n** or **l**.

traje　　　**pantalones**　　　**tarjeta**　　　**tienda**

When pronouncing the Spanish **t,** the tongue should touch the back of the upper teeth, not the roof of the mouth. Unlike the English *t,* no air is expelled from the mouth.

Práctica Read these phrases aloud to practice the **d** and the **t**.

1. Hasta pronto.
2. De nada.
3. Mucho gusto.
4. Lo siento.
5. No hay de qué.
6. ¿De dónde es usted?
7. ¡Todos a bordo!
8. No puedo.
9. Es estupendo.
10. No tengo computadora.
11. ¿Cuándo vienen?
12. Son las tres y media.

Una tienda Read these sentences aloud to practice the **d** and the **t**.

1. Don Teodoro tiene una tienda en un almacén en La Habana.

2. Don Teodoro vende muchos trajes, vestidos y zapatos todos los días.

3. Un día un turista, Federico Machado, entra en la tienda para comprar un par de botas.

4. Federico regatea con don Teodoro y compra las botas y también un par de sandalias.

Refranes Read these sayings aloud to practice the **d** and the **t**.

En la variedad está el gusto.[1]

Aunque la mona se vista de seda, mona se queda.[2]

2 You can't make a silk purse out of a sow's ear.

1 Variety is the spice of life.

recursos

| R | Textbook CD Lección 6 | LM p. 32 | Lab CD Lección 6 | ICD-ROM Lección 6 |

¡Qué ropa más bonita!

Javier e Inés van de compras al mercado.

VIDEO SYNOPSIS Inés and Javier go to an open-air market. Inés browses and eventually buys a purse for her sister, as well as a shirt and a hat for herself. Javier buys a sweater for hiking in the mountains.

INÉS Javier, ¡qué ropa más bonita! A mí me gusta esa camisa blanca y azul. Debe ser de algodón. ¿Te gusta?

JAVIER Yo prefiero la camisa de la izquierda, la gris con rayas rojas. Hace juego con mis botas marrones.

INÉS Está bien, Javier. Mira, necesito comprarle un regalo a mi hermana Graciela. Acaba de empezar un nuevo trabajo…

JAVIER ¿Tal vez una bolsa?

VENDEDOR Esas bolsas son típicas de las montañas. ¿Le gustan?

INÉS Sí. Quiero comprarle una a mi hermana.

VENDEDOR Buenas tardes, joven. ¿Le puedo servir en algo?

JAVIER Sí. Voy a ir de excursión a las montañas y necesito un buen suéter.

VENDEDOR ¿Qué talla usa Ud.?

JAVIER Uso talla grande.

VENDEDOR Éstos son de talla grande.

JAVIER ¿Qué precio tiene ése?

VENDEDOR ¿Le gusta este suéter? Le cuesta ciento cincuenta mil sucres.

JAVIER Quiero comprarlo. Pero, señor, no soy rico. ¿Ciento veinte mil sucres?

VENDEDOR Bueno, para usted… sólo ciento treinta mil sucres.

JAVIER Está bien, señor.

recursos

| R | Video/VCD-ROM Lección 6 | VM pp. 179-180 | ICD-ROM Lección 6 |

Personajes

JAVIER

INÉS

EL VENDEDOR

4

INÉS Me gusta aquélla. ¿Cuánto cuesta?

5

VENDEDOR Ésa cuesta ciento sesenta mil sucres. ¡Es de muy buena calidad!

INÉS Uy, demasiado cara. Quizás otro día.

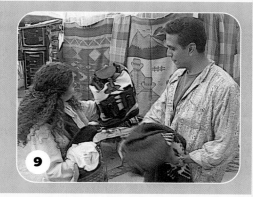

9

JAVIER Acabo de comprarme un suéter. Y tú, ¿qué compraste?

INÉS Compré esta bolsa para mi hermana.

10

INÉS También compré una camisa y un sombrero. ¿Qué tal me veo?

JAVIER ¡Guapa, muy guapa!

PREVIEW Have students scan the captions for vocabulary related to clothing or colors, and study the **Aventuras** and **Expresiones útiles** as homework.

SUGGESTION Photocopy the **fotonovela** and erase 7-10 words with white correction fluid. Hand out copies and have them fill in the missing words as they watch the video segment.

EXPANSION Tell the class that in many open-air markets in the Spanish-speaking world, customers are expected to engage in good-natured bargaining (**regateo**) with the sellers.

SUGGESTION Assign students to groups of three and read **¡Qué ropa más bonita!**. Ask a few groups to present the script to the rest of the class.

Expresiones útiles

Talking about clothing

¡Qué ropa más bonita!
What pretty clothes!
Me gusta esta/esa camisa blanca de rayas negras.
I like this/that white shirt with black stripes.
Está de moda.
It's in fashion.
Debe ser de algodón/lana/seda.
It must be cotton/wool/silk.
Es de cuadros/lunares/rayas.
It's plaid/polka-dotted/striped.
Me gusta este/ese suéter.
I like this/that sweater.
Es de muy buena calidad.
It's very good quality.
¿Qué talla lleva/usa Ud.?
What size do you wear?
Llevo/uso talla grande.
I wear a large.
¿Qué número calza Ud.?
What (shoe) size do you wear?
Calzo el treinta y seis.
I wear a size six.

Talking about how much things cost

¿Cuánto cuesta?
How much does it cost?
Sólo cuesta noventa mil sucres.
It only costs ninety thousand sucres.
Demasiado caro/a.
Too expensive.
Es una ganga.
It's a bargain.

Saying what you bought

¿Qué compró Ud./él/ella?
What did you (form.)/he/she buy?
Compré esta bolsa para mi hermana.
I bought this bag for my sister.
¿Qué compraste?
What did you buy?
Acabo de comprarme un sombrero.
I just bought myself a hat.

¿Qué piensas?

1 **¿Cierto o falso?** Indicate whether each sentence is **cierto** or **falso**. Correct the false statements.

Cierto	Falso	
	✓	1. A Inés le gusta la camisa verde y amarilla.

A Inés le gusta la camisa blanca y azul.

Cierto	Falso	
	✓	2. Javier necesita comprarle un regalo a su hermana.

Inés necesita comprarle un regalo a su hermana.

Cierto	Falso	
✓		3. Las bolsas del mercado son típicas de las montañas.

Cierto	Falso	
	✓	4. Javier busca un traje de baño en el mercado.

Javier busca un suéter.

Cierto	Falso	
	✓	5. Inés compró un sombrero, un suéter y una bolsa.

Inés compró una bolsa, una camisa y un sombrero.

Cierto	Falso	
✓		6. Javier regatea con el vendedor.

2 **Contestar** Answer these questions about the **Aventuras** episode.

1. Inés quiere comprarle un regalo a su hermana. ¿Por qué?
   Inés quiere comprarle un regalo a su hermana porque ella acaba de empezar un nuevo trabajo.

2. ¿Cuánto cuesta la bolsa típica de las montañas?
   La bolsa típica de las montañas cuesta ciento sesenta mil sucres.

3. ¿Por qué necesita Javier un buen suéter?
   Javier necesita un buen suéter porque va a ir de excursión a las montañas.

4. ¿Cuánto cuesta el suéter que compra Javier?
   El suéter que compra Javier cuesta ciento treinta mil sucres.

5. ¿Cuántas cosas compró Inés en el mercado?
   Inés compró tres cosas: una bolsa, una camisa y un sombrero.

6. ¿Qué talla usa Javier?
   Javier usa talla grande.

3 **Conversar** With a classmate, role-play a conversation in which the salesperson greets a customer in an open-air market and offers assistance. The customer is looking for a particular item of clothing. The salesperson and the customer discuss colors, sizes, and negotiate a price. _Answers will vary._

1 SUGGESTION Have students change the six statements in this activity to yes-no questions.

2 SUGGESTION Have students read the six statements and then quickly read through the video stills before doing this activity. Note that this activity may be done orally or in writing, by individual students, pairs, groups, or the whole class.

2 EXPANSION Have the class work in small groups to write statements about the video segment. Ask each group to exchange its statements with another group. Each group then writes out the question that would have elicited each statement. Ex: (G1:) **Graciela acaba de empezar un nuevo trabajo.** (G2:) **¿Quién acaba de empezar un nuevo trabajo?**

3 SUGGESTION Tell your students to devote extra attention and effort to Activity 3, since it is an excellent summary of all they have learned in this lesson so far, and reflects a common real-life experience of those visiting a Spanish-speaking country.

Exploración
De compras en los países hispanos

Las tiendas pequeñas son muy populares en los países hispanos. El nombre de muchas de estas tiendas se refiere al producto que venden. Por ejemplo, una tienda que vende zapatos es una zapatería y una tienda que vende libros es una librería.

Datos interesantes

- El centro comercial Larcomar en Lima, Perú, está situado sobre un espléndido acantilado (*cliff*).
- En los pueblos pequeños las tiendas generalmente cierran durante la hora del almuerzo (*lunch*).
- El Centro Sambil en Caracas, Venezuela, es el centro comercial más grande de Suramérica. Tiene una terraza, con restaurantes y cafés, que ofrece una vista espectacular de la ciudad.

Los mercados al aire libre son muy importantes en el mundo hispano. En ellos se venden muchos productos como ropa, comida (*food*) y libros. En estos mercados tienes que pagar en efectivo (*cash*), pero puedes regatear. El Rastro en Madrid es un mercado muy conocido (*well-known*).

Muchas ciudades grandes, como la Ciudad de México, Caracas y Madrid, tienen centros comerciales que ofrecen tiendas exclusivas, restaurantes y música en vivo (*live music*).

Coméntalo

Con un(a) compañero/a, contesta las siguientes preguntas.

- ¿Conoces alguna tienda que tiene un nombre similar al producto que vende?
- Piensa en los artículos que te gusta comprar. ¿Dónde prefieres comprarlos?
- ¿Hay un mercado al aire libre o un centro comercial en tu comunidad?

recursos

R

vistahigher
learning.com

6.1 Numbers 101 and higher

▶ Note that Spanish uses a period, rather than a comma, to indicate thousands and millions.

Numbers 101 and higher			
101	ciento uno	1.000	mil
200	doscientos/as	1.100	mil cien
300	trescientos/as	2.000	dos mil
400	cuatrocientos/as	5.000	cinco mil
500	quinientos/as	100.000	cien mil
600	seiscientos/as	200.000	doscientos mil
700	setecientos/as	550.000	quinientos cincuenta mil
800	ochocientos/as	1.000.000	un millón (de)
900	novecientos/as	8.000.000	ocho millones (de)

Ésa cuesta ciento sesenta mil sucres.

Aquí está la reservación… dos habitaciones dobles y una individual, de la ciento uno a la ciento tres.

▶ The numbers **200** through **999** agree in gender with the nouns they modify.

324 tiendas
trescient**as** veinticuatro tiendas

873 habitaciones
ochocient**as** setenta y tres habitaciones

500 mujeres
quinient**as** mujeres

605 clientes
seiscient**os** cinco clientes

990 euros
novecient**os** noventa euros

257 estudiantes
doscient**os** cincuenta y siete estudiantes

▶ **Mil** can mean *a thousand* or *one thousand*. The plural form **miles** is rarely used. The plural form of **un millón** (*a million* or *one million*), is **millones**, which has no accent.

1.000 dólares
mil dólares

1.000 aviones
mil aviones

5.000 bicicletas
cinco mil bicicletas

2.000.000 de pesos
dos millones de pesos

1.000.000 de personas
un millón de personas

1.000.000 de aficionados
un millón de aficionados

Práctica

1 Completar Complete these sequences in Spanish.

1. 100, 120, 140, … 200

    cien, ciento veinte, ciento cuarenta, ciento sesenta, ciento ochenta, doscientos

2. 5.000, 10.000, 15.000, … 30.000

    cinco mil, diez mil, quince mil, veinte mil, veinticinco mil, treinta mil

3. 50.000, 100.000, 150.000, … 300.000

    cincuenta mil, cien mil, ciento cincuenta mil, doscientos mil, doscientos cincuenta mil, trescientos mil

4. 100.000.000, 200.000.000, 300.000.000, … 900.000.000

    cien millones, doscientos millones, trescientos millones, cuatrocientos millones, quinientos millones, seiscientos millones, setecientos millones, ochocientos millones, novecientos millones

2 Resolver Read the math problems aloud and solve them.

modelo

$$300 \\ +400 \\ \overline{700}$$

Trescientos más cuatrocientos son setecientos.

(**+ más − menos = es (singular)/son (plural)**)

1. $$150 \\ +150$$

    Ciento cincuenta más ciento cincuenta son trescientos.

2. $$43.000 \\ -10.000$$

    Cuarenta y tres mil menos diez mil son treinta y tres mil.

3. $$20.000 \\ +\ \ \ 555$$

    Veinte mil más quinientos cincuenta y cinco son veinte mil quinientos cincuenta y cinco.

4. $$32.000 \\ -30.000$$

    Treinta y dos mil menos treinta mil son dos mil.

5. $$3.000 \\ +\ \ \ 753$$

    Tres mil más setecientos cincuenta y tres son tres mil setecientos cincuenta y tres.

6. $$200.000 \\ +350.000$$

    Doscientos mil más trescientos cincuenta mil son quinientos cincuenta mil.

7. $$1.000.000 \\ -\ \ \ \ 75.000$$

    Un millón menos setenta y cinco mil son novecientos veinticinco mil.

8. $$800.000 \\ +\ 175.000$$

    Ochocientos mil más ciento setenta y cinco mil son novecientos setenta y cinco mil.

Conversación

3 **¿Cuándo?** With a partner, look at the timeline and say when these events occur.

1914-1918 | 1939-1945 | 1968 | 1969 | 1997

Primera Guerra Mundial | Segunda Guerra Mundial | Martin Luther King Jr. es asesinado. | Los astronautas llegan a la Luna. | El *Pathfinder* llega al planeta Marte.

1. La Primera Guerra Mundial comienza.
   La Primera Guerra Mundial comienza en mil novecientos catorce.
2. El *Pathfinder* llega al planeta Marte.
   El Pathfinder llega al planeta Marte en mil novecientos noventa y siete.
3. Martin Luther King Jr. es asesinado.
   Martin Luther King Jr. es asesinado en mil novecientos sesenta y ocho.
4. La Primera Guerra Mundial termina.
   La Primera Guerra Mundial termina en mil novecientos dieciocho.
5. La Segunda Guerra Mundial termina.
   La Segunda Guerra Mundial termina en mil novecientos cuarenta y cinco.
6. Los astronautas llegan a la Luna (*moon*).
   Los astronautas llegan a la Luna en mil novecientos sesenta y nueve.
7. La Segunda Guerra Mundial comienza.
   La Segunda Guerra Mundial comienza en mil novecientos treinta y nueve.

4 **¿Cuánto cuesta?** Ask your partner how much each item costs.

modelo

40.000 pesos

Estudiante 1: ¿Cuánto cuestan las gafas de sol?
Estudiante 2: Cuarenta mil pesos.

1. 210.000 pesos

E1: ¿Cuánto cuesta el vestido?
E2: Doscientos diez mil pesos.

4. 61.500 pesos

E1: ¿Cuánto cuestan los pantalones cortos?
E2: Sesenta y un mil quinientos pesos.

2. 160.150 pesos

E1: ¿Cuánto cuesta el traje de baño?
E2: Ciento sesenta mil ciento cincuenta pesos.

5. 84.450 pesos

E1: ¿Cuánto cuestan los bluejeans?
E2: Ochenta y cuatro mil cuatrocientos cincuenta pesos.

3. 48.200 pesos

E1: ¿Cuánto cuesta la camiseta?
E2: Cuarenta y ocho mil doscientos pesos.

6. 22.790 pesos

E1: ¿Cuánto cuestan los calcetines?
E2: Veintidós mil setecientos noventa pesos.

Using numbers

▶ In Spanish, years are not expressed as pairs of 2-digit numbers as they are in English (*1979, nineteen seventy-nine*):

1945
mil novecientos cuarenta y cinco

2005
dos mil cinco

1898
mil ochocientos noventa y ocho

1220
mil doscientos veinte

Le cuesta ciento cincuenta mil sucres.

Bueno, para usted... sólo ciento treinta mil sucres.

Pero, señor, no soy rico. ¿Ciento veinte mil sucres?

▶ When **millón** or **millones** is used before a noun, place **de** between the two.

1.000.000 **de** hombres = un **millón de** hombres
12.000.000 **de** aviones = doce **millones de** aviones
15.000.000 **de** personas = quince **millones de** personas

¡ojo! Note this difference between Spanish and English:

mil millones
a billion (1.000.000.000)

un billón
a trillion (1.000.000.000.000)

Hay **mil millones** de personas en China.
There are a billion people in China.

Hay un **billón** de planetas en el universo.
There are a trillion planets in the universe.

¡Manos a la obra!

Give the Spanish equivalent of each number.

1. **102** ciento dos
2. **935** novecientos treinta y cinco
3. **5.000.000** cinco millones
4. **2001** dos mil uno
5. **1776** mil setecientos setenta y seis
6. **345** trescientos cuarenta y cinco
7. **550.300** quinientos cincuenta mil trescientos
8. **235** doscientos treinta y cinco
9. **1999** mil novecientos noventa y nueve
10. **113** ciento trece
11. **205** doscientos cinco
12. **2.105** dos mil ciento cinco
13. **17.123** diecisiete mil ciento veintitrés
14. **497** cuatrocientos noventa y siete

6.2 The preterite tense of regular verbs

▶ The preterite is used to talk about actions or states completed in the past.

Preterite of regular –ar, –er, and –ir verbs

	comprar	vender	escribir
yo	compré *I bought*	vendí *I sold*	escribí *I wrote*
tú	compraste	vendiste	escribiste
Ud./él/ella	compró	vendió	escribió
nosotros/as	compramos	vendimos	escribimos
vosotros/as	comprasteis	vendisteis	escribisteis
Uds./ellos/ellas	compraron	vendieron	escribieron

▶ The preterite endings for regular **–er** and **–ir** verbs are identical. Also, note that all **yo** and **Ud./él/ella** forms have accents on the last syllable.

¿Qué compraste?

Compré esta bolsa.

▶ Note that the **nosotros/as** forms of regular **–ar** and **–ir** verbs in the preterite are identical to the present tense forms. The context will help you tell the difference.

En invierno **compramos** suéteres.
In the winter we buy sweaters.

Anoche **compramos** unas sandalias.
Last night we bought some sandals.

Escribimos poemas en clase.
We write poems in class.

Ya **escribimos** dos veces al presidente.
We already wrote to the president twice.

▶ **–Ar** and **–er** verbs that have a stem change in the present tense do *not* have a stem change in the preterite.

INFINITIVE	PRESENT	PRETERITE
cerrar (e:ie)	Ana cierra la puerta.	Ana cerró la puerta.
volver (o:ue)	Memo vuelve a las dos.	Memo volvió a las dos.
jugar (u:ue)	Él juega al fútbol.	Él jugó al fútbol.
pensar (e:ie)	Pienso mucho.	Pensé mucho.

Práctica

1 Preguntas A pesky friend keeps asking you questions. Respond that you already did or have just done what he/she asks.

modelo
leer la lección
Estudiante 1: ¿Leíste la lección?
Estudiante 2: Sí, ya la leí./Sí, acabo de leerla.

1. lavar (*to wash*) la ropa
   E1: ¿Lavaste la ropa? E2: Sí, ya la lavé./Sí, acabo de lavarla.
2. encontrar tu tarjeta de crédito
   E1: ¿Encontraste tu tarjeta de crédito? E2: Sí, ya la encontré./Sí, acabo de encontrarla.
3. comprar los suéteres
   E1: ¿Compraste los suéteres? E2: Sí, ya los compré./Sí, acabo de comprarlos.
4. practicar los verbos
   E1: ¿Practicaste los verbos? E2: Sí, ya los practiqué./Sí, acabo de practicarlos.
5. empezar la composición
   E1: ¿Empezaste la composición? E2: Sí, ya la empecé./Sí, acabo de empezarla.
6. ver la película *La momia* (*The Mummy*)
   E1: ¿Viste la película La momia? E2: Sí, ya la vi./Sí, acabo de verla.

2 ¿Qué hicieron? Combine words from each list to talk about things you and others did. *Answers will vary.*

modelo

Yo leí un buen libro la semana pasada.

¿Quién?	¿Qué?	¿Cuándo?
yo	ver la televisión	anoche
mi compañero/a de cuarto	hablar con un(a) chico/a guapo/a	anteayer
mis amigos y yo	estudiar español	ayer
mis padres	comprar ropa nueva	la semana pasada
mi abuelo/a	leer un buen libro	el año pasado
el/la profesor(a) de español	bailar en el centro comercial	una vez
el presidente de los Estados Unidos	viajar a la Luna (*moon*)	dos veces
mi perro (*dog*)	llegar tarde a clase	
	viajar a Europa	
	escribir una carta	
	llevar ropa muy fea	
	comer siete hamburguesas	

Conversación

3 **Encuesta** Find out if your partner did the activities listed. Report the results to the class. *Answers will vary.*

modelo

llevar un impermeable ayer
Estudiante 1: ¿Llevaste un impermeable ayer?
Estudiante 2: No, no llevé un impermeable ayer.

Actividades	Respuestas
1. Ver cuatro películas de aventura el año pasado	_____
2. Escribir una telenovela (*soap opera*) el año pasado	_____
3. Viajar a Latinoamérica el verano pasado	_____
4. Salir con una persona famosa la semana pasada	_____
5. Comprar ropa interior ayer	_____
6. Recibir un regalo (*gift*) de un(a) "admirador(a) secreto/a" ayer	_____

4 **Nuestras vacaciones** You took these photos on a vacation with friends. Use the pictures to tell your partner about the trip. *Answers will vary.*

5 **¿Qué hiciste ayer?** Get together with a partner and take turns asking each other what you did yesterday, the day before yesterday, and last week. *Answers will vary.*

Verbs with spelling changes

▶ Verbs that end in **–car**, **–gar**, and **–zar** have a spelling change in the **yo** form of the preterite. All the other forms are regular.

buscar → busqué   llegar → llegué   empezar → empecé

▶ **Creer**, **leer**, and **oír** have spelling changes in the preterite.

creer	creí, creíste, creyó, creímos, creísteis, creyeron
leer	leí, leíste, leyó, leímos, leísteis, leyeron
oír	oí, oíste, oyó, oímos, oísteis, oyeron

▶ **Ver** is regular in the preterite, but none of its forms has an accent.

ver → vi, viste, vio, vimos, visteis, vieron

Words commonly used with the preterite

anoche	*last night*	desde... hasta...	*from... until...*
anteayer	*the day before yesterday*	pasado/a	*(adj.) last; past*
		la semana pasada	*last week*
el año pasado	*last year*	una vez	*once; one time*
ayer	*yesterday*	dos veces	*twice; two times*
de repente	*suddenly*	ya	*already*

Compré una camisa **ayer**.
I bought a shirt yesterday.

Miré la televisión **anoche**.
I watched TV last night.

Useful phrases

¿Qué hiciste?	*What did you (fam.) do?*
¿Qué hizo usted?	*What did you (form., sing.) do?*
¿Qué hicieron ustedes?	*What did you (form., pl.) do?*
¿Qué hizo él/ella?	*What did he/she do?*
¿Qué hicieron ellos/ellas?	*What did they do?*

¡ojo! **Acabar de** + [*infinitive*] is used to say that something has just occurred. Note that **acabar** is in the present tense in this construction:

Acabo de comprar un suéter.
I just bought a sweater.

Acabas de ir de compras.
You just went shopping.

¡Manos a la obra!

Give the preterite form of each verb.

1. Elena ___celebró___ [celebrar].
2. Ellos ___oyeron___ [oír].
3. Emilio y yo ___compramos___ [comprar].
4. Los niños ___comieron___ [comer].
5. Ud. ___salió___ [salir].
6. Yo ___llegué___ [llegar].
7. Yo ___empecé___ [empezar].
8. Tú ___vendiste___ [vender].
9. Uds. ___escribieron___ [escribir].
10. Juan ___vio___ [ver].

6.3 Indirect object pronouns

NATIONAL comparisons STANDARDS

SUBJECT	INDIRECT OBJECT	VERB	DIRECT OBJECT	INDIRECT OBJECT
Roberto	le	prestó	cien pesos	a Luisa.
Roberto		*loaned*	*100 pesos*	*to Luisa.*

▶ An indirect object is the noun or pronoun that answers the question *to whom* or *for whom* an action is done. In the example above, the indirect object answers this question: **¿A quién le prestó Roberto cien pesos?** *To whom did Roberto loan 100 pesos?*

Indirect object pronouns

Singular forms		Plural forms	
me	*(to, for) me*	nos	*(to, for) us*
te	*(to, for) you (fam.)*	os	*(to, for) you (fam.)*
le	*(to, for) you (form.)*	les	*(to, for) you (form.);*
	(to, for) him; (to, for) her		*(to, for) them*

¿Le puedo servir en algo?

Sí, necesito comprarme un buen suéter.

▶ The indirect object pronoun and the indirect object noun (to which the pronoun refers) are often used in the same sentence. This is done to emphasize or clarify *to whom* the pronoun refers. The indirect object pronoun is often used without its indirect object noun when the person for whom the action is being done is known.

Iván **le** prestó un lápiz **a Rico**.
Iván loaned a pencil to Rico.

También **le** prestó papel.
He also loaned him paper.

Sabrina **le** compró un café **a Sarah**.
Sabrina bought Sarah a coffee.

También **le** compró un sándwich.
She also bought her a sandwich.

¡**ojo!** Since **le** and **les** have multiple meanings, **a** + [*noun*] or **a** + [*pronoun*] are often used to clarify to whom the pronouns refer.

Unclear	Clearer
Ella **les** vendió ropa.	Ella **les** vendió ropa **a ellos**.
Yo **le** presté una camisa.	Yo **le** presté una camisa **a Luis**.

Práctica

1 **Completar** Complete Emilio's description of his family's holiday shopping.

1. Yo ___le___ compré una cartera a mi padre.
2. Mi tía ___me___ compró una corbata muy fea.
3. Mis primos ___les___ compraron a mis padres dos pares de guantes.
4. A mi mamá yo ___le___ compré un suéter azul.
5. A nosotros mis abuelos ___nos___ compraron muchos regalos.
6. Y yo ___le___ compré una camiseta bonita a mi novia.

2 **Minidiálogos** Supply the missing words.

ESPOSO ¿Vas a comprarme una cartera? ¿Un cinturón?

ESPOSA No, *voy a comprarte/te voy a comprar* ropa interior.

. . .

PACO ¿Vas a comprarle un regalo a tu novio?

GISELA ¡No *voy a comprarle/le voy a comprar* nada!

. . .

NIÑOS Mamá, ¿vas a leernos un cuento (*story*)?

MAMÁ Sí, ___*voy a leerles/les voy a leer*___ "Blancanieves" (*Snow White*).

. . .

PROFESORA Andrés, ¿ ___*me dices*___ la verdad?

ANDRÉS Claro que (*of course*) le digo la verdad, profesora.

. . .

ALFREDO Ramón, ___*me puedes prestar/puedes prestarme*___ tu bicicleta hoy?

RAMÓN No, no te puedo prestar mi bicicleta. Lo siento, pero es que tienes muchos accidentes.

. . .

ELISA ¿ ___*Estás escribiéndole/le estás escribiendo*___ una tarjeta postal a Maripili?

NACHO No, estoy escribiéndoles una tarjeta postal a Laura y Enrique. ¿Por qué?

Conversación

3 **Describir** With a partner, describe what's happening in these photos based on the cues provided. Use indirect object pronouns.

1. escribir / mensaje electrónico
Álex le escribe un mensaje electrónico a un amigo.

3. mostrar / fotos
Javier les muestra las fotos.

2. pedir / llaves
Don Francisco le pide las llaves.

4. vender / suéter
El vendedor le vende el suéter.

4 **Entrevista** Use these questions to interview a classmate. *Answers will vary.*

1. ¿Te gusta ir de compras?
2. ¿Qué tiendas, almacenes o centros comerciales prefieres?
3. ¿Le compras mucha ropa a tu novio/a?
4. ¿Les compras regalos a tus amigos cuando hay rebajas?
5. ¿Te prestan tus padres la tarjeta de crédito?
6. ¿Me compraste un regalo el año pasado?
7. Quiero ir de compras. ¿Cuánto dinero me puedes prestar?
8. ¿Siempre (*always*) le dices la verdad al profesor?

5 **¡Somos ricos!** You and your classmates are very rich and want to spend money on your loved ones. In groups of three, discuss what each person is buying for family and friends. *Answers will vary.*

modelo

Estudiante 1: Quiero comprarle un vestido nuevo a mi mamá y una camiseta a mi novio.

Estudiante 2: Y yo voy a darles un carro nuevo a mis padres. A mis compañeras de cuarto les voy a comprar blusas y faldas nuevas.

Estudiante 3: Voy a comprarles una casa a mis padres. Pero a mis amigos no les voy a dar nada.

Estudiante 1: ¡Qué malo eres!

Using indirect object pronouns

▶ Indirect object pronouns usually precede the conjugated verb. In negative phrases, place the pronoun between **no** and the conjugated verb.

Le compré un abrigo.
I bought him a coat.

No le compré nada.
I didn't buy him anything.

▶ When an infinitive or present participle follows the conjugated verb, the indirect object pronoun may be placed before the conjugated verb, or attached to the infinitive or present participle. When a pronoun is attached to a present participle, an accent mark is added.

Estoy mostrándo**les** las fotos.
Les estoy mostrando las fotos.
I'm showing them the photos.

¿Vas a comprar**le** un regalo?
¿**Le** vas a comprar un regalo?
Are you going to buy a gift for her?

▶ The irregular verbs **dar** (*to give*) and **decir** (*to say; to tell*) often occur with object pronouns.

Dar and decir

	dar	decir
yo	doy	digo
tú	das	dices
Ud./él/ella	da	dice
nosotros/as	damos	decimos
vosotros/as	dais	decís
Uds./ellos/ellas	dan	dicen
Present Participle	dando	diciendo

Mi abuela **me da** muchos regalos.
My grandmother gives me lots of gifts.

Te digo la verdad.
I'm telling you the truth.

Voy a **darle** un beso.
I'm going to give her a kiss.

No **digo** mentiras.
I don't tell lies.

¡Manos a la obra!

Rewrite the following sentences, attaching the indirect object pronoun to the end of the infinitive or present participle. Add accent marks when necessary.

1. Susana te está escribiendo una carta. *Susana está escribiéndote una carta.*
2. Le tienes que pedir un lápiz al profesor. *Tienes que pedirle un lápiz al profesor.*
3. Mi novia me va a comprar una camisa. *Mi novia va a comprarme una camisa.*
4. Mi novio me está preparando unos tacos. *Mi novio está preparándome unos tacos.*
5. La mamá le va a leer un libro al niño. *La mamá va a leerle un libro al niño.*

6.4 Demonstrative adjectives and pronouns

Demonstrative adjectives

▶ Demonstrative adjectives demonstrate or point out nouns. Demonstrative adjectives precede the nouns they modify and agree with them in gender and number.

este vestido
this dress

esos zapatos
those shoes

aquella tienda
that store (over there)

Demonstrative adjectives

Singular forms		Plural forms		
MASCULINE	FEMININE	MASCULINE	FEMININE	
este	esta	estos	estas	*this; these*
ese	esa	esos	esas	*that; those*
aquel	aquella	aquellos	aquellas	*that; those (over there)*

▶ The demonstrative adjectives **este**, **esta**, **estos**, and **estas** are used to point out nouns that are close to both the speaker and the listener.

Me gusta este vestido.

▶ The demonstrative adjectives **ese**, **esa**, **esos**, and **esas** are used to point out nouns that are not close to the speaker. The objects may, however, be close to the listener.

¡Pero esos zapatos son horrendos!

▶ The demonstrative adjectives **aquel**, **aquella**, **aquellos**, and **aquellas** are used to point out nouns that are far away from both the speaker and the listener.

Aquella tienda es mi favorita.

Práctica

1 **En un almacén** Gabriel and María are at a department store. Complete their conversation.

MARÍA No me gustan _____esos_____ (*those*) pantalones. Voy a comprar _____éstos_____ (*these*).

GABRIEL Yo prefiero _____aquellos_____ (*those over there*).

MARÍA Sí, me gustan a mí también. ¿Qué piensas de _____estos_____ (*these*) cinturones?

GABRIEL _____Éstos_____ (*these*) cuestan demasiado (*too much*).

MARÍA También busco un vestido elegante. ¿Te gusta _____éste_____ (*this one*)?

GABRIEL No, es muy feo. ¿Necesitas una falda nueva? _____Ésta_____ (*this one*) es bonita.

MARÍA No, no necesito una falda. Vamos, Gabriel. Me gusta _____este_____ (*this*) almacén, pero _____aquél_____ (*that one over there*) es mejor (*better*).

2 **¿De qué color es?** Use demonstrative adjectives and pronouns to discuss the colors of your classmates' clothing. *Answers will vary.*

rojo/a	amarillo/a	azul	verde
anaranjado/a	blanco/a	café	negro/a

modelo

Estudiante 1: ¿Esos zapatos son azules?
Estudiante 2: No, ésos son verdes. Aquéllos son azules.
Estudiante 1: Y esa camiseta, ¿es roja?
Estudiante 2: No, ésa es blanca. Aquélla es roja.

Conversación

3 Nuestros compañeros Get together with a partner and take turns asking each other questions about the people around you. *Answers will vary.*

¿Cómo se llama… ?	¿Cómo es/son… ?
¿Qué clases toma(n)… ?	¿De dónde es/son… ?
¿Cuándo… ?	¿De quién es/son… ?
¿A qué hora… ?	¿Cuántos años tiene(n)… ?

modelo

Estudiante 1: ¿De dónde es ese chico?
Estudiante 2: Es de Nueva York. ¿De dónde es esa chica?
Estudiante 1: Creo que es de Los Ángeles. ¿Qué clases toma aquella chica?
Estudiante 2: Ella toma inglés, español y arte.

4 En una tienda You and a classmate are in a small clothing store. Look at the illustration, then have a conversation about what you see around you. *Answers will vary.*

modelo

Estudiante 1: ¿Te gusta esa chaqueta que está debajo de las camisas?
Estudiante 2: No, prefiero aquélla que está al lado de los pantalones. ¿Dónde están los zapatos?
Estudiante 1: Están en el centro de la tienda.

Demonstrative pronouns

▸ Demonstrative pronouns are identical to demonstrative adjectives, except that they carry an accent mark on the stressed vowel. They agree in number and gender with the corresponding noun.

No me gusta **este** suéter.
Prefiero **ése**.
I don't like this sweater.
I prefer that one.

Ella quiere comprar **esa** bolsa,
no **aquélla**.
She wants to buy that purse,
not that one over there.

No voy a comprar **estos** zapatos.
Quiero **aquéllos**.
I'm not going to buy these shoes.
I want those ones over there.

¿Qué precio tienen **esos** pantalones?
Ésos cuestan quince dólares.
How much do those pants cost?
Those cost fifteen dollars.

Demonstrative pronouns

Singular forms		Plural forms		
MASCULINE	**FEMININE**	**MASCULINE**	**FEMININE**	
éste	ésta	éstos	éstas	*this one; these*
ése	ésa	ésos	ésas	*that one; those*
aquél	aquélla	aquéllos	aquéllas	*that one; those (over there)*

▸ There are three neuter forms: **esto**, **eso**, and **aquello**. These forms refer to unidentified or unspecified nouns, situations, and ideas. They do not change in gender or number and never carry an accent mark.

¿Qué es **esto**?
What's this?

Eso es interesante.
That's interesting.

Aquello es bonito.
That's pretty.

¡Manos a la obra!

Provide the correct form of the demonstrative adjective and demonstrative pronoun for these nouns.

1. la falda / este
   esta falda; ésta
2. los estudiantes / este
   estos estudiantes; éstos
3. los países / aquel
   aquellos países; aquéllos
4. la ventana / ese
   esa ventana; ésa
5. los periodistas / ese
   esos periodistas; ésos
6. las empleadas / ese
   esas empleadas; ésas
7. el chico / aquel
   aquel chico; aquél

8. las sandalias / este
   estas sandalias; éstas
9. el autobús / ese
   ese autobús; ése
10. las chicas / aquel
    aquellas chicas; aquéllas
11. el abrigo / aquel
    aquel abrigo; aquél
12. los pantalones / este
    estos pantalones; éstos
13. las medias / ese
    esas medias; ésas
14. la bolsa / aquel
    aquella bolsa; aquélla

Ampliación

1 Escuchar

A Listen to Marisol and Alicia's conversation. Make a list of the clothing items that each mentions, then note if she actually purchased it.

⭐ **TIP Listen for linguistic cues.** Listening for the verb endings of conjugated verbs will help you identify when an event occurs—in the past, present, or future. Verb endings also give clues as to who is participating in the action.

Marisol		Alicia	
1. _pantalones_	✓	1. _falda_	
2. _blusa_	✓	2. _blusa_	
3. _____		3. _zapatos_	
4. _____		4. _cinturón_	

B ¿Crees que la moda (*fashion*) es importante para Alicia? ¿Y para Marisol? ¿Por qué? En tu opinión, ¿es importante estar a la moda (*to be in fashion*)?   *Answers will vary.*

2 Conversar

With a classmate, take turns playing the roles of a shopper and a clerk in a clothing store. Use the following guidelines.   *Answers will vary.*

- The shopper talks about the clothing he/she is looking for as a gift, mentions for whom the clothes are intended, and says what he/she bought for the same person last year.
- The clerk recommends items, based on the shopper's descriptions.
- The shopper asks how much items cost, and the clerk answers.

recursos

R	Textbook CD Lección 6	WB pp. 55-62	LM pp. 33-36	Lab CD Lección 6	ICD-ROM Lección 6	vistahigher learning.com

INSTRUCTIONAL RESOURCE Text CD, IRM

---

1 SCRIPT

Marisol: Oye, Alicia, ¿qué estás haciendo?

Alicia: Estudiando no más. ¿Qué hay de nuevo?

Marisol: Acabo de comprarme esos pantalones que andaba buscando.

Alicia: ¿Los encontraste en el centro comercial? ¿Y cuánto te costaron?

Marisol: Míralos. ¿Te gustan? En el almacén Melo tienen tremenda rebaja. Como estaban baratos me compré una blusa también. Es de cuadros pero creo que hace juego con los pantalones por el color rojo. ¿Qué piensas?

Alicia: Es de los mismos colores que la falda y la blusa que llevaste cuando fuimos al cine anoche. La verdad es que te quedan muy bien esos colores. ¿No encontraste unos zapatos y un cinturón para completar el juego?

Marisol: No lo digas ni de chiste. Mi tarjeta de crédito está que no aguanta más. Y trabajé poco la semana pasada. ¡Acabo de gastar todo el dinero para la semana!

Alicia: ¡Ay, chica! Fui al centro comercial el mes pasado y encontré unos zapatos muy, pero muy de moda. Muy caros… pero buenos. No me los compré porque no los tenían en mi número. Voy a comprarlos cuando lleguen más…. el vendedor me va a llamar.

Marisol: Ajá… ¿Y va a invitarte a salir con él?

Alicia: ¡Ay! ¡No seas así! Ven, vamos al café. Te ves muy bien y no hay que gastar eso aquí.

Marisol: De acuerdo. Vamos.

2 SUGGESTION Review the vocabulary of clothing, colors, and adjectives, and the **Expresiones útiles**.

Ampliación

3 Escribir

Write a report for the school newspaper about an interview you conducted with a student concerning his or her shopping habits and clothing preferences.
Answers will vary.

TIP Reporting an interview. You may transcribe the interview verbatim, simply summarize it, or summarize it with occasional speaker quotes. Your report will be more interesting if you include a title and introduction, and end with a conclusion.

Organízalo	Use an idea map to organize the interview questions and develop an outline for your report. Then brainstorm a title for your report.
Escríbelo	Using your outline as a guide, write the first draft of your report.
Corrígelo	Exchange papers with a classmate and comment on the report's title, introduction, conclusion, organization, level of interest, and correctness. Then revise your first draft, with your classmate's comments in mind.
Compártelo	Exchange reports in groups of four. Give a superlative title to each report on the basis of its strongest points, for example, "best use of Spanish" or "most interesting questions."

4 Un paso más

Develop a business plan to open a store in a Spanish–speaking country.
Answers will vary.

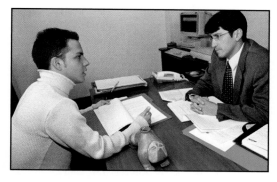

- Decide which products you are going to sell and select an appealing name for your store.
- Choose a location for your store.
- Include a visual presentation of your products.
- Itemize your products' prices and your expected profits.
- Explain why you think your store will be successful.

 En Internet

Investiga estos temas en el sitio vistahigherlearning.com.
- Tiendas y almacenes famosos
- La moneda de los países hispanos

3 EVALUATION

Criteria	Scale
Content	1 2 3 4
Organization	1 2 3 4
Accuracy	1 2 3 4
Oral Presentation	1 2 3 4
Creativity	1 2 3 4

Scoring
Excellent	18-20 points
Good	14-17 points
Satisfactory	10-13 points
Unsatisfactory	< 10 points

4 SUGGESTION Students may acquire templates of business plans from the Small Business Administration (www.sba.gov) or SCORE (Service Corps of Retired Executives, www.score.org).

4 EXPANSION Have students work in pairs to create a mini drama of a meeting with the banker whose financial backing is critical. Remind students that the meeting should reflect a formal, business-like atmosphere. Would the class as a whole back the business plan? Why or why not?

4 EVALUATION

Criteria	Scale
Content	1 2 3 4 5
Organization	1 2 3 4 5
Accuracy	1 2 3 4 5
Creativity	1 2 3 4 5

Scoring
Excellent	18-20 points
Good	14-17 points
Satisfactory	10-13 points
Unsatisfactory	< 10 points

Antes de leer

Skimming involves quickly reading through a document to absorb its general meaning. This strategy allows you to understand the main ideas without having to read word for word. Skim the reading selection to get its general meaning.

Examinar el texto

Look at the format of the reading selection. How is it organized? What does the organization of the document tell you about its content?

Buscar cognados

Scan the reading selection to locate cognates and write a few of them down. Based on the cognates, what is the reading selection about?

1. _____
2. _____
3. _____
4. _____
5. _____
6. The reading selection is about _____ .

Impresiones generales

Now skim the reading selection to understand its general meaning. Jot down your impressions. What new information did you learn about the document by skimming it? Based on all the information you now have, answer these questions.

1. Who produced this document?
2. What is its purpose?
3. Who is its intended audience?

GAME Write items of clothing on slips of paper. Divide the class into two teams. Have a member of one team draw a slip. That team member pantomimes putting on the clothing while the other team guesses what the item is. The team with the most correct answers wins.

INSTRUCTIONAL RESOURCE Website

El Palacio de la

¡Donde la rebaja es la reina! ¡Aproveche nuestras ofertas!

Abierto de lunes a viernes de 10 a 21 horas • sábado de 12 a 20 horas

Suéter de algodón para mujeres/todas las tallas
Rebajados de 3.450,00 PESOS A SÓLO 2.760,00 PESOS

Pantalones formales para caballeros/colores gris, negro y azul con el 30% de rebaja, de 5.200,00 PESOS A SÓLO 3.640,00 PESOS

Hermosas **blusas** de seda para damas/tallas mediana y grande
Rebajadas de 2.030,00 PESOS al increíble precio de 1.450,00 PESOS

Elegantes **chaquetas** para caballeros/colores café, negro, azul y verde con rebaja del 25%, de 5.370,00 PESOS A SÓLO 4.027,50 PESOS

GANGA

Aceptamos todas las tarjetas de crédito.

Faldas largas para mujeres/colores café, morado, azul y gris
rebajadas de 2.468,00 PESOS
A SÓLO 1.974,00 PESOS

Baratos trajes de baño
para hombres en amarillo, blanco, azul, verde y morado
Con rebaja del 40%, de 1.384,00 PESOS A SÓLO 830,40 PESOS

Nuevo **modelo de botas**
Para mujeres
Números 35 a 38
Rebajados de 3.370,00 PESOS
A SÓLO 2.596,00 PESOS

Zapatos de tenis
Para hombres
Números 40 a 45
rebajados de 2.976,00 PESOS A SÓLO 2.315,00 PESOS

Después de leer

¿Comprendiste?

Indicate whether each statement is **cierto** or **falso.** Correct the false statements.

Cierto	Falso	
✓		1. Con 4.000 pesos un cliente puede comprar un pantalón formal para hombre.
✓		2. Normalmente las blusas de seda cuestan más de 2.000 pesos.
	✓	3. El Palacio de la Ganga abre a las diez de la mañana los domingos. *No abre los domingos.*
✓		4. Una elegante chaqueta azul cuesta 4.027,50 pesos.
	✓	5. Los trajes de baño para hombre tienen una rebaja del veinticinco por ciento. *Tienen una rebaja del cuarenta por ciento.*
	✓	6. Hay rebaja de suéteres de algodón para hombres. *Hay rebaja de suéteres para mujeres.*
✓		7. El Palacio de la Ganga acepta tarjetas de crédito.
✓		8. El Palacio de la Ganga está abierto (*open*) los sábados.

Preguntas

1. ¿Cuánto cuestan los zapatos de tenis?
   Los zapatos de tenis cuestan 2.315 pesos.

2. ¿Hay rebaja de blusas de algodón?
   No, hay rebaja de blusas de seda.

3. ¿Hay rebaja de ropa para niños en el Palacio de la Ganga? *No, no hay rebaja de ropa para niños.*

4. ¿Hay rebaja de minifaldas? *No, hay rebaja de faldas largas.*

SUGGESTION Ask volunteers to point out cognates they notice: **suéter, pantalones, blusas, chaquetas, precio, elegantes, tenis, colores.**

Coméntalo

Imagina que vas a ir al Palacio de la Ganga. ¿Qué ropa vas a comprar? ¿Hay tiendas similares al Palacio de la Ganga en tu comunidad? ¿Cómo se llaman? ¿Tienen muchas rebajas?
Answers will vary.

el palacio	palace
la reina	queen
aproveche	take advantage of
abierto	open
caballeros	gentlemen
damas	ladies

recursos

R

vistahigher
learning.com

La ropa

el abrigo	coat
los bluejeans	jeans
la blusa	blouse
la bolsa	purse; bag
las botas	boots
los calcetines	socks
la camisa	shirt
la camiseta	t-shirt
la cartera	wallet
la chaqueta	jacket
el cinturón	belt
la corbata	tie
la falda	skirt
las gafas (de sol)	(sun)glasses
los guantes	gloves
el impermeable	raincoat
las medias	pantyhose, stockings
los pantalones	pants
cortos	shorts
el par	pair
la ropa	clothing, clothes
interior	underwear
las sandalias	sandals
el sombrero	hat
el suéter	sweater
el traje	suit
de baño	bathing suit
el vestido	dress
los zapatos	shoes
de tenis	sneakers

Adjetivos

barato/a	cheap
bueno/a	good
cada	each
caro/a	expensive
corto/a	short
elegante	elegant
hermoso/a	beautiful
largo/a	long
loco/a	crazy
nuevo/a	new
otro/a	other; another
pobre	poor
rico/a	rich

Ir de compras

el almacén	department store
la caja	cash register
el centro comercial	shopping mall
el/la cliente/a	customer
el/la dependiente/a	clerk
el dinero	money
el mercado (al aire libre)	(open-air) market
el precio (fijo)	(fixed; set) price
la rebaja	sale
el regalo	gift
la tarjeta de crédito	credit card
la tienda	shop, store
el/la vendedor(a)	salesperson
costar (o:ue)	to cost
gastar	to spend (money)
hacer juego (con)	to match
ir de compras	to go shopping
llevar	to wear
regatear	to bargain
usar	to wear; to use
vender	to sell

Palabras y expresiones

anoche	last night
anteayer	the day before yesterday
ayer	yesterday
de repente	suddenly
desde	from; since
hasta	until
pasado/a	last; past
el año pasado	last year
la semana pasada	last week
una vez	once; one time
dos veces	twice; two times
ya	already
el beso	kiss
la mentira	lie
la verdad	truth
¿Qué hiciste?	What did you (fam.) do?
¿Qué hizo usted?	What did you (form., sing.) do?
¿Qué hizo él/ella?	What did he/she do?
¿Qué hicieron ustedes?	What did you (form., pl.) do?
¿Qué hicieron ellos/ellas?	What did they do?
acabar de (+ inf.)	to have just done something
dar	to give
decir (que)	to say (that); to tell
prestar	to lend; to loan

Colors	See page 131.
Expresiones útiles	See page 137.
Numbers 101 and higher	See page 140.
Indirect object pronouns	See page 144.
Demonstrative adjectives and pronouns	See pages 146-147.

recursos

| R | Lab CD Lección 6 | LM p. 36 |

AVENTURAS EN LOS PAÍSES HISPANOS

Una mujer baila flamenco en Sevilla. El flamenco, el baile y su música, expresa las pasiones de la gente de España. Tiene raíces *(roots)* judías *(Jewish)*, árabes y africanas. Hoy es popular en todo el mundo. ¿Te gusta la música flamenca?

ESPAÑA

Estadísticas

Área: 504.750 km^2 (kilómetros cuadrados) o 194.884 millas^2, incluyendo las islas Baleares y las islas Canarias

Población: 41.166.000

Capital: Madrid - 5.309.000

Ciudades importantes: Barcelona-4.760.000, Valencia-2.210.000, Sevilla-1.720.000, Zaragoza-827.999

Moneda: – euro

SOURCE: Population Division, UN Secretariat

Madrid: La Plaza Mayor

La Plaza Mayor de Madrid es uno de los lugares turísticos más *(most)* importantes de Madrid. Fue construida *(was built)* en 1617 y está totalmente rodeada *(surrounded)* por edificios *(buildings)* de tres pisos con balcones y pórticos antiguos. En la Plaza Mayor hay muchas cafeterías, donde la gente pasa el tiempo bebiendo café y hablando con amigos.

Celebraciones

La Tomatina

En Buñol, un pequeño pueblo de Valencia, la producción de tomates es un recurso *(resource)* muy importante. Cada año en agosto se celebra el festival de La Tomatina. Durante *(during)* todo un día, miles de personas se arrojan *(throw)* tomates unas a otras. Llegan turistas de todo el mundo y se usan varias toneladas *(tons)* de tomates.

Mar Cantábrico

La Coruña

Salamanca

Madrid

PORTUGAL

ESPAÑA

Sevilla

Estrecho de Gibraltar

Ceuta

MARRUECOS

FRANCIA

ANDORRA

Pirineos

San Sebastián

Zaragoza

Barcelona

Islas Baleares

Menorca

Mallorca

Valencia

Ibiza

Mar Mediterráneo

Sierra Nevada

Melilla

La Unión Europea

Desde 1992 España participa en la Unión Europea, un grupo de países europeos que trabajan para desarrollar *(to develop)* una política económica y social común en Europa. La moneda de España era *(was)* la peseta, pero desde enero de 2002 tiene la misma moneda de los países de la Unión Europea: el euro.

Artes

Velázquez y el Prado

El Prado, en Madrid, es uno de los museos más famosos del mundo. En el Prado hay miles de pinturas *(paintings)* importantes, incluyendo obras *(works)* de Botticelli, el Greco, y de los españoles Goya y Velázquez. Diego Velázquez pintó *(painted)* *Las Meninas* en 1656 y es su obra más famosa. Actualmente, *Las Meninas* está en el Museo del Prado.

¿Qué aprendiste?

1 **¿Cierto o falso?** Say whether the following statements are true or false, based on what you've learned about Spain.

	Cierto	Falso
1. La moneda de España es la peseta.		✓
2. El flamenco es un instrumento musical.		✓
3. El flamenco es hoy popular en todo el mundo.	✓	
4. En la Plaza Mayor no hay cafeterías.		✓
5. La Plaza mayor fue construida en 1617.	✓	
6. En Buñol, los tomates son un recurso importante.	✓	
7. Durante La Tomatina, se arrojan pelotas.		✓
8. España participa en la Unión Europea desde 1992.	✓	
9. En el Museo del Prado hay miles de pinturas importantes.	✓	
10. *Las Meninas* es la obra más famosa de Botticelli.		✓

2 **Preguntas** Answer the following questions, based on what you have learned about Spain.

1. ¿Qué expresa el flamenco?
El flamenco expresa las pasiones de la gente de España.

2. ¿Qué hace la gente en las cafeterías de la Plaza Mayor?
En las cafeterías de la Plaza Mayor la gente pasa el tiempo bebiendo café y hablando con amigos.

3. ¿Crees que el festival de La Tomatina es triste? ¿Crees que es divertido *(fun)*? ¿Por qué?
Creo que el festival de La Tomatina es divertido, porque las personas se arrojan tomates unas a otras.

4. ¿Desde cuándo el euro es la moneda de España?
El euro es la moneda de España desde 2002.

5. ¿Por qué crees que el Prado es uno de los museos más importantes del mundo?
El Prado es uno de los museos más famosos del mundo porque allí hay miles de pinturas importantes.

 En Internet

Busca más información sobre estos temas en el sitio vistahigherlearning.com. Presenta la información a tus compañeros/as de clase.

- La Plaza Mayor
- La Tomatina
- La Unión Europea
- Velázquez y el Prado

PREVIEW Have students look at the photo. Say: **La joven se mira. Se maquilla.** Then ask: **¿Qué ropa lleva la joven? ¿Adónde va ella? ¿Creen que se maquilla todos los días?**

RECURSOS

These student supplements provide additional practice:

- Textbook Audio CD
- Workbook/Video Manual (WB/VM)
- Lab Manual (LM)
- WB/VM/LM Answer Key
- Lab Audio CDs
- Video CD-ROM
- Interactive CD-ROM

Communicative Goals

You will learn how to:

- tell where you went
- talk about daily routines and personal hygiene
- reassure someone

PREPARACIÓN

pages 158-163

- Words related to personal hygiene and daily routines
- Sequencing expressions
- Pronouncing **r** and **rr**

AVENTURAS

pages 164-167

- Javier shows Álex the sweater he bought at the market. They discuss getting up early the next day. Álex agrees to wake Javier after his morning run. Don Francisco reminds them that the bus will leave at 8:30 a.m. tomorrow.

GRAMÁTICA

pages 168-177

- Reflexive verbs
- Indefinite and negative words
- Preterite of **ser** and **ir**
- **Gustar** and verbs like **gustar**

LECTURA

pages 178-179

- Magazine article: *¡Una mañana desastrosa!*

LA VIDA DIARIA

LA HIGIENE PERSONAL

cepillarse el pelo *to brush one's hair*
ducharse *to shower*
lavarse la cara *to wash one's face*
las manos *to wash one's hands*
maquillarse *to put on makeup*
peinarse *to comb one's hair*

el baño *bathroom*
el champú *shampoo*
la crema de afeitar *shaving cream*
el maquillaje *makeup*
la rutina diaria *daily routine*
la toalla *towel*

el espejo
mirror

el despertador
alarm clock

cepillarse los dientes
to brush one's teeth

el jabón
soap

afeitarse
to shave

bañarse
to bathe; to take a bath

recursos

R	Textbook CD Lección 7	WB pp. 65-66	LM p. 37	Lab CD Lección 7	ICD-ROM Lección 7

INSTRUCTIONAL RESOURCES WB, LM, OT, Text CD, ICD-ROM

POR LA MAÑANA Y POR LA NOCHE

acostarse (o:ue) *to lie down; to go to bed*

despertarse (e:ie) *to wake up*

vestirse (e:i) *to get dressed*

Variación léxica
Point out these lexical items:
afeitarse → rasurarse (*Méx. Amér. C.*)
ducha → regadera (*Col., Méx., Venez.*)
ducharse → bañarse (*Amér. L.*)

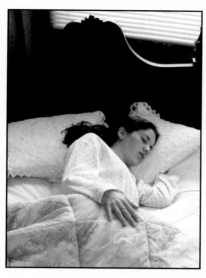

dormirse (o:ue)
to go to sleep; to fall asleep

levantarse
to get up

EXPANSION Divide the class into two teams to play this game. Have a person from each team take turns acting out various actions associated with a daily routine for their team to identify. (Ex: **Ud. se lava las manos.**) The team with the most correct answers wins.

OTRAS PALABRAS Y EXPRESIONES

Se acuesta. *He/she goes to bed; you (form.) go to bed.*

Se afeita. *He/she shaves; you shave.*

Se cepilla los dientes. *He/she brushes his/her teeth; you brush your teeth.*

Se despierta. *He/she wakes up; you wake up.*

Se peina. *He/she combs his/her hair; you comb your hair.*

Se viste. *He/she gets dressed; you get dressed.*

ADVERBIOS Y PREPOSICIONES DE TIEMPO

antes (de) *before*

después *afterwards; then*

después de *after*

durante *during*

entonces *then*

luego *afterwards; then*

más tarde *later*

por la mañana *in the morning*

por la noche *at night*

por la tarde *in the afternoon; in the (early) evening*

por último *finally*

TEACHING OPTION Have students write out four daily routine activities. With a partner, have them organize those activities in the most logical order using adverbs of time. Go over answers with the whole class. (Ex: **Ella se ducha después de levantarse.**)

Se lava las manos.
She washes her hands.

Se ducha.
He takes a shower.

A escuchar

1 **¿Cierto o falso?** Escucha las frases, mira las fotos e indica si cada frase es **cierta** o **falsa**.

	Cierto	Falso
1.	✓	
2.	✓	
3.		✓
4.	✓	
5.	✓	
6.		✓
7.	✓	
8.		✓

1. 2.

3. 4.

5. 6. 7. 8.

2 **Escuchar** Escucha las frases e indica si cada frase es **lógica** o **ilógica**.

	Lógico	Ilógico
1.		✓
2.	✓	
3.		✓
4.	✓	
5.	✓	
6.		✓

 SCRIPT
1. Mauricio se lava el pelo.
2. Luisa se cepilla los dientes.
3. Luisa se lava las manos.
4. Mauricio se ducha.
5. Luisa se maquilla.
6. Mauricio se lava la cara.
7. Luisa se peina.
8. Mauricio se afeita.

1 EXPANSION Have students identify if these routine activities are **por la mañana** or **por la noche** and place them in a logical order.

2 SCRIPT
1. Alberto se baña por la mañana y entonces se despierta.
2. Lola se despierta antes de levantarse.
3. Andrés se lava las manos y después se baña.
4. Marina se ducha antes de vestirse.
5. Pablo se despierta y entonces se afeita.
6. Jaime se levanta, se peina y por último se despierta.

2 SUGGESTION Have students rephrase the illogical sentences so that they are logical.

recursos

R	Textbook CD Lección 7

A practicar

3 Ordenar Pon (*put*) esta historia (*story*) en orden.

___3___ a. Después de afeitarse, cepillarse los dientes y vestirse, sale para las clases.
___6___ b. Por último, se acuesta a las once y media de la noche.
___2___ c. Entonces se ducha antes de afeitarse.
___5___ d. Por la noche come un poco. Luego estudia antes de acostarse.
___4___ e. Asiste a todas sus clases y vuelve a casa por la tarde.
___1___ f. Por la mañana, Fabio se despierta a las seis y media.

4 Identificar Con un(a) compañero/a, indica las cosas que cada persona necesita.

modelo

Manuel / vestirse
Estudiante 1: ¿Qué necesita Manuel para (*in order to*) vestirse?
Estudiante 2: Necesita una camiseta y unos pantalones.

Daniel / acostarse
E1: ¿Qué necesita Daniel para acostarse?
E2: Necesita una cama.

Raúl / despertarse
E1: ¿Qué necesita Raúl para despertarse?
E2: Necesita un despertador.

Mercedes / lavarse la cara
E1: ¿Qué necesita Mercedes para lavarse la cara?
E2: Necesita jabón y una toalla.

Leonardo / afeitarse
E1: ¿Qué necesita Leonardo para afeitarse?
E2: Necesita crema de afeitar.

Sofía / lavarse el pelo
E1: ¿Qué necesita Sofía para lavarse el pelo?
E2: Necesita champú.

Yolanda / maquillarse
E1: ¿Qué necesita Yolanda para maquillarse?
E2: Necesita un espejo y el maquillaje.

A conversar

5 **La rutina diaria** Con un(a) compañero/a, mira las fotos y describe lo que hace cada (*each*) persona.

modelo

Estudiante 1: ¿Qué hace Armando?
Estudiante 2: Se afeita.

Armando

5 EXPANSION Ask brief questions about the actions in the drawings. Ex: **¿Quién se baña? ¿Quién se ducha? ¿Quién se cepilla los dientes?** and so forth.

6 TEACHING OPTION In groups of three or four, students choose a famous person and describe his or her daily routine. The rest of the class guesses who is being described.

Rocío
E1: ¿Qué hace Rocío? E2: Se maquilla.

Noelia
E1: ¿Qué hace Noelia? E2: Se baña.

don Carlos
E1: ¿Qué hace don Carlos? E2: Se lava las manos.

doña Juana
E1: ¿Qué hace doña Juana? E2: Se cepilla el pelo.

Marisela
E1: ¿Qué hace Marisela? E2: Se cepilla los dientes.

Néstor
E1: ¿Qué hace Néstor? E2: Se ducha.

6 **Describir** Trabajen en parejas (*pairs*) para describir la rutina diaria de dos o tres de estas personas. Pueden usar las palabras de la lista. *Answers will vary.*

1. mi mejor (*best*) amigo/a
2. nuestro/a profesor(a) de español
3. mi padre/madre
4. mi compañero/a de cuarto
5. Kobe Bryant
6. Shakira
7. Ben Affleck
8. el presidente de los Estados Unidos

primero	durante el día	después
luego	antes	después de
entonces	antes de	por último

🎧 Pronunciación

The consonants r and rr

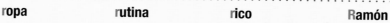

ropa   **r**utina   **r**ico   **R**amón

In Spanish, **r** has a strong trilled sound at the beginning of a word. No English words have a trill, but English speakers often produce a trill when they imitate the sound of a motor.

gusta**r**   du**r**ante   prime**r**o   c**r**ema

In any other position, **r** has a weak sound similar to the English *tt* in *better* or the English *dd* in *ladder*. In contrast to English, the tongue touches the roof of the mouth behind the teeth.

piza**rr**a   co**rr**o   ma**rr**ón   abu**rr**ido

The letter **rr**, which only appears between vowels, always has a strong trilled sound.

ca**r**o   ca**rr**o   pe**r**o   pe**rr**o

Between vowels, the difference between the strong trilled **rr** and the weak **r** is very important, as a mispronunciation could lead to confusion between two different words.

Práctica Lee las palabras en voz alta, prestando (*paying*) atención a la pronunciación de la **r** y la **rr**.

1. Perú	4. madre	7. rubio	10. tarde
2. Rosa	5. comprar	8. reloj	11. cerrar
3. borrador	6. favor	9. Arequipa	12. despertador

Oraciones Lee las oraciones en voz alta, prestando atención a la pronunciación de la **r** y la **rr**.

1. Ramón Robles Ruiz es programador. Su esposa Rosaura es artista.
2. A Rosaura Robles le encanta regatear en el mercado.
3. Ramón nunca regatea… le aburre regatear.
4. Rosaura siempre compra cosas baratas.
5. Ramón no es rico, pero prefiere comprar cosas muy caras.
6. ¡El martes Ramón compró un carro nuevo!

Refranes Lee en voz alta los refranes, prestando atención a la **r** y a la **rr**.

Perro que ladra no muerde.[1]

No se ganó Zamora en una hora.[2]

1 The dog's bark is worse than its bite.
2 Rome wasn't built in a day.

recursos

R	Textbook CD Lección 7	LM p. 38	Lab CD Lección 7	ICD-ROM Lección 7

¡Jamás me levanto temprano!

Álex y Javier hablan de sus rutinas diarias.

JAVIER Hola, Álex. ¿Qué estás haciendo?

ÁLEX Nada... Sólo estoy leyendo mi correo electrónico. ¿Adónde fueron?

JAVIER Inés y yo fuimos a un mercado. Fue muy divertido. Mira, compré este suéter. Me encanta. No fue barato, pero es chévere, ¿no?

ÁLEX Sí, es ideal para las montañas.

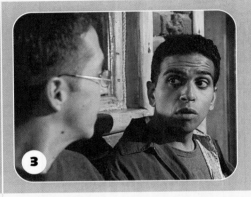

JAVIER ¡Qué interesantes son los mercados al aire libre! Me gustaría volver, pero ya es tarde. Oye, Álex, ¿sabes que mañana tenemos que levantarnos temprano?

ÁLEX Ningún problema.

JAVIER ¡Increíble! ¡Álex, el superhombre!

ÁLEX Oye, Javier, ¿por qué no puedes levantarte temprano?

JAVIER Es que por la noche no quiero dormir, sino dibujar y escuchar música. Por eso es difícil despertarme por la mañana.

JAVIER El autobús no sale hasta las ocho y media. ¿Vas a levantarte mañana a las seis también?

ÁLEX No, pero tengo que levantarme a las siete menos cuarto porque voy a correr.

JAVIER Ah, ya... ¿Puedes despertarme después de correr?

ÁLEX Éste es el plan para mañana. Me levanto a las siete menos cuarto y corro por treinta minutos. Vuelvo, me ducho, me visto y a las siete y media te despierto. ¿De acuerdo?

JAVIER ¡Absolutamente ninguna objeción!

recursos

| R | Video/ VCD-ROM Lección 7 | VM pp.181-182 | ICD-ROM Lección 7 |

PREVIEW Have students skim the **fotonovela** for the gist and write down their impressions. Ask for a few volunteers to share their impressions with the class.

SUGGESTION Have students view the video module and jot down notes on what they see and hear. Then have them work in small groups to prepare a brief plot summary. Play the segment again and have them refine their summaries.

INSTRUCTIONAL RESOURCES VM, Video (Start 00:34:37), VCD-ROM

Personajes

DON FRANCISCO

ÁLEX

JAVIER

VIDEO SYNOPSIS Javier returns from the market and shows Álex the sweater he bought. Álex, an early riser, agrees to wake Javier up after his morning run. Don Francisco comes by to remind them that the bus will leave at 8:30 the next morning.

JAVIER ¿Seguro? Pues yo jamás me levanto temprano. Nunca oigo el despertador cuando estoy en casa y mi mamá se enoja mucho.

ÁLEX Tranquilo, Javier. Yo tengo una solución.

ÁLEX Cuando estoy en casa en la Ciudad de México, siempre me despierto a las seis en punto. Me ducho en cinco minutos y luego me cepillo los dientes. Después me afeito, me visto y ¡listo! ¡Me voy!

DON FRANCISCO Hola, chicos. Mañana salimos temprano, a las ocho y media… ni un minuto antes ni un minuto después.

ÁLEX No se preocupe, don Francisco. Todo está bajo control.

DON FRANCISCO Bueno, pues, hasta mañana.

DON FRANCISCO ¡Ay, los estudiantes! Siempre se acuestan tarde. ¡Qué vida!

SUGGESTION Draw attention to the verb forms **fui, fuiste, fue,** and **fuimos.** Explain that these are forms of the verbs **ir** and **ser** in the preterite tense. The context will always clarify the meaning. They will learn more about them in **Gramática** 7.3.

SUGGESTION Point out that **me levanto, me despierto, me ducho, me cepillo, me afeito** and **No te preocupes** are examples of reflexive verbs. Students will learn more about them in **Gramática** 7.1.

¿Qué piensas?

NATIONAL communication STANDARDS

1 **¿Cierto o falso?** Indica si las frases son **ciertas** o **falsas**. Corrige (*correct*) las frases falsas.

Cierto	Falso	
✓		1. Álex siempre se despierta a las seis cuando está en casa.
		_____
	✓	2. Álex está mirando la televisión.
		Álex está leyendo su correo electrónico.
✓		3. El suéter que Javier acaba de comprar es caro, pero es muy bonito.
		_____
✓		4. A Javier le gusta mucho dibujar y escuchar música por la noche.
		_____
	✓	5. Javier cree que los mercados al aire libre son aburridos.
		Javier cree que los mercados al aire libre son muy interesantes.
	✓	6. El autobús va a salir hoy a las siete y media en punto.
		El autobús va a salir mañana a las ocho y media en punto.
	✓	7. Álex va a nadar por la mañana.
		Álex va a correr por la mañana.
	✓	8. Javier siempre oye el despertador cuando está en casa.
		Javier nunca oye el despertador cuando está en casa.

2 **Los planes de Álex** Ordena correctamente los planes que tiene Álex para mañana. Si hay algo (*something*) que Álex no menciona, escribe una **X**.

___X___ a. Voy a lavarme las manos.

___5___ b. Voy a vestirme.

___2___ c. Voy a correr por media hora.

___X___ d. Voy a acostarme temprano.

___6___ e. Voy a despertar a mi amigo a las siete y media.

___3___ f. Voy a volver a la habitación.

___1___ g. Voy a levantarme a las siete menos cuarto.

___4___ h. Voy a ducharme.

3 **Conversación** En parejas (*pairs*), preparen una conversación sobre sus rutinas diarias. Pregunten a qué hora hacen las actividades más importantes. *Answers will vary.*

modelo

Estudiante 1: ¿Prefieres levantarte temprano o tarde?
Estudiante 2: Prefiero levantarme tarde... muy tarde.
Estudiante 1: ¿A qué hora te levantas durante la semana?
Estudiante 2: A las once. ¿Y tú?

---

1 **EXPANSION** Additional items: **Javier quiere volver al mercado pero no hay tiempo.** (cierto) **Javier siempre se despierta muy temprano en su casa.** (falso, es Álex)

2 **SUGGESTION** Have students write each sentence on a separate slip of paper so they can easily rearrange them to determine the correct order.

3 **EXPANSION** Possible questions: **¿Prefieres levantarte tarde o temprano? ¿A qué hora te levantas durante la semana? ¿A qué hora te acuestas durante la semana?**

3 **TEACHING OPTION** After students compare their daily routines in pairs, ask for a few volunteers to describe the daily routine of their partner to the rest of the class.

Exploración
La vida diaria

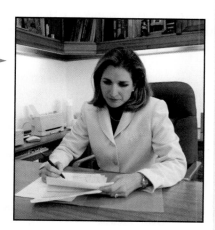

Alejandra Arce de Valera vive en Barcelona, España. Va a la oficina a las ocho de la mañana y trabaja hasta las cinco. Durante la mañana ella y dos o tres colegas (*colleagues*) descansan de quince a treinta minutos. Pero no se quedan en la oficina para descansar; van a un café para relajarse (*relax*), tomar un café (*have a cup of coffee*) y conversar.

Margarita Benítez Morales vive en Caracas, Venezuela. Trabaja en casa cuidando de (*taking care of*) sus hijas. ¡Pero Margarita no se queda (*doesn't stay*) en el sofá mirando la televisión! Durante un día típico, prepara tres comidas (*meals*), arregla la casa (*straightens the house*), va de compras, juega con las niñas y les lee varios cuentos (*stories*).

Luis Romero Reyes tiene diecinueve años y es estudiante de la Universidad Nacional Autónoma de México (UNAM). En un día típico se levanta temprano, asiste a una clase y estudia en la biblioteca. Va a su casa para comer al mediodía, pero después vuelve al campus para asistir a las clases de la tarde.

Observaciones

- Hay mujeres hispanas que prefieren ser amas de casa (*housewives*). Pero cada año hay más mujeres que escogen (*choose*) una carrera profesional.

- La costumbre de la siesta (un descanso de dos o tres horas durante el día) no es hoy tan común como (*as common as*) antes. Cuando España entró en la Unión Europea, por ejemplo, muchas empresas (*businesses*) eliminaron la siesta para tener el mismo horario que los otros países.

- La siesta es más común en los pueblos pequeños que en las ciudades grandes.

Coméntalo

Con un(a) compañero/a, contesta las siguientes preguntas. *Answers will vary.*

- Piensa en la rutina diaria de tu familia y de tus amigos/as. ¿Es similar a la rutina diaria de Margarita Benítez Morales, Alejandra Arce de Valera y Luis Romero Reyes?

- ¿Descansas un poco durante un día típico? ¿Cuándo y dónde descansas?

recursos

R | vistahigher learning.com

7.1 Reflexive verbs

▸ A reflexive verb is used to indicate that the subject does something to or for himself or herself. Reflexive verbs always use reflexive pronouns.

	SUBJECT	REFLEXIVE VERB

Carlos **se afeita** todos los días.

Reflexive verbs

lavarse
to wash oneself

yo	me lavo	*I wash (myself)*
tú	te lavas	*you wash (yourself)*
Ud.	se lava	*you wash (yourself)*
él/ella	se lava	*he/she washes (himself/herself)*
nosotros/as	nos lavamos	*we wash (ourselves)*
vosotros/as	os laváis	*you wash (yourselves)*
Uds.	se lavan	*you wash (yourselves)*
ellos/ellas	se lavan	*they wash (themselves)*

▸ The pronoun **se** attached to an infinitive identifies it as a reflexive verb, as in **lavarse** (*to wash oneself*) and **levantarse** (*to get up*).

Me ducho, me cepillo los dientes, me visto y ¡listo!

¡Ay, los estudiantes! ¡Siempre se acuestan tarde!

▸ Reflexive pronouns follow the same rules for placement as object pronouns. They are placed before the conjugated verb, or attached to the infinitive or present participle. When a pronoun is attached to the participle, an accent mark is added.

José **se** levanta temprano.
José gets up early.

José **se** va a levantar temprano.
José va a levantar**se** temprano.
José is going to get up early.

Carlos **se** afeita.
Carlos shaves.

Carlos está afeitándo**se**.
Carlos **se** está afeitando.
Carlos is shaving.

¡ojo! The definite article, not a possesive article, is usually used when referring to clothing or parts of the body.

La niña se quitó **los** zapatos.

Me cepillé **los** dientes.

Práctica

1 Emparejar Empareja las fotos con las frases que siguen.

1

4

2

5

3

6

__4__	a. Julia se enoja.
__6__	b. Juan y Enrique se despiden.
__1__	c. Manuela baña a su hija.
__5__	d. Estela se pone los calcetines.
__3__	e. El abuelo despierta a sus nietas.
__2__	f. Ramón se cepilla los dientes.

2 Conversaciones Completa las conversaciones.

MARIO Tú __lavaste__ [lavar / lavarse] los platos ayer, ¿no?

TOMÁS Sí, los __lavé__ [lavar / lavarse] después de las clases.

• • •

BEATRIZ ¿Normalmente __te duchas__ [duchar / ducharse] antes de ir a clase?

DAVID Sí, __me ducho__ [duchar / ducharse] por la mañana después de despertarme.

• • •

MAMÁ ¿Anoche __acostaste__ [acostar / acostarse] a los niños a las ocho?

PAPÁ No, no los __acosté__ [acostar / acostarse] a las ocho.

• • •

ANA Yo __me siento__ [sentir / sentirse] nerviosa hoy.

PATRICIA Bueno…tú siempre (*always*) __te sientes__ [sentir / sentirse] nerviosa antes de un examen de biología.

Conversación

3 **Preguntas** Usa estas preguntas para entrevistar (*interview*) a un(a) compañero/a. *Answers will vary.*

1. ¿Cuándo te enojas?
2. ¿Cuándo te sientes feliz?
3. ¿Cuándo te preocupas?
4. ¿Te duermes en la clase de español?
5. ¿Te lavas las manos antes de comer?
6. ¿A qué hora te despertaste ayer?
7. ¿A qué hora te levantaste hoy?
8. ¿Te cepillaste los dientes esta mañana?
9. ¿Te duchaste esta mañana?
10. ¿A qué hora te vas a acostar esta noche?

4 **Charadas** Piensa en una frase con un verbo reflexivo y dramatízala en frente de dos o tres compañeros/as. La primera persona que adivina (*guesses*) la frase dramatiza la próxima (*next*) charada. *Answers will vary.*

5 **Entrevista** Prepara un horario con las actividades que hiciste (*you did*) anoche. Después de completar el horario, trabajen en parejas, comparen las actividades y tomen apuntes (*notes*) de lo que hizo el/la compañero/a. *Answers will vary.*

6 pm.	En el Centro Comercial. Me he probado un vestido bien bonito.
7 pm.	En la cafetería con Luis. ¡Siempre se pone tan pesado!
7.30 pm.	Cine con Javier. Muy aburrido. Casi me duermo.
9 pm.	Cena en el restaurante "El cangrejo".
11 pm.	Fiesta en casa de Antonio. Me despido de mis amigos.
2 am.	Me acuesto. No me duermo hasta muy tarde

Common reflexive verbs

Common reflexive verbs			
acordarse (de) (o:ue)	to remember	levantarse	to get up
acostarse (o:ue)	to go to bed	llamarse	to be called/named
afeitarse	to shave	maquillarse	to put on makeup
bañarse	to bathe; to take a bath	peinarse	to comb one's hair
		ponerse	to put on
cepillarse	to brush	ponerse + adj.	to become + adj.
despedirse (de) (e:i)	to say goodbye (to)	preocuparse (por)	to worry (about)
despertarse (e:ie)	to wake up	probarse (o:ue)	to try on
dormirse (o:ue)	to go to sleep	quedarse	to stay, to remain
ducharse	to shower	quitarse	to take off
enojarse (con)	to get angry (with)	sentarse (e:ie)	to sit down
irse	to go away; to leave	sentirse (e:ie)	to feel
		vestirse (e:i)	to get dressed
lavarse	to wash oneself		

▶ Most Spanish verbs can be reflexive. If the verb acts on the subject, use the reflexive form. If it acts on something else, use the non-reflexive form.

Lola **lava** los platos.   Lola **se lava** la cara.

¡ojo! Reflexive verbs and their non-reflexive counterparts sometimes have different meanings.

acordar *to agree*   **acordarse** *to remember*
levantar *to lift*   **levantarse** *to get up*

¡Manos a la obra!

 Indica el presente de los verbos reflexivos.

despertarse

1. Ellos _se despiertan_ tarde.
2. Tú _te despiertas_ tarde.
3. Nosotros _nos despertamos_ tarde.
4. Benito _se despierta_ tarde.
5. Yo _me despierto_ tarde.
6. Uds. _se despiertan_ tarde.

ponerse

1. Ella _se pone_ la blusa.
2. Yo _me pongo_ la blusa.
3. Ud. _se pone_ la blusa.
4. Nosotras _nos ponemos_ la blusa.
5. Las niñas _se ponen_ la blusa.
6. Tú _te pones_ la blusa.

7.2 Indefinite and negative words

▸ Indefinite words, like *someone* or *something*, refer to people and things that are not specific. Negative words, like *no one* or *nothing*, deny the existence of people and things or contradict statements.

Indefinite and negative words

Indefinite words		Negative words	
algo	something; anything	nada	nothing; not anything
alguien	someone; anyone	nadie	no one; not anyone
alguno/a(s), algún	some; any	ninguno/a,	no; none; not any
o… o	either… or	ningún	
siempre	always	ni… ni	neither… nor
también	also; too	nunca, jamás	never
		tampoco	neither; not either

▸ There are two ways to form negative sentences in Spanish. You can place the negative word before the verb, or you can place **no** before the verb and the negative word after the verb.

Nadie está en casa.
No está **nadie** en casa.
Nobody is staying home.

Ninguno me gusta.
No me gusta **ninguno**.
I don't like any.

Ellos **no** se enojan **nunca**.
Ellos **nunca** se enojan.
They never get angry.

Nada me despierta.
No me despierta **nada**.
Nothing wakes me.

Yo siempre me despierto a las seis.

Yo jamás me levanto temprano. Nunca oigo el despertador.

▸ In Spanish, sentences frequently contain two or more negative words. Once a sentence is negative, all indefinite ideas must be expressed in the negative.

Ella **no** tiene **ninguna** idea.
She doesn't have any idea.

Jamás me preocupo por **nada**.
I never worry about anything.

Nunca te pido **nada**.
I never ask you for anything.

Tampoco me despido de **nadie**.
I don't say goodbye to anyone either.

Práctica

1 **La familia de Claudia** Completa las frases con **pero** o **sino**.

> **modelo**
>
> Mi abuela es aburrida, _____pero_____ amable.

1. No me ducho por la mañana, _____sino_____ por la noche.
2. A mí no me gusta nadar, _____sino_____ correr.
3. Mi hermana María Luisa es alta, _____pero_____ delgada.
4. Mi hermano Emilio no es moreno, _____sino_____ rubio.
5. Mis padres no se acuestan temprano, _____sino_____ tarde.
6. Mi primo Manuel es inteligente, _____pero_____ no es interesante.
7. Mi madre y yo siempre nos despertamos temprano, _____pero_____ nunca estamos cansadas.
8. Mi amiga Mariana es pequeña, _____pero_____ fuerte.

2 **Completar** Completa la conversación con palabras negativas.

AURELIO Ana María, ¿encontraste algún regalo para Eliana?
ANA MARÍA *No, no encontré ningún regalo/nada para Eliana.*

AURELIO ¿Viste a algunas amigas en el centro comercial?
ANA MARÍA *No, no vi a ninguna amiga/nadie en el centro comercial.*

AURELIO Ana María, ¿quieres ir al teatro o al cine esta noche?
ANA MARÍA *No, no quiero ir ni al teatro ni al cine.*

AURELIO ¿Quieres salir a comer?
ANA MARÍA *No, no quiero salir a comer (tampoco).*

AURELIO ¿Hay algo interesante en la televisión esta noche?
ANA MARÍA *No, no hay nada interesante en la televisión.*

AURELIO ¿Tienes algún problema?
ANA MARÍA *No, no tengo ningún problema.*

AURELIO ¿Eres siempre tan antipática?
ANA MARÍA *No, nunca soy antipática.*

Conversación

3 Quejas Con un(a) compañero/a, prepara una lista de las quejas (*complaints*) comunes de los estudiantes universitarios. *Answers will vary.*

modelo ¡Nadie me entiende!
¡Jamás puedo levantarme tarde!

Ahora preparen una lista de las quejas que los padres tienen de sus hijos.

modelo ¡Nunca limpian sus habitaciones!
¡No se lavan las manos tampoco!

4 Anuncios Mira el anuncio (*ad*). Con un(a) compañero/a, prepara otro anuncio usando expresiones indefinidas o negativas. *Answers will vary.*

¿Buscas algún producto especial?

¡Siempre algo para todos en las tiendas García!

Using indefinite words

▶ **Alguien** and **nadie** are often used with the personal **a**. The personal **a** is also used before **alguno/a**, **algunos/as**, and **ninguno/a** when these words refer to people.

—Carlos, ¿ves **a alguien** allí?
—No, no veo **a nadie**.

—¿Oyes **a alguno** de los chicos?
—No, no oigo **a ninguno**.

¡ojo! Before a masculine, singular noun, **alguno** and **ninguno** are shortened to **algún** and **ningún**.

—¿Tienen Uds. **algún** amigo peruano? —No, no tenemos **ningún** amigo peruano.

▶ Although **pero** and **sino** both mean *but*, they are not interchangeable. **Sino** is used when the first part of a sentence is negative and the second part contradicts it. In this context, **sino** means *but rather* or *on the contrary*. **Pero** is used in all other cases.

No se acuesta temprano, **sino** tarde.
He doesn't get up early, but rather late.

Canto, **pero** nunca en público.
I sing, but never in public.

No queremos irnos, **sino** quedarnos.
We don't want to leave, but rather stay.

Me desperté a las once, **pero** estoy cansada.
I woke up at eleven, but I'm tired.

¡Manos a la obra!

 Cambia las frases para que sean negativas.

1. Siempre se viste bien. <u>Nunca</u> se viste bien. <u>No</u> se viste bien <u>nunca</u>.
2. Alguien se ducha. <u>Nadie</u> se ducha. <u>No</u> se ducha <u>nadie</u>.
3. Ellas van también. Ellas <u>tampoco</u> van. Ellas <u>no</u> van <u>tampoco</u>.
4. Alguien se pone nervioso. <u>Nadie</u> se pone nervioso. <u>No</u> se pone nervioso <u>nadie</u>.
5. Tú siempre te lavas las manos. Tú <u>nunca</u> te lavas las manos. Tú <u>no</u> te lavas las manos <u>nunca/jamás</u>.
6. Juan también se afeita. Juan <u>tampoco</u> se afeita. Juan <u>no</u> se afeita <u>tampoco</u>.
7. Voy a traer algo. <u>No</u> voy a traer <u>nada</u>.
8. Mis amigos viven en una residencia o en una casa. Mis amigos <u>no</u> viven <u>ni</u> en una residencia <u>ni</u> en una casa.
9. La profesora hace algo en su escritorio. La profesora <u>no</u> hace <u>nada</u> en su escritorio.
10. Tú y yo vamos al mercado. <u>Ni</u> tú <u>ni</u> yo vamos al mercado.
11. Tienen un espejo en su casa. <u>No</u> tienen <u>ningún</u> espejo en su casa.
12. Algunos niños se ponen el abrigo. <u>Ningún</u> niño se pone el abrigo.

7.3 Preterite of ser and ir

▶ The preterite forms of **ir** (*to go*) and **ser** (*to be*) are irregular, so you will need to memorize them. None of these forms has an accent mark.

Preterite of *ser* and *ir*

	ser	ir
	to be	*to go*
yo	fui	fui
tú	fuiste	fuiste
Ud./él/ella	fue	fue
nosotros/as	fuimos	fuimos
vosotros/as	fuisteis	fuisteis
Uds./ellos/ellas	fueron	fueron

▶ The preterite forms of **ser** and **ir** are identical. The context clarifies which of the two verbs is being used.

Lina **fue** a ver una película.
Lina went to a film.

La película **fue** muy interesante.
The film was very interesting.

Fui a Barcelona el año pasado.
I went to Barcelona last year.

Fue un viaje maravilloso.
It was a wonderful trip.

¿Adónde fueron Uds.?

Fuimos a un mercado. Fue muy divertido.

¡Manos a la obra!

Completa las siguientes frases usando el pretérito de **ir** y **ser**.

ir

1. Los viajeros ___fueron___ a Perú.
2. Patricia ___fue___ a Cuzco.
3. Tú ___fuiste___ a Iquitos.
4. Gregorio y yo ___fuimos___ a Lima.
5. Yo ___fui___ a Trujillo.
6. Uds. ___fueron___ a Arequipa.
7. Mi padre ___fue___ a Lima.
8. Nosotras ___fuimos___ a Cuzco.

ser

1. Ud. ___fue___ muy amable.
2. Yo ___fui___ muy cordial.
3. Ellos ___fueron___ muy simpáticos.
4. Nosotros ___fuimos___ muy impacientes.
5. Ella ___fue___ muy antipática.
6. Tú ___fuiste___ muy listo.
7. Uds. ___fueron___ muy cordiales.
8. La gente ___fue___ muy paciente.

Práctica

1 Conversación Andrés y Laura están chismeando (*gossiping*). Completa su conversación con el pretérito de **ser** e **ir**.

ANDRÉS Cristina y Vicente ___fueron___ novios, ¿no?

LAURA Sí, pero ahora no salen. Anoche Cristina ___fue___ a comer con Luis y la semana pasada ellos ___fueron___ al partido de fútbol.

ANDRÉS ¿Ah, sí? Mercedes y yo ___fuimos___ al partido y no los vimos.

LAURA ¿___Fuiste___ tú con Mercedes? Y después del partido, ¿adónde ___fueron___ ustedes?

ANDRÉS ___Fuimos___ al café Paraíso y vimos a Vicente con otra chica.

LAURA ¿Él ___fue___ al café Paraíso con otra chica? ¡Qué horror!

2 Frases Forma frases con los siguientes elementos. Usa el pretérito. *Answers will vary.*

Sujetos	Verbos	Actividades
yo tú mis amigos nosotros/as Uds. Antonio Banderas Gloria Estefan	(no) ir (no) ser	a un restaurante en autobús a Nueva York estudiante(s) a una discoteca en Buenos Aires por avión a Europa a casa muy tarde a la playa con su novio/a dependiente/a en una tienda

Conversación

 3 Preguntas En parejas, túrnense (*take turns*) para hacerse las siguientes preguntas. *Answers will vary.*

1. ¿Adónde fuiste de vacaciones este año?
2. ¿Con quién fuiste de vacaciones?
3. ¿Cómo fueron tus vacaciones?
4. ¿Fuiste de compras esta semana? ¿Qué compraste?
5. ¿Cómo se llama la última (*last*) película que viste?
6. ¿Cuándo fuiste a ver esta película?
7. ¿Cómo fue la película?
8. ¿Adónde fuiste durante el fin de semana? ¿Por qué?

4 El fin de semana pasado En parejas, hablen de lo que hicieron (*you did*) ustedes el fin de semana pasado por la mañana, por la tarde y por la noche. Luego reporten la información a la clase. *Answers will vary.*

	Yo	Mi compañero/a
Por la mañana		
Por la tarde		
Por la noche		

5 Personas famosas En grupos pequeños, cada estudiante debe pensar en una persona famosa del pasado. Luego, los otros miembros del grupo tienen que hacer preguntas usando el pretérito hasta que adivinen (*they guess*) la identidad de la persona. Por ejemplo, pueden hacer preguntas acerca de (*about*) su profesión, su nacionalidad, su personalidad o su apariencia (*appearance*) física. *Answers will vary.*

Español en vivo

Fue una experiencia increíble.

Cuando fui a Caldea, me olvidé de todo. Fui para despedirme de todas mis preocupaciones y descubrir los efectos calmantes del agua de las lagunas. Después de bañarme en las aguas termales, se me fueron el cansancio y el estrés. Fueron unas vacaciones extraordinarias.

caldea — SIEMPRE TE ESTAMOS ESPERANDO.

Identificar

Lee el anuncio (*advertisement*) y busca ejemplos del pretérito de los verbos **ser** e **ir**.

Preguntas

1. ¿Cómo se siente el hombre del anuncio?
2. ¿Por qué fue a Caldea? ¿Cómo fue su visita?
3. En tu opinión, ¿se acuerda este hombre de sus responsabilidades diarias mientras (*while*) está en Caldea?
4. En tu opinión, ¿va a volver a Caldea este hombre? ¿Por qué?

7.4 Gustar and verbs like gustar

NATIONAL comparisons STANDARDS

▸ **Me gusta(n)** and **te gusta(n)** express the concepts of *I like* and *you* (fam.) *like*. The literal meaning of **gustar** is *to be pleasing to (someone)*.

Me gusta ese champú.
That shampoo is pleasing to me.
I like that shampoo.

¿**Te gustan** los deportes?
Are sports pleasing to you?
Do you like sports?

▸ **Me gusta(n)** and similar constructions require an indirect object pronoun. In Spanish, the object or thing being liked (**el champú**) is the subject of the sentence. The person who likes the object is an indirect object that answers the question *to whom is the shampoo pleasing?*

I.O. PRONOUN	SUBJECT		SUBJECT	DIRECT OBJECT
Me gusta	ese champú.		I	like	that shampoo.

Me gusta el suéter que compraste.

Me gustan el arte y la música.

▸ **Gustar** and similar verbs are usually used in the third person singular and plural. When the object or person liked is singular, the form **gusta** is used. When two or more objects or persons are liked, **gustan** is used.

Me gustan el mar y la montaña.
I like the ocean and the mountains.

¿**Les gusta** la ciudad?
Do they like the city?

| SINGULAR | me, te, le | ▸ | gusta gustó | ▸ | la película el concierto |
| PLURAL | nos, os, les | ▸ | gustan gustaron | ▸ | las papas fritas los helados |

▸ To express what someone likes or does not like to do, the singular form **gusta** is used, followed by one or more infinitives.

Me gusta levantarme tarde.
I like to get up late.

Me gusta comer y **dormir**.
I like to eat and sleep.

▸ To express the English equivalent of *would like* (*something* or *to do something*), use the construction [*i.o. pronoun*] + **gustaría(n)**.

Nos gustaría ver esa película.
We would like to see that movie.

Me gustarían unos días sin clases.
I would like a few days without class.

Práctica

1 **Describir** Describe los dibujos con uno de los siguientes verbos.

aburrir	interesar
encantar	molestar
faltar	quedar

1. A Mauricio / libros
A Mauricio le interesan los libros.

3. A Lorena / despertador
A Lorena le molesta el despertador.

2. A ellos / bailar
A ellos les encanta bailar.

4. A él / camisa
A él le queda grande la camisa.

2 **Completar** Completa las siguientes frases.

1. ___A___ Adela _le gustan_ [gustar] las canciones (*songs*) de Enrique Iglesias.

2. A ___mí___ me ___gusta___ [gustar] más la música de Ricky Martin.

3. A mis amigos _les encanta_ [encantar] la música de Gloria Estefan.

4. ___A___ Juan y Rafael les ___encanta___ [encantar] la música de Shakira.

5. ___A___ nosotros _nos fascinan_ [fascinar] los grupos de pop latino.

6. Creo que a Elena _le interesa_ [interesar] más la música clásica.

7. A ___mí___ me ___aburre___ [aburrir] la música clásica.

8. ¿A ___ti___ te ___falta___ [faltar] dinero para el concierto de Carlos Santana?

9. Sí. Sólo _me quedan_ [quedar] cinco dólares.

10. ¿Cuánto dinero te ___queda___ [quedar] a ___ti___?

Conversación

3 **Preguntas** En parejas, túrnense (*take turns*) para hacer y contestar estas preguntas. *Answers will vary.*

1. ¿Te gusta levantarte temprano o tarde? ¿Por qué?
2. ¿A tu compañero/a de cuarto le gusta levantarse temprano o tarde?
3. ¿Te molesta cuando tu compañero/a de cuarto se levanta muy temprano?
4. ¿Te gusta acostarte temprano o tarde?
5. ¿Prefiere tu compañero/a de cuarto acostarse temprano o tarde?
6. ¿Te gusta bañarte o ducharte?
7. ¿Qué te gusta de esta universidad? ¿Qué te molesta?
8. ¿Te interesan más las ciencias o las humanidades? ¿Por qué?
9. ¿Te aburren las películas románticas?
10. ¿Te molesta cuando alguien llega tarde a una cita (*appointment*)?

4 **Encuesta** Pregúntales a dos o tres compañeros qué cosas o actividades les encantan, les aburren o les molestan. *Answers will vary.*

Nombre	Le encanta(n)	Le aburre(n)	Le molesta(n)

Using the verb gustar

▸ The construction **a** + [*personal pronoun*] (**a mí, a ti, a Ud., a él, a ella, a nosotros/as, a vosotros/as, a ellos, a ellas, a Uds.**) clarifies or emphasizes the people who are pleased. **A** + [*noun*] can also be used.

A mí me gusta levantarme temprano. ¿Y **a ti**?
I like to get up early. How about you?

Al profesor le gustó el libro.
The teacher liked the book.

▸ Here is a list of common verbs used in the same way as **gustar.**

Verbs like *gustar*

aburrir	*to bore*	importar	*to be important to; to matter*
encantar	*to like very much; to love (objects)*	interesar	*to be interesting to; to interest*
faltar	*to lack; to need*		
fascinar	*to fascinate*	molestar	*to bother; to annoy*
		quedar	*to be left over; to fit (clothing)*

▸ **Faltar** and **quedar** express what someone lacks or has left. Also, **quedar** is used to talk about how clothing fits or looks on someone.

Le falta dinero.
He/she is short of money.

Me faltan dos pesos.
I need two pesos.

Nos quedan cinco libros.
We have five books left.

La falda **te queda** bien.
The skirt looks good on you.

¡Manos a la obra!

Indica el pronombre de objeto indirecto y la forma del tiempo presente adecuados en cada frase.

gustar

1. A él _le gusta_ viajar.
2. A mí _me gusta_ bailar.
3. A nosotras _nos gusta_ cantar.
4. A Uds. _les gusta_ leer.
5. A ti _te gusta_ correr, ¿no?
6. A Elena _le gusta_ gritar.
7. A mis padres _les gusta_ beber.
8. A Ud. _le gusta_ jugar al tenis.
9. A mi esposo y a mí _nos gusta_ dormir.
10. A Pinto _le gusta_ dibujar.
11. A nosotros _nos gusta_ leer.
12. A Pili no _le gusta_ trabajar.

encantar

1. A ellos _les encantan_ los deportes.
2. A ti _te encantan_ las películas, ¿no?
3. A Ud. _le encantan_ los viajes.
4. A mí _me encantan_ las revistas.
5. A ellas _les encantan_ los niños.
6. A nosotros _nos encantan_ las vacaciones.
7. A Uds. _les encantan_ las fiestas.
8. A Marcela _le encantan_ los libros.
9. A ellos _les encantan_ los museos.
10. A ella _le encanta_ el ciclismo.
11. A Pedro _le encanta_ el limón.
12. A ti y a mí _nos encanta_ bailar.

Ampliación

1 Escuchar

A Escucha la entrevista entre Carolina y Julián, teniendo en cuenta (*taking into account*) lo que ya sabes sobre este tipo de situación. Elige la opción que completa correctamente cada oración. *Answers will vary.*

⭐ **TIP Use background information.** Use what you already know about a topic to help you guess the meaning of unknown words or linguistic structures.

1. Julián es
   a. político.   b. deportista profesional.
   (c.) artista de cine.

2. El público de Julián quiere saber de
   a. sus películas.   (b.) su vida.
   c. su novia.

3. Julián habla de
   (a.) sus viajes y sus rutinas.   b. sus parientes y amigos.
   c. sus comidas favoritas.

4. Julián
   a. se levanta y se acuesta a horas diferentes todos los días.
   (b.) tiene una rutina diaria.   c. no quiere hablar de su vida.

B ¿Crees que Julián siempre ha sido (*has been*) rico? ¿Por qué? ¿Qué piensas de Julián como persona?

2 Conversar

Túrnense (*take turns*) para hacerse estas preguntas. *Answers will vary.*

- ¿A qué hora te levantaste ayer? ¿Usaste un despertador?
- ¿Cuántas veces te cepillaste los dientes ayer?
- ¿Adónde fuiste ayer después de las clases?
- ¿Te gusta mirar la televisión antes de acostarte?
- ¿A qué hora te acostaste anoche?

recursos

R	Textbook CD Lección 7	WB pp. 67-74	LM pp. 39-42	Lab CD Lección 7	ICD-ROM Lección 7	vistahigher learning.com

INSTRUCTIONAL RESOURCE Text CD, IRM

SCRIPT
CAROLINA: Buenas tardes, queridos televidentes, y bienvenidos a "Carolina al mediodía". Tenemos el gran placer de conversar hoy con Julián Larrea, un joven actor de extraordinario talento. Bienvenido, Julián. Ya sabes que tienes muchas admiradoras entre nuestro público y más que todo quieren saber los detalles de tu vida.

JULIÁN: Buenas, Carolina, y saludos a todos. No sé qué decirles; en realidad en mi vida hay rutina, como en la vida de todos.

C: No puede ser. Me imagino que tu vida es mucho más exótica que la mía. Bueno, para comenzar, ¿a qué hora te levantas?

J: Normalmente me levanto todos los días a la misma hora, también cuando estoy de viaje filmando una película. Siempre me despierto a las 5:30. Antes de ducharme y vestirme, siempre me gusta tomar un café mientras escucho un poco de música clásica. Así medito, escribo un poco y pienso sobre el día.

C: Cuando no estás filmando, ¿te quedas en casa durante el día?

J: Pues, en esos momentos, uso el tiempo libre para sentarme en casa a escribir. Pero sí tengo una rutina diaria de ejercicio. Corro unas 5 millas diarias y si hace mal tiempo voy al gimnasio.

C: Veo que eres una persona activa. Te mantienes en muy buena forma. ¿Qué más nos puedes decir de tu vida?

J: Bueno, no puedo negar que me encanta viajar. ¡Y la elegancia de algunos hoteles es increíble! Estuve en un hotel en Londres que tiene una ducha del tamaño de un cuarto normal.

C: Ya vemos que tu vida no es nada aburrida. Qué gusto hablar contigo hoy.

J: El placer es mío. Gracias por la invitación, Carolina.

Ampliación

❸ **SUGGESTION** Read through the instructions so students understand what they need to do. Have students who have chosen the same location get together to brainstorm how their daily routines would be different there.

❸ Escribir

Escribe una composición en la que describes tu rutina diaria en algún lugar interesante de tu propia invención (en una isla desierta, en el Polo Norte, en el desierto, etc.). Considera los elementos básicos de tu rutina: ¿Dónde vas a dormir? ¿Cómo te vas a bañar?
Answers will vary.

 TIP Use adverbs to sequence events. You can use adverbs and adverbial phrases as transitions between the introduction, the body, and the conclusion of a narrative.

❸ **EVALUATION: Descripción**

Criteria	Scale
Content	1 2 3 4 5
Organization	1 2 3 4 5
Use of Vocabulary	1 2 3 4 5
Grammatical accuracy	1 2 3 4 5

Scoring

Excellent	18-20 points
Good	14-17 points
Satisfactory	10-13 points
Unsatisfactory	< 10 points

Organízalo — Utiliza estos adverbios para planear la secuencia de tu composición: **primero, después, entonces, más tarde** y **al final**. Escribe unas notas sobre la introducción a tu narración. Recuerda: **¿qué?, ¿quién?, ¿cuándo?, ¿dónde?, ¿cómo?** y **¿por qué?**

Escríbelo — Utiliza tus notas para escribir el primer borrador de la composición.

Corrígelo — Intercambia tu composición con un(a) compañero/a. Comenta sobre la introducción, la secuencia de eventos, el nivel de interés y los errores de gramática o de ortografía. Revisa el primer borrador según las indicaciones de tu compañero/a.

Compártelo — Intercambia tu composición con otro/a compañero/a. Lee su trabajo y en otra hoja de papel dibuja las escenas que describe, utilizando los adverbios que introducen la narración. Tu compañero/a puede usar los dibujos para presentar la composición a la clase.

❹ **SUGGESTION** Students may search for information on the internet. They can also gather maps, magazines or tourism information from the local library or travel agencies. Encourage them to collect visuals to illustrate their brochure.

❹ Un paso más

Planea un viaje a un lugar famoso del mundo hispano. Utiliza elementos visuales en tu proyecto. *Answers will vary.*

- Prepara un folleto (*pamphlet*) para presentar el itinerario de cada día de viaje e indica la hora para cada actividad.
- Describe la rutina diaria de un viajero típico.
- Describe el país, la historia del lugar y también las actividades programadas para el viaje.
- Comenta sobre los restaurantes, el transporte y los hoteles.

❹ **EXPANSION** Students can gather information on typical foods and local restaurants, transportation, featured tourist attractions and their hours of operation, local customs, shopping for typical crafts of the region, and much more.

En Internet

Investiga estos temas en el sitio vistahigherlearning.com.

- Lugares de interés en España y la América del Sur
- Lugares de interés en México, Centroamérica y el Caribe

Antes de leer

Predicting content from the title will help you increase your reading comprehension in Spanish. We can usually predict the content of a newspaper article in English from its headline, for example.

Examinar el texto

Lee el título de la lectura y haz tres predicciones sobre el contenido. Escribe tus predicciones en una hoja de papel. *Answers will vary.*

 ## Compartir

Comparte tus ideas con un(a) compañero/a de clase. *Answers will vary.*

Cognados

Escribe una lista de cuatro cognados que encuentres en la lectura. *Answers will vary.*

1. _____
2. _____
3. _____
4. _____

¿Qué te dicen los cognados sobre el tema de la lectura?

SUGGESTION Possible cognates in the text include: **desastrosa, televisión, botas, pasa, teléfono, autobús, automóvil, cereales, sándwiches, clases.** Discuss how scanning for cognates can help you predict the content of a text.

EXPANSION In groups, have students rewrite the story from the perspective of Yolanda and Dolores.

SUGGESTION Have pairs of students work together to write their own version of **"¡Una mañana desastrosa!"** from their own experiences.

15 de Octubre

¡Una mañana desastrosa!

—Me levanté de la cama a las seis y media.

Esta mañana me levanté de la cama a las seis y media y corrí a despertar a mis dos hijas. "Yolanda, Dolores, van a perder el autobús de la escuela", les grité. Pero ellas no se despertaron. Jamás se despiertan temprano. Siempre se sientan a ver la televisión por la noche y se acuestan muy tarde.

—Corrimos para llegar a la parada del autobús.

Yolanda y Dolores salieron de la casa sin cepillarse los dientes, pero eso no importa. Por lo menos se acordaron de ponerse las botas y el abrigo antes de irse. Corrimos para llegar a la parada del autobús de la escuela, que pasa a las siete de la mañana.

—Nunca llegó el autobús.

Esperamos media hora, pero nunca llegó el autobús. Regresamos a casa. Llamamos por teléfono a la escuela, pero nadie contestó. Tomamos el automóvil y salimos de casa.

—¡Por fin se despertaron mis hijas!

¡Por fin se despertaron! Medio dormidas y medio enojadas ellas entraron al baño para lavarse la cara y peinarse. Luego volvieron a su habitación para vestirse. Yo fui a la cocina para prepararles el desayuno. A mis hijas les encanta comer un buen desayuno, pero hoy les di cereales y les preparé dos sándwiches para el almuerzo.

—¡Hoy es sábado!

Llegamos a la escuela antes de las ocho y entonces me di cuenta de que hoy es sábado. ¡Y los sábados no hay clases!

Después de leer

¿Comprendiste?

Selecciona la respuesta *(answer)* correcta.

1. ¿Quién es el/la narrador(a)?
   (a.) el padre de las chicas   b. Yolanda
   c. Dolores

2. ¿A qué hora se despertó el papá?
   a. a las seis de la mañana   (b.) a las seis y media
   c. a las siete y media

3. ¿Qué comieron las chicas antes de salir de la casa?
   a. un sándwich   (b.) cereales
   c. dos sándwiches

4. ¿Cómo fueron las chicas a la escuela?
   a. Corrieron.   b. Fueron en autobús.
   (c.) Fueron en automóvil.

Preguntas

1. ¿Por qué nunca se despiertan temprano las chicas?
   Las chicas nunca se despiertan temprano porque siempre se acuestan muy tarde.

2. ¿Se bañaron las chicas esta mañana?
   No se bañaron, pero se lavaron la cara y se peinaron.

3. ¿A qué hora llega generalmente el autobús?
   Llega a las siete de la mañana.

4. ¿A qué hora llegó el autobús hoy?
   El autobús nunca llegó.

5. ¿Por qué no contestó nadie cuando llamaron a la escuela?
   No contestó nadie porque no hay clases los sábados.

Coméntalo

¿Qué crees que le dicen Yolanda y Dolores a su papá después de volver de la escuela? Imagina que eres el papá. ¿Cómo respondes a lo que te dicen las chicas?   *Answers will vary.*

grité	*I shouted*
medio dormidas y	*half asleep and*
medio enojadas	*half mad*
desayuno	*breakfast*
almuerzo	*lunch*
sin	*without*
di	*I gave*
parada	*stop*
llamamos por teléfono	*we called on the phone*
me di cuenta de que	*I realized that*

recursos

R

vistahigher
learning.com

Los verbos reflexivos

acordarse (de) (o:ue)	to remember
acostarse (o:ue)	to go to bed
afeitarse	to shave
bañarse	to bathe; to take a bath
cepillarse el pelo	to brush one's hair
los dientes	to brush one's teeth
despedirse (de) (e:i)	to say goodbye (to)
despertarse (e:ie)	to wake up
dormirse (o:ue)	to go to sleep, to fall asleep
ducharse	to shower, to take a shower
enojarse (con)	to get angry (with)
irse	to go away; to leave
lavarse la cara	to wash one's face
las manos	to wash one's hands
levantarse	to get up
llamarse	to be called; to be named
maquillarse	to put on makeup
peinarse	to comb one's hair
ponerse	to put on
ponerse + adj.	to become + adj.
preocuparse (por)	to worry (about)
probarse (o:ue)	to try on
quedarse	to be left over; to fit
quitarse	to take off
sentarse (e:ie)	to sit down
sentirse (e:ie)	to feel
vestirse (e:i)	to get dressed

En el baño

el baño	bathroom
el champú	shampoo
la crema de afeitar	shaving cream
el espejo	mirror
el jabón	soap
el maquillaje	makeup
la toalla	towel

Adverbios y preposiciones de tiempo

antes (de)	before
después	afterwards; then
después de	after
durante	during
entonces	then
luego	afterwards; then
más tarde	later
por último	finally

Verbs like *gustar*

aburrir	to bore
encantar	to like very much; to love (inanimate objects)
faltar	to lack; to need
fascinar	to fascinate
gustar	to be pleasing to; to like
importar	to be important to; to matter
interesar	to be interesting to; to interest
me gustaría(n)…	I would like…
molestar	to bother; to annoy
quedar	to be left over; to fit (clothing)

Otras palabras y expresiones

el despertador	alarm clock
por la mañana	in the morning
por la noche	at night
por la tarde	in the afternoon; in the (early) evening
la rutina diaria	daily routine

Expresiones útiles	See page 165.
Indefinite and negative words	See page 170.

recursos

R	Lab CD Lección 7	LM p. 42

8 ¡A comer!

PREVIEW Have students look at the photo. Say: Es una foto de un chico que compra fruta. Then ask: ¿De qué colores son las frutas? ¿Conocen todas estas frutas? ¿Les gusta comer estas frutas?

Communicative Goals

You will learn how to:
- talk about food
- order at a restaurant
- talk about where you are
- discuss familiar people and places

PREPARACIÓN

pages 182–187
- Words related to restaurants and meals
- Adjectives that describe food
- Pronouncing ll, ñ, c, and z

AVENTURAS

pages 188–191
- Don Francisco takes the travelers to the El Cráter restaurant for lunch. The owner of the restaurant, Doña Rita, makes recommendations about what to order. After the food is served, Don Francisco and Doña Rita plan a surprise birthday party for Maite.

GRAMÁTICA

pages 192–201
- Preterite of stem-changing verbs
- Double object pronouns
- **Saber** and **conocer**
- Comparisons and superlatives

LECTURA

pages 202–203
- Newspaper restaurant review: *Cinco estrellas para El Palmito*

RECURSOS

These student supplements provide additional practice:
- Textbook Audio CD
- Workbook/Video Manual (WB/VM)
- Lab Manual (LM)
- WB/VM/LM Answer Key
- Lab Audio CDs
- Video CD-ROM
- Interactive CD-ROM

¡A COMER!

el camarero
waiter

EN UN RESTAURANTE

el plato (principal) *(main) dish*
la sección de (no) fumadores *(non) smoking section*

el almuerzo *lunch*
la cena *dinner*
la comida *food; meal*
el desayuno *breakfast*

almorzar (o:ue) *to have lunch*
cenar *to have dinner*
desayunar *to have breakfast*
pedir (e:i) *to order (food)*
probar (o:ue) *to taste; to try*
recomendar (e:ie) *to recommend*
servir (e:i) *to serve*

el menú
menu

los entremeses
hors d'oeuvres

CARNES Y MARISCOS

el atún *tuna*
los camarones *shrimp*
la carne *meat*
la carne de res *beef*
la chuleta de cerdo *pork chop*
la hamburguesa *hamburger*
el jamón *ham*
la langosta *lobster*
el pavo *turkey*
el pescado *fish*
la salchicha *sausage*
el salmón *salmon*

el bistec
steak

LOS SABORES

agrio/a *sour*
delicioso/a *delicious*
dulce *sweet*
picante *hot, spicy*
rico/a *tasty; delicious*
sabroso/a *tasty; delicious*
salado/a *salty*

el pollo (asado)
(roast) chicken

los mariscos
seafood

recursos

| R | Textbook CD Lección 8 | WB pp. 75-76 | LM p. 43 | Lab CD Lección 8 | ICD-ROM Lección 8 |

INSTRUCTIONAL RESOURCES WB, LM, OT, Text CD, ICD-ROM

EXPANSION Review color vocabulary by asking what colors the following food items are: **las bananas (amarillas), los tomates (rojos)**, and so forth.

LAS FRUTAS

la banana *banana*
el limón *lemon*
la manzana *apple*
la naranja *orange*
las uvas *grapes*

las frutas
fruit

GRANOS Y VERDURAS

las arvejas *peas*
la cebolla *onion*
los frijoles *beans*
la lechuga *lettuce*
el maíz *corn*
la papa/patata *potato*
el tomate *tomato*
la zanahoria *carrot*

los champiñones
mushrooms

las verduras
vegetables

EXPANSION Play "Twenty Questions". Ask a volunteer to think of a food item. The other students ask yes-no questions until someone guesses the item correctly. Ex: **¿Es una fruta? ¿Es roja?** and so forth.

OTRAS COMIDAS

el aceite *oil*
el ajo *garlic*
el arroz *rice*
el azúcar *sugar*
los cereales *cereal; grain*
la ensalada *salad*
el huevo *egg*
la mantequilla *butter*
la margarina *margarine*
la mayonesa *mayonnaise*
el pan (tostado) *(toasted) bread*
las papas/patatas fritas *French fries*
el queso *cheese*
la sal *salt*
la sopa *soup*
el vinagre *vinegar*

la pimienta
pepper

el sándwich
sandwich

BEBIDAS

la bebida *drink*
la cerveza *beer*
el jugo (de naranja) *(orange) juice*
la leche *milk*
el refresco *soft drink*
el té helado *iced tea*
el vino tinto *red wine*

el agua (f.) (mineral)
(mineral) water

el café
coffee

A escuchar

 1 **¿Lógico o ilógico?** Escucha las frases e indica si son **lógicas** o **ilógicas**.

	Lógico	Ilógico
1.	✓	
2.		✓
3.	✓	
4.		✓
5.	✓	
6.	✓	
7.		✓
8.		✓

2 **¿Qué pide Nora?** Escucha la conversación entre Nora y el camarero en un restaurante. Luego indica las comidas y bebidas que Nora pide.

ENTREMESES
___ papas fritas
✓ cóctel de frutas con queso
___ sopa de verduras
___ sopa de pollo
✓ pan con mantequilla

PLATOS PRINCIPALES
___ sándwich de jamón y queso
___ pollo asado
___ hamburguesa
___ hamburguesa con queso
✓ enchiladas de res
___ enchiladas de queso

BEBIDAS
✓ agua mineral
___ té helado
___ leche
___ café
___ jugo de naranja

Restaurante Las Fuentes

Avenida Las Lomas, 22

recursos

R | Textbook CD Lección 8

---

1 SCRIPT

1. Tengo mucho frío. ¿Me puedes traer un café?

2. El almuerzo va a ser sabroso. La mayonesa va a ser el plato principal.

3. Tengo mucho calor. ¿Puede Ud. traerme un refresco?

4. Me encantan las frutas. Los camarones son mi fruta favorita.

5. Las bebidas favoritas de Ernesto son el jugo de naranja y el agua mineral.

6. Juana no desayuna porque se levanta muy tarde.

7. Alberto es camarero. Trabaja en una librería.

8. El pollo es la verdura favorita de Teresa.

2 SCRIPT

WAITER: Buenas tardes, señorita.
NORA: Muy buenas.
W: ¿En qué le puedo servir?
N: Bueno, ¿qué me recomienda Ud?
W: Le recomiendo la sopa de verduras. Es muy sabrosa. También le recomiendo el pollo asado. Es la especialidad de la casa. Nuestras enchiladas de res y de queso son excelentes también.
N: Mmm… no quiero sopa. ¿Me puede traer el cóctel de frutas con queso, y un poco de pan con mantequilla?
W: Sí, señorita.
N: No me gusta el pollo asado pero me gustaría probar las enchiladas de res.
W: Nuestras enchiladas son muy ricas. ¿Y para tomar? ¿Le puedo traer un café, té helado…?
N: Café, no. Hace mucho calor. Pero me puede traer agua mineral.
W: Sí, señorita. Gracias.

INSTRUCTIONAL RESOURCE Text CD

A practicar

3 EXPANSION With the class, list major food categories on the board (**carnes, frutas, bebidas, condimentos**) and categorize all the food items from the vocabulary list.

TEACHING OPTION Bring in a copy of the food pyramid (often on the back of cereal boxes) and have students use magazine photos or other visuals of food items and categorize them into the major food categories.

4 SUGGESTION Have students name the category for each set of food items and add more examples if they can.

5 SUGGESTION Have students work in pairs to complete the sentences. Go over correct answers with the whole class.

3 **¿Qué es?** Identifica estas comidas. Luego indica si son **carnes, frutas, verduras, bebidas** o **condimentos.**

modelo

Un limón: es una fruta.

1. _Un pollo (asado): es una carne._

2. _Una papa: es una verdura._

3. _Una lechuga: es una verdura._

4. _La sal y la pimienta: son condimentos._

5. _El jugo de naranja: es una bebida._

6. _Un bistec: es una carne._

7. _Una zanahoria: es una verdura._

8. _Las uvas: son una fruta._

4 **La comida** Indica la palabra que no está relacionada con su grupo.

1. (mariscos) • manzana • banana
2. salmón • (cereales) • camarones
3. frijoles • champiñón • (naranja) • cebolla
4. (mantequilla) • salchicha • carne de res • jamón
5. arvejas • lechuga • zanahoria • (cerveza)
6. refresco • (sopa) • agua mineral • leche

5 **Completar** Completa las frases con las palabras correctas.

1. El hombre que sirve la comida en un restaurante es el ___camarero___.
2. Camarero, ¿puedo ver el ___menú___, por favor?
3. El bistec y el jamón son dos tipos de ___carne___.
4. El té helado, el café y el refresco son ejemplos de ___bebidas___.
5. El condimento blanco que pongo en mi café es el ___azúcar___.
6. Las tres comidas principales del día son el ___desayuno___, el almuerzo y la cena.

A conversar

6 **¿Te gusta(n)?** Mira la lista e indica si te gusta cada comida o bebida. *Answers will vary.*

¿Te gusta(n)?	Me gusta(n)	No me gusta(n)
1. el vino tinto	_____	_____
2. la hamburguesa	_____	_____
3. el queso	_____	_____
4. los camarones	_____	_____
5. el tomate	_____	_____
6. los champiñones	_____	_____
7. los huevos	_____	_____
8. los limones	_____	_____

Ahora compara tus reacciones con las opiniones de un(a) compañero/a.

modelo

la carne de res
Estudiante 1: A mí me gusta mucho la carne de res.
Estudiante 2: A mí no. Prefiero el pollo.

7 **Conversación** En grupos, contesten las preguntas. *Answers will vary.*

1. ¿Desayunas? ¿Qué comes y bebes por la mañana?
2. ¿A qué hora, dónde y con quién almuerzas?
3. ¿Cuáles son las comidas típicas de tu almuerzo?
4. ¿A qué hora, dónde y con quién cenas?
5. ¿Qué comidas prefieres para la cena?
6. ¿Cuáles son las comidas y bebidas más frecuentes en tu dieta?
7. ¿Te gusta cocinar (*to cook*)? ¿Qué comidas preparas para tus amigos? ¿Y para tu familia?
8. ¿Qué comida les recomiendas a tus amigos? ¿Por qué?
9. ¿Qué comidas te gustaría probar?
10. ¿Eres vegetariano/a? ¿Crees que ser vegetariano/a es una buena idea? ¿Por qué?

6 EXPANSION Take a class survey and determine how many like (and don't like) the foods on this list. Then survey the class for their favorite and least favorite foods.

7 SUGGESTION Have students work in groups of 3 to 5, taking turns asking and answering questions. Have them report on their group's eating habits to the rest of the class.

7 SUGGESTION Point out to students that in addition to **beber**, the verb **tomar** is also used to express **to drink**.

7 SUGGESTION Mention that the mid-day meal is the largest one in many Spanish-speaking countries.

Pronunciación

ll, ñ, c, and z

poll**o**	**ll**ave	e**ll**a	cebo**ll**a

Most Spanish speakers pronounce the letter **ll** like the *y* in *yes*.

ma**ñ**ana	se**ñ**or	ba**ñ**o	ni**ñ**a

The letter **ñ** is pronounced much like the *ny* in *canyon*.

café	**c**olombiano	**c**uando	ri**c**o

Before **a**, **o**, or **u**, the Spanish **c** is pronounced like the *c* in *car*.

cereales	deli**c**ioso	condu**c**ir	cono**c**er

Before **e** or **i**, the Spanish **c** is pronounced like the *s* in *sit*. (In parts of Spain, **c** before **e** or **i** is pronounced like the *th* in *think*.)

zeta	**z**anahoria	almuer**z**o	cerve**z**a

The Spanish **z** is pronounced like the *s* in *sit*. (In parts of Spain, **z** before a vowel is pronounced like the *th* in *think*.)

Práctica Lee las palabras en voz alta.

1. mantequilla
2. cuñado
3. aceite
4. manzana
5. español
6. cepillo
7. zapato
8. azúcar
9. quince
10. compañera
11. almorzar
12. calle

Oraciones Lee las oraciones en voz alta.

1. Mi compañero de cuarto se llama Toño Núñez. Su familia es de la Ciudad de Guatemala y de Quetzaltenango.

2. Dice que la comida de su mamá es deliciosa, especialmente su pollo al champiñón y sus tortillas de maíz.

3. Creo que Toño tiene razón porque hoy cené en su casa y quiero volver mañana para cenar allí otra vez.

Refranes Lee los refranes en voz alta.

Panza llena, corazón contento.[2]

Las apariencias engañan.[1]

1 Looks can be deceiving.
2 A full belly makes a happy heart.

recursos

R				
	Textbook CD Lección 8	LM p. 44	Lab CD Lección 8	ICD-ROM Lección 8

¿Qué tal la comida?

Don Francisco y los estudiantes van al restaurante El Cráter.

VIDEO SYNOPSIS Don Francisco takes the travelers to the **Restaurante El Cráter** for lunch. The owner of the restaurant, doña Rita, welcomes the group and makes recommendations about what to order. After the food has been served, don Francisco and doña Rita plan a surprise birthday party for Maite.

1

JAVIER ¿Sabes dónde estamos?

INÉS Mmm, no sé. Oiga, don Francisco, ¿sabe Ud. dónde estamos?

DON FRANCISCO Estamos cerca de Cotacachi.

2

ÁLEX ¿Dónde vamos a almorzar, don Francisco? ¿Conoce un buen restaurante en Cotacachi?

DON FRANCISCO Pues, conozco a doña Rita Perales, la dueña del mejor restaurante de la ciudad, el restaurante El Cráter.

3

DOÑA RITA Hombre, don Paco, ¿Ud. por aquí?

DON FRANCISCO Sí, doña Rita… y hoy le traigo clientes. Le presento a Maite, Inés, Álex y Javier. Los llevo a las montañas para ir de excursión.

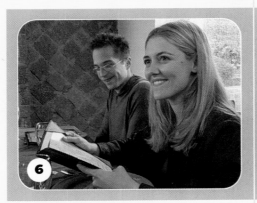

6

MAITE Voy a tomar un caldo de patas y un lomo a la plancha.

JAVIER Para mí las tortillas de maíz y el ceviche de camarón.

ÁLEX Yo también quisiera las tortillas de maíz y el ceviche de camarón.

INÉS Voy a pedir caldo de patas y lomo a la plancha.

7

DON FRANCISCO Yo quiero tortillas de maíz y una fuente de fritada, por favor.

DOÑA RITA Y de tomar, les recomiendo el jugo de piña, frutilla y mora. ¿Se lo traigo a todos?

TODOS Sí, perfecto.

PREVIEW Have the class predict the content of the **fotonovela** based on its title and the video stills. Record the predictions.

8

CAMARERO ¿Qué plato pidió Ud.?

MAITE Un caldo de patas y lomo a la plancha.

SUGGESTION Play only the first half of the video and have the class give you a description of what they see. Then have them guess what will happen in the rest of the segment. Play the entire video segment and discuss the plot.

recursos

| R | Video/VCD-ROM Lección 8 | VM pp. 183-184 | ICD-ROM Lección 8 |

INSTRUCTIONAL RESOURCES VM, Video (Start 00:39:36), VCD-ROM

Personajes

DON FRANCISCO

JAVIER

INÉS

ÁLEX

MAITE

DOÑA RITA

CAMARERO

DOÑA RITA ¡Bienvenidos al restaurante El Cráter! Están en muy buenas manos... don Francisco es el mejor conductor del país. Y no hay nada más bonito que nuestras montañas. Pero, si van a ir de excursión, deben comer bien. Vengan, chicos, por aquí.

JAVIER ¿Qué nos recomienda Ud.?

DOÑA RITA Bueno, las tortillas de maíz son riquísimas. La especialidad de la casa es el caldo de patas... ¡tienen que probarlo! El lomo a la plancha es un poquito más caro que el caldo, pero es sabrosísimo. También les recomiendo el ceviche de camarón y la fuente de fritada.

DOÑA RITA ¿Qué tal la comida? ¿Rica?

JAVIER Rica, no. ¡Riquísima!

ÁLEX Sí, y nos la sirvieron tan rápidamente.

MAITE Una comida deliciosa, gracias.

EXPANSION Ask students about their favorite restaurants, using the active vocabulary in **Expresiones útiles**. Ex: ¿Conoces un buen restaurante en esta ciudad? ¿Cómo se llama? ¿Qué plato pides? ¿Qué tal la comida en ___?

DON FRANCISCO Hoy es el cumpleaños de Maite...

DOÑA RITA ¡Ah! Tenemos unos pasteles que están como para chuparse los dedos...

SUGGESTION Point out that meal times in Spanish-speaking countries differ from country to country.

Expresiones útiles

Finding out where you are
¿Sabe Ud./sabes dónde estamos?
Do you know where we are?
Estamos cerca de Cotacachi.
We're near Cotacachi.

Talking about people and places you're familiar with
¿Conoce Ud./conoces un buen restaurante en Cotacachi?
Do you know a good restaurant in Cotacachi?
Sí, conozco varios.
Yes, I know several.
¿Conoce/conoces a doña Rita?
Do you know Doña Rita?
Sí, es la dueña del mejor restaurante de la ciudad.
Yes, she's the owner of the best restaurant in the city.

Ordering food
¿Qué le puedo traer?
What can I bring you?
Voy a tomar/pedir un caldo de patas y un lomo a la plancha.
I am going to have/to order the beef soup and grilled flank steak.
Para mí las tortillas de maíz y el ceviche de camarón, por favor.
Corn tortillas and lemon-marinated shrimp for me, please.
Yo también quisiera...
I would also like...
Y de tomar, el jugo de piña, frutilla y mora.
And to drink, pineapple-strawberry-blackberry juice.
¿Qué plato pidió Ud.?
What did you order?
Yo pedí un caldo de patas.
I ordered the beef soup.

Talking about the food at a restaurant
¿Qué tal la comida?
How is the food?
Muy rica, gracias.
Very tasty, thanks.
¡Riquísima!
Extremely delicious!

¿Qué piensas?

1 **En el restaurante** Escoge la respuesta (*answer*) que completa cada oración.

1. Inés va a pedir
   a. las tortillas de maíz y la fuente de fritada (*mixed grill*).   b. el ceviche y el caldo de patas.
   c. el caldo de patas y el lomo a la plancha.

2. Doña Rita es
   a. la hermana de don Francisco.   (b.) la dueña del restaurante.
   c. una camarera que trabaja en El Cráter.

3. Don Francisco lleva a los estudiantes a
   a. cenar.   b. desayunar.
   (c.) almorzar.

4. Doña Rita les recomienda a los viajeros
   (a.) el caldo de patas y el lomo a la plancha.   b. el bistec, las verduras frescas y el vino tinto.
   c. unos pasteles (*cakes*).

2 **Preguntas** Contesta las preguntas.

1. ¿Dónde comieron don Francisco y los estudiantes? *Comieron en el restaurante de doña Rita/El Cráter.*

2. Según (*according to*) doña Rita, ¿por qué deben comer bien los viajeros? *Según doña Rita, los viajeros deben comer bien porque van a ir de excursión a las montañas.*

3. ¿Cuál es la especialidad del restaurante? *La especialidad del restaurante es el caldo de patas.*

4. ¿Qué pidió Maite? *Maite pidió el caldo de patas y el lomo a la plancha.*

5. ¿Qué pidió Álex? *Álex pidió las tortillas de maíz y el ceviche de camarón.*

6. ¿Qué tomaron todos? *Todos tomaron el jugo.*

7. ¿Cuándo es el cumpleaños (*birthday*) de Maite? *Hoy es el cumpleaños de Maite.*

8. ¿Qué tal son los pasteles (*cakes*) en El Cráter? *Los pasteles en El Cráter son muy ricos.*

3 **Dos situaciones**

1. Prepara con un(a) compañero/a una conversación en la que le preguntas si conoce algún buen restaurante en su comunidad. Tu compañero/a responde que sí conoce un restaurante donde sirven comida deliciosa. Lo/la invitas a cenar y él/ella acepta. Determinan la hora para verse en el restaurante y se despiden. *Answers will vary.*

2. Trabaja con un(a) compañero/a para representar un diálogo entre un(a) cliente/a y un(a) camarero/a en un restaurante. El/la camarero/a te pregunta qué te puede servir y tú preguntas cuál es la especialidad del restaurante. El/la camarero/a te lo dice y te recomienda algunos platos del menú. Tú pides entremeses, un plato principal y una bebida. El/la camarero/a te da las gracias y luego te sirve la comida. *Answers will vary.*

1 SUGGESTION Warm up by asking: ¿Qué es El Cráter? (un restaurante) ¿Quién es doña Rita? (la dueña del restaurante) ¿Cuáles son algunas de las comidas del menú? (caldo de patas, el lomo a la plancha, el ceviche de camarón, las tortillas de maíz, la fuente de fritada) ¿En qué ciudad está el restaurante El Cráter? (Cotachachi)

2 SUGGESTION Ask volunteers to share answers to the questions.

3 SUGGESTION Have students work in pairs or small groups to prepare the skits. Have several groups perform their skit in front of the class.

Exploración
La comida hispana

1 SUGGESTION Point out that **ceviche** is made with raw fish, shrimp or shellfish, onions, and hot peppers. The ingredients are marinated in lime juice and salt for several hours before serving.

EXPANSION Rice is a staple of Caribbean, Central American, and Mexican cuisine. It often accompanies main dishes and is served with beans, **arroz con frijoles,** or with chicken, **arroz con pollo**.

EXPANSION Typical breakfast foods vary in different parts of the Spanish-speaking world. Some popular breakfasts are: Guatemala: **huevos, frijoles,** and **tortillas** or **champurradas** (eggs, beans and tortillas, or sugar cookies); Spain: **madalenas** (muffins); Costa Rica: **gallo pinto** (black beans and rice); and Venezuela: **perico** (scrambled eggs with peppers and onions.)

EXPANSION After students work in pairs to list traditional regional dishes in **Coméntalo**, have them create the recipe and describe how the dish is prepared. Ask for volunteers to present the recipes to the whole class.

El asado es la barbacoa (*barbecue*) argentina. Un típico asado consiste en chorizos (*sausages*) y otras carnes a la parrilla (*grilled*). Según los argentinos, el secreto de un buen asado es el corte (*cut*) de la carne y el control del fuego (*fire*).

La paella es el típico plato de España. Tradicionalmente se prepara al aire libre. Los ingredientes principales son: arroz, mariscos, pescado, carne y verduras.

El ceviche es una comida muy popular en el Perú y el Ecuador. En su preparación, se combina el jugo de limón con pescado o mariscos crudos (*raw*).

Observaciones
- Hay cerca de 4.000 variedades de papa.
- La palabra **papa** es de origen quechua (la lengua de los incas).
- En el Perú, hay 35 variedades de maíz, más que en ningún otro país del mundo.
- En Madrid, España, el restaurante más antiguo es la Casa Botín, fundado en el año 1725.

Coméntalo

Con un(a) compañero/a, contesta las siguientes preguntas. *Answers will vary.*

- ¿Te gustaría probar los platos mencionados en esta página?
- Describe los platos tradicionales de tu región o comunidad. ¿Los preparas con frecuencia en tu casa? ¿Son fáciles o difíciles de preparar?

recursos

R | vistahigher learning.com

8.1 Preterite of stem-changing verbs

NATIONAL STANDARDS comparisons

▶ As you know, **–ar** and **–er** stem-changing verbs have no stem change in the preterite. **–Ir** stem-changing verbs, however, do have a stem change.

Preterite of –ir stem-changing verbs

	servir (e→i)	morir (to die) (o→u)
yo	serví *I served*	morí *I died*
tú	serviste	moriste
Ud./él/ella	sirvió	murió
nosotros/as	servimos	morimos
vosotros/as	servisteis	moristeis
Uds./ellos/ellas	sirvieron	murieron

▶ Stem-changing **–ir** verbs, in the preterite only, have an **e** to **i** or **o** to **u** stem change in the third-person forms.

INFINITIVE	VERB STEM	STEM CHANGE	PRETERITE
pedir	ped-	pid-	pidió, pidieron
dormir	dor-	dur-	durmió, durmieron

Perdón, ¿quiénes pidieron las tortillas de maíz?

¿Y qué plato pidió usted?

¡Manos a la obra!

Cambia los infinitivos al pretérito.

1. yo [servir, dormir, pedir, preferir, repetir, seguir]
   serví, dormí, pedí, preferí, repetí, seguí

2. Ud. [morir, conseguir, pedir, sentirse, despedirse, vestirse]
   murió, consiguió, pidió, se sintió, se despidió, se vistió

3. tú [conseguir, servir, morir, pedir, dormir, repetir]
   conseguiste, serviste, moriste, pediste, dormiste, repetiste

4. ellas [repetir, dormir, seguir, preferir, morir, servir]
   repitieron, durmieron, siguieron, prefirieron, murieron, sirvieron

5. nosotros [seguir, preferir, servir, vestirse, despedirse, dormirse]
   seguimos, preferimos, servimos, nos vestimos, nos despedimos, nos dormimos

6. Uds. [sentirse, vestirse, conseguir, pedir, despedirse, dormirse]
   se sintieron, se vistieron, consiguieron, pidieron, se despidieron, se durmieron

Práctica

1 ¡Pobre Sr. Suárez! Completa las frases.

1. Los Sres. Suárez llegaron al restaurante a las ocho y ___siguieron___ [seguir] al camarero a una mesa.

2. El Sr. Suárez ___pidió___ [pedir] una chuleta de cerdo. La Sra. Suárez decidió probar los camarones.

3. Para tomar, los dos ___pidieron___ [pedir] vino.

4. El camarero ___repitió___ [repetir] el pedido (*the order*) para confirmarlo.

5. La comida tardó mucho (*took a long time*) en llegar y los Sres. Suárez casi (*almost*) ___se durmieron___ [dormirse] esperándola.

6. A las nueve les ___sirvió___ [servir] la comida.

7. Después de comer la chuleta de cerdo, el Sr. Suárez ___se sintió___ [sentirse] muy mal.

8. De repente, el Sr. Suárez se ___murió___ [morir].

9. ¡Pobre Sr. Suárez! ¿Por qué no ___pidió___ [pedir] los camarones?

2 El camarero loco Indica lo que los clientes pidieron y lo que el camarero loco les sirvió.

modelo

Claudia / hamburguesa
Claudia pidió una hamburguesa, pero el camarero le sirvió zanahorias.

1. Juan y Rafael / té helado
   Juan y Rafael pidieron un té helado, pero el camarero les sirvió vino tinto.

3. Laura / arroz
   Laura pidió arroz, pero el camarero le sirvió camarones.

2. Nosotros / papas fritas
   Nosotros pedimos papas fritas, pero el camarero nos sirvió maíz.

4. Margarita / salmón
   Margarita pidió salmón, pero el camarero le sirvió uvas.

Conversación

3 **Preguntas** Usa estas preguntas para entrevistar a tu compañero/a. *Answers will vary.*

¿Te acostaste tarde o temprano anoche?

Me acosté tarde, a la una de la mañana.

1. ¿Te acostaste tarde o temprano anoche? ¿A qué hora te dormiste? ¿Dormiste bien?

2. ¿A qué hora te despertaste esta mañana? ¿A qué hora te levantaste?

3. ¿Llegaste a tiempo (*on time*) a la clase de español?

4. ¿Cuándo empezaste a estudiar español?

5. ¿Se durmió alguien en alguna de tus clases la semana pasada? ¿En qué clase?

6. ¿Quién preparó anoche la cena en tu casa? ¿Y quién la sirvió?

4 **Una cena romántica** En grupos, describan la cena romántica de Eduardo y Rosa. Usen la foto y las preguntas como guía (*as a guide*). *Answers will vary.*

• ¿Adónde salieron a cenar?

• ¿Qué pidieron?

• ¿Les sirvieron rápidamente (*quickly*) la comida?

• ¿Les gustó la comida?

• ¿Cuánto costó?

• ¿Van a volver otra vez a ese restaurante en el futuro?

Español en vivo

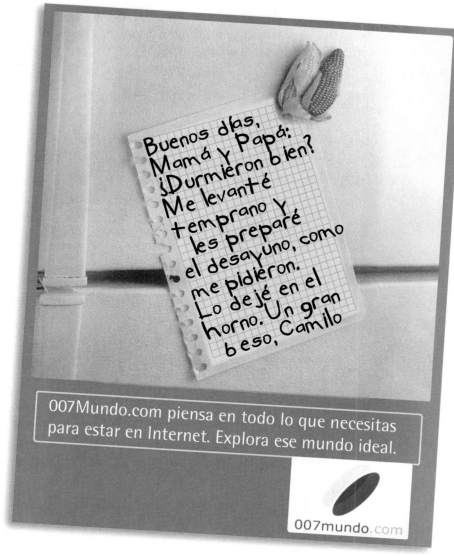

Buenos días, Mamá y Papá: ¿Durmieron bien? Me levanté temprano y les preparé el desayuno, como me pidieron. Lo dejé en el horno. Un gran beso, Camilo

007Mundo.com piensa en todo lo que necesitas para estar en Internet. Explora ese mundo ideal.

007mundo.com

Identificar

Lee el anuncio (*advertisement*) e identifica los verbos que cambian de raíz (*stem*) en el pretérito.

Preguntas

1. ¿Quién escribió la nota del anuncio?

2. ¿Qué les preguntó Camilo a sus padres?

3. En tu opinión ¿se sintieron los padres felices o infelices cuando se despertaron?

8.2 Double object pronouns

▶ In previous lessons you learned that direct and indirect object pronouns replace nouns. You'll now learn how to use direct and indirect object pronouns together.

INDIRECT OBJECT PRONOUNS			DIRECT OBJECT PRONOUNS	
me	nos	**+**	lo	los
te	os			
le (se)	les (se)		la	las

▶ When direct and indirect object pronouns are used together, the indirect object pronoun goes before the direct object pronoun.

I.O.	D.O.		DOUBLE OBJECT PRONOUNS

El camarero **me muestra** el menú.
The waiter shows me the menu.
▶ El camarero **me lo muestra.**
The waiter shows it to me.

Nos **sirven** los platos.
They serve us the dishes.
▶ Nos **los sirven.**
They serve them to us.

Maribel **te pidió** una hamburguesa.
Maribel ordered a hamburger for you.
▶ Maribel **te la pidió.**
Maribel ordered it for you.

Y de tomar, les recomiendo el jugo de piña... ¿Se lo traigo a todos?

Sí, perfecto.

▶ The indirect object pronouns **le** and **les** always change to **se** when they are used with **lo, los, la,** and **las.**

I.O.	D.O.		DOUBLE OBJECT PRONOUNS

Le **escribí** la carta.
I wrote him the letter.
▶ Se la **escribí.**
I wrote it to him.

Les **sirvió** los entremeses.
He served them the hors d'oeuvres.
▶ Se los **sirvió.**
He served them to them.

Le **pedimos** un café.
We ordered him a coffee.
▶ Se lo **pedimos.**
We ordered it for him.

INSTRUCTIONAL RESOURCES WB, LM, IRM (teaching tips, etc.), ICD-ROM

Práctica

1 **En un restaurante** Imagínate que trabajas de camarero/a en un restaurante. Indica lo que se dicen (*say to each other*) tú y tus clientes. *Answers will vary.*

modelo

Sra. Guzmán
Sra. Guzmán: Una hamburguesa, por favor.
Camarero/a: Enseguida (*right away*) se la traigo.

1. Tus compañeros/as de cuarto
4. Tus padres

2. Tu profesor(a) de español
5. Srta. Salas

3. Sr. Ramos
6. Dr. Cifuentes

2 **¿Quién?** La Sra. Cevallos está hablando sola de los planes para una cena. Cambia los sustantivos subrayados (*underlined nouns*) por pronombres de objeto directo.

modelo ¿Quién va a traerme la carne del supermercado? [Mi esposo]
Mi *esposo* va a traérmela./Mi *esposo* me la va a traer.

1. ¿Quién les mandó las invitaciones a los invitados (*guests*)? [Mi hija] *Mi hija se las mandó.*

2. ¿Quién me puede comprar el pan? [Mi hijo]
Mi hijo puede comprármelo./Mi hijo me lo puede comprar.

3. ¿Quién puede prestarme los platos que necesito? [Mi mamá] *Mi mamá puede prestármelos./Mi mamá me los puede prestar.*

4. Nos falta mantequilla. ¿Quién nos trae la mantequilla? [Mi cuñada] *Mi cuñada nos la trae.*

5. ¡Los postres (*desserts*)! ¿Quién está preparándonos los postres? [Silvia y Renata] *Silvia y Renata están preparándonoslos./Silvia y Renata nos los están preparando.*

6. ¿Quién puede pedirle el azúcar a Mónica? [Mi hijo] *Mi hijo puede pedírselo./Mi hijo se lo puede pedir.*

Conversación

3 **Contestar** Trabajen en parejas (*pairs*) y formulen preguntas usando las palabras interrogativas **¿Quién?** o **¿Cuándo?** *Answers will vary.*

modelo

nos enseña español
Estudiante 1: ¿Quién nos enseña español?
Estudiante 2: La profesora Castro nos lo enseña.

Preguntas	Respuestas
1. te escribe mensajes electrónicos	_____
2. me vas a prestar tu computadora	_____
3. les vende los libros de texto a los estudiantes	_____
4. le enseñó español al/a la profesor(a)	_____
5. te compró esa camiseta	_____
6. me vas a mostrar tu casa o apartamento	_____

4 **Preguntas** Contesta estas preguntas con un(a) compañero/a. *Answers will vary.*

1. ¿Me prestas tu coche (*car*)? ¿Ya le prestaste tu coche a otro amigo?
2. ¿Me puedes comprar un coche nuevo?
3. ¿Quién te presta dinero cuando lo necesitas?
4. ¿Les prestas dinero a tus amigos? ¿Por qué?
5. ¿Les prestas tu casa o apartamento a tus amigos? ¿Por qué?
6. ¿Nos compras el almuerzo a mí y a los otros compañeros de clase?
7. ¿Me describes tu casa?
8. ¿Quién te va a preparar la cena esta noche?
9. ¿Quién te va a preparar el desayuno mañana?
10. ¿Vas a leerles el cuento (*story*) de "Blancanieves" (*Snow White*) a tus nietos? ¿Qué otros cuentos les vas a leer?

▸ Because **se** has multiple meanings, Spanish speakers clarify to whom the pronoun refers by adding **a Ud., a él, a ella, a Uds., a ellos,** or **a ellas.**

¿El sombrero? Carlos **se** lo vendió **a ella.**
The hat? Carlos sold it to her.

¿Las verduras? Ellos **se** las compran **a Ud.**
The vegetables? They buy them for you.

▸ Double object pronouns are placed before a conjugated verb. With infinitives and present participles, double object pronouns may be placed before the conjugated verb or attached to the end of the infinitive or present participle.

▸ When double object pronouns are attached to an infinitive or a present participle, an accent mark is added to maintain the original stress.

Me lo estoy comiendo.
Estoy comiéndo**melo.**
I am eating it.

Se la van a traer.
Van a traér**sela.**
They are going to bring it to you.

DOUBLE OBJECT PRONOUNS	DOUBLE OBJECT PRONOUNS
Te lo **voy a mostrar.**	Voy a mostrár**te**lo.
Nos las **están sirviendo.**	Están sirviéndo**nos**las.

Qué tal la comida, ¿rica?

Sí, y nos la sirvieron tan rápidamente.

¡Manos a la obra!

Escribe el pronombre de objeto directo o indirecto que falta en cada frase.

Objeto directo

1. ¿La ensalada? El camarero nos __la__ sirvió.
2. ¿El salmón? La dueña me __lo__ recomienda.
3. ¿La comida? Voy a preparárte __la__.
4. ¿Las bebidas? Estamos pidiéndose __las__.
5. ¿Los refrescos? Te __los__ puedo traer ahora.
6. ¿Los platos de arroz? Van a servírnos __los__ después.

Objeto indirecto

1. ¿Puedes traerme tu plato? No, no __te__ lo puedo traer.
2. ¿Quieres mostrarle la carta? Sí, voy a mostrár __se__ la ahora.
3. ¿Les serviste la carne? No, no __se__ la serví.
4. ¿Vas a leerle el menú? No, no __se__ lo voy a leer.
5. ¿Me recomiendas la langosta? Sí, __te__ la recomiendo.
6. ¿Cuándo vas a prepararnos la cena? __Se__ la voy a preparar en una hora.

8.3 Saber and conocer

NATIONAL comparisons STANDARDS

▸ Spanish has two verbs that mean *to know*, **saber** and **conocer**, but they are used differently. Note that only the **yo** forms of **saber** and **conocer** are irregular in the present tense.

Saber and conocer

	saber		conocer
yo	sé		conozco
tú	sabes		conoces
Ud./él/ella	sabe		conoce
nosotros/as	sabemos		conocemos
vosotros/as	sabéis		conocéis
Uds./ellos/ellas	saben		conocen

▸ **Saber** means *to know a fact or piece(s) of information* or *to know how to do something.*

No **sé** tu número de teléfono.
I don't know your telephone number.

Mi hermana **sabe** hablar francés.
My sister knows how to speak French.

▸ **Conocer** means *to know or be familiar/acquainted with a person, place, or thing.*

¿**Conoces** la ciudad de Nueva York?
Do you know New York City?

No **conozco** a tu amigo Esteban.
I don't know your friend Esteban.

▸ When the direct object of **conocer** is a person or pet, the personal **a** is used. Compare these sentences.

¿**Conoces a** Rigoberta Menchú?

¿**Conoces** ese restaurante?

¡ojo! These verbs are conjugated like **conocer**.

conducir (*to drive*)	conduzco, conduces, conduce, etc.
ofrecer (*to offer*)	ofrezco, ofreces, ofrece, etc.
parecer (*to seem*)	parezco, pareces, parece, etc.
traducir (*to translate*)	traduzco, traduces, traduce, etc.

¡Manos a la obra!

 Escribe las formas apropiadas de **saber** y **conocer**.

1. José no _____sabe_____ la hora.
2. Ud. y yo _____conocemos_____ bien Miami.
3. Mis padres _____saben_____ hablar japonés.
4. Nadie me _____conoce_____ bien.
5. ¿_____Conoces_____ tú a la tía de Eduardo?
6. ¿Por qué no _____sabes_____ tú estos verbos?
7. Mis hermanas no _____saben_____ nadar.
8. Yo _____sé_____ a qué hora empieza la clase.
9. ¿_____Conoce_____ Ud. las librerías de Madrid?
10. Sara y yo _____sabemos_____ jugar al tenis.

Práctica

1 Completar Completa las frases con la forma apropiada de **saber** o **conocer**.

Quetzaltenango

1. —¿_____Saben_____ Uds. dónde vive Pilar?
   —No, nosotras no lo _____sabemos_____.
2. Mi amiga Carla _____sabe_____ conducir, pero yo no _____sé_____.
3. —¿_____Conoces_____ a Mateo, mi hermano mayor?
   —No, no lo _____conozco_____.
4. —Todavía no _____conozco_____ a tu novio.
   —Sí, ya lo _____conoces_____.
5. Tú _____sabes_____ esquiar, pero Tino y Luis son pequeños y no _____saben_____.
6. —Nosotros no _____conocemos_____ Guatemala.
   —Ah, ¿no? Yo _____conozco_____ bien las ciudades de Escuintla, Quetzaltenango y Antigua.
7. Roberto_____conoce_____ bien el *Popol Vuh*, el libro sagrado de los mayas; también _____sabe_____ leer los jeroglíficos de los templos mayas.

2 Oraciones Combina las palabras de las tres columnas para hacer oraciones completas. *Answers will vary.*

modelo

No conozco a Cher. Yo conozco a Andy García.

Sujetos	Verbos	Objetos directos
Katie Couric		Cameron Díaz
Cher		Andy García
Ozzy Osbourne		cantar
Tom Hanks		el lago de Maracaibo en Venezuela
Carlos Santana	(no) conocer	hablar dos lenguas extranjeras
Manny Ramírez	(no) saber	hacer reír (*laugh*) a la gente
yo		la fecha de hoy
tú		escribir novelas de terror
tu compañero/a		programar computadoras
tu profesor(a)		muchas personas importantes

Conversación

 3 **Deportes** Pregúntale a un(a) compañero/a qué deportes practica y por qué. *Answers will vary.*

modelo

Estudiante 1: ¿Sabes esquiar?
Estudiante 2: Sí, sé esquiar porque aprendí de niño./ Sí, sé esquiar porque me gusta mucho el invierno.

4 **Preguntas** Con un(a) compañero/a, contesten las siguientes preguntas. *Answers will vary.*

1. ¿Qué restaurantes buenos conoces? ¿Cenas en los restaurantes frecuentemente (*frequently*)?
2. En tu familia, ¿quién sabe cantar mejor (*best*)? ¿Tu opinión es objetiva?
3. ¿Conoces a algún/alguna artista hispano/a?
4. ¿Sabes usar bien Internet? ¿Te parece fácil o difícil usar la computadora?
5. ¿Sabes escuchar cuando alguien te habla de sus problemas?
6. ¿Conoces a algún/alguna chef famoso/a? ¿Qué tipo de comida prepara?
7. ¿Conoces a algún/alguna escritor(a) famoso/a?
8. ¿Sabes si ofrecen cursos de administración de empresas en tu universidad?

Español en vivo

Él sabe dónde comer lo que más le gusta

Él sabe cómo jugar cuatro horas seguidas

Él sabe dónde está su regalo de cumpleaños

Él sabe dónde divertirse

... y usted sabe dónde puede encontrar un poco de todo. ¿Conoce algún otro lugar como éste?

Oviedo Centro Comercial

Sabe lo que te gusta

Identificar

Lee al anuncio (*advertisement*) y busca ejemplos de los verbos **saber** y **conocer**.

Preguntas

1. Después de leer el anuncio, ¿qué sabes del Centro Comercial Oviedo?
2. ¿Qué puedes hacer en el Centro Comercial Oviedo?
3. ¿A quién está dirigido el anuncio?
4. ¿Conoces un centro comercial como éste? ¿Cómo se llama? ¿En qué ciudad está?

8.4 Comparisons and superlatives

Comparisons of inequality

▶ Comparisons of inequality are formed by placing **más** (*more*) or **menos** (*less*) before adjectives, adverbs, and nouns and **que** (*than*) after them. When the comparison involves a numerical expression, **de** is used before the number.

> *Tengo más hambre que un elefante.*

> *El lomo a la plancha es un poquito más caro que el caldo.*

El té es **más caro que** el jugo.
The tea is more expensive than the juice.

Susana es **menos delgada que** su prima.
Susana is thinner than her cousin.

Tú eres **más alto que** Jorge.
You are taller than Jorge.

Hay **más de cincuenta** naranjas.
There are more than fifty oranges.

▶ With verbs, use this construction to make comparisons of inequality: [*verb*] + **más/menos que**.

Mis hermanos **comen más que** yo.
My brothers eat more than I do.

Antonio **viaja más que** tú.
Antonio travels more than you do.

Arturo **duerme menos que** su padre.
Arturo sleeps less than his father does.

Ana **habla menos que** yo.
Ana talks less than I do.

Comparisons of equality

▶ The constructions **tan** + [*adverb, adjective*] + **como** and **tanto/a(s)** + [*singular noun, plural noun*] + **como** are used to make comparisons of equality.

Este plato es **tan delicioso como** aquél.
This dish is as delicious as that one.

Yo comí **tanta comida como** tú.
I ate as much food as you did.

Tu amigo es **tan simpático como** tú.
Your friend is as nice as you.

Uds. probaron **tantos platos como** ellos.
You tried as many dishes as they did.

▶ Comparisons of equality with verbs are formed by placing **tanto como** after the verb. Note that **tanto** does not change in number or gender.

No **duermo tanto como** mi tía.
I don't sleep as much as my aunt.

Estudiamos **tanto como** ustedes.
We study as much as you do.

Práctica

1 **Tita y Lucila** Escoge (*choose*) la palabra correcta para comparar a dos hermanas muy diferentes. Haz (*make*) las adaptaciones necesarias.

1. Lucila es más alta y más bonita ___que___ [de, más, menos, que] Tita.

2. Tita es más delgada porque practica deportes ___más___ [de, más, menos, que] que su hermana.

3. Lucila es más ___simpática___ [listo, simpático, bajo] que Tita porque es alegre.

4. A Tita le gusta quedarse en casa. Va a ___menos___ [de, más, menos, que] fiestas que su hermana.

5. Tita es tímida e inteligente. ___Estudia___ [abrir, oír, estudiar] más que Lucila. Ahora está tomando más ___de___ [de, más, menos, que] cinco clases.

6. Lucila se preocupa ___menos___ [de, más, menos, que] que Tita por estudiar. ¡Son ___tan___ [como, tan, tanto] diferentes!

2 **Mario y Luis** Completa las oraciones (*sentences*) con las palabras correctas para comparar a Mario y a Luis, los novios de Lucila y Tita.

tantas	tan interesante
tan guapo	amigos extranjeros
diferencia	tantos
como	francés

1. Mario es _tan interesante_ como Luis.

2. Mario viaja tanto ___como___ Luis.

3. Luis habla ___tantas___ lenguas extranjeras como Mario.

4. Luis habla ___francés___ tan bien como Mario.

5. Mario tiene tantos _amigos extranjeros_ como Luis.

6. ¡Qué casualidad (*coincidence*)! Mario y Luis también son hermanos, pero no hay tanta ___diferencia___ entre ellos como entre Lucila y Tita.

Conversación

3 **Comparaciones** En parejas, conversen sobre los siguientes temas u otros. *Answers will vary.*

modelo papas fritas

Estudiante 1: Las papas fritas del restaurante Los Pinos son las mejores del mundo.

Estudiante 2: Pues yo creo que las papas fritas del restaurante López son tan buenas como las papas fritas del restaurante Los Pinos.

Estudiante 1: No, porque son más saladas que las papas fritas del restaurante Los Pinos.

restaurantes en tu comunidad	revistas favoritas
cafés en tu comunidad	libros favoritos
tiendas en tu comunidad	comidas favoritas
periódicos en tu comunidad	los profesores
	los cursos que tomas
	las personas famosas

4 **La familia García** En grupos, túrnense (*take turns*) para hacer comparaciones entre Rafael, Eva, Esteban y Lourdes García. *Answers will vary.*

modelo

Estudiante 1: Esteban es el más guapo de la familia.

Estudiante 2: Pues yo creo que Rafael es tan guapo como Esteban.

Estudiante 1: Mmm, pero Esteban es mucho más alto.

Superlatives

▶ The following construction is used to form superlatives:

> el/la/los/las + [*noun*] + más/menos + [*adjective*] + de

Es el café más rico del país.
It's the most delicious coffee in the country.

Es el menú menos caro de todos éstos.
It is the least expensive menu of all of these.

▶ The noun in a superlative construction can be omitted if it is clear to whom or what the superlative refers.

¿El restaurante El Cráter?
Es **el más elegante de** la ciudad.
The El Cráter restaurant?
It's the most elegant (one) in the city.

Recomiendo el pollo asado.
Es **el más sabroso del** menú.
I recommend the roast chicken.
It's the most delicious item on the menu.

¡ojo! The absolute superlative, which ends in **–ísimo**, is equivalent to the English *extremely/very* + [*adjective*] or *extremely/very* + [*adverb*]. For example: **muchísimo** (*very much*), **malísimo** (*very bad*), **facilísimo** (*extremely easy*).

Irregular comparisons and superlatives

Irregular comparative and superlative forms					
Adjective		**Comparative form**		**Superlative form**	
bueno/a	good	mejor	better	el/la mejor	(the) best
malo/a	bad	peor	worse	el/la peor	(the) worst
grande	big	mayor	bigger	el/la mayor	(the) biggest
pequeño/a	small	menor	smaller	el/la menor	(the) smallest
joven	young	menor	younger	el/la menor	(the) youngest
viejo/a	old	mayor	older	el/la mayor	(the) oldest

▶ When **grande** and **pequeño/a** refer to age, the irregular comparative and superlative forms, **mayor/menor**, are used. However, when **grande** and **pequeño/a** refer to size, the regular forms, **más grande/más pequeño/a**, are used.

Isabel es **la mayor de** los hermanos.
Isabel is the biggest (eldest) of the siblings.

Tu ensalada es **más grande que** ésa.
Your salad is bigger than that one.

▶ The adverbs **bien** and **mal** have the same irregular comparative forms as **bueno/a** and **malo/a**.

Julio nada **mejor que** los otros chicos.
Julio swims better than the other boys.

Ellas cantan **peor que** las otras chicas.
They sing worse than the other girls.

Ampliación

1 Escuchar

A Escucha a Ramón Acevedo. Toma apuntes (*notes*) de las instrucciones que él da.

 TIP **Jot down notes as you listen.** Jotting down notes while you listen will help you to focus actively on comprehension rather than on remembering what you have heard.

Ingredientes del relleno:	Poner dentro del pavo:
carne de cerdo	relleno
zanahorias	sal
papas	pimienta
consomé	
pimienta	
aceite	
ajo	

- Untarlo con _____margarina_____.
- Cubrirlo con _____papel_____ de aluminio.
- Ponerlo en el horno a _____trescientos veinticinco_____ grados, por unas _____cuatro_____ horas.

B ¿Es similar el plato que prepara Ramón Acevedo a algún plato que tu familia come habitualmente? ¿En qué es similar? ¿En qué es distinto?   *Answers will vary.*

2 Conversar

En parejas, túrnense (*take turns*) para contestar estas preguntas. Luego informen a la clase de los resultados.
Answers will vary.

- ¿Con quién comiste la semana pasada?
- ¿A qué restaurante fueron?
- ¿Qué pidieron? ¿Les gustó la comida?
- ¿Se la sirvieron rápidamente (*quickly*)?
- ¿Fue mejor o peor que la comida que comes en casa? ¿Fue muy cara?
- ¿Van a volver a ese restaurante en el futuro?

recursos

R	Textbook CD Lección 8	WB pp. 77-84	LM pp. 45-48	Lab CD Lección 8	ICD-ROM Lección 8	vistahigher learning.com

INSTRUCTIONAL RESOURCE Text CD, IRM (teaching tips, etc.)

---

1 SCRIPT

Bienvenidos a "La hora de la cocina". Hoy vamos a preparar un menú de Guatemala: pavo relleno, verduras en escabeche y un rico dulce de leche. Bueno, vamos a comenzar con el pavo relleno. Necesitan los siguientes ingredientes para servir de diez a doce personas; 1 pavo de 6 kilos, 500 gramos de carne de cerdo, 250 gramos de papas, 250 gramos de zanahorias, pimienta, sal, ajo, consomé, aceite y margarina.

Vamos a comenzar con el relleno. Hay que picar la carne de cerdo y las verduras en pedazos de un centímetro o menos. Ponemos a freír la carne con el ajo. Ponemos las papas a cocinar en un poco de agua. En otra sartén, vamos a freír las zanahorias en aceite, y añadimos las papas cocinadas, pimienta y consomé. Bueno, ya están las verduras. Las revolvemos con la carne. Ahora, vamos a preparar el pavo. Tenemos que lavarlo bien. Le ponemos sal y pimienta por dentro y le ponemos el relleno. Hay que ponerle sal y pimienta por fuera, untarlo con margarina, y cubrirlo con papel de aluminio. Ya estamos listos para ponerlo en el horno a 325 grados por unas 4 horas, más o menos. Les recomiendo un vino blanco para acompañar este plato. ¡Delicioso!

Regresaremos en unos minutos después de los siguientes anuncios importantes. ¡No se vayan! Vamos a preparar unas sabrosas verduras en escabeche.

Ampliación

3 Escribir

Escribe una crítica culinaria sobre un restaurante local para el periódico de la universidad. *Answers will vary.*

⭐ **TIP Expressing and supporting opinions.** Use details, facts, examples, and other forms of evidence to convince your readers to take your opinions seriously.

Organízalo	Usa un mapa de ideas para organizar tus comentarios sobre la comida, el servicio, el ambiente (*atmosphere*) y otras informaciones sobre el restaurante.
Escríbelo	Utiliza tus notas para escribir el primer borrador de tu artículo culinario.
Corrígelo	Intercambia (*exchange*) tu composición con un(a) compañero/a. Comenta sobre el título, la organización, los detalles específicos y los errores de gramática o de ortografía.
Compártelo	Revisa el primer borrador según las indicaciones de tu compañero/a. Incorpora nuevas ideas y/o más información para reforzar (*support*) tu opinión. Luego entrégale (*hand it in*) la crítica culinaria a tu profesor(a).

4 Un paso más

Diseña el menú de un nuevo restaurante en la capital de un país hispano. *Answers will vary.*

- Decide en qué país y ciudad vas a abrir el restaurante.
- Investiga cuáles son las comidas típicas y los platos más populares del país.
- Diseña el menú, incluyendo entremeses, platos principales, ensaladas, postres (*desserts*) y bebidas.
- Indica los precios de los platos en la moneda del país.
- Intercambia tu menú con tres o cuatro compañeros y comparen los platos que escogieron.

 En Internet

Investiga estos temas en el sitio vistahigherlearning.com.
- Capitales de los países hispanos
- Comidas del mundo hispano

El Tamalito
Especialidades guatemaltecas

5a calle (Los Próceres)
Zona 4
Tel: (502) 345 89 76
Fax: (502) 243 56 34

Antes de leer

Reading for the main idea is a useful strategy; it involves locating the topic sentences of each paragraph in order to determine the author's purpose for writing a particular piece. The first sentence in each paragraph can provide clues about the content of each paragraph, as well as impressions of how the entire reading selection is organized.

Examinar el texto

En esta sección tenemos dos textos diferentes. ¿Qué estrategias puedes usar para leer la crítica culinaria? ¿Cuáles son las apropiadas para familiarizarte con el menú? Utiliza las estrategias más eficaces para cada texto. ¿Qué tienen en común?

Identificar la idea principal

Lee la primera frase de cada párrafo de la crítica culinaria del restaurante **El Palomito**. Apunta el tema principal de cada párrafo. Luego lee todo el primer párrafo. ¿Crees que el restaurante le gustó a la autora de la crítica culinaria? ¿Por qué? Ahora lee la crítica entera. En tu opinión, ¿cuál es la idea principal de la crítica? ¿Por qué la escribió la autora? Compara tus opiniones con las de un(a) compañero/a.

SUGGESTION Ask students to scan the menu and give the English equivalents of **Entremeses** (Hors d'oeuvres), **Sopas** (Soups), **Entradas** (Entrees), **Postres** (Desserts), and **Bebidas** (Beverages).

SUGGESTION Discuss the classification of 1 star (*) to 5 stars (*****) when rating the qualities of a restaurant. You may want to give examples from local restaurants that students know.

EXPANSION To further check comprehension ask, **¿Cómo es el servicio en el restaurante? ¿Cuál fue la opinión del crítico respecto a la comida? ¿Cómo son los precios en El Palmito? ¿Cuándo está abierto El Palmito?**

TEACHING OPTION Divide the class into small groups and have them take turns ordering from the El Palmito menu. They should take turns being the waiter/waitress and the customer.

37E

Restaurantes

Cinco estrellas para El Palmito

Margarita Galán, crítica de restaurantes

El viernes pasado cené en el restaurante **El Palmito,** donde se unen de una manera extraordinaria la comida tradicional de nuestra región y la belleza arquitectónica de nuestra ciudad. Su propietario, Héctor Suárez, es uno de los jefes de cocina más respetados del país.

El exterior del restaurante refleja el estilo colonial de la ciudad. Por dentro, la decoración rústica crea un ambiente cálido. Hay que mencionar también el hermoso patio, lleno de plantas y flores, donde muchas personas se reúnen para tomar un café en un ambiente relajado y cordial.

Uno no se puede quejar del servicio de **El Palmito.** El personal del restaurante es muy amable y atento, desde los cocineros que preparan la comida hasta los meseros que la sirven.

La comida del restaurante es exquisita. Las tortillas, que se sirven con ajiaceite, son deliciosas. La sopa de pollo y huevo es excelente, y los frijoles enchilados, ricos. También recomiendo el tomaticán, cocinado con una gran variedad de verduras muy ricas. De postre, don Héctor me preparó su especialidad, un rico pastel de yogur.

Les recomiendo que visiten **El Palmito** cuando tengan ocasión.

El Palmito
de lunes a sábado 10:00am-11:00pm
domingo 11:00am-10:00pm

Comida *****
Servicio *****
Ambiente *****
Precio ****

M E N Ú

Entremeses

Pan tostado con
• Queso frito   • Mantequilla y jalea

Tortillas con
• Ajicomino (chile, comino)   • Ajiaceite (chile, aceite)

Sopas
• Cebolla   • Verduras   • Pollo y huevo   • Mariscos

Platos Principales

Chilaquil
(tortilla de maíz, queso, hierbas y chile)

Tomaticán
(tomate, papas, maíz, chile, arvejas, zanahorias y verduras)

Tamales
(maíz, azúcar, ajo, cebolla)

Frijoles enchilados
(frijoles negros, carne de cerdo o de res, arroz, chile)

Postres
• Helado de piña   • Plátanos caribeños
• Uvate (uvas, azúcar de caña y ron)   • Pastel de yogur

Bebidas
• Té helado   • Vino tinto
• Vino blanco   • Agua mineral   • Jugos
• Chilate (maíz, chile y cacao)

Después de leer

¿Comprendiste?
Selecciona las palabras que mejor completan cada frase.

1. La arquitectura del restaurante es ___colonial___ [moderna, colonial, fea].
2. [Los clientes, Los cocineros, Los camareros] _Los camareros_ sirven la comida.
3. [Los clientes, Los cocineros, Los camareros] _Los cocineros_ preparan la comida.
4. El dueño del restaurante es uno de los ___mejores___ [peores, menores, mejores] jefes de cocina del país.
5. La comida en este restaurante, según la autora, es _muy buena_ [muy buena, mala, regular].

Preguntas

1. ¿Cómo se llama el dueño del restaurante?
   Se llama Héctor Suárez.
2. ¿Qué tipo de comida se sirve en El Palmito?
   Se sirve comida tradicional de la region.
3. ¿Cómo es el ambiente del restaurante?
   El ambiente del restaurante es cálido, relajado y cordial.
4. ¿Quién escribió este artículo?
   Margarita Galán escribió este artículo.
5. ¿Cuántos platos probó la autora del artículo?
   La autora probó cinco platos.

Coméntalo

¿Te interesan las comidas y bebidas que sirven en El Palmito? ¿Cuáles te interesan más? ¿Por qué? ¿Se sirven platos y bebidas similares a éstos en tu región o comunidad? *Answers will vary.*

postres	*desserts*
cálido	*warm*
por dentro	*inside*
hay que	*one must*
jefe de cocina	*head chef*
lleno	*full*
relajado	*relaxed*
ambiente	*atmosphere*
uno no se puede quejar	*one can't complain*
cuando tengan ocasión	*when you have the opportunity*

recursos

R
vistahigher learning.com

Comidas

el/la camarero/a	waiter
el/la dueño/a	owner
el menú	menu
la sección de (no) fumadores	(non) smoking section
el almuerzo	lunch
la cena	dinner
la comida	food; meal
el desayuno	breakfast
los entremeses	hors d'oeuvres
el plato (principal)	(main) dish
agrio/a	sour
delicioso/a	delicious
dulce	sweet
picante	hot, spicy
rico/a	tasty; delicious
sabroso/a	tasty; delicious
salado/a	salty
almorzar (o:ue)	to have lunch
cenar	to have dinner
desayunar	to have breakfast
pedir (e:i)	to order (food)
probar (o:ue)	to taste; to try
recomendar (e:ie)	to recommend
servir (e:i)	to serve

Bebidas

el agua (f.) (mineral)	(mineral) water
la bebida	drink
el café	coffee
la cerveza	beer
el jugo (de fruta)	(fruit) juice
la leche	milk
el refresco	soft drink
el té (helado)	(iced) tea
el vino (blanco/tinto)	(white/red) wine

Verduras

las arvejas	peas
la cebolla	onion
el champiñón	mushroom
la ensalada	salad
los frijoles	beans
la lechuga	lettuce
el maíz	corn
las papas/patatas	potatoes
el tomate	tomato
las verduras	vegetables
la zanahoria	carrot

La carne y el pescado

el atún	tuna
el bistec	steak
los camarones	shrimp
la carne	meat
la carne de res	beef
la chuleta de cerdo	pork chop
la hamburguesa	hamburger
el jamón	ham
la langosta	lobster
los mariscos	seafood
el pavo	turkey
el pescado	fish
el pollo (asado)	(roast) chicken
la salchicha	sausage
el salmón	salmon

Las frutas

la banana	banana
las frutas	fruit
el limón	lemon
la manzana	apple
la naranja	orange
las uvas	grapes

Otras comidas

el aceite	oil
el ajo	garlic
el arroz	rice
el azúcar	sugar
los cereales	cereal; grains
el huevo	egg
la mantequilla	butter
la margarina	margarine
la mayonesa	mayonnaise
el pan (tostado)	(toasted) bread
las papas/patatas fritas	fried potatoes; French fries
la pimienta	pepper
el queso	cheese
la sal	salt
el sándwich	sandwich
la sopa	soup
el vinagre	vinegar

Verbos

conocer	to know; to be acquainted with
conducir	to drive
morir (o:ue)	to die
ofrecer	to offer
parecer	to seem; to appear
saber	to know; to know how
servir (e:i)	to serve
traducir	to translate

Expresiones útiles	See page 189.
Comparisons and superlatives	See pages 198-199.

recursos

| R | Lab CD Lección 8 | LM p. 48 |

AVENTURAS EN LOS PAÍSES HISPANOS

El Amazonas es el río más caudaloso *(the largest)* del mundo. Por ser muy profundo *(deep)* y ancho *(wide)*, tiene otro nombre: "río océano". Los barcos más grandes pueden navegar en él. También pueden navegar barcos pequeños, como la canoa que vemos en la foto. Alrededor *(around)* del río Amazonas hay una gran selva *(jungle)* y muy poca gente vive allí.

SURAMÉRICA I

Venezuela

Área: 912.050 km² (352.144 millas²)
Población: 26.011.000
Capital: Caracas–3.239.000
Ciudades principales:
Maracaibo–2.120.000,
Valencia–2.238.000,
Maracay–1.211.000, Barquisimeto–989.000
Moneda: bolívar

SOURCE: Population Division, UN Secretariat

Colombia

Área: 1.138.910 km² (439.734 millas²)
Población: 44.879.000
Capital: Bogotá–7.442.000
Ciudades principales:
Cali–2.518.000, Medellín–3.168.000,
Barranquilla–1.874.000,
Cartagena–972.000
Moneda: peso colombiano

SOURCE: Population Division, UN Secretariat

Ecuador

Área: 283.560 km² (109.483 millas²)
Población: 13.571.000
Capital: Quito–1.790.000
Ciudades principales:
Guayaquil–2.311.000,
Cuenca–308.000, Machala–244.000,
Portoviejo–197.000
Moneda: dólar estadounidense

SOURCE: Population Division, UN Secretariat

Perú

Área: 1.285.220 km² (496.224 millas²)
Población: 27.379.000
Capital: Lima–8.041.000
Ciudades principales:
Arequipa–797.000, Trujillo–672.000,
Chiclayo–552.000, Iquitos–380.000
Moneda: nuevo sol

SOURCE: Population Division, UN Secretariat

Indígenas de Ecuador

Ecuador tiene mucha población indígena *(native)*. La lengua oficial de Ecuador es el español, pero la gente habla otras lenguas en el país. Aproximadamente unos 4.000.000 de ecuatorianos hablan lenguas indígenas. La mayoría de ellos habla quechua. Los indígenas son agricultores y excelentes tejedores *(weavers)*. Los tejidos de Ecuador son famosos en todo el mundo por sus colores vivos y sus hermosos diseños *(designs)*. En el mercado de Otavalo se venden mantas *(blankets)*, ropas tradicionales y tapices *(tapestries)* hechos por los indígenas.

Lugares

El Salto Ángel

El Salto Ángel, en el sureste de Venezuela, es la catarata *(waterfall)* más alta del mundo. Tiene 979 m. *(3.212 pies)* de altura *(height)*. Es diecisiete veces más alta que las cataratas del Niágara. El Salto Ángel tiene su nombre porque James C. Angel lo descubrió *(discovered)* en 1937. Está en el Parque Nacional Canaima y los indígenas lo llaman *Churún Merú*.

Mar Caribe

Barranquilla

Maracaibo

Medellín

★ Bogotá

Cali

R. Magdalena

COLOMBIA

Pasto

Quito
★
ECUADOR

Guayaquil

Iquitos

Cordillera de los Andes

PERÚ

Lima ★

Cuzco

Océano Pacífico

Lago Titicaca

Arequipa

Puerto España
TRINIDAD

Caracas ⭐

⭐

VENEZUELA

R. Orinoco

GUAYANA

BRASIL

BOLIVIA

PARAGUAY

Gabriel García Márquez

El colombiano Gabriel García Márquez es uno de los escritores contemporáneos más importantes del mundo. Ganó el Premio Nobel de Literatura en 1982. García Márquez publicó su primer cuento *(story)* en 1947, cuando era *(was)* un estudiante universitario. Su libro más famoso se llama *Cien años de soledad*. El estilo literario de García Márquez es el "realismo mágico", un estilo que mezcla *(mixes)* la realidad con la fantasía. Otros escritores relacionados *(related)* con el realismo mágico son Alejo Carpentier *(Cuba)*, Arturo Uslar Pietri *(Venezuela)* y Julio Cortázar *(Argentina)*.

Economía

Las alpacas del Perú

La alpaca es un animal sudamericano de la famila de la llama y la vicuña. Vive en rebaños *(herds)* en los Andes del Perú. La alpaca escupe *(spits)* para defenderse. Es un animal muy importante para la economía del país. Da una lana muy buena que los indígenas peruanos utilizan para hacer ropa, mantas *(blankets)* y bolsas.

¿Qué aprendiste?

1 ¿Cierto o falso? Indica si las oraciones son **ciertas** o **falsas**.

	Cierto	Falso
1. El río Amazonas es el más caudaloso del mundo.	✓	
2. Alrededor del río Amazonas hay una gran playa.		✓
3. La moneda de Ecuador es el dólar estadounidense.	✓	
4. Arequipa es una de las ciudades principales de Venezuela.		✓
5. La lengua oficial de Ecuador es el quichua.		✓
6. Los tejidos de Ecuador son famosos en todo el mundo.	✓	
7. Las cataratas del Niágara son más altas que el Salto Ángel.		✓
8. Los indígenas llaman *Churún Merú* al Salto Ángel.	✓	
9. García Márquez ganó el Premio Nobel en 1982.	✓	
10. García Márquez publicó su primer cuento en 1999.		✓
11. La alpaca es de la familia de la llama y la vicuña.	✓	
12. La alpaca escupe para defenderse.	✓	

2 Preguntas Contesta las siguientes preguntas.

1. ¿Qué otro nombre tiene el río Amazonas? ¿Por qué?
   El otro nombre del río Amazonas es "río océano", por ser muy profundo y ancho.

2. ¿Qué se vende en el mercado de Otavalo? ¿Qué te gustaría comprar allí?
   En el mercado de Otavalo se venden tapices, mantas y ropas tradicionales hechos por los indígenas.

3. ¿Dónde está el Salto Ángel? ¿Crees que se puede nadar allí?
   El Salto Ángel está en el Parque Nacional Canaima, en Venezuela. No se puede nadar en el Salto Ángel porque es muy alto.

4. ¿Cuál es el estilo literario de Gabriel García Márquez? Explica.
   El estilo literario de Gabriel García Márquez es el realismo mágico, un estilo que mezcla la realidad con la fantasía.

5. ¿Por qué crees que la alpaca es importante para la economía del Perú?
   La alpaca es muy importante para la economía del Perú porque da una lana muy buena.

En Internet

Busca más información sobre estos temas en el sitio vistahigherlearning.com. Presenta la información a tus compañeros/as de clase.

- Indígenas de Ecuador
- El Salto Ángel
- Gabriel García Márquez
- Las alpacas del Perú

9 Las celebraciones

PREVIEW Have students look at the photo. Say: **Es una foto de una fiesta.** Then ask: **¿De qué colores son los globos? ¿Cuántas personas hay en la foto? ¿Cómo están las personas? ¿Para quién es un día especial?**

Communicative Goals

You will learn how to:
- wish somebody a happy birthday
- talk about celebrations and personal relationships
- ask for the bill in a restaurant
- express gratitude

PREPARACIÓN

pages 210–215
- Words related to celebrations and desserts
- Personal relationships and stages of life
- The letters **h**, **j**, and **g**

AVENTURAS

pages 216–219
- The students and Don Francisco order dessert while Doña Rita surprises Maite by serving cake, ice cream, and a bottle of wine for her birthday. Everyone congratulates Maite and expresses their gratitude to Doña Rita.

GRAMÁTICA

pages 220–229
- Irregular preterites
- Verbs that change meaning in the preterite
- Relative pronouns
- **¿Qué?** and **¿cuál?**

LECTURA

pages 230–231
- Newspaper article: *Sociedad: Fiesta de cumpleaños, Aniversario, Boda*

RECURSOS

These student supplements provide additional practice:
- Textbook Audio CD
- Workbook/Video Manual (WB/VM)
- Lab Manual (LM)
- WB/VM/LM Answer Key
- Lab Audio CDs
- Video CD-ROM
- Interactive CD-ROM

LAS CELEBRACIONES

SUGGESTION Introduce active vocabulary by asking students if they went to a party recently. Ex: **¿Quiénes fueron a una fiesta este fin de semana? ¿Qué tipo de fiesta? ¿Qué comiste y qué tomaste? ¿Bailaste? ¿Lo pasaste bien?**

la boda
wedding

LAS FIESTAS

el aniversario (de bodas) *(wedding) anniversary*
el día de fiesta *holiday*
la fiesta *party*
el/la invitado/a *guest*
la Navidad *Christmas*
la quinceañera *young woman's fifteenth birthday celebration*
la sorpresa *surprise*

cambiar (de) *to change*
celebrar *to celebrate*
cumplir años *to have a birthday*
dejar una propina *to leave a tip*
divertirse (e:ie) *to have fun*
invitar *to invite*
pagar la cuenta *to pay the bill*
pasarlo bien/mal *to have a good/bad time*

regalar *to give (a gift)*
reírse (e:i) *to laugh*
relajarse *to relax*
sonreír (e:i) *to smile*
sorprender *to surprise*

graduarse (de)
to graduate (from)

el cumpleaños
birthday

brindar
to toast

POSTRES Y OTRAS COMIDAS

la botella de vino *bottle of wine*
los dulces *sweets*
el helado *ice cream*
el pastel *cake*
   de cumpleaños *birthday cake*
los postres *desserts*

las galletas
cookies

el flan
baked custard

el champán
champagne

SUGGESTION Write **divertirse** and **pasarlo bien** on the board and explain their meanings. Then ask students about a recent party they may have attended using both forms. Ex: **¿Te divertiste? ¿Lo pasaste bien?**

recursos

R	Textbook CD Lección 9	WB pp. 89-90	LM p. 49	Lab CD Lección 9	ICD-ROM Lección 9

INSTRUCTIONAL RESOURCES WB, LM, OT, Text CD, ICD-ROM

LAS ETAPAS DE LA VIDA

la etapa *stage*
la juventud *youth*
el nacimiento *birth*
la vida *life*

jubilarse *to retire (from work)*
nacer *to be born*

la niñez
childhood

SUGGESTION Point out that many Hispanics may celebrate their **día del santo**, or Saint's Day. This is the day that celebrates the saint for whom a person was named.

Variación léxica
Point out these lexical items:
comprometerse ➔ prometerse (*Esp.*)
pastel ➔ torta (*Arg., Venez.*) queque (*C. Rica*)

LAS RELACIONES PERSONALES

la alegría *happiness*
la amistad *friendship*
el amor *love*
el divorcio *divorce*
el estado civil *marital status*
el matrimonio *marriage; married couple*
la pareja *couple; partner*
el/la recién casado/a *newlywed*

casado/a *married*
divorciado/a *divorced*
juntos/as *together*
separado/a *separated*
soltero/a *single*
viudo/a *widowed*

la adolescencia
adolescence

SUGGESTION To review new vocabulary and check comprehension, ask:
¿Tiene un soltero una esposa? ¿Cuándo es tu cumpleaños? ¿Qué tipo de pastel te gusta para el cumpleaños? ¿Estás casado/a? ¿Cuándo es tu aniversario? ¿Ocurre la vejez antes o después de la niñez?

la madurez
maturity; middle-age

casarse (con) *to get married (to)*
comprometerse (con) *to get engaged (to)*
divorciarse (de) *to get divorced (from)*
enamorarse (de) *to fall in love (with)*
llevarse bien/mal (con) *to get along well/badly (with)*
odiar *to hate*
romper (con) *to break up (with)*
salir (con) *to go out (with); to date*
separarse (de) *to separate (from)*
tener una cita *to have a date; to have an appointment*

la vejez
old age

OTRAS PALABRAS

el apellido *last name*
el consejo *advice*
la respuesta *answer*

la muerte
death

A escuchar

1 ¿Lógico o ilógico? Escucha las oraciones e indica si son **lógicas** o **ilógicas**.

	Lógico	Ilógico
1.	✓	
2.		✓
3.	✓	
4.		✓
5.		✓
6.		✓
7.	✓	
8.	✓	

2 ¡Feliz cumpleaños! Los amigos de Silvia están preparándole una fiesta de cumpleaños. Escucha la conversación y contesta las preguntas.

1. ¿Sabe Silvia que sus amigos le van a dar una fiesta? *No, porque es una sorpresa.*

2. ¿Qué van a comer los amigos en la fiesta? *Van a comer pastel de chocolate y helado.*

3. ¿A Silvia le gusta el chocolate? *Sí, le encanta el chocolate.*

4. ¿Dónde compraron el helado? *Compraron el helado en la tienda que está al lado de la residencia estudiantil.*

5. ¿Por qué no quieren comer el helado de la cafetería? *Porque el helado de la tienda es mejor.*

6. ¿Cuántos años cumple Silvia? *Silvia cumple dieciocho años.*

7. ¿Con qué brindan los amigos? *Los amigos brindan con champán.*

8. ¿Silvia es mayor o menor que sus amigos? *Silvia es menor que sus amigos.*

recursos

R | Textbook CD Lección 9

INSTRUCTIONAL RESOURCE Text CD, IRM

1 SCRIPT

1. El flan y el helado son postres.

2. Después de divorciarse, una persona está casada.

3. En una fiesta los invitados se ríen y se relajan.

4. Alicia acaba de romper con su novio. Va a casarse con él.

5. Cuando una chica hispana cumple los dieciséis años, celebra su quinceañera.

6. Nuestro camarero fue horrible. Quiero dejarle una buena propina.

7. Después de cenar en un restaurante es importante pagar la cuenta.

8. Amalia Ferrero y su esposo no se llevan bien. Van a separarse.

2 SCRIPT

F1: ¿Estamos listos, amigos? **F2**: Creo que sí. Aquí tenemos el pastel y el helado… **F3**: De chocolate, espero. Uds. saben cómo le encanta a Silvia el chocolate… **F2**: Por supuesto, el chocolate para Silvia. Bueno, un pastel de chocolate, el helado… **F3**: ¿El helado es de la cafetería o lo compraste cerca de la residencia estudiantil? **F2**: Lo compré en la tienda que está al lado de nuestra residencia. Es mejor que el helado de la cafetería. **F1**: Psstt… aquí viene Silvia… **F1, F2, F3**: ¡Sorpresa! ¡Sorpesa, Silvia! ¡Felicidades! Silvia: ¡Qué sorpresa! **F3**: ¿Y cuántos años cumples? Silvia: Dieciocho. ¡Gracias, amigos, muchas gracias! **F1**: Y ahora, ¡brindamos por nuestra amiga! **F2**: ¿Con qué brindamos? ¿Con el champán? **F1**: ¡Cómo no! ¡Por nuestra amiga Silvia, la más joven de todos nosotros!

A practicar

③ SUGGESTION If the activity was done as homework, quickly go over answers in class.

④ EXPANSION Have students work in pairs to tell each other about celebrations in their own families. Remind them to use as many expressions as possible from the lesson vocabulary. Follow up by asking several students to describe the celebrations in their partner's families.

⑤ SUGGESTION After students complete this activity with a partner, go over the answers with the whole class.

---

③ Seleccionar Selecciona la mejor expresión o palabra.

lo pasaron mal	se llevan bien
dejó una propina	se casaron
sonrió	nació
tenemos una cita	nos divertimos
se jubiló	

1. Nelson y Mildred _se casaron_ el septiembre pasado. La boda fue maravillosa.
2. Mi tía le _dejó una propina_ muy grande al camarero.
3. Mi padrastro _se jubiló_ hace un año.
4. A Alejandra le gustan las galletas. Ella _sonrió_ después de comérselas todas.
5. Luis y yo _nos divertimos_ en la fiesta. Bailamos y comimos mucho.
6. ¡Tengo una nueva sobrina! Ella _nació_ ayer por la mañana.
7. Irene y su esposo _se llevan bien_. Son muy felices.
8. Rocío y Eddie _lo pasaron mal_ en el cine. La película fue muy mala.
9. Isabel y yo _tenemos una cita_ esta noche. Vamos a ir a un restaurante muy elegante.

④ La fiesta de Susana Completa las frases con palabras adecuadas.

1. Susana siempre _celebra_ su cumpleaños con su familia y sus amigos.
2. Su mamá invitó a mucha gente; todos los _invitados_ llegaron tarde.
3. Su papá contó chistes (*told jokes*) y todos _se rieron_.
4. A Susana le _regalaron_ muchos regalos.
5. El hermano de Susana comió muchos trozos (*pieces*) de _pastel_.
6. Su amiga Anabela va a _casarse_ con su novio en dos semanas.
7. Susana está un poco triste porque ayer _rompió con_ su novio.
8. Pero Susana _tiene una cita_ el próximo viernes con su amigo Jorge.

⑤ Te equivocas Túrnate (*take turns*) con un(a) compañero/a para decir que sus afirmaciones son falsas. Corrige las afirmaciones falsas usando el opuesto de las expresiones subrayadas.

 modelo
Nuestros amigos <u>lo pasaron mal</u> en la playa.
Estudiante 1: Nuestros amigos lo pasaron mal en la playa.
Estudiante 2: No, te equivocas (*you're wrong*). Ellos lo pasaron bien.

1. <u>El nacimiento</u> es el fin de la vida.
   E1: El nacimiento es el fin de la vida. E2: No, te equivocas. La muerte es el fin de la vida.
2. A los sesenta y cinco años muchas personas <u>comienzan a trabajar.</u>
   E1: A los sesenta y cinco años muchas personas comienzan a trabajar. E2: No, te equivocas. A los sesenta y cinco años muchas personas se jubilan.
3. Francisco y Gloria <u>se divorcian</u> mañana.
   E1: Francisco y Gloria se divorcian mañana. E2: No, te equivocas. Ellos se casan mañana.
4. Pancho <u>se comprometió</u> con Yolanda.
   E1: Pancho se comprometió con Yolanda. E2: No, te equivocas. Pancho rompió con Yolanda.
5. Marcela <u>odia</u> a Ramón.
   E1: Marcela odia a Ramón. E2: No, te equivocas. Marcela quiere a Ramón.
6. <u>La juventud</u> es la etapa de la vida cuando nos jubilamos.
   E1: La juventud es la etapa de la vida cuando nos jubilamos. E2: No, te equivocas. La vejez es la etapa de la vida cuando nos jubilamos.

A conversar

6 **Planes para una fiesta** Trabaja con dos compañeros/as para planear una fiesta. Recuerda incluir la siguiente información. *Answers will vary.*

1. ¿Qué tipo de fiesta es?
2. ¿Dónde va a ser? ¿Cuándo va a ser?
3. ¿A quién van a invitar?
4. ¿Qué van a comer? ¿Quién va a llevar o a preparar la comida?
5. ¿Qué van a beber? ¿Quién va a traer las bebidas?
6. ¿Qué van a hacer todos durante la fiesta?
7. Después de la fiesta, ¿qué van a hacer?

7 **Encuesta** Pregunta a dos o tres compañeros/as para saber qué actitudes (*attitudes*) tienen en sus relaciones personales. Comparte los resultados de la encuesta con la clase. *Answers will vary.*

Preguntas	Nombres	Actitudes
1. ¿Te importa la amistad? ¿Por qué?	_____	_____
2. ¿Es mejor tener un(a) buen(a) amigo/a o muchos amigos?	_____	_____
3. ¿Cuáles son las características que buscas en tus amigos?	_____	_____
4. ¿Tienes novio/a? ¿A qué edad (*age*) es posible enamorarse?	_____	_____
5. ¿Debe la pareja hacer todas las cosas juntos?	_____	_____
6. ¿Debe la pareja tener siempre las mismas opiniones? ¿Por qué?	_____	_____

8 **Una fiesta memorable** Cuéntale (*tell*) a un(a) compañero/a cómo fue una fiesta memorable. Incluye los siguientes elementos. *Answers will vary.*

- ¿Qué?
- ¿Por qué?
- ¿Cuándo?
- ¿Dónde?
- ¿Cómo?
- ¿Quién?
- ¿Cuántos?

6 SUGGESTION Give students ten minutes to plan the party. Ask volunteers to describe the planned party to the class.

6 EXPANSION Have students make invitations for their party. They may also make a shopping list and a "to-do" list.

7 EXPANSION Take a class survey of the attitudes toward friendship and relationships. Write down the questions on the board and ask for a show of hands. Tally the results of the survey.

8 SUGGESTION After students complete the oral exercise, you may want to assign this as written homework.

8 EXPANSION Ask volunteers to talk about their memorable party experiences. Ask others comprehension questions about what was said.

Pronunciación

The letters **h**, **j**, and **g**

SUGGESTION
Model the pronunciation of each word or sentence, having students repeat ater you.

helado   **h**ombre   **h**ola   **h**ermosa

The Spanish **h** is always silent.

José   **j**ubilarse   de**j**ar   pare**j**a

The letter **j** is pronounced much like the English *h* in *his*.

EXPANSION Other words with **h**, **j**, or **g** from the vocabulary list include: **alegría, graduarse, pagar, relajarse, juntos, consejo, vejez**, and **juventud**. Have students repeat these words after you.

a**g**encia   **g**eneral   **G**il   **G**isela

The letter **g** can be pronounced three different ways. Before **e** or **i**, the letter **g** is pronounced much like the English *h*.

Gustavo, **g**racias por llamar el domi**ng**o.

At the beginning of a phrase or after the letter **n**, the Spanish **g** is pronounced like the English *g* in *girl*.

SUGGESTION Have students work in pairs to read aloud the sentences in **Oraciones**. Circulate around the class and model correct pronunciation as needed, focusing on the letters **h**, **j**, and **g**.

Me **g**radué en a**g**osto.

In any other position, the Spanish **g** has a somewhat softer sound.

Guerra   conse**gui**r   **gua**ntes   a**gua**

In the combinations **gue** and **gui**, the **g** has a hard sound and the **u** is silent. In the combination **gua**, the **g** has a hard sound and the **u** is pronounced like the English *w*.

Práctica   Lee las palabras en voz alta, prestando atención a la **h**, la **j** y la **g**.

1. hamburguesa
2. jugar
3. oreja
4. guapa
5. geografía
6. magnífico
7. espejo
8. hago
9. seguir
10. gracias
11. hijo
12. galleta
13. Jorge
14. tengo
15. ahora
16. guantes

Oraciones   Lee las oraciones en voz alta, prestando atención a la **h**, la **j** y la **g**.

1. Hola. Me llamo Gustavo Hinojosa Lugones y vivo en Santiago de Chile.
2. Tengo una familia grande; somos tres hermanos y tres hermanas.
3. Voy a graduarme en mayo.
4. Para celebrar mi graduación mis padres van a regalarme un viaje a Egipto.
5. ¡Qué generosos son!

El hábito no hace al monje.[2]

Refranes   Lee los refranes en voz alta, prestando atención a la **h**, la **j** y la **g**.

A la larga, lo más dulce amarga.[1]

[1] Too much of a good thing.
[2] The clothes don't make the man.

recursos

| R | Textbook CD Lección 9 | LM p. 50 | Lab CD Lección 9 | ICD-ROM Lección 9 |

¡Feliz cumpleaños, Maite!

Don Francisco y los estudiantes celebran el cumpleaños de Maite en el restaurante El Cráter.

VIDEO SYNOPSIS While the travelers are looking at the dessert menu, doña Rita and the waiter bring in some flan, a cake, and some wine to celebrate Maite's birthday. The group leaves doña Rita a nice tip, thanks her, and says goodbye.

INÉS A mí me encantan los dulces. Maite, ¿tú qué vas a pedir?

MAITE Ay, no sé. Todo parece tan delicioso. Quizás el pastel de chocolate.

JAVIER Para mí el pastel de chocolate con helado. Me encanta el chocolate. Y tú Álex, ¿qué vas a pedir?

ÁLEX Generalmente prefiero la fruta, pero hoy creo que voy a probar el pastel de chocolate.

DON FRANCISCO Yo siempre tomo un flan y un café.

DOÑA RITA & CAMARERO ¡Feliz cumpleaños, Maite!

INÉS ¿Hoy es tu cumpleaños, Maite?

MAITE Sí, el 22 de junio. Y parece que vamos a celebrarlo.

TODOS MENOS MAITE ¡Felicidades!

ÁLEX Yo también acabo de cumplir los veintitrés años.

MAITE ¿Cuándo?

ÁLEX El cuatro de mayo.

DOÑA RITA Aquí tienen un flan, pastel de chocolate con helado… y una botella de vino para dar alegría.

MAITE ¡Qué sorpresa! ¡No sé qué decir! Muchísimas gracias.

DON FRANCISCO El conductor no puede tomar vino. Doña Rita, gracias por todo. ¿Puede traernos la cuenta?

DOÑA RITA Enseguida, Paco.

recursos

| R | Video/VCD-ROM Lección 9 | VM pp. 185–186 | ICD-ROM Lección 9 |

PREVIEW Have your students read the first line of dialogue in each video still and then make an educated guess about what happens in this **fotonovela** episode. Record their guesses.

SUGGESTION Ask students to brainstorm a list of things that might happen at a surprise birthday party. Then play the video module and ask your students to take notes. Work with the students to lead them to an accurate plot summary.

Personajes

DON FRANCISCO · JAVIER · INÉS · ÁLEX · MAITE · DOÑA RITA · CAMARERO

MAITE ¡Gracias! Pero, ¿quién le dijo que es mi cumpleaños?
DOÑA RITA Lo supe por don Francisco.

ÁLEX Ayer te lo pregunté, ¡y no quisiste decírmelo! ¿Eh? ¡Qué mala eres!
JAVIER ¿Cuántos años cumples?
MAITE Veintitrés.

INÉS Creo que debemos dejar una buena propina. ¿Qué les parece?
MAITE Sí, vamos a darle una buena propina a la Sra. Perales. Es simpatiquísima.

DON FRANCISCO Gracias una vez más. Siempre lo paso muy bien aquí.
MAITE Muchísimas gracias, Sra. Perales. Por la comida, por la sorpresa y por ser tan amable con nosotros.

Expresiones útiles

Celebrating a birthday party
¡Feliz cumpleaños!
Happy birthday!
¡Felicidades!
Congratulations! (for an event such as a birthday or anniversary)
¡Felicitaciones!
Congratulations! (for an event such as an engagement or a good grade on a test)
¿Quién le dijo que es mi cumpleaños?
Who told you that it's my birthday?
Lo supe por don Francisco.
I found out from Don Francisco.
¿Cuántos años cumples/cumple Ud.?
How old are you now?
Veintitrés.
Twenty-three.

Asking for the bill
¿Puede traernos la cuenta?
Can you bring us the bill?
La cuenta, por favor.
The bill, please.
Enseguida, señor/señora/señorita.
Right away, sir/ma'am/miss.

Expressing gratitude
¡(Muchas) gracias!
Thank you (very much)!
Muchísimas gracias.
Thank you very, very much.
Gracias por todo.
Thanks for everything.
Gracias una vez más.
Thanks once again.

Leaving a tip
Creo que debemos dejar una buena propina. ¿Qué les parece?
I think we should leave a good tip. What do you guys think?
Sí, vamos a darle una buena propina.
Yes, let's give him/her a good tip.

SUGGESTION Have the class look at the **Expresiones útiles**. Draw attention to the forms **dijo** and **supe**. Explain that these are irregular preterite forms of the verbs **decir** and **saber**. They will learn more about these concepts in **Gramática 9.1**.

¿Qué piensas?

1   Completar Completa las frases con la información correcta.

1. De postre, don Francisco siempre pide _____un café y un flan_____ .
2. A Javier le encanta _____el chocolate_____ .
3. Álex cumplió los _____veintitrés_____ años _____el cuatro de mayo_____ .
4. Hoy Álex quiere probar algo diferente. De postre, va a pedir _____pastel de chocolate_____ .
5. El conductor no puede _____tomar vino_____ .
6. Los estudiantes van a dejar _____una buena propina_____ a doña Rita.

1 EXPANSION Have students work in pairs or small groups to write a question that would have elicited each of these statements.

2   Seleccionar Selecciona algunas de las opciones de la lista para completar las frases.

pedir	una sorpresa
una botella de vino	comer
la cuenta	veintitrés
la quinceañera	¡Qué sorpresa!
veintidós	el postre

2 SUGGESTION Have students review the vocabulary before doing this activity.

1. Hoy Maite cumple _____veintitrés_____ años.
2. Maite no sabe que van a celebrar su cumpleaños porque es _____una sorpresa_____ .
3. Cuando una pareja celebra su aniversario y quiere tomar algo especial, compra _____una botella de vino_____ .
4. Después de una cena o un almuerzo, es normal pedir _____el postre/la cuenta_____ .
5. De postre, Inés y Maite no saben exactamente lo que van a _____comer/pedir_____ .
6. Álex tiene _____veintitrés_____ años.

3 TEACHING OPTION Have students work in pairs to ad-lib the restaurant scene from the **fotonovela** for the class. They should try to get the general meaning across using the vocabulary and expressions they know.

3   Situación Trabajen en grupos para representar una conversación. Uno/a de Uds. está celebrando su cumpleaños en un restaurante. Un(a) amigo/a le desea feliz cumpleaños y le pregunta cuántos años cumple. Luego, cada uno/a le pide al/a la camarero/a un postre y algo para beber. Después de comer los postres, un(a) amigo/a pide la cuenta y otro/a habla de dejar una propina. Los amigos dicen que quieren pagar la cuenta y la persona que cumple años les da las gracias por todo. *Answers will vary.*

Exploración
Fiestas y celebraciones

En Sevilla, la Semana Santa (*Holy Week*) es especialmente colorida (*colorful*) y emocionante. Las procesiones religiosas son muy famosas y muchos turistas quieren verlas.

Argentina celebra su independencia el 25 de mayo, fecha en que, en 1810, los argentinos establecieron su propio gobierno (*own government*). La celebración es en la Plaza de Mayo de Buenos Aires; hay discursos oficiales y fuegos artificiales (*speeches and fireworks*).

En México, se celebra el Día de los Muertos (*the dead*) el primero y el dos de noviembre. Mucha gente va al cementerio para honrar a sus seres queridos (*loved ones*). Es común ofrecerles flores, incienso y comida a los muertos.

Observaciones

- Los españoles celebran el Año Nuevo comiendo rápidamente doce uvas.

- En las regiones de la América del Sur donde hace calor en diciembre, es común celebrar la Navidad en la playa.

- En el Ecuador se celebra el Carnaval tirando (*throwing*) agua a todos los que pasan.

Coméntalo

Con un(a) compañero/a, contesta las siguientes preguntas. *Answers will vary.*

- ¿Cuál de estas celebraciones te interesa más? ¿Por qué?
- ¿Son similares o diferentes a los días de fiesta en tu comunidad?
- ¿Cuáles son las fiestas más populares en tu comunidad o región? ¿Cómo las celebras?

recursos

R

vistahigher learning.com

9.1 Irregular preterites

▶ You already know that **ir** and **ser** are irregular in the preterite. Here are some other verbs that are irregular in the preterite.

Preterite of *tener*, *venir*, and *decir*

	tener (e → u)	venir (e → i)	decir (e → i)
yo	**tuv**e	**vin**e	**dij**e
tú	**tuv**iste	**vin**iste	**dij**iste
Ud./él/ella	**tuv**o	**vin**o	**dij**o
nosotros/as	**tuv**imos	**vin**imos	**dij**imos
vosotros/as	**tuv**isteis	**vin**isteis	**dij**isteis
Uds./ellos/ellas	**tuv**ieron	**vin**ieron	**dij**eron

▶ Observe the stem changes in the chart: the **e** in **tener** changes to **u**, and the **e** in **venir** and **decir** changes to **i**. Note also that the **c** in **decir** changes to **j**. None of these verbs have written accents in the **yo** or **Ud./él/ella** forms.

▶ These verbs have similar stem changes.

INFINITIVE	U-STEM	PRETERITE FORMS
poder	pud-	pude, pudiste, pudo, pudimos, pudisteis, pudieron
poner	pus-	puse, pusiste, puso, pusimos, pusisteis, pusieron
saber	sup-	supe, supiste, supo, supimos, supisteis, supieron
estar	estuv-	estuve, estuviste, estuvo, estuvimos, estuvisteis, estuvieron

INFINITIVE	I-STEM	
querer	quis-	quise, quisiste, quiso, quisimos, quisisteis, quisieron
hacer	hic-	hice, hiciste, hizo, hicimos, hicisteis, hicieron

INFINITIVE	J-STEM	
traer	traj-	traje, trajiste, trajo, trajimos, trajisteis, trajeron
conducir	conduj-	conduje, condujiste, condujo, condujimos, condujisteis, condujeron
traducir	traduj-	traduje, tradujiste, tradujo, tradujimos, tradujisteis, tradujeron

¡ojo! Verbs with **j**-stems omit the letter **i** in the **Uds.** form. For example, **tener → tuvieron**, but **decir → dijeron**.

Most verbs that end in **–cir** are **j**-stem verbs in the preterite. For example, **producir → produje, produjiste**, etc.

Práctica

1 Una fiesta sorpresa Completa estas frases con el pretérito de los verbos indicados.

1. El sábado ___hubo___ [haber] una fiesta sorpresa para Elsa en mi casa.
2. Sofía ___hizo___ [hacer] un pastel para la fiesta y Miguel ___trajo___ [traer] un flan.
3. Los amigos y parientes de Elsa ___vinieron___ [venir] y ___trajeron___ [traer] regalos.
4. El hermano de Elsa no ___vino___ [venir] porque ___tuvo___ [tener] que trabajar.
5. Su tía María Dolores tampoco ___pudo___ [poder] venir.
6. Cuando Elsa abrió la puerta, todos gritaron (*shouted*): "¡Feliz cumpleaños!" y su esposo le ___dio___ [dar] un beso.
7. Al final de la fiesta, todos ___dijeron___ [decir] que se divirtieron mucho.
8. La fiesta le ___dio___ [dar] a Elsa tanta alegría que no ___pudo___ [poder] dormir esa noche.

2 ¿Qué hicieron? Usa los verbos apropiados para describir lo que hicieron estas personas.

dar	hacer	venir	traducir
estar	poner	tener	traer

1. El Sr. López/dinero
El Sr. López le dio dinero a su hijo.

3. Nosotros/fiesta
Nosotros tuvimos (hicimos/dimos) una fiesta./Nosotros estuvimos en una fiesta.

2. Norma/pavo
Norma puso el pavo en la mesa.

4. Roberto y Elena/regalo
Roberto y Elena le trajeron/dieron un regalo a su amigo.

Conversación

3 **Preguntas** En parejas, túrnense para contestar estas preguntas. *Answers will vary.*

1. ¿Qué hiciste anoche?
2. ¿Quiénes no estuvieron en clase la semana pasada?
3. ¿Qué trajiste a clase ayer?
4. ¿Qué trajiste a clase hoy?
5. ¿Hiciste la tarea para esta clase?
6. ¿Cuándo hiciste la tarea? ¿Se la diste al/a la profesor(a)?
7. ¿Hubo una fiesta en tu casa o residencia el sábado pasado?
8. ¿Alguien dio una fiesta para tu cumpleaños el año pasado? ¿Quién?
9. ¿Cuándo fue la última (*last*) vez que tus parientes vinieron a visitarte? ¿Te trajeron algo? ¿Qué te trajeron?
10. ¿Les diste a tus padres un regalo para su aniversario de bodas? ¿Qué les regalaste?
11. ¿Le dijiste una mentira a tu novio/a o esposo/a la semana pasada?

4 **Encuesta** Circula por la clase y formula preguntas hasta que encuentres a alguien que corresponda a alguna descripción de la lista. Luego informa a la clase de los resultados de tu encuesta. *Answers will vary.*

Descripciones	Nombres
1. Tuvo un examen ayer.	_____
2. Trajo dulces a clase.	_____
3. Condujo su carro (*car*) a clase.	_____
4. Estuvo en la biblioteca ayer.	_____
5. Le dio consejos a alguien ayer.	_____
6. No pudo levantarse esta mañana.	_____
7. Tuvo que levantarse temprano ayer.	_____
8. Hizo un viaje a un país hispano el verano pasado.	_____
9. Tuvo una cita anoche.	_____
10. Dijo una mentira ayer.	_____
11. Fue a una fiesta el fin de semana pasado.	_____
12. Tuvo que trabajar el sábado pasado.	_____

The preterite of dar

The preterite of *dar*			
yo	di	nosotros/as	dimos
tú	diste	vosotros/as	disteis
Ud./él/ella	dio	Uds./ellos/ellas	dieron

▶ The endings for **dar** are the same as the regular preterite endings for **–er** and **–ir** verbs, but there are no written accent marks.

La camarera me **dio** el menú.
The waitress gave me the menu.

Le **di** a Juan algunos consejos.
I gave Juan some advice.

Los invitados le **dieron** un regalo.
The guests gave him a gift.

Nosotros **dimos** una gran fiesta.
We gave a great party.

▶ The preterite of **hay** (*inf.* **haber**) is **hubo** (*there was/were*).

Hubo una fiesta el sábado pasado.
There was a party last Saturday.

Hubo muchos invitados.
There were a lot of guests.

Hubo una sorpresa especial para mi hermana.
There was a special surprise for my sister.

También **hubo** muchos regalos y champán.
There were also a lot of gifts and champagne.

Hubo una fiesta en el restaurante El Cráter.

Doña Rita les dio una botella de vino a los viajeros.

¡Manos a la obra!

Escribe en cada espacio en blanco la forma correcta del pretérito de cada verbo.

1. Tú ___quisiste___ [querer].
2. Ud. ___dijo___ [decir].
3. Nosotras ___hicimos___ [hacer].
4. Yo ___traje___ [traer].
5. Ellas ___condujeron___ [conducir].
6. Ella ___estuvo___ [estar].
7. Tú ___tuviste___ [tener].
8. Ella y yo ___dimos___ [dar].
9. Yo ___traduje___ [traducir].
10. Ayer ___hubo___ [haber].
11. Ud. ___supo___ [saber].
12. Ellos ___pusieron___ [poner].
13. Yo ___vine___ [venir].
14. Tú ___pudiste___ [poder].
15. Uds. ___quisieron___ [querer].
16. Nosotras ___estuvimos___ [estar].
17. Tú ___dijiste___ [decir].
18. Ellos ___supieron___ [saber].
19. Él ___hizo___ [hacer].
20. Yo ___puse___ [poner].
21. Nosotras ___trajimos___ [traer].
22. Yo ___tuve___ [tener].
23. Tú ___diste___ [dar].
24. Uds. ___pudieron___ [poder].

9.2 Verbs that change meaning in the preterite

▶ **Conocer, saber, poder,** and **querer** change meanings in the preterite.

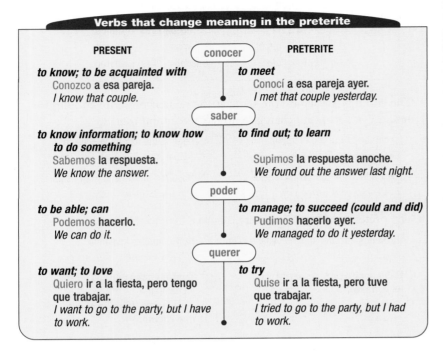

Verbs that change meaning in the preterite

PRESENT	conocer	PRETERITE
to know; to be acquainted with		**to meet**
Conozco a esa pareja.		Conocí a esa pareja ayer.
I know that couple.		I met that couple yesterday.

	saber	
to know information; to know how to do something		**to find out; to learn**
Sabemos la respuesta.		Supimos la respuesta anoche.
We know the answer.		We found out the answer last night.

	poder	
to be able; can		**to manage; to succeed (could and did)**
Podemos hacerlo.		Pudimos hacerlo ayer.
We can do it.		We managed to do it yesterday.

	querer	
to want; to love		**to try**
Quiero ir a la fiesta, pero tengo que trabajar.		Quise ir a la fiesta, pero tuve que trabajar.
I want to go to the party, but I have to work.		I tried to go to the party, but I had to work.

▶ In the preterite, **poder** and **querer** have different meanings, depending on whether they are used in affirmative or negative sentences.

Affirmative		**Negative**	
pude	I was able (to)	no pude	I failed (to)
quise	I tried (to)	no quise	I refused (to)

¡Manos a la obra!

 Cambia los verbos del presente al pretérito.

1. No quiero hacerlo. No ____quise____ hacerlo.
2. ¿Sabes la respuesta? ¿ ____Supiste____ la respuesta?
3. Las chicas pueden divertirse. Las chicas ____pudieron____ divertirse.
4. ¿Conoces a los recién casados? ¿ ____Conociste____ a los recién casados?
5. No puedo encontrar a Patricia. No ____pude____ encontrar a Patricia.
6. Josefina quiere relajarse. Josefina ____quiso____ relajarse.
7. Conocemos a Julio. ____Conocimos____ a Julio ayer.
8. Ella no puede venir a la fiesta. Ella no ____pudo____ venir a la fiesta.
9. Queremos pasarlo bien. ____Quisimos____ pasarlo bien.
10. Uds. saben del problema, ¿no? Uds. ____supieron____ del problema, ¿no?
11. No queremos ir a la fiesta. No ____quisimos____ ir a la fiesta.
12. Puedes venir conmigo. ____Pudiste____ venir conmigo.

Práctica

1 Oraciones Forma frases con los siguientes elementos. Usa el pretérito.

modelo

Mis padres / no querer / venir / fiesta

Mis padres no quisieron venir a la fiesta.

1. Anoche / nosotros / saber / que / Carlos y Eva / divorciarse   *Anoche supimos que Carlos y Eva se divorciaron.*

2. Tú / conocer / Nora / clase / historia / ¿no?
   Tú conociste a Nora en la clase de historia, ¿no?

3. ¿Poder / Uds. / visitar / la Isla de Pascua?
   ¿Pudieron Uds. visitar la Isla de Pascua?

4. Ayer / yo / saber / que / Paco / querer / romper / Olivia   *Ayer yo supe que Paco quiso romper con Olivia.*

5. El señor Navarro / querer / jubilarse / pero / no poder   *El señor Navarro quiso jubilarse pero no pudo.*

6. Gustavo y Elena / conocer / mi esposo / quinceañera de Ana   *Gustavo y Elena conocieron a mi esposo en la quinceañera de Ana.*

7. Yolanda / no poder / dormir / anoche
   Yolanda no pudo dormir anoche.

8. Irma / saber / que / nosotros / comer / galletas
   Irma supo que nosotros comimos las galletas.

9. Ayer / yo / no poder / llamar / tú
   Ayer no pude llamarte.

10. Nosotros / querer / pagar la cuenta
    Nosotros quisimos pagar la cuenta.

2 Completar Completa estas frases de una manera lógica.   *Answers will vary.*

1. Ayer yo supe…
2. Ayer mi compañero/a de cuarto supo…
3. Esta mañana no pude…
4. El fin de semana pasado mis amigos y yo no pudimos…
5. Conocí a mi mejor amigo/a en…
6. Mis padres no quisieron…
7. Mi mejor amigo/a no pudo…
8. Mi novio/a y yo nos conocimos en…
9. La semana pasada supe…
10. Ayer mis amigos quisieron…
11. Mis abuelos pudieron…

INSTRUCTIONAL RESOURCES WB, LM, IRM (teaching tips, etc.), ICD-ROM

Conversación

3 **Telenovela** En parejas, preparen un diálogo para una escena de una telenovela (*soap opera*). La escena trata de (*is about*) una situación amorosa entre tres personas: Mirta, Daniel y Raúl. Usen el pretérito de **conocer, poder, querer** y **saber** en su diálogo. *Answers will vary.*

Daniel

Mirta

Raúl

4 **El fin de semana** Escribe dos listas: las cosas que hiciste durante el fin de semana pasado y las cosas que quisiste hacer, pero no pudiste. Luego, con un(a) compañero/a, comparen sus listas y expliquen por qué no pudieron hacer esas cosas. *Answers will vary.*

Cosas que hice	Cosas que quise hacer
1. _____	1. _____
2. _____	2. _____
3. _____	3. _____
4. _____	4. _____
5. _____	5. _____
6. _____	6. _____
7. _____	7. _____
8. _____	8. _____
9. _____	9. _____
10. _____	10. _____

Español en vivo

Hubo un día en el que la humanidad quiso ir más allá de sus límites. Pudo conocer un mundo increíble. Supo asegurar su futuro.

Ahora todos lo pueden hacer.

BANCO DAVIVIENDA

Identificar

Lee el anuncio e identifica los verbos en el pretérito.

Preguntas

1. ¿Qué quiso hacer la humanidad? ¿Qué pudo conocer?
2. ¿Cuándo llegó el hombre a la Luna (*to the moon*)?
3. ¿Qué tipo de compañía es la del anuncio?
4. ¿Es eficaz (*effective*) la conexión entre el viaje a la Luna y los servicios bancarios?

9.3 Relative pronouns

▶ Relative pronouns are used to combine two sentences or clauses that share a common element, such as a noun or pronoun. Study the following diagrams.

> Éste es el flan.
> *This is the flan.*

> Manuela preparó el flan.
> *Manuela made the flan.*

> Éste es el flan que Manuela preparó.
> *This is the flan that Manuela made.*

> Lourdes es muy inteligente.
> *Lourdes is very intelligent.*

> Lourdes estudia español.
> *Lourdes studies Spanish.*

> Lourdes, quien estudia español, es muy inteligente.
> *Lourdes, who studies Spanish, is very intelligent.*

> La comida que pidieron fue muy sabrosa.

> Doña Rita, quien les sirve el vino, es la dueña del restaurante.

▶ Spanish has three commonly used relative pronouns. Note that relative pronouns never carry an accent, unlike interrogative words like **¿qué?** and **¿quién(es)?**.

Common relative pronouns	
que	*that; which; who*
quien(es)	*who; whom; that*
lo que	*that which; what*

▶ **Que**, the most frequently used relative pronoun, can refer to things or to people. Unlike the English *that*, **que** is never omitted.

¿Dónde está el pastel **que** pedí?
Where is the cake (that) I ordered?

El hombre **que** sirve la comida se llama Diego.
The man who serves the food is named Diego.

Práctica

1 **Una fiesta de aniversario** Amparo está hablando de la fiesta de aniversario de sus abuelos. Completa las oraciones con las expresiones de la lista.

que saqué	de quienes te hablé
quien se jubiló	a quien conozco muy bien, se llama Ana
quien es la novia de Ramón	que se graduó

1. El sábado fui a la fiesta de aniversario de mis abuelos, _de quienes te hablé_ la semana pasada.
2. Éstas son las fotos _que saqué_ durante la fiesta.
3. Éste es Ramón, mi primo. Es el chico _que se graduó_ de la universidad en junio.
4. Éste es mi abuelo, _quien se jubiló_ el año pasado.
5. La mujer en esta foto, _a quien conozco muy bien, se llama Ana_.
6. Y ésta es Lucita, _quien es la novia de Ramón_.

2 **Una fiesta de cumpleaños** Describe la fiesta sorpresa que van a dar Jaime y Tina, usando los pronombres relativos **que, quien, quienes** y **lo que**.

1. Jaime y Tina son las personas _que_ están planeando la fiesta.
2. Manuela, _quien_ cumple veintiún años mañana, no sabe que ellos están planeando una fiesta.
3. Éstas son las personas _que_ van a invitar.
4. Juan y Luz, _quienes_ son los hermanos de Manuela, van a venir.
5. Marco, _quien_ es el novio de Manuela, va a venir también.
6. _Lo que_ Jaime y Tina van a servir de postre es un pastel de chocolate.
7. Después del pastel, _que_ está delicioso, todos brindan con champán.

Conversación

3 Entrevista En parejas, túrnense para hacerse las siguientes preguntas. *Answers will vary.*

1. ¿Qué es lo que más te gusta de los días de fiesta? ¿Por qué?

2. ¿Qué es lo que menos te gusta de los días de fiesta? ¿Por qué?

3. ¿Quiénes son las personas con quienes celebras tu cumpleaños?

4. ¿Quién es el/la pariente o amigo/a a quien más le gustan los cumpleaños? ¿Por qué le gustan tanto?

5. ¿Dónde compras los regalos que le regalas a tu mejor amigo/a?

6. ¿Tienes hermanos o amigos que están casados? ¿Dónde viven?

7. ¿Quién es la persona que más te importa?

8. ¿Quiénes son las personas con quienes te diviertes más? ¿Por qué lo pasas bien con ellos/ellas?

4 Definiciones En parejas, definan las siguientes palabras, usando **que, quien(es)** y **lo que**. Luego compartan sus definiciones con la clase. *Answers will vary.*

modelo

un pastel de cumpleaños

Estudiante 1: ¿Qué es un pastel de cumpleaños?
Estudiante 2: Es un postre que comes en tu cumpleaños./Es lo que comes en tu cumpleaños.

1. el helado
2. el champán
3. una propina
4. una boda
5. un invitado
6. la Navidad
7. una recién casada
8. el divorcio
9. la juventud
10. la vejez
11. una viuda
12. una quinceañera

Uses of que, quien(es), and lo que

▶ **Que** is used like the English *that* after verbs like **creer, decir, pensar,** and **suponer.**

Creo que la fiesta es mañana.
I think (that) the party is tomorrow.

Ana **dice que** no puede venir.
Ana says (that) she can't come.

Pienso que hiciste bien.
I think (that) you did well.

Supongo que va a llover.
I suppose (that) it's going to rain.

▶ **Quien** (singular) and **quienes** (plural) refer only to people and are often used after a preposition or the personal **a.**

Eva, **a quien** vi anoche, cumple veinticinco años hoy.
Eva, whom I saw last night, turns twenty-five today.

¿Son ésas las chicas **de quienes** me hablaste la semana pasada?
Are those the girls you told me about last week?

▶ **Quien(es)** is occasionally used instead of **que** in clauses set off by commas.

Lola, **quien** es cubana, es médica.
Lola, who is Cuban, is a doctor.

Su tía, **que** es alemana, ya llegó.
Her aunt, who is German, already arrived.

Mi hermana, **quien** vive en Madrid, me llamó por teléfono.
My sister, who lives in Madrid, called me on the phone.

Juan, **que** estuvo muy contento, brindó conmigo.
Juan, who was very happy, toasted with me.

▶ **Lo que** refers to an idea, a situation, or a past event and means *what, that which,* or *the thing that.*

Juana tiene todo **lo que** necesitamos.
Juana has everything we need.

Lo que me molesta es el calor.
What bothers me is the heat.

Lo que quiero es verte.
What I want is to see you.

Lo que más te gusta es divertirte.
What you like most is to have fun.

¡Manos a la obra!

Completa las siguientes oraciones con pronombres relativos.

1. La chica ____que____ me invitó a la fiesta se llama Anabel.
2. Ese mercado tiene todo ____lo que____ necesitamos.
3. Úrsula, ____quien____ es la dueña del restaurante, es de Uruguay.
4. Enrique dice ____que____ va a dar una fiesta.
5. Creo ____que____ la fiesta va a ser muy divertida.
6. Donaldo, a ____quien____ viste en la fiesta, es chileno.
7. A Cecilia no le gusta el regalo ____que____ le compré.
8. No me gusta hablar con personas a ____quienes____ no conozco.
9. Rosana es la chica de ____quien____ te hablé.
10. El chico ____que____ está a la izquierda es mi primo.
11. Ana, con ____quien____ voy a la fiesta, es muy simpática.
12. ____Lo que____ me sorprendió fue ver a tantos invitados.

9.4 ¿Qué? and ¿cuál?

▸ As you know, **¿qué?** and **¿cuál?** or **¿cuáles?** mean *what?* or *which?*. However, they are not interchangeable.

▸ **¿Qué?** is used to ask for a definition or explanation.

¿Qué es un flan?
What is flan?

¿Qué estudias?
What do you study?

▸ **¿Cuál(es)?** is used when there is a choice among several possibilities.

¿Cuáles quieres, éstos o ésos?

Which (ones) do you want, these ones or those ones?

¿Cuál es tu apellido, Martínez o Vilanova?

What is your last name, Martínez or Vilanova?

▸ **¿Cuál(es)?** cannot be used before a noun. **¿Qué?** is used instead.

¿Cuál es tu color favorito?
What is your favorite color?

¿Qué colores te gustan?
What colors do you like?

▸ **¿Qué?** used before a noun has the same meaning as **¿cuál?**.

¿Qué regalo te gusta?
What/which gift do you like?

¿Qué dulces quieren Uds.?
What/which sweets do you want?

Interrogative words and phrases

¿a qué hora?	at what time?	¿cuánto/a?	how much?
¿adónde?	(to) where?	¿cuántos/as?	how many?
¿cómo?	how?	¿de dónde?	from where?
¿cuál(es)?	what?; which?	¿dónde?	where?
¿cuándo?	when?	¿qué?	what?; which?
		¿quién(es)?	who?

¡Manos a la obra!

Completa las preguntas con **¿qué?** o **¿cuál(es)?**, según el contexto.

1. ¿ _Cuál_ te gusta más?
2. ¿ _Cuál_ es tu teléfono?
3. ¿ _Qué_ tipo de pastel pediste?
4. ¿ _Qué_ es una quinceañera?
5. ¿ _Qué_ haces ahora?
6. ¿ _Cuáles_ son tus platos favoritos?
7. ¿ _Qué_ bebidas te gustan más?
8. ¿ _Qué_ es esto?
9. ¿ _Cuál_ es el mejor?
10. ¿ _Cuál_ es tu opinión?
11. ¿ _Qué_ fiestas celebras tú?
12. ¿ _Qué_ vino prefieres?
13. ¿ _Cuál_ es tu clase favorita?
14. ¿ _Qué_ pones en la mesa?
15. ¿ _Qué_ restaurante prefieres?
16. ¿ _Qué_ clases tomas?
17. ¿ _Qué_ quieres comer ahora?
18. ¿ _Cuál_ es la tarea para mañana?
19. ¿ _Qué_ color prefieres?
20. ¿ _Qué_ opinas?

Práctica

1 **Minidiálogos** Completa los minidiálogos con las palabras interrogativas correctas.

SORAYA ¿ _Cuándo_ es la fiesta de aniversario de tus padres?
ERNESTO El sábado por la noche.

• • •

MICAELA ¿ _Dónde_ va a ser la fiesta de cumpleaños?
TIMOTEO En casa de mi primo.

• • •

MARCIA ¿ _Cuál_ es tu clase favorita?
CARLOS La clase de arte es mi favorita.

• • •

TOMÁS ¿ _Cuánto_ dinero te van a dar tus abuelos para tu graduación de la universidad?
MERCEDES Dicen que van a darme dos mil dólares.

• • •

LIDIA ¿ _Qué_ compraste para tu sobrino?
MARTA Una raqueta de tenis.

• • •

BLAS ¿ _Adónde_ vas después de la boda?
GIL Mi novia y yo vamos al cine. ¿Quieres venir?

2 **Completar** Completa estas preguntas con una palabra interrogativa. A veces se puede usar más de una palabra interrogativa.

1. ¿En _qué_ país nacieron tus padres?
2. ¿ _Cuál_ es la fecha de tu cumpleaños?
3. ¿ _Cuándo_ naciste?
4. ¿ _Cuál_ es tu estado civil?
5. ¿ _Cuándo/cómo/dónde_ te relajas?
6. ¿ _Cuáles/a qué hora_ son tus programas favoritos de la televisión?
7. ¿ _Quién_ es tu mejor amigo?
8. ¿ _Adónde_ van tus amigos para divertirse?
9. ¿ _Qué_ postres te gustan? ¿ _Cuál_ te gusta más?
10. ¿ _Qué_ problemas tuviste el primer día de clase?
11. ¿ _Cuántos_ primos tienes?

Las celebraciones

Conversación

3 Una invitación En parejas, lean esta invitación. Luego, túrnense para hacerse (*ask each other*) preguntas basadas en la información de la invitación. *Answers will vary.*

FERNANDO SANDOVAL VALERA   LORENZO VÁSQUEZ AMARAL

ISABEL ARZIPE DE SANDOVAL   ELENA SOTO DE VÁSQUEZ

TIENEN EL AGRADO DE INVITARLOS
A LA BODA DE SUS HIJOS

MARÍA LUISA Y JOSÉ ANTONIO

LA CEREMONIA RELIGIOSA TENDRÁ LUGAR
EL SÁBADO 10 DE JUNIO A LAS DOS DE LA TARDE
EN EL TEMPLO DE SANTO DOMINGO
(CALLE SANTO DOMINGO, 961).

DESPUÉS DE LA CEREMONIA SÍRVANSE PASAR A LA RECEPCIÓN EN EL SALÓN
DE BAILE DEL HOTEL METRÓPOLI (SOTERO DEL RÍO, 465).

4 Preguntas Con un(a) compañero/a, formula preguntas sobre las fotos. *Answers will vary.*

modelo

Estudiante 1: ¿Quién es esta mujer?
Estudiante 2: Es una estudiante.
Estudiante 1: ¿Dónde está?
Estudiante 2: En la biblioteca.
Estudiante 1: ¿Qué está haciendo?
Estudiante 2: Está estudiando.

1.
2.
3.
4.

Español en vivo

Identificar

Lee el anuncio e identifica las palabras interrogativas.

Preguntas

1. ¿Qué puedes hacer con un coche (*car*) como éste?
2. ¿Te gustaría comprar un coche como éste? ¿Por qué?
3. ¿Te gusta este anuncio? ¿Por qué? ¿Crees que es eficaz (*effective*)?

doscientos veintisiete **227**

Ampliación

1 Escuchar

A Escucha la conversación entre Josefina y Rosa. Cuando oigas una de las palabras de la **columna A**, usa el contexto para identificar un sinónimo en la **columna B**.

⭐ **TIP Guess meaning through context.** Listen to the words and phrases around an unfamiliar word to guess its meaning.

A	B
___d___ 1. festejar	a. conmemoración religiosa de una muerte
___e___ 2. yo lo disfruté (disfrutar)	b. tolera
___c___ 3. dicha	c. suerte
___h___ 4. bien parecido	d. celebrar
___g___ 5. finge (fingir)	e. me divertí
___b___ 6. soporta (soportar)	f. horror
	g. crea una ficción
	h. guapo

B ¿Son solteras Rosa y Josefina? ¿Cómo lo sabes?
Answers will vary.

2 Conversar

Trabaja con un(a) compañero/a para comparar cómo celebraron Uds. el Día de Acción de Gracias (*Thanksgiving Day*) el año pasado. Incluyan la siguiente información en la conversación. *Answers will vary.*

- ¿Dónde celebraron el día de fiesta? ¿Lo pasaron bien?
- ¿Cuál fue el menú? ¿Quiénes prepararon la comida?
- ¿Trajeron Uds. algo? ¿Qué trajeron?
- ¿Quiénes vinieron a comer? ¿Conocieron a alguien?

recursos

R	Textbook CD Lección 9	WB pp. 91-97	LM pp. 51-54	Lab CD Lección 9	ICD-ROM Lección 9	vistahigher learning.com

---

Margarita Robles de García
y Roberto García Olmos

Piden su presencia en la celebración
del segundo aniversario de bodas
el día 13 de marzo de 2001
con una misa en la Iglesia Virgen del Coromoto
a las 6:30

❧

Seguida por cena y baile
en el restaurante El Campanero,
Calle Principal, Las Mercedes
a las 8:30

---

1 SCRIPT
Josefina: Rosa, ¿te divertiste anoche en la fiesta? **Rosa:** Sí, me divertí más en el aniversario que en la boda. ¡La fiesta estuvo fenomenal! Fue buena idea festejar el aniversario en un restaurante. Así todos pudieron relajarse. **J:** En parte, yo lo disfruté porque son una pareja tan linda; qué dicha que estén tan enamorados después de dos años de matrimonio. Me gustaría tener una relación como la de ellos. Y también saberlo celebrar con tanta alegría. ¡Pero qué cantidad de comida y bebida! ¿Te imaginas cómo va a ser la fiesta de bautizo del primer hijo? **R:** Es verdad que Margarita y Roberto exageran un poco con sus fiestas, pero son de la clase de gente que le gusta celebrar los eventos de la vida. Y como tienen tantas amistades y dos familias tan grandes.... **J:** Oye, Rosa, hablando de familia, ¿llegaste a conocer al cuñado de Magali? Es soltero, ¿no? Quise bailar con él pero no me sacó a bailar. **R:** Hablas de Rafael. Es muy bien parecido; ¡ese pelo...!. Estuve hablando con él después del brindis. Me dijo que no le gustan ni el champán ni el vino; él finge tomar cuando brindan porque no lo soporta. No te sacó a bailar porque él y Susana estaban juntos en la fiesta. **J:** De todos modos, aun sin Rafael, bailé toda la noche. Lo pasé muy, pero muy bien.

INSTRUCTIONAL RESOURCE Text CD, IRM

Ampliación

3 Escribir

En una composición, compara dos celebraciones a las que tú asististe recientemente.
Answers will vary.

 TIP **Use Venn diagrams.** Use Venn diagrams to organize your ideas visually before comparing and contrasting people, places, objects, events, or issues. Differences are listed in the outer circles, similarities where the two circles overlap.

Boda de Silvia Reyes y Carlos Espinoza

Diferencias:
1. Primero hay una celebración religiosa.
2. Se celebra en un restaurante.

Similitudes:
1. Las dos fiestas se celebran por la noche.
2. Las dos fiestas son bailables.

Quinceañera de Ana Ester Larenas Vera

Diferencias:
1. Se celebra en un club.
2. Vienen invitados especiales.

Organízalo Utiliza un diagrama de Venn para anotar las similitudes y las diferencias entre las dos celebraciones.

Escríbelo Utiliza tus notas para escribir el primer borrador de tu composición.

Corrígelo Intercambia tu composición con un(a) compañero/a. Ofrécele algunas sugerencias y si ves errores gramaticales u ortográficos, coméntaselos.

Compártelo Revisa el primer borrador según las indicaciones de tu compañero/a. Incorpora nuevas ideas y/o más información para ampliar la comparación. Luego comparte tu composición con otro/a compañero/a.

4 Un paso más

Imagina que eres un(a) periodista de un país hispano. Escribe un artículo sobre un día de fiesta o una celebración que viste. *Answers will vary.*

- Investiga las fiestas, las celebraciones y los festivales de tu país. Elige la celebración que más te interese.
- Incluye en el artículo el nombre de la celebración, cuándo fue y cómo la celebraron.
- Incluye información sobre la ropa especial que llevaron, la comida, la música y el baile.
- Indica qué hiciste tú durante la celebración.
- Presenta el artículo a la clase. Es importante explicar los detalles y mostrar fotos.

En Internet

Investiga estos temas en el sitio vistahigherlearning.com.
- Festivales nacionales del mundo hispano
- Fiestas religiosas del mundo hispano

Antes de leer

Recognizing root words and word families can help you guess the meaning of words in context, ensuring better comprehension of a reading selection. Using this strategy will enrich your Spanish vocabulary as well. Look through the reading selection and find words related to the following terms.

Give the meanings of both sets of words, based on context and on your knowledge of these words or similar words.

Root word	Related word	Meaning
1. sabroso	_____	_____
2. amar	_____	_____
3. exitoso	_____	_____
4. la diversión	_____	_____
5. el oficial	_____	_____
6. la familia	_____	_____

SOCIEDAD

Fiesta de cumpleaños
Marisa Castillo Solís

Marisa Castillo Solís cumplió 21 años el martes pasado. Para celebrarlo, sus amigos Cristina Montes Vallejo y Tomás Méndez Esquivel le organizaron una fiesta sorpresa en casa de Cristina. Marisa estudia periodismo en la Universidad de Buenos Aires y es una gran amante del cine.

A la fiesta acudió un grupo de amigos de Marisa y su hermano mayor Martín, que viajó desde Mendoza para traerle un regalo muy especial: una colección de las mejores películas argentinas de las últimas décadas. La fiesta fue un gran éxito. Todos los invitados disfrutaron de la comida y se divirtieron bailando al son de diferentes ritmos musicales. De postre, Tomás preparó un delicioso pastel. ¡Felicidades, Marisa!

Aniversario
Lola Navarro de Ibáñez y Bernardo Ibáñez Narváez

Lola Navarro de Ibáñez y Bernardo Ibáñez Narváez celebraron sus cincuenta años de matrimonio en compañía de sus hijos y nietos. La celebración tuvo lugar en el restaurante El Tulipán, donde los invitados saborearon un delicioso banquete. Después de la cena, la Orquesta Armonía animó la fiesta con canciones para todas las edades. Como regalo de aniversario de bodas, los hijos de Lola y Bernardo les organizaron un viaje a Cádiz, ciudad de la costa andaluza española donde se conocieron de niños.

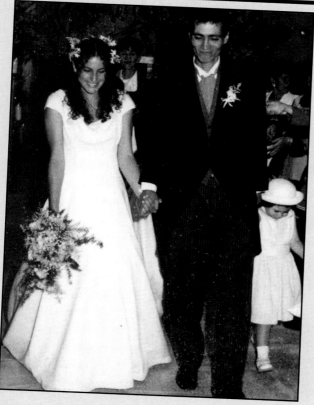

Boda

José Luis Pastor Gómez y Elena Limón Ávila

El pasado 10 de agosto, a las 19 horas, se celebró la boda entre José Luis y Elena en Buenos Aires. La ceremonia fue muy emotiva al ser oficiada por un amigo de la pareja. Tras la breve e íntima ceremonia religiosa, los novios se reunieron con sus invitados en la casa de los padres de José Luis. Allí tuvo lugar el banquete nupcial, que comenzó a las 22:15 de la noche y terminó la mañana siguiente.

SUGGESTION Provide students with announcements from local newspapers and ask them to compare them to those shown here. Point out the layout, photos, format, and the information included.

Después de leer

¿Comprendiste?

Indica si lo que se dice en cada oración es **cierto** o **falso**. Corrige las oraciones falsas.

Cierto	Falso	
	✓	1. Bernardo Ibáñez Narváez y Lola Navarro de Ibáñez tuvieron una fiesta en su casa para celebrar su aniversario de bodas. *La celebración tuvo lugar en el restaurante El Tulipán.*
	✓	2. Martín no pudo asistir a la fiesta de cumpleaños de su hermana. *Martín vino de Mendoza para asistir a la fiesta.*
✓		3. A Marisa le encantan las películas.
✓		4. José Luis Pastor Gómez y Elena Limón Ávila se casaron en una ceremonia religiosa.
	✓	5. Después de la boda de José Luis Pastor Gómez y Elena Limón Ávila, los invitados no comieron nada. *Hubo un banquete después de la boda.*

Preguntas

1. ¿Qué les regalaron a Bernardo y Lola sus hijos?
   Les regalaron un viaje a Cádiz.

2. ¿Cuántos años cumplió Marisa?
   Marisa cumplió veintiún años.

3. ¿Dónde tuvo lugar el banquete después de la boda?
   El banquete tuvo lugar en la casa de los padres de José Luis.

4. ¿Qué le regaló Martín a su hermana Marisa?
   Le regaló una colección de las mejores películas argentinas.

5. ¿Cuántos años de matrimonio celebran Lola y Bernardo?
   Celebran cincuenta años de matrimonio.

Coméntalo

¿Hay una sección de notas sociales en el periódico de tu universidad, comunidad o región? ¿Qué tipo de información encuentras en la sección de notas sociales? ¿La lees normalmente? ¿Por qué? *Answers will vary.*

amante del cine	*film lover*
acudió	*attended*
últimas	*last few*
son	*sound*
éxito	*success*
disfrutaron de	*enjoyed*
saborearon	*enjoyed (with respect to food)*
animó	*livened up*
tuvo lugar	*took place*

recursos

R

vistahigher learning.com

Celebraciones

el aniversario (de bodas)	(wedding) anniversary
la boda	wedding
el cumpleaños	birthday
el día de fiesta	holiday
la fiesta	party
el/la invitado/a	guest
la Navidad	Christmas
la quinceañera	young woman's fifteenth birthday celebration
la sorpresa	surprise
brindar	to toast (drink)
cambiar (de)	to change
celebrar	to celebrate
cumplir años	to have a birthday
dejar una propina	to leave a tip
divertirse (e:ie)	to have fun
graduarse (de)	to graduate (from)
invitar	to invite
pagar la cuenta	to pay the bill
pasarlo bien/mal	to have a good/bad time
regalar	to give (a gift)
reírse (e:i)	to laugh
relajarse	to relax
sonreír (e:i)	to smile
sorprender	to surprise

Postres y otras comidas

la botella de vino	bottle of wine
el champán	champagne
los dulces	sweets; candy
el flan	baked custard
las galletas	cookies
el helado	ice cream
el pastel	cake
el pastel de cumpleaños	birthday cake
los postres	desserts

Relaciones personales

la alegría	happiness
la amistad	friendship
el amor	love
el divorcio	divorce
el estado civil	marital status
el matrimonio	marriage; married couple
la pareja	couple; partner
el/la recién casado/a	newlywed
casado/a	married
divorciado/a	divorced
juntos/as	together
separado/a	separated
soltero/a	single
viudo/a	widowed
casarse (con)	to get married (to)
comprometerse (con)	to get engaged (to)
divorciarse (de)	to get divorced (from)
enamorarse (de)	to fall in love (with)
llevarse bien/mal (con)	to get along well/badly (with)
odiar	to hate
romper (con)	to break up (with)
salir (con)	to go out (with); to date
separarse (de)	to separate (from)
tener una cita	to have a date; to have an appointment

Palabras adicionales

el apellido	last name
el consejo	advice
la respuesta	answer

Las etapas de la vida

la adolescencia	adolescence
la etapa	stage
la juventud	youth
la madurez	maturity; middle-age
la muerte	death
el nacimiento	birth
la niñez	childhood
la vejez	old age
la vida	life
jubilarse	to retire (from work)
nacer	to be born

Expresiones útiles	See page 217.
Relative pronouns	See page 224.
Interrogative words and phrases	See page 226.

recursos

R	Lab CD Lección 9	LM p. 54

INSTRUCTIONAL RESOURCES Tests, Text CD, IRM (supplemental vocabulary)

10 En el consultorio

PREVIEW Have students look at the photo. Say: **Es una foto de una doctora y un paciente. Están en el consultorio.** Then ask: **¿Quién es el paciente? ¿Está bien o está enfermo?**

Communicative Goals

You will learn how to:
- discuss medical conditions
- describe your health
- talk about the body

PREPARACIÓN

pages 234-239
- Words related to sickness, symptoms, medicine, and the doctor's office
- Parts of the body
- Written accent marks and word stress

AVENTURAS

pages 240-243
- Javier hurts himself on the bus. Don Francisco takes him to see Dra. Márquez who, after examining him, concludes that he has only twisted his ankle.

GRAMÁTICA

pages 244-251
- The imperfect tense
- Constructions with **se**
- Adverbs

LECTURA

pages 252-253
- Newspaper column:
  El consultorio: Dra. Fernanda Jiménex Ocaña

RECURSOS

These student supplements provide additional practice:
- Textbook Audio CD
- Workbook/Video Manual (WB/VM)
- Lab Manual (LM)
- WB/VM/LM Answer Key
- Lab Audio CDs
- Video CD-ROM
- Interactive CD-ROM

EN EL CONSULTORIO

EL CUERPO

el corazón *heart*
el cuerpo *body*
el estómago *stomach*
el hueso *bone*
la rodilla *knee*
el tobillo *ankle*

el pie *foot*
la pierna *leg*

la cabeza *head*
el cuello *neck*
la garganta *throat*
el brazo *arm*
el dedo *finger*

el ojo *eye*
la oreja *(outer) ear*
la nariz *nose*
la boca *mouth*

LA SALUD

el accidente *accident*
la clínica *clinic*
el consultorio *doctor's office*
el/la doctor(a) *doctor*
el/la enfermero/a *nurse*
el examen médico *physical exam*
el hospital *hospital*
el/la paciente *patient*
la operación *operation*
la radiografía *X-ray*
la sala de emergencia(s) *emergency room*
la salud *health*

la farmacia
pharmacy

el dentista
dentist

recursos

R	Textbook CD Lección 10	WB pp. 99-100	LM p. 55	Lab CD Lección 10	ICD-ROM Lección 10

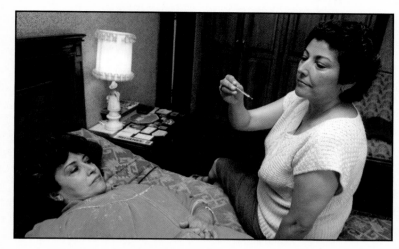

VERBOS

caerse *to fall (down)*
enfermarse *to get sick*
lastimarse (el pie) *to injure oneself (one's foot)*
poner una inyección *to give an injection*
recetar *to prescribe*
romperse (la pierna) *to break (one's leg)*
sacar(se) una muela *to have a tooth pulled*
torcerse (el tobillo) *to sprain (one's ankle)*

tomar(le) la temperatura (a alguien)
to take (someone's) temperature

VARIACIÓN LÉXICA
Point out these lexical items:
resfriado → resfrío (*Cono Sur*), catarro
sala de emergencia(s) → sala de urgencias (*Amér. L.*)
romperse → quebrarse (*Amér. L.*)

ENFERMEDADES Y SÍNTOMAS

el dolor (de cabeza) *(head)ache; pain*
la enfermedad *illness; sickness*
la gripe *flu*
la infección *infection*
el resfriado *cold*
el síntoma *symptom*
la tos *cough*

SUGGESTION To test comprehension, ask: ¿Cuáles son las síntomas de un resfriado? ¿de la gripe? Qué necesita hacer una persona con un resfriado? ¿con la gripe? ¿con el tobillo torcido? ¿con fiebre?

congestionado/a *congested; stuffed-up*
mareado/a *dizzy; nauseated*

doler (o:ue) *to hurt*
estar enfermo/a *to be sick*
ser alérgico/a (a) *to be allergic (to)*
tener fiebre (f.) *to have a fever*
toser *to cough*

VARIACIÓN LÉXICA Point out the following false cognates related to health that students should be aware of. **Embarazada** means *pregnant*, not *embarrassed*. **Constipado/a** means *congested; stuffed up*, not *constipated*.

estornudar
to sneeze

LOS MEDICAMENTOS

el antibiótico *antibiotic*
el medicamento *medication*
la medicina *medicine*
las pastillas *pills; tablets*
la receta *prescription*

la aspirina
aspirin

ADJETIVOS

embarazada *pregnant*
grave *grave; serious*
médico/a *medical*
saludable *healthy*
sano/a *healthy*

A escuchar

1 **Escuchar** Escucha las frases y selecciona la respuesta más adecuada.

1. ___c___
2. ___e___
3. ___g___
4. ___d___
5. ___f___
6. ___h___
7. ___a___
8. ___b___

a. Tengo dolor de cabeza y fiebre.
b. No fui a la clase porque estaba enfermo.
c. Me caí ayer jugando al tenis.
d. Debes ir a la farmacia.
e. Porque tengo gripe.
f. Sí, tengo mucha tos por las noches.
g. Lo llevaron directamente a la sala de emergencia.
h. No sé. Todavía tienen que tomarme la temperatura.

2 **Me duele** Escucha la conversación entre Virginia Cubillos y el doctor Dávila. Luego indica las frases que resumen (*sum up*) la conversación.

_____ 1. Virginia le dice a la enfermera que le duelen las rodillas.
✓ 2. La chica dice que tomó una aspirina anoche.
✓ 3. El médico le pregunta a Virginia si se cayó o tuvo un accidente.
_____ 4. Virginia dice que ayer corrió cinco kilómetros con un amigo.
_____ 5. El Dr. Dávila le receta un antibiótico a Virginia.
_____ 6. El médico le dice a Virginia que puede correr mañana si se toma las pastillas.
✓ 7. El médico le recomienda tomar dos pastillas al día.
✓ 8. El Dr. Dávila le dice a Virginia que no debe correr por siete días.

recursos

R
Textbook CD
Lección 10

1 SCRIPT
1. ¿Cuándo te caíste?
2. ¿Por qué vas al médico?
3. ¿Adónde llevaron a Juan después del accidente?
4. ¿Adónde debo ir para conseguir estas pastillas?
5. ¿Tienes mucha tos?
6. ¿Tienes fiebre?
7. ¿Cuáles son sus síntomas, señor?
8. Ayer no te vi en la clase de biología. ¿Por qué?

2 SCRIPT
Doctor: Hola. Soy el doctor Dávila.
Virginia: Buenas tardes, doctor. Me llamo Virginia.
Doctor: ¿Cuál es el problema, señorita?
Virginia: Es que me duelen las rodillas. Tomé una aspirina anoche pero todavía me duelen muchísimo.
Doctor: ¿Se cayó o tuvo algún accidente?
Virginia: No, pero el lunes corrí cinco kilómetros con mi compañera de cuarto.
Doctor: ¿Corre Ud. mucho?
Virginia: Yo no pero mi compañera, sí.
Doctor: Ah, ahora veo el problema. Es que Ud. puso mucho estrés en las rodillas corriendo. Su compañera corre mucho pero Ud. no…. y las rodillas no estaban listas. Ahora están un poco inflamadas. Voy a recetarle unas pastillas. Tome dos pastillas al día. Y no debe correr durante una semana, ¿eh?
Virginia: Sí, doctor. Muchísimas gracias.

A practicar

3 EXPANSION Other activities to use here: **bailar, hacer la tarea, trabajar como camarero/a, ir de compras, hacer un examen físico, visitar al dentista.**

3 EXPANSION Now reverse the task by naming a body part and have students associate different activities with that body part.

4 SUGGESTION Give students ten minutes to complete the survey and then tally the class results.

4 EXPANSION Ask for a show of hands for those who fall into the different groups, then analyze the trends of the class. Are your students healthy or unhealthy?

3 Actividades En parejas, identifiquen las partes del cuerpo que Uds. asocian con las siguientes actividades. *Answers will vary.*

modelo nadar
Estudiante 1: Usamos los brazos para nadar.
Estudiante 2: También usamos las piernas.

1. estudiar biología
2. llevar zapatos
3. toser
4. comer arroz con pollo
5. comprar un perfume
6. ver una película
7. hablar por teléfono
8. correr en el parque
9. tocar el piano
10. escuchar música

4 Cuestionario Selecciona las respuestas que mejor reflejen tus experiencias. Suma (*add*) los puntos de cada respuesta y anota el resultado. Después, compara los resultados con el resto de la clase. *Answers will vary.*

¿Tienes buena salud?

27-30 puntos	Salud y hábitos excelentes
23-26 puntos	Salud y hábitos buenos
22 puntos o menos	Salud y hábitos problemáticos

1. ¿Con qué frecuencia te enfermas (resfriados, gripe, etc.)?
   • Cuatro veces por año o más. (1 punto)
   • Dos o tres veces por año. (2 puntos)
   • Casi nunca. (3 puntos)

2. ¿Con qué frecuencia tienes dolor de estómago o problemas digestivos?
   • Con mucha frecuencia. (1 punto)
   • A veces. (2 puntos)
   • Casi nunca. (3 puntos)

3. ¿Con qué frecuencia tienes dolor de cabeza?
   • Frecuentemente. (1 punto)
   • A veces. (2 puntos)
   • Casi nunca. (3 puntos)

4. ¿Comes verduras y frutas?
   • No, casi nunca. (1 punto)
   • Sí, a veces. (2 puntos)
   • Sí, todos los días. (3 puntos)

5. ¿Eres alérgico/a a algo?
   • Sí, a muchas cosas. (1 punto)
   • Sí, a algunas cosas. (2 puntos)
   • No. (3 puntos)

6. ¿Haces ejercicios aeróbicos?
   • No, casi nunca hago ejercicios aeróbicos. (1 punto)
   • Sí, a veces. (2 puntos)
   • Sí, con frecuencia. (3 puntos)

7. ¿Con qué frecuencia te haces un examen médico?
   • Nunca o casi nunca. (1 punto)
   • Cada dos años. (2 puntos)
   • Cada año y/o antes de practicar un deporte. (3 puntos)

8. ¿Con qué frecuencia vas al dentista?
   • Nunca voy al dentista. (1 punto)
   • Sólo cuando me duele una muela. (2 puntos)
   • Por lo menos una vez por año. (3 puntos)

9. ¿Qué comes normalmente por la mañana?
   • No como nada. (1 punto)
   • Tomo una bebida dietética. (2 puntos)
   • Como cereales y fruta. (3 puntos)

10. ¿Con qué frecuencia te sientes mareado/a?
   • Frecuentemente. (1 punto)
   • A veces. (2 puntos)
   • Casi nunca. (3 puntos)

A conversar

 5 **¿Cuáles son sus síntomas?** En parejas, túrnense para representar los papeles (*roles*) de un(a) médico/a y su paciente. *Answers will vary.*

> **modelo**
>
> **Estudiante 1:** ¿Cuáles son sus síntomas?
> **Estudiante 2:** Me duele la garganta y toso.
> **Estudiante 1:** Creo que Ud. tiene una infección de la garganta. Voy a recetarle un antibiótico.

 6 **¿Qué le pasó?** En un grupo de dos o tres, hablen de lo que les pasó y de cómo se sienten estas personas. *Answers will vary.*

Víctor

La Sra. Naranjo

Gabriela

El Sr. Ayala

 7 **Un accidente** Cuéntale (*tell*) a la clase cómo fue un accidente o una enfermedad que tuviste. Incluye información que conteste las siguientes preguntas. *Answers will vary.*

- ¿Qué ocurrió?
- ¿Dónde y cuando ocurrió?
- ¿Cómo ocurrió?
- ¿Quién te ayudó y cómo?

5 **SUGGESTION** Before doing **¿Cuáles son sus síntomas?**, mention that the doctor/patient relationship calls for the **usted** form.

5 **SUGGESTION** Have students brainstorm a list of symptoms they might have when visiting the doctor.

6 **EXPANSION** Have students bring in magazine pictures related to illness, injury or medicine. Have students describe what is happening in each picture.

7 **SUGGESTION** Provide a model for students by describing an illness or accident you may have had. Have students complete this as written homework to hand in.

Ortografía

El acento y las sílabas fuertes

In Spanish, written accent marks are used on many words. Here is a review of some of the principles governing word stress and the use of written accents.

as-pi-ri-na   **gri-pe**   **to-man**   **an-tes**

In Spanish, when a word ends in a vowel, **-n**, or **-s**, the spoken stress usually falls on the next-to-last syllable. Words of this type are very common and do not need a written accent.

a-sí   **in-glés**   **in-fec-ción**   **hé-ro-e**

When a word ends in a vowel, **-n**, or **-s**, and the spoken stress does *not* fall on the next-to-last syllable, then a written accent is needed.

hos-pi-tal   **na-riz**   **re-ce-tar**   **to-ser**

When a word ends in any consonant *other* than **-n** or **-s**, the spoken stress usually falls on the last syllable. Words of this type are very common and do not need a written accent.

lá-piz   **fút-bol**   **hués-ped**   **sué-ter**

When a word ends in any consonant *other* than **-n** or **-s** and the spoken stress does *not* fall on the last syllable, then a written accent is needed.

far-ma-cia   **bio-lo-gí-a**   **su-cio**   **frí-o**

Diphthongs (two weak vowels or a strong and weak vowel together) are normally pronounced as a single syllable. A written accent is needed when a diphthong is broken into two syllables.

sol   **pan**   **mar**   **tos**

Spanish words of only one syllable do not usually carry a written accent.

Práctica Busca las palabras que necesitan acento y escribe su forma correcta.

1. sal-mon *salmón*
2. ins-pec-tor
3. nu-me-ro *número*
4. fa-cil *fácil*
5. ju-go
6. a-bri-go
7. ra-pi-do *rápido*
8. sa-ba-do *sábado*
9. vez
10. me-nu *menú*
11. o-pe-ra-cion *operación*
12. im-per-me-a-ble
13. a-de-mas *además*
14. re-ga-te-ar
15. an-ti-pa-ti-co *antipático*
16. far-ma-cia
17. es-qui *esquí*
18. pen-sion *pensión*
19. pa-is *país*
20. per-don *perdón*

El ahorcado Juega al ahorcado (*hangman*) para adivinar las palabras.

1. __ l __ __ __ __ __ a   Vas allí cuando estás enfermo. *clínica*
2. __ __ __ __ e __ c __ __ n   Se usa para poner una vacuna (*vaccination*). *inyección*
3. __ __ d __ o __ __ __ __ __ a   Se usa para ver los huesos. *radiografía*
4. __ __ __ i __ o   Trabaja en un hospital. *médico*
5. a __ __ __ __ b __ __ __ __ __ __   Es una medicina. *antibiótico*

recursos

R

ICD-ROM
Lección 10

¡Uf! ¡Qué dolor!

Don Francisco y Javier van a la clínica de la doctora Márquez.

VIDEO SYNOPSIS While on the bus, Javier injures his foot. Don Francisco tells the group they are close to his friend's clinic. Dra. Márquez determines that Javier simply twisted his ankle. She prescribes some pain medication and sends Javier and don Francisco on their way.

JAVIER Estoy aburrido…
Tengo ganas de dibujar.
Con permiso.

INÉS ¡Javier! ¿Qué te pasó?

JAVIER ¡Ay! ¡Uf! ¡Qué dolor! ¡Creo que me rompí el tobillo!

DON FRANCISCO No te preocupes, Javier. Estamos cerca de la clínica donde trabaja la doctora Márquez, mi amiga.

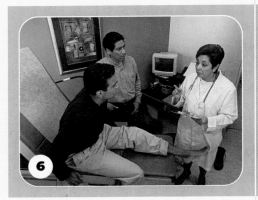

DRA. MÁRQUEZ ¿Cuánto tiempo hace que se cayó?

JAVIER Ya se me olvidó… déjeme ver… este… eran más o menos las dos o dos y media cuando me caí… o sea hace más de una hora. ¡Me duele mucho!

DRA. MÁRQUEZ Bueno, vamos a sacarle una radiografía. Queremos ver si se rompió uno de los huesos del pie.

DON FRANCISCO Sabes, Javier, cuando era chico yo les tenía mucho miedo a los médicos. Visitaba mucho al doctor porque me enfermaba con mucha frecuencia… Tenía muchas infecciones de la garganta. No me gustaban las inyecciones ni las pastillas. Una vez me rompí la pierna jugando al fútbol…

JAVIER ¡Doctora! ¿Qué dice? ¿Está roto el tobillo?

DRA. MÁRQUEZ Tranquilo, le tengo buenas noticias, Javier. No está roto el tobillo. Apenas está torcido.

PREVIEW Have students cover the **Expresiones útiles** with a sheet of paper and scan the **fotonovela** for words and expressions related to health care. Then have them predict what will happen in this episode. Have students study the **Expresiones útiles** as homework.

recursos

Video/VCD-ROM Lección 10	VM pp.187-188	ICD-ROM Lección 10

R

INSTRUCTIONAL RESOURCES VM, Video (Start 00:52:19), VCD-ROM

Personajes

**DON
FRANCISCO**

JAVIER

INÉS

**DRA.
MÁRQUEZ**

Expresiones útiles

Discussing medical conditions

¿Cómo se lastimó el pie?
How did you hurt your foot?

¿Te duele el tobillo?
Does your ankle hurt? (fam.)

¿Le duele el tobillo?
Does your ankle hurt? (form.)

Sí, (me duele) mucho.
Yes, (it hurts) a lot.

¿Es Ud. alérgico/a a algún medicamento?
Are you allergic to any medication?

Sí, soy alérgico/a a la penicilina.
Yes, I'm allergic to penicillin.

¿Está roto el tobillo?
Is the ankle broken?

No está roto. Apenas está torcido.
It's not broken. It's just twisted.

¿Te enfermabas frecuentemente?
Did you used to get sick frequently? (fam.)

Sí, me enfermaba frecuentemente.
Yes, I used to get sick frequently.

Tenía muchas infecciones.
I used to get a lot of infections.

Other expressions

hace + [*period of time*] + que + [*present tense*]:

¿Cuánto tiempo hace que te duele?
How long has it been hurting?

Hace una hora que me duele.
It's been hurting for an hour.

hace + [*period of time*] + que + [*preterite*]:

¿Cuánto tiempo hace que se cayó?
How long ago did you fall?

Me caí hace más de una hora./Hace más de una hora que me caí.
I fell more than an hour ago.

SUGGESTION After reading the **Expresiones útiles** aloud, ask students a few questions. Ex: **¿Te duele la cabeza? ¿Te duele el estómago después de comer mucho? ¿Eres alérgico a algún medicamento?**

JAVIER ¿Tengo dolor? Sí, mucho. ¿Dónde? En el tobillo. ¿Tengo fiebre? No lo creo. ¿Estoy mareado? Un poco. ¿Soy alérgico a algún medicamento? No. ¿Embarazada? Definitivamente NO.

DRA. MÁRQUEZ ¿Cómo se lastimó el pie?
JAVIER Me caí cuando estaba en el autobús.

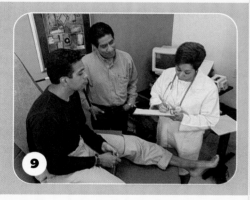

JAVIER Pero, ¿voy a poder ir de excursión con mis amigos?
DRA. MÁRQUEZ Creo que sí. Pero debe descansar y no caminar mucho durante un par de días. Le receto unas pastillas para el dolor.

EXPANSION Have students make a list of their own allergies or medical needs and learn how to say them in Spanish.

DRA. MÁRQUEZ Adiós, Francisco. Adiós, Javier. ¡Cuidado! ¡Buena suerte en las montañas!

SUGGESTION Have students look at the **Expresiones útiles**. Point out the verb forms **enfermaba, enfermabas, tenía**, and **gustaban**. Explain that these are imperfect tense forms, used here to talk about habitual events in the past. They will learn more about these concepts in **Gramática 10.1**.

¿Qué piensas?

1 **¿Cierto o falso?** Decide si las siguientes frases sobre Javier son **ciertas** o **falsas.** Corrige las frases falsas.

Cierto	Falso	
✓		1. Está aburrido y tiene ganas de hacer algo creativo.
	✓	2. Cree que se rompió la rodilla.

_____

Cree que se rompió el tobillo.

| ✓ | | 3. Se lastimó cuando se cayó en el autobús. |

_____

| | ✓ | 4. Hace menos de una hora que se cayó. |

Hace más de una hora que se cayó.

| | ✓ | 5. Es alérgico a dos medicamentos. |

No es alérgico a ningún medicamento.

| | ✓ | 6. No está mareado, pero sí tiene un poco de fiebre. |

Está un poco mareado, pero no tiene fiebre.

1 EXPANSION Additional items: **1. Javier tiene el tobillo roto. (Falso. El tobillo no está roto. Está torcido.) 2. La doctora Márquez le receta un poco de penicilina. (Falso. Le receta unas pastillas para el dolor.)**

2 **Ordenar** Pon los siguientes eventos en el orden correcto.

    _4_   a. La doctora le saca una radiografía.

    _6_   b. La doctora le receta unas pastillas para el dolor.

    _2_   c. Javier se lastima el tobillo en el autobús.

    _5_   d. Don Francisco le habla a Javier de cuando era chico.

    _1_   e. Javier quiere dibujar un rato (*a while*).

    _3_   f. Don Francisco lo lleva a una clínica.

3 SUGGESTION Give students several minutes to prepare their conversation with their partner. Then ask several pairs to present their skit in front of the class.

3 **En el consultorio** En parejas, preparen una conversación entre un(a) médico/a y su paciente. El/la paciente se cayó en su casa y piensa que se rompió un dedo. El/la médico/a le pregunta al/a la paciente si le duele y cuánto tiempo hace que se cayó. El/la paciente describe su dolor. Finalmente, el/la médico/a le recomienda un tratamiento (*treatment*). Usen las siguientes preguntas y frases en su conversación. *Answers will vary.*

3 EXPANSION Have students create the conversation for the follow-up visit between the same doctor and patient. Encourage them to be creative with the ending.

Estoy...	Hace... que me lastimé...	¿Es usted alérgico/a a algún medicamento?
Tengo...	¿Le duele...?	
¿Cómo se lastimó...?	¿Cuánto tiempo hace que le duele...?	Usted debe...
¿Cuánto tiempo hace que se lastimó...?	Hace... que me duele.	

Exploración
La medicina en los países hispanos

En España y en muchos países de Hispanoamérica, hay clínicas y hospitales públicos donde los servicios médicos son gratuitos.

Para las personas que no quieren visitar las instalaciones (*facilities*) públicas, hay clínicas y hospitales privados.

En algunas regiones del mundo hispano, especialmente en las áreas rurales, los curanderos (*healers*) son muy populares. Los curanderos usan plantas y hierbas para tratar (*treat*) las enfermedades.

Médicos célebres

- El médico argentino **René Favaloro** fue el pionero de la operación conocida (*known*) como el *bypass*.
- El **Dr. Manuel Elkin Patarroyo**, de Colombia, descubrió la vacuna (*vaccine*) contra la malaria.
- La **Dra. Antonia Novello**, puertorriqueña, fue la primera mujer y la primera hispana en asumir el puesto de Cirujana-General (*Surgeon General*) de los Estados Unidos.
- El **Dr. Pedro Penzini Fleury** tiene mucha fama en Venezuela por sus artículos de periódico y sus programas de radio sobre medicina y nutrición.

Coméntalo

Con un(a) compañero/a, contesta las siguientes preguntas. *Answers will vary.*
- ¿Debe ofrecer el gobierno servicios médicos gratuitos? ¿Por qué?
- ¿Hay servicios médicos públicos en tu comunidad o región?
- ¿Qué piensas de la medicina alternativa? ¿Por qué?

recursos

R

vistahigher learning.com

10.1 The imperfect tense

In Lesson 6, you learned the preterite tense. Now you will learn the imperfect tense, which describes past activities in a different way.

The imperfect of regular verbs

	cantar	beber	escribir
yo	cantaba	bebía	escribía
tú	cantabas	bebías	escribías
Ud./él/ella	cantaba	bebía	escribía
nosotros/as	cantábamos	bebíamos	escribíamos
vosotros/as	cantabais	bebíais	escribíais
Uds./ellos/ellas	cantaban	bebían	escribían

¡ojo! The imperfect endings of **–er** and **–ir** verbs are the same. The **nosotros** form of **–ar** verbs has an accent on the first **a** of the ending. **–Er** and **–ir** verb forms carry an accent on the first **i** of the ending.

Cuando era chico yo les tenía mucho miedo a los médicos.

Tenía que ir mucho a una clínica. ¡No me gustaban nada las inyecciones!

▶ There are no stem changes in the imperfect tense.

Me **duelen** los pies.
My feet hurt.

Me **dolían** los pies.
My feet were hurting.

▶ The imperfect form of **hay** is **había** (*there was/were/used to be*).

Había sólo un médico.
There was only one doctor.

Había dos pacientes allí.
There were two patients there.

¡ojo! **Ir, ser,** and **ver** are the only irregular verbs in the imperfect.

Irregular verbs in the imperfect

	ir	ser	ver
yo	iba	era	veía
tú	ibas	eras	veías
Ud./él/ella	iba	era	veía
nosotros/as	íbamos	éramos	veíamos
vosotros/as	ibais	erais	veíais
Uds./ellos/ellas	iban	eran	veían

Práctica

1 **¡Pobre Miguelito!** Completa las frases con el imperfecto. Luego, pon las oraciones en un orden lógico.

___8___ a. Miguelito no ___iba___ [ir] a jugar más. Ahora quería ir a casa a descansar.

___7___ b. El doctor dijo que no ___era___ nada [ser] grave.

___5___ c. El niño le dijo a la enfermera que ___le dolía___ [dolerle] la nariz.

___2___ d. Los niños ___jugaban___ [jugar] en el patio.

___3___ e. Su mamá ___estaba___ [estar] dibujando cuando Miguelito entró llorando.

___1___ f. ___Eran___ [ser] las dos de la tarde.

___4___ g. Miguelito ___tenía___ [tener] mucho dolor. Fueron a la sala de emergencias.

___6___ h. El doctor ___quería___ [querer] examinar la nariz del niño.

2 **La salud** Completa las frases con el imperfecto.

doler	mirar	querer	enfermarse
esperar	estar	poder	sentirse
estornudar	toser	tener	caerse

1. Después de correr, a Dora le ___dolían___ los pies.

2. Ana ___miraba___ el termómetro; con tanta fiebre no ___podía___ leerlo.

3. Él ___esperaba___ porque la enfermera ___estaba___ muy ocupada.

4. Ellos ___tosían/estornudaban___ y ___estaban/se sentían___ congestionados porque ___tenían___ gripe.

5. Lorenzo ___tenía___ dolor de muelas, pero no ___quería___ ir al dentista.

6. Paco y Luis ___tenían___ dolor de estómago y ___querían___ unas pastillas para el dolor.

7. Le ___dolía___ la cabeza y ___estaba/ se sentía___ mareado.

8. Luisa ___estornudaba___ porque es alérgica al polen.

9. Antes de la operación, le ___dolía___ todo el cuerpo.

10. De niño, nunca ___quería/podía___ ir al médico.

11. Ella ___se caía/ se enfermaba___ con frecuencia cuando era pequeña.

12. Juan Carlos siempre ___se caía___ de la bicicleta.

INSTRUCTIONAL RESOURCES WB, LM, IRM (teaching tips, etc.), ICD-ROM

Conversación

3 Entrevista Trabajen en parejas. Un(a) estudiante entrevista a su compañero/a. Luego compartan los resultados de la entrevista con la clase. *Answers will vary.*

Preguntas	Respuestas
1. ¿Cuántos años tenías en 1988? ¿Y en 1997?	
2. ¿Veías mucha televisión cuando eras niño/a?	
3. Cuando eras niño/a, ¿qué hacía tu familia durante las vacaciones?	
4. Cuando eras estudiante de primaria, ¿te gustaban tus profesores?	
5. Cuando tenías diez años, ¿cuál era tu programa de televisión favorito?	
6. Cuando tenías quince años, ¿cuál era tu grupo musical favorito?	
7. Cuando eras estudiante de secundaria, ¿qué hacías con tus amigos?	
8. Antes de tomar esta clase, ¿sabías hablar español?	

4 Describir En parejas, túrnense para describir lo que hacían durante algunos momentos de sus vidas. Pueden usar las sugerencias de la lista u otras ideas. Luego informen a la clase sobre la vida del/de la compañero/a. *Answers will vary.*

modelo

De niña, mi familia y yo siempre íbamos a Puntarenas. Tomábamos el tren. Salíamos a las 6 de la mañana. Todos los días nadábamos. En Navidad mis papás siempre hacían una gran fiesta. Mi mamá y mis tías preparaban mucha comida. Toda la familia venía.

- Las vacaciones cuando eras niño/a
- Ocasiones especiales
- Qué hacías durante el verano
- Celebraciones con tus amigos
- Celebraciones con tu familia
- Cómo era tu escuela
- Cómo eran tus amigos
- Los viajes que hacías
- A qué jugabas
- Cuando estabas enfermo/a

Uses of the imperfect

▶ The imperfect is used to describe past events in a different way than the preterite. Generally, the imperfect describes actions which are seen by the speaker as incomplete or continuing, while the preterite describes actions which have been completed. The imperfect expresses what was happening at a certain time or how things used to be.

—¿Qué te **pasó**?
What happened to you?

—Me **torcí** el tobillo.
I sprained my ankle.

—¿Dónde **vivías** de niño?
Where did you live as a child?

—**Vivía** en San José.
I lived in San José.

▶ Use the following words and expressions with the imperfect to express habitual or repeated actions: **de niño/a** (*as a child*), **todos los días** (*every day*), **mientras** (*while*).

Uses of the imperfect

Habitual or repeated actions	Íbamos al parque los domingos. *We used to go to the park on Sundays.*
Events or actions that were in progress	Yo leía mientras él estudiaba. *I was reading while he was studying.*
Time-telling	Eran las tres y media. *It was 3:30.*
Age	Los niños tenían seis años. *The children were six years old.*
Physical characteristics	Era alto y guapo. *He was tall and handsome.*
Mental or emotional states	Quería mucho a su familia. *He loved his family very much.*

¡Manos a la obra!

 Indica la forma correcta de cada verbo en el imperfecto.

1. Yo [hablar, bailar, descansar, correr, comer, decidir, vivir]
   hablaba, bailaba, descansaba, corría, comía, decidía, vivía
2. Tú [nadar, encontrar, comprender, venir, ir, ser, ver]
   nadabas, encontrabas, comprendías, venías, ibas, eras, veías
3. Ud. [hacer, regatear, asistir, ser, pasear, poder, ir]
   hacía, regateaba, asistía, era, paseaba, podía, iba
4. Nosotras [ser, tomar, ir, poner, seguir, ver, pensar]
   éramos, tomábamos, íbamos, poníamos, seguíamos, veíamos, pensábamos
5. Ellos [salir, viajar, ir, querer, ser, pedir, empezar]
   salían, viajaban, iban, querían, eran, pedían, empezaban
6. Yo [ver, estornudar, sufrir, ir, dar, ser, toser]
   veía, estornudaba, sufría, iba, daba, era, tosía

10.2 Constructions with se

Impersonal constructions with se

▶ As you know, **se** can be used as a reflexive pronoun (**Él se despierta.**). **Se** is also used in other ways.

▶ Non-reflexive verbs can be used with **se** to form impersonal constructions. In impersonal constructions, the person performing the action is not expressed or defined. In English, the passive voice or indefinite subjects (*you, they, one*) are used.

Se habla español en Costa Rica.
Spanish is spoken in Costa Rica.

Se puede leer en la sala de espera.
You can read in the waiting room.

¡ojo! The third person singular verb form is used with singular nouns and the third person plural form is used with plural nouns:

Se vende ropa.   **Se venden camisas.**

▶ You often see the impersonal **se** in signs and advertisements.

SE PROHÍBE NADAR

Se necesitan programadores
GRUPO TECNO
Tel. 778-34-34

ENTRADA

Se entra por la izquierda

Se for unplanned events

▶ **Se** is used to de-emphasize the person who performs the action in question, so as to imply that the accident or event is not his/her direct responsibility. These statements are constructed using the following pattern.

| se | + | INDIRECT OBJECT PRONOUN | + | VERB | + | SUBJECT |

| Se | me | cayó | la pluma. |

▶ In this construction, what would normally be the direct object of the sentence becomes the subject and agrees with the verb.

I.O. PRONOUN	VERB	SUBJECT
me	perdieron	las llaves.
te	cayó	la taza.
Se le	dañó	el radio.
nos	rompieron	las botellas.
os	olvidaron	las pastillas.
les		

Práctica

1 **¿Cierto o falso?** Lee estas oraciones sobre la vida en 1901. Indica si lo que dice cada oración es **cierto** o **falso**. Luego corrige las oraciones falsas.

Cierto   Falso

____ ✓ 1. Se veía mucha televisión.
No se veía la televisión. Se leía mucho.
✓ ____ 2. Se escribían muchos libros.
✓ ____ 3. Se viajaba mucho en tren.
✓ ____ 4. Se montaba a caballo.
____ ✓ 5. Se mandaba mucho correo electrónico.
No se mandaba correo electrónico. Se mandaban muchas cartas y postales.
✓ ____ 6. Se preparaban muchas comidas en casa.
____ ✓ 7. Se llevaban minifaldas.
No se llevaban minifaldas. Se llevaban faldas largas.
✓ ____ 8. Se pasaba mucho tiempo con la familia.

2 **Anuncios** Traduce estos anuncios (*ads*) al español con el **se** impersonal.

ENGINEERS NEEDED   **NO TALKING**

1. *Se necesitan ingenieros.*   6. *Se prohíbe hablar.*

EATING AND DRINKING PROHIBITED   **TEACHER NEEDED**

2. *Se prohíbe comer y beber.*   7. *Se necesita profesor(a).*

 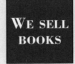

PROGRAMMERS SOUGHT   **WE SELL BOOKS**

3. *Se buscan programadores.*   8. *Se venden libros.*

WE SPEAK ENGLISH   **DO NOT ENTER**

4. *Se habla inglés.*   9. *Se prohíbe entrar.*

WE SELL COMPUTERS   **SPANISH SPOKEN**

5. *Se venden computadoras.*   10. *Se habla español.*

Conversación

3 Preguntas Trabajen en parejas y usen estas preguntas para entrevistarse. *Answers will vary.*

1. ¿Qué comidas se sirven en tu restaurante favorito?
2. ¿Se te olvidó invitar a alguien a tu última fiesta o cena?
3. ¿A qué hora se abre la cafetería de tu universidad?
4. ¿Alguna vez se te quedó algo importante en casa?
5. ¿Alguna vez se te perdió algo importante durante un viaje?
6. ¿Qué se vende en la librería de la universidad?
7. ¿Sabes si en la librería se aceptan cheques?
8. ¿Alguna vez se te rompió un plato o un vaso (*glass*)?
9. ¿Alguna vez se te cayó una botella de vino?

4 Minidiálogos En parejas, preparen los siguientes minidiálogos. Luego preséntenlos a la clase. *Answers will vary.*

1. A Spanish professor asks for a student's workbook. The student explains why he or she doesn't have it.
2. A tourist asks the bellhop where the best food in the city is served, and the bellhop gives several suggestions.
3. A patient tells the doctor that he or she can't walk. The doctor examines the patient and explains what's wrong.
4. A parent asks a child how the plates got broken. The child apologizes profusely and explains what happened.

5 Anuncios En grupos, preparen dos anuncios de televisión para presentar a la clase. Deben usar el imperfecto y dos construcciones con **se.**

modelo

Se me cayeron unos libros en el pie y ¡Ayyyyy! Sentía mucho, pero mucho dolor. Pero ya no, gracias a Superaspirina 500. ¡Tomé dos pastillas y se me fue el dolor! ¡Se puede comprar Superaspirina 500 en todas las farmacias Recetamax!

▶ These verbs are often used with **se** to describe unplanned events.

caer	to fall; to drop	perder (e:ie)	to lose
dañar	to damage; to break down	quedar	to be left behind
olvidar	to forget	romper	to break

¡ojo! **Dejar caer** (*let fall*) is often used to mean *to drop.*

Elena **dejó caer** el libro.
Elena dropped the book.

El médico **dejó caer** la aspirina.
The doctor dropped the aspirin.

¿Cuánto tiempo hace que se cayó?

Ya se me olvidó.

Bueno, vamos a sacarle una radiografía para ver si se le rompió un hueso.

▶ **A** + [*noun*] or **a** + [*prepositional pronoun*] is frequently used to clarify or emphasize who is involved in the action.

Al estudiante se le perdió la tarea.
The student lost his homework.

A mí se me olvidó ir a clase ayer.
I forgot to go to class yesterday.

¡Manos a la obra!

Completa las frases de la primera columna con **se** impersonal y el tiempo presente. Completa las frases de la segunda columna con **se** para sucesos imprevistos (*unplanned events*) y los verbos en pretérito.

Presente

1. <u>Se enseñan</u> [enseñar] cinco lenguas en esta universidad.
2. <u>Se come</u> [comer] muy bien en El Cráter.
3. <u>Se venden</u> [vender] muchas camisetas allí.
4. <u>Se sirven</u> [servir] platos exquisitos cada noche.
5. <u>Se necesita</u> [necesitar] mucho dinero.
6. <u>Se busca</u> [buscar] secretaria.

Pretérito

1. <u>Se me rompieron</u> [*I broke*] las gafas.
2. <u>Se te cayeron</u> [*you* (fam.) *dropped*] las pastillas.
3. <u>Se les perdió</u> [*they lost*] la receta.
4. <u>Se le quedó</u> [*you* (form.) *left*] aquí la radiografía.
5. <u>Se nos olvidó</u> [*we forgot*] pagar la medicina.
6. <u>Se les quedaron</u> [*they left*] los cuadernos en casa.

10.3 Adverbs

▶ Adverbs describe how, when, and where actions take place. They modify verbs, adjectives, and even other adverbs. The list below contains some adverbs you have already learned.

bien	nunca	temprano
mal	hoy	ayer
muy	siempre	aquí

▶ Most adverbs end in **–mente**. These are equivalent to the English adverbs which end in -*ly*.

lentamente	*slowly*
verdaderamente	*truly, really*
generalmente	*generally*
simplemente	*simply*

▶ To form adverbs which end in **–mente**, add **–mente** to the feminine form of the adjective. If the adjective does not have a feminine form, just add **–mente** to the standard form.

ADJECTIVE	FEMININE FORM	SUFFIX	ADVERB
lento	lenta	-mente	lentamente
fabuloso	fabulosa	-mente	fabulosamente
enorme		-mente	enormemente
feliz		-mente	felizmente

▶ Adverbs that end in **–mente** generally follow the verb, while adverbs that modify an adjective or another adverb precede the word they modify.

Javier dibuja **maravillosamente**.
Javier draws wonderfully.

Inés está **casi siempre** ocupada.
Inés is almost always busy.

Common adverbs and adverbial expressions

a menudo	*often*	así	*like this; so*	menos	*less*
a tiempo	*on time*	bastante	*enough; quite*	muchas veces	*a lot; many times*
a veces	*sometimes*	casi	*almost*	poco	*little*
además (de)	*furthermore; besides*	con frecuencia	*frequently*	por lo menos	*at least*
apenas	*hardly; scarcely*	de vez en cuando	*from time to time*	pronto	*soon*

¡Manos a la obra!

Transforma los siguientes adjetivos en adverbios.

1. alegre _alegremente_
2. constante _constantemente_
3. gradual _gradualmente_
4. perfecto _perfectamente_
5. real _realmente_
6. frecuente _frecuentemente_
7. tranquilo _tranquilamente_
8. regular _regularmente_
9. maravilloso _maravillosamente_
10. normal _normalmente_
11. básico _básicamente_
12. afortunado _afortunadamente_

Práctica

1 **En la clínica** Completa las oraciones con los adverbios adecuados.

1. La cita era a las nueve, pero llegamos ___tarde___ [aquí, nunca, tarde].
2. El problema fue que ___ayer___ [aquí, ayer, así] se nos rompió el despertador.
3. La recepcionista no se enojó porque sabía que normalmente llegábamos ___a tiempo___ [a veces, a tiempo, poco].
4. El doctor estaba ___casi___ [por lo menos, mal, casi] listo.
5. ___Apenas___ [así, además, apenas] tuvimos que esperar cinco minutos.
6. El doctor dijo que nuestra hija Irene necesitaba una operación ___inmediatamente___ [temprano, menos, inmediatamente].
7. Cuando Irene salió de la operación, le preguntamos ___nerviosamente___ [con frecuencia, nerviosamente, muchas veces] al doctor cómo estaba nuestra hija.
8. ___Afortunadamente___ [por lo menos, afortunadamente, a menudo] el médico nos contestó que Irene estaba bien.

2 **Oraciones** Combina palabras de las tres columnas para formar oraciones completas. *Answers will vary.*

modelo

Mi mejor amigo se enferma frecuentemente.
Britney Spears conduce rápidamente.

Sujetos	Verbos	Adverbios
mi mejor amigo/a	caerse	bien
mi(s) padre(s)	casarse	fabulosamente
el/la profesor(a) de español	conducir	felizmente
	divertirse	mal
yo	enfermarse	frecuentemente
los jóvenes	estornudar	muchas veces
Tiger Woods	ir	poco
Britney Spears	levantarse	rápidamente
Tina Turner	llevarse	pronto
todos nosotros	vestirse	tarde
		temprano
		tranquilamente

INSTRUCTIONAL RESOURCES WB, LM, IRM (teaching tips, etc.), ICD-ROM

Conversación

3 Preguntas Usa estas preguntas para entrevistar a tu compañero/a. *Answers will vary.*

1. ¿Qué sabes hacer muy bien?
2. ¿Vas al doctor de vez en cuando?
3. ¿Qué estudias además del español?
4. ¿Hay compañeros/as de clase a quienes apenas conoces?
5. ¿Te enfermas a menudo?
6. ¿Con qué frecuencia cenas en un restaurante?
7. ¿Generalmente, llegas a tiempo a las clases y citas?
8. ¿Qué haces si te sientes congestionado/a y estornudas muchas veces?

4 ¿Con qué frecuencia? Circula por la clase y pregúntales a tus compañeros/as con qué frecuencia hacen las actividades que se mencionan en la lista. Comparte la información con la clase. *Answers will vary.*

modelo pasear en bicicleta

Estudiante 1: De vez en cuando, ¿paseas en bicicleta?
Estudiante 2: Sí, paseo en bicicleta con mucha frecuencia./No, casi nunca paseo en bicicleta.

Actividades	con mucha frecuencia	de vez en cuando	casi nunca	nunca
1. Nadar				
2. Jugar al tenis				
3. Hacer la tarea				
4. Salir a bailar				
5. Mirar la televisión				
6. Dormir en clase				
7. Perder las gafas				
8. Tomar una medicina				
9. Ir al dentista				

Español en vivo

Identificar
Lee el anuncio e identifica los adverbios.

Preguntas
1. Según el anuncio, ¿cuáles son las ventajas (*advantages*) de este tipo de aspirina? ¿Cuáles son sus cualidades?
2. ¿Te duele a menudo la cabeza? ¿Tomas aspirina cuando te duele la cabeza?
3. ¿Necesitas una receta del médico para comprar aspirina?
4. Cuando estás enfermo/a, ¿prefieres tomar un medicamento o llamar antes al doctor?

Ampliación

1 Escuchar

A Escucha la conversación entre la Srta. Méndez y Carlos Peña. Marca las frases donde se mencionan los síntomas de Carlos.

⭐ **TIP** **Listen for specific information.** Identify the subject of a conversation and use your background knowledge to predict what kinds of information you might hear. For example, what would you expect to hear in a conversation between a sick person and a doctor's receptionist?

_____ 1. Tiene infección en los ojos.
_____ 2. Se lastimó el dedo.
✓ 3. No puede dormir.
✓ 4. Siente dolor en los huesos.
_____ 5. Está mareado.
✓ 6. Está congestionado.
_____ 7. Le duele el estómago.

✓ 8. Le duele la cabeza.
_____ 9. Es alérgico a la aspirina.
✓ 10. Tiene tos.
✓ 11. Le duele la garganta.
_____ 12. Se rompió la pierna.
_____ 13. Le duele la rodilla.
✓ 14. Tiene frío.

B En tu opinión, ¿qué tiene Carlos? ¿Una gripe? ¿Un resfriado? ¿Una alergia? Explica tu opinión. *Answers will vary.*

2 Conversar

Con un(a) compañero/a, prepara una conversación entre un(a) estudiante hipocondríaco/a y el/la enfermero/a. Presenten la conversación a la clase. *Answers will vary.*

> • Decidan qué síntomas tiene el/la estudiante y con qué frecuencia los tiene.
>
> • Decidan qué preguntas le va a hacer el/la enfermero/a. (Por ejemplo: ¿Cuánto tiempo hace que comenzaron los síntomas? ¿Tenía el mismo problema cuando era niño/a? ¿Lo tenía la semana pasada?)
>
> • Decidan qué consejos le va a dar el/la enfermero/a.

1 SCRIPT

Srta. Méndez: Consultorio del Dr. Aguilar. Buenos días.

Carlos Peña: Buenos días, señorita. Habla Carlos Peña. Mire, no me siento nada bien.

S: ¿Qué tiene?

C: Tengo mucha tos. Apenas me deja dormir. Estoy muy congestionado y tengo un tremendo dolor de cabeza.

S: ¿Cuánto tiempo hace que se siente así?

C: Bueno, hace cinco días que me empezó a doler la garganta. Fue de mal en peor.

S: ¿Tiene fiebre?

C: Pues, en realidad, no lo sé. No me tomé la temperatura, pero creo que sí tengo fiebre porque tengo mucho frío y me duelen los huesos.

S: Pienso que Ud. tiene la gripe. Primero hay que verificar que no tiene una infección, pero creo que el doctor le va a recetar algo que va a ayudarlo. Le puedo dar una cita con el médico hoy a las tres de la tarde.

C: Excelente.

S: ¿Cómo me dijo que se llama?

C: Carlos Peña, señorita.

S: ¿Y su fecha de nacimiento y su teléfono, por favor?

C: 4 de octubre de 1983, y mi teléfono...seis cuarenta y tres, veinticinco, cincuenta y dos.

S: Muy bien. Hasta las tres.

C: Sí. Muchas gracias, señorita, y hasta luego.

recursos

| R | Textbook CD Lección 10 | WB pp. 101-106 | LM pp. 57-59 | Lab CD Lección 10 | ICD-ROM Lección 10 | vistahigher learning.com |

250 *doscientos cincuenta*

INSTRUCTIONAL RESOURCE Text CD, IRM

Ampliación

3 Escribir

Eres un(a) enfermero/a en la sala de emergencias de un hospital. Tienes que escribir cada día un parte (*report*) médico para tu supervisor(a). *Answers will vary.*

TIP **Avoid redundancies.** To avoid repetition of verbs and nouns, consult a Spanish language thesaurus. Use direct object pronouns, possessive adjectives, demonstrative adjectives and pronouns, and prepositional pronouns to streamline your writing.

Organízalo	Utiliza un mapa de ideas para organizar tu parte médico. Incluye información sobre los pacientes, sus síntomas y el resultado de los tratamientos.
Escríbelo	Utiliza tus apuntes para escribir el primer borrador de tu parte médico.
Corrígelo	Intercambia tu composición con un(a) compañero/a. Lee su borrador y anota los aspectos mejor escritos (*written*). Ofrécele sugerencias para evitar (*avoid*) redundancias, y si ves algunos errores gramaticales u ortográficos, coméntaselos.
Compártelo	Revisa el primer borrador según las indicaciones de tu compañero/a. Incorpora nuevas ideas y/o más información si es necesario antes de escribir la versión final del parte médico.

Susana se lastimó la rodilla ayer. Susana Ella estaba corriendo por el parque cuando se cayó y se la lastimó la rodilla.

4 Un paso más

Prepara una presentación sobre el sistema de servicios médicos de un país hispano. Tu presentación debe contestar las siguientes preguntas. *Answers will vary.*

- ¿Qué servicios médicos públicos hay en el país?
- ¿Cuál es el papel (*role*) de las clínicas y los hospitales privados?
- ¿Cómo son los servicios médicos en las ciudades y en las áreas rurales?
- ¿Son populares los tratamientos alternativos?
- ¿Hay personas reconocidas por sus contribuciones a la medicina?

 En Internet

Investiga estos temas en el sitio vistahigherlearning.com.

- Hospitales en el mundo hispano
- Clínicas en el mundo hispano
- Médicos famosos del mundo hispano

Antes de leer

Using what you already know about a particular subject will often help you better understand a reading selection. For example, if you read an article about a recent medical discovery, you might think about what you already know about health in order to understand unfamiliar words or concepts.

At a glance, what does this reading selection appear to be about?

_____

_____

What type of document is this, and how can you tell?

_____

_____

Based on what you know about documents of this type, what types of information do you expect to find in this reading selection?

_____

_____

SUGGESTION Have students share their observations about the text. Then ask: ¿Qué tipo de texto es? (una columna de consejos médicos medical advice column) ¿Dónde se publicó? (En un periódico o revista) ¿Quién es Dra. Fernanda Jiménez Ocaña? (La doctora que da los consejos gives advice). ¿Qué significa el "P" y el "R"? (pregunta y respuesta)

SUGGESTION To check comprehension, ask students to summarize the medical problems in each entry.

EXPANSION Bring in samples of medical advice columns from local newspapers. Have students compare the format, the questions, and the style of the responses. Have them discuss the reliability of advice columns.

El consultorio
Dra. Fernanda Jiménez Ocaña

P: Soy una madre española y le escribo para hacerle una consulta sobre mi hijo. Tiene ocho años y hace una semana que ni come ni duerme bien. Además, desde hace cuatro días tose constantemente. Al no tomar la cantidad de alimentos necesarios ni dormir lo suficiente, mi hijo no tiene energía para realizar sus actividades diarias. Estoy un poco preocupada, porque es la primera vez que el niño presenta este tipo de síntomas. Todavía no fuimos al médico porque me interesa conocer primero su punto de vista. Muchísimas gracias por su ayuda.

R: Querida madre española: Gracias por escribir a mi columna. Cuando un niño de la edad de su hijo presenta este tipo de síntomas, puede ser señal de que tiene una pequeña infección en las vías respiratorias, producida por una bacteria o por un virus. Creo que debe llevar pronto a su hijo al consultorio de su médico, para evitar la aparición de una enfermedad crónica como la bronquitis. Si tiene alguna pregunta más o si desea contarme cómo evoluciona su hijo, ya sabe que puede escribirme otra vez.

P: Hola, doctora. Soy un ciclista profesional de Colombia. Hace dos semanas tuve un accidente con mi bicicleta y me lastimé la rodilla. Fui a la sala de emergencias y el médico me hizo una radiografía para ver si tenía un hueso roto. Afortunadamente, los resultados de la radiografía fueron muy buenos y sólo me recetaron unas pastillas y mucho reposo. Le escribo porque, después de este tiempo, sigo sintiendo dolor en la zona de la rodilla. ¿Qué puedo hacer?

R: Querido amigo ciclista: Creo que, en su caso, necesita tener más paciencia. Hay que comprender que algunas veces el cuerpo requiere más tiempo para recuperarse. Creo que tiene que esperar dos semanas más para ver si el dolor va desapareciendo o no. Si sigue las indicaciones de su médico y no nota ningún cambio, debe volver al hospital. En mi opinión, no debe hacer ningún movimiento con la pierna y debe seguir tomándose las pastillas que le recetaron.

P: Le escribo desde Puerto Rico para pedirle su opinión. Durante este mes y el anterior, tengo los síntomas de un resfriado que no desaparece nunca. Toso, estoy congestionado y tengo la garganta y los ojos irritados. Mi novia opina que soy alérgico a algo. ¿Cree que eso es posible?

R: Estimado amigo puertorriqueño: Debe empezar por observar dónde y cuándo aparecen sus síntomas. El otoño y la primavera son las épocas del año en que suele haber más reacciones alérgicas del tipo que usted presenta. Creo que debe ir al médico y esperar los resultados de las pruebas. Si le diagnostican un tipo de alergia, no debe preocuparse. En la actualidad, existen tratamientos excelentes, incluyendo antihistaminas e inyecciones, que calman los efectos de las reacciones alérgicas y lo ayudan a llevar una vida normal.

¡Salud! Dra. Fernanda Jiménez Ocaña

Después de leer

¿Comprendiste?

Indica si cada oración es **cierta** o **falsa**. Corrige las oraciones falsas.

Cierto	Falso	
✓		1. La doctora cree que el chico puertorriqueño puede tener alergias.
	✓	2. La madre española no come bien. *Su hijo no come bien.*
	✓	3. La doctora piensa que el ciclista debe practicar más el ciclismo. *La doctora piensa que él no debe hacer ningún movimiento con la pierna.*
✓		4. La doctora piensa que el hijo de la española puede tener una infección.
	✓	5. La radiografía indica que el ciclista colombiano tiene algunos huesos rotos. *Los resultados de la radiografía fueron buenos.*
✓		6. Hace dos meses que el puertorriqueño tiene los síntomas de un resfriado.

Preguntas

1. ¿Con qué frecuencia tose el hijo de la madre española? *Tose constantemente.*
2. ¿Cuánto tiempo hace que el colombiano se lastimó la rodilla? *Hace dos semanas que se lastimó la rodilla.*
3. ¿Qué hizo el médico cuando el ciclista fue a la sala de emergencias? *El médico le hizo una radiografía para ver si tenía un hueso roto.*
4. ¿Por qué debe ser paciente el ciclista? *Debe ser paciente porque el cuerpo necesita tiempo para recuperarse.*
5. ¿Qué debe hacer la madre española? *Debe llevar pronto a su hijo al consultorio de su médico.*
6. Según (*according to*) la doctora, ¿cuándo ocurren más frecuentemente las reacciones alérgicas? *Según la doctora, las reacciones alérgicas ocurren más frecuentemente durante el otoño y la primavera.*

Coméntalo

¿Hay una columna de consejos médicos en el periódico de tu ciudad? ¿La lees frecuentemente? ¿Por qué sí o por qué no? ¿Es bueno depender de los consejos que aparecen en las revistas y en los periódicos? Imagina que tú escribes esta columna. ¿Qué deben hacer las tres personas que pidieron consejos? *Answers will vary.*

desde hace cuatro días	*since four days ago*
alimentos	*foods*
Querido/a	*Dear*
señal	*sign*
vías	*passages*
Hay que	*It is necessary to*
el anterior	*the previous one*
Estimado/a	*Dear*
suele haber	*there are customarily*
pruebas	*tests*

El cuerpo

la boca	mouth
el brazo	arm
la cabeza	head
el corazón	heart
el cuello	neck
el cuerpo	body
el dedo	finger
el estómago	stomach
la garganta	throat
el hueso	bone
la nariz	nose
el ojo	eye
la oreja	(outer) ear
el pie	foot
la pierna	leg
la rodilla	knee
el tobillo	ankle

Verbos

caerse	to fall (down)
dañar	to damage; to break down
doler (o:ue)	to hurt
enfermarse	to get sick
estar enfermo/a	to be sick
estornudar	to sneeze
lastimarse (el pie)	to injure oneself (one's foot)
olvidar	to forget
poner una inyección	to give an injection
prohibir	to prohibit
quedar	to be left behind
recetar	to prescribe
romper	to break
romperse (la pierna)	to break (one's leg)
sacar(se) una muela	to have a tooth pulled
ser alérgico/a (a)	to be allergic (to)
tener fiebre (f.)	to have a fever
tomar(le) la temperatura (a alguien)	to take someone's temperature
torcerse (el tobillo)	to sprain (one's ankle)
toser	to cough

La salud

el accidente	accident
el antibiótico	antibiotic
la aspirina	aspirin
la clínica	clinic
el consultorio	doctor's office
el/la dentista	dentist
el/la doctor(a)	doctor
el dolor (de cabeza)	(head)ache; pain
la enfermedad	illness; sickness
el/la enfermero/a	nurse
el examen médico	physical exam
la farmacia	pharmacy
la gripe	flu
el hospital	hospital
la infección	infection
el medicamento	medication
la medicina	medicine
la operación	operation
el/la paciente	patient
las pastillas	pills; tablets
la radiografía	X-ray
la receta	prescription
el resfriado	cold
la sala de emergencia(s)	emergency room
la salud	health
el síntoma	symptom
la tos	cough

Adjetivos

congestionado/a	congested; stuffed-up
embarazada	pregnant
grave	grave; serious
mareado/a	dizzy; nauseated
médico/a	medical
saludable	healthy
sano/a	healthy

Otras palabras y expresiones

Hace + [time] **+ que +** [present]	to have been doing something for a period of time
Hace + [time] **+ que +** [preterite]	to have done something in the past (ago)

Expresiones útiles	See page 241.
Adverbs	See page 248.

recursos

R	Lab CD Lección 10	LM p. 59

INSTRUCTIONAL RESOURCES Tests, Text CD, IRM (supplemental vocabulary)

AVENTURAS EN LOS PAÍSES HISPANOS

Un esquiador salta *(jumps)* en el centro de esquí Portillo, uno de los más famosos y antiguos *(old)* de Chile. El esquí y el snowboard se pueden practicar en las montañas nevadas *(snow-capped mountains)* de la Cordillera de los Andes, que se extiende por todo el país. Gente de todo el mundo va a Chile a practicar los deportes de invierno. ¿Te gustaría esquiar en Chile?

SURAMÉRICA II

Argentina

Área: 2.780.400 km^2 (1.074.000 millas^2)

Población: 38.853.000

Capital: Buenos Aires – 12.355.000

Ciudades principales: Córdoba–1.440.000, Rosario–1.352.000, Mendoza–1.007.000

Moneda: peso argentino

SOURCE: Population Division, UN Secretariat

Chile

Área: 756.950 km^2 (292.259 millas^2)

Población: 15.957.000

Capital: Santiago de Chile – 5.971.000

Ciudades principales: Concepción–405.000, Viña del Mar–361.000, Valparaíso–290.000, Temuco–304.000

Moneda: peso chileno

SOURCE: Population Division, UN Secretariat

Uruguay

Área: 176.220 km^2 (68.039 millas^2)

Población: 3.432.000

Capital: Montevideo – 1.346.000

Ciudades principales: Salto, Paysandú, Las Piedras, Rivera

Moneda: peso uruguayo

SOURCE: Population Division, UN Secretariat

Paraguay

Área: 406.750 km^2 (157.046 millas^2)

Población: 6.068.000

Capital: Asunción – 1.427.000

Ciudades principales: Ciudad del Este–355.000, San Lorenzo, Lambaré, Fernando de la Mora

Moneda: guaraní

SOURCE: Population Division, UN Secretariat

Bolivia

Área: 1.098.580 km^2 (412.162 millas^2)

Población: 9.085.000

Capital: La Paz, sede del gobierno *(seat of government)*, capital administrativa – 1.620.000; **Sucre**, capital constitucional y judicial–201.000

Ciudades principales: Santa Cruz de la Sierra–1.242.0000, Cochabamba–605.000, Oruro–230.000, Potosí–139.000

Moneda: peso boliviano

SOURCE: Population Division, UN Secretariat

Artes

El tango argentino

El tango es una música y un baile que tienen ritmos y sonidos *(sounds)* de raíces africanas y europeas. Es uno de los símbolos culturales más importantes de la Argentina, y nació en Buenos Aires en la década de 1880. El tango también tiene un lenguaje propio *(own)*: el lunfardo *(Buenos Aires slang)*. En un principio *(in the beginning)*, el tango era un baile provocativo y violento, pero comenzó a ser más romántico desde 1930. Hoy en día es popular en todo el mundo.

BOLIVIA

⭐ La Paz

Océano Pacífico

Arica •

Sucre ⭐

Iquique •

Antofagasta •

Salta •

CHILE

ARGENTINA

Córdoba •

Valparaíso • ⭐ Mendoza •

Santiago

Ciudades

La Paz, Bolivia

La Paz es la capital más alta del mundo. Su aeropuerto está a una altitud de 3.600 metros (12.000 pies). La gran altura provoca a veces un malestar *(discomfort)* conocido como *soroche*, que en la lengua nativa aimará significa "mal de montaña" *(mountain sickness)*. La región de La Paz tiene montañas nevadas, desierto y selva *(jungle)* de clima subtropical.

Concepción •

Bahía Blanca •

Puerto Montt •

Cordillera de los Andes

Estrecho de Magallanes

Punta Arenas •

Tierra del Fuego

BRASIL

PARAGUAY

⭐ Asunción

• Rosario **URUGUAY**

⭐ ⭐ Montevideo

Buenos Aires

Paraná

slas Malvinas

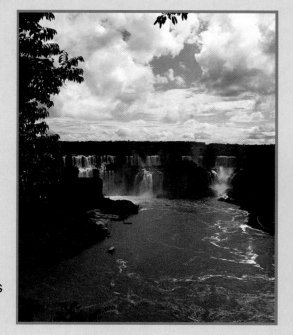

Costumbres

La carne y el mate

La ganadería *(cattle raising)* es una de las actividades económicas principales de Uruguay y Argentina. La carne de res forma parte de la dieta diaria de los dos países. Los platos más comunes son el asado *(barbecue)*, la parrillada *(grilled meat)* y el chivito *(goat)*. El mate es un té verde que se bebe en una taza hecha de calabaza *(gourd)* a través de *(through)* un popote metálico *(metal straw)* llamado bombilla. Es una bebida de origen indígena que se bebe a diario *(every day)* y reemplaza al café.

Naturaleza

Los ríos Paraguay y Paraná

Aunque *(although)* Paraguay no tiene costa *(coast)*, sus dos ríos *(rivers)* principales, el Paraguay y el Paraná, lo comunican con el océano Atlántico. El río Paraguay es el principal afluente *(tributary)* del río Paraná. Divide a Paraguay en dos regiones distintas y le da su nombre.

El río Paraná confluye *(meets)* con el río Iguazú en la frontera *(border)* entre Brasil, Argentina y Paraguay. Allí forman las famosas cataratas *(waterfalls)* del Iguazú, uno de los sitios turísticos más visitados en Suramérica. Situadas *(located)* en el Parque Nacional de Iguazú, estas hermosas y extensas cataratas tienen unos 70 m (230 pies) de altura *(height)*.

¿Qué aprendiste?

1 ¿Cierto o falso? Decide si lo que dicen las siguientes frases es **cierto** o **falso**.

	Cierto	Falso
1. Rosario es la ciudad de más población de Argentina.		✓
2. Viña del Mar y Concepción son dos de las ciudades principales de Chile.	✓	
3. Asunción es la capital de Uruguay.		✓
4. En un principio, el tango era un baile tranquilo.		✓
5. El tango es uno de los símbolos culturales más importantes de Argentina.	✓	
6. La Paz es la capital más baja del mundo.		✓
7. La región alrededor de La Paz tiene montañas nevadas, desierto y selva.	✓	
8. La carne de res forma parte de la dieta diaria de Argentina y Uruguay.	✓	
9. El mate es un té verde.	✓	
10. Paraguay tiene costa en el océano Atlántico.		✓
11. El río Paraná es el principal afluente del río Paraguay.		✓
12. Las cataratas del Iguazú están en la frontera entre Brasil, Paraguay y Argentina.	✓	

2 Preguntas Contesta las siguientes preguntas. *Answers will vary.*

1. ¿Cuál país de Suramérica crees que es bueno para practicar los deportes de invierno?

2. ¿Viste gente bailando tango? Si es así, ¿dónde la viste?

3. ¿Comiste asado alguna vez? Si no, ¿crees que te gustaría?

4. ¿Crees que sería fácil correr una maratón en La Paz? ¿Por qué sí o por qué no?

5. ¿Te gustaría visitar La Paz? ¿Por qué?

6. ¿Por qué crees que el Parque Nacional de Iguazú es uno de los sitios turísticos más visitados de Suramérica?

En Internet

Busca más información sobre estos temas en el sitio vistahigherlearning.com. Presenta la información a tus compañeros/as de clase.

- El tango argentino
- La ciudad de La Paz
- La carne y el mate
- Los ríos Paraguay y Paraná

11 El carro y la tecnología

PREVIEW Have students look at the photo. Say: **El hombre en esta foto usa una computadora y un teléfono celular.** Then ask: **¿Al hombre le gusta la tecnología? ¿Dónde usan Uds. las computadoras? ¿Usan Uds. los teléfonos celulares?**

Communicative Goals

You will learn how to:
- answer the telephone
- talk about bus or car problems
- say how far away things are
- express surprise

RECURSOS

These student supplements provide additional practice:
- Textbook Audio CD
- Workbook/Video Manual (WB/VM)
- Lab Manual (LM)
- WB/VM/LM Answer Key
- Lab Audio CDs
- Video CD-ROM
- Interactive CD-ROM

EL CARRO Y
LA TECNOLOGÍA

SUGGESTION Ask pairs of students to role-play the following situations. As they do so, write the relevant vocabulary on the board and provide a mini-narration (or have student volunteers do so). 1. A driver takes his car to the mechanic. 2. One driver crashes into another. 3. A police officer gives a driver a ticket for going through a light and/or speeding (**exceder la velocidad máxima**).

EN LA CALLE

la calle *street*
el camino *route*
el garaje *mechanic's shop*
la gasolina *gasoline*
la gasolinera *gas station*
el kilómetro *kilometer*
el/la mecánico/a *mechanic*
la milla *mile*
la multa *fine*
el policía/la mujer policía *police officer*
la policía *police (force)*
el taller (mecánico) *(mechanic's) garage; repair shop*
el tráfico *traffic*
la velocidad máxima *speed limit*

arrancar *to start*
arreglar *to fix; to arrange*
bajar *to go down*
bajar(se) de *to get off/out of (a vehicle)*
chocar (con) *to run into; to crash*
conducir *to drive*
estacionar *to park*
manejar *to drive*
parar *to stop*
revisar (el aceite) *to check (the oil)*
subir *to go up*
subir(se) a *to get on/into (a vehicle)*

el semáforo
traffic light

LAS PARTES DEL CARRO

el carro *car, automobile*
el coche *car, automobile*
los frenos *brakes*

el capó *(car) hood*
el parabrisas *windshield*
el volante *steering wheel*
el baúl *trunk*
el motor *motor*
la llanta *tire*

la licencia de conducir
driver's license

llenar (el tanque)
to fill up (the tank)

recursos

| R | Textbook CD Lección 11 | WB pp. 109-110 | LM p. 61 | Lab CD Lección 11 | ICD-ROM Lección 11 |

INSTRUCTIONAL RESOURCES WB, LM, OT, Text CD, ICD-ROM

el televisor
television set

la calculadora
calculator

LA TECNOLOGÍA

la cinta *(audio) tape*
la contestadora *answering machine*
el control remoto *remote control*
el disco compacto *compact disc*
el estéreo *stereo*
el fax *fax (machine)*
el radio *radio (set)*
el teléfono celular *cellular phone*
la televisión por cable *cable television*
el tocadiscos compacto *compact disc player*
el videocasete *videocassette*
la videocasetera *VCR*

apagar *to turn off*
funcionar *to work*
llamar *to call*
poner *to turn on*
prender *to turn on*
sonar (o:ue) *to ring*

la cámara (de vídeo)
(video) camera

ADJETIVOS

descompuesto/a *not working; out of order*
lento/a *slow*
lleno/a *full*

INTERNET Y LA COMPUTADORA

el archivo *file*
la computadora portátil *laptop*
el disco *disk*
el módem *modem*
la página principal *homepage*
la pantalla *screen*
el programa de computación *software*
la Red *the Web, the Internet*
el sitio Web *website*

guardar *to save*
imprimir *to print*
navegar en Internet *to surf the Internet*

la computadora
the computer

el monitor
monitor

el ratón
mouse

la impresora
printer

el teclado
keyboard

A escuchar

1 **¿Qué necesitas?** Identifica oralmente los dibujos. Luego escucha las frases e indica el objeto que necesitas para cada actividad.

1. ✔ _____   _____
2. ✔ _____   _____
3. _____   ✔ _____
4. ✔ _____   _____
5. ✔ _____   _____

2 **En una gasolinera** Escucha la conversación entre un joven y el empleado de una gasolinera. Después completa las oraciones.

1. El empleado de la gasolinera llena el tanque, revisa el aceite y
   a. estaciona el carro.
   (b.) limpia el parabrisas.
   c. maneja el coche.

2. La próxima semana el joven tiene que
   (a.) manejar hasta Córdoba.
   b. llenar el tanque.
   c. revisar las llantas.

3. El joven va a volver mañana porque el empleado
   a. va a llenar el tanque.
   (b.) va a revisar los frenos.
   c. va a darle una multa.

4. Para revisar los frenos, el empleado necesita
   a. un par de minutos.
   b. un par de días.
   (c.) un par de horas.

5. Hoy el joven va
   a. a Córdoba.
   b. a las montañas.
   (c.) a la playa.

6. La gasolina cuesta
   (a.) 22 pesos.
   b. 32 pesos.
   c. 24 pesos.

1 SCRIPT
1. La necesitas para conducir un coche.
2. Tienes que usarlo para no chocar con otros coches.
3. Es muy útil para hacer la tarea.
4. Es necesario si quieres usar la computadora.
5. Necesitas esto para escuchar música.

1 EXPANSION Have student pairs create five situations in which the objects not selected during this activity are required. Then have them meet with another pair to present their situations and have the other pair select the items needed for each one.

2 SCRIPT
Empleado: Buenos días. ¿En qué le puedo servir hoy?
Jóven: Buenos días. Quiero llenar el tanque y revisar el aceite, por favor.
E: Con mucho gusto. Si quiere, también le limpio el parabrisas.
J: Sí, gracias. Ah, y la próxima semana tengo que manejar hasta Córdoba. ¿Puede revisar los frenos también?
E: Claro que sí, pero voy a tardar un par de horas.
J: Entonces, mejor regreso mañana para que revises los frenos. Ahora voy a la playa, y no quiero esperar. ¿Cuánto le debo por la gasolina?
E: Veintidós pesos, por favor.
J: Aquí tiene. Hasta mañana.
E: Gracias, y hasta mañana.

recursos

R | Textbook CD Lección 11

INSTRUCTIONAL RESOURCE Text CD, IRM

A practicar

3 EXPANSION Have students create three similarly dehydrated sentences for a partner to complete. Then ask volunteers to share some of their dehydrated sentences. Write them on the board and have the rest of the class "hydrate" them.

4 EXPANSION Ask volunteers to talk about problems they have had with computers and technology. Possible subjects include a malfunctioning printer, slow Internet access, a computer crash (**fallar**), etc.

4 TEACHING OPTION Play "Concentration." On eight cards, write vocabulary words. On another eight cards, draw or paste a picture that matches the words. Place cards face down in four rows of four cards. Have students select two cards. If the two cards match, they keep them. If they don't, the students put them back. The person with the most cards at the end wins.

3 Oraciones Escribe oraciones usando los siguientes elementos. Usa el pretérito y añade (*add*) las palabras necesarias.

1. Jaime / decidir / comprar / calculadora / nuevo
   Jaime decidió comprar una calculadora nueva.
2. Yo / apagar / radio / diez / noche
   Yo apagué el radio a las diez de la noche.
3. teléfono / sonar / pero / yo / no contestar
   El teléfono sonó pero yo no contesté.
4. Sara y yo / ir / gasolinera / para / llenar / tanque
   Sara y yo fuimos a la gasolinera para llenar el tanque.
5. Sandra / perder / disco compacto
   Sandra perdió el disco compacto.
6. Marisa / poner / su / maletas / baúl
   Marisa puso sus maletas en el baúl.

4 Problemas con la computadora Completa el diálogo con las palabras correctas.

arreglar	descompuesto	el ratón
funciona	la impresora	imprimir
llamar	navegar	la pantalla
prendiste	el disco	el teléfono celular

JUAN CARLOS Mariana, la computadora no ___*funciona*___. No veo nada en ___*la pantalla*___.

MARIANA Pues, ¿la ___*prendiste*___?

JUAN CARLOS Ah sí, tienes razón; no estaba prendida. Mariana, ahora no puedo conectarme a Internet. Parece que el módem está ___*descompuesto*___. ¿Sabes cómo lo puedo ___*arreglar*___?

MARIANA ¡Ay, mi amor! No es eso. Es que estoy hablando por teléfono con Sara. Si quieres, la puedo ___*llamar*___ por ___*el teléfono celular*___.

JUAN CARLOS Sí, gracias… Bueno, ahora sí estoy conectado. Voy a ___*navegar*___ un rato y después voy a ___*imprimir*___ el trabajo para mi clase de historia… Pero, Mariana, ¿dónde está ___*la impresora*___?

MARIANA Lo siento, ésa sí que está descompuesta. Pablo la está arreglando. No sé cómo vas a imprimir tu trabajo ahora.

JUAN CARLOS No te preocupes. Puedo llevar ___*el disco*___ a la universidad e imprimirlo allá.

MARIANA ¡Qué buena idea! ¡Eres tan inteligente, mi amor!

A conversar

5 **Preguntas** Trabajen en grupos para contestar las siguientes preguntas. Después compartan sus respuestas con la clase. *Answers will vary.*

1. ¿Tienes licencia de conducir? ¿Cuánto tiempo hace que la recibiste? ¿Tienes carro?

2. ¿Siempre paras cuando ves la luz amarilla del semáforo? ¿Manejas rápidamente? ¿A veces sobrepasas (*do you exceed*) la velocidad máxima?

3. ¿Tienes una gasolinera favorita? ¿Y un taller mecánico favorito? ¿Por qué te gustan?

4. ¿Cuáles de las siguientes actividades haces tú normalmente: llenar el tanque, limpiar el parabrisas, lavar el coche, revisar el aceite, cambiar el aceite, revisar las llantas, arreglar el carro?

5. ¿Cómo escuchas música: por radio, tocadiscos compacto o por computadora?

6. Para comunicarte con tus amigos, ¿qué utilizas más: el teléfono, el teléfono celular o el correo electrónico? ¿Cuáles son las ventajas (*advantages*) y desventajas de los diferentes medios (*means*) de comunicación?

7. ¿Cómo usas la tecnología para divertirte? ¿Y para comunicarte? ¿Y para trabajar?

6 **En el taller** En parejas, preparen una conversación entre un(a) mecánico/a y un(a) cliente/a cuyo (*whose*) coche se dañó en un accidente. El/la cliente/a le dice al/a la mecánico/a qué ocurrió en el accidente y los dos hablan de las partes dañadas. *Answers will vary.*

7 **Situación** Con un(a) compañero/a de clase, prepara una conversación entre el/la director(a) de ventas (*sales*) de una tienda de computadoras y uno de los clientes siguientes. El/la director(a) de ventas pregunta lo que el/la cliente/a desea hacer con la computadora y le muestra la computadora que éste/a necesita. *Answers will vary.*

- El padre o la madre de un niño de seis años
- Una jubilada (*retired woman*) que quiere aprender Internet
- Una mujer que va a crear una nueva empresa (*business*) en su casa
- Un estudiante que no sabe nada de computadoras
- Un hombre de negocios (*businessman*) que viaja mucho

5 EXPANSION List electronic communication devices on the board. Then survey the class by a show of hands to find out how many people own or use these items. Analyze the trends to find out if the students are highly "connected" or not.

5 EXPANSION Stage a debate about the role of technology in today's world: **La tecnología: ¿beneficio o no?** Divide groups (or the whole class) in half, assigning each a position. Allow students time to plan their arguments before staging the debate.

6 EXPANSION Have students present their conversations to the class. Students can vote on the most original, funniest, etc.

7 SUGGESTION Have students read the directions, and ask volunteers to read the list of clients aloud. Give pairs five to six minutes to complete their conversations. As an alternative, assign the conversation preparation as homework.

7 SUGGESTION Point out that students may use this activity to rehearse language they might use in shopping situations.

7 EXPANSION Have students present their conversations to the class.

Ortografía

La acentuación de palabras similares

Although accent marks usually indicate which syllable in a word is stressed, they are also used to distinguish between words that have the same or similar spellings.

Él maneja **el** coche.   **Sí, voy** si **quieres.**

Although one-syllable words do not usually carry written accents, some *do* have accent marks to distinguish them from words that have the same spelling but different meanings.

Sé cocinar.   **Se** baña.   **¿Tomas** té?   **Te** duermes.

Sé (*I know*) and **té** (*tea*) have accent marks to distinguish them from the pronouns **se** and **te**.

para mí   mi **cámara**   **Tú** lees.   tu **estéreo**

Mí (*me*) and **tú** (*you*) have accent marks to distinguish them from the possessive pronouns **mi** and **tu**.

¿Por qué vas?   **Voy porque quiero.**

Several words of more than one syllable also have accent marks to distinguish them from words that have the same or similar spellings.

Éste es rápido.   Este **módem es rápido.**

Demonstrative pronouns have accent marks to distinguish them from demonstrative adjectives.

¿Cuándo fuiste?   **Fui cuando me llamó.**

¿Dónde trabajas?   **Voy al taller donde trabajo.**

Adverbs have accent marks when they are used to convey a question.

Práctica Marca los acentos en las palabras que los necesitan.

ANA Alo, soy Ana. ¿Que tal? *Aló/¿Qué?*
JUAN Hola, pero… ¿por que me llamas tan tarde? *¿por qué?*
ANA Porque mañana tienes que llevarme a la universidad. Mi auto esta dañado. *está*
JUAN ¿Como se daño? *¿Cómo?/dañó*
ANA Se daño el sabado. Un vecino (*neighbor*) choco con el. *dañó/sábado/chocó/él*

Crucigrama Utiliza las siguientes pistas (*clues*) para completar el crucigrama. ¡Ojo con los acentos!

Horizontales
1. Él _____ levanta.
4. No voy _____ no puedo.
7. Tú _____ acuestas.
9. ¿ _____ es el examen?
10. Quiero este vídeo y _____.

Verticales
2. ¿Cómo _____ Ud.?
3. Eres _____ mi hermano.
5. ¿ _____ tal?
6. Me gusta _____ suéter.
8. Navego _____ la Red.

Tecnohombre, ¡mi héroe!

El autobús se daña.

VIDEO SYNOPSIS On the way to Ibarra, the bus breaks down. Don Francisco can't locate the problem, but Inés, an experienced mechanic, diagnoses it as a burned out alternator. Álex uses his cell phone to call don Francisco's friend, Sr. Fonseca, who is a mechanic. Maite and don Francisco praise Inés and Álex for saving the day.

ÁLEX ¿Bueno? … Con él habla… Ah, ¿cómo estás? … Aquí, yo muy bien. Vamos para Ibarra. ¿Sabes lo que pasó? Esta tarde íbamos para Ibarra cuando Javier tuvo un accidente en el autobús. Se cayó y tuvimos que llevarlo a una clínica.

JAVIER Episodio veintiuno: Tecnohombre y los superamigos suyos salvan el mundo una vez más.

INÉS Oh, Tecnohombre, ¡mi héroe!

MAITE ¡Qué cómicos! Un día de éstos, ya van a ver…

ÁLEX Van a ver quién es realmente Tecnohombre. Mis superamigos y yo nos hablamos todos los días por el teléfono Internet, trabajando para salvar el mundo. Pero ahora, con su permiso, quiero escribirle un mensaje electrónico a mi mamá y navegar en la Red un ratito.

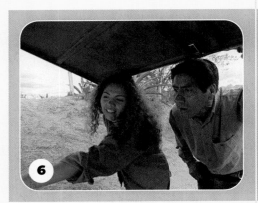

INÉS Pues… no sé… creo que es el alternador. A ver… sí… Mire, don Francisco… está quemado el alternador.

DON FRANCISCO Ah, sí. Pero aquí no podemos arreglarlo. Conozco a un mecánico, pero está en Ibarra, a veinte kilómetros de aquí.

ÁLEX ¡Tecnohombre, a sus órdenes!

DON FRANCISCO ¡Eres la salvación, Álex! Llama al Sr. Fonseca al cinco, treinta y dos, cuarenta y siete, noventa y uno. Nos conocemos muy bien. Seguro que nos ayuda.

ÁLEX Buenas tardes. ¿Con el Sr. Fonseca por favor? … Soy Álex Morales, cliente de Ecuatur. Le hablo de parte del señor Francisco Castillo… Es que íbamos para Ibarra y se nos dañó el autobús…. Pensamos que es el… el alternador… Estamos a veinte kilómetros de la ciudad…

recursos

| R | Video/VCD-ROM Lección 11 | VM pp.189-190 | ICD-ROM Lección 11 |

INSTRUCTIONAL RESOURCES VM, Video (Start 00:58:05), VCD-ROM

Personajes

DON FRANCISCO

JAVIER

INÉS

ÁLEX

MAITE

SR. FONSECA

Expresiones útiles

Talking on the telephone
¿Aló?/¿Bueno?/¿Diga?
Hello?
¿Quién habla?
Who is speaking?
¿De parte de quién?
Who is calling?
Con él/ella habla.
This is he/she.
Le hablo de parte de Francisco Castillo.
I'm speaking to you on behalf of Francisco Castillo.
¿Puedo dejar un recado?
May I leave a message?
Está bien. Llamo más tarde.
That's fine. I'll call later.

Talking about bus or car problems
¿Qué pasó?
What happened?
Se nos dañó el autobús.
The bus broke down.
Se nos pinchó una llanta.
We got a flat tire.
Está quemado el alternador.
The alternator is burned out.

Saying how far away things are
Está a veinte kilómetros de aquí.
It's twenty kilometers from here.
Estamos a veinte kilómetros de la ciudad.
We're twenty kilometers from the city.

Expressing surprise
¡No me diga! (form.)/¡No me digas! (fam.)
You don't say!

Offering assistance
A sus órdenes.
At your service.

Additional vocabulary
aquí mismo
right here

DON FRANCISCO Chicos, creo que tenemos un problema con el autobús. ¿Por qué no se bajan?

DON FRANCISCO Mmm, no veo el problema.

INÉS Cuando estaba en la escuela secundaria, trabajé en el taller de mi tío. Me enseñó mucho sobre mecánica. Por suerte, arreglé unos autobuses como éste.

DON FRANCISCO ¡No me digas! Bueno, ¿qué piensas?

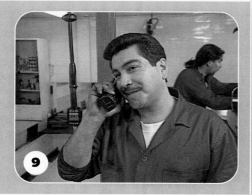

SR. FONSECA Creo que va a ser mejor arreglar el autobús allí mismo. Tranquilo, enseguida salgo.

SUGGESTION Use correction fluid to erase 7-10 words to create a master for a cloze activity. Hand out copies for students to fill in as they watch the video. If necessary, show the segment more than once. Have small groups fill in the blanks.

ÁLEX Buenas noticias. El Sr. Fonseca viene enseguida. Piensa que puede arreglar el autobús aquí mismo.

MAITE ¡La Mujer Mecánica y Tecnohombre, mis héroes!

DON FRANCISCO ¡Y los míos también!

SUGGESTION Use video captions 1, 3, and 10 to point out the **Lección 11** grammar concepts of the imperfect tense, **por** vs. **para**, and possessive pronouns.

SUGGESTION Have students make predictions based on the video stills. Record them and later confirm the correct ones.

¿Qué piensas?

1 Seleccionar Selecciona las opciones que completan correctamente las siguientes frases.

1. Álex quiere
   a. llamar a su mamá por el teléfono celular.   (b.) escribirle a su mamá y navegar en la Red.
   c. hablar por el teléfono celular y navegar en la Red.

2. Se les dañó el autobús. Inés dice que
   (a.) el alternador está quemado.   b. se les pinchó una llanta.
   c. el taller está quemado.

3. Álex llama al mecánico, el señor
   a. Castillo.   b. Ibarra.
   (c.) Fonseca.

4. Maite llama a Inés la "Mujer Mecánica" porque antes
   (a.) trabajaba en el taller de su tío.   b. arreglaba computadoras.
   c. conocía a muchos mecánicos.

5. El grupo está a _____ de la ciudad.
   a. veinte millas   b. veinte grados centígrados
   (c.) veinte kilómetros

2 ¿Quién? Contesta las preguntas.

1. ¿Quién tiene un teléfono en el autobús? _Álex tiene un teléfono en el autobús._

2. ¿Quién conoce a un mecánico en la ciudad? _Don Francisco conoce a un mecánico en la ciudad._

3. ¿Quién diagnostica el problema del autobús? _Inés diagnostica el problema del autobús._

4. ¿Quién llama al mecánico? _Álex llama al mecánico._

5. ¿Quién dice que puede arreglar el autobús? _El Sr. Fonseca/el mecánico dice que puede arreglar el autobús._

6. ¿Quién dice que Inés y Álex son sus héroes? _Maite y don Francisco dicen que Inés y Álex son sus héroes._

3 Situación Trabaja con un(a) compañero/a para representar los papeles de un(a) mecánico/a y un(a) conductor(a). El/la conductor(a) llama al/a la mecánico/a por teléfono y le explica cuál es el problema del coche. Después le indica dónde está con relación al taller. El/la mecánico/a le dice que puede ir enseguida. Usen estas preguntas y frases en su conversación. *Answers will vary.*

Aló. /¿Bueno?/Diga.	¿Quién habla?
Con él/ella habla.	¿Qué pasó?
Se me dañó el coche.	Estoy a… kilómetros de…

1 SUGGESTION Mention that there are various ways to say that a car is broken down. Synonyms for **descompuesto** include **averiado, roto, verado,** and **en pana.** They can also say **se rompió** or simply **no funciona.**

1 SUGGESTION Point out that different countries have unique domain codes. Ex.: **.ar** (Argentina), **.co** (Colombia), **.mx** (Mexico), **.es** (Spain), **.ve** (Venezuela)

2 EXPANSION Have small groups write additional questions about the video module. Have groups exchange questions. For example, G1: **¿Quién tuvo un accidente en el autobús?** G2: **Javier tuvo un accidente en el autobús.**

2 EXPANSION Have each student choose one of the video characters and prepare a summary of the day's events from that person's point of view. Have a few volunteers read their summaries to the class. The class will guess the identity of the character.

3 SUGGESTION Explain that partners should sit back to back during this mini-drama to simulate a real phone conversation.

Exploración
El transporte en la ciudad

Observaciones
- En México, D.F., hay unos 80.000 taxis y éstos hacen diariamente más de 780.000 viajes.
- La ciudad de Medellín es la única ciudad en Colombia que tiene metro. Bogotá, la capital, no tiene metro.
- En Caracas, Venezuela, el tiempo de viaje en automóvil se duplica (*doubles*) durante la hora pico (*rush hour*).
- En Argentina hay cuatro nombres para el autobús: ómnibus, colectivo, micro y bondi.

Los taxis son un medio de transporte muy popular en México, D.F., la capital. Muchos de los taxis son de marca Volkswagen y generalmente son de color verde o amarillo brillante.

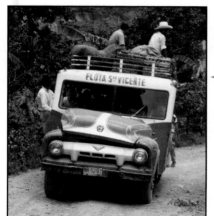

La chiva es uno de los símbolos folclóricos de Colombia. Las chivas están pintadas de colores vibrantes y viajan de un pueblo a otro. También hay chivas turísticas que viajan dentro de las ciudades. Muchas de las chivas no tienen ventanas de cristal– la cabina está al aire libre.

Madrid, Barcelona, y Bilbao son tres ciudades españolas que tienen metro. Los metros de Madrid (1919) y Barcelona (1924) son muy antiguos. El metro de Bilbao tiene la forma de la letra 'Y' por causa del trayecto del río Nervión.

Coméntalo
Con un(a) compañero/a, contesta las siguientes preguntas. *Answers will vary.*
- ¿Cuál es tu medio de transporte preferido? ¿Por qué? ¿Tienes carro?
- ¿Usas el transporte público? ¿Hay transporte público en tu comunidad?
- ¿Es más importante el transporte público en las ciudades pequeñas o en las grandes?

recursos

vistahigher learning.com

11.1 The preterite and the imperfect

▶ The preterite and the imperfect are not interchangeable. The choice between these two tenses depends on the context and on the point of view of the speaker.

> Por suerte, arreglé unos autobuses como éste.

> Íbamos para Ibarra y se nos dañó el autobús.

Uses of the preterite

To express actions that are viewed by the speaker as completed	Don Francisco estacionó el autobús. *Don Francisco parked the bus.* Fueron a Valparaíso ayer. *They went to Valparaíso yesterday.*
To express the beginning or end of a past action	La película empezó a las nueve. *The movie began at nine o'clock.* Ayer terminé el proyecto. *Yesterday I finished the project.*
To narrate a series of past actions or events	Don Francisco paró el autobús, abrió la ventanilla y saludó a doña Rita. *Don Francisco stopped the bus, opened the window, and greeted Doña Rita.*

Uses of the imperfect

To describe an on-going past action with no reference to its beginning or end	Maite conducía muy rápido en Madrid. *Maite was driving very fast in Madrid.* Javier esperaba en el garaje. *Javier was waiting in the garage.*
To express habitual past actions and events	Cuando era joven, jugaba al tenis. *When I was young, I used to play tennis.* Álex siempre revisaba su correo electrónico a las tres. *Álex always checked his e-mail messages at three o'clock.*
To describe mental, physical, and emotional states or conditions	La chica quería descansar. Se sentía mal y tenía dolor de cabeza. *The girl wanted to rest. She felt ill and had a headache.* Ellos eran altos y tenían ojos verdes. *They were tall and had green eyes.* Estábamos felices de ver a la familia. *We were happy to see the family.*

Práctica

1 Un accidente Completa este artículo de periódico con las formas correctas del pretérito o del imperfecto.

Un trágico accidente

Ayer temprano por la mañana ___hubo___ [haber] un trágico accidente en el centro de Lima, cuando un autobús ___chocó___ [chocar] con un carro. La mujer que ___manejaba___ [manejar] el carro ___murió___ [morir] al instante. Los paramédicos llevaron al conductor del autobús al hospital porque ___tenía___ [tener] varias fracturas y una conmoción cerebral (*concussion*). Su estado de salud es todavía muy grave. El conductor del autobús ___dijo___ [decir] que no ___vio___ [ver] el carro hasta el último (*last*) momento porque ___había___ [haber] mucha niebla y ___estaba___ [estar] lloviendo. Él ___intentó___ [intentar] (*to attempt*) dar un viraje brusco (*to swerve*), pero ___perdió___ [perder] el control del autobús y no ___pudo___ [poder] evitar (*to avoid*) el choque. Según nos informaron, no ___se lastimó___ [lastimarse] ningún pasajero.

2 Combinar Combina elementos de las tres columnas para hablar de lo que hicieron y lo que hacían las personas de la primera columna. *Answers will vary.*

Sujetos	Verbos	Adverbios
el mecánico	arreglar	ayer
Dale Earnhardt (hijo)	caerse	bien
la mujer policía	chocar	con frecuencia
Bill Gates	conducir	de vez en cuando
las computadoras	decir	fácilmente
mis amigos y yo	enamorarse	lentamente
Jennifer López	funcionar	por aquí
yo	lastimarse	por fin
	navegar	todos los días
	olvidar	una vez

Conversación

3 **Frases** En parejas, completen las frases usando el pretérito o el imperfecto. Luego comparen sus respuestas. *Answers will vary.*

> **modelo** De niño/a, yo...

Estudiante 1: De niña, yo vivía con mis abuelos en un apartamento cerca de la escuela.

Estudiante 2: Pues mi mamá, mis hermanos y yo vivíamos en una casita con un jardín.

Estudiante 1: De niña, me lastimé una vez la rodilla. Mientras corría, me caí.

Estudiante 2: En cambio, yo nunca me hice daño en la rodilla, pero me lastimaba constantemente las manos.

1. El verano pasado…
2. Yo manejaba el coche mientras…
3. Anoche mi novio/a…
4. Ayer el/la profesor(a)…
5. La semana pasada un(a) amigo/a…
6. A menudo mi madre…
7. Esta mañana en la cafetería…
8. Navegábamos en la Red cuando…

4 **Tu primer(a) novio/a** Entrevista a un(a) compañero/a acerca de su primer(a) novio/a. Si quieres, puedes añadir (*to add*) otras preguntas. *Answers will vary.*

1. ¿Quién fue tu primer(a) novio/a?
2. ¿Cuántos años tenías cuando lo/la conociste?
3. ¿Cómo era él/ella?
4. ¿Qué le gustaba hacer? ¿Tenían ustedes los mismos pasatiempos?
5. ¿Por cuánto tiempo salieron Uds.?
6. ¿Adónde iban Uds. cuando salían?
7. ¿Pensaban casarse?
8. ¿Cuándo y por qué rompieron Uds.?

5 **Un robo misterioso** Anoche alguien robó (*stole*) el examen de la Lección 11 de la oficina de tu profesor(a) y tú tienes que averiguar (*to find out*) quién lo hizo. Pregúntales a varios compañeros dónde estaban, con quién estaban y qué hicieron entre las ocho y las doce de la noche. Luego decide quién robó el examen. *Answers will vary.*

▶ When the preterite and the imperfect appear in the same sentence, the imperfect describes what was happening, and the preterite describes the action that interrupted the on-going activity.

> **Navegaba** en la Red cuando **sonó** el teléfono.
> *I was surfing the Web when the phone rang.*

> Maite **leía** el periódico cuando **llegó** Álex.
> *Maite was reading the newspaper when Álex arrived.*

▶ The preterite and the imperfect are often used together in lengthy narratives such as fiction stories and news stories. The imperfect provides the background information, such as the time, the weather, and the location. The preterite indicates the specific events.

> **Eran** las dos de la mañana y el detective ya no **podía** mantenerse despierto. **Se bajó** lentamente del coche, **estiró** las piernas y **levantó** los brazos hacia el cielo oscuro.
> *It was two in the morning, and the detective could no longer stay awake. He slowly stepped out of the car, stretched his legs, and raised his arms towards the dark sky.*

> La luna **estaba** llena y no **había** en el cielo ni una sola nube. De repente, el detective **escuchó** un grito espeluznante proveniente del parque.
> *The moon was full and there wasn't a single cloud in the sky. Suddenly, the detective heard a piercing scream coming from the park.*

NASA • La sonda se estrelló antes de orbitar

Mars cayó en Marte

La agencia espacial estadounidense perdió la comunicación con la sonda Mars Climate Orbiter, justo en el momento en que se ponía en órbita alrededor de Marte. La nave se estrelló por un error de navegación importante. Se habían invertido USD 25 millones e iba a ser la primera estación meteorológica interplanetaria. PASE A LA A6

¡Manos a la obra!

Escribe la forma correcta de los verbos.

Pretérito

1. Tomás y yo _fuimos_ [ir] al parque ayer.
2. _Nadamos_ [nadar] por la tarde.
3. Después _tomamos_ [tomar] el sol.
4. _Regresamos_ [regresar] a casa a las cinco.
5. Tomás preparó la cena. Yo _leí_ [leer] el periódico.
6. Mientras Tomás veía una película, yo _me dormí_ [dormirse].

Imperfecto

1. _Eran_ [ser] las doce.
2. _Había_ [haber] mucha gente en la calle.
3. Los novios _estaban_ [estar] en el café.
4. Todos los días ellos _almorzaban_ [almorzar] juntos.
5. El camarero les _servía_ [servir] ensaladas.
6. Cuando los novios salieron del café, _llovía_ [llover].

11.2 Por and para

▶ Both **por** and **para** mean *for*, but they are not interchangeable. Study their uses on the charts.

Es para usted. Es un cliente de don Paco.

Álex habla por teléfono.

Uses of por

Motion or a general location (around, through, along, by)	La excursión nos llevó por el centro. *The tour took us through downtown.*
	Pasamos por el parque y por el río. *We passed by the park and along the river.*
Duration of an action (for, during, in)	Estuve en Montevideo por un mes. *I was in Montevideo for a month.*
	Miguel estudió por la noche. *Miguel studied during the night.*
Object of a search (for, in search of)	Vengo por ti a las ocho. *I'm coming for you at eight.*
	Maite fue por su cámara. *Maite went in search of her camera.*
Means by which something is done (by, by way of, by means of)	Ellos viajan por la autopista. *They travel by way of the highway.*
	¿Hablaste con la policía por teléfono? *Did you talk to the police by phone?*
Exchange or substitution (for, in exchange for)	Le di dinero por la videocasetera. *I gave him money for the VCR.*
	Muchas gracias por el vídeo. *Thank you very much for the video.*
Unit of measure (per, by)	José manejaba a 120 kilómetros por hora. *José was driving 120 kilometers per hour.*

▶ **Por** is used in several idiomatic expressions.

por aquí	*around here*	por eso	*that's why; therefore*
por ejemplo	*for example*	por fin	*finally*

¡ojo! When giving an exact time, **de** is used instead of **por** before **la mañana, la tarde,** and **la noche.**

Llegué a las diez **de la noche.**
I arrived at ten p.m.

Me gusta estudiar **por la noche.**
I like to study at night.

Práctica

1 **Un viaje a Buenos Aires** Completa este párrafo con las preposiciones **por** o **para**.

El mes pasado, mi esposo y yo hicimos un viaje a Buenos Aires y sólo pagamos dos mil dólares __por__ los pasajes. Estuvimos en Buenos Aires __por__ una semana y exploramos toda la ciudad. Durante el día caminamos __por__ la plaza San Martín, el microcentro y el barrio de La Boca, donde viven muchos artistas. __Por__ la noche fuimos a una tanguería, que es un tipo de teatro, __para__ mirar a la gente bailar tango. Dos días después decidimos hacer una excursión __por__ las Pampas __para__ ver el paisaje (*countryside*) y un rodeo con gauchos. __Por__ eso, alquilamos (*we rented*) un carro y pasamos unos días muy agradables. El último (*last*) día que estuvimos en Buenos Aires fuimos a Galerías Pacíficas __para__ comprar recuerdos (*souvenirs*) __para__ nuestros hijos y nietos. Compramos tantos regalos que, al regresar, tuvimos que pagar impuestos (*duties*) cuando pasamos __por__ la aduana.

2 **¿Qué pasa aquí?** Usa **por** o **para** y el tiempo presente para describir estos dibujos. *Answers will vary.*

1. _____

4. _____

2. _____

5. _____

3. _____

6. _____

Conversación

3 Completar Usa **por** o **para** y completa estas frases de una manera (*manner*) lógica. Luego, compara tus respuestas con las de un(a) compañero/a. *Answers will vary.*

1. El año pasado compré un regalo…
2. Ayer fui al taller…
3. Necesito hacer la tarea…
4. En casa, hablo con mis amigos…
5. Los miércoles tengo clases…
6. A veces voy a la biblioteca…
7. Necesito… dólares…
8. Esta noche tengo que estudiar…
9. Mi padre/madre trabaja…
10. Mi mejor amigo/a estudia…

4 Encuesta Camina por la clase haciendo preguntas hasta que encuentres a alguien que corresponda a cada descripción. Luego presenta los resultados a la clase.
Answers will vary.

Descripciones	Nombres
1. En casa, tiene televisión por cable.	
2. Anoche durmió por ocho horas.	
3. Viajó por Europa.	
4. Hoy pasó por la gasolinera.	
5. Se preocupa por sus amigos.	
6. Habla por teléfono celular.	
7. Quiere estudiar para médico/a.	
8. Las clases son fáciles para él/ella.	
9. Escucha música por la noche.	
10. Va a la biblioteca para estudiar.	

5 Una subasta Trabajen en grupos para dramatizar una subasta (*auction*). Cada estudiante debe traer un objeto o una foto del objeto para vender a la clase. Luego, un(a) estudiante es el/la vendedor(a) y los otros son los postores (*bidders*).
Answers will vary.

modelo

Vendedor(a): ¿Quién me ofrece $200,00 por la cámara de vídeo? Es una ganga a este precio. Yo pagué $400,00 por ella.

Postor(a) 1: Te doy $175,00.

Uses of *para*	
Destination (*toward, in the direction of*)	Salimos para Mérida el sábado. *We are leaving for Mérida on Saturday.*
	Voy para el banco. *I'm going to the bank.*
Deadline or a specific time in the future (*by, for*)	Él va a arreglar el carro para el viernes. *He will fix the car by Friday.*
Purpose or goal + [infinitive] (*in order to*)	Juan estudia para (ser) mecánico. *Juan is studying to be a mechanic.*
Purpose + [noun] (*for, used for*)	Es una llanta para el carro. *It's a tire for the car.*
	Un módem sirve para navegar en la Red. *A modem is used to surf the Web.*
The recipient of something (*for*)	Compré una calculadora para mi hijo. *I bought a calculator for my son.*
Comparisons or opinions (*for, considering*)	Para ser joven, es demasiado serio. *For a young person, he is too serious.*
	Para mí, esta lección no es difícil. *For me, this lesson isn't difficult.*
Employment (*for*)	Sara trabaja para Telecom. *Sara works for Telecom.*

▸ Often, either **por** or **para** can be used in a sentence. The meaning of the sentence changes, depending on which one is used.

Caminé **por** el parque. *I walked through the park.*	Caminé **para** el parque. *I walked to (toward) the park.*
Trabajó **por** su padre. *He worked for (in place of) his father.*	Trabajó **para** su padre. *He worked for his father('s business).*
Se exhibió **por** todo el pueblo. *It was shown throughout (around) the whole town.*	Se exhibió **para** todo el pueblo. *It was shown for the whole town.*

¡Manos a la obra!

Completa las frases con **por** o **para**.

1. Dormimos **por** la mañana.
2. Necesitas un módem **para** navegar en la Red.
3. Entraron **por** la puerta.
4. Es un pasaje **para** Buenos Aires.
5. **Para** arrancar el carro, necesito la llave.
6. Arreglé el televisor **para** ti.
7. Estuvieron nerviosos **por** el examen.
8. ¿Hay una gasolinera **por** aquí?
9. Esta computadora es **para** Ud.
10. Juan está enfermo. Tengo que trabajar **por** él.
11. Estuvimos en Cancún **por** dos meses.
12. **Para** mí, el español es difícil.
13. Tengo que estudiar la lección **para** el lunes.
14. Voy a ir **por** ese camino.
15. Compré dulces **para** mi novia.
16. Lo compró **por** un buen precio.

11.3 Stressed possessive adjectives and pronouns

▶ Spanish has two types of possessive adjectives: the unstressed (short) forms you learned in Lesson 3 and the stressed (long) forms. The stressed possessive adjectives are used for emphasis or to express the English phrases *(of) mine, (of) yours, (of) his,* and so on.

Stressed possessive adjectives

Singular forms		Plural forms		
MASCULINE	FEMININE	MASCULINE	FEMININE	
mío	mía	míos	mías	*my; (of) mine*
tuyo	tuya	tuyos	tuyas	*your; (of) yours (fam.)*
suyo	suya	suyos	suyas	*your; (of) yours (form.); his; (of) his; her; (of) hers; its*
nuestro	nuestra	nuestros	nuestras	*our; (of) ours*
vuestro	vuestra	vuestros	vuestras	*your; (of) yours (fam.)*
suyo	suya	suyos	suyas	*your; (of) yours (form.); their; (of) theirs*

▶ Stressed possessive adjectives must agree in gender and number with the nouns they modify.

mi **impresora**	la **impresora** mía
my printer	*my printer*
nuestros televisores	los televis**ores** nuestros
our television sets	*our television sets*

▶ Stressed possessive adjectives are placed after the nouns they modify. Unstressed possessive adjectives are placed before the noun.

Son **mis** llaves. Son las llaves **mías.**
They are my keys. *They are my keys.*

▶ A definite article, an indefinite article, or a demonstrative adjective usually precedes a noun modified by a stressed possessive adjective.

Alberto tenía
- **unos** discos **tuyos.** *Alberto had some disks of yours.*
- **los** discos **tuyos.** *Alberto had your disks.*
- **estos** discos **tuyos.** *Alberto had these disks of yours.*

▶ **Suyo, suya, suyos,** and **suyas** have more than one meaning. You can avoid confusion by using the construction: [*article*] + [*noun*] + **de** + [*subject pronoun* or *noun*].

el teclado **suyo**
- el teclado **de él/ella** *his/her keyboard*
- el teclado **de Ud./Uds.** *your keyboard*
- el teclado **de ellos/ellas** *their keyboard*
- el teclado **de Ramón** *Ramón's keyboard*

▶ **El** and **la** are usually omitted when a stressed possessive adjective follows the verb **ser.**

¿**Es suya** esta cámara? No, no **es mía.**

Práctica

1 Frases Forma frases en el presente con las siguientes palabras.

1. yo / necesitar / usar / impresora / de Miguel / porque / mío / no / funcionar
Yo necesito usar la impresora de Miguel porque la mía no funciona.
2. pero / él / no poder / ayudarme / porque / suyo / tampoco / funcionar
Pero él no puede ayudarme porque la suya tampoco funciona.
3. Me gustaría / pedirle / a Juana / su ratón, / pero / suyo / estar / descompuesto
Me gustaría pedirle a Juana su ratón, pero el suyo está descompuesto.
4. yo / no poder / usar / teclado / de Conchita / porque / suyo / estar descompuesto / también
Yo no puedo usar el teclado de Conchita porque el suyo está descompuesto también.
5. y si / yo / pedirte / computadora, / estar / seguro que / ir / decirme / que / no poder / usar / tuyo
Y si yo te pido tu computadora, estoy seguro/a que vas a decirme que no puedo usar la tuya.

2 ¿Es suyo? Un policía ha capturado al hombre que robó (*robbed*) en tu casa. Ahora el policía quiere saber qué cosas son tuyas. Túrnate con un(a) compañero/a para hacer el papel del policía y usa las pistas (*clues*) para contestar las preguntas.

modelo

No / pequeño
Policía: Esta computadora, ¿es suya?
Estudiante: No, no es mía. La mía es más pequeña.

1. Sí
E1: Esta calculadora, ¿es suya?
E2: Sí, es mía.

1. Sí
E1: Esta calculadora, ¿es suya?
E2: Sí, es mía.

4. No / viejo
E1: Esta cámara de vídeo, ¿es suya?
E2: No, no es mía. La mía es más vieja.

2. Sí
E1: Este radio, ¿es suyo?
E2: Sí, es mío.

5. Sí
E1: Este estéreo, ¿es suyo?
E2: Sí, es mío.

3. No / nuevo
E1: Este televisor, ¿es suyo?
E2: No, no es mío. El mío es más nuevo.

6. No / caro
E1: Este teléfono celular, ¿es suyo?
E2: No, no es mío. El mío es más caro.

Conversación

3 **¿Son tuyas estas cintas?** Trabajen en grupos.
Cada estudiante trae tres objetos. Pongan (*put*) todos los
objetos juntos. Luego, un(a) estudiante escoge uno o dos
objetos y le pregunta a otro/a si esos objetos son suyos.
Usen los adjetivos posesivos en sus preguntas. *Answers will vary.*

modelo

Estudiante 1: José Luis, ¿son tuyas estas cintas?
Estudiante 2: Sí, son mías. / No, no son mías. Son las
cintas de Felipe.

4 **Anuncios** Lee este anuncio (*ad*) con un(a) compañero/a.
Luego, preparen su propio (*own*) anuncio usando
los adjetivos o los pronombres posesivos. Después,
conviértanlo en un anuncio de televisión (*commercial*)
y preséntenlo a la clase. *Answers will vary.*

Esta computadora y esta impresora pueden ser suyas por sólo

$1799

Características de la computadora
- Procesador: Intel Pentium III a 3000 Mhz
- 640Mb de memoria
- Disco duro de 100 Gb
- Sistema operativo: Linux

Características de la impresora
- Velocidad: 20 páginas por minuto en blanco y negro
- Resolución de 1200 x 1200

El precio incluye un año de
servicio de Internet gratis.
Para más información, llame al
362-1990 o visite nuestro sitio
Web www.fiera.com.

Possessive pronouns

▶ Possessive pronouns are used to replace [*noun*] + [*possessive adjective*]. In Spanish, the possessive pronouns have the same forms as the stressed possessive adjectives, and they are preceded by a definite article.

la **calculadora** nuestra	la nuestra
el **fax** tuyo	el tuyo
los **archivos** suyos	los suyos

Episodio veintiuno:
Tecnohombre y los
superamigos suyos
salvan el mundo una
vez más.

La Mujer
Mecánica y
Tecnohombre,
¡mis héroes!

¡Y los míos
también!

▶ Possessive pronouns agree in number and gender with the nouns they replace.

—Aquí está **mi coche.** ¿Dónde está **el tuyo**?
Here's my car. Where is yours?

—**El mío** está en el taller de mi hermano Armando.
Mine is at my brother Armando's garage.

—¿Tienes **las cintas** de Carlos?
Do you have Carlos' tapes?

—No, pero tengo **las nuestras**.
No, but I have ours.

¡Manos a la obra!

 Indica las formas tónicas *(stressed)* de estos adjetivos posesivos y los pronombres posesivos correspondientes.

	adjetivos	**pronombres**
1. su videocasetera	la videocasetera suya	la suya
2. mi televisor	el televisor mío	el mío
3. nuestros discos	los discos nuestros	los nuestros
4. tus cintas	las cintas tuyas	las tuyas
5. su módem	el módem suyo	el suyo
6. mis vídeos	los vídeos míos	los míos
7. nuestra impresora	la impresora nuestra	la nuestra
8. tu estéreo	el estéreo tuyo	el tuyo
9. nuestro carro	el carro nuestro	el nuestro
10. mi computadora	la computadora mía	la mía

Ampliación

 1 Escuchar

A Mientras escuchas a Ricardo Moreno, selecciona el género al que corresponde su discurso. Luego, identifica de qué habla y su propósito (*purpose*).

⭐ **TIP Recognize the genre of spoken discourse.** Identifying the genre (for example: political speech, radio interview, news broadcast) of what you hear can help you figure out what kinds of things you are likely to hear. It will also help you identify the speaker's motives and intentions.

1. ¿Qué tipo de discurso es?
   a. las noticias por radio o televisión   b. un anuncio comercial
   c. una reseña (*review*) de una película
2. ¿De qué habla?
   a. de su vida   b. de un producto o servicio
   c. de algo que oyó o vio
3. ¿Cuál es el propósito?
   a. relacionarse con alguien   b. informar
   c. vender

B ¿Qué te indicó el género de este discurso? *Answers will vary.*

 2 Conversar

Con un(a) compañero/a, prepara una conversación sobre la primera vez que manejaste un carro o el día en que fuiste al Departamento de Tráfico para conseguir tu licencia de conducir. *Answers will vary.*

modelo

Estudiante 1: Conseguí la licencia de conducir cuando tenía dieciséis años. Hacía sol y mi mamá me acompañó al Departamento de Tráfico. ¿Tú también conseguiste la tuya a los dieciséis años?

Estudiante 2: No, todavía no tengo la mía. En mi estado no podemos conseguir una licencia de conducir hasta los dieciocho años. ¿Cómo fue la primera vez que manejaste?

Estudiante 1: Estaba despejado y hacía sol. Eran las tres y media de la tarde, después de clases. Tenía un poco de miedo, pero quería hacerlo. Después de conducir, me sentí muy bien.

recursos

R	Textbook CD Lección 11	WB pp. 113-118	LM pp. 63-65	Lab CD Lección 11	ICD-ROM Lección 11	vistahigher learning.com

1 SCRIPT
¡Por fin! Una computadora que sirve para todas sus necesidades. Con sólo esta modernísima computadora y una línea telefónica de alta velocidad usted tiene a su alcance el infinito mundo del Internet. Le da la conveniencia de mandar un fax por medio del módem interior y de divertirse con su música favorita gracias al CD-ROM. Por el mismo precio, usted también recibe un monitor a colores y una impresora láser. El teclado ha sido diseñado especialmente para no causar dolor en las manos o los brazos. Esta oportunidad sólo se ofrece este mes. Venga inmediatamente a Mundo de Computación en Paseo Las Américas para aprovecharse de esta ganga. O mire el sitio Web en la dirección www.mundodecom.ar.

2 SUGGESTION Before beginning the conversation, have students list information they plan to include, as suggested by the model. Such information includes their age, the date, the weather, time of day, and so forth. Next, have students review how they will place the events of the day in order, and which past tense will be used to express the various ideas in their conversation.

2 EXPANSION Ask volunteers to present their conversation to the rest of the class. Follow with a discussion on aspects of this life experience that students found they had in common or during which they had something interesting or unusual happen.

Ampliación

③ Escribir

Escribe una historia acerca de una experiencia tuya con una máquina electrónica o con el carro. *Answers will vary.*

 TIP **Master the simple past tenses.** To write about events that occurred in the past, you will need to know when to use the preterite and the imperfect. The box on this page contains a summary of their uses.

Preterite	
• Actions viewed as completed	
• Beginning or end of past actions	
• Series of past actions	
Imperfect	
• On-going past actions	
• Habitual past actions	
• Mental, physical, and emotional states in the past	

Organízalo — Prepara una lista de todos los detalles que quieres narrar (*narrate*).

Escríbelo — Utiliza tu lista para escribir el primer borrador de tu historia.

Corrígelo — Intercambia tu historia con un(a) compañero/a. Lee su borrador y reflexiona sobre las partes mejor escritas. Ofrécele sugerencias sobre los detalles, la lógica de la secuencia de eventos y el uso del pretérito y del imperfecto.

Compártelo — Revisa el primer borrador según las indicaciones de tu compañero/a. Incorpora nuevas ideas para enriquecer la narración de los eventos. Escribe la versión final de tu historia y compártela con la clase.

④ Un paso más

Busca información sobre los cibercafés en los países hispanos e inventa un cibercafé nuevo. Crea un anuncio de revista (*magazine advertisement*) para promocionarlo. El anuncio debe incluir los siguientes elementos: *Answers will vary.*

- Una descripción del lugar donde está ubicado (*located*) el cibercafé
- Una descripción de la tecnología y de los servicios que se ofrecen a los clientes
- Fotos o dibujos
- Por qué este cibercafé es mejor que otros
- Los precios.

 En Internet

Investiga estos temas en el sitio vistahigherlearning.com.

- Cibercafés en el mundo hispano
- Internet en el mundo hispano
- La tecnología en el mundo hispano

---

③ SUGGESTION Review the summary box of uses of the preterite vs. imperfect. Write a few sentences on the board and ask volunteers to explain why the preterite or imperfect was chosen in each case. Ex.: **1. Gloria paró para contestar su teléfono celular. 2. Cuando mi papá era joven, no había computadoras. 3. Fue a comprar una computadora la semana pasada. 4. Mis abuelos estaban felices de ver la foto de su nieto en su correo electrónico.**

③ EVALUATION

Criteria	Scale
Content	1 2 3 4
Organization	1 2 3 4
Use of preterite and imperfect	1 2 3 4
Use of vocabulary	1 2 3 4
Accuracy, Mechanics	1 2 3 4

Scoring

Excellent	18-20 points
Good	14-17 points
Satisfactory	10-13 points
Unsatisfactory	< 10 points

④ SUGGESTION Bring in examples of advertisements for technology products for students to examine.

④ EXPANSION Have students use their advertisement as the basis for a radio announcement promoting their cybercafé.

④ EVALUATION

Criteria	Scale
Content	1 2 3 4 5
Organization	1 2 3 4 5
Accuracy	1 2 3 4 5
Creativity	1 2 3 4 5

Scoring

Excellent	18-20 points
Good	14-17 points
Satisfactory	0-13 points
Unsatisfactory	< 10 points

Antes de leer

One way languages grow is by borrowing words from each other. English words that relate to technology are often borrowed by Spanish and other languages throughout the world. Sometimes the words are modified slightly to fit the sounds of the languages that borrow them. When reading in Spanish, you can often increase your understanding by looking for words borrowed from English or other languages you know.

Examinar el texto

Mira brevemente la selección. ¿De qué trata? ¿Cómo lo sabes?

Buscar

Esta lectura contiene varias palabras tomadas del inglés. Trabaja con un(a) compañero/a para encontrarlas.

SUGGESTION Ask student volunteers to read aloud paragraphs of the text. After each paragraph, have student volunteers identify borrowed words while you write them on the board. At the end of the article, model the pronunciation of the borrowed words.

SUGGESTION Have students work in pairs to answer the following questions. **En la foto, ¿quiénes juegan al ajedrez? ¿Jugaste tú juegos en una computadora? ¿Cómo cambiaron las computadoras y la tecnología desde que tú naciste? ¿Qué tipo de "inteligencia" tiene una computadora? Para tí, ¿qué significa "inteligencia artificial"?** When they have finished, go over the answers.

EXPANSION Ask these additional questions of student pairs, groups, or the whole class. **Para muchas personas, ¿qué simbolizó la victoria de "Deep Blue"? (La victoria de la inteligencia artificial sobre la del ser humano) ¿Qué generan las computadoras? (Nuevos modelos con conocimientos muy definidos que guardan su base de datos) ¿Qué no tienen todavía las computadoras? (Sentido común) ¿Qué no pueden crear las computadoras? (Algo nuevo y original)**

Inteligencia y memoria: la inteligencia artificial
Alfonso Santamaría

Una de las principales características de la película de ciencia ficción *2001: una odisea del espacio* es la gran inteligencia de su protagonista no humano, la computadora HAL-9000. Para muchas personas, la genial película de Stanley Kubrick es una reflexión sobre la evolución de la inteligencia, desde que el hombre utilizó por primera vez un hueso como herramienta hasta la llegada de la inteligencia artificial (I.A.).

Ahora que vivimos en el siglo XXI, en un mundo en el que Internet y el fax son ya comunes, podemos preguntarnos: ¿consiguieron los científicos especialistas en I.A. crear una computadora como HAL? La respuesta es no. Hoy en día no existe una computadora con las capacidades intelectuales de HAL porque todavía no existen *inteligencias artificiales generales* que demuestren lo que llamamos "sentido común". Sin embargo, la I.A. está progresando mucho en el desarrollo de las *inteligencias especializadas*. El ejemplo más famoso es Deep Blue, la computadora de IBM especializada en jugar al ajedrez.

La idea de crear una máquina con capacidad para jugar al ajedrez se originó en 1950. En esa década, el científico Claude Shannon desarrolló una teoría que se convirtió en realidad en 1967, cuando apareció el primer programa que le permitió a una computadora competir, aunque sin éxito, en un campeonato de ajedrez. Más de veinte años después, un grupo de expertos en I.A. fue al centro de investigación Thomas J. Watson de Nueva York para desarrollar Deep Blue, la computadora que en 1997 derrotó al campeón mundial de ajedrez Garry Kasparov. Esta extraordinaria computadora pudo ganar al maestro ruso de ajedrez porque estaba diseñada para procesar 200 millones de jugadas por segundo. Además, Deep Blue guardaba en su memoria una recopilación de los movimientos de ajedrez más brillantes de toda la historia, entre ellos los que Kasparov efectuó en sus competiciones anteriores.

Para muchas personas la victoria de Deep Blue sobre Kasparov simbolizó la victoria de la inteligencia artificial sobre la del ser humano. Debemos reconocer los grandes avances científicos en el área de las computadoras y las ventajas que pueden traernos en un futuro, pero también sus limitaciones. Las computadoras generan nuevos modelos con conocimientos muy definidos, pero todavía no tienen sentido común: una computadora como Deep Blue puede ganar una partida de ajedrez, pero no puede explicar la diferencia entre una reina y un peón. Tampoco puede crear algo nuevo y original a partir de lo establecido, como hicieron Mozart o Picasso.

Las inteligencias artificiales especializadas son una realidad. ¿Pero una inteligencia como la de HAL-9000? Pura ciencia ficción.

Después de leer

¿Comprendiste?

Indica si las frases son **ciertas** o **falsas**. Corrige las falsas.

Cierto	Falso	
✓		1. La computadora HAL-9000 era muy inteligente.
	✓	2. Deep Blue es un buen ejemplo de la inteligencia artificial general. *Deep Blue es un buen ejemplo de la inteligencia especializada.*
	✓	3. El maestro de ajedrez Garry Kasparov le ganó a Deep Blue en 1997. *Deep Blue le ganó a Garry Kasparov en 1997.*
✓		4. Las computadoras no tienen la creatividad de Mozart y Picasso.
	✓	5. Hoy hay computadoras como HAL-9000. *No existe una computadora con las capacidades intelectuales de HAL-9000. Las computadoras con la inteligencia de HAL-9000 son pura ciencia ficción.*

Preguntas

1. ¿Qué tipo de inteligencia se relaciona con HAL-9000?
   La inteligencia artificial general se relaciona con HAL-9000.

2. ¿Qué tipo de inteligencia tienen las computadoras como Deep Blue?
   Las computadoras como Deep Blue tienen una inteligencia especializada.

3. ¿Cuándo se originó la idea de crear una máquina para jugar al ajedrez?
   La idea de crear una máquina para jugar al ajedrez se originó en 1950.

4. ¿Qué compañía inventó Deep Blue?
   IBM inventó Deep Blue.

5. ¿Por qué Deep Blue le pudo ganar a Garry Kasparov?
   Deep Blue le pudo ganar a Garry Kasparov porque estaba diseñada para procesar 200 millones de jugadas por segundo.

Coméntalo

¿Son las computadoras más inteligentes que los seres humanos? ¿Para qué cosas son mejores las computadoras, y para qué cosas son mejores los seres humanos? ¿Por qué? En el futuro, ¿van a tener las computadoras la inteligencia de los seres humanos? ¿Cuándo? *Answers will vary.*

herramienta	tool
sentido común	common sense
desarrollo	development
ajedrez	chess
éxito	success
campeonato	championship
jugadas	moves
derrotó	defeated
la del ser humano	that of the human being
ventajas	advantages
conocimientos	knowledge
partida	match
reina	queen
peón	pawn

recursos

R

vistahigher
learning.com

EXPANSION Have pairs of students work together to read aloud the paragraphs and write two true-false questions about each. Then have them exchange their questions with another pair who answers each item and corrects false statements.

El carro

el baúl	trunk
la calle	street
el camino	route
el capó	hood
el carro	car
el coche	car
los frenos	brakes
el taller (mecánico)	(mechanic's) repair shop
el garaje	mechanic's shop
la gasolina	gasoline
la gasolinera	gas station
el kilómetro	kilometer
la licencia de conducir	driver's license
la llanta	tire
el/la mecánico/a	mechanic
la milla	mile
el motor	motor
la multa	fine
el parabrisas	windshield
el policía/la mujer policía	police officer
la policía	police (force)
el semáforo	traffic light
el tráfico	traffic
la velocidad máxima	speed limit
el volante	steering wheel
arrancar	to start
arreglar	to fix; to arrange
bajar	to go down
bajar(se) de	to get off of/out of (a vehicle)
chocar (con)	to run into; to crash
conducir	to drive
estacionar	to park
llenar (el tanque)	to fill (the tank)
manejar	to drive
parar	to stop
revisar (el aceite)	to check (the oil)
subir	to go up
subir(se) a	to get on/into (a vehicle)

La tecnología

la calculadora	calculator
la cámara (de vídeo)	(video) camera
la cinta	(audio)tape
la contestadora	answering machine
el control remoto	remote control
el disco compacto	compact disc
el estéreo	stereo
el fax	fax (machine)
el radio	radio (set)
el teléfono (celular)	(cellular) telephone
la televisión por cable	cable television
el televisor	television set
el tocadiscos compacto	compact disc player
el videocasete	videocassette
la videocasetera	VCR
apagar	to turn off
funcionar	to work
llamar	to call
poner	to turn on
prender	to turn on
sonar (o:ue)	to ring
descompuesto/a	not working; out of order
lento/a	slow
lleno/a	full

Internet y la computadora

el archivo	file
la computadora portátil	portable computer; laptop
el disco	(computer) disk
la impresora	printer
Internet	Internet
el módem	modem
el monitor	(computer) monitor
la página principal	home page
la pantalla	screen
el programa de computación	software
el ratón	mouse
la Red	the Web
el sitio Web	website
el teclado	keyboard
guardar	to save
imprimir	to print
navegar (en la Red)	to surf (the Internet)

Otras palabras y expresiones

para	for; in order to
por	for; by; by means of; through; along; during; in; because of; due to; in exchange for; for the sake of; on behalf of
por aquí	around here
por ejemplo	for example
por eso	that's why; therefore
por fin	finally

Expresiones útiles	See page 267.
Stressed possessive adjectives and pronouns	See pages 274-275.

recursos

R | Lab CD Lección 11 | LM p. 65

12 Hogar, dulce hogar

PREVIEW Have students look at the photo. Ask: ¿Qué ven en la foto? ¿Dónde están? ¿Cómo es la casa?

Communicative Goals

You will learn how to:
- welcome people
- show people around the house
- tell people what to do

PREPARACIÓN

pages 282-287
- Words related to the home
- Household chores
- Capital and lowercase letters

AVENTURAS

pages 288-291
- The students arrive at the home where they will stay in Ibarra. After welcoming them, Sra. Vives shows them the house and assigns the bedrooms. Don Francisco reminds the students of their early start in the morning.

GRAMÁTICA

pages 292-299
- Formal (**Ud.** and **Uds.**) commands
- The present subjunctive
- Subjunctive with verbs of will and influence

LECTURA

pages 300-301
- Brochure: *Bienvenidos a la Casa Colorada*

RECURSOS

These student supplements provide additional practice:
- Textbook Audio CD
- Workbook/Video Manual (WB/VM)
- Lab Manual (LM)
- WB/VM/LM Answer Key
- Lab Audio CDs
- Video CD-ROM
- Interactive CD-ROM

HOGAR, DULCE HOGAR

LA CASA Y SUS CUARTOS

la alcoba *bedroom*
el altillo *attic*
el balcón *balcony*
la cocina *kitchen*
el comedor *dining room*
la entrada *entrance*
el garaje *garage*
la oficina *office*
el pasillo *hallway*
el patio *patio*
la sala *living room*
el sótano *basement, cellar*

la escalera
stairs; stairway

el jardín
garden; yard

EXPANSION Ask students about their living arrangements. Ex: ¿**Vives en una residencia, en una casa o en un apartamento? Cuántos cuartos hay? ¿Tiene garaje? ¿Tiene jardín?** And so forth.

LA MESA

la copa *wine glass; goblet*
la cuchara *spoon*
el cuchillo *knife*
el plato *plate*
la servilleta *napkin*
la taza *cup*
el tenedor *fork*
el vaso *glass*

LOS ELECTRODOMÉSTICOS

la estufa *stove*
el horno (de microondas) *(microwave) oven*
la lavadora *washing machine*
el lavaplatos *dishwasher*
el refrigerador *refrigerator*
la secadora *clothes dryer*

SUGGESTION Use magazine photos, real estate ads, or other visuals to present the vocabulary related to houses.

los electrodomésticos
electrical appliances

recursos

R	Textbook CD Lección 12	WB pp. 119-120	LM p. 67	Lab CD Lección 12	ICD-ROM Lección 12

INSTRUCTIONAL RESOURCES WB, LM, OT, Text CD, ICD-ROM

LOS QUEHACERES DOMÉSTICOS

arreglar *to neaten; to straighten up*

cocinar *to cook*

ensuciar *to get (something) dirty*

hacer los quehaceres domésticos *to do household chores*

lavar (el suelo, los platos) *to wash (the floor, the dishes)*

limpiar la casa *to clean the house*

pasar la aspiradora *to vacuum*

poner la mesa *to set the table*

quitar la mesa *to clear the table*

sacar la basura *to take out the trash*

sacudir los muebles *to dust the furniture*

planchar la ropa
to iron clothes

barrer el suelo
to sweep the floor

hacer la cama
to make the bed

SUGGESTION Take a class survey on who does the different household chores. Have students raise their hands when you say: **cocinar, lavar el suelo, poner la mesa**, and so forth.

SUGGESTION Bring in several place settings for a table and use them when presenting **la mesa** vocabulary. Have students set the table in Spanish.

LOS MUEBLES

la alfombra *rug*

la almohada *pillow*

el armario *closet*

la cómoda *chest with drawers*

las cortinas *curtains*

el cuadro *painting*

el estante *bookcase; bookshelves*

la lámpara *lamp*

la luz *light*

la manta *blanket*

la mesita *side/end table*

la mesita de noche *night stand*

la pared *wall*

la pintura *painting; picture*

el sillón *armchair*

el sofá *sofa; couch*

los muebles

furniture **VARIACIÓN LÉXICA**
Point out these lexical items:
alcoba → aposento (*Rep. Dom.*); recámara (*Méx.*), habitación, dormitorio
apartamento → departamento (*Amér. L.*); piso (*Esp.*)
lavar los platos → fregar los trastes (*Amér. C.*)

OTRAS PALABRAS

las afueras *suburbs; outskirts*

la agencia de bienes raíces *real estate agency*

el alquiler *rent (payment)*

el ama (m.,f.) de casa *housekeeper; caretaker*

el barrio *neighborhood*

el edificio de apartamentos *apartment building*

el hogar *home*

el/la vecino/a *neighbor*

la vivienda *housing*

alquilar *to rent*

mudarse *to move (residences)*

A escuchar

1 **Escoger** Escucha las preguntas e indica la respuesta correcta.

1. _____ Al pasillo.
   ✓ Al balcón.

2. _____ En el lavaplatos.
   ✓ En la mesita de noche.

3. _____ Al barrio.
   ✓ A las afueras.

4. ✓ En la secadora.
   _____ En la basura.

5. _____ El balcón.
   ✓ Las escaleras.

6. ✓ En las paredes.
   _____ En la estufa.

7. ✓ El horno.
   _____ La aspiradora.

8. _____ En la alfombra.
   ✓ En la alcoba.

2 **Escuchar** Escucha la conversación y completa las frases.

1. Pedro va a limpiar ___la sala___ primero.
2. Paula va a comenzar por ___la cocina___.
3. Pedro le recuerda (*reminds*) a Paula que debe ___hacer la cama___ en la alcoba de huéspedes.
4. Pedro va a ___planchar la ropa___ en el sótano.
5. Pedro también va a limpiar ___la oficina___.
6. Ellos están limpiando la casa porque ___la madre de Pedro va a visitarlos___.

recursos

R | Textbook CD Lección 12

1 SCRIPT

1. Cuando quieres salir al aire libre y estás en el tercer piso, ¿adónde vas?

2. Cuando quieres tener una lámpara y un despertador cerca de tu cama, ¿dónde los pones?

3. Si no quieres vivir en el centro de la ciudad, ¿adónde te mudas?

4. ¿Dónde pones la ropa después de lavarla?

5. ¿Qué usas para subir de la planta baja al primer piso?

6. Si tienes cuadros o pinturas, ¿dónde los pones?

7. Si vas a cocinar, ¿qué electrodoméstico necesitas?

8. Cuando haces la cama, ¿dónde estás?

2 SCRIPT

Pedro: Paula, tenemos que limpiar toda la casa esta mañana. ¿Por dónde podemos empezar?

Paula: Pienso empezar por la cocina. Voy a lavar los platos, sacar la basura y barrer el suelo.

PE: Pues, primero voy a limpiar la sala. Necesito pasar la aspiradora y sacudir los muebles.

PA: Despúes de la sala, ¿qué cuarto quieres limpiar?

PE: Despúes quiero limpiar la oficina.

PA: Entonces yo voy a limpiar la alcoba de huéspedes.

PE: Bueno. Debes hacer la cama en esa alcoba también.

PA: Ya lo sé. Ah, ¿puedes planchar la ropa en el sótano, Pedro?

PE: Sí… Espero que todo vaya bien durante la visita de mi madre.

PA: Sí. Pues yo espero que ella no venga hasta que todo esté limpio. ¡No nos queda mucho tiempo para terminar!

INSTRUCTIONAL RESOURCE Text CD, IRM

A practicar

3 Definiciones En parejas, identifiquen lo que se describe en cada descripción. Luego inventen sus propias descripciones de algunas palabras de **Preparación**.

modelo

Si vives en un apartamento, lo tienes que pagar cada mes.
Estudiante 1: *Si vives en un apartamento, lo tienes que pagar cada mes.*
Estudiante 2: *El alquiler.*

1. Es donde pones la cabeza cuando duermes. *la almohada*
2. Es el quehacer doméstico que haces después de comer. *quitar la mesa/lavar los platos*
3. Cubren (*they cover*) las ventanas y decoran la sala a la vez (*at the same time*). *las cortinas*
4. Algunos ejemplos son la cómoda, la mesita y los sillones. *los muebles*
5. Son las personas que viven en tu barrio. *los vecinos*

4 Emparejar Identifica los dibujos. Luego indica la letra del dibujo que corresponde a cada descripción.

___*e*___ 1. Lo usas para tomar agua.

___*b*___ 2. Lo necesitas para comer un bistec.

___*f*___ 3. Necesitas este objeto para la sopa.

___*c*___ 4. La necesitas para tomar café.

___*a*___ 5. La necesitas para tomar vino.

___*d*___ 6. Necesitas este objeto para limpiarte la boca después de comer.

a. ___*una copa*___ b. ___*un tenedor*___ c. ___*una taza*___

d. ___*una servilleta*___ e. ___*un vaso*___ f. ___*una cuchara*___

5 Los quehaceres domésticos Trabajen en grupos para indicar quién hace los siguientes quehaceres domésticos en sus casas. Luego contesten las preguntas. *Answers will vary.*

pasar la aspiradora	sacar la basura	cocinar
sacudir los muebles	hacer las camas	lavar la ropa
barrer el suelo	lavar los platos	planchar la ropa

- ¿Quién hace más quehaceres, tú o tus compañeros/as?
- ¿Cúales son los quehaceres que más te molesta hacer?
- ¿Piensas que debes hacer más quehaceres? ¿Por qué?

A conversar

6 Dos habitaciones En parejas, describan las habitaciones que ven en las fotos. Identifiquen y describan seis muebles o adornos (*accessories*) de cada foto y luego indiquen los quehaceres domésticos que se pueden hacer en cada habitación. *Answers will vary.*

7 Mi apartamento Dibuja el plano de un apartamento amueblado (*furnished*) y escribe los nombres de las habitaciones y los muebles. En parejas, un(a) compañero/a describe su apartamento mientras el/la otro/a lo dibuja. Cuando terminen, miren el dibujo. ¿Es similar al dibujo original? Hablen de los cambios que se necesitan para mejorarlo. Repitan la actividad, intercambiando los papeles (*roles*). *Answers will vary.*

8 Un(a) corredor(a) de bienes raíces Trabajen en grupos para representar a un(a) corredor(a) de bienes raíces (*real estate agent*) y a sus clientes. El/la corredor(a) tiene varias casas para vender; debe mostrarlas, hablar de los muebles y del barrio que más les convienen (*suit*) a los siguientes clientes. *Answers will vary.*

* Una pareja que está esperando su segundo hijo
* Una pareja de jubilados (*retirees*) que quiere tranquilidad
* Un grupo de estudiantes universitarios que quiere vivir fuera del campus (*off-campus*)
* Una familia con cinco niños

Ortografía

Las mayúsculas y las minúsculas

Here are some of the rules that govern the use of capital letters (**mayúsculas**) and lowercase letters (**minúsculas**) in Spanish.

. . . .

Los estudiantes llegaron al aeropuerto a las dos. **L**uego fueron al hotel.

In both Spanish and English, the first letter of every sentence is capitalized.

. . . .

| **R**ubén **B**lades | **P**anamá | **C**olón | los **A**ndes |

The first letter of all proper nouns (names of people, countries, cities, geographical features, etc.) is capitalized.

. . . .

Cien años de soledad   *Don Quijote de la Mancha*   *El País*   *Muy Interesante*

The first letter of the first word in titles of books, films, and works of art is generally capitalized, as well as the first letter of any proper names. In newspaper and magazine titles, as well as other short titles, the initial letter of each word is often capitalized.

. . . .

| la **s**eñora Ramos | **d**on Francisco | el **p**residente | **S**ra. Vives |

Titles associated with people are *not* capitalized unless they appear as the first word in a sentence. Note, however, that the first letter of an abbreviated title is capitalized.

. . . .

| **Ú**ltimo | **Á**lex | **MENÚ** | **PERDÓN** |

Accent marks should be retained on capital letters. In practice, however, this rule is often ignored.

. . . .

| **l**unes | **v**iernes | **m**arzo | **p**rimavera |

The first letter of days, months, and seasons is *not* capitalized.

. . . .

| **e**spañol | **e**stadounidense | **j**aponés | **p**anameños |

The first letter of nationalities and languages is *not* capitalized.

. . . .

Práctica   Corrige las mayúsculas y minúsculas incorrectas.

1. soy lourdes romero. Soy Colombiana.
   Soy Lourdes Romero. Soy colombiana.
2. éste Es mi Hermano álex.
   Éste es mi hermano Álex.
3. somos De panamá.
   Somos de Panamá.
4. ¿es ud. La sra. benavides?
   ¿Es Ud. la Sra. Benavides?
5. ud. Llegó el Lunes, ¿no?
   Ud. llegó el lunes, ¿no?

Oraciones   Lee el diálogo de las serpientes. Ordena las letras para saber de qué palabras se trata. Después escribe las letras indicadas para descubrir por qué llora Pepito.

Profesor Herrera, ¿es cierto que somos venenosas?

Sí, Pepito. ¿Por qué lloras?

m n a a P á   ⊘_ _ _ _ _   y a U r u g u   _ _ _⊘_ _ _

s t e m r a   ⊘_ _ _ _ _   r o ñ e s a   _ _ _ _ _⊘

i g s l é n   _ _ _⊘_ _

¡ _orque _e acabo de morder la _ en _u _!

venenosas *venomous*
morder *to bite*

¡Porque me acabo de morder la lengua!
Uruguay, señora.
1 *Respuestas: Panamá, martes, inglés,*

SUGGESTION Explain that if a city has a definite article as part of its name, then the article is capitalized. Ex: **La Habana, La Coruña, La Haya, El Salvador.**

SUGGESTION Tell students that **El País** is a Spanish newspaper and **Muy Interesante** is a magazine.

SUGGESTION Work through the activities in **Práctica** and **Oraciones** to practice the use of capital letters and lowercase letters.

EXPANSION Give this sentence to the class as a dictation: **El Dr. Guzmán, el amigo panameño de la Srta. Rivera, llegó a Quito el lunes doce de mayo.** Tell the students to abbreviate all titles. Then write the sentence on the board so they can check their work.

recursos

R   ICD-ROM Lección 12

¡Les va a encantar la casa!

Don Francisco y los estudiantes llegan a Ibarra.

VIDEO SYNOPSIS Don Francisco and the students go to the house where they will stay before their hike. The housekeeper shows the students around the house. Don Francisco suggests the students help with the chores, and he tells them that their guide for the hike will arrive at seven the next morning.

1

SRA. VIVES ¡Hola, bienvenidos!

DON FRANCISCO Sra. Vives, le presento a los chicos. Chicos, ésta es la Sra. Vives, el ama de casa.

2

SRA. VIVES Encantada. Síganme, que quiero mostrarles la casa. ¡Les va a encantar!

3

SRA. VIVES Esta alcoba es para los chicos. Tienen dos camas, una mesita de noche, una cómoda… En el armario hay más mantas y almohadas por si las necesitan.

6

SRA. VIVES Ésta es la sala. El sofá y los sillones son muy cómodos. Pero, por favor, ¡no los ensucien!

7

SRA. VIVES Allí están la cocina y el comedor. Al fondo del pasillo hay un baño.

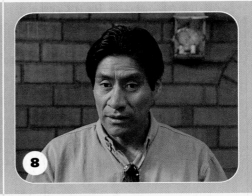

8

DON FRANCISCO Chicos, a ver… ¡atención! La Sra. Vives les va a preparar las comidas. Pero quiero que Uds. la ayuden con los quehaceres domésticos. Quiero que arreglen sus alcobas, que hagan las camas, que pongan la mesa… ¿entendido?

JAVIER No se preocupe… La vamos a ayudar en todo lo posible.

ÁLEX Sí, cuente con nosotros.

recursos

| R | Video/ VCD-ROM Lección 12 | VM pp.191-192 | ICD-ROM Lección 12 |

Personajes

DON
FRANCISCO

JAVIER

INÉS

ÁLEX

MAITE

SRA.
VIVES

4

SRA. VIVES Javier, no ponga las maletas en
la cama. Póngalas en el piso, por favor.

5

SRA. VIVES Tomen Uds. esta alcoba, chicas.

9

INÉS Insistimos en que nos deje ayudarla a
preparar la comida.

SRA. VIVES No, chicos, no es para tanto,
pero gracias por la oferta. Descansen un
rato que seguramente están cansados.

ÁLEX Gracias. A mí me gustaría pasear por
la ciudad.

10

INÉS Perdone, don Francisco, ¿a qué hora
viene el guía mañana?

DON FRANCISCO ¿Martín? Viene temprano, a
las siete de la mañana. Les aconsejo que
se acuesten temprano esta noche. ¡Nada
de televisión ni de conversaciones largas!

ESTUDIANTES ¡Ay, don Francisco!

Expresiones útiles

Welcoming people
¡Bienvenido(s)/a(s)!
Welcome!

Showing people around the house
Síganme, que quiero mostrarles la casa.
Follow me, I want to show you the house.
Allí están la cocina y el comedor.
The kitchen and dining room are over there.
Al fondo del pasillo hay un baño.
At the end of the hall there is a bathroom.

Telling people what to do
**Quiero que la ayude(n) con los quehaceres
domésticos.**
I want you to help her with the household chores.
Quiero que arregle(n) su(s) alcoba(s).
I want you to straighten your room(s).
Quiero que haga(n) las camas.
I want you to make the beds.
Quiero que ponga(n) la mesa.
I want you to set the table.
Cuente con nosotros.
You can count on us.
**Insistimos en que nos deje ayudarla a preparar
la comida.**
We insist that you let us help you make the food.
Le(s) aconsejo que se acueste(n) temprano.
I advise you to go to bed early.

Other expressions
No es para tanto.
It's not a big deal.
Gracias por la oferta.
Thanks for the offer.

SUGGESTION Have students look at the **Expresiones
útiles**. Point out that the verbs **Síganme** and **Cuente**
are command forms. Students will learn more about
these concepts in **Gramática 12.1**.

SUGGESTION Explain that the sentences that begin with
Quiero que... are examples of the present subjunctive.
Students will learn more about these concepts in
Gramática 12.2 and **12.3**.

PREVIEW Have students guess what happens in this
fotonovela episode, based on its title and the video
stills.

¿Qué piensas?

1 **¿Cierto o falso?** Indica si las siguientes frases son **ciertas** o **falsas**. Corrige las frases falsas.

Cierto **Falso**

_____ ✓ 1. La alcoba de los chicos tiene dos camas, dos mesitas de noche y una cómoda.
Tiene sólo una mesita de noche.

✓ _____ 2. La señora Vives no quiere que Javier ponga las maletas en la cama.
_____

✓ _____ 3. El sofá y los sillones están en la sala.
_____

_____ ✓ 4. Los estudiantes tienen que sacudir los muebles y sacar la basura.
Tienen que arreglar las alcobas, hacer las camas y poner la mesa.

_____ ✓ 5. Los estudiantes van a preparar las comidas.
La señora Vives va a prepararlas.

1 **EXPANSION** Give these additional items to the class: **1. Álex quiere descansar. Falso: quiere pasear por la ciudad.) 2. Martín va a llegar mañana a las cuatro de la tarde. (Falso: Martín va a llegar a las siete de la mañana.)**

2 **En la casa de Ibarra** Contesta las preguntas.

1. ¿Quién les muestra la casa a los estudiantes?
La señora Vives les muestra la casa.

2. Si Álex y Javier necesitan mantas y almohadas, ¿dónde deben buscarlas?
Deben buscarlas en el armario.

3. ¿Quién les dice a los estudiantes que deben ayudar a la Sra. Vives?
Don Francisco les dice que deben ayudarla.

4. ¿Quién dice que los estudiantes pueden ayudar a preparar la comida?
Inés dice que los estudiantes pueden ayudar a preparar la comida.

5. ¿A qué hora va a llegar el guía mañana?
El guía va a llegar a las siete de la mañana.

2 **SUGGESTION** This activity can be done in pairs or small groups. After students answer the questions correctly, have them create other questions to ask their classmates.

3 **Mi casa** Dibuja el plano (*floor plan*) de una casa o un apartamento donde te gustaría vivir. Después, en parejas, comenten sobre las actividades que se pueden realizar (*can be carried out*) en las distintas habitaciones. Pueden usar estas frases en su conversación. *Answers will vary.*

3 **SUGGESTION** Model this activity by drawing a floor plan on the board and describe it to the class. Label each room and say what activities you do in each room.

> Quiero mostrarte…   Allí yo (preparo la comida).
>
> Al fondo hay…   Ésta es (la cocina).
>
> Aquí es donde yo (pongo la basura).

Exploración
La vivienda en el mundo hispano

EXPANSION The central patio is a feature that originates in traditional Islamic architecture, with its focus on interior space. The open-air patio functions as a climate modifier, which helps explain why it is popular in hot areas. In Spain, the Alhambra has spectacular examples of interior patios.

SUGGESTION Explain that people who live in apartments may refer to their home as **su casa** even if it is not an actual house.

SUGGESTION Have students present their **casa o apartamento ideal** to the rest of the class.

Muchas casas antiguas en España y América Latina están construidas alrededor de un patio central. Desde el patio, se pueden ver las puertas de todas las habitaciones.

En el lago de Maracaibo, en Venezuela, hay casas que se llaman palafitos, suspendidas sobre el agua. Los palafitos son reminiscentes de la ciudad italiana de Venecia, de donde viene el nombre "Venezuela", que significa "pequeña Venecia".

Las casas colgantes (*hanging*) de Cuenca, España, son muy famosas. Estas casas están situadas en un acantilado (*cliff*) y forman parte del paisaje único (*unique landscape*) de la ciudad.

Observaciones

• Los aztecas de México tenían sistemas de drenaje (*sewer systems*) en sus viviendas.

• La Gran Francia en Granada, Nicaragua, es una antigua casa colonial convertida en hotel.

• La Casa de las Gárgolas (*gargoyles*), en Santo Domingo, tiene seis gárgolas en su fachada (*façade*). Se dice que vienen de la Catedral de Santo Domingo.

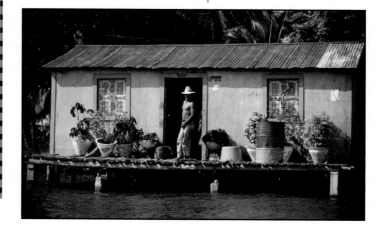

Coméntalo

Con un(a) compañero/a, contesta las siguientes preguntas. *Answers will vary.*

• ¿Cuál de las viviendas mencionadas en esta página te interesa más? ¿Por qué?

• En tu comunidad, ¿dónde vive la mayoría de la gente: en casas o en apartamentos?

• Describe tu casa o apartamento ideal.

recursos

R

vistahigher learning.com

12.1 Formal (Ud. and Uds.) commands

NATIONAL comparisons STANDARDS

▶ Command forms are used to give orders or advice. Use formal commands with people you address as **Ud.** or **Uds.**

Hable con ellos, don Francisco.
Talk to them, Don Francisco.

Coma frutas y verduras.
Eat fruits and vegetables.

Laven los platos ahora mismo.
Wash the dishes right now.

Beban menos té y café.
Drink less tea and coffee.

▶ The **Ud.** and **Uds.** commands are formed by dropping the final **–o** of the **yo** form of the present tense. For **–ar** verbs, add **–e** or **–en**. For **–er** and **–ir** verbs, add **–a** or **–an**.

Formal commands (Ud. and Uds.)

Infinitive	Present tense *yo* form	Ud. command	Uds. command
barrer	barro	barra	barran
decir	digo	diga	digan
limpiar	limpio	limpie	limpien
sacudir	sacudo	sacuda	sacudan
salir	salgo	salga	salgan
servir	sirvo	sirva	sirvan
venir	vengo	venga	vengan
volver	vuelvo	vuelva	vuelvan

No se preocupe... La vamos a ayudar en todo lo posible.

Sí, cuente con nosotros.

▶ Verbs with irregular **yo** forms have the same irregularity in their formal commands. These verbs include **conducir, conocer, decir, hacer, ofrecer, oír, poner, salir, tener, traducir, traer, venir,** and **ver.**

Oiga, don Francisco…
Listen, Don Francisco…

¡Salga inmediatamente!
Leave immediately!

Ponga la mesa, por favor.
Set the table, please.

Hagan la cama antes de salir.
Make the bed before leaving.

▶ Stem-changing verbs maintain their stem changes in **Ud.** and **Uds.** commands.

e:ie
No **pierda** la llave.
Cierren la puerta.

o:ue
Vuelva temprano, joven.
Duerman bien, chicos.

e:i
Sirva la sopa, por favor.
Repitan las frases.

Práctica

1 **Consejos para la Sra. González** La Sra. González quiere mudarse. Ayúdala a organizarse, indicando el mandato (*command*) formal de cada verbo.

1. ___*Lea*___ [leer] los anuncios (*ads*) del periódico y ___*guárdelos*___ [guardarlos].

2. ___*Vaya*___ [ir] personalmente y ___*vea*___ [ver] las casas Ud. misma.

3. Decida qué casa quiere y ___*llame*___ [llamar] al agente. ___*Pídale*___ [pedirle] un contrato de alquiler.

4. ___*Alquile*___ [alquilar] un camión (*truck*) para el día de la mudanza (*moving day*) y ___*pregúnteles*___ [preguntarles] la hora exacta de llegada.

5. ___*Dígales*___ [decirles] a todos en casa que tienen que ayudar. No ___*les diga*___ [decirles]que Ud. va a hacerlo todo.

6. ___*Tome*___ [tomar] tiempo para hacer las maletas tranquilamente. No ___*les haga*___ [hacerles] las maletas a los niños más grandes.

7. El día de la mudanza no ___*esté*___ [estar] nerviosa.

8. No ___*se preocupe*___ [preocuparse]. ___*Sepa*___ [saber]que todo va a salir bien.

2 **¿Qué dicen?** Mira los dibujos y escribe un mandato lógico para cada uno. *Answers will vary.*

1. _____

4. _____

2. _____

5. _____

3. _____

6. _____

Conversación

3 **Problemas y soluciones** Trabajen en parejas para hablar de los siguientes problemas. Usen mandatos y túrnense para ofrecer soluciones. *Answers will vary.*

> **modelo**
>
> Me torcí el tobillo jugando al tenis.
> Es la tercera vez.
> **Estudiante 1:** Me torcí el tobillo jugando
> al tenis. Es la tercera vez.
> **Estudiante 2:** No juegue más al tenis. /
> Vaya a ver a un médico.

1. Me enfermé después de volver de las vacaciones.

2. Mi compañero/a de cuarto y yo siempre llegamos tarde a la clase.

3. Nuestra casa es demasiado pequeña para nuestra familia.

4. Se me cayó la botella de vino que traía para la cena.

5. Se me perdió el libro de español en la biblioteca.

6. Se nos quedaron los pasajes en casa. El avión sale en una hora.

7. ¡Se me olvidó estudiar para el examen!

4 **Un programa de consejos** En parejas, túrnense para representar los papeles de una persona que da consejos en la radio y los radioyentes (*radio listeners*) que la llaman con los siguientes problemas. *Answers will vary.*

- problemas sentimentales o familiares
- problemas académicos
- problemas con los amigos
- problemas financieros
- problemas médicos
- problemas con la casa o el apartamento
- problemas con el coche

5 **Un anuncio de televisión** En grupos, presenten un anuncio de televisión (*TV commercial*) a la clase. Debe tratar de (*be about*) un detergente, un electrodoméstico o una agencia de bienes raíces. Usen mandatos, los pronombres relativos (**que, quien(es)** o **lo que**) y el **se** impersonal. *Answers will vary.*

> **modelo**
>
> Compre el lavaplatos Corona. Tiene todo lo que
> Ud. desea. Es el lavaplatos que mejor funciona.
> Venga a verlo ahora mismo... No pierda ni un
> minuto más. Se aceptan tarjetas de crédito.

Irregular commands

▶ Verbs ending in **-car, -gar,** and **-zar** have a spelling change in the command forms.

sacar	c	qu	saque, saquen
jugar	g	gu	juegue, jueguen
almorzar	z	c	almuerce, almuercen

▶ The following verbs have irregular formal commands.

INFINITIVE	*Ud.* COMMAND	*Uds.* COMMAND
dar	dé	den
estar	esté	estén
ir	vaya	vayan
saber	sepa	sepan
ser	sea	sean

▶ To make a command negative, place **no** before the verb.

No ponga las maletas en la cama.
Don't put the suitcases on the bed.

No ensucien los sillones.
Don't dirty the armchairs.

▶ In affirmative commands, reflexive and object pronouns are attached to the end of the verb. Note that when a pronoun is attached to a verb that has two or more syllables, an accent mark is added.

Siénten**se**, por favor.
Díga**melo**.

Acués**tense** ahora.
Póngan**las** en el suelo, por favor.

▶ In negative commands, the pronouns precede the verb.

No **se** preocupe.
No **me lo** dé.

No **los** ensucien.
No **nos las** traigan.

▶ **Ud.** and **Uds.** can be used after command forms for a more formal, polite tone.

Muéstrele Ud. la foto a su amigo.
Show the photo to your friend.

Tomen Uds. esta alcoba.
Take this bedroom.

¡Manos a la obra!

 Indica los mandatos (*commands*) afirmativos y negativos.

	Afirmativo	Negativo
1. escucharlo (Ud.)	Escúchelo .	No lo escuche.
2. decírmelo (Uds.)	Díganmelo	No me lo digan
3. salir (Ud.)	Salga .	No salga .
4. servírnoslo (Uds.)	Sírvannoslo	No nos lo sirvan
5. barrerla (Ud.)	Bárrala .	No la barra .
6. hacerlo (Ud.)	Hágalo .	No lo haga .
7. ir (Uds.)	Vayan .	No vayan .
8. sentarse (Uds.)	Siéntense .	No se sienten .

12.2 The present subjunctive

▶ The subjunctive mood expresses the speaker's attitudes toward events, actions, or states that the speaker views as uncertain or hypothetical.

Present subjunctive of regular verbs

	hablar	comer	escribir
yo	hable	coma	escriba
tú	hables	comas	escribas
Ud./él/ella	hable	coma	escriba
nosotros/as	hablemos	comamos	escribamos
vosotros/as	habléis	comáis	escribáis
Uds./ellos/ellas	hablen	coman	escriban

▶ To form the present subjunctive of regular verbs, drop the **–o** ending from the **yo** form of the present indicative, and replace it with the subjunctive endings.

INFINITIVE	PRESENT INDICATIVE	PRESENT SUBJUNCTIVE
hablar	hablo	hable
comer	como	coma
escribir	escribo	escriba

▶ Verbs with irregular **yo** forms in the present indicative tense have the same irregularity in the present subjunctive.

INFINITIVE	PRESENT INDICATIVE	PRESENT SUBJUNCTIVE
conducir	conduzco	conduzca
conocer	conozco	conozca
decir	digo	diga
hacer	hago	haga
ofrecer	ofrezco	ofrezca
oír	oigo	oiga
parecer	parezco	parezca
poner	pongo	ponga
tener	tengo	tenga
traducir	traduzco	traduzca
traer	traigo	traiga
venir	vengo	venga
ver	veo	vea

▶ To maintain the **-c, -g,** and **-z** sounds, verbs ending in **-car, -gar,** and **-zar** have a spelling change in all forms of the present subjunctive.

sacar	saque, saques, saque, saquemos, saquéis, saquen
jugar	juegue, juegues, juegue, juguemos, juguéis, jueguen
almorzar	almuerce, almuerces, almuerce, almorcemos, almorcéis, almuercen

Práctica

1 Emparejar Completa las oraciones conjugando los verbos indicados. Luego empareja las oraciones del primer grupo con las del segundo grupo.

1. Es mejor que ___cenemos___ [nosotros, cenar] en casa. *b*
2. Es importante que ___tome___ [yo, tomar] algo para el dolor de cabeza. *c*
3. Señora, es urgente que le ___saque___ [yo, sacar] la muela. Parece que tiene una infección. *e*
4. Es malo que Ana les ___dé___ [dar] tantos dulces a los niños. *a*
5. Es necesario que ___lleguen___ [Uds., llegar] a la una de la tarde. *f*
6. Es importante que ___nos acostemos___ [nosotros, acostarse] temprano. *d*

. . .

a. Es importante que ___coman___ [ellos, comer] más verduras.
b. No, es mejor que ___salgamos___ [nosotros, salir] a comer.
c. Y yo creo que es urgente que ___llames___ [tú, llamar] al médico.
d. En mi opinión, no es necesario que ___durmamos___ [nosotros, dormir] tanto.
e. ¿Ah, sí? ¿Es necesario que me ___tome___ [yo, tomar] un antibiótico también?
f. Para llegar a tiempo, es necesario que ___almorcemos___ [nosotros, almorzar] temprano.

2 Oraciones Combina los elementos de las tres columnas para formar frases. *Answers will vary.*

Expresiones	Sujetos	Actividades
Es bueno que	yo	hacer la cama
Es mejor que	mi hermano	levantarse
Es malo que	los padres	sacar la basura
Es importante que	Oprah Winfrey	gritar
Es necesario que	mis amigos	lavar los platos
Es urgente que	Calista Flockhart	cocinar
	mi profesor(a)	barrer el suelo
		despertarse
		ensuciar
		comer

INSTRUCTIONAL RESOURCES WB, LM, IRM (teaching tips, etc.), ICD-ROM

Conversación

3 Minidiálogos En parejas, completen los minidiálogos de una manera lógica usando el subjuntivo. *Answers will vary.*

modelo

Miguelito: Mamá, no quiero arreglar mi cuarto.
Sra. Casas: Es necesario que lo arregles. Y es importante que sacudas los muebles también.

MIGUELITO Mamá, no quiero estudiar. Quiero salir a jugar con mis amigos.
SRA. CASAS _____.

• • •

MIGUELITO Mamá, es que no me gustan las verduras. Prefiero comer pasteles.
SRA. CASAS _____.

• • •

MIGUELITO ¿Tengo que poner la mesa, mamá?
SRA. CASAS _____.

• • •

MIGUELITO No me siento bien, mamá. Me duele todo el cuerpo y tengo fiebre.
SRA. CASAS _____.

4 Entrevista En parejas, usen estas preguntas para entrevistarse. Expliquen sus respuestas. *Answers will vary.*

1. ¿Es importante que los niños ayuden con los quehaceres domésticos?
2. ¿Es urgente que los norteamericanos aprendan otras lenguas?
3. Si un(a) norteamericano/a quiere aprender francés, ¿es mejor que lo aprenda en Francia?
4. En tu universidad, ¿es necesario que los estudiantes vivan en residencias estudiantiles?
5. ¿Es bueno que todos los estudiantes practiquen algún deporte?
6. ¿Es importante que todos los estudiantes asistan a las clases?

▸ **-Ar** and **-er** stem-changing verbs have the same stem changes in the present subjunctive and in the present indicative tenses.

entender (e:ie)	entienda, entiendas, entienda, entendamos, entendáis, entiendan
pensar (e:ie)	piense, pienses, piense, pensemos, penséis, piensen
mostrar (o:ue)	muestre, muestres, muestre, mostremos, mostréis, muestren
volver (o:ue)	vuelva, vuelvas, vuelva, volvamos, volváis, vuelvan

▸ **–Ir** stem-changing verbs maintain the stem changes of the present indicative in the present subjunctive. In addition, the **nosotros/as** and **vosotros/as** forms also undergo a stem change, from unstressed **e** to **i**, and unstressed **o** to **u**.

dormir (o:ue)	duerma, duermas, duerma, durmamos, durmáis, duerman
pedir (e:i)	pida, pidas, pida, pidamos, pidáis, pidan
sentir (e:ie)	sienta, sientas, sienta, sintamos, sintáis, sientan

▸ These five verbs are irregular in the present subjunctive.

Irregular verbs in the present subjunctive

	dar	estar	ir	saber	ser
yo	dé	esté	vaya	sepa	sea
tú	des	estés	vayas	sepas	seas
Ud./él/ella	dé	esté	vaya	sepa	sea
nosotros/as	demos	estemos	vayamos	sepamos	seamos
vosotros/as	deis	estéis	vayáis	sepáis	seáis
Uds./ellos/ellas	den	estén	vayan	sepan	sean

¡ojo! The subjunctive form of **hay** is **haya**.

General uses of the subjunctive

▸ As you will soon learn, the subjunctive is mainly used to express: 1) will and influence, 2) emotion, 3) doubt, disbelief, and denial, and 4) indefiniteness and non-existence.

▸ The subjunctive is usually used in complex sentences that consist of a main clause and a subordinate clause. The main clause contains a verb or expression that triggers the use of the subjunctive. The word **que** connects the subordinate clause to the main clause.

▸ Some expressions are always followed by clauses in the subjunctive. These include:

Es bueno (malo, mejor) que…
It's good (bad, better) that…

Es importante (necesario, urgente) que…
It's important (necessary, urgent) that…

Es mejor que vayas con él.
It's better that you go with him.

Es urgente que sepa la verdad.
It's urgent that she know the truth.

12.3 Subjunctive with verbs of will and influence

▸ The subjunctive is used with verbs and expressions of will and influence.

Quiero que tengas dientes más blancos.

▸ Verbs of will and influence are often used when someone wants to affect the actions of other people.

Enrique **quiere** que **salgamos** a cenar.
Enrique wants us to go out for dinner.

Paola **prefiere** que **cenemos** en casa.
Paola prefers that we have dinner at home.

Ana **insiste** en que la **llamemos**.
Ana insists that we call her.

Mi madre nos **ruega** que **vayamos** a verla.
My mother begs us to come see her.

▸ Here are some verbs of will and influence.

Verbs of will and influence

aconsejar	to advise	pedir (e:i)	to ask (for)
desear	to wish; to desire	preferir (e:ie)	to prefer
importar	to be important; to matter	prohibir	to prohibit
		querer (e:ie)	to want
insistir (en)	to insist (on)	recomendar (e:ie)	to recommend
mandar	to order	rogar (o:ue)	to beg; to plead
necesitar	to need	sugerir (e:ie)	to suggest

▸ Some impersonal expressions convey will or influence, such as **es necesario que**, **es importante que**, **es mejor que**, and **es urgente que**.

Es importante que duermas bien.
It's important that you sleep well.

Es urgente que él lo **haga** hoy.
It's urgent that he do it today.

▸ When the main clause contains an expression of will or influence and the subordinate clause has a different subject, the subjunctive is required.

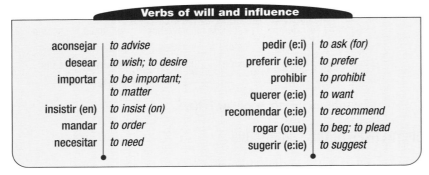

Main clause	Connector	Subordinate clause
VERB OF WILL		SUBJUNCTIVE
Mi mamá prefiere	que	**yo** saque **la basura.**

Práctica

1 **Entre amigas** Completa el diálogo con las palabras indicadas.

ponga	sea	saber	haga
prohíbe	quiere	comas	diga
cocina	sé	ser	vaya

IRENE Tengo problemas con Vilma. ¿Qué me recomiendas que le __diga__?

JULIA Necesito __saber__ más para aconsejarte.

IRENE Me __prohíbe__ que traiga dulces a la casa.

JULIA Tiene razón. Es mejor que tú no __comas__ dulces.

IRENE Quiero que __sea__ más flexible. Pero insiste en que yo __haga__ todo en la casa.

JULIA Yo __sé__ que Vilma __cocina__ y hace los quehaceres todos los días.

IRENE Sí, pero siempre me pide que __ponga__ los cubiertos en la mesa y que __vaya__ al sótano por las servilletas.

JULIA ¡Vilma sólo __quiere__ que ayudes en la casa!

2 **Unos consejos** Lee lo que dice cada persona. Luego da consejos lógicos usando verbos como **aconsejar**, **recomendar** y **prohibir**. Tus consejos deben ser diferentes de lo que la persona quiere hacer. *Answers will vary.*

modelo

El presidente: Quiero comprar la Casa Blanca.
Le aconsejo que compre otra casa.

1. **Tu mamá:** Pienso poner la secadora en la entrada de la casa.
2. **Martha Stewart:** Voy a ir a la gasolinera para comprar unas elegantes copas de cristal.
3. **Tu amigo:** Voy a ponerme mi traje de baño en la clase.
4. **Tu primo:** Voy a comprar tazas y platos en el taller El Coche Feliz.
5. **Tu profesora:** No voy a poner servilletas para los cuarenta invitados.
6. **Enrique Iglesias:** Pienso poner todos mis muebles nuevos en el altillo.
7. **Shakira:** Hay una fiesta en mi casa esta noche, pero no quiero arreglar la casa.
8. **Tu papá:** Hoy no tengo ganas de hacer las camas.

INSTRUCTIONAL RESOURCES WB, LM, IRM (teaching tips, etc.), ICD-ROM

Conversación

3 Preguntas En parejas, túrnense para contestar las preguntas. Usen el subjuntivo. *Answers will vary.*

1. ¿Te dan consejos tus amigos? ¿Qué te aconsejan? ¿Aceptas sus consejos? ¿Por qué?
2. ¿Qué te sugieren tus profesores antes de terminar los cursos que tomas?
3. ¿Insisten tus amigos en que salgas mucho con ellos?
4. ¿Qué quieres que te regalen tu familia y tus amigos/as para tu cumpleaños?
5. ¿Qué le recomiendas tú a un(a) amigo/a que no quiere salir los sábados con su novio/a?
6. ¿Qué les aconsejas a los nuevos estudiantes de tu universidad?

4 Recomendaciones En parejas, preparen una lista de seis personas famosas. Un(a) estudiante da el nombre de una persona famosa y el/la otro/a le da un consejo. *Answers will vary.*

modelo

Estudiante 1: Judge Judy.
Estudiante 2: Le recomiendo que sea más simpática con la gente.
Estudiante 1: Leonardo DiCaprio.
Estudiante 2: Le aconsejo que haga más películas.

5 El apartamento de Luisa En parejas, miren la ilustración y denle consejos a Luisa sobre cómo arreglar su apartamento. Usen expresiones impersonales y verbos como **aconsejar, sugerir** y **recomendar**.

modelo

Es mejor que arregles el apartamento más a menudo. Te aconsejo que no dejes para mañana lo que puedas hacer hoy.

> Quiero que arreglen sus alcobas, que hagan las camas, que pongan la mesa...

> ...y les aconsejo que se acuesten temprano esta noche.

▶ Indirect object pronouns are often used with verbs of permission, suggestion or request, such as **aconsejar, mandar, pedir, recomendar, rogar** and **sugerir**.

Te aconsejo que estudies.
I advise you to study.

Les recomiendo que barran el suelo.
I recommend that you sweep the floor.

Le sugiero que vaya a casa.
I suggest that he go home.

Le ruego que no venga.
I beg you not to come.

▶ All the forms of **prohibir** in the present tense carry a written accent, except for the **nosotros** form.

Ella les **prohíbe** que miren la televisión.
She prohibits them from watching television.

Nos **prohíben** que nademos en la piscina.
They prohibit us from swimming in the pool.

▶ The infinitive is used with expressions of will and influence if there is no change of subject.

No quiero **sacudir** los muebles.
I don't want to dust the furniture.

Es importante **sacar** la basura.
It's important to take out the trash.

Paco prefiere **descansar**.
Paco prefers to rest.

No es necesario **quitar** la mesa.
It's not necessary to clear the table.

¡Manos a la obra!

 Completa cada oración con la forma correcta del verbo indicado.

1. Te sugiero que __vayas__ [ir] con ella al supermercado.
2. Él necesita que yo le __preste__ [prestar] dinero.
3. No queremos que tú __hagas__ [hacer] nada especial para nosotros.
4. Mis papás quieren que yo __limpie__ [limpiar] mi cuarto.
5. Nos piden que la __ayudemos__ [ayudar] a preparar la comida.
6. Quieren que tú __saques__ [sacar] la basura todos los días.
7. Quiero __descansar__ [descansar] esta noche.
8. Es importante que Uds. __limpien__ [limpiar] la casa.
9. Su tía les manda que __pongan__ [poner] la mesa.
10. Te aconsejo que no __salgas__ [salir] con él.
11. Mi tío insiste en que mi prima __haga__ [hacer] la cama.
12. Prefiero __ir__ [ir] al cine.
13. Es necesario __estudiar__ [estudiar].
14. Recomiendo que ustedes __pasen__ [pasar] la aspiradora.

Ampliación

1 Escuchar

A Mira los anuncios de esta página y escucha la conversación entre el Sr. Núñez, Adriana y Felipe. Luego indica si cada descripción se refiere a la casa ideal de Adriana y Felipe, a la casa del anuncio o al apartamento del anuncio.

⭐ **TIP Use visual cues.** Visual cues, like illustrations and headings, provide useful clues about what you will hear. For example, what sort of visuals might appear in a real estate ad?

18G

Bienes raíces

Se vende.
4 alcobas, 3 baños,
cocina moderna, jardín
con árboles frutales.
B/. 225.000

Se alquila.
2 alcobas, 1 baño.
Balcón. Urbanización
Las Brisas. 525

Descripciones	La casa ideal	La casa del anuncio	El apartamento del anuncio
1. Es barato.	☐	☐	☑
2. Tiene cuatro alcobas.	☐	☑	☐
3. Tiene una oficina.	☑	☐	☐
4. Tiene un balcón.	☐	☐	☑
5. Tiene una cocina moderna.	☐	☑	☐
6. Tiene un jardín muy grande.	☐	☑	☐
7. Tiene un patio.	☑	☐	☐

B Usa la información de los dibujos y la conversación para entender lo que dice Adriana al final. ¿Qué significa "todo a su debido tiempo"? *Answers will vary.*

2 Conversar

Con un(a) compañero/a, preparen una conversación entre el Dr. Freud y un(a) paciente que lo consulta sobre un problema personal (la familia, el/la novio/a, etc.). Luego presenten la conversación a la clase. *Answers will vary.*

modelo

Estudiante 1: Buenos días, Dr. Freud, me llamo Alicia. Mi mamá no quiere que yo vaya a ver mis amigas. No le importa que me aburra. Me prohíbe conducir por la noche.

---

① SCRIPT

Adriana: Mira, papá, tienen una sección especial de bienes raíces en el periódico. Felipe, mira esta casa... tiene un jardín enorme.

Felipe: ¡Qué linda! ¡Uy, qué cara! ¿Qué piensa Ud.? ¿Debemos buscar una casa o un apartamento?

Sr. Núñez: Bueno, hijos, hay muchas cosas que deben considerar. Primero, ¿les gustaría vivir en las afueras o en el centro de la ciudad?

Felipe: Pues, Sr. Núñez, yo prefiero vivir en la ciudad. Así tenemos el teatro, los parques, los centros comerciales... todo cerca de casa. Sé que Adriana quiere vivir en las afueras porque es más tranquilo.

Sr. Núñez: De todos modos van a necesitar un mínimo de dos alcobas, un baño, una sala grande... ¿Qué más?

Adriana: Es importante que tengamos una oficina para mí y un patio para las plantas.

Sr. Núñez: Como no tienen mucho dinero ahorrado, es mejor que alquilen un apartamento pequeño por un tiempo. Así pueden ahorrar su dinero para comprar la casa ideal. Miren este apartamento. Tiene un balcón precioso y está en un barrio muy seguro y bonito. Y el alquiler es muy razonable.

Felipe: Adriana, me parece que tu padre tiene razón. Con un alquiler tan barato, podemos comprar muebles y también ahorrar dinero cada mes.

Adriana: ¡Ay!, quiero mi casa. Pero, bueno, ¡todo a su debido tiempo!

INSTRUCTIONAL RESOURCE Text CD, IRM

Ampliación

Here are some technical terms that might help you in writing your contract:

arrendatario (tenant);
arrendador (landlord);
propietario (owner);
estipulaciones (stipulations);
parte (party);
de anticipación, de antelación (in advance).

③ Escribir

Eres el/la administrador(a) de un edificio de apartamentos. Prepara un contrato de arrendamiento (*lease*) para los nuevos inquilinos (*tenants*). *Answers will vary.*

⭐ **TIP Use linking words.** To make your writing more sophisticated, use linking words to connect simple sentences or ideas. Some common linking words are: **y, o, cuando, mientras, pero, porque, pues, que, quien(es),** and **sino**.

Organízalo | Utiliza un mapa de ideas para organizar la información sobre las fechas del contrato, el precio del alquiler y otros aspectos importantes.

Escríbelo | Escribe el primer borrador de tu contrato de arrendamiento.

Corrígelo | Intercambia el contrato con un(a) compañero/a. Anota los aspectos mejor escritos (*written*), especialmente el uso de las palabras de enlace (*linking words*). Ofrécele sugerencias, y si ves algunos errores, coméntaselos.

Compártelo | Revisa el primer borrador según las indicaciones de tu compañero/a. Incorpora nuevas ideas y/o más información si es necesario, antes de escribir la versión final.

④ Un paso más

Imagina que quieres construir una casa de vacaciones en un país hispano. Prepara para la clase una presentación sobre la casa. Toma en cuenta las siguientes preguntas. *Answers will vary.*

- ¿Dónde quieres construir la casa? ¿Prefieres que esté en la selva (*jungle*), en una isla, en una montaña o en un lugar con vistas al mar?
- ¿Cómo va a ser la casa? ¿Quieres que sea grande? ¿Cuántos pisos y cuántos cuartos va a tener?
- ¿Qué efectos visuales puedes usar para hacer más interesante la presentación? ¿Tienes mapas, fotos o planos (*blueprints*) de la casa?
- ¿Qué muebles quieres poner en cada cuarto?

En Internet

Investiga estos temas en el sitio vistahigherlearning.com.
- Lugares turísticos del mundo hispano
- Agencias de bienes raíces en el mundo hispano
- Mueblerías (*furniture stores*) en el mundo hispano

③ SUGGESTION Brainstorm with students and list on the board the kinds of things that might be needed in a rental agreement contract. Ex: **la dirección del apartamento, las fechas del contrato, el precio de alquiler, la fecha de pagar el alquiler, el precio del depósito, reglas acerca de la basura, el correo, los animales domésticos, el ruido,** etc.

③ TEACHING OPTION Suggest that students draw up a letter of agreement between an adult and his or her parent who live in the same house.

③ EVALUATION

Criteria	Scale
Content	1 2 3 4
Organization	1 2 3 4
Use of vocabulary	1 2 3 4
Use of linking words	1 2 3 4
Grammar	1 2 3 4

Scoring

Excellent	18-20 points
Good	14-17 points
Satisfactory	10-13 points
Unsatisfactory	< 10 points

④ SUGGESTION Give students several days to prepare this assignment.

Antes de leer

Did you know that a text written in Spanish is often longer than the same text written in English? Because the Spanish language often uses more words to express ideas, you may encounter a few long sentences when reading in Spanish. Of course, the length of sentences varies with genre and with authors' individual styles. To help you understand long sentences, identify the main parts of the sentence before trying to read it in its entirety. First, locate the main verb of the sentence, along with its subject, ignoring any words or phrases set off by commas. Then re-read the sentence, adding details like direct and indirect objects, transitional words, and prepositional phrases. Practice this strategy on a few sentences from this reading selection.

SUGGESTION Have students examine the layout and format of the reading, Ask them what kind of reading they think it is. Before reading it for comprehension, they should also scan for cognates, such as **estilo, colonial, espacio público, exhibición permanente** etc.

SUGGESTION Practice the reading strategy with the first, second and third sentences in the reading. Then have them work in pairs to look for long sentences. Have them point out the main verb and subject in each.

SUGGESTION Point out that the word **piso** has several meanings. It can mean *floor*, *flooring*; *apartment* (in Spain); or *story* (of a building). The **planta baja** of a building is the ground floor; the second story is the **primer piso**, and the third story is the **segundo piso**.

EXPANSION Have students give a brief presentation on a historical building in the area. Have them give a physical description and the basic historical facts about the building. Ask volunteers to present their descriptions to the class.

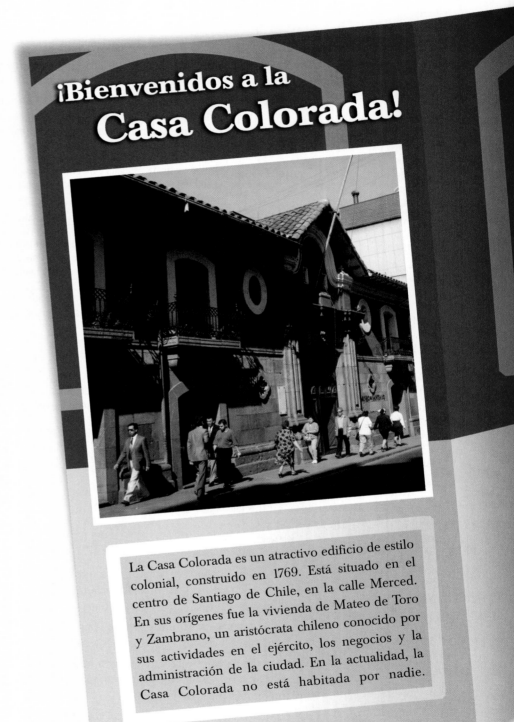

¡Bienvenidos a la Casa Colorada!

La Casa Colorada es un atractivo edificio de estilo colonial, construido en 1769. Está situado en el centro de Santiago de Chile, en la calle Merced. En sus orígenes fue la vivienda de Mateo de Toro y Zambrano, un aristócrata chileno conocido por sus actividades en el ejército, los negocios y la administración de la ciudad. En la actualidad, la Casa Colorada no está habitada por nadie.

El edificio se convirtió en un espacio público en el siglo XX y en su interior están el Museo de Santiago, la Oficina de Turismo y la Fundación de Vicente Huidobro, donde se encuentra abundante información sobre la vida y la obra de este escritor chileno. El Museo de Santiago ofrece una exhibición permanente sobre la historia de la ciudad, desde la época precolombina hasta nuestros días.

La Casa Colorada es una obra del arquitecto portugués Joseph de la Vega. Los materiales fundamentales que se utilizaron en su construcción fueron el adobe, la madera y la cal. Desde el primer momento, esta casa se convirtió en el centro de atención de la sociedad santiaguina por la elegancia de su diseño. Además, una característica que la diferenciaba de otras viviendas del mismo estilo arquitectónico es que su fachada estaba recubierta de piedra hasta el primer piso. El edificio empezó a llamarse Casa Colorada en 1888, año en que pintaron su fachada de color rojo.

La composición exterior del edificio es simétrica. En el centro de la fachada hay una gran puerta que sirve de acceso principal a la vivienda; a los lados se ven unos arcos que forman puertas adicionales en el primer piso y ventanas con balcones de hierro forjado en el segundo. Otra característica interesante del exterior de la casa es la elevación triangular del tejado sobre la puerta principal.

Después de leer

¿Comprendiste?

Completa las frases con las palabras adecuadas.

1. En el siglo XVIII, Mateo de Toro y Zambrano, un aristócrata de _____Chile_____ , vivió en la Casa Colorada.
2. Ahora _____nadie_____ vive en la Casa Colorada.
3. El exterior de la casa es de color _____rojo_____ .
4. La _____puerta_____ principal está en el centro de la fachada.
5. Los materiales que se utilizaron en su construcción fueron _el adobe, la madera y la cal_ .
6. En el Museo de Santiago hay una exhibición sobre la _____historia_____ de la ciudad.

Preguntas

1. ¿Cómo se llamaba el arquitecto de la Casa Colorada?
   El arquitecto se llamaba Joseph de la Vega.
2. ¿Cuándo se construyó la Casa Colorada?
   Se construyó en 1769.
3. ¿Cuándo se convirtió en lugar público?
   Se convirtió en lugar público en el siglo XX.
4. ¿Por qué este edificio se llama la Casa Colorada?
   Se llama la Casa Colorada porque pintaron de color rojo su fachada en 1888.
5. ¿Por qué la Casa Colorada se diferenciaba de otras viviendas del mismo estilo arquitectónico?
   Porque su fachada estaba recubierta de piedra hasta el primer piso.
6. ¿Dónde están el Museo de Santiago, la Oficina de Turismo y la Fundación de Vicente Huidobro?
   El Museo de Santiago, la Oficina de Turismo y la Fundación de Vicente Huidobro están en (el interior de) la Casa Colorada.

Coméntalo

¿Te gustaría visitar la Casa Colorada? ¿Por qué? ¿Te gustaría vivir en una casa similar a ésta? Explica tu respuesta. ¿Hay edificios históricos en tu ciudad o comunidad? Descríbelos. *Answers will vary.*

ejército	*army*
negocios	*business*
En la actualidad	*At the present time*
siglo	*century*
obra	*work*
madera	*wood*
cal	*lime*
santiaguina	*of Santiago*
diseño	*design*
fachada	*façade*
recubierta de piedra	*covered with stone*
hierro forjado	*wrought iron*
tejado	*roof*

recursos

R

vistahigher learning.com

La vivienda

las afueras	suburbs; outskirts
la agencia de bienes raíces	real estate agency
el alquiler	rent (payment)
el ama (m., f.) de casa	housekeeper; caretaker
el barrio	neighborhood
el edificio de apartamentos	apartment building
el hogar	home
el/la vecino/a	neighbor
la vivienda	housing
alquilar	to rent
mudarse	to move (residences)

Cuartos y otros lugares

la alcoba	bedroom
el altillo	attic
el balcón	balcony
la cocina	kitchen
el comedor	dining room
la entrada	entrance
la escalera	stairs; stairway
el garaje	garage
el jardín	garden; yard
la oficina	office
el pasillo	hallway
el patio	patio
la sala	living room
el sótano	basement; cellar

Muebles y otras cosas

la alfombra	rug
la almohada	pillow
el armario	closet
la cómoda	chest of drawers
las cortinas	curtains
el cuadro	painting
el estante	bookcase; bookshelves
la lámpara	lamp
la luz	light
la manta	blanket
la mesita	side/end table
la mesita de noche	night stand
los muebles	furniture
la pared	wall
la pintura	painting; picture
el sillón	armchair
el sofá	couch; sofa

Electrodomésticos

la estufa	stove
el electrodoméstico	electric appliance
el horno (de microondas)	(microwave) oven
la lavadora	washing machine
el lavaplatos	dishwasher
el refrigerador	refrigerator
la secadora	clothes dryer

La mesa

la copa	wineglass; goblet
la cuchara	spoon
el cuchillo	knife
el plato	plate
la servilleta	napkin
la taza	cup
el tenedor	fork
el vaso	glass

Quehaceres domésticos

arreglar	to neaten; to straighten up
barrer el suelo	to sweep the floor
cocinar	to cook
ensuciar	to get (something) dirty
hacer la cama	to make the bed
hacer los quehaceres domésticos	to do household chores
lavar (el suelo, los platos)	to wash (the floor, the dishes)
limpiar la casa	to clean the house
pasar la aspiradora	to vacuum
planchar la ropa	to iron clothes
poner la mesa	to set the table
quitar la mesa	to clear the table
sacar la basura	to take out the trash
sacudir los muebles	to dust the furniture

Expresiones útiles	See page 289.
Verbs and expressions of will and influence	See page 296.

recursos

R	Lab CD Lección 12	LM p. 71

INSTRUCTIONAL RESOURCES Tests, Text CD, IRM (supplemental vocabulary)

AVENTURAS EN LOS PAÍSES HISPANOS

La ropa tradicional de los guatemaltecos se llama *huipil* y muestra el amor de la cultura maya por la naturaleza *(nature)*. Tiene colores vivos y los diseños *(designs)* indican el origen, la edad y el sexo de la persona que lo lleva.

AMÉRICA CENTRAL I

Guatemala

Área: 108.890 km² (42.042 millas²)
Población: 12.627.000
Capital: Ciudad de Guatemala – 3.741.000
Ciudades principales:
Quetzaltenango –104.000, Escuintla–70.000, Mazatenango–44.000, Puerto Barrios–40.000
Moneda: quetzal

SOURCE: Population Division, UN Secretariat

Honduras

Área: 112.492 km² (43.870 millas²)
Población: 7.044.000
Capital: Tegucigalpa – 1.083.000
Ciudades principales: San Pedro Sula–500.000, El Progreso–82.000
Moneda: lempira

SOURCE: Population Division, UN Secretariat

El Salvador

Área: 21.040 km² (8.124 millas²)
Población: 6.759.000
Capital: San Salvador – 1.496.000
Ciudades principales: Apopa–402.000, Santa Ana–168.000, San Miguel–187.000
Moneda: colón

SOURCE: Population Division, UN Secretariat

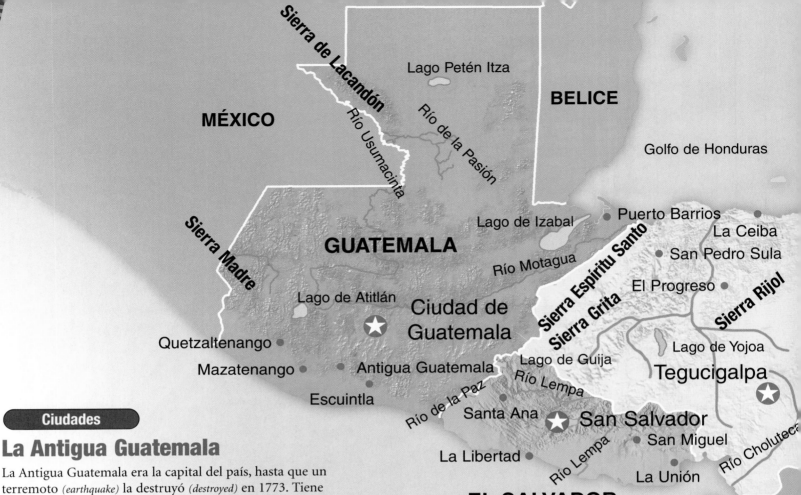

Sierra de Lacandón

Lago Petén Itza

MÉXICO

Río de la Pasión

Río Usumacinta

BELICE

Golfo de Honduras

Lago de Izabal

Puerto Barrios

La Ceiba

Sierra Madre

GUATEMALA

San Pedro Sula

Sierra Espíritu Santo

Río Motagua

El Progreso

Sierra Rijol

Lago de Atitlán

Ciudad de Guatemala

Sierra Grita

Quetzaltenango

Lago de Yojoa

Mazatenango

Antigua Guatemala

Lago de Guija

Tegucigalpa

Río Lempa

Escuintla

Río de la Paz

Santa Ana

San Salvador

La Libertad

Río Lempa

San Miguel

Río Choluteca

La Unión

EL SALVADOR

Océano Pacífico

Ciudades

La Antigua Guatemala

La Antigua Guatemala era la capital del país, hasta que un terremoto *(earthquake)* la destruyó *(destroyed)* en 1773. Tiene una arquitectura colonial hermosa y es un importante centro turístico de Guatemala. La Antigua Guatemala es también muy famosa en el mundo por su celebración anual de Semana Santa *(Holy Week)*.

Mar Caribe

Islas de la Bahía

HONDURAS

Sierra de Payas

Río Patuca

Montañas de Colón

Río Coco

Laguna de
Caratasca

NICARAGUA

COSTA RICA

Copán

Copán está en Honduras, en el límite *(border)* con Guatemala. Miles de turistas van a las ruinas mayas de Copán durante todo el año. Los mayas fueron una antigua *(ancient)* civilización indígena que vivió en el sur de México, Guatemala, Honduras y El Salvador por más de 2.000 años. Era una civilización muy avanzada. Construyeron *(built)* pirámides, templos y observatorios. También descubrieron *(discovered)* y usaron el cero antes que los europeos e hicieron un calendario complejo y preciso. Una de las actividades más importantes de Copán era la astronomía. Allí se hacían congresos *(conventions)* de astrónomos.

Naturaleza

El Parque Nacional Montecristo

El Parque Nacional Montecristo está en el norte de El Salvador, en el límite con Honduras y Guatemala. Este bosque *(forest)* tiene árboles *(trees)* muy altos que forman una bóveda *(vault)* natural. La luz del sol no puede pasar a través de *(through)* ella. El bosque tiene 100% de humedad. Allí hay muchas especies interesantes de plantas y animales, como orquídeas, hongos *(fungi)*, pumas, quetzales y tucanes.

¿Qué aprendiste?

1 **¿Cierto o falso?** Indica si las siguientes frases son **ciertas** o **falsas**.

	Cierto	Falso
1. La ropa tradicional de los guatemaltecos se llama Quetzaltenango.		✓
2. Los diseños del *huipil* indican el origen de la persona que lo lleva.	✓	
3. Tegucigalpa es la capital de Honduras.	✓	
4. La lempira es la moneda de Guatemala.		✓
5. Los mayas descubrieron el cero antes que los europeos.	✓	
6. En Copán se hacían congresos de geografía.		✓
7. La Antigua Guatemala es la capital de Guatemala.		✓
8. La Antigua Guatemala es muy famosa por su celebración de Semana Santa.	✓	
9. El Parque Nacional Montecristo está en El Salvador, en el límite con Honduras y Guatemala.	✓	
10. El bosque del Parque Nacional Montecristo tiene 50% de humedad.		✓

2 **Preguntas** Contesta las siguientes preguntas. *Answers will vary*

1. ¿Qué muestra el *huipil*? ¿Qué indican sus diseños?
2. ¿Crees que los países de esta lección son muy poblados *(populated)* o poco poblados?
3. ¿Crees que la civilización maya era avanzada? ¿Por qué?
4. ¿Por qué crees que la Antigua Guatemala es un importante centro turístico?
5. ¿Por qué la luz del sol no puede pasar a través de los árboles del Parque Nacional Montecristo?

En Internet

Busca más información sobre estos temas en el sitio vistahigherlearning.com. Presenta la información a tus compañeros/as de clase.

- Copán
- La Antigua Guatemala
- El Parque Nacional Montecristo

13 La naturaleza

PREVIEW Have students look at the photo. Say: **En esta foto, los jóvenes están en un sitio natural**. Then ask: **¿Cómo es la ropa del chico? ¿De la chica? ¿Qué hacen los jóvenes? ¿A Uds. les gusta estar en la naturaleza?**

Communicative Goals

You will learn how to:
- talk about the natural world
- discuss environmental conditions
- express wishes, desires, and doubts

PREPARACIÓN

pages 308-313
- Words related to nature and the environment
- Animals
- Spanish punctuation

AVENTURAS

pages 314-317
- Don Francisco introduces the students to Martín, their guide. Martín takes the students to where they will be hiking and talks to them about what they will be seeing.

GRAMÁTICA

pages 318-325
- The subjunctive with verbs of emotion
- The subjunctive with doubt, disbelief, and denial
- The subjunctive with conjunctions

LECTURA

pages 326-327
- Fables: *El perro y el cocodrilo* and *El pato y la serpiente*

RECURSOS

These student supplements provide additional practice:
- Textbook Audio CD
- Workbook/Video Manual (WB/VM)
- Lab Manual (LM)
- WB/VM/LM Answer Key
- Lab Audio CDs
- Video CD-ROM
- Interactive CD-ROM

LA NATURALEZA

VARIACIÓN LÉXICA
Point out these items:
césped → pasto (*Perú*);
grama (*Venez*);
zacate (*Méx.*)

el volcán
volcano

LA NATURALEZA

el árbol *tree*
el bosque (tropical) *(tropical; rain) forest*
el cielo *sky*
el cráter *crater*
el desierto *desert*
la estrella *star*
la hierba *grass*
el lago *lake*
la luna *moon*
el mundo *world*
la naturaleza *nature*
la nube *cloud*
el océano *ocean*
el paisaje *landscape*
la piedra *rock; stone*
la planta *plant*
la región *region; area*
el río *river*
la selva *jungle*
el sendero *trail*
el sol *sun*
la tierra *land; soil*
el valle *valley*

la flor
flower

EL MEDIO AMBIENTE

la conservación *conservation*
la contaminación (del aire; del agua) *(air; water) pollution*
la ecología *ecology*
el ecoturismo *ecotourism*
la energía (solar) *(solar) energy*
la extinción *extinction*
el gobierno *government*
la ley *law*
la lluvia (ácida) *(acid) rain*
el medio ambiente *environment*
el peligro *danger*
la población *population*
el reciclaje *recycling*
el recurso natural *natural resource*
la solución *solution*

SUGGESTION Write **la naturaleza** and **la conservación** on the board and have students guess their meanings. Ask volunteers to write English words under those headings. Have the class look in their texts to see how many Spanish equivalents they find.

la energía nuclear
nuclear energy

EXPANSION Whisper a vocabulary word to a student, who then represents it on the board. The class guesses the word and spells it aloud in Spanish.

recursos

R	Textbook CD Lección 13	WB pp. 131-132	LM p. 73	Lab CD Lección 13	ICD-ROM Lección 13

la deforestación
deforestation

INSTRUCTIONAL RESOURCES WB, LM, OT, Text CD, ICD-ROM

el gato
cat

LOS ANIMALES

el animal *animal*
el pez *fish*
la vaca *cow*

el perro
dog

VERBOS

conservar *to conserve*
contaminar *to pollute*
controlar *to control*
cuidar *to take care of*
dejar de + (*inf.***)** *to stop (doing something)*
desarrollar *to develop*
descubrir *to discover*
destruir *to destroy*
estar afectado/a (por) *to be affected (by)*
evitar *to avoid*
mejorar *to improve*
proteger *to protect*
reciclar *to recycle*
recoger *to pick up*
reducir *to reduce*
resolver (o:ue) *to resolve; to solve*
respirar *to breathe*

el pájaro
bird

SUGGESTION Point out that ecotourism is one way of teaching visitors and residents about endangered animals and plants while protecting habitats.

EXPANSION Have students play "Bingo" using vocabulary words.

OTRAS PALABRAS Y EXPRESIONES

el envase de plástico *plastic container*
puro/a *pure*

la botella de vidrio
glass bottle

SUGGESTION Involve students in a discussion by asking: **¿Está contaminado el aire en tu ciudad? ¿De dónde viene la contaminación? ¿Tiene tu ciudad un programa de reciclaje? ¿Tenemos un programa aquí en la universidad? ¿Reciclas tú?** and so forth.

la lata de aluminio
aluminum can

estar contaminado/a
to be polluted

A escuchar

1 Escuchar Mientras escuchas las frases, anota los sustantivos (*nouns*) que se refieren a **las plantas**, **los animales**, **la tierra** y **el cielo**.

Plantas	Animales	Tierra	Cielo
flores	*perro*	*valle*	*sol*
hierba	*gatos*	*volcán*	*nubes*
árboles	*vacas*	*bosque tropical*	*estrellas*

2 Seleccionar Escucha las descripciones e indica qué foto corresponde a cada descripción.

a. _____ 2

c. _____ 3

b. _____ 4

d. _____ 1

1 SCRIPT

1. Mi novio siempre me compra flores para nuestro aniversario.

2. Cuando era pequeño jugaba con mi perro todo el tiempo.

3. Javier prefiere jugar al fútbol norteamericano sobre hierba natural.

4. Antes de las vacaciones, los estudiantes tomaban el sol en el parque.

5. No puedo visitarte porque soy alérgico a los gatos.

6. Durante la tormenta, las nubes grises cubrían toda la ciudad.

7. Cerca de la casa de mi hermana hay un valle donde siempre hay muchas vacas.

8. Algunas noches vamos al campo para ver las estrellas.

9. El Puracé es un volcán activo en los Andes colombianos.

10. Los árboles de los bosques tropicales contienen las curas para muchas enfermedades.

2 SCRIPT

1. Tomé la fotografía de este valle el verano pasado. No había animales y había muy pocas plantas. Sólo se veían montañas de piedra.

2. Ésta es una fotografía de la región donde nací. Es un área verde, con mucha hierba y árboles. Normalmente llueve mucho, aunque el día que tomé la foto el cielo estaba bastante despejado y hacía sol.

3. Esto que ven es una fotografía de la ciudad donde estudio. Hay muchos edificios altos y hay mucho tráfico que contamina el aire.

4. El invierno pasado fui a esquiar a esta montaña. Me fascinó la gran cantidad de recursos naturales de la región. El aire nunca está contaminado aquí.

INSTRUCTIONAL RESOURCE Text CD, IRM

A practicar

3 La naturaleza ¿Qué palabra no está relacionada con cada grupo?

1. sol • (desierto) • luna • estrella
2. océano • lluvia • (sendero) • río
3. naturaleza • paisaje • ecoturismo • (gato)
4. (piedra) • pájaro • pez • perro
5. volcán • (vaca) • cráter • piedra
6. (recurso natural) • lluvia ácida • contaminación • deforestación
7. nube • aire • cielo • (lago)
8. (solución) • selva • bosque • desierto
9. lluvia • nube • (peligro) • cielo
10. (valle) • árbol • hierba • flor

4 Completar Completa las frases.

1. Si vemos basura en las calles, la debemos _recoger_.
2. Los científicos trabajan para _descubrir_ nuevas soluciones.
3. Es necesario que todos trabajemos juntos para _resolver_ los problemas del medio ambiente.
4. Debemos _proteger_ el medio ambiente porque está en peligro.
5. Muchas leyes nuevas _controlan_ el número de árboles que se pueden cortar (*cut down*).
6. Las primeras civilizaciones _se desarrollaron_ cerca de los ríos, los lagos y los océanos.
7. Todas las personas del mundo _están afectadas_ por la contaminación.
8. Los turistas deben tener cuidado de no _contaminar_ las regiones que visitan.
9. Podemos conservar los recursos si _reciclamos_ el aluminio, el vidrio y el plástico.
10. La lluvia ácida, la contaminación y la deforestación _destruyen_ el medio ambiente.

contaminar	reciclamos	están afectadas
controlan	se desarrollaron	proteger
cuidan	descubrir	resolver
destruyen	mejoramos	recoger

5 Definir Trabaja con un(a) compañero/a para definir o describir cada palabra. *Answers will vary.*

¿Qué es el cielo?

El cielo está sobre la tierra y tiene nubes.

1. la población
2. un valle
3. la lluvia
4. la naturaleza
5. un desierto
6. la extinción
7. la ecología
8. un sendero

A conversar

6 Entrevista Pregúntale a un(a) compañero/a qué importancia tienen para él/ella los siguientes problemas. Luego, comparte los resultados con la clase. *Answers will vary.*

 modelo
la deforestación
Estudiante 1: ¿Qué importancia tiene la deforestación?
Estudiante 2: Pienso que el problema de la deforestación es importantísimo.

importantísimo *****

muy importante ****

importante ***

poco importante **

no es importante *

Problemas	Importancia
1. la lluvia ácida	_____
2. la contaminación del agua	_____
3. la contaminación del aire	_____
4. la reducción de los recursos naturales	_____
5. la población de las ciudades	_____
6. los animales en peligro de extinción	_____

7 Preguntas Mira otra vez la lista de problemas de la práctica anterior (*previous*). Luego, con un(a) compañero/a, contesta las siguientes preguntas. *Answers will vary.*

1. ¿Qué problema consideras tú el más grave? ¿Por qué?
2. ¿Cuál de esos problemas es el menos importante?
3. ¿Es necesario resolver el problema menos importante? ¿Por qué?
4. ¿Está en peligro el medio ambiente de tu ciudad o región? ¿Qué problemas hay?
5. ¿Qué se puede hacer para resolver esos problemas?

8 Situaciones Trabajen en grupos pequeños para representar una de las siguientes situaciones. *Answers will vary.*

• Un(a) representante de una agencia ambiental (*environmental*) habla con el/la presidente/a de una compañía industrial que está contaminando un río o el aire.
• Un(a) guía de ecoturismo habla con un grupo sobre cómo disfrutar del (*to enjoy*) medio ambiente y conservarlo.
• Un(a) representante de la universidad habla con un grupo de nuevos estudiantes sobre la campaña (*campaign*) ambiental de la universidad y trata de reclutar (*tries to recruit*) miembros para un club que trabaja para la protección del medio ambiente.

6 EXPANSION Have volunteers tally responses on the board.

7 SUGGESTION Have students read the directions and have a volunteer read the list of problems aloud. Allow pairs time to complete their conversations. As an alternative, assign the conversation preparation as homework.

8 SUGGESTION Have groups of three choose a situation, making sure all situations are covered. Have students take turns playing each role. After groups have had time to prepare, invite some to present their situation to the class.

Ortografía

Los signos de puntuación

In Spanish, as in English, punctuation marks are important because they help you express your ideas in a clear, organized way.

No podía ver las llaves. Las buscó por los estantes, las mesas, las sillas, el suelo; minutos después, decidió mirar por la ventana. Allí estaban…

The **punto y coma (;)**, the **tres puntos (…)**, and the **punto (.)** are used in very similar ways in Spanish and English.

Argentina, Brasil, Paraguay y Uruguay son miembros de Mercosur.

In Spanish, the **coma (,)** is not used before **y** or **o** in a series.

13,5%	29,2°	3.000.000	$2.999,99

In numbers, Spanish uses a **coma** where English uses a decimal point and a **punto** where English uses a comma.

¿Cómo te llamas?   ¿Dónde está?   ¡Ven aquí!   ¡Hola!

Questions in Spanish are preceded and followed by **signos de interrogación (¿ ?)**, and exclamations are preceded and followed by **signos de exclamación (¡ !)**.

Práctica Lee el párrafo e indica los signos de puntuación necesarios. *Answers will vary.*

Ayer recibí la invitación de boda de Marta mi amiga colombiana inmediatamente empecé a pensar en un posible regalo fui al almacén donde Marta y su novio tenían una lista de regalos había de todo copas cafeteras tostadoras finalmente decidí regalarles un perro ya sé que es un regalo extraño pero espero que les guste a los dos

¿Palabras de amor? El siguiente diálogo tiene diferentes significados (*meanings*), dependiendo de los signos de puntuación que utilizas y el lugar donde los pones. Intenta encontrar los diferentes significados. *Answers will vary.*

JULIÁN me quieres

MARISOL no puedo vivir sin ti

JULIÁN me quieres dejar

MARISOL no me parece mala idea

JULIÁN no eres feliz conmigo

MARISOL no soy feliz

recursos

R

ICD-ROM
Lección 13

¡Qué paisaje más hermoso!

Martín y los estudiantes visitan el sendero en las montañas.

VIDEO SYNOPSIS Don Francisco introduces the students to Martín, who will be their guide on the hike. Martín takes the students to the site of the hike, where they discuss the need for environmental protection.

DON FRANCISCO Chicos, les presento a Martín Dávalos, el guía de la excursión. Martín, nuestros pasajeros: Maite, Javier, Inés y Álex.

MARTÍN Mucho gusto. Voy a llevarlos al área donde vamos a ir de excursión mañana. ¿Qué les parece?

ESTUDIANTES ¡Sí! ¡Vamos!

MAITE ¡Qué paisaje más hermoso!

INÉS No creo que haya lugares más bonitos en el mundo.

JAVIER Entiendo que mañana vamos a cruzar un río. ¿Está contaminado?

MARTÍN En las montañas el río no parece estar afectado por la contaminación. Cerca de las ciudades, sin embargo, el río tiene bastante contaminación.

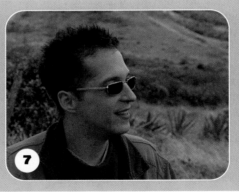

ÁLEX ¡Qué aire tan puro se respira aquí! No es como en la Ciudad de México..... Tenemos un problema gravísimo de contaminación.

MARTÍN A menos que resuelvan ese problema, los habitantes van a sufrir muchas enfermedades en el futuro.

INÉS Creo que todos debemos hacer algo para proteger el medio ambiente.

MAITE Yo creo que todos los países deben establecer leyes que controlen el uso de automóviles.

SUGGESTION Have the class work in groups to read the video episode aloud. Circulate among the groups and model correct pronunciation as needed.

recursos

| Video/VCD-ROM Lección 13 | VM pp.193-194 | ICD-ROM Lección 13 |

INSTRUCTIONAL RESOURCE VM, Video (Start 01:10:38), VCD-ROM

Personajes

DON FRANCISCO   JAVIER   INÉS   ÁLEX   MAITE   MARTÍN

4

MARTÍN Esperamos que Uds. se diviertan mucho, pero es necesario que cuiden la naturaleza.

JAVIER Se pueden tomar fotos, ¿verdad?

MARTÍN Sí, con tal de que no toques las flores o las plantas.

5

ÁLEX ¿Hay problemas de contaminación en esta región?

MARTÍN La contaminación es un problema en todo el mundo. Pero aquí tenemos un programa de reciclaje. Si ves por el sendero botellas, papeles o latas, recógelos.

9

JAVIER Pero Maite, ¿tú vas a dejar de usar tu carro en Madrid?

MAITE Pues, voy a tener que usar el Metro… Pero tú sabes que mi coche es tan pequeñito… casi no contamina nada.

SUGGESTION Use video captions 3, 4, and 7 to point out examples of the present subjunctive, which will be studied in this lesson's **Gramática** section.

10

INÉS ¡Ven, Javier!

JAVIER ¡¡Ya voy!!

SUGGESTION Have your students scan the video stills and list words related to nature and the environment. Then have them predict what will happen in this episode. Write down their predictions. After watching the **fotonovela**, review the predictions and guide the class to a give a correct plot summary.

Expresiones útiles

Talking about the environment

No creo que haya lugares más bonitos en el mundo.
I don't think there are any prettier places in the world.

¿Hay problemas de contaminación en esta región?
Are there problems with pollution in this region/area?

Es un problema en todo el mundo.
It's a problem throughout the world.

El río no parece estar afectado por la contaminación.
The river does not seem to be affected by pollution.

El río tiene bastante contaminación.
The river is quite polluted.

Es necesario que cuiden la naturaleza.
It's necessary that you take care of nature.

Puedes tomar fotos, con tal de que no toques las plantas.
You can take pictures, provided that you don't touch the plants.

Tenemos un problema gravísimo de contaminación.
We have an extremely serious problem with pollution.

A menos que resuelvan el problema, los habitantes van a sufrir muchas enfermedades.
Unless they solve the problem, the inhabitants are going to suffer a lot of illnesses.

Si ves botellas, papeles o latas, recógelos.
If you see bottles, papers, or cans, pick them up.

SUGGESTION Read the **Expresiones útiles** aloud and have the class repeat them. Then integrate them into a conversation about the state of the environment in your area. Ex: ¿Cuál es el mayor problema de contaminación en esta región? ¿Qué podemos hacer para cuidar la naturaleza?

¿Qué piensas?

1 **Seleccionar** Selecciona la opción más lógica para cada frase.

1. Martín va a llevar a los estudiantes al lugar donde van a
   a. contaminar el río.   b. bailar.
   c. ir de excursión.

2. El río está más afectado por la contaminación
   a. cerca de los bosques.   b. en las ciudades.
   c. en las montañas.

3. Martín quiere que los estudiantes
   a. recojan la basura de los senderos.   b. descubran nuevos senderos.
   c. no usen sus autos.

4. La contaminación del aire puede producir
   a. problemas de estómago.   b. enfermedades respiratorias.
   c. enfermedades mentales.

2 **Preguntas** Responde a las siguientes preguntas.

1. Según Martín, ¿qué es necesario que hagan los estudiantes? ¿Qué no pueden hacer?
   Es necesario que cuiden la naturaleza. No pueden tocar ni las plantas ni las flores.

2. ¿Qué problemas del medio ambiente mencionan Martín y los estudiantes?
   Mencionan la contaminación del aire y de los ríos.

3. ¿Qué cree Maite que deben hacer los países?
   Cree que los países deben establecer leyes que controlen el uso de los automóviles.

4. ¿Qué cosas se pueden reciclar en el programa que menciona Martín?
   Se pueden reciclar las botellas, los papeles y las latas.

5. Si Maite no puede usar su carro en Madrid, ¿qué medio de transporte va a usar?
   Maite va a usar el Metro.

3 **Situación** Eres el/la guía de un grupo de turistas que quiere hacer una excursión a las montañas. Conversa con ellos/as (tus compañeros/as) sobre las cosas que van a ver y sobre lo que deben y no deben hacer durante la excursión. *Answers will vary.*

1 SUGGESTION Ask volunteers to read each sentence aloud.

2 EXPANSION Use the sentences for a dictation activity.

2 SUGGESTION Have students answer these questions in pairs.

3 SUGGESTION Place students in small groups. Have students read through or watch the video episode again in preparation for this activity.

Exploración
Atracciones naturales del mundo hispano

Nicaragua tiene más de 25 volcanes, como el Cerro Negro, en la zona pacífica del país. Algunos de ellos son activos y de vez en cuando entran en erupción (*erupt*).

Observaciones

- Hay más de 1.640 especies de pájaros en el Ecuador.
- El árbol de Tule en Oaxaca, México, tiene más de 2.000 años de edad y un diámetro de 10 metros —el más grande del mundo.
- La Bahía Piñas es el lugar de pesca más famoso de Panamá.
- En Puerto Rico, hay 16 especies nativas de coquí, ranas arbóreas (*tree frogs*).
- El volcán Momotombo de Nicaragua aparece frecuentemente en los versos del gran poeta nicaragüense Rubén Darío.

Muchas personas consideran que Guatemala es el país de la eterna primavera, por sus bellezas naturales. Para conservar los recursos naturales, en Guatemala se estableció un sistema de biotopos —parques nacionales y reservas naturales. Los biotopos sirven para preservar la flora y la fauna únicas del país.

En la Quebrada de los Cuervos, en Uruguay, se puede hacer turismo de aventura y, al mismo tiempo, estar en contacto con la naturaleza. Desde 1986, forma parte de la primera área natural protegida (*protected*) de Uruguay.

Coméntalo

Con un(a) compañero/a, contesta las siguientes preguntas. *Answers will vary.*

- ¿Quieres visitar algunos de los lugares mencionados en esta página? ¿Por qué?
- ¿Cuáles son los lugares naturales más bonitos que conoces? ¿Cómo son?
- ¿Hay parques nacionales cerca de tu comunidad? ¿Qué se puede hacer allí?

recursos

vistahigher learning.com

13.1 The subjunctive with verbs of emotion

Main clause	Connector	Subordinate clause
Marta espera	que	yo vaya al lago este fin de semana.

▶ When the main clause of a sentence expresses an emotion or feeling, the subjunctive is required in the subordinate clause.

Nos alegramos de que te **gusten** las flores.
We are happy that you like the flowers.

Siento que tú no **vengas** mañana.
I'm sorry that you're not coming tomorrow.

Temo que Ana no **pueda** ir mañana con nosotros.
I'm afraid that Ana won't be able to go with us tomorrow.

Le **sorprende** que Juan **sea** tan joven.
It surprises him that Juan is so young.

Esperamos que Uds. se diviertan mucho en la excursión.

Es triste que tengamos un problema grave de contaminación en la Ciudad de México.

Common verbs and expressions of emotion

alegrarse (de)	to be happy	tener miedo (de)	to be afraid (of)
esperar	to hope; to wish	es extraño	it's strange
gustar	to be pleasing; to like	es una lástima	it's a shame
		es ridículo	it's ridiculous
molestar	to bother	es terrible	it's terrible
sentir (e:ie)	to be sorry; to regret	es triste	it's sad
sorprender	to surprise	ojalá (que)	I hope (that);
temer	to be afraid; to fear		I wish (that)

Me molesta que la gente no **recicle** el plástico.
It bothers me that people don't recycle plastic.

Me gusta que **respiremos** aire limpio.
I like that we breathe clean air.

Es una lástima que no controlemos la deforestación.
It's a shame we don't control deforestation.

Espera que las leyes **cuiden** las selvas.
He hopes that the laws protect the jungles.

Práctica

1 **Olga y Sara** Completa el diálogo con palabras de la lista.

alegro	lleguen	puedan
encuentren	molesta	tengo miedo de
estén	ojalá	vayan
		visitar

OLGA Me alegro de que Adriana y Raquel _____vayan_____ a Colombia.

SARA Sí. Es una lástima que _____lleguen_____ tarde. Ojalá que la universidad las ayude a buscar casa. _Tengo miedo de_ que no consigan dónde vivir.

OLGA Me _____molesta_____ que seas tan pesimista. Yo espero que _____encuentren_____ gente simpática.

SARA Sí, ojalá. Van a estudiar la deforestación en las costas. Es triste que en tantos países los recursos naturales _____estén_____ en peligro.

OLGA Me _____alegro_____ de que no se queden en la capital por la contaminación, pero _____ojalá_____ tengan tiempo de viajar por el país.

SARA Sí, espero que _____puedan_____ ir al Museo del Oro. Sé que también esperan _____visitar_____ la Catedral de Sal de Zipaquirá.

2 **Frases** Combina elementos de las tres columnas para formar frases. *Answers will vary.*

modelo
Es triste que algunas personas no cuiden la naturaleza.

Expresiones	Sujetos	Actividades
Me alegro de que	yo	desarrollar programas de reciclaje
Espero que	tú	proteger el medio ambiente
Es extraño que	el gobierno	destruir los bosques
Me gusta que	el/la profesor(a)	contaminar el aire
Tengo miedo de que	la universidad	poner en peligro la naturaleza
Es triste que	las fábricas	cuidar la naturaleza
Ojalá que	algunas personas	
	los centros comerciales	
	mis amigos y yo	

INSTRUCTIONAL RESOURCES WB, LM, IRM (teaching tips, etc.), ICD-ROM

Conversación

3 Diálogo Usa los siguientes elementos para crear una conversación entre Juan y la madre de su novia. Añade palabras si es necesario. Luego, con un(a) compañero/a, preséntala a la clase.

1. Juan, / esperar / (tú) escribirle / Raquel. / Ser / tu / novia. / Ojalá / no / sentirse / sola
   Juan, espero que le escribas a Raquel. Es tu novia. Ojalá no se sienta sola.
2. molestarme / (Ud.) decirme / lo que / tener / hacer. / Ahora / mismo / estarle / escribiendo
   Me molesta que me diga lo que tengo que hacer. Ahora mismo le estoy escribiendo.
3. alegrarme / oírte / decir / eso. / Ser / terrible / estar / lejos / cuando / nadie / recordarte
   Me alegra oírte decir eso. Es terrible estar lejos cuando nadie te recuerda.
4. señora, / ¡yo / tener / miedo / (ella) no recordarme / mí! / Ser / triste / estar / sin / novia
   Señora, ¡yo tengo miedo de que no me recuerde a mí! Es triste estar sin novia.
5. ser / ridículo / (tú) sentirte / así. / Tú / saber / ella / querer / casarse / contigo
   Es ridículo que te sientas así. Tú sabes que ella quiere casarse contigo.
6. ridículo / o / no, / sorprenderme / todos preocuparse / ella / y / (nadie) acordarse / mí
   Ridículo o no, me sorprende que todos se preocupen por ella y nadie se acuerde de mí.

4 Comentar En parejas, conversen sobre su ciudad, sus clases o algún otro tema, usando expresiones como **me alegro de que, temo que** y **es extraño que.** Luego reaccionen a los comentarios de su compañero/a.
Answers will vary.

modelo

Estudiante 1: Me alegro de que vayan a limpiar el río.
Estudiante 2: Yo también. Me preocupa que el agua del río esté tan contaminada.
Estudiante 1: Espero que mis profesores de español y matemáticas den menos tarea.
Estudiante 2: Pues yo temo que todos mis profesores piensen dar más tarea.

5 Problemas Prepara una lista de problemas ecológicos que te preocupen. Luego, describe cada problema a varios compañeros. Escribe las soluciones que te ofrecen. Después, comparte la información con la clase.
Answers will vary.

Problemas	Soluciones

Using the subjunctive

▶ The infinitive is used after an expression of emotion when there is no change of subject.

Temo **llegar** tarde.
I'm afraid I'll arrive late.

Temo que mi novio **llegue** tarde.
I'm afraid my boyfriend will arrive late.

Me molesta **ver** el bosque tropical en peligro.
It bothers me to see the rain forest in danger.

Me alegro de que el gobierno **se preocupe** por el medio ambiente.
I'm happy that the government worries about the environment.

▶ The expression **ojalá (que)** is always followed by the subjunctive. The use of **que** is optional.

Ojalá (que) se conserven nuestros recursos naturales.
I hope (that) our natural resources will be conserved.

Ojalá (que) recojan la basura muy pronto.
I hope (that) they collect the garbage soon.

Esperamos que nuestros hijos vean el cielo azul y que naden en aguas limpias... Tenemos que enseñarles a conservar y reciclar.

¡Manos a la obra!

Completa las oraciones con las formas correctas de los verbos.

1. Ojalá que ellos *descubran* [descubrir] nuevas formas de energía.
2. Espero que Ana nos *ayude* [ayudar] a recoger la basura en la carretera.
3. Es una lástima que la gente no *recicle* [reciclar] más.
4. Esperamos *proteger* [proteger] el aire de nuestra comunidad.
5. Me alegro de que mis amigos *quieran* [querer] conservar la naturaleza.
6. A mis padres les gusta que nosotros *participemos* [participar] en programas de conservación.
7. Es ridículo *contaminar* [contaminar] el medio ambiente.
8. Espero que tú *vengas* [venir] a la reunión (*meeting*) del Club de Ecología.
9. Siento que nuestras ciudades *estén* [estar] afectadas por la contaminación.
10. Ojalá que yo *pueda* [poder] hacer algo para reducir la contaminación.

13.2 The subjunctive with doubt, disbelief, and denial

▸ The subjunctive is used with expressions of doubt, disbelief, and denial.

Main clause	Connector	Subordinate clause
Dudan	que	su hijo les diga la verdad.

▸ The subjunctive is used in a subordinate clause when there is a change of subject and the main clause implies negation or uncertainty.

¡No creo que haya lugares más bonitos en el mundo!

Dudo que el río esté contaminado aquí en las montañas.

Expressions of doubt, disbelief, or denial

dudar	to doubt	no es seguro	it's not certain
negar (e:ie)	to deny	no es verdad	it's not true
no creer	not to believe	es imposible	it's impossible
no estar seguro/a (de)	not to be sure	es improbable	it's improbable
no es cierto	it's not true; it's not certain	(no) es posible	it's (not) possible
		(no) es probable	it's (not) probable

El gobierno **niega** que el agua **esté** contaminada.
The government denies that the water is polluted.

Dudo que el gobierno **resuelva** el problema.
I doubt that the government will solve the problem.

▸ In English, the expression *it is probable/possible* indicates a fairly high degree of certainty. In Spanish, however, **es probable/posible** implies uncertainty and therefore triggers the subjunctive in the subordinate clause.

Es posible que **haya** menos bosques y selvas en el futuro.
It's possible that there will be fewer forests and jungles in the future.

Es muy probable que **contaminemos** el medio ambiente.
It's very probable that we pollute the environment.

Práctica

1 Dudas Carolina siempre miente. Expresa tus dudas sobre lo que Carolina está diciendo ahora.

modelo
El próximo año mi familia y yo vamos a ir de vacaciones por diez meses. [dudar]
¡Ja! Dudo que vayan de vacaciones por diez meses.

1. Estoy escribiendo una novela en español.
[no creer]   *No creo que estés escribiendo una novela en español.*

2. Mi tía es la directora del Sierra Club.
[no ser verdad]
No es verdad que tu tía sea la directora del Sierra Club.

3. Dos profesores míos juegan para los Osos (*Bears*) de Chicago. [ser imposible]
Es imposible que dos profesores tuyos jueguen para los Osos.

4. Mi mejor amiga conoce al chef Emeril.
[no ser cierto]
No es cierto que tu mejor amiga conozca al chef Emeril.

5. Mi padre es dueño del Centro Rockefeller.
[no ser posible]
No es posible que tu padre sea dueño del Centro Rockefeller.

6. Yo ya tengo un doctorado en lenguas.
[ser improbable]
Es improbable que ya tengas un doctorado en lenguas.

2 Conversación Completa el diálogo. Luego dramatízalo con un(a) compañero/a.

RAÚL Uds. dudan que yo __estudie__ [estudio/estudie]. No niego que a veces me __divierto__ [divierto/divierta], pero no cabe duda de que __tomo__ [tomo/tome] mis estudios en serio. Creo que no __tienen__ [tienen/tengan] razón.

PAPÁ Es posible que tu mamá y yo no __tengamos__ [tenemos/tengamos] razón. Es cierto que a veces __dudamos__ [dudamos/dudemos] de ti. Pero no hay duda de que te __pasas__ [pasas/pases] toda la noche en Internet y oyendo música. No es seguro que __estés__ [estás/estés] estudiando.

RAÚL Es verdad que __uso__ [uso/use] mucho Internet, pero ¿no es posible que __sea__ [es/sea] para buscar información para mis clases? ¡No hay duda de que Internet __es__ [es/sea] el mejor recurso del mundo! Es obvio que Uds. __piensan__ [piensan/piensen] que no hago nada, pero no es cierto.

PAPÁ No dudo que esta conversación nos __va__ [va/vaya] a ayudar. Pero tal vez __puedas__ [puedes/puedas] estudiar sin música.

Conversación

3 Hablando con un(a) burócrata En parejas, miren la foto y preparen un diálogo interesante sobre el medio ambiente entre un(a) activista y un(a) burócrata del gobierno (*government bureaucrat*). Luego presenten la conversación a la clase. *Answers will vary.*

modelo

Activista: Queremos reducir la contaminación del aire. Pero dudo que el gobierno nos ayude.

Burócrata: Es obvio que el gobierno está haciendo muchas cosas para reducir la contaminación del aire.

4 Adivinar Escribe cinco oraciones sobre tu vida presente y futura. Cuatro deben ser falsas y sólo una debe ser cierta. Preséntalas al grupo. El grupo adivina (*guesses*) cuál es la oración cierta y expresa sus dudas sobre las falsas. *Answers will vary.*

modelo

Estudiante 1: Quiero irme un año a trabajar en la selva.

Estudiante 2: Dudo que te guste vivir en la selva.

Estudiante 3: En cinco años voy a ser presidente de los Estados Unidos.

Estudiante 2: No creo que vayas a ser presidente de los Estados Unidos en cinco años. ¡Tal vez en treinta! Algún día pienso enseñar arte a los niños.

Estudiante 1: No dudo que vas a ser profesor. Te gustan mucho los niños.

5 Debate Con un compañero/a, debate algunas de las posibles soluciones a los problemas del medio ambiente.

modelo

Estudiante 1: Para proteger el medio ambiente, creo que necesitamos una ley para controlar el número de coches en cada familia.

Estudiante 2: Dudo que sea posible controlar el número de coches. A muchas personas les gusta tener su propio (*own*) coche.

▸ **Quizás** and **tal vez** imply an uncertain possibility and are usually followed by the subjunctive.

Quizás haga sol mañana.
Perhaps it will be sunny tomorrow.

Tal vez veamos la luna esta noche.
Perhaps we will see the moon tonight.

▸ The indicative is used in a subordinate clause when the main clause expresses certainty.

Expressions of certainty

no dudar	not to doubt	estar seguro/a (de)	to be sure of
no cabe duda de	there is no doubt	es cierto	it's true; it's certain
no hay duda de	there is no doubt	es seguro	it's certain
no negar (e:ie)	not to deny	es verdad	it's true
		es obvio	it's obvious

No negamos que **hay** demasiados carros en las carreteras.
We don't deny that there are too many cars on the highways.

No hay duda de que el Amazonas **es** uno de los ríos más largos del mundo.
There is no doubt that the Amazon is one of the longest rivers in the world.

Es verdad que Colombia **es** un país bonito.
It's true that Colombia is a beautiful country.

Es cierto que los tigres **están** en peligro de extinción.
It's certain that tigers are in danger of extinction.

▸ The verb **creer** expresses belief or certainty, so it is followed by the indicative. **No creer** implies doubt and is followed by the subjunctive.

No creo que **haya** vida en el planeta Marte.
I don't believe that there is life on planet Mars.

Creo que **debemos** usar exclusivamente la energía solar.
I believe we should exclusively use solar energy.

¡Manos a la obra!

 Completa estas frases con la forma correcta del verbo.

1. Dudo que ellos **trabajen** [trabajar].
2. Es cierto que él **come** [comer] mucho.
3. Es imposible que ellos **salgan** [salir].
4. Es probable que Uds. **ganen** [ganar].
5. No creo que ella **vuelva** [volver].
6. Es posible que nosotros **vayamos** [ir].
7. Dudamos que tú **recicles** [reciclar].
8. Creo que ellos **juegan** [jugar] al fútbol.
9. No niego que Uds. **estudian** [estudiar].
10. Es probable que ellos **duerman** [dormir].
11. Es posible que Marta **llame** [llamar].
12. Tal vez Juan no nos **oiga** [oír].

13.3 The subjunctive with conjunctions

Conjunctions followed by the subjunctive

Se pueden tomar fotos, ¿verdad?

Sí, con tal de que no toques ni las flores ni las plantas.

A menos que resuelvan el problema, los habitantes van a sufrir muchas enfermedades.

▶ Conjunctions are words or phrases that connect other words and clauses in sentences. Certain conjunctions commonly introduce adverbial clauses, which describe *how, why, when,* and *where* an action takes place. The conjunctions listed below always require the subjunctive.

Conjunctions that require the subjunctive			
a menos que	*unless*	en caso (de) que	*in case (that)*
antes (de) que	*before*	para que	*so that*
con tal (de) que	*provided that*	sin que	*without*

Voy a dejar un recado **en caso de que** Gustavo me **llame.**
I'm going to leave a message in case Gustavo calls me.

Voy al supermercado **para que tengas** algo de comer.
I'm going to the supermarket so that you'll have something to eat.

Algunos animales van a morir **a menos que haya** leyes para protegerlos.
Some animals are going to die unless there are laws to protect them.

Voy a tomar esa clase **con tal de que** tú la **tomes** también.
I'm going to take that class provided that you take it too.

¡ojo! The infinitive is used after the prepositions **antes de, para,** and **sin** when there is no change of subject. Compare these sentences.

Te llamamos el viernes **antes de salir** de la casa.
We will call you on Friday before leaving the house.

Te llamamos mañana **antes de que salgas.**
We will call you tomorrow before you leave.

Tus padres trabajan muchísimo **para vivir** bien.
Your parents work very hard in order to live well.

Tus padres trabajan mucho **para que tú puedas** vivir bien.
Your parents work a lot so that you are able to live well.

Práctica

1 Una excursión La Sra. Montero habla de una excursión que quiere hacer con su familia. Completa las oraciones con la forma correcta de cada verbo.

1. Voy a llevar a mis hijos al parque para que _____aprendan_____ [aprender] sobre la naturaleza.
2. Vamos a pasar todo el día allí con tal de que todos nosotros _____tengamos_____ [tener] tiempo.
3. Vamos a alquilar bicicletas en cuanto _____lleguemos_____ [llegar] al parque.
4. En bicicleta, podemos explorar el parque sin _____caminar_____ [caminar] demasiado.
5. Vamos a bajar al cráter a menos que se _____prohíba_____ [prohibir].
6. Siempre llevamos al perro cuando _____vamos_____ [ir] al parque.
7. En caso de que _____llueva_____ [llover], vamos a regresar temprano a la casa.
8. Queremos almorzar a la orilla (*shore*) del río cuando _____tengamos_____ [tener] hambre.
9. Mis hijos van a ver muchas cosas interesantes antes de _____salir_____ [salir] del parque.
10. Una vez estuvimos en el parque hasta que uno de mis hijos _____se durmió_____ [dormirse].

2 Oraciones Completa las siguientes oraciones. *Answers will vary.*

1. No podemos controlar la contaminación del aire a menos que…
2. Voy a reciclar los productos de papel en cuanto…
3. Protegemos los animales en peligro de extinción para que…
4. Mis amigos y yo vamos a recoger la basura de la universidad después de que…
5. Todos podemos conservar energía cuando…
6. No podemos desarrollar nuevas fuentes (*sources*) de energía sin…
7. Debemos comprar coches eléctricos tan pronto como…
8. Hay que eliminar la contaminación del agua para…
9. No podemos proteger la naturaleza sin que…

Conversación

3 Preguntas En parejas, contesten las siguientes preguntas. Luego, compartan la información con la clase. *Answers will vary.*

1. ¿Qué haces cada noche antes de acostarte?
2. ¿Qué haces en la clase cada día después de que llega el/la profesor(a)?
3. ¿Qué hacen tus padres para que puedas asistir a la universidad?
4. ¿Qué puedes hacer para mejorar tu español?
5. ¿Qué quieres hacer mañana a menos que haga mal tiempo?
6. ¿Qué haces en tus clases sin que los profesores lo sepan?
7. ¿Qué quieres hacer hoy tan pronto como salgas de clase?

4 El fin de semana En parejas, hablen de lo que van a hacer este fin de semana, usando las palabras indicadas.
Answers will vary.

antes de	después de que	para	tan pronto como
antes de que	en caso de que	para que	
con tal de que	en cuanto	sin	
cuando	hasta que	sin que	

modelo

Estudiante 1: El sábado mis amigos y yo vamos al lago. Después de que volvamos, voy a estudiar para mi examen de química.
Estudiante 2: Todos los sábados llevo a mi primo al parque para que juegue con sus amigos. Pero el sábado que viene, con tal de que no llueva, lo voy a llevar a las montañas.

5 Tic-Tac-Toe Formen dos equipos. Una persona comienza una frase y otra persona de su equipo la termina, usando palabras de la gráfica. El primer equipo que forme tres oraciones seguidas (*in a row*) gana el tic-tac-toe. Tienen que usar correctamente la conjunción o la preposición y el verbo.

modelo
Estudiante 1: Dudo que podamos eliminar la deforestación...
Estudiante 2: ...sin que nos ayude el gobierno.

cuando	con tal de que	para que
antes de que	para	sin que
hasta que	en caso de que	antes de

Conjunctions with subjunctive or indicative

> Cuando veo basura, la recojo.

> Voy a formar un club de ecología tan pronto como empiecen las clases.

Conjunctions used with subjunctive or indicative

cuando	*when*	hasta que	*until*
después (de) que	*after*	tan pronto como	*as soon as*
en cuanto	*as soon as*		

▶ With the conjunctions above, use the subjunctive in the subordinate clause if the main clause expresses a future action or command.

Vamos a resolver el problema **cuando desarrollemos** nuevas tecnologías.
We are going to solve the problem when we develop new technologies.

Después de que Uds. **tomen** sus refrescos, reciclen las botellas.
After you drink your soft drinks, recycle the bottles.

▶ If the verb in the main clause expresses an action that habitually happens, or that happened in the past, the indicative is used.

Contaminan los ríos **cuando construyen** nuevos edificios.
They pollute the rivers when they build new buildings.

Contaminaron el río **cuando construyeron** ese edificio.
They polluted the river when they built that building.

Siempre vamos de excursión **tan pronto como llega** Rafael.
We always go hiking as soon as Rafael arrives.

Salimos **tan pronto como llegó** Rafael.
We left as soon as Rafael arrived.

¡Manos a la obra!

 Completa las oraciones con las formas correctas de los verbos.

1. Voy a estudiar ecología cuando __vuelva__ [volver] a la universidad.
2. No podemos evitar la lluvia ácida a menos que todos _trabajemos_ [trabajar] juntos.
3. No podemos conducir sin _contaminar_ [contaminar] el aire.
4. Siempre recogemos mucha basura cuando __vamos__ [ir] al parque.
5. Elisa habló con el presidente del club de ecología después de que _terminó_ [terminar] la reunión.
6. Vamos de excursión para _observar_ [observar] los animales y las plantas.
7. La contaminación va a ser un problema muy serio hasta que _cambiemos_ [cambiar] nuestros sistemas de producción y transporte.
8. El gobierno debe crear más parques nacionales antes de que los bosques y ríos __estén__ [estar] completamente contaminados.
9. La gente quiere reciclar, con tal de que no __sea__ [ser] difícil.

Ampliación

1 Escuchar

A Escucha el discurso de Soledad Morales, una activista preocupada por el medio ambiente. Antes de escuchar, marca las palabras y frases que tú crees que ella va a usar en su discurso. Después marca las palabras y frases que escuchaste. *Answers will vary.*

 TIP **Use your background knowledge / Guess meaning from context.** Your background knowledge helps you anticipate the content of discourse that you hear in Spanish. If you hear words or expressions you do not understand, you can often guess their meanings based on the surrounding words.

	Antes de escuchar	Después de escuchar
1. el futuro	☐	☑
2. el cine	☐	☐
3. los recursos naturales	☐	☑
4. el aire	☐	☑
5. los ríos	☐	☑
6. la contaminación	☐	☑
7. las diversiones	☐	☐
8. la conservación de la naturaleza	☐	☑

B En tu opinión, ¿qué recomendaciones va a dar la señora Morales en la siguiente parte de su discurso? *Answers will vary.*

2 Conversar

Conversa con un(a) compañero/a sobre el estado del medio ambiente en tu comunidad o región. Las siguientes expresiones pueden ser útiles. *Answers will vary.*

Dudo que…	Es cierto que…
No estoy seguro/a de que…	No dudo que…
No es verdad que…	No hay duda de que…
No podemos resolver el problema a menos que…	Es posible resolver el problema con tal de que…
Es probable que…	Tal vez…
Ojalá…	Es una lástima que…
Quizás…	No es cierto que…

recursos

R	Textbook CD Lección 13	WB pp. 133-138	LM pp. 75-77	Lab CD Lección 13	ICD-ROM Lección 13	vistahigher learning.com

INSTRUCTIONAL RESOURCE Text CD

---

1 SCRIPT

Les vengo a hablar hoy porque aunque espero que el futuro sea color de rosa, temo que no sea así. Vivimos en esta tierra de preciosos recursos naturales— nuestros ríos de los cuales dependemos para el agua que nos da vida, el aire que respiramos, los árboles que nos protegen, los animales cuyas vidas están entrelazadas con nuestras vidas. Es una lástima que no apreciemos lo mucho que tenemos. Es terrible que haya días con tanta contaminación del aire que nuestros ancianos se enferman y nuestros hijos no pueden respirar. La tala de árboles es un problema grave… hoy día cuando llueve, el río Cauca se llena de tierra porque no hay árboles que aguanten la tierra. La contaminación del río está afectando gravemente la ecología de las playas de Barranquilla, una de nuestras joyas. Ojalá que me oigan y piensen bien en el futuro de nuestra comunidad. Espero que aprendamos a conservar la naturaleza y que podamos cuidar el patrimonio de nuestros hijos.

2 SUGGESTION Before beginning the conversation, have students list additional vocabulary and expressions that they are likely to use.

2 EXPANSION Ask volunteers to present their conversation to the rest of the class.

Ampliación

3 Escribir

Escribe una carta a un periódico sobre una situación importante que afecta el medio ambiente en tu comunidad. *Answers will vary.*

⭐ **TIP** **Consider your audience and purpose.** Once you have defined both your audience and your purpose, you will be able to decide which genre, vocabulary, and grammatical structures will best serve your needs.

- Are you going to comment on one topic or several?
- Are you intending to register a complaint or to inform others?
- Are you hoping to persuade others to adopt your point of view or to take specific action?

Organízalo	Decide cuál es el propósito de tu carta y planéala.
Escríbelo	Utiliza tus apuntes para escribir el primer borrador de tu carta.
Corrígelo	Intercambia tu carta con un(a) compañero/a. Léela y anota los mejores aspectos. Ofrécele sugerencias para mejorarla. Si ves algunos errores, coméntaselos.
Compártelo	Revisa el primer borrador según las indicaciones de tu compañero/a. Si es necesario, incorpora nuevas ideas y/o más información.

4 Un paso más

Escribe una carta al/a la presidente/a de un país hispano para hablarle de tus dudas, deseos y preocupaciones sobre el futuro de una de las atracciones naturales del país. *Answers will vary.*

Las tortugas marinas están en grave peligro de extinción.

- Investiga algunas de las atracciones naturales del mundo hispano.
- Escoge una y piensa en lo que se puede hacer para protegerla.
- Explica lo que temes de los problemas ambientales, lo que esperas y tus dudas sobre el futuro.
- Formula recomendaciones para proteger este lugar en el futuro.

En Internet

Investiga estos temas en el sitio vistahigherlearning.com.

- Atracciones naturales de España
- Atracciones naturales de la América del Sur
- Atracciones de México, la América Central y el Caribe

---

3 EXPANSION Ask student volunteers to provide examples of vocabulary and expressions that inspire, inform, persuade, or register a complaint.

3 EVALUATION

Criteria	Scale
Content	1 2 3 4
Organization	1 2 3 4
Use of Vocabulary	1 2 3 4
Accuracy and Mechanics	1 2 3 4
Creativity	1 2 3 4

Scoring

Excellent	18-20 points
Good	14-17 points
Satisfactory	10-13 points
Unsatisfactory	< 10 points

4 SUGGESTION Ask students to use print resources as well as the Internet as they do their research.

4 EXPANSION Have students present their letters to the class. Mention to students that their presentations will be more interesting if they integrate visual information such as posters, photos, and brochures.

4 EXPANSION Write a few slogans on the board: **Conserve el medio ambiente, Prohibido contaminar, Este planeta es para generaciones futuras.** Have pairs of students brainstorm other slogans for bumper stickers to promote environmental awareness. Ask pairs to share their work with the class.

Antes de leer

When you are faced with an unfamiliar text, it is important to determine the writer's purpose (which is often related to the genre or type of writing). Identifying the purpose of a text will help you anticipate the content of a reading selection. For example, if you are reading an advice column in a newspaper, you know to expect questions about people's problems and suggestions from the columnist. The reading selection for this lesson consists of two fables: "El perro y el cocodrilo" by Félix María Samaniego, and "El pato y la serpiente" by Tomás de Iriarte. In general, what do the writers of fables attempt to accomplish? What kinds of characters do you expect to read about in fables?

_____

_____

_____

_____

Sobre los autores

Félix María Samaniego (1745-1801), nacido en España, escribió las *Fábulas morales*, que ilustran de manera humorística el carácter humano. Los protagonistas de muchas de sus fábulas son animales que hablan.

Tomás de Iriarte (1750-91), nacido en las Islas Canarias, tuvo gran éxito (*success*) con su libro *Fábulas literarias*. Su tendencia a representar la lógica a través de símbolos de la naturaleza fue de gran influencia para muchos autores de su época.

SUGGESTION Some ideas that students should generate in **Antes de leer** include: the characters are animals; the story begins with the formulaic **había una vez**; and it ends with an explanation of the story's purpose, a moral.

SUGGESTION Mention that one of the traditional purposes of a fable is to teach a lesson about life. Ask them to try to express the lesson in their own words.

SUGGESTION Have students work in pairs to answer: **¿De dónde viene el autor? ¿Cuándo vivió? ¿Quiénes son los protagonistas de las fábulas? ¿Qué ilustran sus fábulas?** Ask volunteers to share their responses with the class.

El perro y el cocodrilo

Bebiendo un perro en el Nilo,

al mismo tiempo corría.

"Bebe quieto", le decía

un taimado cocodrilo.

Díjole el perro prudente:

"Dañoso es beber y andar;

pero ¿es sano el aguardar

a que me claves el diente? "

¡Oh qué docto perro viejo!

Yo venero su sentir

en esto de no seguir

del enemigo el consejo.

Nilo	*Nile*
quieto	*in peace*
taimado	*sly*
Díjole	*Said to him*
Dañoso	*Harmful*
andar	*to walk*
¿es sano… diente?	*is it good for me to wait for you to sink your teeth into me?*
docto	*learned; wise*
venero	*revere*
sentir	*wisdom*

El pato y la serpiente

A orillas de un estanque,

diciendo estaba un pato:

"¿A qué animal dio el cielo

los dones que me ha dado?

"Soy de agua, tierra y aire:

cuando de andar me canso,

si se me antoja, vuelo;

si se me antoja, nado".

Una serpiente astuta

que le estaba escuchando,

le llamó con un silbo,

y le dijo "¡Seo guapo!

"No hay que echar tantas plantas;

pues ni anda como el gamo,

ni vuela como el sacre,

ni nada como el barbo;

"y así tenga sabido

que lo importante y raro

no es entender de todo,

sino ser diestro en algo".

Después de leer

¿Comprendiste?

Escoge la mejor opción para completar cada oración.

1. El cocodrilo _____ perro.
   a. está preocupado por el   (b.) quiere comerse al
   c. tiene miedo del

2. El perro _____ cocodrilo.
   (a.) tiene miedo del   b. es amigo del
   c. quiere quedarse con el

3. El pato cree que es un animal
   a. muy famoso.   b. muy hermoso.
   (c.) de muchos talentos.

4. La serpiente cree que el pato es
   a. muy inteligente.   (b.) muy tonto.
   c. muy feo.

Preguntas   *Answers will vary.*

1. ¿Qué representa el cocodrilo?
   _____

2. ¿Qué representa el pato?
   _____

3. ¿Cuál es la moraleja (*moral*) de "El perro y el cocodrilo"?
   _____

4. ¿Cuál es la moraleja de "El pato y la serpiente"?
   _____

Coméntalo   *Answers will vary.*

¿Estás de acuerdo (*do you agree*) con las moralejas de estas fábulas? ¿Por qué? ¿Cuál de estas fábulas te gusta más? ¿Por qué? ¿Conoces otras fábulas? ¿Cuál es su propósito (*purpose*)?

EXPANSION Have small groups or pairs write their own short fable. Ask them to include the elements they have studied in these fables, including animal protagonists, formulaic phrases, and a moral.

EXPANSION Have students act out the fables. Ask a few groups to present the fable for the whole class.

pato	*duck*
orillas	*bank*
estanque	*pond*
cielo	*heaven*
los dones… dado	*the gifts that it has given me*
me canso	*I get tired*
si se me antoja, vuelo	*If I feel like it, I fly*
silbo	*hiss*

Seo	*Señor*
No hay que… plantas	*There's no reason to boast*
gamo	*deer*
sacre	*falcon*
barbo	*barbel (a type of fish)*
lo… raro	*the important and rare thing*
diestro	*skillful*

recursos

R

vistahigher
learning.com

La naturaleza

el árbol	tree
el bosque (tropical)	(tropical; rain) forest
el cielo	sky
el cráter	crater
el desierto	desert
la estrella	star
la flor	flower
la hierba	grass
el lago	lake
la luna	moon
el mundo	world
la naturaleza	nature
la nube	cloud
el océano	ocean
el paisaje	landscape
la piedra	stone; rock
la planta	plant
la región	region; area
el río	river
la selva	jungle
el sendero	trail
el sol	sun
la tierra	land; soil
el valle	valley
el volcán	volcano

Conjunctions

a menos que	unless
antes (de) que	before
con tal (de) que	provided (that)
después (de) que	after
en caso (de) que	in case
en cuanto	as soon as
hasta que	until
para que	so that
sin que	without
tan pronto como	as soon as

El medio ambiente

la conservación	conservation
la contaminación (del aire; del agua)	(air; water) pollution
la deforestación	deforestation
la ecología	ecology
el ecoturismo	ecotourism
la energía (nuclear; solar)	(nuclear; solar) energy
la extinción	extinction
el gobierno	government
la ley	law
la lluvia (ácida)	(acid) rain
el medio ambiente	environment
el peligro	danger
la población	population
el reciclaje	recycling
el recurso natural	natural resource
la solución	solution
conservar	to conserve
contaminar	to pollute
controlar	to control
cuidar	to take care of
dejar de + (inf.)	to stop (doing something)
desarrollar	to develop
descubrir	to discover
destruir	to destroy
estar afectado/a (por)	to be affected by
estar contaminado/a	to be polluted
evitar	to avoid
mejorar	to improve
proteger	to protect
reciclar	to recycle
recoger	to pick up
reducir	to reduce
resolver (o:ue)	to resolve; to solve
respirar	to breathe
la botella de vidrio	glass bottle
el envase de plástico	plastic container
la lata de aluminio	aluminum can
puro/a	pure

Expressions of emotion

alegrarse (de)	to be happy
esperar	to hope; to wish
sentir (e:ie)	to be sorry; to regret
temer	to fear
es extraño	it's strange
es una lástima	it's a shame
es ridículo	it's ridiculous
es terrible	it's terrible
es triste	it's sad
ojalá (que)	I hope (that); I wish (that)

Doubts and certainty

(no) creer	(not) to believe
(no) dudar	(not) to doubt
(no) estar seguro/a (de)	(not) to be sure (of)
(no) negar (e:ie)	(not) to deny
es imposible	it's impossible
es improbable	it's improbable
es obvio	it's obvious
no cabe duda (de) que…	there is no doubt that…
no hay duda (de) que…	there is no doubt that…
(no) es posible	it's (not) possible
(no) es probable	it's (not) probable
(no) es cierto	it's (not) true
(no) es verdad	it's (not) true
(no) es seguro	it's (not) certain

Animales

el animal	animal
el gato	cat
el pájaro	bird
el perro	dog
el pez	fish
la vaca	cow

Expresiones útiles	See page 315.

recursos

R	Lab CD Lección 13	LM p. 77

INSTRUCTIONAL RESOURCES Tests, Text CD, IRM (supplemental vocabulary)

14 En la ciudad

PREVIEW Have students look at the photo. Ask: **¿Qué ven en la foto? ¿Dónde están las personas? ¿Qué hacen? ¿Creen que los chicos viven en esta ciudad?**

Communicative Goals

You will learn how to:
- give advice
- talk about errands
- ask for directions

PREPARACIÓN

pages 330-335
- City life
- In the bank and post office
- Abbreviations

AVENTURAS

pages 336-339
- In preparation for the hike, Álex and Maite decide to go food shopping. On their way downtown, they ask a young man for directions.

GRAMÁTICA

pages 340-347
- The subjunctive in adjective clauses
- Familiar (**tú**) commands
- **Nosotros/as** commands

LECTURA

pages 348-349
- Novel: excerpt from *La muerte de Artemio Cruz*

RECURSOS

These student supplements provide additional practice:
- Textbook Audio CD
- Workbook/Video Manual (WB/VM)
- Lab Manual (LM)
- WB/VM/LM Answer Key
- Lab Audio CDs
- Video CD-ROM
- Interactive CD-ROM

EN LA CIUDAD

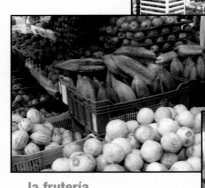

EN LA CIUDAD

la pescadería
fish market

el banco *bank*
la carnicería *butcher shop*
el correo *post office; mail*
la heladería *ice cream shop*
la joyería *jewelry store*
la lavandería *laundromat*
la panadería *bakery*
la pastelería *pastry shop*
el salón de belleza *beauty salon*
el supermercado *supermarket*
la zapatería *shoe store*

hacer cola *to stand in line*
hacer diligencias *to run errands*

la frutería
fruit store

la peluquería
hairdresser

EN EL CORREO

el cartero
mail carrier

el paquete *package*
los sellos *stamps*
el sobre *envelope*

echar (una carta) al buzón *to put (a letter) in the mailbox; to mail (a letter)*
enviar *to send*
mandar *to send*

las estampillas
stamps

EXPANSION Have each student list ten items from different kinds of stores. Have partners exchange lists and tell where to get each item. Ex: **(botas) Para comprar unas botas, tienes que ir a la zapatería.**

recursos

R	Textbook CD Lección 14	WB pp. 139-140	LM p. 79	Lab CD Lección 14	ICD-ROM Lección 14

INSTRUCTIONAL RESOURCES WB, LM, OT, Text CD, ICD-ROM

SUGGESTION Using realia or pictures, ask students to identify **carne, zapato, pan**, etc. As students answer, write the names of the corresponding establishments on the board (**carnicería, zapatería, panadería**).

EN EL BANCO

el cheque de viajero *traveler's cheque*

la cuenta corriente *checking account*

la cuenta de ahorros *savings account*

ahorrar *to save (money)*

cobrar *to cash (a check); to charge (for a product or service)*

depositar *to deposit*

llenar (un formulario) *to fill out (a form)*

pagar al contado *to pay in cash*

pagar a plazos *to pay in installments*

pedir prestado *to borrow*

pedir un préstamo *to apply for a loan*

ser gratis *to be free of charge*

SUGGESTION Mime common banking transactions. Say: **Cuando necesito dinero, voy al banco. Escribo un cheque y lo cobro.** Do the same with post office vocabulary. Say: **En el correo, compré unas estampillas, las puse en el sobre y eché la carta en el buzón.**

el cheque
check

SERIE KY 5296221
Diamante 787
Valparaíso

0-744679-00-5
JUAN FLORES GARCÍA

$ 2387.00

044-0365
011

Páguese a la orden de *María Eugenia Castano*

la suma de *dos mil trescientos ochenta y siete con 00/100* o al portador

pesos m/l

Juan Flores García
Firma autorizada

BANCO ATLANTIS
:54892332.A 0440900657008- 01

firmar
to sign

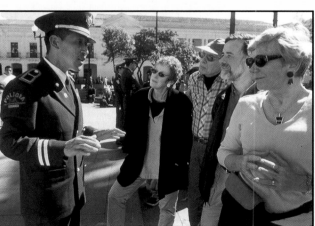

el cajero automático
automatic teller machine, ATM

EXPANSION Have each student draw a schematic map of a few city blocks, labeling the establishments and naming the streets. Then have them write a description of the location of each establishment and exchange their description with a partner. The partner recreates the city map from the description. When finished, partners compare the maps.

el letrero
sign

TEACHING OPTION Using cards that name establishments and corresponding picture cards, play **Concentración**.

OTRAS PALABRAS Y EXPRESIONES

la cuadra *(city) block*

la dirección *address*

la esquina *corner*

cruzar *to cross*

doblar *to turn*

estar perdido/a *to be lost*

quedar *to be located*

(al) este *(to the) east*

(al) oeste *(to the) west*

(al) norte *(to the) north*

(al) sur *(to the) south*

derecho *straight (ahead)*

enfrente de *opposite; facing*

hacia *toward*

dar direcciones
to give directions

VARIACIÓN LÉXICA

cheque de viajero → cheque de viaje (*Esp.*)

cuadra → manzana (*Esp.*)

direcciones → indicaciones

doblar → girar; virar; voltear

hacer diligencias → hacer mandados (*Amér. L.*)

sello → estampilla (*Amér. L.*)

A escuchar

 1 **¿Lógico o ilógico?** Escucha las frases e indica si cada frase es **lógica** o **ilógica**.

	Lógico	Ilógico
1.	✓	
2.		✓
3.	✓	
4.		✓
5.	✓	
6.	✓	
7.		✓
8.		✓

 2 **¿Adónde fue?** Óscar está hablándote de las diligencias que hizo ayer. Indica adónde fue.

1. ✓

4. _____

2. ✓

5. ✓

3. _____

6. ✓

recursos

R | Textbook CD Lección 14

INSTRUCTIONAL RESOURCE Text CD, IRM

1 SCRIPT

1. Si quieres ahorrar dinero, debes ponerlo en tu cuenta de ahorros.

2. El mejor lugar para cobrar un cheque es una zapatería.

3. Si quieres lavar la ropa, puedes ir a la lavandería.

4. Cuando necesitamos un préstamo, vamos al salón de belleza.

5. Si compras algo y no tienes que pagarlo, es gratis.

6. Antes de echar la carta en el buzón, debes ponerle un sello.

7. En la joyería puedes conseguir pescado fresco.

8. Para comprar un champiñón es necesario pagar a plazos.

2 SCRIPT

Ayer no paré ni un minuto. Lo primero que hice fue levantarme temprano e irme a la lavandería de la esquina. Después fui al banco a depositar un cheque y a rellenar unos formularios para pedir un préstamo. Había tanta gente que tuve que hacer cola durante una hora. Como todavía tenía otras cosas que hacer, al principio pensé en irme y volver un poco más tarde, pero entonces vi a Eva y decidí quedarme. Eva es una gran amiga a la que no veía desde hacía cinco años. Mientras esperábamos juntos en la cola, le expliqué que estaba en el banco porque quería pedir un préstamo para abrir una zapatería. Eva pensó que era una idea fantástica y me deseó mucha suerte. Además, me dijo que era la dueña de una joyería y que estaba muy contenta con su trabajo. Al salir del banco decidí comprar algo de comida en la pescadería y en la frutería que hay enfrente. Cuando llegué a casa eran ya las tres y media de la tarde y tenía un hambre increíble.

A practicar

3 Emparejar Empareja los lugares con la actividad que se pueda hacer en cada lugar.

Lugares

1. carnicería ___g___
2. pastelería ___a___
3. frutería ___b___
4. joyería ___c___
5. lavandería ___e___
6. pescadería ___f___
7. salón de belleza ___d___
8. zapatería ___h___

Actividades

a. comprar galletas
b. comprar manzanas
c. comprar un collar (*necklace*)
d. cortarse (*to cut*) el pelo
e. lavar la ropa
f. comprar pescado
g. comprar pollo
h. comprar unas sandalias

4 Completar Llena los espacios en blanco con las palabras más adecuadas.

1. El banco me regaló un reloj. Lo conseguí ___gratis___.
2. Me gusta ___ahorrar___ dinero, pero no me molesta gastarlo.
3. Tengo que ___firmar___ el cheque en el dorso (*on the back*) para cobrarlo.
4. Para pagar con un cheque, necesito tener dinero en mi ___cuenta corriente___.
5. Mi madre va a un ___cajero automático___ para obtener dinero.
6. Julio lleva su cheque al banco y lo ___cobra___ para tener dinero.
7. Ana lleva su cheque al banco y lo ___deposita___ en su cuenta de ahorros.
8. Anoche en el restaurante, Marco ___pagó al contado___ en vez de usar una tarjeta de crédito.
9. Cuando viajas, es buena idea llevar cheques ___de viajero___.
10. Para pedir un préstamo, Miguel y Susana tuvieron que ___llenar___ cuatro formularios.

cobra	firmar
de viajero	gratis
deposita	llenar
cuenta corriente	ahorrar
cajero automático	pagó al contado

5 Conversación Completa el diálogo entre Juanita y el cartero con las palabras más adecuadas.

CARTERO Buenas tardes, ¿es Ud. la Srta. Ramírez? Le traigo un ___paquete___.

JUANITA Sí, soy yo. ¿Quién lo envía?

CARTERO La Sra. Ramírez. Y también tiene Ud. dos ___cartas___.

JUANITA Ay, pero ¡ninguna es de mi novio! ¿No llegó nada de Manuel Fuentes?

CARTERO Sí, pero él echó la carta al ___buzón___ sin poner un ___sello___ en el sobre.

JUANITA Entonces, ¿qué recomienda Ud. que haga?

CARTERO Sugiero que vaya al ___correo___. Si Ud. paga el costo del sello, se le puede dar la carta.

A conversar

6 Situaciones En parejas, representen los papeles (*roles*) de un(a) empleado/a del banco y de un(a) de los/las siguientes clientes/as. *Answers will vary.*

- un(a) estudiante universitario/a que quiere abrir una cuenta corriente.
- una pareja de recién casados que quiere pedir un préstamo para comprar una casa.
- una persona que quiere información de los servicios que ofrece el banco.
- un(a) estudiante que va a ir a estudiar al extranjero (*abroad*).

7 El Hatillo Trabajen en parejas para representar los papeles (*roles*) de un(a) turista que está perdido/a en El Hatillo, Venezuela, y de un(a) residente de la ciudad que quiere ayudarlo/a. *Answers will vary.*

modelo

Plaza Sucre, Café Primavera
Estudiante 1: *Perdón, ¿por dónde queda la Plaza Sucre?*
Estudiante 2: *Del Café Primavera, camine derecho por la calle Sucre hasta cruzar la calle Comercio. Doble a la izquierda y camine una cuadra. Allí está la plaza.*

1. Plaza Bolívar, farmacia
2. Casa de la Cultura, Plaza Sucre
3. banco, terminal
4. estacionamiento (este), escuela
5. Plaza Sucre, estacionamiento (oeste)
6. joyería, banco
7. farmacia, joyería
8. zapatería, iglesia

8 Direcciones En grupos, escriban un minidrama en el que unos/as turistas están preguntando cómo llegar a diferentes sitios de la comunidad en la que viven Uds. Luego preséntenlo a la clase. *Answers will vary.*

6 SUGGESTION Create a word bank of useful phrases on the board. Ask volunteers to suggest expressions and grammatical constructions that will help with their role plays.

6 SUGGESTION Make sure students understand the activity before assigning small groups. Go over new vocabulary by asking **¿Cuándo pedimos un préstamo? ¿Los cheques son para una cuenta corriente o una cuenta de ahorros?** and so forth.

7 SUGGESTION Use a map of your campus and ask students to direct you to nearby establishments. Ex: **¿En qué calle queda el banco más cercano? ¿Qué tienda se encuentra en la esquina de ___ y ___?** and so forth.

7 EXPANSION Have pairs list the five best places for local college students. Ex: **la mejor pizza, el mejor corte de pelo**, etc. Then have them write directions to each place from campus. Expand to have students debate their choices.

8 SUGGESTION Explain that the task is to give directions to the first place from the second place. Read the model, pausing to allow students to find and follow the route.

Ortografía

Las abreviaturas

In Spanish, as in English, abbreviations are often used in order to save space and time while writing. Here are some of the most commonly used abbreviations in Spanish.

. . . .

usted ⟶ Ud.   **ustedes** ⟶ Uds.

As you have already learned, the subject pronouns **usted** and **ustedes** are often abbreviated.

. . . .

don ⟶ D.   **doña** ⟶ Dña.   **doctor(a)** ⟶ Dr(a).

señor ⟶ Sr.   **señora** ⟶ Sra.   **señorita** ⟶ Srta.

These titles are frequently abbreviated.

. . . .

centímetro ⟶ cm   **metro** ⟶ m   **kilómetro** ⟶ km

litro ⟶ l   **gramo** ⟶ g; gr   **kilogramo** ⟶ kg

The abbreviations for these units of measurement are often used, but without periods.

. . . .

por ejemplo ⟶ p. ej.   **página(s)** ⟶ pág(s).

These abbreviations are often seen in books.

. . . .

derecha ⟶ dcha.   **izquierda** ⟶ izq. (izqda.)

código postal ⟶ C.P.   **número** ⟶ n.º

These abbreviations are often used in mailing addresses.

. . . .

Banco ⟶ Bco.   **Compañía** ⟶ Cía.

cuenta corriente ⟶ c/c.   **Sociedad Anónima (*Inc.*)** ⟶ S.A.

These abbreviations are frequently used in the business world.

. . . .

Práctica Escribe otra vez la siguiente información usando las abreviaturas adecuadas.

1. doña María *Dña.*
2. señora Pérez *Sra.*
3. Compañía Mexicana de Inversiones *Cía.*
4. usted *Ud.*
5. Banco de Santander *Bco.*
6. doctor Medina *Dr.*
7. Código Postal 03697 *C.P.*
8. cuenta corriente número 20-453 *c/c., n.º*

Emparejar En la tabla hay 9 abreviaturas. Empareja los cuadros necesarios para formarlas. *S.A., Bco., cm, Dña., c/c., dcha., Srta., C.P., Ud.*

S.	c.	C.	c	co.	U
B	c/	Sr	A.	D	dc
ta.	P.	ña.	ha.	m	d.

NATIONAL STANDARDS comparisons

Sra. Emilia F. Bazán
Cía. Romero, S.A.
3336
Calle Lozano, n.º 37
Caracas, Venezuela

recursos

R ICD-ROM Lección 14

Estamos perdidos.

Maite y Álex hacen diligencias en el centro.

SYNOPSIS Don Francisco and Martín advise the students about things they need for the hike. Álex and Maite decide to go to the supermarket, the bank, and the post office. Álex and Maite get lost downtown, but a young man gives them directions. After finishing their errands, Álex and Maite return to the house.

1

MARTÍN & DON FRANCISCO Buenas tardes.

JAVIER Hola. ¿Qué tal? Estamos conversando sobre la excursión de mañana.

2

DON FRANCISCO ¿Y ya tienen todo lo que necesitan? A todos los excursionistas yo siempre les recomiendo llevar zapatos cómodos, una mochila, gafas oscuras y un suéter por si hace frío.

JAVIER Todo listo, don Francisco.

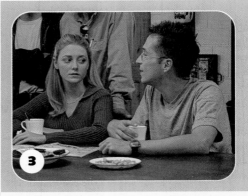

3

MARTÍN Les aconsejo que traigan algo de comer.

ÁLEX Mmm… no pensamos en eso.

MAITE ¡Deja de preocuparte tanto, Álex! Podemos comprar algo en el supermercado ahora mismo. ¿Vamos?

6

JOVEN ¡Hola! ¿Puedo ayudarte en algo?

MAITE Sí, estamos perdidos. ¿Hay un banco por aquí con cajero automático?

JOVEN Mmm… no hay ningún banco en esta calle que tenga cajero automático.

7

JOVEN Pero conozco uno en la calle Pedro Moncayo que sí tiene cajero automático. Cruzas esta calle y luego doblas a la izquierda. Sigues todo derecho y antes de que lleguen a la Joyería Crespo van a ver un letrero grande del Banco del Pacífico.

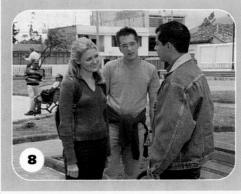

8

MAITE También buscamos un supermercado.

JOVEN Pues, allí mismo enfrente del banco hay un supermercado pequeño. Fácil, ¿no?

MAITE Creo que sí. Muchas gracias por su ayuda.

recursos

R	Video/VCD-ROM Lección 14	VM pp.195-196	ICD-ROM Lección 14

INSTRUCTIONAL RESOURCES VM, Video (Start: 01:16:02), VCD-ROM

Personajes

DON FRANCISCO

JAVIER

INÉS

ÁLEX

MAITE

MARTÍN

JOVEN

ÁLEX ¡Excelente idea! En cuanto termine mi café te acompaño.

MAITE Necesito pasar por el banco y por el correo para mandar unas cartas.

ÁLEX Está bien.

ÁLEX ¿Necesitan algo del centro?

INÉS ¡Sí! Cuando vayan al correo, ¿pueden echar estas postales al buzón? Además necesito unas estampillas.

ÁLEX Por supuesto.

MAITE Ten, guapa, tus sellos.

INÉS Gracias, Maite. ¿Qué tal les fue en el centro?

MAITE ¡Superbien! Fuimos al banco y al correo. Luego en el supermercado compramos comida para la excursión. Y antes de regresar, paramos en una heladería.

MAITE ¡Ah! Y otra cosa. Cuando llegamos al centro conocimos a un joven muy simpático que nos dio direcciones. Era muy amable... ¡y muy guapo!

Expresiones útiles

Giving advice

Les recomiendo/hay que llevar zapatos cómodos.
I recommend that you/it's necessary to wear comfortable shoes.

Les aconsejo que traigan algo de comer.
I advise you to bring something to eat.

Trae gafas oscuras.
Bring sunglasses. (fam., sing.)

Talking about errands

Necesito pasar por el banco.
I need to go by the bank.

Te acompaño.
I'll go with you.

Getting directions

¿Hay un banco por aquí?
Is there a bank around here?

Dobla a la izquierda/derecha.
Turn to the left/right. (fam., sing.)

Sigue todo derecho.
Go straight ahead.(fam., sing.)

Van a ver un letrero grande.
You're going to see a big sign.

¿Por dónde queda… ?
Where is…?

Está a dos cuadras de aquí.
It's two blocks from here.

Allí mismo enfrente del banco hay un supermercado.
Right in front of the bank there is a supermarket.

SUGGESTION Read the **Expresiones útiles** aloud and have the class repeat them. Ask volunteers to read characters' lines aloud as the class follows along, paying special attention to the **Expresiones útiles**.

SUGGESTION Use video captions 3, 6, and 9 to point out examples of the present subjunctive and informal commands, which will be studied in **Gramática 14.1** and **14.2**.

SUGGESTION Have groups read through the episode aloud. Circulate among the groups and model correct pronunciation as needed.

SUGGESTION Have students say what they would expect to see in an episode in which the main characters get lost while running errands. Write down and later review their predictions.

¿Qué piensas?

1 **¿Cierto o falso?** Decide si las siguientes frases son **ciertas** o **falsas**. Corrige las frases falsas.

Cierto	Falso	
_____	✓	1. Don Francisco insiste en que los excursionistas lleven una cámara. *Don Francisco les recomienda llevar zapatos cómodos, una mochila, gafas oscuras y un suéter.*
✓	_____	2. Inés escribió unas postales y ahora necesita mandarlas por correo.
_____	✓	3. El joven dice que el Banco del Atlántico tiene un cajero automático. *El Banco del Pacífico tiene un cajero automático.*
_____	✓	4. Enfrente del banco hay una heladería. *Enfrente del banco hay un supermercado pequeño.*

2 **Ordenar** Pon los eventos en el orden correcto.

_6_ a. Álex y Maite comen un helado.

_5_ b. Maite y Álex van al supermercado y compran comida.

_1_ c. Álex termina su café.

_2_ d. Inés les da unas postales a Maite y a Álex para echar al buzón.

_3_ e. Un joven ayuda a Álex y a Maite a encontrar el banco porque están perdidos.

_4_ f. Maite y Álex van al banco y al correo.

3 **Conversación** Un(a) compañero/a y tú son vecinos/as. Uno/a de Uds. acaba de mudarse y necesita ayuda porque no conoce la ciudad. Preparen una breve conversación en la que hagan planes para ir a los siguientes lugares usando las palabras indicadas. *Answers will vary.*

primero	*first*	**¿Qué te parece?**	*What do you think?*
luego	*then*	**¡Cómo no!**	*Why not!*
¿Sabes dónde queda... ?	*Do you know where... is?*		

- un banco
- una lavandería
- un supermercado
- una heladería
- una panadería

1 EXPANSION Give the class these additional items: **1. El joven llevó a Álex y a Maite al banco. (Falso. El joven les dio direcciones.) 2. Después de hacer sus diligencias, Maite y Álex fueron a una heladería. (Cierto.)** Add others or have pairs do so.

2 SUGGESTION Have students write the sentences on separate slips of paper so they can rearrange them until they determine the correct order. Ask a volunteer to read the sentences aloud.

3 SUGGESTION Review the **Expresiones útiles** with students before assigning pairs.

3 EXPANSION Provide time for students to work out a dramatization of this activity. Ask groups to volunteer to present it to the class.

3 EXPANSION Have students prepare several sets of directions that explain how to get to well-known places on campus or in the community without mentioning the destinations by name. Have students read the directions out loud and have the class say where they would be if they followed them.

Exploración
En el centro

La Puerta del Sol en Madrid, España, está en el "kilómetro cero" de la ciudad. Se dice que allí comienzan todas las calles principales. Cerca hay muchos bares, restaurantes, tiendas y otros negocios.

En muchos países hispanos, la plaza mayor es el centro social de la ciudad. Es donde la gente va para reunirse con sus amigos, para tomar un café o para ir de compras. Normalmente, está localizada en el centro de la ciudad.

Muchas personas dicen que Buenos Aires, Argentina, es "la ciudad que nunca duerme". La ciudad tiene discotecas, bares, restaurantes y otras atracciones que están abiertas toda la noche…o por lo menos (at least) hasta la madrugada (early morning), siete días a la semana.

Observaciones

- En México, se usa el término **zócalo** en lugar de **plaza mayor**.

- En la Plaza de Armas de Lima, Perú, se hace el cambio de guardia (*changing of the guard*) todos los días, como un tributo público a la bandera (*flag*) peruana.

- El Parque San Antonio de Medellín, Colombia, tiene cuatro grandes esculturas del famoso artista Fernando Botero.

- La zona viva es el corazón comercial de Tegucigalpa, Honduras, donde se encuentran las tiendas y los restaurantes más importantes.

Coméntalo

Con un(a) compañero/a, contesta las siguientes preguntas. *Answers will vary.*

- ¿Te gustaría visitar algunos de los lugares mencionados en esta página? ¿Cuáles?
- ¿Prefieres las ciudades grandes, medianas (*medium-sized*) o pequeñas? ¿Por qué?
- Describe el centro de una ciudad que conoces. ¿Qué se puede hacer allí?

recursos

R | vistahigher learning.com

14.1 The subjunctive in adjective clauses

▶ Adjective clauses modify nouns or pronouns. The subjunctive can be used in adjective clauses to indicate that the existence of someone or something is uncertain or indefinite.

¿Hay un banco por aquí que tenga cajero automático?

No hay ningún banco en esta calle que tenga cajero automático.

▶ The subjunctive is used in an adjective clause that refers to a person, place, thing, or idea that either does not exist or whose existence is uncertain or indefinite.

Adjective clauses

Indicative	Subjunctive
Necesito el libro **que** tiene **información sobre Venezuela.**	**Necesito** un libro **que** tenga **información sobre Venezuela.**
I need the book that has information about Venezuela.	*I need a book that has information about Venezuela.*
Quiero vivir en esta casa **que** tiene **jardín.**	**Quiero vivir en** una casa **que** tenga **jardín.**
I want to live in this house that has a garden.	*I want to live in a house that has a garden.*
En mi barrio, hay una heladería **que** vende **helado de mango.**	**En mi barrio, no hay** ninguna heladería **que** venda **helado de mango.**
In my neighborhood, there's an ice cream shop that sells mango ice cream.	*In my neighborhood, there is no ice cream shop that sells mango ice cream.*

▶ When the adjective clause refers to a person, place, thing, or idea that is certain or definite, the indicative is used.

Quiero ir **al restaurante** que **está** en frente de la biblioteca.
I want to go to the restaurant that's in front of the library.

Busco **al profesor** que **enseña** japonés.
I'm looking for the professor who teaches Japanese.

Conozco a **alguien** que **va** a esa peluquería.
I know someone who goes to that beauty salon.

Tengo **un amigo** que **vive** cerca de mi casa.
I have a friend who lives near my house.

Práctica

1 Minidiálogos Completa los minidiálogos con la forma correcta de los verbos indicados.

MARCIA Buscamos un hotel que ___tenga___ [tener] piscina.

MARTÍN Hay tres o cuatro hoteles por aquí que ___tienen___ [tener] piscina.

• • •

EDUARDO ¿Hay algún buzón por aquí donde yo ___pueda___ [poder] echar una carta?

SUSANA Hay un buzón en la esquina donde ___puedes___ [poder] echar una carta.

• • •

ANA Queremos encontrar un restaurante que ___sirva___ [servir] comida venezolana.

BENITO Creo que el restaurante en esta cuadra ___sirve___ [servir] comida venezolana.

• • •

VICENTE Necesitas al empleado que ___entiende___ [entender] este nuevo programa de computación.

MARISOL No hay nadie que ___entienda___ [entender] este programa.

2 Anuncios clasificados En parejas, lean estos anuncios y luego describan el tipo de persona u objeto que se busca. *Answers will vary.*

CLASIFICADOS

VENDEDOR(A) Se necesita persona dinámica y responsable con buena presencia. Experiencia mínima de un año. Horario de trabajo flexible. Llamar a Joyería Aurora de 10 a 13h y de 16 a 18h. Tel: 263-7553.

PELUQUERÍA UNISEX Se busca persona con experiencia en peluquería y maquillaje para trabajar tiempo completo. Llamar de 9 a 13h. Tel: 261-3548.

COMPARTIR APARTAMENTO Se necesita compañera para compartir apartamento de 2 alcobas en el Chaco. Alquiler 300.000 bolívares por mes. No fumar. Llamar al 951-3642 entre 19 y 22h.

CLASES DE INGLÉS Profesor de Inglaterra con diez años de experiencia ofrece clases para grupos o instrucción privada para individuos. Llamar al 933-4110 de 16:30 a 18:30.

SE BUSCA CONDOMINIO Se busca condominio en Sabana Grande con 3 alcobas, 2 baños, sala, comedor y aire acondicionado. Tel: 977-2018.

EJECUTIVO DE CUENTAS Se requiere joven profesional con al menos dos años de experiencia en el sector financiero. Se ofrecen beneficios excelentes. Enviar currículum vitae al Banco Unión, Avda. Urdaneta 263, Caracas.

Conversación

3 Completar Completa estas frases de una manera lógica. Luego, compara tus respuestas con las de un(a) compañero/a. *Answers will vary.*

1. Tengo un(a) amigo/a que…
2. Algún día espero tener un apartamento o una casa que…
3. Quiero visitar un país que…
4. No tengo ningún profesor que…
5. Me gustaría conocer a alguien que…
6. Mi compañero/a de cuarto busca una lavandería que…
7. Un(a) consejero/a (*advisor*) debe ser una persona que…
8. Mi novio/a desea un perro que…
9. En esta clase no hay nadie que…
10. Mis padres buscan un carro que…

4 Encuesta Circula por la clase y pregúntales a tus compañeros/as si conocen a alguien que corresponda a cada descripción de la lista. Si dicen que conocen a una persona así, pregúntales quién es y anota sus respuestas. Luego informa a la clase de los resultados de tu encuesta. *Answers will vary.*

Actividades	Nombres	Respuestas
1. Dar direcciones buenas	_____	_____
2. Hablar japonés	_____	_____
3. Comprender el subjuntivo	_____	_____
4. Necesitar un préstamo	_____	_____
5. Pedir prestado un carro	_____	_____
6. Odiar ir de compras	_____	_____
7. Ser venezolano/a	_____	_____
8. No saber nadar	_____	_____
9. Manejar una motocicleta	_____	_____
10. Trabajar en una zapatería	_____	_____
11. No tener tarjeta de crédito	_____	_____
12. Graduarse este año	_____	_____

▸ The personal **a** is not used with direct objects that are hypothetical people. However, **alguien** and **nadie** are always preceded by the personal **a** when they function as direct objects.

Necesitamos **un empleado** que **sepa** usar computadoras.
We need an employee who knows how to use computers.

Necesitamos **al empleado** que **sabe** usar computadoras.
We need the employee who knows how to use computers.

Buscamos **a alguien** que **pueda** cocinar.
We're looking for someone who can cook.

No conocemos **a nadie** que **pueda** cocinar.
We don't know anyone who can cook.

▸ The subjunctive is commonly used in questions when the speaker is uncertain. However, if the person who responds to the question knows the information, the indicative is used.

—¿Hay un parque que **esté** cerca de nuestro hotel?
Is there a park that's close to our hotel?

—Sí, hay un parque que **está** muy cerca del hotel.
Yes, there's a park that's very close to the hotel.

¡Qué fácil encontrarlo todo con cosmoguía.com! La ciudad a tu alcance.

Buscar —
✓ restaurante que sirva paella (Mamá)
✓ librería que venda libros de texto (Juan, historia)
✓ tutor que enseñe inglés (niños)

¡Manos a la obra!

Escoge entre el subjuntivo o el indicativo para completar cada oración.

1. Necesito una persona que __pueda__ [puede/pueda] cantar bien.
2. Buscamos a alguien que __tenga__ [tiene/tenga] paciencia.
3. ¿Hay restaurantes aquí que __sirvan__ [sirven/sirvan] comida japonesa?
4. Tengo una amiga que __saca__ [saca/saque] fotografías muy bonitas.
5. Hay una carnicería que __está__ [está/esté] cerca de aquí.
6. No vemos ningún apartamento que nos __interese__ [interesa/interese].
7. Conozco a un estudiante que __come__ [come/coma] hamburguesas todos los días.
8. ¿Hay alguien que __diga__ [dice/diga] la verdad?

14.2 Familiar (tú) commands

▶ Familiar (**tú**) commands are used when you want to give advice to or instruct someone you address with **tú.**

Trae algo de comer.

No te preocupes, el supermercado está cerca.

Negative *tú* commands

Infinitive	Present subjunctive	Negative *tú* command
cuidar	tú cuides	no cuides (tú)
tocar	tú toques	no toques (tú)
temer	tú temas	no temas (tú)
volver	tú vuelvas	no vuelvas (tú)
insistir	tú insistas	no insistas (tú)
pedir	tú pidas	no pidas (tú)

▶ Negative **tú** commands have the same form as the **tú** form of the present subjunctive. The pronoun **tú** is used only for emphasis.

Julia, **no cruces** la calle.
Julia, don't cross the street.

Carlos, **no eches** eso al buzón.
Carlos, don't put that in the mailbox.

▶ The negative familiar commands keep the same stem changes as the indicative.

Affirmative *tú* commands

Infinitive	Present indicative	Affirmative *tú* command
cuidar	él/ella/Ud. cuida	cuida (tú)
tocar	él/ella/Ud. toca	toca (tú)
temer	él/ella/Ud. teme	teme (tú)
volver	él/ella/Ud. vuelve	vuelve (tú)
insistir	él/ella/Ud. insiste	insiste (tú)
pedir	él/ella/Ud. pide	pide (tú)

▶ Affirmative **tú** commands usually have the same form as the third person singular of the present indicative.

Paga al contado.
Pay in cash.

Pide un préstamo.
Ask for a loan.

Práctica

1 Unas diligencias La Sra. Pujol quiere que su esposo haga unas diligencias en el centro. Completa las frases con las formas correctas.

1. Enrique, ___*ve*___ [ir] al banco, por favor.
2. Cuando llegues al banco, ___*deposita*___ [depositar] este cheque en nuestra cuenta corriente.
3. No lo ___*deposites*___ [depositar] en la cuenta de ahorros y, por favor, no ___*pidas*___ [pedir] un préstamo.
4. Luego ___*pasa*___ [pasar] por la zapatería y ___*recoge*___ [recoger] mis zapatos.
5. No ___*pagues*___ [pagar] al contado, sino con un cheque.
6. Luego ___*compra*___ [comprar] un pastel en la pastelería. Por favor, no ___*compres*___ [comprar] un pastel de chocolate. Mi tío Felipe viene a cenar y es alérgico al chocolate.

2 Quehaceres Pedro y Marina no pueden ponerse de acuerdo (*agree*) cuando le dan órdenes a su hijo Miguel. Lee los quehaceres que Pedro le da a Miguel. Después, usa la información entre paréntesis para formar las órdenes que le da Marina. Sigue el modelo.

modelo
Recoge la basura. (poner la mesa)
No la recojas, Miguel. Pon la mesa.

1. Barre el suelo. (pasar la aspiradora)
No lo barras. Pasa la aspiradora.
2. Plancha la ropa. (hacer las camas)
No la planches. Haz las camas.
3. Saca la basura. (quitar la mesa)
No la saques. Quita la mesa.
4. Ve a la joyería. (ir a la frutería)
No vayas. Ve a la frutería.
5. Dale los libros a Katia. (dárselos a Juan)
No se los des. Dáselos a Juan.
6. Prepara la cena. (limpiar el carro)
No la prepares. Limpia el carro.
7. Echa las cartas al buzón. (dárselas al cartero)
No las eches al buzón. Dáselas al cartero.
8. Corta el césped. (bañar al gato)
No lo cortes. Baña al gato.

3 Oraciones La Sra. Morales está dándoles órdenes a su esposo y a sus hijos. Forma los mandatos que ella les da.

modelo
Pilar / sacar / basura
Pilar, saca la basura.

1. Gloria / poner / sello / el sobre
Gloria, pon un sello en el sobre.
2. Manolo / ir / banco / cobrar / este / cheques
Manolo, ve al banco y cobra estos cheques.
3. Lidia / no poner / televisión
Lidia, no pongas la televisión.
4. Esteban / hacer / camas
Esteban, haz las camas.
5. Gloria / barrer / suelo / no lavar / platos
Gloria, barre el suelo. No laves los platos.
6. Manolo / firmar / este / formularios
Manolo, firma estos formularios.

Conversación

4 **Estoy perdido/a** Con un(a) compañero/a, prepara una breve conversación entre un(a) estudiante nuevo/a en la universidad y otro estudiante que le da direcciones. *Answers will vary.*

modelo

Estudiante 1: Quiero ir al Edificio de Ciencias, pero estoy perdido. ¿Me puedes ayudar?

Estudiante 2: Sí. Sigue derecho hasta que llegues al Edificio de Negocios. Dobla a la izquierda y sigue hasta llegar al Edificio de Artes. Dobla a la derecha y el Edificio de Ciencias es el primer edificio a la izquierda.

5 **Diálogo** En parejas, preparen un diálogo entre Ramón y Luisa Aguilera. Ellos están hablando sobre lo que tienen que hacer para llegar a tiempo a una fiesta. Usen mandatos afirmativos y negativos. Luego presenten el diálogo a la clase. *Answers will vary.*

modelo

Luisa: ¡Sal del cuarto de baño ya!

Ramón: ¡No me des órdenes!

Luisa: Pero tengo que maquillarme.

Ramón: Y yo tengo que ducharme. Oye, ¿qué hora es?

Luisa: Son las siete menos veinte.

Ramón: ¡Ay! ¡Tráeme una toalla!

6 **Órdenes** Circula por la clase e intercambia órdenes con tus compañeros/as. Debes seguir las órdenes que ellos te dan o reaccionar apropiadamente. *Answers will vary.*

modelo

Estudiante 1: Dame todo tu dinero.

Estudiante 2: No, no quiero dártelo. Muéstrame tu cuaderno.

Estudiante 1: Aquí está.

Estudiante 3: Ve a la pizarra y escribe tu nombre.

Estudiante 4: No quiero. Hazlo tú.

Irregular **tú** commands

▶ There are eight irregular affirmative **tú** commands.

decir	→	di
hacer		haz
ir		ve
poner		pon

salir	→	sal
ser		sé
tener		ten
venir		ven

¡**Ten** cuidado con el perro!
Be careful with the dog!

Pon la estampilla en el sobre.
Put the stamp on the envelope.

¡**Sal** de aquí ahora mismo!
Leave here at once!

Haz los ejercicios.
Do the exercises.

▶ **Ir** and **ver** have the same **tú** command. Context will determine the meaning.

Ve al supermercado con José.
Go to the supermarket with José.

Ve al banco esta tarde.
Go to the bank this afternoon.

Ve ese programa… es muy interesante.
See that program… it's very interesting.

Ve esa película con tu hermano.
See that movie with your brother.

▶ The placement of reflexive and object pronouns in **tú** commands follows the same rules as in formal commands. When a pronoun is attached to a command of more than two syllables, a written accent is used.

Informal	Formal
¡Alégra**te**!	¡Alégren**se**!
Be happy!	*Be happy!*
No **te** sientas triste.	No **se** sientan tristes.
Don't feel sad.	*Don't feel sad.*
Di**me**.	Díga**me**.
Tell me.	*Tell me.*
No **me lo** digas.	No **me lo** diga.
Don't tell me (it).	*Don't tell me (it).*

¡Manos a la obra!

Indica los mandatos (*commands*) familiares de estos verbos.

		Mandato afirmativo		Mandato negativo
1.	cambiar	**Cambia** el aceite.	No **cambies** el aceite.
2.	correr	*Corre* más rápido.	No *corras* más rápido.
3.	salir	*Sal* ahora.	No *salgas* ahora.
4.	tocar	*Toca* las flores.	No *toques* las flores.
5.	venir	*Ven* aquí.	No *vengas* aquí.
6.	levantarse	*Levántate* temprano.	No *te levantes* temprano.
7.	volver	*Vuelve* pronto.	No *vuelvas* pronto.
8.	hacerlo	*Hazlo* ya.	No *lo hagas* ahora.

14.3 Nosotros/as commands

▸ **Nosotros/as** commands, which correspond to the English equivalent of *let's* + [*verb*], are used to give orders or suggestions that include yourself and other people.

Crucemos la calle.	**No crucemos** la calle.
Let's cross the street.	*Let's not cross the street.*

▸ Both affirmative and negative **nosotros/as** commands are generally formed by using the first person plural form of the present subjunctive.

▸ The affirmative *let's* + [*verb*] may also be expressed with **vamos a** + [*infinitive*]. Remember, however, that **vamos a** + [*infinitive*] can also mean *we are going to (do something)*. Context and tone will determine which meaning is being expressed.

Vamos a cruzar la calle.	**Vamos a trabajar** mucho.
Let's cross the street.	*We're going to work a lot.*

¿Quieres ir al supermercado?

¡Excelente idea! ¡Vamos!

▸ To express *let's go*, the present indicative form of **ir** is used. For the negative command, the present subjunctive (**vayamos**) is used.

(Affirmative)	(Negative)
Vamos a la pescadería.	**No vayamos** a la pescadería.
Let's go to the fish market.	*Let's not go to the fish market.*
Vamos a tomar un café.	**No vayamos** a tomar un café.
Let's go have a coffee.	*Let's not go have coffee.*

¡Hagamos un viaje!

¡Compremos un caballo!

¡Pidamos un préstamo!

BANCOSUR. LLÁMANOS.

Práctica

1 **Conversación** Completa esta conversación con los mandatos de **nosotros/as**. Luego, represéntala con un(a) compañero/a.

MARÍA Sergio, ¿quieres hacer diligencias ahora o por la tarde?

SERGIO No <u>las dejemos</u> [dejarlas] para más tarde. <u>Hagámoslas</u> [hacerlas] ahora.

MARÍA Necesito comprar sellos.

SERGIO Yo también. <u>Vamos</u> [ir] al correo.

MARÍA Pues, antes de ir al correo, necesito sacar dinero de mi cuenta corriente.

SERGIO Bueno, <u>busquemos</u> [buscar] un cajero automático.

MARÍA ¿Tienes hambre?

SERGIO Sí. <u>Crucemos</u> [cruzar] la calle y <u>comamos</u> [comer] algo en ese café.

MARÍA Buena idea.

SERGIO ¿Nos sentamos aquí?

MARÍA No, no <u>nos sentemos</u> [sentarse] aquí; <u>sentémonos</u> [sentarse] enfrente de la ventana.

SERGIO ¿Qué pedimos?

MARÍA <u>Pidamos</u> [pedir] café y pan dulce.

2 **Hagámoslo** Responde a cada oración según las indicaciones.

modelo
Vamos a vender el carro. (Sí)
Sí, vendámoslo.

1. Vamos a levantarnos a las seis. (Sí)
   Sí, levantémonos a las seis.
2. Vamos a enviar los paquetes. (No)
   No, no los enviemos.
3. Vamos al supermercado. (No)
   No, no vayamos.
4. Vamos a mandar esta tarjeta postal a nuestros amigos. (No)
   No, no se la mandemos.
5. Vamos a limpiar la habitación. (Sí)
   Sí, limpiémosla.
6. Vamos a mirar la televisión. (No)
   No, no la miremos.
7. Vamos a bailar. (Sí)
   Sí, bailemos.
8. Vamos a arreglar la sala. (No)
   No, no la arreglemos.
9. Vamos a comprar estampillas. (Sí)
   Sí, comprémoslas.

INSTRUCTIONAL RESOURCES WB, LM, IRM (teaching tips, etc.), ICD-ROM

Conversación

3 **Decisiones** Tú y un(a) compañero/a están en Tegucigalpa, Honduras. Túrnense para hacerse estas preguntas. Contesten las preguntas con un mandato afirmativo o negativo de **nosotros/as.** *Answers will vary.*

1. ¿Nos quedamos en un hotel o en una pensión?
2. ¿Cruzamos la calle aquí o caminamos una cuadra más?
3. ¿Vamos a casa o comemos en un restaurante?
4. ¿Vamos al cine en taxi o en autobús?
5. ¿Salimos para el cine a las seis o a las seis y media?
6. ¿Hacemos cola o buscamos otra película?
7. ¿Volvemos al hotel después de la película o tomamos algo en un café?
8. ¿Pagamos la cuenta al contado o con tarjeta de crédito?

4 **Turistas** Tú y dos o tres amigos/as están en Caracas por dos días. Lean esta página de una guía turística sobre la ciudad y decidan qué van a hacer hoy por la mañana, por la tarde y por la noche. *Answers will vary.*

modelo

Estudiante 1: Visitemos el Museo de Arte Contemporáneo Sofía Imber esta mañana. Quiero ver las esculturas *(sculptures)* de Jesús Rafael Soto.
Estudiante 2: Sí. Después vamos a la Casa Natal de Simón Bolívar. ¡Qué interesante!
Estudiante 3: Está bien. Esta noche salgamos a un restaurante, pero no vayamos al Restaurante El Coyuco. Es muy caro.

Guía de Caracas

MUSEOS
- **Museo de Arte Colonial** Avenida Panteón
- **Museo de Arte Contemporáneo Sofía Imber** Parque Central Esculturas de Jesús Rafael Soto y pinturas de Miró, Chagall y Picasso.
- **Galería de Arte Nacional** Parque Central. Colección de más de 4.000 obras de arte venezolano.

SITIOS DE INTERÉS
- **Plaza Bolívar**
- **Jardín Botánico** Avenida Interna UCV. De 8:00 a 5:00.
- **Parque del Este** Avenida Francisco de Miranda. Parque más grande de la ciudad con serpentarium.
- **Casa Natal de Simón Bolívar** Esquinas San Jacinto y Traposos. Casa colonial donde nació Simón Bolívar.

RESTAURANTES
- **El Barquero** Avenida Luis Roche
- **Restaurante El Coyuco** Avenida Urdaneta
- **Restaurante Sorrento** Avenida Francisco Solano
- **Café Tonino** Avenida Andrés Bello

Nosotros commands and object pronouns

▶ Object pronouns are attached to affirmative **nosotros/as** commands. A written accent is added to maintain the original stress.

Firmemos el cheque.	**Firmémoslo.**
Let's sign the check.	*Let's sign it.*
Escribamos a Ana y Raúl.	**Escribámosles.**
Let's write to Ana and Raúl.	*Let's write to them.*

▶ Object pronouns are placed in front of negative **nosotros/as** commands.

No **les paguemos** el préstamo.	No **se lo digamos** a ellos.
Let's not pay them the loan.	*Let's not tell them.*
No **lo compremos.**	No **se la presentemos.**
Let's not buy it.	*Let's not introduce her.*

▶ When **nos** or **se** is attached to an affirmative **nosotros/as** command, the final **–s** is dropped.

Démoselo a ella.	**Mandémoselo** a ellos.
Let's give it to her.	*Let's send it to them.*
Sentémonos allí.	**Levantémonos** temprano.
Let's sit down there.	*Let's get up early.*

▶ The **nosotros/as** command form of **irse** (*to go away*) is **vámonos**. Its negative form is **no nos vayamos**.

¡**Vámonos** de vacaciones!	**No nos vayamos** de aquí.
Let's go away on vacation!	*Let's not go away from here.*

¡Manos a la obra!

Indica los mandatos afirmativos y negativos de la primera persona del plural (**nosotros/as**) de los siguientes verbos.

		afirmativo	negativo
1.	estudiar	estudiemos	no estudiemos
2.	cenar	cenemos	no cenemos
3.	leer	leamos	no leamos
4.	decidir	decidamos	no decidamos
5.	perder	perdamos	no perdamos
6.	seguir	sigamos	no sigamos
7.	practicar	practiquemos	no practiquemos
8.	conocer	conozcamos	no conozcamos
9.	decir	digamos	no digamos
10.	cerrar	cerremos	no cerremos
11.	levantarse	levantémonos	no nos levantemos
12.	irse	vámonos	no nos vayamos
13.	dormir	durmamos	no durmamos
14.	escribirle	escribámosle	no le escribamos
15.	comprarlo	comprémoslo	no lo compremos
16.	pedírselo	pidámoselo	no se lo pidamos

Ampliación

  1 Escuchar

A Lee estas frases y luego escucha la conversación entre Alberto y Eduardo. Indica si cada verbo se refiere a algo en el pasado, en el presente o en el futuro.

 TIP Listen for specific information/linguistic cues. You can often get the facts you need by listening for specific pieces of information. By listening for verb endings, you can figure out whether the verbs describe past, present, or future actions. Verb endings also indicate who is performing the action.

Acciones

1. Demetrio / comprar en Macro ___pasado___
2. Alberto / comprar en Macro ___futuro___
3. Alberto / estudiar psicología ___pasado___
4. carro / tener frenos malos ___presente___
5. Eduardo / comprar un anillo para Rebeca ___pasado___
6. Eduardo / estudiar ___futuro___

B ¿Crees que Alberto y Eduardo viven en una ciudad grande o en un pueblo? ¿Cómo lo sabes?
Viven en una ciudad grande. La ciudad es grande porque tiene un metro.

2 Conversar

Tú y un(a) compañero/a viven juntos/as en un apartamento y tienen problemas económicos. Describan los problemas y sugieran algunas soluciones. *Answers will vary.*

modelo

Estudiante 1: No sé qué hacer. Casi no tengo el dinero para el alquiler.
Estudiante 2: Debes ahorrar más dinero—y yo también. No comamos en restaurantes. Comamos en casa.
Estudiante 1: Tal vez necesitemos mudarnos. Necesitamos un apartamento que sea más barato.
Estudiante 2: ¡Uy! No quiero mudarme. Pídele un préstamo a tu papá, mejor.
Estudiante 1: No lo puedo hacer cada mes. Pero tienes razón, podemos ahorrar dinero comiendo en casa.
Estudiante 2: Y no usemos más los cajeros automáticos. Paguemos todo de la cuenta corriente para saber mejor adónde va el dinero.

1 SCRIPT

Alberto: Demetrio me dijo que fue de compras con Carlos y Roberto a Macro. Y tú, Eduardo, ¿has ido?

Eduardo: ¡Claro que sí, Alberto! Tienen las últimas modas. Me compré estos zapatos allí. ¡Carísimos!, pero me fascinan y, de ñapa, son cómodos.

A: Pues, ya terminé de estudiar para el examen de psicología. Creo que voy a ir esta tarde porque me siento muy fuera de la onda. ¡Soy el único que no ha ido a Macro! ¿Dónde queda?

E: Es por Sabana Grande. ¿Vas a ir en metro o en carro?

A: Es mejor ir en metro. Es muy difícil estacionar el carro en Sabana Grande. Tampoco me gusta manejarlo porque los frenos están malos.

E: Bueno, súbete al metro en la línea amarilla hasta Plaza Venezuela. Cuando salgas de la estación de metro dobla a la izquierda hacia Chacaíto. Sigue derecho por dos cuadras.

A: Ah, sí, enfrente de la joyería donde le compraste el anillo a Rebeca.

E: No, la joyería queda una cuadra hacia el sur. Pasa el Banco Mercantil y dobla a la derecha. Tan pronto como pases la pizzería Papagallo, vas a ver un letrero rojo grandísimo a mano izquierda que dice Macro.

A: Gracias, Eduardo. ¿No quieres ir? Así no me pierdo.

E: No, hoy no puedo. Tengo que estudiar y a las cuatro tengo una cita con Rebeca. Pero estoy seguro que vas a llegar sin ningún problema.

recursos

R	Textbook CD Lección 14	WB pp. 141-146	LM pp. 81-83	ICD-ROM Lección 14	vistahigher learning.com

INSTRUCTIONAL RESOURCE Text CD, IRM

Ampliación

③ Escribir

Escribe una carta a un(a) amigo/a en la cual le explicas claramente cómo llegar a tu casa desde el aeropuerto. Incluye también un mapa detallado para que no se confunda.
Answers will vary.

 TIP List key words. When you give directions, you use prepositions that describe location, such as **en frente de, al lado de**, and **detrás de**. Making a list of these expressions will help you write your directions more efficiently.

Organízalo	Planea la mejor ruta para llegar a tu casa. Apunta las expresiones útiles para dar direcciones, como los nombres de las calles y de los monumentos.
Escríbelo	Dibuja un mapa y utilízalo para escribir el primer borrador de tu carta.
Corrígelo	Intercambia tu carta con un(a) compañero/a. Anota los aspectos mejor escritos. Ofrécele sugerencias. ¿Hay suficientes detalles? ¿Está claro el mapa? Si ves algunos errores, coméntaselos.
Compártelo	Revisa el primer borrador de la carta y el mapa según las indicaciones de tu compañero/a. Incorpora nuevas ideas y/o más información si es necesario antes de escribir la versión final.

④ Un paso más

Imagina que eres miembro de un grupo que está diseñando y promocionando una comunidad modelo en un país hispano. Diseña el folleto (*brochure*) publicitario para la comunidad. *Answers will vary.*

- Escoge el lugar ideal para el proyecto. Considera el acceso a las ciudades grandes, los eventos culturales y las atracciones naturales.
- Incluye un mapa del país elegido que indique dónde está localizada la comunidad modelo.
- Crea un mapa de la zona que muestre las atracciones principales del centro de la comunidad.
- Explica las características de la comunidad.

 En Internet

Investiga estos temas en el sitio vistahigherlearning.com.
- Ciudades en España
- Ciudades en México, el Caribe y Centroamérica
- Ciudades en la América del Sur

Antes de leer

You can understand a narrative more completely if you identify the point of view of the narrator. You can do this by simply asking yourself from whose perspective the story is being told. Some stories are narrated in the first person. That is, the narrator is a character in the story, and everything you read is filtered through that person's thoughts, emotions, and opinions. Other stories have an omniscient narrator who is not one of the story's characters, but reports the thoughts and actions of all the characters. This reading selection consists of an excerpt from the novel *La muerte de Artemio Cruz*, by Carlos Fuentes. Is this selection narrated in the first person or by an omniscient narrator? How can you tell?

_____

_____

Sobre el autor

Carlos Fuentes (1928-) es un renombrado escritor mexicano que ha ganado varios premios (*has won several prizes*) internacionales. Sus escritos demuestran una profunda preocupación por las cuestiones sociales y políticas.

SUGGESTION Write the following first sentences of two narratives on the board and ask students to identify the point of view: **1. Cristóbal Colón vio por primera vez el territorio de Venezuela el 1 de agosto de 1498. 2. Muy pronto tuvimos que reconocer que no íbamos a solucionar el caso sin mucho trabajo.**

SUGGESTION Ask: **¿De dónde viene el autor? ¿Cuándo nació? ¿Qué ganó? ¿Qué demuestran sus escritos?** Ask volunteers to share their responses with the class.

TEACHING OPTION Have pairs rewrite the selection from the first-person point of view. Talk about how the story changed.

La muerte de Artemio Cruz

(fragmento)
Carlos Fuentes

En la Ciudad de México, un hombre de negocios va en limusina al edificio donde trabaja.

Él vio pasar el domo naranja y las columnas blancas, gordas, del Palacio de Bellas Artes (…), la portada ocre, veneciana del Correo y las esculturas frondosas, las ubres plenas y las cornucopias vaciadas del Banco de México:

acarició la banda de seda del sombrero de fieltro marrón (…): los mosaicos azules de Sanborn's y la piedra labrada y negruzca del convento de San Francisco. El automóvil se detuvo en la esquina de Isabel la Católica y el chófer le abrió la puerta y se quitó la gorra y él, en cambio, se colocó el fieltro, peinándose con los dedos (…).

Después de leer

¿Comprendiste?

Indica si las oraciones son **ciertas** o **falsas**. Corrige las oraciones falsas.

Cierto	Falso	
	✓	1. El hombre de negocios condujo su carro al centro. *Tenía un conductor.*
	✓	2. El hombre de negocios tiene un sombrero que es de seda. *El sombrero es de fieltro.*
✓		3. Mientras va al trabajo, el hombre ve el Palacio de Bellas Artes.
✓		4. Mientras entraba en el edificio, lo rodeó un grupo de mendigos.
	✓	5. El hombre buscaba las escaleras. *Buscaba el ascensor.*

Preguntas *Answers will vary.*

1. ¿Es rico o pobre el hombre de negocios? ¿Cómo lo sabes?

_____

2. Cuando entra en el edificio donde trabaja, el hombre ve un grupo de mendigos. ¿Es indiferente a su sufrimiento?

_____

3. El hombre ve su propio reflejo en el vidrio, caminando hacia los pobres, y se siente desorientado. ¿Por qué?

_____

4. En tu opinión, ¿representa el reflejo otro aspecto de su personalidad?

_____

Coméntalo

¿Hay lugares mencionados en la lectura que tengan un valor (*value*) simbólico? ¿Qué simbolizan las personas que se mencionan? En tu opinión, ¿hay un comentario social en esta lectura? ¿Cuál es? *Answers will vary.*

(…) y esa corte de vendedores (…) y mujeres enrebozadas y niños con el labio superior embarrado de moco lo rodearon hasta que pasó las puertas giratorias y se ajustó la corbata frente al vidrio del vestíbulo y atrás, en el segundo vidrio, el que daba a la calle de Madero, un hombre idéntico a él (…) se arreglaba el nudo de la corbata también, con los mismos dedos manchados de nicotina, el mismo traje cruzado, pero sin color, rodeado de los mendigos y dejaba caer la mano al mismo tiempo que él y luego le daba la espalda y caminaba al centro de la calle, mientras él buscaba el ascensor, desorientado por un instante.

portada ocre	ochre-colored façade	**enrebozadas**	wrapped up in shawls
esculturas… plenas	luxuriant sculptures, full udders	**embarrado de moco**	covered with snot
acarició	gently touched	**rodearon**	surrounded
fieltro marrón	brown felt	**giratorias**	revolving
piedra labrada	carved stone	**atrás**	behind
se detuvo	stopped	**daba a**	faced
gorra	cap	**manchados**	stained
se colocó	put on	**mendigos**	beggars

EXPANSION The photos are of the **Palacio de Bellas Artes** and the **Banco de México**, both in Mexico City. Ask students how the pictures enhance understanding.

recursos

R | vistahigher learning.com

En la ciudad

el banco	bank
la carnicería	butcher shop
el correo	post office
la frutería	fruit store
la heladería	ice cream shop
la joyería	jewelry store
la lavandería	laundromat
la panadería	bakery
la pastelería	pastry shop
la peluquería	hairdresser
la pescadería	fish market
el salón de belleza	beauty salon
el supermercado	supermarket
la zapatería	shoe store
hacer cola	to stand in line
hacer diligencias	to run errands

En el banco

el cajero automático	automatic teller machine, ATM
el cheque	check
el cheque de viajero	traveler's cheque
la cuenta corriente	checking account
la cuenta de ahorros	savings account
ahorrar	to save (money)
cobrar	to cash (a check), to charge (for a product or service)
depositar	to deposit
firmar	to sign
llenar (un formulario)	to fill out (a form)
pagar a plazos	to pay in installments
pagar al contado	to pay in cash
pedir prestado	to borrow
pedir un préstamo	to apply for a loan
ser gratis	to be free of charge

Direcciones

la cuadra	(city) block
la dirección	address
la esquina	corner
el letrero	sign
cruzar	to cross
dar direcciones	to give directions
doblar	to turn
estar perdido/a	to be lost
quedar	to be located
(al) este	(to the) east
(al) oeste	(to the) west
(al) norte	(to the) north
(al) sur	(to the) south
derecho	straight (ahead)
enfrente de	opposite; facing
hacia	toward

Expresiones útiles	See page 337.

En el correo

el cartero	mail carrier
el correo	mail
las estampillas	stamps
el paquete	package
los sellos	stamps
el sobre	envelope
echar (una carta) al buzón	to put (a letter) in the mailbox; to mail (a letter)
enviar	to send
mandar	to send

recursos

Lab CD Lección 14 | LM p. 83

INSTRUCTIONAL RESOURCES Tests, Text CD, IRM (supplemental vocabulary)

AVENTURAS EN LOS PAÍSES HISPANOS

El Canal de Panamá conecta los océanos Pacífico y Atlántico. Se construyó en 1903 y se terminó diez años después. La construcción costó 639 millones de dólares. Actualmente lo usan 38 barcos por día y por él pasan más de 12.000 barcos por año. Es la fuente *(source)* principal de ingresos *(income)* de Panamá. Cada barco paga aproximadamente $40.000 dólares de peaje *(toll)*.

AMÉRICA CENTRAL II

Nicaragua

Área: 129.494 km^2 (49.998 millas^2)

Población: 5.631.000

Capital: Managua – 1.133.000

Ciudades principales: León–164.000, Masaya–126.000, Granada–93.000

Moneda: córdoba oro

SOURCE: Population Division, UN Secretariat

Costa Rica

Área: 51.100 km^2 (19.730 millas^2)

Población: 4.370.000

Capital: San José – 1.055.000

Ciudades principales: Alajuela–174.000, Cartago–121.000, Puntarenas–103.000, Heredia–74.000

Moneda: colón costarricense

SOURCE: Population Division, UN Secretariat

Panamá

Área: 78.200 km^2 (30,193 millas2^2)

Población: 3.026.000

Capital: Ciudad de Panamá – 1.276.000

Ciudades importantes: Colón–139.000, David–126.000

Moneda: balboa

SOURCE: Population Division, UN Secretariat

Honduras

Río Coco

Costa Rica: nación progresista

Costa Rica es uno de los países más progresistas del mundo. Da servicios médicos gratis a todos sus ciudadanos *(citizens)* y también a los turistas. En 1870, Costa Rica abolió *(abolish)* la pena de muerte *(death penalty)*. En 1948, disolvió el ejército *(army)* e hizo obligatoria y gratis la educación para todos los costarricenses.

Cordillera Isabella

Nicaragua

Río Tuma

Sierra Madre

Cordillera de Yolaina

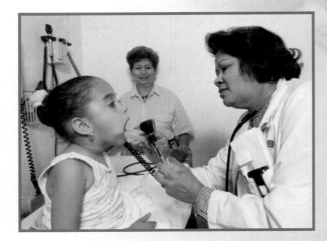

• León

Lago de Managua

⭐ Managua

Masaya •
Granada •

Lago de Nicaragua
Isla Zapatera
Isla Ometepe

Río San Juan

Océano Pacífico

Indígenas

La mola

La mola es un tejido de los cunas, una tribu indígena que vive en las islas San Blas de Panamá. Las molas se hacen con piezas de tela *(material)* de muchos colores. Las molas tradicionales tienen dibujos *(patterns)* geométricos. Antes se usaban como ropa y hoy también se usan para decorar casas.

Cordillera de Guanacaste

Puntarenas

San José ⭐

Río Reventa

Limón •

Costa Rica

Cartago •

Cordillera d Talamarca

Escritores

Ernesto Cardenal

El nicaragüense Ernesto Cardenal es poeta, escultor y sacerdote *(priest)* católico. Es uno de los escritores más famosos de América Latina. Ha escrito más de treinta y cinco libros. Estudió en México y Estados Unidos. Cree en el poder *(power)* de la poesía para mejorar la sociedad y el mundo. Siempre ha trabajado para establecer la igualdad *(equality)* y la justicia en su país.

Política

Óscar Arias

Ócar Arias, político costarricense, fue presidente de su país desde 1896 hasta 1990. Estudió en Costa Rica, Estados Unidos e Inglaterra. Fue profesor de Ciencias Políticas en la Universidad de Costa Rica. Cuando fue presidente, hizo un plan para establecer la paz *(peace)* en Centroamérica. Logró *(achieved)* un acuerdo *(agreement)* de paz con los presidentes de El Salvador, Nicaragua, Honduras y Guatemala. Por sus esfuerzos *(efforts)*, ganó el Premio Nobel de la Paz en 1987.

Mar Caribe

Bocas del Toro

Canal de Panamá

Islas San Blas

Cordillera de San Blas

Colón

Río Chepo

Serranía de Tabasarái

Ciudad de Panamá

Panamá

David

Isla del Rey

Isla de Coiba

Golfo de Panamá

Colombia

¿Qué aprendiste?

1 **¿Cierto o falso?** Indica si las siguientes frases son **ciertas** o **falsas**.

	Cierto	Falso
1. El Canal de Panamá conecta los océanos Pacífico y Atlántico.	✓	
2. Por el Canal de Panamá pasan más de 12.000 barcos por día.		✓
3. La población de Nicaragua es mayor que la de Panamá.	✓	
4. San José es la capital de Panamá.		✓
5. En Costa Rica, la educación es gratis y obligatoria para todos los turistas.		✓
6. Costa Rica disolvió el ejército en 1948.	✓	
7. La mola es una tribu indígena que vive en Panamá.		✓
8. Las molas se usan hoy para decorar casas.	✓	
9. Ernesto Cardenal es uno de los escritores más famosos de América Latina.	✓	
10. Ernesto Cardenal estudió en Inglaterra.		✓
11. Óscar Arias fue presidente de Panamá.		✓
12. Óscar Arias ganó el Premio Nobel de la Paz en 1987.	✓	

2 **Preguntas** Contesta las siguientes preguntas con frases completas. *Answers will vary.*

1. ¿Crees que el Canal de Panamá es importante? ¿Por qué?

2. ¿Por qué crees que Costa Rica es uno de los países más progresistas del mundo?

3. ¿Qué puedes hacer con una mola hecha por los cunas?

4. ¿Cuántos libros escribió Ernesto Cardenal? ¿Qué profesiones tiene, además de ser escritor?

5. ¿Por qué ganó Óscar Arias el Premio Nobel de la Paz?

En Internet

Busca más información sobre estos temas en el sitio vistahigherlearning.com. Presenta la información a tus compañeros/as de clase.

- Costa Rica
- La mola
- Ernesto Cardenal
- Óscar Arias

15 El bienestar

PREVIEW Have students look at the photo. Ask: ¿Qué ven en la foto? ¿Cómo son los hombres? ¿Creen que tienen mucha energía? ¿Creen que tienen buena salud?

Communicative Goals

You will learn how to:

- talk about an outing
- discuss nutrition
- describe an action or event in the immediate past
- describe an event that occurred before another past event

PREPARACIÓN

pages 356-361

- Words related to being healthy
- The gym and nutrition
- The letters **b** and **v**

AVENTURAS

pages 362-365

- The students and Martín go on their long-awaited hike. Don Francisco greets them when they return at the end of the day, and listens to their reactions to what they saw and experienced.

GRAMÁTICA

pages 366-373

- Past participles used as adjectives
- The present perfect
- The past perfect

LECTURA

pages 374-375

- Novel: excerpt from *Indicios pánicos*

RECURSOS

These student supplements provide additional practice:

- Textbook Audio CD
- Workbook/Video Manual (WB/VM)
- Lab Manual (LM)
- WB/VM/LM Answer Key
- Lab Audio CDs
- Video CD-ROM
- Interactive CD-ROM

EL BIENESTAR

EL BIENESTAR

el bienestar *well-being*

aliviar el estrés/la tensión *to relieve stress/tension*
disfrutar (de) *to enjoy; to reap the benefits (of)*
llevar una vida sana *to lead a healthy lifestyle*
(no) fumar *(not) to smoke*

el masaje
massage

EN EL GIMNASIO

el/la monitor(a) *trainer*
el músculo *muscle*

calentarse (e:ie) *to warm-up*
entrenarse *to practice; to train*
estar en buena forma *to be in good shape*
hacer ejercicio *to exercise*
hacer ejercicios aeróbicos *to do aerobics*
hacer gimnasia *to work out*
mantenerse en forma *to stay in shape*
sudar *to sweat*

levantar pesas
to lift weights

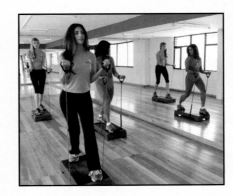

hacer ejercicios de estiramiento
to do stretching exercises

SUGGESTION Write **hacer ejercicio** on the board and ask students these questions: **¿Quiénes hacen ejercicios regularmente? ¿Hacen ejercicios aeróbicos? ¿Quiénes levantan pesas?** and so forth.

la clase de ejercicios aeróbicos
aerobics class
VARIACIÓN LÉXICA
Point out these lexical items:
hacer ejercicios aeróbicos → hacer aerobic (*Esp.*)

recursos

R					
	Textbook CD Lección 15	WB pp. 149-150	LM p. 85	Lab CD Lección 15	ICD-ROM Lección 15

INSTRUCTIONAL RESOURCES WB, LM, OT, Text CD, ICD-ROM

LA NUTRICIÓN

la caloría *calorie*

el colesterol *cholesterol*

la grasa *fat*

la merienda *(afternoon) snack*

los minerales *minerals*

la nutrición *nutrition*

la proteína *protein*

adelgazar *to lose weight; to slim down*

aumentar de peso *to gain weight*

comer una dieta equilibrada *to eat a balanced diet*

consumir alcohol *to consume alcohol*

engordar *to gain weight*

estar a dieta *to be on a diet*

descafeinado/a *decaffeinated*

SUGGESTION Ask students where they would go in their community to do the following activities. Ex: **levantar pesas, merendar, hacer ejercicios aeróbicos, hacer gimnasia, comprar comida para una dieta equilibrada.**

merendar (e:ie)
to have a (afternoon) snack

las vitaminas
vitamins

la bebida alcohólica
alcoholic beverage

ADJETIVOS

activo/a *active*

débil *weak*

flexible *flexible*

sedentario/a *sedentary*

tranquilo/a *calm; quiet*

fuerte
strong

TEACHING OPTION Have students interview each other about their own exercise and workout habits.

SUGGESTION Discuss the qualities of a **teleadicto** and write them on the board. Ex: **no es muy activo, es sedentario, mira la televisión en exceso, come mucho, no hace mucho ejercicio**, and so forth.

OTRAS PALABRAS Y EXPRESIONES

la droga *drug*

el/la drogadicto/a *drug addict*

el/la teleadicto/a *couch potato*

apurarse *to hurry; to rush*

darse prisa *to hurry; to rush*

sufrir muchas presiones *to be under a lot of pressure*

tratar de + (*inf.*) *to try (to do something)*

en exceso *in excess; too much*

sin *without*

A escuchar

1 **¿Lógico o ilógico?** Escucha las frases e indica si cada frase es **lógica** o **ilógica**.

	Lógico	Ilógico
1.	✓	
2.		✓
3.	✓	
4.	✓	
5.	✓	
6.		✓
7.		✓
8.	✓	

2 **¿Cómo se mantiene en buena forma?** Maribel habla de lo que hace para mantenerse en forma. Indica las cosas que hace.

✓	1. Hacer ejercicios de estiramiento
✓	2. Hacer ejercicios aeróbicos
	3. Levantar pesas
✓	4. Comer una dieta equilibrada
	5. Practicar tenis
	6. Tomar sólo bebidas descafeinadas
	7. Correr
✓	8. Pasear en bicicleta
	9. Ir al gimnasio
	10. Nadar

recursos

R Textbook CD
Lección 15

1 SCRIPT

1. Fernando tiene músculos muy grandes. Levanta pesas todos los días.

2. Ernesto es un teleadicto. Se queda todo el día en el gimnasio.

3. Gloria está a dieta. Quiere adelgazar.

4. María hace ejercicio para aliviar el estrés.

5. Emilia hace ejercicios de estiramiento para ser más flexible.

6. Víctor suda mucho porque bebe café descafeinado.

7. Susana lleva una vida sedentaria. Se entrena tres horas al día para ser monitora de aerobic.

8. Pablo está en buena forma porque sigue una dieta equilibrada y corre los fines de semana.

2 SCRIPT

MARIBEL: Me encanta practicar deportes. Mi deporte favorito es pasear en bicicleta. Como vivo en una ciudad pequeña, voy de un lugar a otro en bicicleta. Me gusta más que ir en carro porque es sano, barato y no contamina el medio ambiente. Para mantenerme en buena forma, también como una dieta equilibrada y hago ejercicios aeróbicos en casa. Mi amigo Tomás tiene un video fantástico con muchos ejercicios de esta clase y otros de estiramiento. Todos los sábados por la mañana practicamos juntos en mi casa. Es muy divertido. A Tomás también le encanta correr y levantar pesas en el gimnasio, pero a mí estos deportes no me gustan mucho y nunca voy con él.

INSTRUCTIONAL RESOURCE Text CD, IRM

A practicar

3 Identificar Identifica el opuesto (*opposite*) de cada palabra, usando las palabras indicadas.

1. activo *sedentario*
2. adelgazar *aumentar de peso*
3. débil *fuerte*
4. rígido *flexible*

5. no tener prisa *apurarse*
6. estar sano *estar enfermo*
7. engordar *mantenerse en forma*
8. nervioso *tranquilo*

sin	flexible
sudar	sedentario
tranquilo	en exceso
aumentar de peso	apurarse
fuerte	sufrir muchas presiones
estar enfermo	mantenerse en forma

4 Combinar Combina las palabras de las dos columnas para formar diez frases lógicas.

_h_ 1. David levanta pesas…
_e_ 2. Estás en buena forma…
_f_ 3. Felipe se lastimó…
_a_ 4. Mi hermano…
_b_ 5. Sara hace ejercicios de…
_d_ 6. Mis primos están a dieta…
_g_ 7. Para llevar una vida sana…
_c_ 8. Ellos sufren muchas…

a. aumentó de peso.
b. estiramiento.
c. presiones.
d. porque quieren adelgazar.
e. porque haces ejercicio.
f. un músculo de la pierna.
g. no se debe fumar.
h. y corre mucho.

5 Describir Describe lo que ocurre en los dibujos. *Answers will vary.*

1.

2.

3.

4.

A conversar

6 La nutrición En parejas, comenten los tipos de comida que comen y las consecuencias que tienen para su salud. Luego compartan la información con la clase. *Answers will vary.*

1. ¿Tiene tu dieta muchas calorías o mucha grasa? ¿Piensas que debes cambiarla?

2. ¿Compras comidas con muchos minerales y vitaminas? ¿Necesitas consumir más comidas que los contienen? ¿Por qué?

3. ¿Tiene algún miembro de tu familia problemas con el colesterol? ¿Qué haces para evitar los (*avoid*) problemas con el colesterol?

4. ¿Eres vegetariano/a? ¿Qué piensas de la idea de no comer carne u otros productos animales? ¿Es posible tener una dieta equilibrada sin comer carne?

5. ¿Bebes cafeína en exceso? ¿Cuáles son los productos que contienen cafeína? ¿Cuáles son algunas de las ventajas (*advantages*) y algunos de los problemas asociados con la cafeína?

6. ¿Crees que llevas una vida sana? ¿Y tus amigos? ¿Crees que en general los estudiantes llevan una vida sana? ¿Por qué?

7 Un anuncio En grupos de cuatro, imaginen que son dueños/as de un gimnasio con un equipo (*equipment*) moderno, monitores cualificados y un(a) nutricionista. Preparen y presenten un anuncio para la televisión que hable del gimnasio y atraiga (*attracts*) una gran variedad de nuevos clientes. No se olviden de presentar la siguiente información. *Answers will vary.*

• Las ventajas de estar en buena forma

• El equipo que tienen

• Los servicios y las clases que ofrecen

• Las características únicas del gimnasio

• La dirección y el teléfono del gimnasio

• El precio para los socios (*members*) del gimnasio

8 Recomendaciones En parejas, imaginen que están preocupados por los malos hábitos de un(a) amigo/a suyo/a que no está bien últimamente (*lately*). Escriban y representen un diálogo en el cual hablan de lo que está pasando en la vida de su amigo/a y los cambios que necesita hacer para llevar una vida sana. *Answers will vary.*

9 El teleadicto Con un(a) compañero/a, representen los papeles (*the roles*) de un(a) nutricionista y un(a) teleadicto/a. La persona sedentaria habla de sus malos hábitos de comidas y de que no hace ejercicio. También toma demasiado café y sufre de mucho estrés. El/la nutricionista le sugiere una dieta equilibrada y una rutina para mantenerse en buena forma. El/la teleadicto/a le da las gracias por su ayuda. *Answers will vary.*

6 SUGGESTION Review the vocabulary from **Lección 8,** nutrition and food. Describe your own eating and exercise habits.

6 EXPANSION Have students work in pairs and then share their partner's answers with the class.

7 SUGGESTION Share some fitness magazine ads or local health club brochures with the class to prepare for this activity.

8 9 TEACHING OPTION Have half of the class do Activity 8 and the other half do Activity 9. Then have volunteers present their work to the whole class.

8 9 SUGGESTION Review verbs and expressions of will and influence from **Lección 12.**

Ortografía

Las letras **b** y **v**

Since there is no difference in pronunciation between the Spanish letters **b** and **v**, spelling words that contain these letters can be tricky. Here are some tips.

. . . .

nom**b**re	**b**lusa	a**b**soluto	descu**b**rir

The letter **b** is always used before consonants.

. . . .

bonita	**b**otella	**b**uscar	**b**ienestar

At the beginning of words, the letter **b** is usually used when it is followed by the letter combinations **-on, -or, -ot, -u, -ur, -us, -ien,** and **-ene.**

. . . .

adelgaza**b**a	disfruta**b**an	i**b**as	í**b**amos

The letter **b** is used in the verb endings of the imperfect tense for **–ar** verbs and **ir**.

. . . .

voy	**v**amos	estu**v**o	tu**v**ieron

The letter **v** is used in the present tense forms of **ir** and in the preterite forms of **estar** and **tener**.

. . . .

octa**v**o	hue**v**o	acti**v**a	gra**v**e

The letter **v** is used in these noun and adjective endings: **-avo/a, -evo/a, -ivo/a, -ave, -eve.**

. . . .

Práctica Completa las palabras con las letras **b** o **v**.

1. Una __v__ez me lastimé el __b__razo cuando esta__b__a __b__uceando.
2. Manuela ol__v__idó sus li__b__ros en el auto__b__ús.
3. Ernesto tomó el __b__orrador y se puso todo __b__lanco de tiza.
4. Para tener una __v__ida sana y saluda__b__le necesitas tomar __v__itaminas.
5. En mi pue__b__lo hay un __b__ule__v__ar que tiene muchos ár__b__oles.

El ahorcado Juega al ahorcado (*hangman*) para adivinar las palabras.

1. _n_ _u_ _b_ _e_ _s_   Están en el cielo. *nubes*
2. _b_ _u_ _z_ _ó_ _n_   Relacionado con el correo. *buzón*
3. _b_ _o_ _t_ _e_ _l_ _l_ _a_   Está llena de líquido. *botella*
4. _n_ _i_ _e_ _v_ _e_   Fenómeno meteorológico. *nieve*
5. _v_ _e_ _n_ _t_ _a_ _n_ _a_ _s_   Los "ojos" de la casa. *ventanas*

recursos

R

ICD-ROM
Lección 15

*Sidebar notes:*

SUGGESTION Write all the forms of **estar** and **tener** in the preterite tense on the board.

SUGGESTION Write all the forms of **ir** in the present tense on the board.

SUGGESTION Work through the **Práctica** activities with the class to practice spelling words that contain **b** or **v**.

TEACHING OPTION Write these sentences on the board and have students fill in the missing letters: **Doña _ioleta era muy acti_a y lle_aba una _ida muy sana. Siempre comía _ien y nunca toma_a _ino ni refrescos. Nunca fuma_a e i_a al gimnasio todos los días para hacer ejercicios aeró_icos.** As an alternative, do a dictation with the sentences.

¡Qué buena excursión!

Martín y los estudiantes van de excursión.

VIDEO SYNOPSIS Martín leads the students in some warm-up stretches before the hike. During the hike, the students chat, take pictures, and admire their surroundings. Afterwards, they talk about the wonderful time they had. Don Francisco tells the group it's time to go back for dinner.

MARTÍN Buenos días, don Francisco.

DON FRANCISCO ¡Hola, Martín!

MARTÍN Ya veo que han traído lo que necesitan. ¡Todos han venido muy bien equipados!

MARTÍN Muy bien. ¡Atención, chicos! Primero hagamos algunos ejercicios de estiramiento…

MARTÍN Es bueno que se hayan mantenido en buena forma. Entonces, jóvenes, ¿ya están listos?

JAVIER ¡Sí, listísimos! No puedo creer que finalmente haya llegado el gran día.

DON FRANCISCO ¡Hola! ¡Qué alegría verlos! ¿Cómo les fue en la excursión?

JAVIER Increíble, don Efe. Nunca había visto un paisaje tan espectacular. Es un lugar estupendo. Saqué mil fotos y tengo montones de escenas para dibujar.

MAITE Nunca había hecho una excursión. ¡Me encantó! Cuando vuelva a España, voy a tener mucho que contarle a mi familia.

INÉS Ha sido la mejor excursión de mi vida. Amigos, Martín, don Efe, mil gracias.

recursos

| R | Video/ VCD-ROM Lección 15 | VM pp.197-198 | ICD-ROM Lección 15 |

INSTRUCTIONAL RESOURCES VM, Video (Start 01:22:23), VCD-ROM

Personajes

DON
FRANCISCO

JAVIER

INÉS

ÁLEX

MAITE

MARTÍN

MARTÍN ¡Fabuloso! ¡En marcha, pues!
DON FRANCISCO ¡Adiós! ¡Cuídense!

*Martín y los estudiantes pasan ocho horas
caminando en las montañas. Hablan,
sacan fotos y disfrutan del paisaje.
Se divierten muchísimo.*

ÁLEX Sí, gracias, Martín. Gracias por todo.
MARTÍN No hay de qué. Ha sido un placer.

DON FRANCISCO Chicos, pues es hora de
volver. Creo que la Sra. Vives nos ha
preparado una cena muy especial.

SUGGESTION Have students discuss the items
(including equipment, clothing, food, and drink) that they
would take on a hike. Also discuss how they might
prepare for a hike (packing, stretching, planning the
route, and so forth).

PREVIEW Have students read only the first statement of
each video still. Then have them predict the content of
this episode.

Expresiones útiles

Getting ready to start a hike
Ya veo que han traído lo que necesitan.
I see that you have brought what you need.
¡Todos han venido muy bien equipados!
Everyone has come very well-equipped!
¿(Están) listos?
(Are you) ready?
¡En marcha, pues!
Let's get going, then!

Talking about a hike
¿Cómo les fue en la excursión?
How did the hike go?
Nunca había visto un paisaje tan espectacular.
I had never seen such spectacular scenery.
Nunca había hecho una excursión.
¡Me encantó!
I had never gone on a hike before. I loved it!
Ha sido la mejor excursión de mi vida.
It's been the best hike of my life.

Courtesy expressions
Gracias por todo.
Thanks for everything.
Ha sido un placer.
It's been a pleasure.
¡Cuídense!
Take care!

SUGGESTION Have students look at the **Expresiones
útiles**. Point out that **han traído, han venido**, and **ha
sido** are examples of the present perfect, which
combines a present tense form of the verb **haber** with
the past participle of another verb. They will learn more
about this structure in **Gramática 15.2**.

Explain that **había visto** and **había hecho** are examples
of the past perfect, which combines an imperfect tense
form of **haber** with a past participle. They will learn
more about this structure in **Gramática 15.3**.

¿Qué piensas?

1 Seleccionar Selecciona la opción que mejor completa cada frase.

1. Antes de salir, Martín les recomienda a los estudiantes que hagan
   (a.) ejercicios de estiramiento.   b. ejercicios aeróbicos.
   c. gimnasia.

2. Los excursionistas hablaron, _____ en las montañas.
   a. levantaron pesas y se divirtieron   b. caminaron y dibujaron
   (c.) sacaron fotos y disfrutaron del paisaje

3. Inés dice que ha sido la mejor excursión
   a. del viaje.   b. del año.
   (c.) de su vida.

4. Cuando Maite vuelva a España, va a
   a. tener montones de escenas para dibujar.   (b.) tener mucho que contarle a su familia.
   c. tener muchas fotos que enseñarle a su familia.

5. La señora Vives les ha preparado
   (a.) una cena especial.   b. un día en las montañas muy especial.
   c. una excursión espectacular.

2 Completar Completa las frases.

1. A Javier le duelen los músculos después de caminar tanto.
   Hoy lo que necesita es _____un masaje._____

2. Don Francisco a veces sufre presiones y estrés en su trabajo.
   Debe hacer ejercicio para _____aliviar el estrés._____

3. A Inés le encanta salir con amigos o leer un buen libro.
   Ella nunca va a ser una _____teleadicta._____

4. Álex trata de comer una dieta equilibrada. Por ejemplo, trata
   de llevar una dieta sin mucha _____grasa._____

5. A Maite no le duelen los músculos. Cuatro veces por semana
   hace gimnasia para _____mantenerse en forma._____

grasa	vitamina
teleadicta	aliviar el estrés
un masaje	mantenerse en forma

3 Minidrama Usando el episodio de **Aventuras** como fuente (*source*) de ideas, trabaja con dos
o tres amigos/as para preparar un minidrama en tres partes, en el que hacen una excursión por la
montaña. El minidrama debe incluir los siguientes elementos.   *Answers will vary.*

- Una breve conversación antes de comenzar la excursión.

- Una conversación durante la excursión, mencionando algunas de las cosas que ven y hacen.

- Después de la excursión, una conversación en la que comentan las cosas que ocurrieron.

1 EXPANSION Have students work in pairs or small groups to write a question that would elicit each statement.

2 SUGGESTION The word **vitamina** was not used in this activity. Have your students work in pairs to write a sentence that includes this word. Ask volunteers to share their sentences with the class.

2 EXPANSION Ask these additional questions: ¿Qué hicieron Martín y los chicos antes de empezar la excursión? (Hicieron unos ejercicios de estiramiento.) ¿Qué hicieron los estudiantes durante la excursión? (Caminaron, hablaron, sacaron fotos y miraron el paisaje.)

3 TEACHING OPTION Have one-third of the class prepare the **primera parte**, one-third of the class prepare the **segunda parte** and the last third prepare the **tercera parte**. Have volunteers present their conversations and discuss if they make sense together as a whole minidrama.

Exploración
El bienestar en el mundo hispano

España es conocida por su dieta mediterránea, caracterizada por el arroz, los productos lácteos, las frutas y las verduras frescas. El uso del aceite de oliva y el consumo de pescado reducen el colesterol y las proteínas animales en la dieta.

La yerba mate, una bebida similar al té, es popular en Argentina, Uruguay y Paraguay. Se dice que controla el estrés y la obesidad, y que estimula el sistema inmunológico. Tradicionalmente, se toma en una calabaza (*gourd*) con una bombilla filtrante (*tea-filtering straw*).

Observaciones

* Según leyendas indígenas, la yerba mate tiene orígenes divinos.

* El vino tinto, consumido con moderación en las comidas de países como Chile, Argentina y España, combate las enfermedades cardiovasculares.

* Chile tiene mucha actividad geotérmica y una gran cantidad de centros termales para reducir el estrés y mantenerse en forma.

De origen vasco, el deporte jai alai se diseminó por España antes de llegar a México y a la Florida. Parecido a la pelota de frontón (*handball*), tiene fama de ser el deporte más rápido del mundo. También era uno de los más peligrosos, antes de la introducción de los cascos (*helmets*),en 1968.

Coméntalo

Con un(a) compañero/a, contesta las siguientes preguntas. *Answers will vary.*

* ¿Te interesa seguir alguna de las estrategias mencionadas aquí? ¿Cuál y por qué?

* ¿Prefieres lograr *(achieve)* tu bienestar con una dieta, con ejercicios, con métodos alternativos o con un poco de todo?

recursos

R
vistahigher
learning.com

15.1 Past participles used as adjectives

Forming past participles

▶ The past participles of English verbs often end in **–ed** (*to turn* →
turned), but many are also irregular (*to buy* → *bought; to drive* →
driven).

▶ In Spanish, regular **–ar** verbs form the past participle with **–ado**.
Regular **–er** and **–ir** verbs form the past participle with **–ido**.

INFINITIVE	STEM	PAST PARTICIPLE
bailar	bail-	bailado
comer	com-	comido
vivir	viv-	vivido

▶ You already know several past participles used as adjectives: **aburrido,
interesado, nublado, perdido,** etc.

Sólo tomo café descafeinado.

Estoy cansada.

▶ Note that all irregular past participles, except for those of **decir (dicho)**
and **hacer (hecho)**, end in **–to**.

Irregular past participles

abrir	abierto		morir	muerto
decir	dicho		poner	puesto
describir	descrito		resolver	resuelto
descubrir	descubierto		romper	roto
escribir	escrito		ver	visto
hacer	hecho		volver	vuelto

¡ojo! The past participles of **–er** and **–ir** verbs whose stems end in **–a**,
–e, or **–o** carry a written accent mark on the **i** of the **–ido** ending.

caer	caído	oír	oído	sonreír	sonreído
creer	creído	reír	reído	traer	traído
leer	leído				

Práctica

1 **Completar** Completa estas frases con la forma
adecuada del participio pasado.

1. El hombre ___descrito___ [describir] en ese panfleto es un
monitor del gimnasio.
2. Serena Williams es una atleta muy ___conocida___
[conocer].
3. ¿Está ___descubierto___ [descubrir] ya todo el petróleo del
mundo?
4. Los libros ___usados___ [usar] son más baratos que
los nuevos.
5. Los documentos están ___firmados___ [firmar].
6. Creo que el gimnasio está ___abierto___ [abrir]
veinticuatro horas al día.

2 **Describir** Completa las frases con las palabras
indicadas.

no está hecha	**están abiertas**
están firmados	**está muerto**
está cerrada	**está rota**
están aburridos	**están descritos**

1. Los estudiantes
___están aburridos___ .

4. Los cheques
___están firmados___ .

2. La ventana
___está rota___ .

5. La cama
___no está hecha___ .

3. La puerta
___está cerrada___ .

6. El Sr. Vargas
___está muerto___ .

INSTRUCTIONAL RESOURCES WB, LM, IRM (teaching tips, etc.), ICD-ROM

Conversación

3 **Preguntas** En parejas, túrnense para hacerse estas preguntas. *Answers will vary.*

1. ¿Qué haces cuando no estás preparado/a para una clase?
2. ¿Qué haces cuando estás perdido/a en una ciudad?
3. ¿Está ordenado tu cuarto?
4. ¿Dejas la luz prendida en tu cuarto?
5. ¿Prefieres comprar libros usados o nuevos? ¿Por qué?
6. ¿Tienes mucho dinero ahorrado?
7. ¿Necesitas pedirles dinero prestado a tus padres?
8. ¿Quiénes están aburridos en la clase?
9. ¿Hay alguien que esté dormido en la clase?
10. ¿Cuándo está abierto el gimnasio de la universidad?

4 **Encuesta** Circula por la clase y pregunta a tus compañeros hasta que encuentres a las personas que correspondan a cada descripción. Anota sus respuestas, luego informa a la clase de los resultados. *Answers will vary.*

Descripciones	Nombres	Otra información
1. Tiene algo roto en casa. (¿Qué es?)	_____	_____
2. Lleva algo hecho en Europa o en un país hispano. (¿Qué es?)	_____	_____
3. Tiene su libro abierto. (¿Qué libro?)	_____	_____
4. Toma café descafeinado. (¿Cuándo?)	_____	_____
5. Está interesado/a en trabajar en un banco. (¿Por qué?)	_____	_____
6. Hace ejercicios aeróbicos todos los días. (¿Dónde y por qué?)	_____	_____
7. Tiene un pariente o un(a) amigo/a muy conocido/a. (¿Quién?)	_____	_____
8. Es teleadicto/a. (¿Cuáles son sus programas favoritos?)	_____	_____

Past participles used as adjectives

La ventana está rota.   **La puerta está abierta.**

▶ Past participles can be used as adjectives. They are often used with the verb **estar** to describe a condition or state that results from an action. When used as adjectives, past participles must agree in gender and number with the nouns they modify.

En la entrada, hay algunos letreros **escritos** en español.
In the entrance, there are some signs written in Spanish.

Tenemos la mesa **puesta** y la cena **hecha**.
We have the table set and dinner made.

El gimnasio **está cerrado**.
The gym is closed.

El cheque ya **está firmado**.
The check is already signed.

Revista Capital

Consejos financieros escritos por gente que sabe.

Inclusive si su negocio va mal, su compañía no está acabada. ¡Tenemos la solución y montones de ideas listas para poner en práctica!

¡Manos a la obra!

 Indica la forma correcta del participio pasado de estos verbos.

1. hablar _hablado_
2. beber _bebido_
3. decidir _decidido_
4. romper _roto_
5. escribir _escrito_
6. cantar _cantado_
7. oír _oído_
8. traer _traído_
9. correr _corrido_
10. leer _leído_
11. ver _visto_
12. hacer _hecho_
13. morir _muerto_
14. reír _reído_
15. mirar _mirado_
16. abrir _abierto_
17. decir _dicho_
18. volver _vuelto_
19. poner _puesto_
20. descubrir _descubierto_

15.2 The present perfect

▶ The present perfect indicative tense (**el pretérito perfecto de indicativo**) is used to talk about what someone *has done*. It is formed with the present tense of **haber** and a past participle.

Ya veo que han traído todo lo que necesitan.

Todos han venido muy bien equipados.

Present indicative of *haber*

Singular forms		Plural forms	
yo	he	nosotros/as	hemos
tú	has	vosotros/as	habéis
Ud./él/ella	ha	Uds./ellos/ellas	han

Tú no **has cerrado** la puerta.	¿**Ha asistido** Juan a la clase?
You haven't closed the door.	*Has Juan attended class?*
Yo ya **he leído** esos libros.	**Hemos presentado** el proyecto.
I've already read those books.	*We have presented the project.*

▶ The past participle agrees with the noun when it functions as an adjective, but not when it is part of the present perfect tense.

Clara **ha abierto** las ventanas.	Las ventanas están **abiertas**.
Clara has opened the windows.	*The windows are open.*
Yo **he cerrado** la puerta.	La puerta está **cerrada**.
I've closed the door.	*The door is closed.*

▶ The present perfect is generally used just as in English: to talk about what *has occurred*. It usually refers to the recent past.

He trabajado cuarenta horas.	¿Cuál es el último libro que **has leído**?
I have worked forty hours.	*What is the last book that you have read?*

¡ojo! To say that someone has *just done something*, **acabar de** + [*infinitive*] is used.

Juan **acaba de llegar**.	Ellos **acaban de salir**.
Juan has just arrived.	*They have just left.*
Acabo de terminar mi tarea.	**Acabamos de cenar.**
I have just finished my homework.	*We have just eaten dinner.*

Práctica

1 Completar Estas oraciones describen el estilo de vida (*lifestyle*) de unos estudiantes. Complétalas con el pretérito perfecto de indicativo de los verbos indicados.

adelgazar	aumentar
comer	sufrir
hacer	llevar

1. Luisa ___ha sufrido___ muchas presiones este año.
2. Juan y Raúl ___han aumentado___ de peso porque no hacen ejercicio.
3. Pero María Luisa ___ha adelgazado___ porque trabaja demasiado y siempre se olvida de comer.
4. Hasta ahora, yo ___he llevado___ una vida muy sana.
5. Pero tú y yo no ___hemos hecho___ gimnasia este semestre.
6. Tampoco ___hemos comido___ una dieta equilibrada recientemente.

2 Estilos de vida Marisela ha cambiado su estilo de vida porque quiere llevar una vida sana. Explica lo que ha hecho según el modelo. Luego explica lo que tú has hecho al respecto (*in that regard*). *Answers will vary.*

modelo

Encontrar un buen gimnasio
Marisela ha encontrado un buen gimnasio. Yo no he encontrado un gimnasio, pero sé que debo buscar uno.

1. Tratar de estar en forma
2. Estar a dieta los últimos dos meses
3. Dejar de tomar refrescos
4. Hacerse una prueba de colesterol
5. Entrenar cinco días a la semana este año
6. Cambiar de una vida sedentaria a una vida activa
7. Tomar vitaminas por la noche y por la mañana
8. Hacer ejercicio para relajarse
9. Consumir mucha proteína este mes
10. Dejar de fumar
11. Levantar pesas tres días a la semana
12. Aliviar el estrés

INSTRUCTIONAL RESOURCES WB, LM, IRM (teaching tips, etc.), ICD-ROM

Conversación

3 **¿Qué han hecho estas personas?** En parejas, describan lo que han hecho y lo que no han hecho las personas en cada dibujo. Usen la imaginación. *Answers will vary.*

Jorge y Raúl   **Natalia y Diego**

Luisa   **Ricardo**

Jacobo   **Carmen**

4 **Describir** En parejas, identifiquen a una persona que lleva una vida muy sana. Puede ser una persona que conocen o un personaje que aparece en una película o programa de televisión. Entre los dos, escriban una descripción de lo que la persona ha hecho para llevar una vida sana. *Answers will vary.*

modelo

Sammy Sosa ha llevado una vida muy sana. Ha hecho todo lo posible para mantenerse en forma. Para jugar muy bien al béisbol, él ha ....

Using the present perfect

▶ **Haber** and the past participle cannot be separated.

Siempre **hemos vivido** en Bolivia.
We have always lived in Bolivia.

Ud. nunca **ha venido** a mi oficina.
You have never come to my office.

> Creo que la Sra. Vives nos ha preparado una cena muy especial.

> Gracias, Martín.

> No hay de qué. Ha sido un placer.

▶ The word **no** and any object or reflexive pronouns are placed immediately before **haber**.

Yo **no he cobrado** el cheque.
I have not cashed the check.

¿Por qué **no lo has cobrado**?
Why haven't you cashed it?

Susana ya **lo ha hecho**.
Susana has already done it.

Ellos **no lo han arreglado**.
They haven't fixed it.

▶ *To have* can be a main verb or an auxiliary verb. As a main verb, it corresponds to **tener**, while as an auxiliary, it corresponds to **haber**.

Tengo muchos amigos.
I have a lot of friends.

No **he** visto el programa.
I have not seen the program.

Tengo un problema.
I have a problem.

He resuelto mi problema.
I have resolved my problem.

▶ The present perfect of **hay** is **ha habido**.

Ha habido muchos problemas con el nuevo profesor.
There have been a lot of problems with the new professor.

Ha habido un accidente en la calle Central.
There has been an accident on Central Street.

¡Manos a la obra!

Indica el pretérito perfecto de indicativo de los siguientes verbos.

1. yo <u>he disfrutado, he comido, he vivido</u> [disfrutar, comer, vivir]
2. tú <u>has traído, has adelgazado, has compartido</u> [traer, adelgazar, compartir]
3. Ud. <u>ha venido, ha estado, ha corrido</u> [venir, estar, correr]
4. ella <u>ha leído, ha resuelto, ha puesto</u> [leer, resolver, poner]
5. ellos <u>han dicho, han roto, han hecho</u> [decir, romper, hacer]
6. nosotros <u>nos hemos mantenido, nos hemos dormido</u> [mantenerse, dormirse]
7. yo <u>he estado, he escrito, he visto</u> [estar, escribir, ver]
8. él <u>ha vivido, ha corrido, ha muerto</u> [vivir, correr, morir]

15.3 The past perfect

▶ The past perfect indicative (**el pretérito pluscuamperfecto de indicativo**) is used to talk about what someone *had done* or what *had occurred* before another past action or state. The past perfect uses the imperfect of **haber** plus the past participle.

Nunca había visto un paisaje tan espectacular.

Nunca había hecho una excursión.

Past perfect indicative

	cerrar	perder	asistir
yo	había cerrado	había perdido	había asistido
tú	habías cerrado	habías perdido	habías asistido
Ud./él/ella	había cerrado	había perdido	había asistido
nosotros/as	habíamos cerrado	habíamos perdido	habíamos asistido
vosotros/as	habíais cerrado	habíais perdido	habíais asistido
Uds./ellos/ellas	habían cerrado	habían perdido	habían asistido

Antes de 2003, **había vivido** aquí.
Before 2003, I had lived here.

Cuando llegamos, Luis ya **había salido**.
When we arrived, Luis had left already.

▶ The past perfect is often used with the word **ya** (*already*). Note that **ya** cannot be placed between **haber** and the past participle.

Ella ya **había empezado** cuando llamaron.
She had begun already when they called.

Cuando llegué a casa, Raúl **ya se había acostado**.
When I arrived home, Raúl had already gone to bed.

¡Manos a la obra!

Indica el pretérito pluscuamperfecto de indicativo de cada verbo.

1. Nosotros ya __habíamos cenado__ [cenar] cuando nos llamaron.
2. Antes de tomar esta clase, yo no __había estudiado__ [estudiar] nunca el español.
3. Antes de ir a México, ellos nunca __habían ido__ [ir] a otro país.
4. Eduardo nunca __se había entrenado__ [entrenarse] antes de este año.
5. Tú siempre __habías llevado__ [llevar] una vida sana antes del año pasado.
6. Antes de conocerte, yo ya te __había visto__ [ver] muchas veces.

Práctica

1 Completar Completa los minidiálogos con las formas correctas del pretérito pluscuamperfecto de indicativo.

SARA Antes de cumplir los 15 años, ¿ __habías estudiado__ [estudiar] tú otra lengua?

JOSÉ Sí, __había tomado__ [tomar] clases de inglés y de italiano.
* * *
DOLORES Antes del 2000, ¿ __habían viajado__ [viajar] tú y tu familia a Europa?

TOMÁS Sí, __habíamos visitado__ [visitar] Europa tres veces.
* * *
ANTONIO Antes de este año, ¿ __había corrido__ [correr] Ud. en un maratón?

SRA. VERA No, nunca lo __había hecho__ [hacer].
* * *
SOFÍA Antes de su enfermedad, ¿ __había sufrido__ [sufrir] muchas presiones tu tío?

IRENE Sí… y mi tío nunca __se había mantenido__ [mantenerse] en buena forma.

2 Quehaceres Indica lo que ya había hecho cada miembro de la familia antes de la llegada de la madre, la Sra. Ferrer. *Answers will vary.*

3 Tu vida Indica si ya habías hecho las siguientes cosas antes de cumplir los dieciséis años. *Answers will vary.*

1. Hacer un viaje en avión
2. Escalar una montaña
3. Escribir un poema
4. Leer una novela
5. Enamorarse
6. Tomar una clase de educación física
7. Montar a caballo
8. Ir de pesca
9. Manejar un carro
10. Navegar en Internet

INSTRUCTIONAL RESOURCES WB, LM, IRM (teaching tips, etc.), ICD-ROM

Conversación

4 **Oraciones** En parejas, conversen sobre los siguientes temas, usando el pretérito pluscuamperfecto de indicativo.
Answers will vary.

1. Cuando yo llamé a mi mejor amigo/a la semana pasada, él/ella ya…

2. Antes de este año, mis amigos y yo nunca…

3. Hasta el año pasado, yo siempre…

4. Antes de cumplir los veinte años, mi mejor amigo/a…

5. Antes de cumplir los treinta años, mis padres ya…

6. Hasta que cumplí los dieciocho años, yo no…

7. Antes de este semestre, el/la profesor(a) de español no…

8. Antes de tomar esta clase, yo nunca…

5 **Lo dudo** Escribe cinco oraciones, algunas ciertas y otras falsas, sobre cosas que habías hecho antes de venir a la universidad. Luego, en grupos, túrnense para leer sus oraciones. Cada miembro del grupo debe decir "es cierto" o "lo dudo" después de cada una. Escribe la reacción de cada compañero/a. ¿Quién obtuvo más respuestas ciertas?

Answers will vary.

modelo

Estudiante 1: Cuando tenía 10 años, ya había manejado el carro de mi papá.

Estudiante 2: Lo dudo.

Estudiante 3: Es cierto.

6 **Entrevista** En parejas, preparen una conversación en la que un(a) periodista de televisión está entrevistando (*interviewing*) a un(a) actor/actriz famoso/a que está haciendo un vídeo de ejercicios aeróbicos. El/la periodista le hace preguntas para descubrir la siguiente información:

• Si siempre se había mantenido en forma antes de hacer este vídeo

• Si había seguido una dieta especial antes de hacer este vídeo

• Qué le recomienda a la gente que quiere mantenerse en forma

• Qué le recomienda a la gente que quiere adelgazar

• Qué va a hacer cuando termine este vídeo

Español en vivo

¡Acabo de descubrir una nueva vida!

Antes, siempre había preferido mirar la TV en mis ratos libres. ¡Era un teleadicto! Jamás había practicado ningún deporte y había aumentado de peso recientemente.

Ahora, he empezado a comer una dieta más sana y voy al gimnasio. Disfruto de una vida sana y…. ¡Estoy realmente feliz!

Manténgase en forma. Su cuerpo y su mente se lo agradecen.

Gimnasio Olímpico

Identificar

Identifica los ejemplos del pretérito pluscuamperfecto del indicativo en el anuncio.

Preguntas

1. ¿Cómo era la vida del hombre cuando llevaba una vida sedentaria? ¿Cómo es ahora?

2. ¿Te identificas con algunos de los hábitos, presentes o pasados, de este hombre? ¿Con cuáles?

3. ¿Qué les recomienda el hombre del anuncio a los lectores? ¿Crees que les da un buen consejo?

Ampliación

1 Escuchar

A Escucha lo que dice Ofelia Cortez de Bauer. Anota algunos de los cognados que escuchas y también la idea general del discurso.

⭐ **TIP** **Listen for the gist/cognates.** By listening for the gist, you can get the general idea of what you're hearing. Listening for cognates will help you to fill in the details.

Cognados	Idea general
_____	_____
_____	_____
_____	

Ahora indica si las siguientes frases son **ciertas** o **falsas**.

Cierto   Falso

✓ _____ 1. La señora Bauer habla de la importancia de estar en buena forma.

_____ ✓ 2. Según la Sra. Bauer, es importante que todos sigan el mismo programa.

✓ _____ 3. La Sra. Bauer participa en actividades individuales y de grupo.

_____ ✓ 4. Según la Sra. Bauer, el objetivo más importante de cada persona debe ser adelgazar.

B ¿Sigues los consejos de la señora Bauer? Explica tu respuesta. ¿Qué piensas de los consejos que ella da? ¿Hay otra información que ella debía haber incluido? *Answers will vary.*

2 Conversar

Con un(a) compañero/a, preparen una conversación entre el/la enfermero/a de la clínica de la universidad y un(a) estudiante que no se siente bien. Incluyan la siguiente información en su conversación. Luego preséntala a la clase. *Answers will vary.*

- ¿De dónde viene el problema?
- ¿Tiene buenos hábitos el/la estudiante?
- ¿Qué ha hecho el/la estudiante en los últimos meses? ¿Cómo se ha sentido?
- ¿Qué recomendaciones tiene el/la enfermero/a para el/la estudiante?
- ¿Qué va a hacer el/la estudiante para llevar una vida más sana?

Textbook CD Lección 15	WB pp. 151-156	LM pp. 87-89	Lab CD Lección 15	ICD-ROM Lección 15	vistahigher learning.com

R

INSTRUCTIONAL RESOURCE Text CD, IRM

1 SCRIPT Buenos días, radioyentes, y bienvenidos a Tu bienestar. Les habla Ofelia Cortez de Bauer. Hoy vamos a hablar de la importancia de estar en buena forma. Primero quiero que entiendan que estar en buena forma no es sólo cosa de estar delgado o ser fuerte. Para mantenerse en forma deben tener tres objetivos: condicionar el sistema cardiopulmonar, aumentar la fuerza muscular y mejorar la flexibilidad. Cada persona tiene sus propios objetivos, y también sus propias limitaciones físicas, y debe diseñar su programa con un monitor de acuerdo con éstos. Pero óiganme bien, ¡lo más importante es tener una rutina variada, con ejercicios que les gusten— porque de otro modo no lo van a hacer! Mi rutina personal es la siguiente. Dos días por semana voy a la clase de ejercicios aeróbicos, claro con un buen calentamiento al comienzo. Tres días por semana corro en el parque, o si hace mal tiempo, uso una caminadora en el gimnasio. Luego levanto pesas y termino haciendo estiramientos de los músculos. Los fines de semana me mantengo activa pero hago una variedad de cosas de acuerdo a lo que quiere hacer la familia. A veces practico la natación; otras, vamos de excursión al campo, por ejemplo. Como les había dicho la semana pasada, como unas 1.600 calorías al día, mayormente alimentos con poca grasa y sin sal. Disfruto mucho del bienestar que estos hábitos me producen. Ahora iremos a unos anuncios de nuestros patrocinadores. Cuando regresemos, voy a contestar sus preguntas acerca del ejercicio, la dieta o el bienestar en general. El teléfono es el 43.89.76. No se vayan – ya regresamos con mucha más información.

Ampliación

③ Escribir

Desarrolla un plan personal para mejorar tu bienestar físico y emocional. Considera la nutrición, el ejercicio y el estrés. *Answers will vary.*

 TIP Organize your information logically. To make your writing and message clearer to your readers, organize information chronologically or in order of importance.

Organízalo | Escribe tus objetivos. Anota lo que has hecho hasta ahora, lo que no has hecho, y lo que todavía tienes que hacer para conseguir tus objetivos.

Escríbelo | Organiza tus apuntes y escribe el primer borrador de tu plan personal.

Corrígelo | Intercambia tu plan personal con un(a) compañero/a. Ofrécele sugerencias para mejorar la organización. ¿Incluye toda la información pertinente? ¿Es lógica la organización? Si ves algunos errores, coméntaselos.

Compártelo | Prepara la versión final, tomando en cuenta los comentarios de tu compañero/a. Luego júntate con otro/a compañero/a y comparen lo que han escrito. ¿Cómo son similares sus planes? ¿Cómo son diferentes?

④ Un paso más

Imagina que estás a cargo de (*in charge of*) promocionar una excursión de aventuras con actividades deportivas en algún país hispano. Crea un folleto (*brochure*) atractivo para vender la idea de la excursión; compara tu folleto con los de tus compañeros/as. *Answers will vary.*

- Escoge el país y los lugares que van a visitar.
- Describe las actividades deportivas y de aventura que van a hacer en cada lugar.
- Explica los aspectos de la excursión que son importantes para la salud.
- Incluye el costo del viaje.

En Internet

Investiga estos temas en el sitio vistahigherlearning.com.
- Actividades deportivas en el mundo hispano
- Turismo alternativo en el mundo hispano

Antes de leer

For dramatic effect and to achieve a smoother writing style, authors often do not explicitly supply the reader with all the details of a story. Clues in the text can help you infer those things the writer chooses not to state in a direct manner. You simply "read between the lines" to fill in the missing information and draw conclusions about the story.

Sobre la autora

Cristina Peri Rossi (1941 -) Nació en Uruguay, pero ahora vive en España. En sus cuentos, novelas y poemas explora las pasiones, el aislamiento (*isolation*) y las incertidumbres (*uncertainties*) que sentimos como seres humanos (*human beings*).

EXPANSION Read the first sentence of the story aloud and discuss with the class what it may mean.

TEACHING OPTION Have students read through the passage and locate the verbs in the present perfect tense. Discuss why this tense is used and how it contributes to the meaning of the story. You can also have students identify the past participles used as adjectives in the story. Students can then identify the verbs. Ex: **cerrada (cerrar)**.

SUGGESTION Have students identify the words in the story that signal to the reader the sex of the narrator. (The feminine adjective is the clue: **no seas distraída**).

SUGGESTION Ask pairs to interview one another with the questions in **Coméntalo**.

14 (De Indicios pánicos)

Cristina Peri Rossi

Ella me ha entregado la felicidad dentro de una caja bien cerrada, y me la ha dado, diciéndome:

—Ten cuidado, no vayas a perderla, no seas distraída, me ha costado un gran esfuerzo conseguirla: los mercados estaban cerrados, en las tiendas ya no había y los pocos vendedores ambulantes que existían se han jubilado, porque tenían los pies cansados. Ésta es la única que pude hallar en la plaza, pero es de las legítimas. Tiene un poco menos brillo que aquella que consumíamos mientras éramos jóvenes y está un poco arrugada, pero si caminas bien, no notarás la diferencia. Si la apoyas en alguna parte, por favor, recógela antes de irte, y si decides tomar un ómnibus, apriétala bien entre las manos: la ciudad está llena de ladrones y fácilmente te la podrían arrebatar.

Después de todas estas recomendaciones soltó la caja y me la puso entre las manos. Mientras caminaba, noté que no pesaba mucho pero que era un poco incómoda de usar: mientras la sostenía no podía tocar otra cosa, ni me animaba a dejarla depositada, para hacer las compras. De manera que no podía entretenerme, y menos aún, detenerme a explorar, como era mi costumbre. A la mitad de la tarde tuve frío. Quería abrirla, para saber si era de las legítimas, pero ella me dijo que se podía evaporar. Cuando desprendí el papel, noté que en la etiqueta venía una leyenda:

"Consérvese sin usar."

Desde ese momento tengo la felicidad guardada en una caja. Los domingos de mañana la llevo a pasear, por la plaza, para que los demás me envidien y lamenten su situación; de noche la guardo en el fondo del ropero. Pero se aproxima el verano y tengo un temor: ¿cómo la defenderé de las polillas?

Después de leer

¿Comprendiste?

1. La persona que narra el cuento, ¿es hombre o es mujer? *Es mujer.*
2. El regalo, la felicidad, ¿fue fácil o difícil de conseguir? *Fue difícil de conseguir.*
3. ¿La felicidad se compró en la calle o en una tienda? *Se compró en la calle.*
4. Según la persona que la dio, ¿esta felicidad es de mejor o de peor calidad que la que tenía de joven? *Es de peor calidad.*
5. Según ella, ¿hay mucho o poco riesgo de perder la felicidad? *Hay mucho riesgo.*
6. ¿Cuál es el problema con la felicidad? *El problema es que no le permite tocar cosas.*
7. ¿Al final, ¿qué hace la narradora con la felicidad? *La deja en el ropero, excepto los domingos.*

Preguntas   *Answers will vary.*

1. ¿Qué debe hacer la narradora para cuidar la felicidad?
2. ¿Qué límites le impone la felicidad a la narradora?
3. ¿Cómo quiere la narradora que su felicidad afecte a otras personas?
4. ¿Por qué tiene miedo de las polillas la narradora?

Coméntalo

Para ti, ¿qué significa este cuento? ¿Qué dice de la felicidad? ¿Qué dice de la sociedad y las relaciones humanas? ¿Te parecen importantes la edad y el sexo de la persona que narra? ¿Y de la persona que le dio la felicidad? ¿Qué relación tienen las dos personas? En el cuento, ¿cuáles son las ventajas (*advantages*) y desventajas de tener la felicidad? ¿Te parece un buen regalo? ¿Qué recomendaciones tienes para la narradora del cuento? *Answers will vary.*

me... caja	*handed me happiness in a box*
esfuerzo	*effort*
la única que pude hallar	*the only one I could find*
brillo	*shine*
arrugada	*wrinkled*
no notarás	*you won't notice*
Si... parte	*If you set it down somewhere*
apriétala	*hold*
ladrones	*thieves*
arrebatar	*to snatch*
soltó	*let go of*
pesaba	*weighed*
desprendí	*I took off*
etiqueta	*label*
leyenda	*inscription*
envidien	*envy*
en... ropero	*in the back of the closet*
defenderé	*will I defend*
polillas	*moths*

recursos

R

vistahigher
learning.com

El bienestar

el bienestar	*well-being*
la clase de ejercicios aeróbicos	*aerobics class*
la droga	*drug*
el/la drogadicto/a	*drug addict*
el masaje	*massage*
el/la monitor(a)	*trainer*
el músculo	*muscle*
el/la teleadicto/a	*couch potato; television addict*
adelgazar	*to lose weight; to slim down*
aliviar el estrés/ la tensión	*to relieve stress/ tension*
apurarse	*to hurry; to rush*
aumentar de peso	*to gain weight*
calentarse (e:ie)	*to warm up*
darse prisa	*to hurry up; to rush*
disfrutar (de)	*to enjoy; to reap the benefits (of)*
engordar	*to gain weight*
entrenarse	*to practice; to train*
estar a dieta	*to be on a diet*
estar en buena forma	*to be in good shape*
(no) fumar	*(not) to smoke*
hacer ejercicio	*to exercise*
hacer ejercicios aeróbicos	*to do aerobics*
hacer ejercicios de estiramiento	*to do stretching exercises*
hacer gimnasia	*to work out*
levantar pesas	*to lift weights*
llevar una vida sana	*to lead a healthy lifestyle*
mantenerse en forma	*to stay in shape*
sudar	*to sweat*
sufrir muchas presiones	*to be under a lot of pressure*
tratar de + (inf.)	*to try (to do something)*
activo/a	*active*
débil	*weak*
flexible	*flexible*
fuerte	*strong*
sedentario/a	*sedentary*
tranquilo/a	*calm; quiet*

La nutrición

la bebida alcohólica	*alcoholic beverage*
la caloría	*calorie*
el colesterol	*cholesterol*
la grasa	*fat*
la merienda	*(afternoon) snack*
los minerales	*minerals*
la nutrición	*nutrition*
la proteína	*protein*
las vitaminas	*vitamins*
comer una dieta equilibrada	*to eat a balanced diet*
consumir alcohol	*to consume alcohol*
merendar (e:ie)	*to have a (afternoon) snack*
descafeinado/a	*decaffeinated*

Palabras adicionales

en exceso	*in excess; too much*
sin	*without*

Expresiones útiles	*See page 363.*
Irregular past participles	*See page 366.*

recursos

R	Lab CD Lección 89	LM p. 89

16 El mundo del trabajo

PREVIEW Have students look at the photo. Ask: **¿Qué ven en la foto? ¿Qué hacen el hombre y la mujer? ¿Tienen trabajos profesionales?**

EL MUNDO DEL TRABAJO

el científico
scientist

LAS OCUPACIONES

el/la abogado/a *lawyer*
la actriz *actress*
el/la arquitecto/a *architect*
el/la arqueólogo/a *archeologist*
el bailarín *dancer*
la bailarina *dancer*
el/la cantante *singer*
el/la carpintero/a *carpenter*
el/la consejero/a *counselor; advisor*
el/la contador(a) *accountant*
el/la corredor(a) de bolsa *stockbroker*
el/la diseñador(a) *designer*
el/la electricista *electrician*
el/la escritor(a) *writer*
el/la escultor(a) *sculptor*
el/la gerente *manager*
el hombre/la mujer de negocios
  businessperson
el/la jefe/a *boss*
el/la maestro/a *elementary
  school teacher*
el/la pintor(a) *painter*
el/la poeta *poet*
el/la político/a *politician*
el/la reportero/a *reporter*
el/la secretario/a *secretary*
el/la técnico/a *technician*

el cocinero
cook; chef

la peluquera
hairdresser

el actor
actor

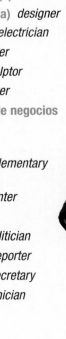

SUGGESTION Have students work in pairs to
list words associated with professions.
Ex: **cocinero: cocina, restaurante, cuchara,
horno, comida,** and so forth.

el bombero
firefighter

el psicólogo
psychologist

VARIACIÓN LÉXICA
Point out these lexical items:
abogado/a → licenciado/a (*Amér. C.*)
contador(a) → contable (*Esp.*)

recursos

R	Textbook CD Lección 16	WB pp. 157-158	LM p. 91	Lab CD Lección 16	ICD-ROM Lección 16

Se busca

diseñador gráfico.

Ofrecemos excelentes beneficios.
Para mayor información,
diríjase a nuestra oficina principal,
Calle Castilla, no. 44.

el anuncio
advertisement

LAS ENTREVISTAS

el/la aspirante *candidate; applicant*
los beneficios *benefits*
el/la entrevistador(a) *interviewer*
el puesto *position; job*
el salario *salary*
la solicitud (de trabajo) *(job) application*
el sueldo *salary*

contratar *to hire*
entrevistar *to interview*
ganar *to earn*
obtener *to obtain; to get*
solicitar *to apply (for a job)*

el currículum
résumé

DATOS PERSONALES
Nombre y apellidos: **Carmelo Roca**
Fecha de nacimiento: **14 de diciembre de 1978**
Lugar de nacimiento: **Salamanca**
D.N.I.: **7885270-R**
Dirección: **Calle Ferrara 17, 5**
37500 Salamanca
Teléfono: **923 270 118**
Correo electrónico: **rocac@teleline.com**

FORMACIÓN ACADÉMICA
• 2001-2002 Máster en Administración y Dirección de Empresas, Universidad Autónoma de Madrid
• 1996-2001 Licenciado en Administración y Dirección de Empresas por la Universidad de Salamanca

CURSOS Y SEMINARIOS
• 2001 "Gestión y Creación de Empresas", Universidad de Córdoba

EXPERIENCIA PROFESIONAL
• 1999-2000 Contrato de un año en la empresa RAMA, S.L., realizando tareas administrativas
• 1998- 1999 Contrato de trabajo haciendo prácticas en Banco Sol

IDIOMAS
• INGLÉS Nivel alto. Título de la Escuela Oficial de Idiomas
• ITALIANO Nivel Medio

INFORMÁTICA/COMPUTACIÓN
• Conocimientos de usuario de Mac / Windows
• MS Office

TEACHING OPTION Take a class survey of the different professions for which students are studying. List the most popular professions on the board and have students brainstorm the requirements for each.

EL MUNDO DEL TRABAJO

el ascenso *promotion*
el aumento de sueldo *raise*
la carrera *career*
la compañía *company; firm*
el empleo *job; employment*
la empresa *company; firm*
la especialización *field of study*
los negocios *business; commerce*
la ocupación *occupation*
el oficio *trade*
la profesión *profession*
el teletrabajo *tele-commuting*
el trabajo *job; work*
la videoconferencia *videoconference*

dejar *to quit; to leave behind*
despedir (e:i) *to fire*
invertir (e:ie) *to invest*
renunciar (a) *to resign (from)*
tener éxito *to be successful*

comercial *commercial; business-related*

SUGGESTION In small groups, have students use what they have learned in this vocabulary list to order the events involved in securing a job.

la reunión
meeting

SUGGESTION Discuss the different experiences students have had with job interviews. Ask: **¿Te pones nervioso/a antes de una entrevista? ¿Cómo te preparas para una entrevista?**

la entrevista
interview

EXPANSION In pairs, have students write down a few questions they would ask a potential employer or a potential employee in a job interview.

SUGGESTION Using pictures and the overhead transparency, ask students to identify places of business and occupations. Ex: **¿Qué tipo de negocio es? (peluquería) ¿Quién trabaja aquí? (un(a) peluquero/a)**

A escuchar

1 **¿Lógico o ilógico?** Escucha las frases e indica si cada frase es **lógica** o **ilógica**.

	Lógico	Ilógico
1.	✓	
2.		✓
3.	✓	
4.	✓	
5.		✓
6.	✓	
7.		✓
8.		✓

2 **Escuchar** Escucha la descripción que hace Alejandro Dávila de su profesión y luego completa las frases con las palabras adecuadas.

1. Alejandro Dávila es un
   a. poeta.   (b.) hombre de negocios.   c. escultor.
2. El Sr. Dávila trabaja como _____ en una compañía multinacional.
   a. secretario   b. técnico   (c.) gerente
3. Al Sr. Dávila le interesaba _____ en la cual pudiera trabajar en otros países.
   (a.) una carrera   b. un ascenso   c. un aumento de sueldo
4. En sus negocios con empresas extranjeras, el Sr. Dávila prefiere
   a. usar las videoconferencias.   (b.) conocer a la gente personalmente.
   c. mandar correos electrónicos.

recursos

R | Textbook CD
Lección 16

INSTRUCTIONAL RESOURCE Text CD, IRM

1 SCRIPT

1. Lucía tiene éxito en su trabajo. Acaba de obtener un ascenso y un aumento de sueldo.

2. Julián encontró una oferta de trabajo estupenda. Por eso, decidió seguir buscando.

3. Luis renunció a su puesto como contador y llenó una solicitud de trabajo en otra empresa.

4. Rosana envió su currículum y después la llamaron para hacer una entrevista.

5. Bernardo es arquitecto. A sus clientes les encanta que les lave y corte el pelo.

6. Una empresa tiene beneficios cuando gana más dinero del que gasta.

7. El jefe estaba tan contento con el trabajo de sus empleados que despidió a ocho personas.

8. Paloma quiere ser escritora. Solicitó un puesto de trabajo en un laboratorio de genética.

2 SCRIPT

Yo soy de una familia de artistas. Mi madre es diseñadora gráfica, mi padre es bailarín y mi hermano es cantante. A diferencia de ellos, yo decidí graduarme con una especialización en negocios internacionales porque quería trabajar en otros países. Ahora soy el gerente de una compañía multinacional y viajo todos los meses. Sé que a muchos compañeros de trabajo no les gusta viajar y prefieren utilizar el correo electrónico, el teletrabajo y la videoconferencia para hacer negocios con empresas extranjeras. Yo, sin embargo, prefiero conocer a la gente personalmente, por eso viajo a sus países cuando tenemos reuniones importantes.

A practicar

3 TEACHING OPTION Play a modified version of "Twenty Questions." Have a volunteer think of a profession and have the class take turns asking yes-no questions until someone guesses it correctly.

4 SUGGESTION Have students make a list of words or expressions they associate with the following professions: **arqueólogo, contador, electricista, cocinero.**

5 EXPANSION Have pairs write logical sentences with the unused choices. Ex: **Mi hermano mandó la solicitud de trabajo ayer.** Call on different pairs to read their sentences aloud.

TEACHING OPTION Divide the class into teams of four. Give groups five minutes to write a job advertisement. Then have groups take turns reading them. The other teams must guess what job is being announced. Award points for correct answers.

3 Ocupaciones ¿Quién realiza las siguientes actividades? Escoge entre las ocupaciones indicadas.

1. Arregla las computadoras. *la técnica*
2. Enseña a los niños. *el maestro*
3. Diseña ropa. *el diseñador*
4. Canta para el público. *la cantante*
5. Arregla los electrodomésticos. *la electricista*
6. Desarrolla teorías de biología, química, física, etc. *el científico*
7. Construye (*builds*) sillas, mesas, casas y otras cosas de madera (*wood*). *la carpintera*
8. Ayuda a la gente a invertir su dinero. *el corredor de bolsa*
9. Trabaja con números y arregla las cuentas de diferentes negocios. *la contadora*
10. Combate los fuegos (*fires*) que destruyen los edificios y los bosques. *el bombero*

la carpintera	la técnica
el bombero	el diseñador
la contadora	la electricista
la cantante	el maestro
el corredor de bolsa	el científico

4 Asociaciones ¿Qué profesiones asocias con las siguientes palabras? Escoge de la lista.

1. pelo — *peluquera*
2. novelas — *escritor*
3. emociones *psicóloga/actriz*
4. teatro — *actriz*
5. periódico *reportero/escritor*

6. pinturas — *pintor*
7. elecciones — *política*
8. baile — *bailarín*
9. leyes — *abogado*
10. consejos *consejero/psicóloga*

escritor	psicóloga
actriz	abogado
pintor	reportero
arqueólogo	política
peluquera	bailarín
consejero	electricista

5 Completar Completa las frases.

1. Quiero conseguir un puesto con
   a. oficios. b. beneficios. c. ocupación.
2. Luisa tiene la oportunidad de _____ la empresa donde trabaja.
   a. despedir b. entrevistar c. invertir en
3. Mi vecino dejó su _____ porque no le gustaba su jefe.
   a. puesto b. anuncio c. ascenso
4. Raúl va a _____ su empleo antes de empezar su propia empresa.
   a. solicitar b. tener éxito c. renunciar a
5. Mi madre _____ su carrera como escultora.
   a. tuvo éxito en b. invirtió c. entrevistó
6. ¿Cuándo obtuviste _____ más reciente?
   a. la reunión b. la videoconferencia c. el aumento de sueldo
7. Jorge llegó tarde a la _____ esta mañana.
   a. reunión b. especialización c. carrera

A conversar

6 **Conversación** Contesta las preguntas con un(a) compañero/a. *Answers will vary.*

1. ¿Te gusta tu especialización?
2. ¿Lees los anuncios de empleos en el periódico con regularidad?
3. ¿Cómo te preparas para una entrevista?
4. ¿Obtienes siempre los puestos que quieres?
5. ¿Qué características tiene un(a) jefe/a bueno/a?
6. ¿Te gustaría más un teletrabajo o un trabajo en una oficina? ¿Por qué?
7. ¿Quieres tener tu propia empresa?
8. ¿Cuál es tu carrera ideal? ¿Por qué?

7 **Entrevista** Trabaja con un(a) compañero/a para representar los papeles de un(a) aspirante a un puesto de trabajo y el de un(a) entrevistador(a). *Answers will vary.*

El/la entrevistador(a) debe describir…
• el empleo
• las responsabilidades
• el salario
• los beneficios.

El/la aspirante debe…
• presentar su experiencia
• preguntar los detalles del puesto.

Entonces…
• el/la entrevistador(a) debe decidir si va a contratar al/a la aspirante
• el/la aspirante debe decidir si va a aceptar el puesto.

8 **Una feria de trabajo** La clase va a organizar una feria (*fair*) de trabajo. Unos estudiantes son los representantes de las compañías y otros son los/las aspirantes que están buscando nuevos puestos de trabajo. *Answers will vary.*

Representantes	**Aspirantes**
• Preparan carteles con el nombre de su compañía. • Escriben los puestos de trabajo que ofrecen. • Contestan las preguntas de los aspirantes y describen los puestos disponibles. • Consiguen los nombres y referencias de los aspirantes.	• Circulan por la feria de trabajo. • Hablan con tres representantes y formulan preguntas sobre los puestos que tienen. • Muestran sus referencias y sus currícula. • Escogen su puesto favorito.

6 SUGGESTION This activity can be done in pairs or small groups in round-robin fashion. Call on students to report on different students' responses.

7 SUGGESTION Give students two minutes to look at the photo and brainstorm about what is happening in this interview situation. Ask for volunteers to perform their **entrevista** for the class.

8 SUGGESTION Divide the class so half will play the role of **Representantes** and half will be **Solicitantes.** Give students 10 minutes to prepare their assigned roles (or you may assign this preparation as homework). **Representantes** should create job announcements and **Solicitantes** should prepare their resumes.

TEACHING OPTION Play a game of continuous narration. One student begins: **Es mi primera entrevista para mi trabajo ideal**. The next student continues: **Tengo mi solicitud de empleo y mi curriculum**. The next student continues: **Voy a la empresa y hablo con la recepcionista.** Students continue taking turns until the interview ends.

Ortografía

Las letras **y**, **ll** y **h**

The letters **ll** and **y** were not pronounced alike in Old Spanish. Nowadays, however, **ll** and **y** have the same or similar pronunciations in many parts of the Spanish-speaking world. This similarity results in frequent misspellings. The letter **h**, as you already know, is silent in Spanish, and it is often difficult to know whether words should be written with or without it. Here are some of the word groups that are spelled with each letter.

ta**lla**	se**llo**	bot**ella**	amari**llo**

The letter **ll** is used in these endings: **–allo/a, –ello/a, –illo/a.**

llave	**lle**ga	**llo**rar	**llu**via

The letter **ll** is used at the beginning of words in these combinations: **lla-, lle-, llo-, llu-.**

ca**y**endo	le**y**eron	o**y**e	inclu**y**e

The letter **y** is used in some forms of the verbs **caer, leer,** and **oír,** and of verbs ending in **–uir.**

hiperactivo	**hosp**ital	**hipo**pótamo	**hum**or

The letter **h** is used at the beginning of words in these combinations: **hiper-, hosp-, hidr-, hipo-, hum-.**

hiato	**hie**rba	**hue**so	**hui**r

The letter **h** is also used in words that begin with these combinations: **hia-, hie-, hue-, hui-.**

Práctica Llena los espacios con **h**, **ll** o **y**. Después escribe una frase con cada una de las palabras.

1. cuchi__ll__o
2. __h__ielo
3. cue__ll__o
4. estampi__ll__a
5. estre__ll__a
6. __h__uésped
7. destru__y__ó
8. pla__y__a

Adivinanza Aquí tienes una adivinanza (*riddle*). Intenta descubrir de qué se trata.

Una cajita chiquita, blanca como la nieve: todos la saben abrir, nadie la sabe cerrar.[1]

Pista: Es una comida.

1. El huevo

EXPANSION Read aloud a list of words that contain **y, ll,** and **h**. Each time you read a word, the class should say **i griega, elle** or **hache** to indicate which letter is used in that word. Sample words are: **ayer, llegaba, oyó, llamamos, humano, huésped, millonario, cayeron, leyó.**

SUGGESTION Work through these activities with the class to practice spelling words that contain **y, ll,** and **h**.

TEACHING OPTION Have the class work in groups to make a list of six new words that are spelled with **y, ll,** or **h** (two words for each letter). Then have them create humorous sentences that include all of the words. Have several groups share the sentences with the class.

recursos

R

ICD-ROM
Lección 16

Memorias del viaje

Los viajeros recuerdan sus experiencias.

SUGGESTION You will want to tell students that there is no video module for this lesson. Instead, the **fotonovela** section provides a summary of the video module through the main characters' reminiscing.

1

INÉS

La excursión a las montañas fue lo que más me gustó del viaje. ¡El paisaje era tan hermoso! Me encantó que mis amigos pudieran disfrutar de la belleza de mi país. Además, fue una oportunidad para que Javier y yo pudiéramos conocernos. Sé que muy pronto será un artista famoso. Nos llevamos muy bien durante el viaje y creo que seremos buenos amigos.

3

JAVIER

Para mí, el paisaje de las montañas fue lo mejor del viaje. Tomé varias fotos e hice muchos dibujos cuando estábamos allí. El próximo verano volveré para pintar más cuadros de lo que vi durante este viaje. Ahora soy un pintor desconocido… pero, cuando la gente vea esos cuadros, seré famoso. Estoy casi seguro de ello. Cuando vuelva, me gustaría que Inés, Maite y Álex vinieran conmigo. El viaje no sería tan divertido sin ellos.

SUGGESTION Have students predict the memories each character will mention as they reminisce about their trip. Review these predictions with the whole class.

SUGGESTION Have students discuss how the format seems different from previous episodes.

Personajes

JAVIER

INÉS

ÁLEX

MAITE

Expresiones útiles

Talking about future plans

Sé que muy pronto será un artista famoso.
I know that soon he will be a famous artist.

Creo que seremos buenos amigos.
I think we'll be good friends.

El próximo verano volveré para pintar más cuadros de lo que vi durante este viaje.
Next summer I'll return to paint more paintings of what I saw during this trip.

Cuando la gente vea esos cuadros, seré famoso.
When people see those paintings, I'll be famous.

Nunca se sabe, es posible que nos casemos un día de estos.
You never know, it's possible that we'll get married one of these days.

Reminiscing

Además, fue una oportunidad para que Javier y yo pudiéramos conocernos.
Besides, it was an opportunity for Javier and me to get to know each other.

Me sorprendió que mis amigos me organizaran una fiesta de cumpleaños en el restaurante El Cráter.
It surprised me that my friends organized a birthday party for me in the El Cráter restaurant.

Dudé que llegáramos a ser buenos amigos.
I doubted that we would become good friends.

No quería que el viaje se acabara.
I didn't want the trip to end.

Expressing hopes and wishes

Pero ahora me gustaría conocerlo mejor.
But now I would like to get to know him better.

Cuando vuelva, me gustaría que Inés, Maite y Álex vinieran conmigo.
When I return, I would like Inés, Maite, and Álex to come with me.

SUGGESTION Have students look at the **Expresiones útiles**. Point out appropriate words and explain that students will learn more about the future tense, the conditional tense and the past subjunctive in this lesson's **Gramática** section.

2

ÁLEX

Hola, Mario:

Anoche volvimos a Quito. No quería que el viaje se acabara. Nos lo pasamos muy bien, incluso cuando se nos dañó el autobús cerca de Ibarra. Además, conocí a gente interesante, como Maite, que estudia para ser periodista. Es una chica guapa y muy inteligente. Durante el viaje, salimos juntos en varias ocasiones y creo que volveremos a vernos otra vez. Nunca se sabe, es posible que nos casemos un día de estos.

Tu amigo, Álex

4

MAITE

El viaje fue estupendo y me divertí muchísimo. Me sorprendió que mis amigos me organizaran una fiesta de cumpleaños en el restaurante El Cráter. Además, conocí a un chico encantador que se llama Álex. Me dijo que estaba pensando en empezar un negocio en Internet. En un primer momento, dudé que llegáramos a ser buenos amigos. Pero ahora me gustaría conocerlo mejor. ¿Quién sabe? Quizás nos convirtamos en algo más que amigos…

¿Qué piensas?

1 Seleccionar Selecciona la respuesta más lógica para cada frase.

1. Inés cree que Javier será
   a. un bombero. b. un artista famoso.
   c. un científico.

2. Maite estaba sorprendida de que sus amigos le hubieran organizado
   a. una fiesta de cumpleaños. b. una excursión.
   c. una cena con Álex.

3. Javier volverá el próximo verano para
   a. correr. b. viajar.
   c. pintar.

4. Álex no quería que el viaje se acabara porque
   a. se le dañó la computadora. b. lo pasó muy bien.
   c. le gustó la comida de doña Rita.

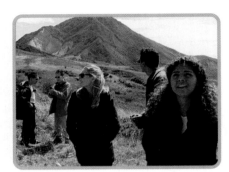

2 Preguntas Responde a las siguientes preguntas.

1. ¿Se habían conocido Inés y Javier antes del viaje? ¿Cómo lo sabes?
   No, no se habían conocido antes del viaje. Inés dijo que conoció a Javier en el viaje.

2. ¿Qué piensa Maite de Álex?
   Maite piensa que Álex es encantador.

3. ¿Qué le gustó más del viaje a Javier?
   A Javier le gustó más el paisaje de las montañas.

4. ¿Qué opina Álex sobre su futuro con Maite?
   Opina que es posible que se casen.

3 La reunión En 20 años Maite, Álex, Inés y Javier se vuelven a reunir. En grupos, escriban un diálogo explicando qué ha pasado en sus vidas personales y profesionales después del viaje. Luego, representen el diálogo delante de la clase. *Answers will vary.*

2 SUGGESTION Ask students these additional questions: **¿Qué piensa Álex de Maite? (Es una chica guapa e inteligente) ¿Se llevaron bien Inés y Javier en el viaje? (Sí) ¿Qué tipo de negocio quiere empezar Álex? (un negocio en Internet)**

2 EXPANSION What would don Francisco say if he were to reminisce about his experiences with this group of travelers? Have students write a passage from his perspective to add to the episode. Use the passages from Inés, Javier, Maite and Álex as models.

3 EXPANSION Have students interview each other in pairs about what they want to be doing in 10 years, 20 years, etc. Ask volunteers to report their partner's plans to the class.

Exploración
Las mujeres en el mundo del trabajo

La indígena guatemalteca Rigoberta Menchú Tum recibió el Premio Nobel de la Paz en 1992. Es conocida por su trabajo en la defensa de los derechos de los pueblos indígenas. En 1983, publicó *Yo, Rigoberta Menchú*, un libro sobre su lucha (*fight*).

Observaciones

• **Gabriela Mistral** fue una poeta y diplomática chilena. En 1945 tuvo el honor de ser la primera escritora latinoamericana en recibir el Premio Nobel de Literatura.

• En 1996, el 49% de los estudiantes que se matricularon (*registered*) en los colegios técnicos públicos de Costa Rica eran mujeres.

• En 1999, **Mireya Moscoso** fue la primera mujer elegida (*elected*) presidenta de Panamá.

La diseñadora venezolana Carolina Herrera es considerada una de las figuras más importantes en el campo de la moda. Tiene mucho éxito en los Estados Unidos y en Latinoamérica. Su ropa es muy popular entre las mujeres profesionales por su estilo clásico y funcional.

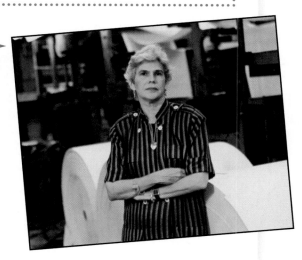

La primera mujer que gobernó un país de América Central fue Violeta Barrios de Chamorro. Fue presidenta de Nicaragua desde 1990 hasta 1997. Después, escribió sus memorias en un libro llamado *Sueños del corazón*.

Coméntalo

Con un(a) compañero/a, contesta las siguientes preguntas. *Answers will vary.*

• ¿Por qué son importantes estas mujeres en el mundo en general?

• En parejas, escojan una mujer profesional que admiran. ¿Qué cualidades admiran en esta persona?

recursos

R   vistahigher learning.com

16.1 The future tense

▶ You have already learned how to use **ir a** + [*infinitive*] to express the near future. You will now learn the future tense. Compare these different ways of expressing the future in Spanish.

Present indicative

Voy al cine mañana.
I'm going to the movies tomorrow.

Present subjunctive

Ojalá **vaya al cine** mañana.
I hope I will go to the movies tomorrow.

ir a + infinitive

Voy a ir al cine.
I'm going to go to the movies.

Future

Iré al cine.
I will go to the movies.

Future tense of regular verbs

	estudiar	aprender	recibir
yo	estudiaré	aprenderé	recibiré
tú	estudiarás	aprenderás	recibirás
Ud./él/ella	estudiará	aprenderá	recibirá
nosotros/as	estudiaremos	aprenderemos	recibiremos
vosotros/as	estudiaréis	aprenderéis	recibiréis
Uds./ellos/ellas	estudiarán	aprenderán	recibirán

¡ojo! All the forms of the future tense have written accents, except the **nosotros/as** form.

▶ In Spanish, the future tense consists of one word, whereas in English it is made up of *will* or *shall* and a main verb.

¿Cuándo **recibirás** el ascenso?
When will you receive the promotion?

Mañana **aprenderemos** más.
Tomorrow we will learn more.

▶ The future endings are the same for all verbs. For regular verbs, add the endings to the infinitive. For irregular verbs, add the endings to the irregular stem.

Irregular verbs in the future

INFINITIVE	STEM	FUTURE FORMS
decir	dir-	diré
hacer	har-	haré
poder	podr-	podré
poner	pondr-	pondré
querer	querr-	querré
saber	sabr-	sabré
salir	saldr-	saldré
tener	tendr-	tendré
venir	vendr-	vendré

Práctica

1 Planes Celia está hablando de sus planes. Repite lo que dice con el tiempo futuro.

modelo
Voy a consultar un diccionario en la biblioteca.
Consultaré un diccionario en la biblioteca.

1. Julián me va a decir dónde puedo buscar trabajo.
Me dirá...
2. Voy a buscar un puesto que ofrezca ascensos.
Buscaré...
3. Voy a leer los anuncios clasificados todos los días.
Leeré...
4. Voy a obtener un puesto en mi especialización.
Obtendré...
5. Mis amigos van a intentar obtener un teletrabajo.
Intentarán...

2 En el futuro Mario habla de sus planes para el futuro y de los planes de algunos amigos y parientes suyos. Combina los siguientes elementos para formar frases completas.

1. Yo / estudiar / para / exámenes finales / mañana
Estudiaré para mis exámenes finales mañana.
2. Yo / tener / entrevista de trabajo / en una semana
Tendré una entrevista de trabajo en una semana.
3. La próxima semana / mis tíos / poner / anuncio para buscar un empleado
La próxima semana, mis tíos pondrán un anuncio para buscar un empleado.
4. Pronto / mi hermana / dejar / puesto de cocinera
Pronto mi hermana dejará su puesto de cocinera.
5. Mis padres / tener mucho éxito / como políticos
Mis padres tendrán mucho éxito como políticos.
6. Mis amigos y yo / tener / puestos interesantes
Mis amigos y yo tendremos puestos interesantes.

3 Preguntas En parejas, túrnense para hablar del puesto que prefieren y por qué, basándose en los anuncios. Usen las preguntas como guía y formulen también sus propias preguntas. *Answers will vary.*

SE BUSCA DIRECTOR
de mercadeo para empresa privada. Mínimo de 5 años de experiencia en turismo y conexiones con INTUR (Instituto Nicaragüense de Turismo) y ANTUR (Associación Nicaragüense de Turismo Receptivo). Debe hablar inglés, español y alemán. Salario anual: 306,000 córdobas. Horario flexible. Buenos beneficios. Envíe currículum por fax al 492-38-67.

MUEBLERÍA MANAGUA
busca carpintero/a. Experiencia en fabricación de muebles finos. Horario: lunes a viernes de 7:30 a 11:30 y de 1:30 a 5:30. Sueldo semanal: 462 córdobas (y beneficios). Comenzará inmediatamente. Solicite en persona: Calle El Lago, Managua.

1. ¿Cuál será tu trabajo?
2. ¿Qué harás?
3. ¿Cuánto te pagarán?
4. ¿Te ofrecerán beneficios?
5. ¿Qué horario tendrás?
6. ¿Crees que te gustará?
7. ¿Cuándo comenzarás a trabajar?
8. ¿Qué crees que aprenderás?

INSTRUCTIONAL RESOURCES WB, LM, IRM (teaching tips, etc.), ICD-ROM

Conversación

4 **Conversar** Tú y tu compañero/a viajarán a la República Dominicana por siete días. En parejas, conversen sobre sus itinerarios. Digan dónde, cómo, con quién o cuándo harán las actividades escogidas, usando el anuncio como guía. Pueden usar sus propias ideas también. *Answers will vary.*

modelo

Estudiante 1: ¿Qué haremos el martes?
Estudiante 2: Visitaremos el Jardín Botánico.
Estudiante 1: Pues, tú visitarás el Jardín Botánico y yo caminaré por el Mercado Modelo.

¡Bienvenido a la República Dominicana!

Se divertirá desde el momento en que llegue al Aeropuerto Internacional de las Américas.
- Visite la ciudad colonial de **Santo Domingo** con su interesante arquitectura.
- Vaya al **Jardín Botánico** y disfrute de nuestra abundante naturaleza.
- En el **Mercado Modelo**, no va a poder resistir la tentación de comprar artesanías.
- No deje de escalar la montaña del **Pico Duarte** (se recomiendan 3 días).
- ¿Le gusta bucear? **Cabarete** tiene todo el equipo que Ud. necesita.
- ¿Desea nadar? **Punta Cana** le ofrece hermosas playas.

5 **Una empresa privada** En grupos pequeños, desarrollen planes para formar una empresa privada. Usen las preguntas como guía. Después presenten su plan a la clase. *Answers will vary.*

1. ¿Cómo se llamará y qué tipo de empresa será?
2. ¿Cuántos empleados tendrá y cuáles serán sus oficios?
3. ¿Qué tipo de beneficios se ofrecerán?
4. ¿Quién será el/la gerente y quién será el/la jefe/a?
5. ¿Permitirá su empresa el teletrabajo? ¿Por qué?
6. ¿Qué se hará para que los empleados no dejen el trabajo?
7. ¿Dónde pondrá anuncios para buscar empleados?
8. ¿Qué harán los gerentes para que la empresa tenga éxito?

6 **Predicciones** Con dos o tres compañeros/as, especula sobre lo que ocurrirá en los siguientes años: 2010, 2030 y 2050. Usen su imaginación. Luego compartan sus predicciones con la clase. *Answers will vary.*

¡ojo! The future of **hay** (*inf.* **haber**) is **habrá** (*there will be*).

La próxima semana **habrá** dos reuniones.
Next week there will be two meetings.

Habrá muchos gerentes en la conferencia.
There will be many managers at the conference.

▶ Although *will* can refer to future time, it also refers to someone's willingness to do something. In this case, Spanish uses **querer** + [*infinitive*].

¿**Quieres llamarme**, por favor?
Will you please call me?

¿**Quieren Uds. escucharnos**, por favor?
Will you please listen to us?

▶ English sentences involving expressions such as *I wonder, I bet, must be, may, might,* and *probably* are often conveyed in Spanish using the future of probability, a use of the future that expresses conjecture about present conditions, events, or actions.

—¿Dónde **estarán** mis llaves?
I wonder where my keys are?

—**Estarán** en la cocina.
They're probably in the kitchen.

—¿Qué hora **será**?
What time can it be? (I wonder what time it is?)

—**Serán** las once o las doce.
It must be (it's probably) eleven or twelve.

▶ The future may be used in sentences in which the present subjunctive follows a conjunction of time such as **cuando, después (de) que, en cuanto, hasta que,** and **tan pronto como**.

Cuando llegues a la oficina, **hablaremos**.
When you arrive at the office, we will talk.

Saldremos tan pronto como termine su trabajo.
We will leave as soon as you finish your work.

Después de que obtengas el ascenso, te **invitaré** a cenar.
After you get the promotion, I'll take you out to dinner.

Hasta que contrate otro empleado, el jefe **tendrá** que hacer el trabajo.
Until he hires another employee, the boss will have to do the work.

¡Manos a la obra!

 Conjuga los verbos indicados en futuro.

1. yo [dejar, correr, invertir] *dejaré, correré, invertiré*
2. tú [renunciar, beber, vivir] *renunciarás, beberás, vivirás*
3. Lola [hacer, poner, venir] *hará, pondrá, vendrá*
4. nosotros [tener, decir, querer] *tendremos, diremos, querremos*
5. Uds. [ir, ser, estar] *irán, serán, estarán*
6. Ud. [solicitar, comer, repetir] *solicitará, comerá, repetirá*
7. yo [saber, salir, poder] *sabré, saldré, podré*
8. tú [encontrar, jugar, servir] *encontrarás, jugarás, servirás*

16.2 The conditional tense

▶ The conditional tense expresses what you would do or what would happen under certain circumstances. In Lesson 7, you learned the polite expression **me gustaría…** (*I would like…*), which uses a conditional form of **gustar**.

The conditional tense

	visitar	comer	aplaudir
yo	visitaría	comería	aplaudiría
tú	visitarías	comerías	aplaudirías
Ud./él/ella	visitaría	comería	aplaudiría
nosotros/as	visitaríamos	comeríamos	aplaudiríamos
vosotros/as	visitaríais	comeríais	aplaudiríais
Uds./ellos/ellas	visitarían	comerían	aplaudirían

▶ The conditional endings are the same for all verbs and all forms carry a written accent. For regular verbs, add the endings to the infinitive. For irregular verbs, add the endings to the irregular stem.

INFINITIVE	STEM	CONDITIONAL
decir	dir-	diría
haber	habr-	habría
hacer	har-	haría
poder	podr-	podría
poner	pondr-	pondría
querer	querr-	querría
saber	sabr-	sabría
salir	saldr-	saldría
tener	tendr-	tendría
venir	vendr-	vendría

¡ojo! The conditional form of **hay** is **habría** (*there would be*).

▶ In English, the conditional is made up of *would* and a main verb, but in Spanish, it consists of one word.

Este aspirante **sería** perfecto para el puesto.
This candidate would be perfect for the job.

Querría un puesto con un buen salario.
I would like a job with a good salary.

¿**Vivirían** Uds. en otro país por un trabajo?
Would you live in another country for a job?

Ganarían más en otra compañía.
They would earn more in another company.

Práctica

1 Un viaje A la empresa Informática al Día le gustaría tener una conferencia en Puerto Rico. En las siguientes oraciones, los empleados nos cuentan sus planes de viaje. Complétalas con el condicional del verbo indicado.

1. Me ___*gustaría*___ [gustar] venir unos días antes de la conferencia para viajar.

2. Ana ___*saldría*___ [salir] primero a la playa para descansar.

3. Yo ___*diría*___ [decir] que fuéramos a San Juan porque es una ciudad muy divertida.

4. Nosotras ___*preferiríamos*___ [preferir] tener las reuniones por la mañana. Por la tarde ___*podríamos*___ [poder] visitar la ciudad.

5. Y nosotros ___*veríamos*___ [ver] la zona comercial de la ciudad. Y tú, Luisa, ¿qué ___*harías*___ [hacer]?

6. El jefe ___*tendría*___ [tener] interés en hacer una videoconferencia. En el fin de semana él ___*visitaría*___ [visitar] los museos.

2 Preguntas Forma preguntas con las palabras que se dan en cada ocasión. Inventa luego las respuestas para estas preguntas. Usa el condicional. *Answers will vary.*

modelo

Hacer (Uds.) / videoconferencia / con / empresa en Chile
—¿*Harían Uds. una videoconferencia con una empresa en Chile?*
—*Sí, haríamos una videoconferencia con una empresa en Chile.*

1. contratar (tú) / un miembro de tu familia / para / puesto nuevo

2. invertir (ellos) / dinero / en / compañía nueva

3. solicitar (ella) / trabajo / de abogado

4. renunciar (tú) / puesto / por otro trabajo con mejores beneficios

5. tener (nosotros) / dinero / para empezar / empresa privada

3 Sugerencias Beatriz busca trabajo. Dile ocho cosas que tú harías si fueras (*if you were*) ella. Usa el condicional. Luego compara tus sugerencias con las de un(a) compañero/a. *Answers will vary.*

INSTRUCTIONAL RESOURCES WB, LM, IRM (teaching tips, etc.), ICD-ROM

Conversación

4 **En tu lugar...** Lee las situaciones. Responde con lo que harías en esta situación usando la frase **Yo en tu lugar...** (*If I were you...*). Después, compara tus ideas con las de un(a) compañero/a. *Answers will vary.*

> **modelo**
>
> Me encanta mi puesto, pero mi jefe es muy pesado. ¡Nunca me deja hablar!
>
> **Estudiante 1:** Me encanta mi puesto, pero mi jefe es muy pesado. ¡Nunca me deja hablar!
> **Estudiante 2:** Pues, yo en tu lugar hablaría con mi jefe sobre este problema.

1. El año pasado escogí la contabilidad como mi especialización, pero ahora he descubierto que no me gusta trabajar con números todo el día. Si cambio, mis padres quizás se enojen.

2. Me ofrecen un puesto interesantísimo, con un buen sueldo y excelentes beneficios, pero tiene un horario horrible. No volveré a ver a mis amigos jamás.

3. Mi peluquero es maravilloso, pero se va de viaje por dos meses a San Juan. Los otros peluqueros que trabajan en su salón no me gustan. Y tengo que hacer varias presentaciones públicas para mi empresa durante esos dos meses.

5 **¿Qué harías?** Quieres saber qué harían tus compañeros por un millón de dólares. Escribe ocho preguntas en el tiempo condicional. Circula por la clase y pregúntales a tus compañeros. Anota las respuestas e informa a la clase de los resultados de la encuesta.

> **modelo**
>
> **Estudiante 1:** ¿Trabajarías como cantante en Las Vegas?
> **Estudiante 2:** Sí, lo haría. Sería un puesto muy interesante.

Actividades	Nombre de compañero/a
_____	_____
_____	_____
_____	_____
_____	_____
_____	_____
_____	_____
_____	_____
_____	_____

Uses of the conditional

▸ The conditional is commonly used to make polite requests.

¿Podrías llamar al gerente, por favor?	**¿Sería** tan amable de venir ahora?
Would you call the manager, please?	*Would you be so kind as to come now?*

▸ In both Spanish and English, the conditional expresses the future in relation to a past action or state of being. The future indicates what *will happen*, whereas the conditional indicates what *would happen*. The future tense is often used if the main verb is in the present tense. The conditional is often used if the main verb is in one of the past tenses.

Creo que mañana **hará** sol.	**Creía** que hoy **haría** sol.
I think it will be sunny tomorrow.	*I thought it would be sunny today.*

▸ The English *would* can also mean *used to*, in the sense of past habitual action. To express past habitual actions, Spanish uses the imperfect.

Íbamos al parque los sábados.	De adolescentes, **comíamos** mucho.
We would go to the park on Saturdays.	*As teenagers, we used to eat a lot.*

▸ English sentences involving expressions such as *I wondered if*, *probably*, and *must have been* are often conveyed in Spanish using the conditional of probability, a use of the conditional that expresses conjecture or probability about *past* conditions, events, or actions.

Serían las nueve cuando el jefe me llamó.	Sonó el teléfono. **¿Llamaría** Tina para cancelar la cita?
It must have been 9 o'clock when the boss called.	*The phone rang. Could it be Tina calling to cancel the appointment?*

Sin ti, no sé qué haría.

Sólo tú sabes ordenar mi vida.

Computadoras de Bolsillo Vargas   MM-3000

¡Manos a la obra!

 Indica la forma apropiada del condicional de los siguientes verbos.

1. yo [escuchar, leer, escribir] _escucharía, leería, escribiría_
2. tú [invertir, comprender, compartir] _invertirías, comprenderías, compartirías_
3. Marcos [poner, venir, querer] _pondría, vendría, querría_
4. nosotras [ser, saber, ir] _seríamos, sabríamos, iríamos_
5. Uds. [presentar, deber, despedir] _presentarían, deberían, despedirían_
6. ella [salir, poder, hacer] _saldría, podría, haría_
7. yo [tener, tocar, acostarse] _tendría, tocaría, me acostaría_
8. tú [decir, ver, renunciar] _dirías, verías, renunciarías_

16.3 The past subjunctive

▶ The past subjunctive (**el imperfecto del subjuntivo**) is also called the imperfect subjunctive. Like the present subjunctive, it is used mainly in multiple-clause sentences that express will, influence, emotion, commands, indefiniteness, and non-existence.

The past subjunctive

	estudiar	aprender	recibir
yo	estudiara	aprendiera	recibiera
tú	estudiaras	aprendieras	recibieras
Ud./él/ella	estudiara	aprendiera	recibiera
nosotros/as	estudiáramos	aprendiéramos	recibiéramos
vosotros/as	estudiarais	aprendierais	recibierais
Uds./ellos/ellas	estudiaran	aprendieran	recibieran

¡ojo! The past subjunctive endings are the same for all verbs. Also, note that the **nosotros/as** forms always have a written accent.

▶ For *all* verbs, the past subjunctive is formed with the **Uds./ellos/ellas** form of the preterite. By dropping the **–ron** ending, you establish the stem for all the past subjunctive forms. You then add the past subjunctive endings.

INFINITIVE	PRETERITE FORM	STEM	PAST SUBJUNCTIVE
hablar	ellos hablaron	habla-	hablara, hablaras, habláramos
beber	ellos bebieron	bebie-	bebiera, bebieras, bebiéramos
escribir	ellos escribieron	escribie-	escribiera, escribieras, escribiéramos

▶ Verbs with irregular preterites use the same stems and endings in the past subjunctive.

INFINITIVE	PRETERITE FORM	STEM	PAST SUBJUNCTIVE
dar	dieron	die-	diera, dieras, diéramos
decir	dijeron	dije-	dijera, dijeras, dijéramos
estar	estuvieron	estuvie-	estuviera, estuvieras, estuviéramos
hacer	hicieron	hicie-	hiciera, hicieras, hiciéramos
ir/ser	fueron	fue-	fuera, fueras, fuéramos
poder	pudieron	pudie-	pudiera, pudieras, pudiéramos
poner	pusieron	pusie-	pusiera, pusieras, pusiéramos
querer	quisieron	quisie-	quisiera, quisieras, quisiéramos
saber	supieron	supie-	supiera, supieras, supiéramos
tener	tuvieron	tuvie-	tuviera, tuvieras, tuviéramos
venir	vinieron	vinie-	viniera, vinieras, viniéramos

Práctica

1 Conversaciones Completa los minidiálogos con el imperfecto del subjuntivo.

PACO ¿Qué le dijo el consejero a Andrés? Quisiera saberlo.

JULIA Le aconsejó que __dejara__ [dejar] los estudios de arte y que __estudiara__ [estudiar] una carrera que __pagara__ [pagar] mejor.

PACO Siempre el dinero. ¿No se enojó Andrés de que le __aconsejara__ [aconsejar] eso?

JULIA Sí, y le dijo que no creía que ninguna carrera le __fuera__ [ir] a gustar más.

• • •

EVA Qué lástima que ellos no te __ofrecieran__ [ofrecer] el puesto de gerente.

LUIS Querían a alguien que __tuviera__ [tener] más experiencia.

EVA Pero, ¿cómo? ¿No te molestó que te __dijeran__ [decir] eso?

LUIS No, porque les gustó mucho mi currículum. Me pidieron que __volviera__ [volver] en un año y __solicitara__ [solicitar] el puesto otra vez.

• • •

CARLA Cuánto me alegro de que tus hijas __vinieran__ [venir] ayer a visitarte. ¿Cuándo se van?

ANA Bueno, yo esperaba que se __quedaran__ [quedar] dos semanas, pero no pueden. Ojalá __pudieran__ [poder]. Hace muchísimo tiempo que no las veo.

2 Transformar Cambia las frases al pasado según el modelo. *Answers will vary.*

modelo

Temo que Juanita no consiga el trabajo.
Temía que Juanita no consiguiera el trabajo.

1. Esperamos que Miguel no renuncie.
   Esperábamos que Miguel no renunciara.
2. No hay nadie que responda al anuncio.
   No había nadie que respondiera al anuncio.
3. Me sorprende que ellos no inviertan su dinero.
   Me sorprendía que ellos no invirtieran su dinero.
4. Te piden que no llegues tarde a la oficina.
   Te pidieron que no llegaras tarde a la oficina.
5. Juan quiere que Marta tome el puesto de contadora.
   Juan quería que Marta tomara el puesto de contadora.
6. Siento mucho que no tengas éxito en el trabajo nuevo. *Sentía mucho que no tuvieras éxito en el trabajo nuevo.*
7. Quiero que te entrevistes con esta compañía.
   Quería que te entrevistaras con esta compañía.

INSTRUCTIONAL RESOURCES WB, LM, IRM (teaching tips, etc.), ICD-ROM

Conversación

3 **Preguntas** Con un(a) compañero/a, completa las siguientes oraciones. *Answers will vary.*

1. Cuando eras niño/a, ¿qué querías que hicieran tus padres?

2. Cuando eras niño/a, ¿esperaban tus padres que trabajaras en una profesión específica?

3. ¿Dudaban tus profesores que tú pudieras llegar a ser lo que querías?

4. ¿Insistían tus padres en que fueras a la universidad? ¿Insistían en otras cosas?

5. ¿Qué te aconsejaron tus amigos que hicieras para tener éxito?

6. ¿Cuál esperabas que fuera tu profesión?

4 **Minidiálogos** Trabajen en parejas. Uno/a de Uds. ha comprado una casa; el/la otro/a es el/la gerente de la empresa responsable de las reformas (*improvements*) de la casa. El/la cliente/a llama al/a la gerente para quejarse (*to complain*) de que algunos trabajadores todavía no han hecho algunas reformas. Usen las siguientes palabras y el modelo como guía. *Answers will vary.*

modelo el/la técnico/a / conectar / módem

Estudiante 1: Le pedí al técnico que conectara el módem, pero todavía no ha venido.
Estudiante 2: No se preocupe. Yo también le pedí al técnico que fuera a su casa.

1. el/la electricista / conectar / electricidad
2. el/la carpintero/a / construir / balcón
3. el/la diseñador(a) / escoger / muebles
4. el/la pintor(a) / pintar / paredes

5 **Situación** Claudia dejó su puesto por la forma en que le hablaba el gerente, por el aumento que les dieron a otros empleados (¡pero no a ella!) y por el horario que no le permitía seguir con sus clases. Con un(a) compañero/a, prepara una conversación entre Claudia y el gerente. *Answers will vary.*

modelo

Estudiante 1: No estoy contenta. No me dieron un aumento de sueldo.
Estudiante 2: ¿Quería usted que le diéramos un aumento? ¡No lo sabía!

Past subjunctive of stem-changing verbs

▶ **–Ir** stem-changing verbs and other verbs with spelling changes follow a similar process to form the past subjunctive.

INFINITIVE	PRETERITE FORM	STEM	PAST SUBJUNCTIVE
conducir	conduje~~ron~~	conduje-	conduje**ra**, conduje**ras**, condujé**ramos**
creer	creye~~ron~~	creye-	creye**ra**, creye**ras**, creyé**ramos**
destruir	destruye~~ron~~	destruye-	destruye**ra**, destruye**ras**, destruyé**ramos**
dormir	durmie~~ron~~	durmie-	durmie**ra**, durmie**ras**, durmié**ramos**
oír	oye~~ron~~	oye-	oye**ra**, oye**ras**, oyé**ramos**
preferir	prefirie~~ron~~	prefirie-	prefirie**ra**, prefirie**ras**, prefirié**ramos**
repetir	repitie~~ron~~	repitie-	repitie**ra**, repitie**ras**, repitié**ramos**

No pensé que pudiera terminar la excursión.

Martín mostró mucho interés en que aprendiéramos sobre el medio ambiente.

▶ The past subjunctive is used in the same way as the present subjunctive, except that it generally describes actions or conditions that have already happened. The verb in the main clause is usually in the preterite or the imperfect.

Me pidieron que no **llegara** tarde.
They asked me not to arrive late.

Salió antes de que yo **pudiera** llamar.
He left before I could call.

¡ojo! **Quisiera** is often used to make polite requests.

Quisiera hablar con Marco.
I would like to speak to Marco.

¿**Quisiera** Ud. algo más?
Would you like anything else?

¡Manos a la obra!

Completa las siguientes frases con el imperfecto de subjuntivo.

1. Quería que tú ___vinieras___ [venir] más temprano.
2. Esperábamos que Uds. ___hablaran___ [hablar] mucho más en la reunión.
3. No creían que yo ___pudiera___ [poder] hacerlo.
4. Se opuso a que nosotros ___invirtiéramos___ [invertir] el dinero ayer.
5. Sentí mucho que Ud. no ___estuviera___ [estar] con nosotros anoche.
6. No era necesario que ellas ___hicieran___ [hacer] todo.
7. Me pareció increíble que tú ___supieras___ [saber] dónde encontrarlo.
8. No había nadie que ___creyera___ [creer] tu historia.
9. Mis padres insistieron en que yo ___fuera___ [ir] a la universidad.
10. Queríamos salir antes de que Uds. ___llegaran___ [llegar].

Ampliación

1 Escuchar

A Escucha la entrevista de la Sra. Sánchez y Rafael Ventura Ramos. Antes de escucharla, prepara una lista de la información que esperas oír, según tu conocimiento previo (*prior knowledge*) del tema.

 TIP **Use background knowledge/Listen for specific information.** Knowing the subject of what you're going to hear will help you use your background knowledge to anticipate words and phrases you're likely to hear, and to determine important information you should listen for.

Llena el formulario con la información necesaria. Si no oyes un dato (*piece of information*) que necesitas, escribe *Buscar en el currículum*. ¿Oíste toda la información de tu lista?

Puesto solicitado *contador*

Nombre y apellidos del solicitante *Rafael Ventura Romero*

Dirección *Buscar en el currículum* **Tel.** *Buscar en el currículum*

Educación *Universidad Politécnica de Nicaragua*

Experiencia profesional: Puesto *contador*

Empresa *Dulces González*

¿Cuánto tiempo? *3 años durante las vacaciones de la universidad*

Referencias:

Nombre *Héctor Cruz*

Dirección *Buscar en el currículum* **Tel.** *Buscar en el currículum*

Nombre *Prof. Armando Carreño*

Dirección *Buscar en el currículum* **Tel.** *Buscar en el currículum*

B ¿Cómo sabes si los resultados de la entrevista han sido positivos para Rafael Ventura?

Los resultados fueron positivos porque la jefa quiere que él empiece a trabajar antes de que se gradúe.

2 Conversar

Con un(a) compañero/a, conversen sobre sus planes para el futuro. Incluyan la siguiente información en su conversación. *Answers will vary.*

- ¿Cuál profesión u oficio seguirás en el futuro?
- ¿Por qué te interesa esta carrera?
- ¿Qué se necesita hacer para tener éxito?
- ¿Te mudarías de país por un puesto excelente?

1 SCRIPT

Sra. Sánchez: Buenos días. Ud. es Rafael Ventura Romero, ¿no? Soy la Sra. Sánchez, la jefa de esta compañía. Siéntese, por favor.

Rafael Ventura: Buenos días, señora. Estoy muy agradecido de tener esta oportunidad de hablar con Ud. hoy. **S:** Veo aquí que está solicitando el puesto de contador general. ¿Qué preparación tiene Ud.?

V: En diciembre me gradúo de contador en la Universidad Politécnica de Nicaragua. Durante los últimos tres años he trabajado en Dulces González aquí en Managua como contador durante las vacaciones. Es la carrera que siempre he querido y sé que voy a tener éxito si Ud. me da la oportunidad. **S:** ¿Tiene Ud. algunas referencias? **V:** Sí, señora. El gerente de la empresa donde he trabajado, el señor Héctor Cruz, y también el Profesor Armando Carreño de la Facultad de Contaduría Pública y Finanzas. Los teléfonos y direcciones están apuntados en el currículum.

S: Muy bien. Este puesto comienza con un salario mensual de 25.812 córdobas. Pagamos quincenal. Después de seis meses tiene la posibilidad de un aumento de sueldo. Ofrecemos beneficios excelentes. El horario es de 8:30 a 12:00 y de 2 a 6. ¿Está interesado? **V:** Estoy sumamente interesado.

S: Pues, necesito unos días para comunicarme con las personas que Ud. ha dado de referencia. Si todo sale bien, lo llamaré antes del viernes. ¿Cuándo está dispuesto a comenzar a trabajar? Necesito a alguien lo más pronto posible. **V:** No me gradúo hasta el 15 de diciembre. Pero puedo trabajar media jornada por las siguientes 3 semanas hasta la graduación. **S:** Creo que no va a haber ningún problema con eso. Entonces hablamos en unos días. **V:** Muchas gracias por la entrevista, Sra. Sánchez. Estoy muy emocionado por la posibilidad de trabajar en esta gran empresa. Que tenga muy buen día.

recursos

R	Textbook CD Lección 16	WB pp. 159-164	LM pp. 93-95	Lab CD Lección 16	ICD-ROM Lección 16	vistahigher learning.com

INSTRUCTIONAL RESOURCE Text CD, IRM

Ampliación

3 Escribir

Escribe una composición sobre tus planes para el futuro. Formula planes para tu vida personal, profesional y financiera. Termina tu composición con una lista de metas.
Answers will vary.

⭐ **TIP** **Use note cards.** Note cards (**fichas**) can help you organize your information. Label the top of each card with a general subject, such as **lugar** or **empleo**. Number the cards so you can easily flip through them to find information.

Organízalo	Utiliza fichas para apuntar cada plan o meta para el futuro. Asigna un año a cada meta.
Escríbelo	Organiza tus fichas y escribe el primer borrador de tu composición.
Corrígelo	Intercambia tu composición con un(a) compañero/a. Léela y anota sus mejores aspectos. ¿Habla de las metas específicas para su futuro? Ofrécele sugerencias para mejorar la organización. Si ves algunos errores, coméntaselos.
Compártelo	Revisa el primer borrador de tu composición según las indicaciones de tu compañero/a. Incorpora nuevas ideas y/o más información si es necesario, antes de escribir la versión final.

4 Un paso más

Imagina que en el futuro trabajarás para una empresa multinacional que tiene sus oficinas más importantes en algún país hispano. Crea una cronología con texto y fotos de tu futura carrera profesional y compártela con la clase. *Answers will vary.*

- Escoge el país y busca información sobre las industrias y las compañías que operen allá.
- Describe la empresa y sus productos.
- Incluye fotos relacionadas con la empresa y con sus productos.
- Describe tu carrera, desde el comienzo hasta tu jubilación.
- Incluye los puestos que vas a tener en la empresa, y también fotos relacionadas con tu carrera.

 En Internet

Investiga estos temas en el sitio vistahigherlearning.com.
- Empresas en el mundo hispano
- Industrias en el mundo hispano
- Compañías multinacionales en el mundo hispano

Antes de leer

Summarizing a text in your own words can help you understand it better. Before summarizing a text, you may find it helpful to skim it and jot down a few notes about its general meaning. You can then read the text again, writing down important details or noting special characteristics that occur in the text. Your notes will help you summarize what you have read.

The reading selection for this lesson consists of a brief story by Augusto Monterroso. What special characteristics in this text could help you summarize it? Skim the short story and jot down your ideas.

_____

_____

_____

_____

Sobre el autor

Augusto Monterroso (1921-) escritor guatemalteco. Monterroso tiene un estilo conciso, sencillo (*simple*) y accesible. Su trabajo incluye la parodia, el humor negro, la fábula y el ensayo.

SUGGESTION Introduce the author and his style, then discuss the meaning of **la parodia, el humor negro** and **la fábula**.

SUGGESTION Do the **Antes de leer** task as a whole class before you assign the reading and **¿Comprendiste?** and **Preguntas** as homework. Have students share their notes.

EXPANSION To further check comprehension, ask students about the importance of the famous characters in the footnotes. Why did the author include Sir James Calisher, Sir Isaac Newton and Sir Arthur Conan Doyle?

TEACHING OPTION Write on the board: **Un grupo de personsas se gradúa el mismo día, pero ¿qué pasa después?** Have the class model the writing style of Augusto Monterroso by creating a similar short story. As a class, create a repetitive introductory paragraph, then assign students to write their different endings. After volunteers have read aloud their responses, brainstorm an appropriate ending.

Imaginación y Destino
Augusto Monterroso

En la calurosa tarde de verano un hombre descansa acostado, viendo al cielo, bajo un árbol; una manzana cae sobre su cabeza; tiene imaginación, se va a su casa y escribe la Oda a Eva.

En la calurosa tarde de verano un hombre descansa acostado, viendo al cielo, bajo un árbol; una manzana cae sobre su cabeza; tiene imaginación, se va a su casa y establece la Ley de la Gravitación Universal.

INSTRUCTIONAL RESOURCE Website

En la calurosa tarde de verano un hombre descansa acostado, viendo al cielo, bajo un árbol; una manzana cae sobre su cabeza; tiene imaginación, observa que el árbol no es un manzano sino una encina y descubre, oculto entre las ramas, al muchacho travieso del pueblo que se entretiene arrojando manzanas a los señores que descansan bajo los árboles, viendo al cielo, en las calurosas tardes del verano.

El primero era, o se convierte entonces para siempre en el poeta sir James Calisher; el segundo era, o se convierte entonces para siempre en el físico sir Isaac Newton[1]; el tercero pudo ser o convertirse entonces para siempre en el novelista sir Arthur Conan Doyle[2]; pero se convierte, o era ya irremediablemente desde niño, en el Jefe de Policía de San Blas, S.B.[3]

[1] Sir Isaac Newton (1642 – 1727), matemático y físico británico. Es considerado uno de los científicos más importantes de la historia. Formuló la Ley de la Gravitación Universal.

[2] Sir Arthur Conan Doyle (1859 – 1930), escritor británico. Sus más famosos protagonistas son Sherlock Holmes y su ayudante, el doctor Watson.

[3] S.B. Abreviatura para San Blas, una isla en Panamá. Una de las novelas de Monterroso tiene lugar en San Blas.

Después de leer

¿Comprendiste?

1. ¿Qué estación del año es y qué tiempo hace?
   Es verano y hace calor.

2. ¿Qué hace el primer hombre después de descansar?
   Escribe un poema.

3. ¿Qué hace el segundo hombre después de descansar?
   Establece la Ley de la Gravitación.

4. ¿Qué encuentra el tercer hombre en el árbol?
   Encuentra al muchacho travieso del pueblo.

5. ¿Cuáles son las profesiones de estos tres hombres al final del cuento?
   El primero es poeta, el segundo es físico y el tercero es policía.

Preguntas   *Answers will vary.*

1. ¿Por qué lleva el cuento el título "Imaginación y Destino"?

2. ¿Por qué utiliza el autor tanta repetición?

3. La misma cosa les ocurre a los tres hombres, pero tienen reacciones distintas. ¿Por qué?

4. El autor escribe "o era ya irremediablemente desde niño". ¿Qué significa esta frase en relación con el resto del cuento?

5. Imagina que hay una cuarta persona en la historia. Escribe un párrafo en el estilo del autor sobre qué le pasa a esta persona "cuando una manzana cae sobre su cabeza…"

Coméntalo   *Answers will vary.*

En el cuento, los tres personajes tienen la misma experiencia con distintos resultados. ¿Has tenido una experiencia así? Un ejemplo es la graduación: un grupo de personas se gradúa el mismo día, pero ¿qué pasa después? ¿Crees que podemos controlar nuestros destinos? ¿Afectarán tus experiencias actuales tu futuro? ¿Cómo sabes qué profesión quieres ejercer (*carry out*) en el futuro?

acostado	*lying down*
viendo	*looking up*
Ley	*law*
encina	*oak tree*
oculto	*hidden*
ramas	*branches*
travieso	*mischievous*
se entretiene	*entertains himself*
arrojando	*throwing*

recursos

R   vistahigher learning.com

Las ocupaciones

el/la abogado/a	lawyer
el actor	actor
la actriz	actress
el/la arqueólogo/a	archeologist
el/la arquitecto/a	architect
el bailarín	dancer
la bailarina	dancer
el/la bombero/a	firefighter
el/la cantante	singer
el/la carpintero/a	carpenter
el/la científico/a	scientist
el/la cocinero/a	cook; chef
el/la consejero/a	counselor; advisor
el/la contador(a)	accountant
el/la corredor(a) de bolsa	stockbroker
el/la diseñador(a)	designer
el/la electricista	electrician
el/la escritor(a)	writer
el/la escultor(a)	sculptor
el/la gerente	manager
el hombre/la mujer de negocios	businessperson
el/la jefe/a	boss
el/la maestro/a	elementary school teacher
el/la peluquero/a	hair dresser
el/la pintor(a)	painter
el/la poeta	poet
el/la político/a	politician
el/la psicólogo/a	psychologist
el/la reportero/a	reporter
el/la secretario/a	secretary
el/la técnico/a	technician

Las entrevistas

el anuncio	advertisement
el/la aspirante	candidate; applicant
los beneficios	benefits
el currículum	résumé
la entrevista	interview
el/la entrevistador(a)	interviewer
el puesto	position; job
el salario	salary
la solicitud (de trabajo)	(job) application
el sueldo	salary
contratar	to hire
entrevistar	to interview
ganar	to earn
obtener	to obtain; to get
solicitar	to apply (for a job)

Palabras adicionales

dentro de (diez años)	within (ten years)
en el futuro	in the future
el porvenir	the future
próximo/a	next

Expresiones útiles	See page 385.

El mundo del trabajo

el ascenso	promotion
el aumento de sueldo	raise
la carrera	career
la compañía	company; firm
el empleo	job; employment
la empresa	company; firm
la especialización	field of study
los negocios	business; commerce
la ocupación	occupation
el oficio	trade
la profesión	profession
la reunión	meeting
el teletrabajo	tele-commuting
el trabajo	job; work
la videoconferencia	videoconference
dejar	to quit; to leave behind
despedir (e:i)	to fire
invertir (e:ie)	to invest
renunciar (a)	to resign (from)
tener éxito	to be successful
comercial	commercial; business-related

recursos

R | Lab CD Lección 16 | LM p. 95

INSTRUCTIONAL RESOURCES Tests, Text CD, IRM (supplemental vocabulary)

AVENTURAS EN LOS PAÍSES HISPANOS

El mar Caribe, de aguas cálidas (*warm*) y transparentes, está al este de América Central y rodea *(surrounds)* a las Islas Antillas. Cuba, Puerto Rico y República Dominicana son tres de estas islas. El Caribe goza de *(enjoys)* un clima tropical todo el año. Las plantas y animales del Caribe son muy variados y exóticos. Personas de todo el mundo viajan al Caribe para disfrutar del clima, la naturaleza y las hermosas playas. ¿Te gustaría ir al Caribe algún día?

EL CARIBE

Puerto Rico

Área: 8.959 km^2 (3.459 millas^2)
Población: 4.057.000
Capital: San Juan – 1.451.000
Ciudades principales: Caguas–244.000, Mayagüez–134.000, Ponce–230.000
Moneda: dólar estadounidense

SOURCE: Population Division, UN Secretariat

Cuba

Área: 110.860 km^2 (42.083 millas^2)
Población: 11.338.000
Capital: La Habana – 2.297.000
Ciudades principales: Santiago de Cuba–449.000, Camagüey–313.000, Holguín–270.000, Guantánamo–207.000
Moneda: peso cubano

SOURCE: Population Division, UN Secretariat

República Dominicana

Área: 48.730 km^2 (18.815 millas^2)
Población: 8.899.000
Capital: Santo Domingo – 2.826.000
Ciudades importantes: Santiago de los Caballeros–879.000, La Vega–330.000
Moneda: peso dominicano

SOURCE: Population Division, UN Secretariat

ESTADOS UNIDOS

Lugares

La Habana Vieja

La Habana Vieja es la parte antigua *(old)* de la capital de Cuba. Fue declarada Patrimonio Cultural de la Humanidad por la UNESCO en 1982. Tiene muchos edificios coloniales, como el Palacio de los Capitanes generales, que ahora es un museo. También hay calles estrechas *(narrow)* y casas antiguas con balcones.

Estrecho de la Florida

ISLAS BAHAMAS

⭐ La Habana

Cordillera de los Órganos

Isla de la Juventud

CUBA

Mar de las Antillas

Camagüey •

Holguín •

Deportes

El béisbol

El béisbol es un deporte muy popular en el Caribe. Los primeros países hispanos en tener una liga de béisbol fueron Cuba y México, en el siglo XIX. Actualmente es el deporte nacional de República Dominicana. Sammy Sosa, Pedro Martínez y Manny Ramírez son tres de los muchos beisbolistas dominicanos que alcanzaron *(achieve)* el éxito y la fama en este deporte.

Sierra Maestra

Santiago de Cuba •

Guantánamo

JAMAICA

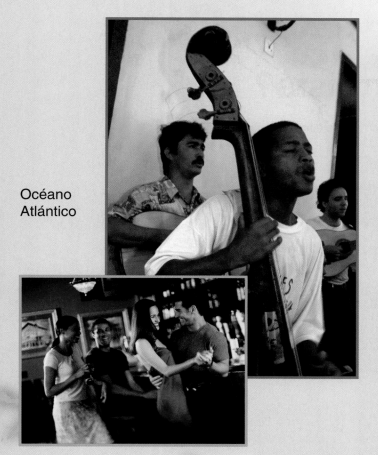

Océano
Atlántico

Música

La salsa y el merengue

La música salsa nació en Nueva York entre los inmigrantes de Puerto Rico y Cuba. Esta música es muy rítmica y está hecha para bailar. Tiene ese nombre porque es la "salsa" *(sauce)* de las fiestas. Tres de los músicos de salsa más populares son Tito Puente, Willie Colón y Héctor Lavoe.

El merengue, una música tradicional de República Dominicana, tiene sus raíces *(roots)* en el campo. Tradicionalmente, las canciones hablaban de los problemas sociales de los campesinos *(country people)*. El merengue también está hecho para bailar. Gracias a Juan Luis Guerra, un cantante internacional dominicano, el merengue se conoce en todo el mundo.

Monumentos

El Morro

El Morro es un fuerte *(fort)* que está en la bahía *(bay)* de San Juan, Puerto Rico. Fue construido en el siglo *(century)* XVI por los españoles para defenderse de los piratas. Actualmente, El Morro es un museo que atrae *(attracts)* a miles de turistas. También es el sitio más fotografiado de Puerto Rico. La arquitectura del fuerte es impresionante. Tiene túneles misteriosos, mazmorras *(dungeons)* y vistas *(views)* fabulosas de la bahía.

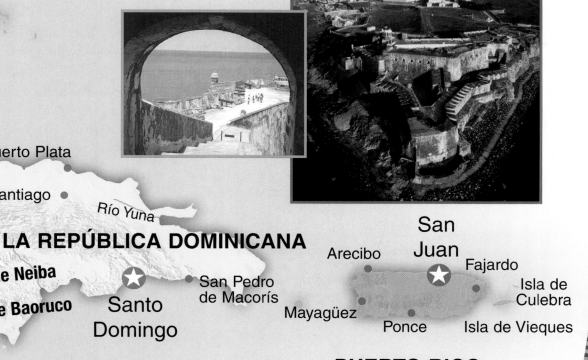

Puerto Plata

Santiago

Río Yuna

HAITÍ

LA REPÚBLICA DOMINICANA

Arecibo

San
Juan

Fajardo

Sierra de Neiba

San Pedro
de Macorís

Isla de
Culebra

Sierra de Baoruco

Santo
Domingo

Mayagüez

Ponce

Isla de Vieques

PUERTO RICO

Mar Caribe

¿Qué aprendiste?

1 ¿Cierto o falso? Indica si las siguientes frases son **ciertas** o **falsas**.

	Cierto	Falso
1. El mar Caribe está al Norte de América Central.		✓
2. El área de Cuba es mayor que el área de Puerto Rico.	✓	
3. San Juan es la ciudad de Puerto Rico de mayor población.	✓	
4. El Morro fue construido por los piratas en el siglo XVI.		✓
5. El Morro es actualmente un museo.	✓	
6. La Habana Vieja es Patrimonio Cultural de la Humanidad.	✓	
7. La Habana Vieja es la parte nueva de la capital de Cuba.		✓
8. Los primeros países hispanos en tener una liga de béisbol fueron Chile y Uruguay.		✓
9. El béisbol es el deporte nacional de la República Dominicana.	✓	
10. La salsa nació en Nueva York.	✓	
11. El merengue tiene sus raíces en la ciudad.		✓
12. Juan Luis Guerra es un cantante de merengue.	✓	

2 Preguntas Contesta las siguientes preguntas con frases completas. *Answers will vary.*

1. ¿Dónde está el mar Caribe? ¿Cómo son sus aguas?
2. ¿Cómo es la arquitectura del fuerte El Morro?
3. ¿Por qué crees que la Habana Vieja fue declarada Patrimonio Cultural de la Humanidad?
4. ¿En qué países del Caribe es popular el béisbol?
5. ¿En qué país nació la música salsa? ¿En qué país nació el merengue?

En Internet

Busca más información sobre estos temas en el sitio vistahigherlearning.com. Presenta la información a tus compañeros/as de clase.

- El Morro
- La Habana Vieja
- El béisbol
- La salsa y el merengue

Glossary of Grammatical Terms

ADJECTIVE A word that modifies or describes a noun or pronoun.

muchos libros	un hombre **rico**
many books	*a **rich** man*

las mujeres **altas**
*the **tall** women*

Demonstrative adjective An adjective that points out a specific noun.

esta fiesta	**ese** chico
***this** party*	***that** boy*

aquellas flores
***those** flowers*

Possessive adjective An adjective that indicates ownership or possession.

mi mejor vestido	Éste es **mi** hermano.
***my** best dress*	*This is **my** brother*

Stressed possessive adjective A possessive adjective that emphasizes the owner or possessor.

Es un libro **mío**.
*It's **my** book./It's a book **of mine**.*

Es amiga **tuya**; yo no la conozco.
*She's a friend **of yours**; I don't know her.*

ADVERB A word that modifies or describes a verb, adjective, or another adverb.

Pancho escribe **rápidamente**.
*Pancho writes **quickly**.*

Este cuadro es **muy** bonito.
*This picture is **very** pretty.*

ARTICLE A word that points out either a specific (definite) noun or a non-specific (indefinite) noun.

Definite article An article that points out a specific noun.

el libro	**la** maleta
***the** book*	***the** suitcase*
los diccionarios	**las** palabras
***the** dictionaries*	***the** words*

Indefinite article An article that points out a noun in a general, non-specific way.

un lápiz	**una** computadora
***a** pencil*	***a** computer*
unos pájaros	**unas** escuelas
***some** birds*	***some** schools*

CLAUSE A group of words that contains both a conjugated verb and a subject, either expressed or implied.

Main (or Independent) clause A clause that can stand alone as a complete sentence.

Pienso ir a cenar pronto.
I plan to go to dinner soon.

Subordinate (or Dependent) clause A clause that does not express a complete thought and therefore cannot stand alone as a sentence.

Trabajo en la cafetería **porque necesito dinero para la escuela**.
*I work in the cafeteria **because I need money for school**.*

COMPARATIVE A word or construction used with an adjective or adverb to express a comparison between two people, places, or things.

Este programa es **más interesante** que el otro.
*This program is **more interesting** than the other one.*

Tomás no es **tan alto como** Alberto.
*Tomás is not **as tall as** Alberto.*

CONJUGATION A set of the forms of a verb for a specific tense or mood or the process by which these verb forms are presented.

Preterite conjugation of **cantar**

cant**é**	cant**amos**
cant**aste**	cant**asteis**
cant**ó**	cant**aron**

CONJUNCTION A word or phrase used to connect words, clauses, or phrases.

Susana es de Cuba **y** Pedro es de España.
*Susana is from Cuba **and** Pedro is from Spain.*

No quiero estudiar, **pero** tengo que hacerlo.
*I don't want to study, **but** I have to do it.*

CONTRACTION The joining of two words into one. The only contractions in Spanish are **al** and **del**.

Mi hermano fue **al** concierto ayer.
*My brother went **to the** concert yesterday.*

Saqué dinero **del** banco.
*I took money **from the** bank.*

DIRECT OBJECT A noun or pronoun that directly receives the action of the verb.

Tomás lee **el libro**.   **La** pagó ayer.
*Tomás reads **the book**.   She paid **it** yesterday.*

GENDER The grammatical categorizing of certain kinds of words, such as nouns and pronouns, as masculine, feminine, or neuter.

Masculine
articles **el**, un**o**
pronouns **él**, l**o**, m**ío**, est**e**, es**e**, aquell**o**
adjective simpátic**o**

Feminine
articles **la**, un**a**
pronouns **ella**, l**a**, m**ía**, est**a**, es**a**, aquell**a**
adjective simpátic**a**

IMPERSONAL EXPRESSION A third-person expression with no expressed or specific subject.

Es muy importante.   **Llueve** mucho.
*It's **very important**.   It's **raining** hard.*

Aquí **se habla** español.
*Spanish **is spoken** here.*

INDIRECT OBJECT A noun or pronoun that receives the action of the verb indirectly; the object, often a living being, to or for whom an action is performed.

Eduardo **le** dio un libro **a Linda**.
*Eduardo gave a book **to Linda**.*

La profesora **me** dio una C en el examen.
*The professor gave **me** a C on the test.*

INFINITIVE The basic form of a verb. Infinitives in Spanish end in **-ar**, **-er**, or **-ir**.

hablar   correr   abrir
to speak   to run   to open

INTERROGATIVE An adjective or pronoun used to ask a question.

¿Quién habla?   **¿Cuántos** compraste?
***Who** is speaking?   **How many** did you buy?*

¿Qué piensas hacer hoy?
***What** do you plan to do today?*

INVERSION Changing the word order of a sentence, often to form a question.

Statement: Elena pagó la cuenta del restaurante.

Inversion: ¿Pagó Elena la cuenta del restaurante?

MOOD A grammatical distinction of verbs that indicates whether the verb is intended to make a statement or command, or to express a doubt, emotion, or condition contrary to fact.

Imperative mood Verb forms used to make commands.

Di la verdad.   **Caminen Uds. conmigo**.
***Tell the truth**.   **Walk with me**.*

¡Comamos ahora!
Let's eat now!

Indicative mood Verb forms used to state facts, actions, and states considered to be real.

Sé que **tienes** el dinero.
***I know** that **you have** the money.*

Subjunctive mood Verb forms used principally in subordinate (or dependent) clauses to express wishes, desires, emotions, doubts, and certain conditions, such as contrary-to-fact situations.

Prefieren que **hables** en español.
*They prefer that **you speak** in Spanish.*

Dudo que Luis **tenga** el dinero necesario.
*I doubt that Luis **has** the necessary money.*

NOUN A word that identifies people, animals, places, things, and ideas.

hombre   gato
man   cat

México   casa
Mexico   house

libertad
freedom

NUMBER A grammatical term that refers to singular or plural. Nouns in Spanish and English have number. Other parts of a sentence, such as adjectives, articles, and verbs, can also have number.

Singular	Plural
una cosa	**unas** cosas
a thing	*some things*
el profesor	**los** profesor**es**
the professor	*the professors*

NUMBERS Words that represent amounts.

Cardinal numbers Words that show specific amounts.

cinco minutos
five minutes

el año **dos mil y dos**
the year 2002

Ordinal numbers Words that indicate the order of a noun in a series.

el **cuarto** jugador	la **décima** hora
the fourth player	*the tenth hour*

PAST PARTICIPLE A past form of the verb used in compound tenses. The past participle may also be used as an adjective, but it must then agree in number and gender with the word it modifies.

Han **buscado** por todas partes.
They have searched everywhere.

Yo no había **estudiado** para el examen.
I hadn't studied for the exam.

Hay una **ventana rota** en la sala.
There is a broken window in the living room.

PERSON The form of the verb or pronoun that indicates the speaker, the one spoken to, or the one spoken about. In Spanish, as in English, there are three persons: first, second, and third.

Person	Singular	Plural
1st	**yo** *I*	**nosotros/as** *we*
2nd	**tú, Ud.** *you*	**vosotros/as, Uds.** *you*
3rd	**él, ella** *he/she*	**ellos, ellas** *they*

PREPOSITION A word that describes the relationship, most often in time or space, between two other words.

Anita es **de** California.
Anita is from California.

La chaqueta está **en** el carro.
The jacket is in the car.

Marta se peinó **antes** de salir.
Marta combed her hair before going out.

PRESENT PARTICIPLE In English, a verb form that ends in *-ing.* In Spanish, the present participle ends in **–ndo**, and is often used with **estar** to form a progressive tense.

Mi hermana está **hablando** por teléfono ahora mismo.
My sister is talking on the phone right now.

PRONOUN A word that takes the place of a noun or nouns.

Demonstrative pronoun A pronoun that takes the place of a specific noun.

Quiero **ésta**.
I want this one.

¿Vas a comprar **ése**?
Are you going to buy that one?

Juan prefirió **aquéllos**.
Juan preferred those (over there).

Object pronoun A pronoun that functions as a direct or indirect object of the verb.

Te digo la verdad.
I'm telling you the truth.

Me lo trajo Juan.
Juan brought it to me.

Reflexive pronoun A pronoun that indicates that the action of a verb is performed by the subject on itself. These pronouns are often expressed in English with *-self: myself, yourself*, etc.

Yo **me bañé** antes de salir.
I bathed (myself) before going out.

Elena **se acostó** a las once y media.
Elena went to bed at eleven-thirty.

Relative pronoun A pronoun that connects a subordinate clause to a main clause.

El chico **que** nos escribió viene a visitar mañana.
*The boy **who** wrote us is coming to visit tomorrow.*

Ya sé **lo que** tenemos que hacer.
*I already know **what** we have to do.*

Subject pronoun A pronoun that replaces the name or title of a person or thing and acts as the subject of a verb.

Tú debes estudiar más.
***You** should study more.*

Él llegó primero.
***He** arrived first.*

SUBJECT A noun or pronoun that performs the action of a verb and is often implied by the verb.

María va al supermercado.
***María** goes to the supermarket.*

(Ellos) Trabajan mucho.
***They** work hard.*

Esos **libros** son muy caros.
*Those **books** are very expensive.*

SUPERLATIVE A word or construction used with an adjective or adverb to express the highest or lowest degree of a specific quality among three or more people, places, or things.

Entre todas mis clases, ésta es la **más interesante**.
*Among all my classes, this is the **most interesting**.*

Raúl es el **menos símpatico** de los chicos.
*Raúl is the **least pleasant** of the boys.*

TENSE A set of verb forms that indicates the time of an action or state: past, present, or future.

Compound tense A two-word tense made up of an auxiliary verb and a present or past participle. In Spanish, there are two auxiliary verbs: **estar** and **haber**.

En este momento, **estoy estudiando**.
*At this time, **I am studying**.*

El paquete no **ha llegado** todavía.
*The package **has** not **arrived** yet.*

Simple tense A tense expressed by a single verb form.

María **estaba** mal anoche.
*María **was** ill last night.*

Juana **hablará** con su mamá mañana.
*Juana **will** speak with her mom tomorrow.*

VERB A word that expresses actions or states-of-being.

Auxiliary verb A verb used with a present or past participle to form a compound tense. **Haber** is the most commonly used auxiliary verb in Spanish.

Los chicos **han** visto los elefantes.
*The children **have** seen the elephants.*

Espero que **hayas** comido.
*I hope you **have** eaten.*

Reflexive verb A verb that describes an action performed by the subject on itself and is always used with a reflexive pronoun.

Me compré un carro nuevo.
***I bought myself** a new car.*

Pedro y Adela **se levantan** muy temprano.
*Pedro and Adela **get (themselves) up** very early.*

Spelling change verb A verb that undergoes a predictable change in spelling in order to reflect its actual pronunciation in the various conjugations.

practicar	c → qu	practico	practi**qué**
dirigir	g → j	diri**jo**	dirigí
almorzar	z → c	almorzó	almor**cé**

Stem-changing verb A verb whose stem vowel undergoes one or more predictable changes in the various conjugations.

ent**e**nder (e:ie)	ent**ie**ndo
p**e**dir (e:i)	p**i**den
d**o**rmir (o:ue, u)	d**ue**rmo, d**u**rmieron

Verb conjugation tables

The verb lists

The list of verbs below and the model-verb tables that start on page 410 show you how to conjugate every verb taught in **Aventuras**. Each verb in the list is followed by a model verb conjugated according to the same pattern. The number in parentheses indicates where in the tables you can find the conjugated forms of the model verb. If you want to find out how to conjugate **divertirse**, for example, look up number 33, **sentir**, the model for verbs that follow the **i:ie** stem-change pattern.

How to use the verb tables

In the tables you will find the infinitive, past and present participles, and all the simple forms of each model verb. The formation of the compound tenses of any verb can be inferred from the table of compound tenses, pages 410–417, either by combining the past participle of the verb with a conjugated form of **haber** or combining the present participle with a conjugated form of **estar**.

abrazar (z:c) like cruzar (37)
abrir like vivir (3) *except* past participle is abierto
aburrir(se) like vivir (3)
acabar de like hablar (1)
acampar like hablar (1)
acompañar like hablar (1)
aconsejar like hablar (1)
acordarse (o:ue) like contar (24)
acostarse (o:ue) like contar (24)
adelgazar (z:c) like cruzar (37)
afeitarse like hablar (1)
ahorrar like hablar (1)
alegrarse like hablar (1)
aliviar like hablar (1)
almorzar (o:ue) like contar (24) *except* (z:c)
alquilar like hablar (1)
anunciar like hablar (1)
apagar (g:gu) like llegar (41)
aplaudir like vivir (3)
apreciar like hablar (1)
aprender like comer (2)
apurarse like hablar (1)
arrancar (c:qu) like tocar (43)
arreglar like hablar (1)
asistir like vivir (3)
aumentar like hablar (1)
ayudar(se) like hablar (1)

bailar like hablar (1)
bajar(se) like hablar (1)
bañarse like hablar (1)
barrer like comer (2)
beber like comer (2)
besar(se) like hablar (1)
brindar like hablar (1)
bucear like hablar (1)
buscar (c:qu) like tocar (43)
caber (4)
caer(se) (5)
calentarse (e:ie) like pensar (30)
calzar (z:c) like cruzar (37)
cambiar like hablar (1)
caminar like hablar (1)
cantar like hablar (1)
casarse like hablar (1)
celebrar like hablar (1)
cenar like hablar (1)
cepillarse like hablar (1)
cerrar (e:ie) like pensar (30)
chocar (c:qu) like tocar (43)
cobrar like hablar (1)
cocinar like hablar (1)
comenzar (e:ie) (z:c) like empezar (26)
comer (2)
compartir like vivir (3)
comprar like hablar (1)
comprender like comer (2)

comprometerse like comer (2)
comunicarse (c:qu) like tocar (43)
conducir (c:zc) (6)
confirmar like hablar (1)
conocer (c:zc) (35)
conseguir (e:i) like seguir (32)
conservar like hablar (1)
consumir like vivir (3)
contaminar like hablar (1)
contar (o:ue) (24)
controlar like hablar (1)
correr like comer (2)
costar (o:ue) like contar (24)
creer (y) (36)
cruzar (z:c) (37)
cubrir like vivir (3) *except* past participle is cubierto
cuidar like hablar (1)
cumplir like vivir (3)
dañar like hablar (1)
dar(se) (7)
deber like comer (2)
decidir like vivir (3)
decir (e:i) (8)
declarar like hablar (1)
dejar like hablar (1)
depositar like hablar (1)
desarrollar like hablar (1)
desayunar like hablar (1)
descansar like hablar (1)
describir like vivir (3) *except* past participle is descrito

descubrir like vivir (3) *except* past participle is descubierto
desear like hablar (1)
despedirse (e:i) like pedir (29)
despertarse (e:ie) like pensar (30)
destruir (y) (38)
dibujar like hablar (1)
disfrutar like hablar (1)
divertirse (e:ie) like sentir (33)
divorciarse like hablar (1)
doblar like hablar (1)
doler (o:ue) like volver (34) *except* past participle is regular
dormir(se) (o:ue) (25)
ducharse like hablar (1)
dudar like hablar (1)
durar like hablar (1)
echar like hablar (1)
elegir (e:i) like pedir (29) *except* (g:j)
emitir like vivir (3)
empezar (e:ie) (z:c) (26)
enamorarse like hablar (1)
encantar like hablar (1)
encontrar(se) (o:ue) like contar (24)
enfermarse like hablar (1)
enojarse like hablar (1)
enseñar like hablar (1)
ensuciar like hablar (1)

entender (e:ie) (27)

entrenarse like hablar (1)

entrevistar like hablar (1)

enviar (envío) (39)

escalar like hablar (1)

escribir like vivir (3) *except* past participle is escrito

escuchar like hablar (1)

esculpir like vivir (3)

esperar like hablar (1)

esquiar (esquío) like enviar (39)

establecer (c:zc) like conocer (35)

estacionar like hablar (1)

estar (9)

estornudar like hablar (1)

estudiar like hablar (1)

evitar like hablar (1)

explicar (c:qu) like tocar (43)

explorar like hablar (1)

faltar like hablar (1)

fascinar like hablar (1)

firmar like hablar (1)

fumar like hablar (1)

funcionar like hablar (1)

ganar like hablar (1)

gastar like hablar (1)

graduarse (gradúo) (40)

guardar like hablar (1)

gustar like hablar (1)

haber (hay) (10)

hablar (1)

hacer (11)

importar like hablar (1)

imprimir like vivir (3)

informar like hablar (1)

insistir like vivir (3)

interesar like hablar (1)

invertir (e:ie) like sentir (33)

invitar like hablar (1)

ir(se) (12)

jubilarse like hablar (1)

jugar (u:ue) (g:gu) (28)

lastimarse like hablar (1)

lavar(se) like hablar (1)

leer (y) like creer (36)

levantar(se) like hablar (1)

limpiar like hablar (1)

llamar(se) like hablar (1)

llegar (g:gu) (41)

llenar like hablar (1)

llevar(se) like hablar (1)

llover (o:ue) like volver (34) *except* past participle is regular

luchar like hablar (1)

mandar like hablar (1)

manejar like hablar (1)

mantener(se) (e:ie) like tener (20)

maquillarse like hablar (1)

mejorar like hablar (1)

merendar (e:ie) like pensar (30)

mirar like hablar (1)

molestar like hablar (1)

montar like hablar (1)

morir (o:ue) like dormir (25) *except* past participle is muerto

mostrar (o:ue) like contar (24)

mudarse like hablar (1)

nacer (c:zc) like conocer (35)

nadar like hablar (1)

navegar (g:gu) like llegar (41)

necesitar like hablar (1)

negar (e:ie) like pensar (30) *except* (g:gu)

nevar (e:ie) like pensar (30)

obedecer (c:zc) like conocer (35)

obtener (e:ie) like tener (20)

ocurrir like vivir (3)

odiar like hablar (1)

ofrecer (c:zc) like conocer (35)

oír (13)

olvidar like hablar (1)

pagar (g:gu) like llegar (41)

parar like hablar (1)

parecer (c:zc) like conocer (35)

pasar like hablar (1)

pasear like hablar (1)

patinar like hablar (1)

pedir (e:i) (29)

peinarse like hablar (1)

pensar (e:ie) (30)

perder (e:ie) like entender (27)

pescar (c:qu) like tocar (43)

pintar like hablar (1)

planchar like hablar (1)

poder (o:ue) (14)

poner(se) (15)

practicar (c:qu) like tocar (43)

preferir (e:ie) like sentir (33)

preguntar like hablar (1)

preocuparse like hablar (1)

preparar like hablar (1)

presentar like hablar (1)

prestar like hablar (1)

probar(se) (o:ue) like contar (24)

prohibir like vivir (3)

proteger (g:j) (42)

publicar (c:qu) like tocar (43)

quedar(se) like hablar (1)

querer (e:ie) (16)

quitar(se) like hablar (1)

recetar like hablar (1)

recibir like vivir (3)

reciclar like hablar (1)

recoger (g:j) like proteger (42)

recomendar (e:ie) like pensar (30)

recordar (o:ue) like contar (24)

reducir (c:zc) like conducir (6)

regalar like hablar (1)

regatear like hablar (1)

regresar like hablar (1)

reir(se) (e:i) (31)

relajarse like hablar (1)

renunciar like hablar (1)

repetir (e:i) like pedir (29)

resolver (o:ue) like volver (34)

respirar like hablar (1)

revisar like hablar (1)

rogar (o:ue) like contar (24) *except* (g:gu)

romper(se) like comer (2) *except* past participle is roto

saber (17)

sacar (c:qu) like tocar (43)

sacudir like vivir (3)

salir (18)

saludar(se) like hablar (1)

seguir (e:i) (32)

sentarse (e:ie) like pensar (30)

sentir(se) (e:ie) (33)

separarse like hablar (1)

ser (19)

servir (e:i) like pedir (29)

solicitar like hablar (1)

sonar (o:ue) like contar (24)

sonreír (e:i) like reír(se) (31)

sorprender like comer (2)

subir like vivir (3)

sudar like hablar (1)

sufrir like vivir (3)

sugerir (e:ie) like sentir (33)

suponer like poner (15)

temer like comer (2)

tener (e:ie) (20)

terminar like hablar (1)

tocar (c:qu) (43)

tomar like hablar (1)

torcerse (o:ue) like volver (34) *except* (c:z) and past participle is regular

toser like comer (2)

trabajar like hablar (1)

traducir (c:zc) like conducir (6)

traer (21)

transmitir like vivir (3)

tratar like hablar (1)

usar like hablar (1)

vender like comer (2)

venir (e:ie) (22)

ver (23)

vestirse (e:i) like pedir (29)

viajar like hablar (1)

visitar like hablar (1)

vivir (3)

volver (o:ue) (34)

votar like hablar (1)

Regular verbs: simple tenses

	INDICATIVE					SUBJUNCTIVE		IMPERATIVE
Infinitive	**Present**	**Imperfect**	**Preterite**	**Future**	**Conditional**	**Present**	**Past**	
1 hablar	hablo	hablaba	hablé	hablaré	hablaría	hable	hablara	
	hablas	hablabas	hablaste	hablarás	hablarías	hables	hablaras	habla tú (no hables)
Participles:	habla	hablaba	habló	hablará	hablaría	hable	hablara	hable Ud.
hablando	hablamos	hablábamos	hablamos	hablaremos	hablaríamos	hablemos	habláramos	hablemos
hablado	habláis	hablabais	hablasteis	hablaréis	hablaríais	habléis	hablarais	hablad (no habléis)
	hablan	hablaban	hablaron	hablarán	hablarían	hablen	hablaran	hablen Uds.
2 comer	como	comía	comí	comeré	comería	coma	comiera	
	comes	comías	comiste	comerás	comerías	comas	comieras	come tú (no comas)
Participles:	come	comía	comió	comerá	comería	coma	comiera	coma Ud.
comiendo	comemos	comíamos	comimos	comeremos	comeríamos	comamos	comiéramos	comamos
comido	coméis	comíais	comisteis	comeréis	comeríais	comáis	comierais	comed (no comáis)
	comen	comían	comieron	comerán	comerían	coman	comieran	coman Uds.
3 vivir	vivo	vivía	viví	viviré	viviría	viva	viviera	
	vives	vivías	viviste	vivirás	vivirías	vivas	vivieras	vive tú (no vivas)
Participles:	vive	vivía	vivió	vivirá	viviría	viva	viviera	viva Ud.
viviendo	vivimos	vivíamos	vivimos	viviremos	viviríamos	vivamos	viviéramos	vivamos
vivido	vivís	vivíais	vivisteis	viviréis	viviríais	viváis	vivierais	vivid (no viváis)
	viven	vivían	vivieron	vivirán	vivirían	vivan	vivieran	vivan Uds.

All verbs: compound tenses

PERFECT TENSES

INDICATIVE				SUBJUNCTIVE	
Present Perfect	**Past Perfect**	**Future Perfect**	**Conditional Perfect**	**Present Perfect**	**Past Perfect**
he	había	habré	habría	haya	hubiera
has	habías	habrás	habrías	hayas	hubieras
ha hablado	había hablado	habrá hablado	habría hablado	haya hablado	hubiera hablado
hemos comido	habíamos comido	habremos comido	habríamos comido	hayamos comido	hubiéramos comido
habéis vivido	habíais vivido	habréis vivido	habríais vivido	hayáis vivido	hubierais vivido
han	habían	habrán	habrían	hayan	hubieran

PROGRESSIVE TENSES

	INDICATIVE				SUBJUNCTIVE	
	Present Progressive	Past Progressive	Future Progressive	Conditional Progressive	Present Progressive	Past Progressive
	estoy	estaba	estaré	estaría	esté	estuviera
	estás	estabas	estarás	estarías	estés	estuvieras
	está	estaba hablando	estará hablando	estaría hablando	esté hablando	estuviera hablando
	estamos	estábamos comiendo	estaremos comiendo	estaríamos comiendo	estemos comiendo	estuviéramos comiendo
	estáis	estabais viviendo	estaréis viviendo	estaríais viviendo	estéis viviendo	estuvierais viviendo
	estan	estaban	estarán	estarían	estén	estuvieran

Irregular verbs

		INDICATIVE					SUBJUNCTIVE		IMPERATIVE
Infinitive		Present	Imperfect	Preterite	Future	Conditional	Present	Past	
4 caber		**quepo**	cabía	**cupe**	**cabré**	**cabría**	**quepa**	**cupiera**	
		cabes	cabías	**cupiste**	**cabrás**	**cabrías**	**quepas**	**cupieras**	cabe tú (no **quepas**)
Participles:		cabe	cabía	**cupo**	**cabrá**	**cabría**	**quepa**	**cupiera**	**quepa** Ud.
cabiendo		cabemos	cabíamos	**cupimos**	**cabremos**	**cabríamos**	**quepamos**	**cupiéramos**	**quepamos**
cabido		cabéis	cabíais	**cupisteis**	**cabréis**	**cabríais**	**quepáis**	**cupierais**	cabed (no **quepáis**)
		caben	cabían	**cupieron**	**cabrán**	**cabrían**	**quepan**	**cupieran**	**quepan** Uds.
5 caer(se)		**caigo**	caía	**caí**	caeré	caería	**caiga**	**cayera**	
		caes	caías	**caíste**	caerás	caerías	**caigas**	**cayeras**	cae tú (no **caigas**)
Participles:		cae	caía	**cayó**	caerá	caería	**caiga**	**cayera**	**caiga** Ud. (no **caiga**)
cayendo		caemos	caíamos	**caímos**	caeremos	caeríamos	**caigamos**	**cayéramos**	**caigamos**
caído		caéis	caíais	**caísteis**	caeréis	caeríais	**caigáis**	**cayerais**	caed (no **caigáis**)
		caen	caían	**cayeron**	caerán	caerían	**caigan**	**cayeran**	**caigan** Uds.
6 conducir (c:zc)		**conduzco**	conducía	**conduje**	conduciré	conduciría	**conduzca**	**condujera**	
		conduces	conducías	**condujiste**	conducirás	conducirías	**conduzcas**	**condujeras**	conduce tú (no **conduzcas**)
Participles:		conduce	conducía	**condujo**	conducirá	conduciría	**conduzca**	**condujera**	**conduzca** Ud. (no **conduzca**)
conduciendo		conducimos	conducíamos	**condujimos**	conduciremos	conduciríamos	**conduzcamos**	**condujéramos**	**conduzcamos**
conducido		conducís	conducíais	**condujisteis**	conduciréis	conduciríais	**conduzcáis**	**condujerais**	conducid (no **conduzcáis**)
		conducen	conducían	**condujeron**	conducirán	conducirían	**conduzcan**	**condujeran**	**conduzcan** Uds.

#	Infinitive	INDICATIVE Present	Imperfect	Preterite	Future	Conditional	SUBJUNCTIVE Present	Past	IMPERATIVE
7	dar Participles: dando dado	doy das da damos dais dan	daba dabas daba dábamos dabais daban	di diste dio dimos disteis dieron	daré darás dará daremos daréis darán	daría darías daría daríamos daríais darían	dé des dé demos deis den	diera dieras diera diéramos dierais dieran	 da tú (no des) dé Ud. demos dad (no deis) den Uds.
8	decir (e:i) Participles: diciendo dicho	digo dices dice decimos decís dicen	decía decías decía decíamos decíais decían	dije dijiste dijo dijimos dijisteis dijeron	diré dirás dirá diremos diréis dirán	diría dirías diría diríamos diríais dirían	diga digas diga digamos digáis digan	dijera dijeras dijera dijéramos dijerais dijeran	 di tú (no digas) diga Ud. digamos decid (no digáis) digan Uds.
9	estar Participles: estando estado	estoy estás está estamos estáis están	estaba estabas estaba estábamos estabais estaban	estuve estuviste estuvo estuvimos estuvisteis estuvieron	estaré estarás estará estaremos estaréis estarán	estaría estarías estaría estaríamos estaríais estarían	esté estés esté estemos estéis estén	estuviera estuvieras estuviera estuviéramos estuvierais estuvieran	 está tú (no estés) esté Ud. estemos estad (no estéis) estén Uds.
10	haber Participles: habiendo habido	he has ha hemos habéis han	había habías había habíamos habíais habían	hube hubiste hubo hubimos hubisteis hubieron	habré habrás habrá habremos habréis habrán	habría habrías habría habríamos habríais habrían	haya hayas haya hayamos hayáis hayan	hubiera hubieras hubiera hubiéramos hubierais hubieran	
11	hacer Participles: haciendo hecho	hago haces hace hacemos hacéis hacen	hacía hacías hacía hacíamos hacíais hacían	hice hiciste hizo hicimos hicisteis hicieron	haré harás hará haremos haréis harán	haría harías haría haríamos haríais harían	haga hagas haga hagamos hagáis hagan	hiciera hicieras hiciera hiciéramos hicierais hicieran	 haz tú (no hagas) haga Ud. hagamos haced (no hagáis) hagan Uds.
12	ir Participles: yendo ido	voy vas va vamos vais van	iba ibas iba íbamos ibais iban	fui fuiste fue fuimos fuisteis fueron	iré irás irá iremos iréis irán	iría irías iría iríamos iríais irían	vaya vayas vaya vayamos vayáis vayan	fuera fueras fuera fuéramos fuerais fueran	 ve tú (no vayas) vaya Ud. vamos id (no vayáis) vayan Uds.
13	oír (y) Participles: oyendo oído	oigo oyes oye oímos oís oyen	oía oías oía oíamos oíais oían	oí oíste oyó oímos oísteis oyeron	oiré oirás oirá oiremos oiréis oirán	oiría oirías oiría oiríamos oiríais oirían	oiga oigas oiga oigamos oigáis oigan	oyera oyeras oyera oyéramos oyerais oyeran	 oye tú (no oigas) oiga Ud. oigamos oíd (no oigáis) oigan Uds.

	Infinitive	INDICATIVE					SUBJUNCTIVE		IMPERATIVE
		Present	Imperfect	Preterite	Future	Conditional	Present	Past	
14	poder (o:ue)	puedo	podía	pude	podré	podría	pueda	pudiera	
		puedes	podías	pudiste	podrás	podrías	puedas	pudieras	puede tú (no puedas)
		puede	podía	pudo	podrá	podría	pueda	pudiera	pueda Ud.
	Participles:	podemos	podíamos	pudimos	podremos	podríamos	podamos	pudiéramos	podamos
	pudiendo	podéis	podíais	pudisteis	podréis	podríais	podáis	pudierais	poded (no podáis) Uds.
	podido	pueden	podían	pudieron	podrán	podrían	puedan	pudieran	puedan Uds.
15	poner	pongo	ponía	puse	pondré	pondría	ponga	pusiera	
		pones	ponías	pusiste	pondrás	pondrías	pongas	pusieras	pon tú (no pongas)
		pone	ponía	puso	pondrá	pondría	ponga	pusiera	ponga Ud.
	Participles:	ponemos	poníamos	pusimos	pondremos	pondríamos	pongamos	pusiéramos	pongamos
	poniendo	ponéis	poníais	pusisteis	pondréis	pondríais	pongáis	pusierais	poned (no pongáis)
	puesto	ponen	ponían	pusieron	pondrán	pondrían	pongan	pusieran	pongan Uds.)
16	querer (e:ie)	quiero	quería	quise	querré	querría	quiera	quisiera	
		quieres	querías	quisiste	querrás	querrías	quieras	quisieras	quiere tú (no quieras)
		quiere	quería	quiso	querrá	querría	quiera	quisiera	quiera Ud.
	Participles:	queremos	queríamos	quisimos	querremos	querríamos	queramos	quisiéramos	queramos
	queriendo	queréis	queríais	quisisteis	querréis	querríais	queráis	quisierais	quered (no queráis)
	querido	quieren	querían	quisieron	querrán	querrían	quieran	quisieran	quieran Uds.
17	saber	sé	sabía	supe	sabré	sabría	sepa	supiera	
		sabes	sabías	supiste	sabrás	sabrías	sepas	supieras	sabe tú (no sepas)
		sabe	sabía	supo	sabrá	sabría	sepa	supiera	sepa Ud.
	Participles:	sabemos	sabíamos	supimos	sabremos	sabríamos	sepamos	supiéramos	sepamos
	sabiendo	sabéis	sabíais	supisteis	sabréis	sabríais	sepáis	supierais	sabed (no sepáis)
	sabido	saben	sabían	supieron	sabrán	sabrían	sepan	supieran	sepan Uds.
18	salir	salgo	salía	salí	saldré	saldría	salga	saliera	
		sales	salías	saliste	saldrás	saldrías	salgas	salieras	sal tú (no salgas)
		sale	salía	salió	saldrá	saldría	salga	saliera	salga Ud.
	Participles:	salimos	salíamos	salimos	saldremos	saldríamos	salgamos	saliéramos	salgamos
	saliendo	salís	salíais	salisteis	saldréis	saldríais	salgáis	salierais	salid (no salgáis)
	salido	salen	salían	salieron	saldrán	saldrían	salgan	salieran	salgan Uds.
19	ser	soy	era	fui	seré	sería	sea	fuera	
		eres	eras	fuiste	serás	serías	seas	fueras	sé tú (no seas)
		es	era	fue	será	sería	sea	fuera	sea Ud.
	Participles:	somos	éramos	fuimos	seremos	seríamos	seamos	fuéramos	seamos
	siendo	sois	erais	fuisteis	seréis	seríais	seáis	fuerais	sed (no seáis)
	sido	son	eran	fueron	serán	serían	sean	fueran	sean Uds.
20	tener (e:ie)	tengo	tenía	tuve	tendré	tendría	tenga	tuviera	
		tienes	tenías	tuviste	tendrás	tendrías	tengas	tuvieras	ten tú (no tengas)
		tiene	tenía	tuvo	tendrá	tendría	tenga	tuviera	tenga Ud.
	Participles:	tenemos	teníamos	tuvimos	tendremos	tendríamos	tengamos	tuviéramos	tengamos
	teniendo	tenéis	teníais	tuvisteis	tendréis	tendríais	tengáis	tuvierais	tened (no tengáis)
	tenido	tienen	tenían	tuvieron	tendrán	tendrían	tengan	tuvieran	tengan Uds.

21 traer
Participles: trayendo, traído

Infinitive	INDICATIVE					SUBJUNCTIVE		IMPERATIVE
	Present	Imperfect	Preterite	Future	Conditional	Present	Past	
traer	traigo	traía	traje	traeré	traería	traiga	trajera	
	traes	traías	trajiste	traerás	traerías	traigas	trajeras	trae tú (no traigas)
	trae	traía	trajo	traerá	traería	traiga	trajera	traiga Ud.
	traemos	traíamos	trajimos	traeremos	traeríamos	traigamos	trajéramos	traigamos
	traéis	traíais	trajisteis	traeréis	traeríais	traigáis	trajerais	traed (no traigáis)
	traen	traían	trajeron	traerán	traerían	traigan	trajeran	traigan Uds.

22 venir (e:ie)
Participles: viniendo, venido

Infinitive	Present	Imperfect	Preterite	Future	Conditional	Present	Past	IMPERATIVE
venir (e:ie)	vengo	venía	vine	vendré	vendría	venga	viniera	
	vienes	venías	viniste	vendrás	vendrías	vengas	vinieras	ven tú (no vengas)
	viene	venía	vino	vendrá	vendría	venga	viniera	venga Ud.
	venimos	veníamos	vinimos	vendremos	vendríamos	vengamos	viniéramos	vengamos
	venís	veníais	vinisteis	vendréis	vendríais	vengáis	vinierais	venid (no vengáis)
	vienen	venían	vinieron	vendrán	vendrían	vengan	vinieran	vengan Uds.

23 ver
Participles: viendo, visto

Infinitive	Present	Imperfect	Preterite	Future	Conditional	Present	Past	IMPERATIVE
ver	veo	veía	vi	veré	vería	vea	viera	
	ves	veías	viste	verás	verías	veas	vieras	ve tú (no veas)
	ve	veía	vio	verá	vería	vea	viera	vea Ud.
	vemos	veíamos	vimos	veremos	veríamos	veamos	viéramos	veamos
	veis	veíais	visteis	veréis	veríais	veáis	vierais	ved (no veáis)
	ven	veían	vieron	verán	verían	vean	vieran	vean Uds.

Stem changing verbs

24 contar (o:ue)
Participles: contando, contado

Infinitive	INDICATIVE					SUBJUNCTIVE		IMPERATIVE
	Present	Imperfect	Preterite	Future	Conditional	Present	Past	
contar (o:ue)	cuento	contaba	conté	contaré	contaría	cuente	contara	
	cuentas	contabas	contaste	contarás	contarías	cuentes	contaras	cuenta tú (no cuentes)
	cuenta	contaba	contó	contará	contaría	cuente	contara	cuente Ud.
	contamos	contábamos	contamos	contaremos	contaríamos	contemos	contáramos	contemos
	contáis	contabais	contasteis	contaréis	contaríais	contéis	contarais	contad (no contéis)
	cuentan	contaban	contaron	contarán	contarían	cuenten	contaran	cuenten Uds.

25 dormir (o:ue)
Participles: durmiendo, dormido

Infinitive	Present	Imperfect	Preterite	Future	Conditional	Present	Past	IMPERATIVE
dormir (o:ue)	duermo	dormía	dormí	dormiré	dormiría	duerma	durmiera	
	duermes	dormías	dormiste	dormirás	dormirías	duermas	durmieras	duerme tú (no duermas)
	duerme	dormía	durmió	dormirá	dormiría	duerma	durmiera	duerma Ud.
	dormimos	dormíamos	dormimos	dormiremos	dormiríamos	durmamos	durmiéramos	durmamos
	dormís	dormíais	dormisteis	dormiréis	dormiríais	durmáis	durmierais	dormid (no durmáis)
	duermen	dormían	durmieron	dormirán	dormirían	duerman	durmieran	duerman Uds.

26 empezar (e:ie) (c)
Participles: empezando, empezado

Infinitive	Present	Imperfect	Preterite	Future	Conditional	Present	Past	IMPERATIVE
empezar (e:ie) (c)	empiezo	empezaba	empecé	empezaré	empezaría	empiece	empezara	
	empiezas	empezabas	empezaste	empezarás	empezarías	empieces	empezaras	empieza tú (no empieces)
	empieza	empezaba	empezó	empezará	empezaría	empiece	empezara	empiece Ud.
	empezamos	empezábamos	empezamos	empezaremos	empezaríamos	empecemos	empezáramos	empecemos
	empezáis	empezabais	empezasteis	empezaréis	empezaríais	empecéis	empezarais	empezad (no empecéis)
	empiezan	empezaban	empezaron	empezarán	empezarían	empiecen	empezaran	empiecen Uds.

		INDICATIVE					SUBJUNCTIVE		IMPERATIVE
Infinitive	Present	Imperfect	Preterite	Future	Conditional	Present	Past	
27 entender (e:ie)	entiendo / entiendes / entiende / entendemos / entendéis / entienden	entendía / entendías / entendía / entendíamos / entendíais / entendían	entendí / entendiste / entendió / entendimos / entendisteis / entendieron	entenderé / entenderás / entenderá / entenderemos / entenderéis / entenderán	entendería / entenderías / entendería / entenderíamos / entenderíais / entenderían	entienda / entiendas / entienda / entendamos / entendáis / entiendan	entendiera / entendieras / entendiera / entendiéramos / entendierais / entendieran	entiende tú (no entiendas) / entienda Ud. / entendamos / entended (no entendáis) / entiendan Uds.
Participles: entendiendo, entendido								
28 jugar (u:ue) (gu)	juego / juegas / juega / jugamos / jugáis / juegan	jugaba / jugabas / jugaba / jugábamos / jugabais / jugaban	jugué / jugaste / jugó / jugamos / jugasteis / jugaron	jugaré / jugarás / jugará / jugaremos / jugaréis / jugarán	jugaría / jugarías / jugaría / jugaríamos / jugaríais / jugarían	juegue / juegues / juegue / juguemos / juguéis / jueguen	jugara / jugaras / jugara / jugáramos / jugarais / jugaran	juega tú (no juegues) / juegue Ud. / juguemos / jugad (no juguéis) / jueguen Uds.
Participles: jugando, jugado								
29 pedir (e:i)	pido / pides / pide / pedimos / pedís / piden	pedía / pedías / pedía / pedíamos / pedíais / pedían	pedí / pediste / pidió / pedimos / pedisteis / pidieron	pediré / pedirás / pedirá / pediremos / pediréis / pedirán	pediría / pedirías / pediría / pediríamos / pediríais / pedirían	pida / pidas / pida / pidamos / pidáis / pidan	pidiera / pidieras / pidiera / pidiéramos / pidierais / pidieran	pide tú (no pidas) / pida Ud. / pidamos / pedid (no pidáis) / pidan Uds.
Participles: pidiendo, pedido								
30 pensar (e:ie)	pienso / piensas / piensa / pensamos / pensáis / piensan	pensaba / pensabas / pensaba / pensábamos / pensabais / pensaban	pensé / pensaste / pensó / pensamos / pensasteis / pensaron	pensaré / pensarás / pensará / pensaremos / pensaréis / pensarán	pensaría / pensarías / pensaría / pensaríamos / pensaríais / pensarían	piense / pienses / piense / pensemos / penséis / piensen	pensara / pensaras / pensara / pensáramos / pensarais / pensaran	piensa tú (no pienses) / piense Ud. / pensemos / pensad (no penséis) / piensen Uds.
Participles: pensando, pensado								
31 reír(se) (e:i)	río / ríes / ríe / reímos / reís / ríen	reía / reías / reía / reíamos / reíais / reían	reí / reíste / rió / reímos / reísteis / rieron	reiré / reirás / reirá / reiremos / reiréis / reirán	reiría / reirías / reiría / reiríamos / reiríais / reirían	ría / rías / ría / riamos / riáis / rían	riera / rieras / riera / riéramos / rierais / rieran	ríe tú (no rías) / ría Ud. / riamos / reíd (no riáis) / rían Uds.
Participles: riendo, reído								
32 seguir (e:i) (gu)	sigo / sigues / sigue / seguimos / seguís / siguen	seguía / seguías / seguía / seguíamos / seguíais / seguían	seguí / seguiste / siguió / seguimos / seguisteis / siguieron	seguiré / seguirás / seguirá / seguiremos / seguiréis / seguirán	seguiría / seguirías / seguiría / seguiríamos / seguiríais / seguirían	siga / sigas / siga / sigamos / sigáis / sigan	siguiera / siguieras / siguiera / siguiéramos / siguierais / siguieran	sigue tú (no sigas) / siga Ud. / sigamos / seguid (no sigáis) / sigan Uds.
Participles: siguiendo, seguido								
33 sentir (e:ie)	siento / sientes / siente / sentimos / sentís / sienten	sentía / sentías / sentía / sentíamos / sentíais / sentían	sentí / sentiste / sintió / sentimos / sentisteis / sintieron	sentiré / sentirás / sentirá / sentiremos / sentiréis / sentirán	sentiría / sentirías / sentiría / sentiríamos / sentiríais / sentirían	sienta / sientas / sienta / sintamos / sintáis / sientan	sintiera / sintieras / sintiera / sintiéramos / sintierais / sintieran	siente tú (no sientas) / sienta Ud. / sintamos / sentid (no sintáis) / sientan Uds.
Participles: sintiendo, sentido								

34

Infinitive	INDICATIVE					SUBJUNCTIVE		IMPERATIVE
	Present	Imperfect	Preterite	Future	Conditional	Present	Past	
volver (o:ue)	vuelvo	volvía	volví	volveré	volvería	vuelva	volviera	
	vuelves	volvías	volviste	volverás	volverías	vuelvas	volvieras	vuelve tú (no vuelvas)
	vuelve	volvía	volvió	volverá	volvería	vuelva	volviera	vuelva Ud.
Participles:	volvemos	volvíamos	volvimos	volveremos	volveríamos	volvamos	volviéramos	volvamos
volviendo	volvéis	volvíais	volvisteis	volveréis	volveríais	volváis	volvierais	volved (no volváis)
vuelto	vuelven	volvían	volvieron	volverán	volverían	vuelvan	volvieran	vuelvan Uds.

Verbs with spelling changes only

Infinitive	INDICATIVE					SUBJUNCTIVE		IMPERATIVE
	Present	Imperfect	Preterite	Future	Conditional	Present	Past	
35 conocer (c:zc)	conozco	conocía	conocí	conoceré	conocería	conozca	conociera	
	conoces	conocías	conociste	conocerás	conocerías	conozcas	conocieras	conoce tú (no conozcas)
	conoce	conocía	conoció	conocerá	conocería	conozca	conociera	conozca Ud.
Participles:	conocemos	conocíamos	conocimos	conoceremos	conoceríamos	conozcamos	conociéramos	conozcamos
conociendo	conocéis	conocíais	conocisteis	conoceréis	conoceríais	conozcáis	conocierais	conoced (no conozcáis)
conocido	conocen	conocían	conocieron	conocerán	conocerían	conozcan	conocieran	conozcan Uds.
36 creer (y)	creo	creía	creí	creeré	creería	crea	creyera	
	crees	creías	creíste	creerás	creerías	creas	creyeras	cree tú (no creas)
	cree	creía	creyó	creerá	creería	crea	creyera	crea Ud.
Participles:	creemos	creíamos	creímos	creeremos	creeríamos	creamos	creyéramos	creamos
creyendo	creéis	creíais	creísteis	creeréis	creeríais	creáis	creyerais	creed (no creáis)
creído	creen	creían	creyeron	creerán	creerían	crean	creyeran	crean Uds.
37 cruzar (c)	cruzo	cruzaba	crucé	cruzaré	cruzaría	cruce	cruzara	
	cruzas	cruzabas	cruzaste	cruzarás	cruzarías	cruces	cruzaras	cruza tú (no cruces)
	cruza	cruzaba	cruzó	cruzará	cruzaría	cruce	cruzara	cruce Ud.
Participles:	cruzamos	cruzábamos	cruzamos	cruzaremos	cruzaríamos	crucemos	cruzáramos	crucemos
cruzando	cruzáis	cruzabais	cruzasteis	cruzaréis	cruzaríais	crucéis	cruzarais	cruzad (no crucéis)
cruzado	cruzan	cruzaban	cruzaron	cruzarán	cruzarían	crucen	cruzaran	crucen Uds.
38 destruir (y)	destruyo	destruía	destruí	destruiré	destruiría	destruya	destruyera	
	destruyes	destruías	destruiste	destruirás	destruirías	destruyas	destruyeras	destruye tú (no destruyas)
	destruye	destruía	destruyó	destruirá	destruiría	destruya	destruyera	destruya Ud.
Participles:	destruimos	destruíamos	destruimos	destruiremos	destruiríamos	destruyamos	destruyéramos	destruyamos
destruyendo	destruís	destruíais	destruisteis	destruiréis	destruiríais	destruyáis	destruyerais	destruid (no destruyáis)
destruido	destruyen	destruían	destruyeron	destruirán	destruirían	destruyan	destruyeran	destruyan Uds.
39 enviar (envío)	envío	enviaba	envié	enviaré	enviaría	envíe	enviara	
	envías	enviabas	enviaste	enviarás	enviarías	envíes	enviaras	envía tú (no envíes)
	envía	enviaba	envió	enviará	enviaría	envíe	enviara	envíe Ud.
Participles:	enviamos	enviábamos	enviamos	enviaremos	enviaríamos	enviemos	enviáramos	enviemos
enviando	enviáis	enviabais	enviasteis	enviaréis	enviaríais	enviéis	enviarais	enviad (no enviéis)
enviado	envían	enviaban	enviaron	enviarán	enviarían	envíen	enviaran	envíen Uds.

40

Infinitive	Present	Imperfect	Preterite	Future	Conditional	Subjunctive Present	Subjunctive Past	Imperative
graduarse (gradúo)	**gradúo**	graduaba	gradué	graduaré	graduaría	**gradúe**	graduara	
	gradúas	graduabas	graduaste	graduarás	graduarías	**gradúes**	graduaras	**gradúa** tú (no **gradúes**)
	gradúa	graduaba	graduó	graduará	graduaría	**gradúe**	graduara	**gradúe** Ud.
Participles:	**graduamos**	graduábamos	graduamos	graduaremos	graduaríamos	**graduemos**	graduáramos	graduemos
graduando	**graduáis**	graduabais	graduasteis	graduaréis	graduaríais	**graduéis**	graduarais	graduad (no **graduéis**)
graduado	**gradúan**	graduaban	graduaron	graduarán	graduarían	**gradúen**	graduaran	**gradúen** Uds.

41

Infinitive	Present	Imperfect	Preterite	Future	Conditional	Subjunctive Present	Subjunctive Past	Imperative
llegar (gu)	llego	llegaba	**llegué**	llegaré	llegaría	**llegue**	llegara	
	llegas	llegabas	llegaste	llegarás	llegarías	**llegues**	llegaras	llega tú (no **llegues**)
	llega	llegaba	llegó	llegará	llegaría	**llegue**	llegara	**llegue** Ud.
Participles:	llegamos	llegábamos	llegamos	llegaremos	llegaríamos	**lleguemos**	llegáramos	**lleguemos**
llegando	llegáis	llegabais	llegasteis	llegaréis	llegaríais	**lleguéis**	llegarais	llegad (no **lleguéis**)
llegado	llegan	llegaban	llegaron	llegarán	llegarían	**lleguen**	llegaran	**lleguen** Uds.

42

Infinitive	Present	Imperfect	Preterite	Future	Conditional	Subjunctive Present	Subjunctive Past	Imperative
proteger (j)	**protejo**	protegía	protegí	protegeré	protegería	**proteja**	protegiera	
	proteges	protegías	protegiste	protegerás	protegerías	**protejas**	protegieras	protege tú (no **protejas**)
	protege	protegía	protegió	protegerá	protegería	**proteja**	protegiera	**proteja** Ud.
Participles:	protegemos	protegíamos	protegimos	protegeremos	protegeríamos	**protejamos**	protegiéramos	**protejamos**
protegiendo	protegéis	protegíais	protegisteis	protegeréis	protegeríais	**protejáis**	protegierais	proteged (no **protejáis**)
protegido	protegen	protegían	protegieron	protegerán	protegerían	**protejan**	protegieran	**protejan** Uds.

43

Infinitive	Present	Imperfect	Preterite	Future	Conditional	Subjunctive Present	Subjunctive Past	Imperative
tocar (qu)	toco	tocaba	**toqué**	tocaré	tocaría	**toque**	tocara	
	tocas	tocabas	tocaste	tocarás	tocarías	**toques**	tocaras	toca tú (no **toques**)
	toca	tocaba	tocó	tocará	tocaría	**toque**	tocara	**toque** Ud.
Participles:	tocamos	tocábamos	tocamos	tocaremos	tocaríamos	**toquemos**	tocáramos	**toquemos**
tocando	tocáis	tocabais	tocasteis	tocaréis	tocaríais	**toquéis**	tocarais	tocad (no **toquéis**)
tocado	tocan	tocaban	tocaron	tocarán	tocarían	**toquen**	tocaran	**toquen** Uds.

Guide to Vocabulary

Note on alphabetization

Formerly, **ch**, **ll**, and **ñ** were considered separate letters in the Spanish alphabet, **ch** appearing after **c**, **ll** after **l**, and **ñ** after **n**. In current practice, for purposes of alphabetization, **ch** and **ll** are not treated as separate letters, but **ñ** still follows **n**. Therefore, in this glossary you will find that **año**, for example, appears after **anuncio**.

Abbreviations used in this glossary

adj.	adjective	*interj.*	interjection	*poss.*	possessive
adv.	adverb	*i.o.*	indirect object	*prep.*	preposition
conj.	conjunction	*m.*	masculine	*pron.*	pronoun
d.o.	direct object	*n.*	noun	*ref.*	reflexive
f.	feminine	*obj.*	object	*sing.*	singular
fam.	familiar	*p.p.*	past participle	*sub.*	subject
form.	formal	*pl.*	plural	*v.*	verb

Spanish-English

A

a *prep.* at; to **1**
  ¿A qué hora...? At what time . . . ? **1**
  a bordo aboard **1**
  a dieta on a diet **15**
  a la derecha to the right **2**
  a la izquierda to the left **2**
  a la plancha grilled **8**
  a la(s) + *time* at + *time* **1**
  a menos que unless **13**
  a menudo often **10**
  a nombre de in the name of **5**
  a plazos in installments **14**
  A sus órdenes. At your service. **11**
  a tiempo on time **10**
  a veces sometimes **10**
  a ver let's see **2**
¡Abajo! *adv.* Down! **15**
abeja *f.* bee
abierto/a *p.p.* open **5**
abogado/a *m., f.* lawyer **16**
abrazar(se) *v.* to hug; to embrace (each other) **11**
abrazo *m.* hug
abrigo *m.* coat **6**
abril *m.* April **5**
abrir *v.* to open **3**
abuelo/a *m., f.* grandfather; grandmother **3**
abuelos *pl.* grandparents **3**
aburrido/a *adj.* bored; boring **5**
aburrir *v.* to bore **7**
aburrirse *v.* to get bored
acabar de (+ *inf.*) *v.* to have just (*done something*) **6**
acampar *v.* to camp
accidente *m.* accident **10**
acción *f.* action

aceite *m.* oil **8**
ácido/a *adj.* acid **13**
acompañar *v.* to go with; to accompany **14**
aconsejar *v.* to advise **12**
acontecimiento *m.* event
acordarse (de) (o:ue) *v.* to remember **7**
acostarse (o:ue) *v.* to go to bed **7**
activo/a *adj.* active **15**
actor *m.* actor **16**
actriz *f.* actor **16**
actualidades *f., pl.* news; current events
acuático/a *adj.* aquatic **4**
adelgazar *v.* to lose weight; to slim down **15**
además (de) *adv.* furthermore; besides; in addition (to) **10**
adicional *adj.* additional
adiós *m.* good-bye **1**
adjetivo *m.* adjective
administración de empresas *f.* business administration **2**
adolescencia *f.* adolescence **9**
¿adónde? *adv.* where? (desti-nation) **2**
aduana *f.* customs **5**
aeróbico/a *adj.,* aerobic **15**
aeropuerto *m.* airport **5**
afectado/a *adj.* affected **13**
afeitarse *v.* to shave **7**
aficionado/a *adj.* fan **4**
afirmativo/a *adj.* affirmative
afueras *f., pl.* suburbs; outskirts **12**
agencia de viajes *f.* travel agency **5**
agente de viajes *m., f.* travel agent **5**
agosto *m.* August **5**
agradable *adj.* pleasant **5**
agua *f.* water **8**
  agua mineral mineral water **8**
ahora *adv.* now **2**
  ahora mismo right now **5**
ahorrar *v.* to save money **14**

ahorros *m.* savings **14**
aire *m.* air **6**
ajo *m.* garlic
al (*contraction of* **a + el**) **2**
  al aire libre open-air **6**
  al contado in cash **14**
  al este to the east **14**
  al fondo (de) at the end (of) **12**
  al lado de beside **2**
  al norte to the north **14**
  al oeste to the west **14**
  al sur to the south **14**
alcoba *f.* bedroom **12**
alcohol *m.* alcohol **15**
alcohólico/a *adj.* alcoholic **15**
alegrarse (de) *v.* to be happy **13**
alegre *adj.* happy; joyful **5**
alegría *f.* joy **9**
alemán, alemana *adj.* German **3**
alérgico/a *adj.* allergic **10**
alfombra *f.* carpet; rug **12**
algo *pron.* something; any-thing **7**
algodón *m.* cotton **6**
alguien *pron.* someone; somebody; anyone **7**
algún, alguno/a(s) *adj.* any; some **7**
aliviar *v.* to ease; alleviate **15**
  aliviar el estrés/la tensión to reduce stress/tension **15**
allí *adv.* there **5**
  allí mismo right there **14**
almacén *m.* department store **6**
almohada *f.* pillow **12**
almorzar (o:ue) *v.* to have lunch **8**
almuerzo *m.* lunch **8**
aló *interj.* hello (*on the telephone*) **11**
alojamiento *m.* lodging **5**
alquilar *v.* to rent **12**
alquiler *m.* rent **12**
alternador *m.* alternator **11**

altillo *m.* attic 12
alto/a *adj.* tall 3
aluminio *m.* aluminum 13
amable *adj.* nice; friendly 5
ama de casa *f.* housekeeper;
  caretaker; housewife 12
amarillo/a *adj.* yellow 6
amigo/a *m., f.* friend 3
amistad *f.* friendship 9
amor *m.* love 9
anaranjado/a *adj.* orange 6
animal *m.* animal 13
aniversario (de bodas) *m.* (wedding)
  anniversary 9
anoche *adv.* last night 6
anteayer *adv.* the day before
  yesterday 6
antes *adv.* before 7
  antes (de) que *conj.* before 13
  antes de *prep.* before 7
antibiótico *m.* antibiotic 10
antipático/a *adj.* unpleasant 3
anunciar *v.* to announce; to advertise
anuncio *m.* advertisement 16
año *m.* year 2, 5
  el año pasado *last* year 6
apagar *v.* to turn off 11
aparato *m.* appliance 12
apartamento *m.* apartment 12
apellido *m.* last name 9
apenas *adv.* hardly; scarcely;
  just 10
aplaudir *v.* to applaud
apreciar *v.* to appreciate
aprender *v.* to learn 3
apurarse *v.* to hurry; to rush 15
aquel, aquella *adj.* that; those (over
  there) 6
aquél, aquélla *pron.* that; those (over
  there) 6
aquello *neuter, pron.* that; that
  thing; that fact 6
aquellos/as *pl. adj.* that; those
  (over there) 6
aquéllos/as *pl. pron.* those (ones)
  (over there) 6
aquí *adv.* here 1
  Aquí está... Here it is . . . 5
    Aquí estamos en... Here
    we are in . . . 2
    aquí mismo right here 11
árbol *m.* tree 13
archivo *m.* file 11
armario *m.* closet 12
arqueólogo/a *m., f.* archaeologist
  16
arquitecto/a *m., f.* architect 16
arrancar *v.* to start (*a car*) 11
arreglar *v.* to fix; to arrange 11
arriba *adv.* up 15
arroz *m.* rice 8
arte *m.* art 2
artes *f., pl.* arts
artesanía *f.* craftsmanship;
  crafts 17

artículo *m.* article
artista *m., f.* artist 3
artístico/a *adj.* artistic
arveja *m.* pea 8
asado/a *adj.* roasted 8
ascenso *m.* promotion 16
ascensor *m.* elevator 5
así *adj.* thus; so (*in such
  a way*) 10
  así así so so 1
asistir (a) *v.* to attend 3
aspiradora *f.* vacuum cleaner 12
aspirante *m. f.* candidate; applicant
  16
aspirina *f.* aspirin 10
atún *m.* tuna
aumentar *v.* **de peso** to gain weight
  15
aumento *m.* increase 16
  aumento de sueldo pay
  raise 16
aunque *conj.* although
autobús *m.* bus 1
automático/a *adj.* automatic 14
auto(móvil) *m.* auto(mobile) 5
autopista *f.* highway
ave *f.* bird
avenida *f.* avenue
aventura *f.* adventure
avergonzado/a *adj.* embar-rassed 5
avión *m.* airplane 5
¡Ay! *interj.* Oh! 10
  ¡Ay, qué dolor! Oh, what pain! 10
ayer *adv.* yesterday 6
ayudar (a) *v.* to help 12
ayudarse *v.* to help each
  other 11
azúcar *m.* sugar 8
azul *adj. m., f.* blue 6

B

bailar *v.* to dance 2
bailarín/bailarina *m., f.* dancer
baile *m.* dance
bajar(se) *v.* to go down; to get off (of)
  11
bajo/a *adj.* short (*in height*) 3
  bajo control under control 7
balcón *m.* balcony
ballet *m.* ballet
baloncesto *m.* basketball 4
banana *f.* banana 8
banco *m.* bank 14
banda *f.* band
bandera *f.* flag
bañarse *v.* to bathe take a bath 7
baño *m.* bathroom 7
barato/a *adj.* cheap 6
barco *m.* ship 5
barrer *v.* to sweep 12
  barrer el suelo *v.* to sweep the
  floor 12
barrio *m.* neighborhood 12

bastante *adv.* enough; rather 10;
  pretty
basura *f.* trash 12
baúl *m.* trunk 11
beber *v.* to drink 3
bebida *f.* drink 8
béisbol *m.* baseball 4
bellas artes *f., pl.* fine arts
belleza *f.* beauty 14
beneficio *m.* benefit 16
besar(se) *v.* to kiss (each other) 11
beso *m.* kiss 9
biblioteca *f.* library 2
bicicleta *f.* bicycle 4
bien *adj.* good well 1
bienestar *m.* well-being 15
bienvenido/a *adj.* welcome 12
billete *m.* paper money 8
billón *m.* trillion 5
biología *f.* biology 2
bistec *m.* steak 8
bizcocho *m.* biscuit
blanco/a *adj.* white 6
bluejeans *m., pl.* jeans 6
blusa *f.* blouse 6
boca *f.* mouth 10
boda *f.* wedding 9
boleto *m.* ticket
bolsa *f.* purse, bag 6
bombero/a *m., f.* firefighter 16
bonito/a *adj.* pretty 3
borrador *m.* eraser 2
bosque *m.* forest 13
  bosque tropical tropical forest;
  rainforest 13
bota *f.* boot 6
botella *f.* bottle 9
  botella de vino bottle of
  wine 9
botones *m., sing.* bellhop 5
brazo *m.* arm 10
brindar *v.* to toast (*drink*) 9
bucear *v.* to (scuba) dive 4
bueno *adv.* well 2
bueno/a, buen *adj.* good 3, 6
  Buen viaje. Have a good trip. 1
  buena forma good shape (*physical*)
  15
  Buena idea. Good idea. 4
  Buenas noches. Good evening;
  Good night. 1
  Buenas tardes. Good
  afternoon. 1
  buenísimo extremely good 8
  ¿Bueno? Hello. (*on telephone*) 11
  Buenos días. Good morning. 1
bulevar *m.* boulevard
buscar *v.* to look for 2
buzón *m.* mailbox 14

C

caballo *m.* horse 5
cabaña *f.* cabin 5

cabe: no cabe duda (de) que... there's no doubt that . . . **13**

cabeza *f.* head **10**

cada *adj. m., f.* each **6**

caerse *v.* to fall (down) **10**

café *m.* café **4**; *adj. m., f.* brown **6**; coffee **8**

cafetera *f.* coffee maker

cafetería *f.* cafeteria **2**

caído/a *p.p.* fallen **14**

caja *f.* cash register **6**

cajero/a *m., f.* cashier **14**
　cajero automático automatic teller machine (ATM) **14**

calcetín *m.* sock **6**

calculadora *f.* calculator **11**

caldo *m.* soup **8**
　caldo de patas beef soup **8**

calentarse *v.* to warm up **15**

calidad *f.* quality **6**

calle *f.* street **11**

calor *m.* heat **4**

caloría *f.* calorie **15**

calzar *v.* to take size ... shoes **6**

cama *f.* bed **5**

cámara *f.* camera **11**
　cámara de video *f.* videocamera **11**

camarero/a *m., f.* waiter **8**

camarón *m.* shrimp **8**

cambiar *m.* **(de)** *v.* to change **9**

cambio *m.* **de moneda** currency exchange **8**

caminar *v.* to walk **2**

camino *m.* road **11**

camión *m* truck; bus

camisa *f.* shirt **6**

camiseta *f.* t-shirt **6**

campo *m.* countryside **5**

canadiense *adj.* Canadian **3**

canal *m.* channel (TV)

canción *f.* song

candidato/a *m., f.* candidate

cansado/a *adj.* tired **5**

cantante *m., f.* singer

cantar *v.* to sing **2**

capital *f.* capital (city) **1**

capó *m.* hood **11**

cara *f.* face **7**

caramelo *m.* caramel

carne *f.* meat **8**
　carne de res *f.* beef **8**

carnicería *f.* butcher shop **14**

caro/a *adj.* expensive **6**

carpintero/a *m., f.* carpenter **16**

carrera *f.* career **16**

carretera *f.* highway

carro *m.* car; automobile **11**

carta *f.* letter **4**; (playing) card **5**

cartel *m.* poster

cartera *f.* wallet **6**

cartero *m.* mail carrier **14**

casa *f.* house; home **4**

casado/a *adj.* married **9**

casarse (con) *v.* to get married (to) **9**

casi *adv.* almost **10**

catorce *adj., pron.* fourteen **1**

cebolla *f.* onion **8**

celebrar *v.* to celebrate **9**

celular *adj.* cellular **11**

cena *f.* dinner **8**

cenar *v.* to have dinner **8**

centro *m.* downtown **4**
　centro comercial shopping mall **6**

cepillarse los dientes/el pelo *v.* to brush one's teeth/one's hair **7**

cerámica *f.* pottery

cerca de *prep.* near **2**

cerdo *m.* pork **8**

cereales *m., pl.* cereal; grains **8**

cero *m.* zero **1**

cerrado/a *p.p.* closed **5**

cerrar (e:ie) *v.* to close **4**

cerveza *f.* beer **8**

césped *m.* grass

ceviche *m.* marinated fish dish **8**
　ceviche de camarón marinated shrimp **8**

chaleco *m.* vest **6**

champán *m.* champagne

champiñón *m.* mushroom **8**

champú *m.* shampoo **7**

chaqueta *f.* jacket **6**

chau *fam., interj.* bye **1**

cheque *m.* (bank) check **14**
　cheque de viajero traveler's check **14**

chévere *adj., fam.* terrific

chico/a *m., f.* boy girl **1**

chino/a *adj.* Chinese

chocar (con) *v.* to run into **11**

chocolate *m.* chocolate

choque *m.* collision **18**

chuleta *f.* chop (food) **8**
　chuleta de cerdo pork chop **8**

ciclismo *m.* cycling **4**

cielo *m.* sky **13**

cien(to) *adj., pron.* one hundred **5**

ciencia *f.* science
　ciencia ficción science fiction

científico/a *m., f.* scientist **16**

cierto *m.* certain; true **13**

cifra *f.* figure

cinco *adj., pron.* five **1**

cincuenta *adj., pron.* fifty **2**

cine *m.* movie theater **4**

cinta *f.* (audio)tape **11**

cinturón *m.* belt **6**

circulación *f.* traffic

cita *f.* date; appointment **9**

ciudad *f.* city **4**

ciudadano/a *adj.* citizen

claro que sí *fam.* of course **16**

clase *f.* class **2**
　clase de ejercicios aeróbicos *f.* aerobics class **15**

clásico/a *adj.* classical

cliente/a *m., f.* customer **6**

clínica *f.* clinic **10**

cobrar *v.* to cash a check **14**

coche *m.* car; automobile **11**

cocina *f.* kitchen; stove

cocinar *v.* to cook **12**

cocinero/a *m., f.* cook, chef **16**

cola *f.* line **14**

colesterol *m.* cholesterol **15**

color *m.* color **6**

comedia *f.* comedy; play

comedor *m.* dining room **12**

comenzar (e:ie) *v.* to begin **4**

comer *v.* to eat **3**

comercial *adj.* commercial; business-related **16**

comida *f.* food; meal **8**

como *prep.* like as **8**

¿cómo? what; how **1**
　¿Cómo es...? What's... like? **3**
　¿Cómo está Ud.? *form.* How are you? **1**
　¿Cómo estás? *fam.* How are you? **1**
　¿Cómo les fue...? *pl.* How did . . . go for you? **15**
　¿Cómo se llama (Ud.)? (form.) What's your name? **1**
　¿Cómo te llamas (tú)? (fam.) What's your name? **1**

cómoda *f.* chest of drawers **12**

cómodo/a *adj.* comfortable **5**

compañero/a de clase *m., f.* classmate **2**

compañero/a de cuarto *m., f.* roommate **2**

compañía *f.* company; firm **16**

compartir *v.* to share **3**

completamente *adv.* completely **16**

compositor(a) *m., f.* composer

comprar *v.* to buy **2**

compras *f., pl.* purchases **5**
　ir de compras go shopping

comprender *v.* to understand **3**

comprobar *v.* to check

comprometerse (con) *v.* to get engaged (to) **9**

computación *f.* computer science **2**

computadora *f.* computer **1**

computadora portátil *f.* portable computer; laptop **11**

comunicación *f.* communication

comunicarse (con) *v.* to communicate (with)

comunidad *f.* community **1**

con *prep.* with **2**
　Con él/ella habla. This is he/she. (on telephone) **11**
　con frecuencia *adv.* frequently **10**
　Con permiso. Pardon me., Excuse me. **1**
　con tal (de) que provided (that) **13**

concierto *m.* concert

concordar *v.* to agree **8**

concurso *m.* contest; game show
conducir *v.* to drive **8, 11**
conductor(a) *m., f.* chauffeur; driver **1**
confirmar *v.* to confirm **5**
confirmar *v.* **la reservación** *f.* to confirm the reservation **5**
congelador *m.* freezer
congestionado/a *adj.* congested; stuffed-up **10**
conmigo *pron.* with me **4**
conocer *v.* to know; to be acquainted with **8**
conocido *adj.* known **2**
conseguir (e:i) *v.* to get; to obtain **4**
consejero/a *m., f.* counselor; advisor **16**
consejo *m.* advice **9**
conservación *f.* conservation **13**
conservar *v.* to conserve **13**
construir *v.* build
consultorio *m.* doctor's office **10**
consumir *v.* consume **15**
contabilidad *f.* accounting **2**
contador(a) *m., f.* accountant **16**
contaminación *f.* pollution; contamination **4**
  contaminación del aire/del agua air/water pollution **13**
contaminado/a *adj.* polluted **13**
contaminar *v.* to pollute **13**
contar (con) *v.* to count (on) **12**
contento/a *adj.* happy; content **5**
contestadora *f.* answering machine **11**
contestar *v.* to answer **2**
contigo *pron.* with you **8**
contratar *v.* to hire **16**
control *m.* control **7**
  control remoto remote control
controlar *v.* to control **13**
conversación *f.* conversation **2**
conversar *v.* to talk **2**
copa *f.* wineglass; goblet **12**
corazón *m.* heart **10**
corbata *f.* tie **6**
corredor(a) *m., f.* **de bolsa** stockbroker **16**
correo *m.* post office; mail **14**
  correo electrónico e-mail **4**
correr *v.* to run; to jog **3**
cortesía *f.* courtesy
cortinas *f., pl.* curtains **12**
corto/a *adj.* short (*in length*) **6**
cosa *f.* thing **1**
costar (o:ue) *f.* to cost **6**
cráter *m.* crater **13**
creer (en) *v.* to believe (in) **3**
creído/a *p.p.* believed **14**
crema de afeitar *f.* shaving cream **7**
crimen *m.* crime; murder **18**
cruzar *v.* to cross **14**
cuaderno *m.* notebook **1**

cuadra *f.* city block **14**
¿cuál(es)? which?; which ones?; what? **2**
  ¿Cuál es la fecha (de hoy)? What is the date (today)? **4**
cuadro *m.* picture
cuadros *m., pl.* plaid **6**
cuando *conj.* when **7**
¿cuándo? *adv.* when? **2**
¿cuánto/a(s)? *adv.* how much?, how many? **1**
  ¿Cuánto cuesta…? How much does . . . cost? **6**
  ¿Cuántos años tienes? How old are you? **3**
cuarenta *adj., pron.* forty **2**
cuarto *m.* room **7**
cuarto/a *adj.* fourth **5**
  menos cuarto quarter to (time)
  y cuarto quarter after (time)
cuarto de baño *m.* bathroom **7**
cuatro *adj., pron.* four **1**
cuatrocientos/as *adj., pron.,* four hundred **5**
cubiertos *m., pl.* silverware
cubierto/a *p.p.* covered **14**
cubrir *v.* to cover **14**
cuchara *f.* tablespoon **12**
cuchillo *m.* knife **12**
cuello *m.* neck **10**
cuenta *f.* bill **9**; account **14**
  cuenta corriente *f.* checking account **14**
  cuenta de ahorros *f.* savings account **14**
cuento *m.* story
cuerpo *m.* body **10**
cuidado *m.* care **3**
cuidar *v.* to take care of **13**
cultura *f.* culture
cumpleaños *m., sing.* birthday **9**
cumplir años *v.* to have a birthday **9**
cuñado/a *m., f.* brother-in-law; sister-in-law **3**
currículum *m.* résumé; curriculum vitae **16**
curso *m.* course **2**

D

danza *f.* dance
dañar *v.* to damage; to breakdown **11**
dar *v.* to give **6**
  dar direcciones to give directions **14**
  dar un consejo to give advice **6**
  darse con *v.* to bump into; to run into
de *prep.* of; from **1**
  ¿De dónde eres (tú)? *fam.* Where are you from? **1**
  ¿De dónde es (Ud.)? *form.* Where are you from? **1**

¿De parte de quién? Who is calling? (*on telephone*) **11**
¿de quién? whose (*sing.*) **1**
¿de quiénes? whose (*pl.*) **1**
de algodón (made of) cotton **6**
de aluminio (made of) aluminum **13**
de compras shopping **5**
de cuadros plaid **6**
de excursión hiking **4**
de hecho in fact **5**
de ida y vuelta roundtrip **5**
de la mañana in the morning; A.M. **1**
de la noche in the evening; at night; P.M. **1**
de la tarde in the afternoon; in the early evening; P.M. **1**
de lana (made of) wool **6**
de lunares polka-dotted **6**
de mi vida of my life **15**
de moda in fashion **6**
De nada. You're welcome. **1**
de ninguna manera no way **16**
de niño/a as a child **10**
de parte de on behalf of **11**
de plástico (made of) plastic **13**
de rayas striped **6**
de repente suddenly **6**
de seda (made of) silk **6**
de vaqueros western (genre) **17**
de vez en cuando from time to time **10**
de vidrio (made of) glass **13**
debajo de *prep.* below; under **2**
deber (+ infin.) *v.* to have to (*do something*), should (*do something*) **3**
deber *m.* responsibility; obligation
debido a due to; the fact that **3**
débil *adj.* weak **15**
decidido/a *adj.* decided **14**
decidir *v.* to decide **3**
décimo/a *adj.* tenth **5**
decir *v.* **(que)** to say (that); to tell (that) **6**
declarar *v.* to declare; to say
dedo *m.* finger **10**
deforestación *f.* deforestation **13**
dejar *v.* to let **12**; to quit; to leave behind **16**
  dejar de (+ inf.) to stop (*doing something*) **13**
  dejar una propina to leave a tip **9**
del (*contraction of* **de + el**) of the; from the **1**
delante de *prep.* in front of **2**
delgado/a *adj.* thin; slender **3**
delicioso/a *adj.* delicious **8**
demás *pron.* the rest **5**
demasiado *adv.* too much **6**
dentista *m., f.* dentist **10**
dentro de *adv.* within **16**

dependiente/a *m., f.* clerk **6**
deporte *m.* sport **4**
deportista *m.* sports person **1**
deportivo/a *adj.* sports-loving **4**
depositar *v.* to deposit **14**
derecha *f.* right **2**
derecho/a *adj.* straight **14**
derechos *m. pl.* rights
desarrollar *v.* to develop **13**
desastre natural *m.* natural disaster
desayunar *v.* to have breakfast **8**
desayuno *m.* breakfast **8**
descafeinado/a *adj.* decaffeinated **15**
descansar *v.* to rest **2**
descompuesto/a *adj.* not working;
   out-of-order **11**
describir *v.* to describe **3**
descrito/a *p.p.* described **14**
descubierto/a *p.p.* discovered **14**
descubrir *v.* to discover **13**
desde *prep.* from; since **6**
desear *v.* to wish; to desire **2**
desempleo *m.* unemployment
desierto *m.* desert **13**
desigualdad *f.* inequality
desordenado/a *adj.* disorderly **5**
despacio *adj.* slowly **8**
despedida *f.* farewell; good-bye
despedir (e:i) *v.* fire **16**
despedirse (de) (e:i) *v.* to say good-
   bye (to) **7**
despejado/a *adj.* clear (*weather*) **4**
despertador *m.* alarm clock **7**
despertarse (e:ie) *v.* to wake up **7**
después *adv.* afterwards; then **7**
   después de after **7**
   después (de) que *conj.* after **14**
destruir *v.* to destroy **13**
detrás de *prep.* behind **2**
día *m.* day **1**
   día de fiesta holiday **9**
diario *m.* diary **1**; newspaper
   diario/a *adj.* daily **7**
dibujar *v.* to draw **2**
dibujo *m.* drawing **17**
   dibujos animados *m., pl.* cartoons
   17
diccionario *m.* dictionary **1**
dicho/a *p.p.* said **14**
diciembre *m.* December **5**
dictadura *f.* dictatorship
diecinueve *adj., pron.* nineteen **1**
dieciocho *adj., pron.* eighteen **1**
dieciséis *adj., pron.* sixteen **1**
diecisiete *adj., pron.* seventeen **1**
diente *m.* tooth **7**
dieta *f.* diet **15**
   dieta equilibrada balanced
   diet **15**
diez *adj., pron.* ten **1**
difícil *adj.* hard; difficult **3**
Diga. Hello. (*on telephone*) **11**
diligencia *f.* errand **14**
dinero *m.* money **6**
dirección *f.* address **14**

direcciones *f., pl.* directions **14**
director(a) *m., f.* director; (*musical*)
   conductor
disco *m.* (computer) disk **11**
disco compacto compact disc (CD)
   11
discriminación *f.* discrimination
discurso *m.* speech
diseñador(a) *m., f.* designer **16**
diseño *m.* design
disfrutar (de) *v.* to enjoy; to reap the
   benefits (of) **15**
diversión *f.* fun activity **4**
divertido/a *adj.* fun **7**
divertirse (e:ie) *v.* to have fun **9**
divorciado/a *adj.* divorced **9**
divorciarse (de) *v.* to get divorced
   (from) **9**
divorcio *m.* divorce **9**
doblar *v.* to turn **14**
doce *adj., pron.* twelve **1**
doble *adj.* double
doctor(a) *m., f.* doctor
documental *m.* documentary
documentos de viaje *m., pl.* travel
   documents
doler (o:ue) *v.* to hurt **10**
dolor *m.* ache; pain **10**
dolor de cabeza *m.* headache **10**
doméstico/a *adj.* domestic
domingo *m.* Sunday **2**
don/doña *title of respect used with a*
   person's first name **1**
donde *prep.* where
   ¿Dónde está...? Where is . . . ? **2**
   ¿dónde? where? **1**
dormir (o:ue) *v.* to sleep **4**
dormirse (o:ue) *v.* to go to sleep; to
   fall asleep **7**
dos *adj., pron.* two **1**
   dos veces twice; two times **6**
doscientos/as *adj., pron.* two
   hundred **5**
drama *m.* drama; play
dramático/a *adj.* dramatic
dramaturgo/a *m., f.* playwright
droga *f.* drug **15**
drogadicto/a *adj.* drug addict **15**
ducha *f.* shower
ducharse *v.* to shower; to take a
   shower **7**
duda *f.* doubt **13**
dudar *v.* to doubt **13**
dueño/a *m., f.* owner; landlord **8**
dulces *m., pl.* sweets; candy **9**
durante *prep.* during **7**
durar *v.* to last

E

e *conj.* (*used instead of* **y** *before words*
   beginning with **i** *and* **hi**) *and* **4**
echar *v.* to throw **14**
   echar una carta al buzón

   to throw a letter in the
   mailbox **14**
ecología *f.* ecology **13**
economía *f.* economics
ecoturismo *m.* ecotourism **13**
Ecuador *m.* Ecuador **1**
ecuatoriano/a *adj.* Ecuadorian **3**
edad *f.* age **8**
edificio *m.* building **12**
efectivo *m.* cash **14**
ejercicio *m.* exercise **15**
   ejercicios aeróbicos
   aerobic exercises **15**
   ejercicios de estiramiento
   stretching exercises **15**
ejército *m.* army **18**
el *m., sing.* the **1**
él *sub. pron.* he **1**; *adj. pron.* him **1**
elección *f.* election
electricista *m., f.* electrician **16**
elegante *adj. m., f.* elegant **6**
elegir *v.* to elect
ella *sub. pron.* she **1**; *obj. pron.* her **1**
ellos/as *sub. pron.* they **1**; them **1**
embarazada *adj.* pregnant **10**
emergencia *f.* emergency **10**
emitir *v.* to broadcast
emocionante *adj.* exciting
empezar (e:ie) *v.* to begin **4**
empleado/a *m., f.* employee **5**
empleo *m.* job; employment **16**
empresa *f.* company; firm **16**
en *prep.* in; on **2**
   en casa at home **7**
   en caso (de) que in case
   (that) **13**
   en cuanto as soon as **14**
   en efectivo in cash
   en exceso in excess; too
   much **15**
   en línea in-line **4**
   ¡En marcha! Forward march! **15**
   en mi nombre in my name **5**
   en punto on the dot; exactly;
   sharp (*time*) **1**
   en qué in what; how **2**
   ¿En qué puedo servirles?
   How may I help you? **5**
enamorado/a *adj.* **(de)** in love with **5**
enamorarse (de) *v.* to fall in love
   (with) **9**
encantado/a *adj.* delighted; pleased to
   meet you **1**
encantar *v.* to like very much; to love
   (*inanimate things*) **7**
encima de *prep.* on top of **2**
encontrar (o:ue) *v.* to find **4**
encontrar(se) *v.* to meet (each other);
   to find (each other) **11**
encuesta *f.* poll; survey
energía *f.* energy **13**
enero *m.* January **5**
enfermarse *v.* to get sick **10**
enfermedad *f.* illness **10**
enfermero/a *m., f.* nurse **10**

enfermo/a *adj.* sick 10
enfrente de *adv.* opposite; facing 14
engordar *v.* to gain weight
enojado/a *adj.* mad; angry 5
enojarse (con) *v.* to get angry (with) 7
ensalada *f.* salad 8
enseguida *adv.* right away 9
enseñar *v.* to teach 2
ensuciar *v.* to dirty; to get dirty 12
entender (e:ie) *v.* to understand 4
entonces *adv.* then 7
entrada *f.* entrance 12; ticket
entre *prep.* between; among 2
entremeses *m., pl.* hors
d'oeuvres; appetizers 8
entrenarse *v.* to practice; to train 15
entrevista *f.* interview 16
entrevistador(a) *m., f.* interviewer 16
entrevistar *v.* to interview 16
envase *m.* container 13
enviar *v.* to send; to mail 14
equilibrado/a *adj.* balanced 15
equipado/a *adj.* equipped 15
equipaje *m.* luggage 5
equipo *m.* team 4
equivocado/a *adj.* mistaken; wrong 5
eres *fam.* you are 1
es he/she/it is 1
  Es (una) lástima que... It's a
  shame that . . . 13
  Es bueno que... It's good
  that . . . 12
  Es de... He/She is from . . . 1
  Es extraño que... It's strange
  that . . . 13
  Es importante que... It's
  important that . . . 12
  Es imposible que... It's
  impossible that . . . 13
  Es improbable que... It's
  improbable that . . . 13
  Es la una. It's one o'clock. 1
  Es malo que... It's bad
  that . . . 12
  Es mejor que... It's better
  that . . . 12
  Es necesario que... It's
  necessary that . . . 12
  Es obvio que... It's
  obvious that . . . 13
  Es ridículo que... It's
  ridiculous that . . . 13
  Es seguro que... It's sure
  that . . . 13
  Es terrible que... It's terrible
  that . . . 13
  Es triste que... It's sad that . . . 13
  Es urgente que... It's urgent
  that . . . 12
  Es verdad que... It's true
  that . . . 13
esa(s) *f., adj.* that; those 6
ésa(s) *f., pron.* those (ones) 6
escalar *v.* to climb 4
  escalar montañas *v.* to climb

mountains 4
escalera *f.* stairs; stairway 12
escoger *v.* choose 8
escribir *v.* to write 3
  **escribir un mensaje
  electrónico** to write an
  e-mail message 4
  escribir una (tarjeta) postal
  to write a postcard 4
  escribir una carta to write a
  letter 4
escrito/a *p.p.* written 14
escritor(a) *m., f.* writer
escritorio *m.* desk 2
escuchar *v.* to listen to 2
  escuchar la radio to listen to
  the radio 2
  escuchar música to listen to
  music 2
escuela *f.* school 1
esculpir *v.* to sculpt
escultor(a) *m., f.* sculptor
escultura *f.* sculpture
ese *m., sing., adj.* that 6
ése *m., sing., pron.* that (one) 6
eso *neuter, pron.* that;
  that thing 6
esos *m., pl., adj.* those 6
ésos *m., pl., pron.* those (ones) 6
España *f.* Spain 1
español *m.* Spanish (*language*) 2
  español(a) *m., f., adj.*
  Spanish 3
espárragos *m., pl.* asparagus
especialización *f.* major field of study
  or interest; specialization 16
espectacular *adj.* spectacular 15
espectáculo *m.* show
espejo *m.* mirror 7
esperar *v.* to wait for; to hope 2; to
  wish 13
esposo/a *m., f.* husband/wife; spouse
  3
esquí (acuático) *m.* (water)
  skiing 4
esquiar *v.* to ski 4
esquina *m.* corner 14
está he, she, it is, you are 1
  Está (muy) despejado. It's
  (very) clear. (*weather*) 5
  Está (muy) nublado. It's
  (very) cloudy. (*weather*) 5
  Está bien. That's fine. It's okay. 11
esta(s) *f., adj.* this; these 4
  esta noche tonight 4
ésta(s) *f., pron.* this (one); these
  (ones) 6
  Ésta es... *f.* This is . . .
  (*introducing someone*) 1
establecer *v.* to establish 16
estación *f.* station; season 5
  estación de autobuses
  bus station 5
  estación del metro subway
  station 5

  estación de tren train
  station 5
estacionar *v.* to park 11
estadio *m.* stadium 2
estado civil *m.* marital status 9
Estados Unidos *m.* (EE.UU.;
  E.U.) United States 1
estadounidense *adj.* from the United
  States 3
estampado/a *adj.* print 6
estampilla *f.* stamp 14
estante *m.* bookcase; bookshelf 12
estar *v.* to be 2
  **estar a (veinte kilómetros)
  de aquí.** to be (20 kilometers)
  from here 11
  estar a dieta to be on a diet
  15
  estar aburrido/a to be
  bored 5
  estar afectado/a por to be
  affected by 13
  estar bajo control to be under
  control 7
  estar cansado/a to be tired 5
  estar contaminado/a to be
  polluted 13
  estar de acuerdo to agree 16
  estar de moda to be in
  fashion 6
  estar de vacaciones *f., pl.* to
  be on vacation 5
  estar en buena forma to be in
  good shape 15
  estar enfermo/a to be sick 10
  estar listo/a to be ready 15
  estar perdido/a to be lost 14
  estar roto/a to be broken 10
  estar seguro/a to be sure 5
  estar torcido/a to be twisted;
  to be sprained 10
  (no) está nada mal it's not at
  all bad 5
estatua *f.* statue
este *m.* east 14; umm
este *m., sing., adj.* this 6
éste *m., sing., pron.* this (one) 6
  Éste es... *m.* This is . . .
  (*introducing someone*) 1
estéreo *m.* stereo 11
estilo *m.* style 5
estiramiento *m.* stretching 15
esto *neuter pron.* this; this thing 6
estómago *m.* stomach 10
estornudar *v.* to sneeze 10
estos *m., pl., adj.* these 6
éstos *m., pl., pron.* these (ones) 6
estrella *f.* star 13
  estrella de cine *m., f.* movie
  star 17
estrés *m.* stress 15
estudiante *m., f.* student 1
estudiantil *adj. m., f.* student 2
estudiar *v.* to study 2
estufa *f.* stove 12

estupendo/a *adj.* stupendous **5**
etapa *f.* stage; step **9**
evitar *v.* to avoid **13**
examen *m.* test; exam **2**
  examen médico phisical
  exam **10**
excelente *adj. m., f.* excellent **5**
exceso *m.* excess; too much **15**
excursión *f.* hike; tour;
  excursion **4**
excursionista *m., f.* hiker **4**
éxito *m.* success **16**
experiencia *f.* experience
explicar *v.* to explain **2**
explorar *v.* to explore **4**
  explorar un pueblo to explore
  a town **4**
  explorar una ciudad to
  explore a city **4**
expresión *f.* expression
extinción *f.* extinction **13**
extranjero/a *adj.* foreign **17**
extraño/a *adj.* strange **13**

F

fabuloso/a *adj* fabulous **5**
fácil *adj. m., f.* easy **3**
falda *f.* skirt **6**
faltar *v.* to lack; to need **7**
familia *f.* family **3**
famoso/a *adj.* famous **16**
farmacia *f.* pharmacy **10**
fascinar *v.* to fascinate **7**
favorito/a *adj.* favorite **4**
fax *m.* fax (machine) **11**
febrero *m.* February **5**
fecha *f.* date **5**
feliz *adj.* happy **5**
  ¡Felicidades! Congratulations!
  (*for an event such as a
  birthday or anniversary*) **9**
  ¡Felicitaciones!
  Congratulations! (*for an event
  such as an engagement or a
  good grade on a test*) **9**
  ¡Feliz cumpleaños! Happy
  birthday! **9**
fenomenal *adj.* phenomenal; great **5**
feo/a *adj.* ugly **3**
festival *m.* festival
fiebre *f.* fever **10**
fiesta *f.* party **9**
fijo/a *adj.* set, fixed **6**
fin *m.* end **4**
  fin de semana weekend **4**
finalmente *adv.* finally **15**
firmar *v.* to sign (*a document*) **14**
física *f.* physics **2**
flan (de caramelo) *m.* baked
  (caramel) custard **9**
flexible *adj.* flexible **15**
flor *f.* flower **13**
folklórico/a *adj.* folk; folkloric

folleto *m.* brochure **5**
fondo *m.* end **12**
forma *f.* shape **15**
formulario *m.* form **14**
foto(grafía) *f.* photograph **1**
francés, francesa *m., f.* French **3**
frecuentemente *adv.* frequently **10**
frenos *m., pl.* brakes **11**
fresco/a *adj.* cool **4**
frijoles *m., pl.* beans **8**
frío/a *adj.* cold **4**
fritada *f.* fried dish (pork, fish, etc.) **8**
frito/a *adj.* fried **8**
fruta *f.* fruit **8**
frutería *f.* fruit store **14**
frutilla *f.* strawberry **8**
fuente de fritada *f.* platter of fried
  food
fuera *adv.* outside **8**
fuerte *adj. m., f.* strong **15**
fumar *v.* to smoke **15**
funcionar *v.* to work; to function **11**
fútbol *m.* soccer **4**
  fútbol americano football **4**
futuro/a *adj.* future **16**
  en el futuro in the future **16**

G

gafas (de sol) *f., pl.* (sun)glasses **6**
gafas (oscuras) *f., pl.* (sun)glasses
galleta *f.* cookie **9**
ganar *v.* to win **4**; to earn (money) **16**
ganga *f.* bargain **6**
garaje *m.* garage
garganta *f.* throat **10**
gasolina *f.* gasoline **11**
gasolinera *f.* gas station **11**
gastar *v.* to spend (*money*) **6**
gato/a *m., f.* cat **13**
gente *f.* people **3**
geografía *f.* geography **2**
gerente *m., f.* manager **16**
gimnasio *m.* gymnasium **4**
gobierno *m.* government **13**
golf *m.* golf **4**
gordo/a *adj.* fat **3**
grabadora *f.* tape recorder **1**
gracias *f., pl.* thank you; thanks **1**
  Gracias por todo. Thanks for
  everything. **9**
  Gracias una vez más. Thanks
  again. **9**
graduarse (en) *v.* to graduate
  (from) **9**
gran, grande *adj.* big **3**
grasa *f.* fat **15**
gratis *adj. m., f.* free of charge **14**
grave *adj.* grave; serious **10**
gravísimo/a *adj.* extremely
  serious **13**
grillo *m.* cricket **4**
gripe *f.* flu **10**
gris *adj. m., f.* gray **6**

gritar *v.* to scream **7**
guantes *m., pl.* gloves **6**
guapo/a *adj.* handsome; good-
  looking **3**
guardar *v.* to save (on a
  computer) **11**
guerra *f.* war
guía *m., f.* guide **12**
gustar *v.* to be pleasing to; to
  like **2, 7**
  Me gustaría... I would like **7**
gusto *m.* pleasure **1**
  El gusto es mío. The pleasure
  is mine. **1**
  Gusto de (+ *inf.*)**...** It's a
  pleasure to . . .
  Mucho gusto. Pleased to meet
  you. **1**

H

haber (*aux.*) *v.* to have (*done
  something*) **15**
  ha sido un placer it's been a
  pleasure **15**
habitación *f.* room **5**
  habitación doble double
  room **5**
  habitación individual single
  room **5**
hablar *v.* to talk; to speak **2**
hacer *v.* to do; to make; **4**
  Hace buen tiempo. The
  weather is good.; It's good
  weather. **5**
  Hace calor. It's hot. (*weather*) **5**
  Hace fresco. It's cool. (*weather*) **5**
  Hace frío. It's cold. (*weather*) **5**
  Hace mal tiempo. The weather
  is bad.; It's bad weather. **5**
  Hace (mucho) viento. It's
  (very) windy. (*weather*) **5**
  Hace sol. It's sunny. (*weather*) **5**
  hacer cola to stand in line **14**
  hacer diligencias to do
  errands; to run errands **14**
  hacer ejercicio to exercise **15**
  hacer ejercicios aeróbicos to
  do aerobics **15**
  hacer ejercicios de estiramiento
  to do stretching
  exercises **15**
  hacer el papel to play a role
  hacer gimnasia to work out **15**
  hacer juego (con) to match **6**
  hacer la cama to make the
  bed **12**
  hacer las maletas to pack the
  suitcases **5**
  **hacer quehaceres domésti-
  cos** to do household chores **12**
  hacer turismo to go sightseeing **5**
  hacer un viaje to go on a trip **5**

hacer una excursión to go on a hike; to go on a tour 5
hacha *f.* ax 1
hacia *prep.* toward 14
hambre *f.* hunger 3
hamburguesa *f.* hamburger 8
hasta *prep.* until; toward 1
   Hasta la vista. See you later. 1
   Hasta luego. See you later. 1
   Hasta mañana. See you tomorrow. 1
   hasta que until 14
   Hasta pronto. See you soon. 1
hay there is; there are 1
   Hay (mucha) contaminación. It's (very) smoggy. 13
   Hay (mucha) niebla. It's (very) foggy. 5
   Hay que It is necessary that 14
   No hay duda que… There's no doubt that . . . 13
   No hay de qué. You're welcome. 1
hecho/a *p.p.* done 14
heladería *f.* ice cream shop 14
helado/a *adj.* iced 8
   helado *m.* ice cream 9
hermanastro/a *m., f.* stepbrother/stepsister 3
hermano/a *m., f.* brother/sister 3
hermano/a mayor/menor *m., f.* older/younger brother/sister 3
hermanos *m., pl.* brothers and sisters 3
hermoso/a *adj.* beautiful 6
hierba *f.* grass 13
hijastro/a *m., f.* stepson/stepdaughter 3
hijo/a *m., f.* son/daughter 3
   hijo/a único/a only child 3
   hijos *m., pl.* children 3
historia *f.* history 2; story
hockey *m.* hockey 4
hola *interj.* hello; hi 1
hombre *m.* man 1
   hombre de negocios businessman 16
hora *f.* hour 1
horario *m.* schedule 2
horno *m.* oven 12
   horno de microondas microwave oven 12
horror *m.* horror
hospital *m.* hospital 10
hotel *m.* hotel 5
hoy *adv.* today 2
   hoy día nowadays 5
   Hoy es… Today is . . . 2, 5
huelga *f.* strike (labor)
hueso *m.* bone 10
huésped *m., f.* guest 5
huevo *m.* egg 8
humanidades *f., pl.* humanities
huracán *m.* hurricane

I

ida *f.* one way (*travel*) 5
idea *f.* idea 4
iglesia *f.* church 4
igualdad *f.* equality 18
igualmente *adv.* likewise 1
impermeable *m.* raincoat 6
importante *adj. m., f.* important 3
importar *v.* to be important to; to matter 7
imposible *adj. m., f.* impossible 13
impresora *f.* printer 11
imprimir *v.* to print 11
improbable *adj. m., f.* improbable 13
impuesto *m.* tax
incendio *m.* fire
increíble *adj. m., f.* incredible 5
individual *adj.* private (*room*) 5
infección *f.* infection 10
informar *v.* to inform
informe *m.* report; paper (*written work*)
ingeniero/a *m., f.* engineer 3
inglés *m.* English (*language*) 2
   inglés, inglesa *adj.* English 3
insistir (en) *v.* to insist (on) 12
inspector(a) de aduanas *m.* customs inspector 5
inteligente *adj. m., f.* intelligent 3
intercambiar *v.* exchange
interesante *adj. m., f.* interesting 3
interesar *v.* to be interesting to; to interest 7
internacional *adj. m., f.* international 18
Internet *m.* Internet 11
inundación *f.* flood
invertir (i:ie) *v.* to invest 16
invierno *m.* winter 5
invitado/a *m., f.* guest (*at a function*) 9
invitar *v.* to invite 9
inyección *f.* injection 10
ir *v.* to go 4
   ir a (+ inf.) to be going to do something 4
   ir a la playa to go to the beach 5
   ir de compras to go shopping 6
   ir de excursión (a las montañas) to go for a hike (in the mountains) 4
   ir de pesca to go fishing 5
   ir de vacaciones to go on vacation 5
   ir en autobús to go by bus 5
   ir en auto(móvil) to go by auto(mobile); to go by car 5
   ir en barco to go by ship 5
   ir en metro to go by subway 5
   ir en motocicleta to go by motorcycle 5
   ir en taxi to go by taxi 5
   ir en tren to go by train 5
   ir en avión to go by plane 5

irse *v.* to go away; to leave 7
italiano/a *adj.* Italian 3
izquierdo/a *adj.* left 2
   a la izquierda de to the left of 2

J

jabón *m.* soap 7
jamás *adv.* never; not ever 7
jamón *m.* ham 8
japonés, japonesa *adj.* Japanese 3
jardín *m.* garden; yard 12
jefe, jefa *m., f.* boss 16
joven *adj. m., f.* young 3
   joven *m., f.* youth; young person 1
joyería *f.* jewelry store 14
jubilarse *v.* to retire (*from work*) 9
juego *m.* game 5
jueves *m., sing.* Thursday 2
jugador(a) *m., f.* player 4
jugar (u:ue) *v.* to play 4
   jugar a las cartas *f. pl.* to play cards
jugo *m.* juice 8
   jugo de fruta fruit juice 8
julio *m.* July 5
jungla *f.* jungle
junio *m.* June 5
juntos/as *adj.* together 9
juventud *f.* youth 9

K

kilómetro *m.* kilometer 11

L

la *f., sing., d.o. pron.* her, it, *form.* you 5
   la *f., sing.* the 1
laboratorio *m.* laboratory 2
lago *m.* lake 5
lámpara *f.* lamp 12
lana *f.* wool 6
langosta *f.* lobster
lápiz *m.* pencil 1
largo/a *m.* long (*in length*) 6
las *f., pl.* the 1
   las *f., pl., d.o.pron.* them; *form.* you 5
lástima *f.* shame 13
lastimarse *v.* to injure oneself 10
   lastimarse el pie to injure one's foot 10
lata *f.* (*tin*) can 13
lavabo *m.* sink
lavadora *f.* washing machine 12
lavandería *f.* laundromat 14
lavaplatos *m., sing.* dishwasher 12
lavar *v.* to wash 12

lavarse *v.* to wash oneself **7**
  lavarse la cara to wash one's face **7**
  lavarse las manos to wash one's hands **7**
le *sing., i.o. pron.* to/for him, her, *form.* you **6**
  Le presento a... *form.* I would like to introduce . . . to you. **1**
lección *f.* lesson **1**
leche *f.* milk **8**
lechuga *f.* lettuce **8**
leer *v.* to read **3**
  leer el correo electrónico to read e-mail **4**
  leer el periódico to read the newspaper **4**
  leer la revista to read the magazine **4**
leído/a *p.p.* read **14**
lejos de *prep.* far from **2**
lengua *f.* language **2**
  lenguas extranjeras *f., pl.* foreign languages **2**
lentes de contacto *m., pl.* contact lenses
  lentes de sol sunglasses
lento/a *adj.* slow **11**
les *pl., i.o. pron.* to/for them, *form.* you **5**
letrero *m.* sign **14**
levantar *v.* to lift **15**
  levantar pesas to lift weights **15**
levantarse *v.* to get up **7**
ley *f.* law **13**
libertad *f.* liberty; freedom
libre *adj. m., f.* free **4**
librería *f.* bookstore **2**
libro *m.* book **2**
licencia de conducir *f.* driver's license **11**
limón *m.* lemon **8**
limpiar *v.* to clean **12**
  limpiar la casa to clean the house **12**
limpio/a *adj.* clean **5**
línea *f.* line **4**
listo/a *adj.* smart **5**; ready **15**
literatura *f.* literature
llamar *v.* to call **7**
  llamar por teléfono to call on the phone **11**
  llamarse to be called; to be named **7**
llanta *f.* tire **11**
llave *f.* key **5**
llegada *f.* arrival **5**
llegar *v.* to arrive **2**
llenar *v.* to fill **11**; to fill out a form **14**
  llenar el tanque to fill the tank **11**
  llenar un formulario to fill out a form **14**

lleno/a *adj.* full **11**
llevar *v.* to carry; to take **2**; *v.* to wear **6**
  llevar una vida sana to lead a healthy lifestyle **15**
  llevarse bien/mal con to get along well/badly with **9**
llover (o:ue) *v.* to rain **5**
  Llueve. It's raining. **5**
lluvia *f.* rain **13**
  lluvia ácida acid rain **13**
lo *m., sing. d.o. pronoun.* him, it, *form.* you **5**
  lo mejor the best (thing)
  lo pasamos de película we had a great time **18**
  lo peor the worst (thing)
  lo que what; that which **12**
  lo siento I'm sorry **1**
loco/a *adj.* crazy **6**
locutor(a) *m., f.* TV or radio announcer **18**
lomo a la plancha *m.* grilled flank steak **8**
los *m., pl., do. pron.* them, *form.* you **5**
  los *m., pl.* the **1**
luchar (contra), (por) *v.* to fight struggle (against), (for)
luego *adv.* afterwards, then **7**; *adv.* later **1**
lugar *m.* place **4**
luna *f.* moon **13**
lunar *m.* polka dot **6** ; mole
lunes *m., sing.* Monday **2**
luz *f.* light; electricity **12**

M

madrastra *f.* stepmother **3**
madre *f.* mother **3**
madurez *f.* maturity; middle age **9**
maestro/a *m., f.* teacher (*elementary school*) **16**
magnífico/a *adj.* magnificent **6**
maíz *m.* corn **5**
mal, malo/a *adj.* bad **3**
maleta *f.* suitcase **3**
mamá *f.* mom **1**
mañana *f.* morning, A.M. **1**; tomorrow **1**
mandar *v.* to order **12**; to send; to mail **14**
manejar *v.* to drive **11**
manera *f.* way **16**
mano *f.* hand **1**
  ¡Manos arriba! Hands up! **15**
manta *f.* blanket **12**
mantener *v.* to maintain **15**
  mantenerse en forma to stay in shape **15**
mantequilla *f.* butter **8**
manzana *f.* apple **8**
mapa *m.* map **1**

maquillaje *m.* make-up **7**
maquillarse *v.* to put on makeup **7**
mar *m.* sea; ocean **5**
maravilloso/a *adj.* marvelous **5**
mareado/a *adj.* dizzy; nauseated **10**
margarina *f.* margarine
mariscos *m., pl.* shellfish **8**
marrón *adj. m., f.* brown
martes *m., sing.* Tuesday **2**
marzo *m.* March **5**
más *pron.* more **2**
  más de (+ *number*) more than (+ *number*) **8**
  más tarde later **7**
  más... que more . . . than **8**
masaje *m.* massage **15**
matemáticas *f., pl.* mathematics **2**
materia *f.* course
matrimonio *m.* marriage **9**
máximo/a *m., f.* maximum **11**
mayo *m.* May **5**
mayonesa *f.* mayonnaise **8**
mayor *adj.* older **3**
  el/la mayor *adj.* oldest **8**
me *pron.* me **5**
  Me duele mucho. It hurts me a lot. **10**
  Me gusta... I like . . . **2**
  No me gustan nada. I don't like . . . at all. **2**
  Me gustaría(n)... I would like . . . **7**
  Me llamo... My name is . . . **1**
  Me muero por... I'm dying to (for) . . . **1**
mecánico/a *m., f.* mechanic **11**
mediano/a *adj.* medium **6**
medianoche *f.* midnight **1**
medias *f., pl.* pantyhose, stockings **6**
medicamento *m.* medication **10**
medicina *f.* medicine **10**
médico/a *m., f.* doctor **3**; *adj.* medical **10**
medio/a *m. adj.* half **3**
  medio ambiente environment **13**
  medio/a hermano/a half-brother/half-sister **3**
  mediodía *m.* noon **1**
  medios de comunicación *m., pl.* means of communication; media
  y media thirty minutes past the hour (time) **1**
mejor *adj.* better; best **8**
  el/la mejor *m., f.* the best **8**
mejorar *v.* to improve **13**
melocotón *m.* peach
menor *adj.* younger **3**
  el/la menor *m., f.* youngest **8**
menos *adv.* less **10**
  menos cuarto... menos quince... quarter to . . . (*time*) **1**

menos de (+ *number***)** less than (+ *number*) **8**

menos... que less . . . than **8**

mensaje electrónico *m.* e-mail message **4**

mentira *f.* lie **9**

menú *m.* menu **8**

mercado *m.* market **6**

mercado al aire libre open-air market **6**

merendar *v.* to snack in the afternoon; to have an afternoon snack **15**

merienda *f.* afternoon snack **15**

mes *m.* month **5**

mesa *f.* table **2**

mesita *f.* end table **12**

mesita de noche night stand **12**

metro *m.* subway **5**

mexicano/a *adj.* Mexican **3**

México *m.* Mexico **1**

mí *pron. obj. of prep.* me **8**

mi(s) *poss. adj.* my **3**

microonda *f.* microwave **12**

horno de microondas microwave oven **12**

miedo *m.* fear **3**

mientras *adv.* while **10**

miércoles *m., sing.* Wednesday **2**

mil *adj., pron.* one thousand **4**

mil millones billion **5**

Mil perdones. I'm extremely sorry. (*lit.* A thousand pardons.) **4**

milla *f.* mile **11**

millón *adj., pron.* million **5**

millones (de) *adj., pron.* millions (of) **5**

mineral *m.* mineral **15**

minuto *m.* minute **1**

mío/a(s) *poss.* my; (of) mine **11**

mirar *v.* to watch **2**

mirar (la) televisión to watch television **2**

mismo/a *adj.* same **3**

mochila *f.* backpack **2**

moda *f.* fashion **6**

módem *m.* modem **11**

moderno/a *adj.* modern

molestar *v.* to bother; to annoy **7**

monitor *m.* (computer) monitor **11**

monitor(a) *m., f.* trainer **15**

montaña *f.* mountain **4**

montar *v.* **a caballo** to ride a horse **5**

monumento *m.* monument **4**

mora *f.* blackberry **8**

morado/a *adj.* purple **6**

moreno/a *adj.* brunet(te) **3**

morir (o:ue) *v.* to die **8**

mostrar (o:ue) *v.* to show **4**

moto(cicleta) *f.* motorcycle **5**

motor *m.* motor **11**

muchacho/a *m., f.* boy; girl **3**

mucho/a *adj., adv.* many; a lot of; much **2, 3**

muchas veces many times **10**

Muchísimas gracias. Thank you very much. **9**

Mucho gusto. Pleased to meet you. **1**

(Muchas) gracias. Thank you (very much). Thanks (a lot). **1**

muchísimo *adj., adv.* very much **2**

mudarse *v.* to move (from one house to another) **12**

muebles *m., pl.* furniture **12**

muela *f.* tooth **10**

muerte *f.* death **9**

muerto/a *p.p.* died **14**

mujer *f.* woman **1**

mujer de negocios business woman **16**

mujer policía female police officer **11**

multa *f.* fine

mundial *adj.* worldwide **5**

mundo *m.* world **11**

municipal *m. f., adj.* municipal **4**

músculo *m.* muscle **15**

museo *m.* museum **4**

música *f.* music **2**

musical *adj. m., f.* musical

músico/a *m., f.* musician

muy *adv.* very **1**

Muy amable. That's very kind of you. **5**

Muy bien gracias. Very well, thank you. **1**

N

nacer *v.* to be born **9**

nacimiento *m.* birth **9**

nacional *adj. m., f.* national

nacionalidad *f.* nationality **1**

nada *pron., adv.* nothing **1**; not anything **7**

nada mal not bad at all **5**

nadar *v.* to swim **4**

nadie *pron.* no one, nobody, not anyone **7**

naranja *m.* orange **8**

nariz *f.* nose **10**

natación *f.* swimming **4**

natural *adj. m., f.* natural **13**

naturaleza *f.* nature **13**

navegar (en) *v.* to surf (*the Web*) **11**

Navidad *f.* Christmas **9**

necesario/a *adj.* necessary **12**

necesitar *v.* to need **2**

negar (e:ie) *v.* to deny **13**

negativo/a *m.* negative **7**

negocios *m., pl.* business; commerce **16**

negro/a *adj.* black **6**

nervioso/a *adj.* nervous **5**

nevar (e:ie) *v.* to snow **5**

Nieva. It's snowing. **5**

ni...ni *conj.* neither... nor **7**

niebla *f.* fog **4**

nieto/a *m., f.* grandson/granddaughter **3**

nieve *f.* snow **8**

ningún, ninguno/a(s) *adj.* no; none; not; any **7**

ningún problema no problem **7**

niñez *f.* childhood **9**

niño/a *m., f.* child **3**

no *adv.* no; not **1**

No cabe duda (de) que... There is no doubt that . . . **13**

No es así. That's not the way it is **16**

No es para tanto. It's no big deal. **12**

No es seguro que... It's not sure that . . . **13**

No es verdad que... It's not true that . . . **13**

No está nada mal. It's not bad at all. **5**

no estar de acuerdo to disagree **16**

No estoy seguro. I'm not sure. **1**

no hay there is not; there are not **1**

No hay de qué. You're welcome. **1**

No hay duda (de) que... There is no doubt that . . . **13**

¡No me diga(s)! You don't say! **11**

No me gustan nada. I don't like them at all. **2**

no muy bien not very well **1**

¿no? right? **1**

no quiero I don't want to **4**

no sé I don't know **1**

No se preocupe. Don't worry. **7**

no tener razón to be wrong **3**

noche *f.* night **1**

nombre *m.* name **5**

norte *m.* north **14**

norteamericano/a *adj.* (North) American **3**

nos *pron.* us **5**

Nos vemos. See you. **1**

nosotros/as *sub. pron.* we **1**; *ob. pron.* us **8**

noticias *f., pl.* news **18**

noticiero *m.* newscast **18**

novecientos/as *adj.* nine hundred **5**

noveno/a *adj.* ninth **5**

noventa *adj., pron.* ninety **2**

noviembre *m.* November **5**

novio/a *m., f.* boyfriend/girlfriend **3**

nube *f.* cloud **13**

nublado/a *adj.* cloudy **4**

Está (muy) nublado. It's very cloudy. **4**

nuclear *adj. m. f.* nuclear **13**

nuera *f.* daughter-in-law 3
nuestro/a(s) *poss. adj.* our 3
nueve *adj., pron.* nine 1
nuevo/a *adj.* new 6
número *m.* number 1
   número (shoe) size 6
nunca *adj.* never; not ever 7
nutrición *f.* nutrition 15

O

o *conj.* or 7
o... o; *conj.* either . . . or 7
obedecer (c:zc) *v.* to obey
obra *f.* work (*of art, literature, music, etc.*)
   obra maestra masterpiece
obtener *v.* to obtain; to get 16
obvio/a *adj.* obvious 13
océano *m.* ocean; sea 13
ochenta eighty 2
ocho *m.* eight 1
ochocientos/as *adj.* eight hundred 5
octavo/a *adj.* eighth 5
octubre *m.* October 5
ocupación *f.* occupation 16
ocupado/a *adj.* busy 5
ocurrir *v.* to occur; to happen
odiar *v.* to hate 9
oeste *m.* west 14
oferta *f.* offer 12
oficina *f.* office 12
oficio *m.* trade 16
ofrecer (c:zc) *v.* to offer 8
oído *m.* sense of hearing; inner ear 10
   oído *p.p.* heard 14
oír *v.* to hear 4
   oigan *form., pl.* listen (*in conversation*) 5
   oye *fam., sing.* listen (*in conversation*) 1
ojalá (que) *interj.* I hope (that); I wish (that) 13
ojo *m.* eye 10
olvidar *v.* to forget 10
once *adj., pron.* eleven 1
ópera *f.* opera
operación *f.* operation 10
ordenado/a *adj.* orderly; well organized 5
ordinal *adj.* ordinal (*number*)
oreja *f.* (outer) ear 10
orquesta *f.* orchestra
ortográfico/a *adj.* spellling
os *fam., pl. pron.* you
otoño *m.* autumn 5
otro/a *adj.* other; another 6
   otra vez again 15

P

paciente *m., f.* patient 10

padrastro *m.* stepfather 3
padre *m.* father 3
   padres *m., pl.* parents 3
pagar *v.* to pay 9
   pagar a plazos to pay in installments 14
   pagar al contado to pay in cash 14
   pagar en efectivo to pay in cash 14
   pagar la cuenta to pay the bill 9
página *f.* page 11
   página principal home page 11
país *m.* country 1
paisaje *m.* landscape; countryside 13
pájaro *m.* bird 13
palabra *f.* word 1
pan *m.* bread 8
pan tostado *m.* toasted bread; toast 8
panadería *f.* bakery 14
pantalla *f.* screen 11
pantalones pants 6
   pantalones cortos shorts 6
papa *f.* potato 8
papas fritas *f., pl.* fried potatoes; french fries 8
papá *m.* dad 3
   papás *m., pl.* parents 3
papel *m.* paper 2; role
paquete *m.* package 14
par *m.* pair 6
para *prep.* for; in order to 11
   para que so that 13
parabrisas *m., sing.* windshield 11
parar *v.* to stop 11
parecer *v.* to seem; to appear 8
pared *f.* wall 12
pareja *f.* (married) couple; partner 9
parientes *m., pl.* relatives 3
parque *m.* park 4
párrafo *m.* paragraph 5
parte: de parte de on behalf of 11
partido *m.* game; match (*sports*) 4
pasado/a *adj.* last; past 6
   pasado *p.p.* passed 15
pasaje *m.* ticket 5 **pasaje de ida y vuelta** *m.* roundtrip ticket 5
pasajero/a *m., f.* passenger 1
pasaporte *m.* passport 5
pasar *v.* to go by 5; to pass 12;
   pasar la aspiradora to vacuum 12
   pasar por el banco to go by the bank 14
   pasar por la aduana to go through customs 5
   pasar tiempo to spend time 4
   pasarlo bien/mal to have a good/bad time 9
pasatiempo *m.* pastime 4

pasear *v.* to take a walk; to stroll 4
   pasear en bicicleta to ride a bicycle 4
   pasear por la ciudad/el pueblo to walk around the city/town 4
pasillo *m.* hallway 12
pastel *m.* cake; pie 9
   pastel de chocolate chocolate cake 9
   pastel de cumpleaños birthday cake 9
pastelería *f.* pastry shop 14
pastilla *f.* pill; tablet 10
patata *f.* potato; 8
   patatas fritas *f. pl.* fried potatoes; french fries 8
patinar (en línea) *v.* to skate (in-line) 4
patio *m.* patio; yard
pavo *m.* turkey 8
paz *f.* peace
pedir (e:i) *v.* to ask for; to request 4; to order (*food*) 8
   pedir prestado to borrow 14
   pedir préstamo to apply for a loan 14
peinarse *v.* to comb one's hair 7
película *f.* movie 4
peligro *m.* danger 13
peligroso/a *adj.* dangerous
pelirrojo/a *adj.* red-headed 3
pelo *m.* hair 7
pelota *f.* ball 4
peluquería *f.* beauty salon 14
peluquero/a *m., f.* hairdresser 16
penicilina *f.* penicillin 10
pensar (e:ie) *v.* to think 4
   pensar (+ *inf.*) to intend to; to plan to (*do something*) 4
   pensar en to think about 4
pensión *f.* boardinghouse 5
peor *adj.* worse; worst 8
   (el/la) peor the worst 8
pequeño/a *adj.* small 3
pera *f.* pear
perder (e:ie) *v.* to lose 4
perdido/a *adj.* lost 14
Perdón. Pardon me.; Excuse me. 1
perezoso/a *adj.* lazy
perfecto/a *adj.* perfect 5
periódico *m.* newspaper 4
periodismo *m.* journalism 2
periodista *m., f.* journalist 3
permiso *m.* permission 1
pero *conf.* but 2
perro *m.* dog 13
persona *f.* person 3
personaje *m.* character
   personaje principal main character
pesas *f. pl.* weights 15
pesca *f.* fishing 5
pescadería *f.* fish market 14

pescado *m.* fish (*cooked*) **8**
pescador(a) *m., f.* fisherman/
fisherwoman **5**
pescar *v.* to fish **5**
peso *m.* weight **15**
pez *m.* fish (*live*) **13**
pie *m.* foot **10**
piedra *f.* stone **13**
pierna *f.* leg **10**
pimienta *f.* black pepper **8**
piña *f.* pineapple **8**
pintar *v.* to paint
pintor(a) *m., f.* painter **16**
pintura *f.* painting **12**
piscina *f.* swimming pool **4**
piso *m.* floor (*of a building*) **5**
pizarra *f.* blackboard **2**
placer *m.* pleasure **15**
  Ha sido un placer. It's been a
  pleasure. **15**
planchar la ropa *v.* to iron clothes **12**
planes *m., pl.* plans **4**
planta *f.* plant **13**
  planta baja *f.* ground floor **5**
plástico *m.* plastic **13**
plato *m.* dish (*in a meal*) **8**; *m.* plate
  12
  plato principal *m.* main dish **8**
playa *f.* beach **5**
plazos *m., pl.* periods; time **14**
pluma *f.* pen **2**
población *f.* population **13**
pobre *adj. m., f.* poor **6**
pobreza *f.* poverty **3**
poco/a *adj.* little; few **5**
poder (o:ue) *v.* to be able to;
  can **4**
poema *m.* poem
poesía *f.* poetry
poeta *m., f.* poet
policía *f.* police (*force*) **11**; *m.* (*male*)
  police officer **11**
política *f.* politics
político/a *m., f.* politician **16**
pollo *m.* chicken **8**
  pollo asado roast chicken **8**
ponchar *v.* to go flat **11**
poner *v.* to put; to place **4**; to turn on
  (*electrical appliances*) **11**
  poner la mesa to set the
  table **12**
  poner una inyección to give
  an injection **10**
ponerse (+ adj.) to become
  (+ *adj.*) **7**; to put on clothing **7**
por *prep.* due to; in exchange for; for
  the sake of **11**; for; by; in; through
  11
  por aquí around here **11**
  por avión by plane **5**
  por ejemplo for example **11**
  por eso that's why;
  therefore **11**
  Por favor. Please. **1**
  por fin finally **11**

por la mañana in the
  morning **7**
por la noche at night **7**
por la tarde in the afternoon **7**
por lo menos at least **10**
¿por qué? why? **2**
por supuesto of course **16**
por teléfono by phone; on the
  phone **7**
por último finally **7**
porque *conj.* because **2**
portátil *adj.* portable **11**
porvenir *m.* future **16**
posesivo/a *adj.* possessive **3**
posible *adj.* possible **13**
postal *f.* postcard **4**
postre *m.* dessert **9**
practicar *v.* to practice **2**
  practicar deportes *m., pl.* to
  play sports **4**
precio (fijo) *m.* (fixed; set)
  price **6**
preferir (e:ie) *v.* to prefer **4**
pregunta *f.* question **2**
preguntar *v.* to ask (*a question*) **2**
premio *m.* prize; award
prender *v.* to turn on **11**
prensa *f.* press
preocupado/a *adj.* worried **5**
preocuparse (por) *v.* to worry (about)
  7
preparar *v.* to prepare **2**
preposición *f.* preposition
presentación *f.* introduction
presentar *v.* to introduce **1**; to put on
  (*a performance*)
presiones *f., pl.* pressures **15**
prestado/a *adj.* borrowed **14**
préstamo *m.* loan **14**
prestar *v.* to lend **6**
primavera *f.* spring **5**
primer, primero/a *adj.* first **5**
primo/a *m., f.* cousin **3**
principal *adj. m., f.* main **8**
prisa *f.* haste **3**
probable *adj. m., f.* probable **13**
probar (o:ue) *v.* to taste; to try **8**
probarse (o:ue) *v.* to try on **7**
problema *m.* problem **1**
profesión *f.* profession **16**
profesor(a) *m., f.* teacher;
  professor **1**
programa *m.* **1**
  programa de computación
  software **11**
  programa de entrevistas
  talk show
programador(a) *m., f.* programmer **3**
prohibir *v.* to prohibit; to
  forbid **10**
pronombre *m.* pronoun **8**
pronto *adj.* soon **10**
propina *f.* tip **9**
propio/a *adj.* own **16**
proteger *v.* to protect **13**

proteína *f.* protein **15**
próximo/a *adj.* next **16**
prueba *f.* test; quiz **2**
psicología *f.* psychology **2**
psicólogo/a *m., f.* psychologist **16**
publicar *v.* to publish
público *m.* audience
pueblo *m.* town **4**
puerta *f.* door **2**
Puerto Rico *m.* Puerto Rico **1**
puertorriqueño/a *adj.* Puerto Rican **3**
pues *conj.* well **2**
puesto *m.* position; job **16**
puesto/a *p.p.* put **14**
puro/a *adj.* pure **13**

Q

que *pron.* that; who **12**
  ¡Qué...! How . . . ! **3**
  ¡Qué dolor! What pain! **10**
  ¡Qué gusto + *inf.*! What a
  pleasure to . . . ! **18**
  ¡Qué ropa más bonita!
  What pretty clothes! **6**
  ¡Qué sorpresa! What a
  surprise! **9**
  ¿qué? what? **1**
  ¿Qué día es hoy? What day is
  it? **2**
  ¿Qué hay de nuevo? What's
  new?; What's happening? **1**
  ¿Qué hora es? What time
  is it? **1**
  ¿Qué les parece? What do
  you (*pl.*) think? **9**
  ¿Qué pasa? What's going on?
  1
  ¿Qué pasó? What happened?;
  What's wrong? **11**
  ¿Qué precio tiene? What is
  the price? **6**
  ¿Qué tal? How are you?;
  How is it going? **1**; How is/are
  . . . ? **2**
  ¿Qué talla lleva/usa? What
  size do you take? **6**
  ¿Qué tiempo hace? What's
  the weather like? **5**
quedar *v.* to be left over; to fit
  (*clothing*) **7**; to be left behind **10**; to
  be located **14**
quedarse *v.* to stay; to remain **7**
quehaceres domésticos *m., pl.*
  household chores **12**
quemado/a *adj.* burned (out) **11**
querer (e:ie) *v.* to want; to love **4**
queso *m.* cheese **8**
quien *pron.* who; whom **12**
  ¿Quién es...? Who is . . . ? **1**
  ¿Quién habla? Who is
  speaking? (*telephone*) **11**
  ¿quién(es)? who?; whom? **1**
química *f.* chemistry **2**

quince *adj., pron.* fifteen 1
  menos quince quarter to (time) 1
  y quince quarter after (time) 1
quinceañera *f.* young woman's fifteenth birthday celebration 9
quinientos/as *adj.* five hundred 5
quinto/a *adj.* fifth 5
quisiera *v.* I would like 8
quitar la mesa *v.* to clear the table 12
quitarse *v.* to take off 7
quizás *adv.* perhaps 5

R

racismo *m.* racism
radio *f.* radio (*medium*) 2
  radio *m.* radio (set) 2, 11
radiografía *f.* X-ray 10
rápido/a *adj.* fast 8
ratón *m.* mouse 11
ratos libres *m., pl.* spare time 4
raya *f.* stripe 6
razón *f.* reason 3
rebaja *f.* sale 6
recado *m.* (telephone) message 11
receta *f.* prescription 10
recetar *v.* to prescribe 10
recibir *v.* to receive 3
reciclaje *m.* recycling 13
reciclar *v.* to recycle 13
recién casado/a *m., f.* newly-wed 9
recoger *v.* to pick up
recomendar (e:ie) *v.* to recommend 8
recordar (o:ue) *v.* to remember 4
recorrer *v.* to tour an area
recurso *m.* resource 13
  recurso natural natural resource 13
red *f.* network; Internet
reducir *v.* to reduce 13
refresco *m.* soft drink 8
refrigerador *m.* refrigerator 12
regalar *v.* to give (*as a gift*) 9
regalo *m.* gift; present 9
regatear *v.* to bargain 6
región *f.* region; area 13
regresar *v.* to return 2
regular *adj. m., f.* so so.; OK 1
reído *p.p.* laughed 14
reírse (e:i) *v.* to laugh 9
relaciones *f., pl.* relationships
relajarse *v.* to relax 9
reloj *m.* clock; watch 2
renunciar (a) *v.* to resign (from) 16
repetir (e:i) *v.* to repeat 4
reportaje *m.* report
reportero/a *m., f.* reporter; journalist 16
representante *m., f.* representative
resfriado *m.* cold (*illness*) 10

residencia estudiantil *f.* dormitory 2
resolver (o:ue) *v.* to resolve; to solve 13
respirar *v.* to breathe 13
respuesta *f.* answer 9
restaurante *m.* restaurant 4
resuelto/a *p.p.* resolved 14
reunión *f.* meeting 16
revisar *v.* to check 11
  revisar el aceite *v.* to check the oil 11
revista *f.* magazine 4
rico/a *adj.* rich 6; *adj.* tasty; delicious 8
ridículo *adj.* ridiculous 13
río *m.* river 13
riquísimo/a *adj.* extremely delicious 8
rodilla *f.* knee 10
rogar (o:ue) *v.* to beg; to plead 12
rojo/a *adj.* red 6
romántico/a *adj.* romantic
romper (con) *v.* to break up (with) 9
romper(se) *v.* to break 10
  romperse la pierna *v.* to break one's leg 10
ropa *f.* clothing; clothes 6
  ropa interior *f.* underwear 6
rosado/a *adj.* pink 6
roto/a *adj.* broken 10
rubio/a *adj.* blond(e) 3
ruso/a *adj.* Russian
rutina *f.* routine 7
  rutina diaria daily routine 7

S

sábado *m.* Saturday 2
saber *v.* to know; to know how to 8
sabrosísimo/a *adj.* extremely delicious 8
sabroso/a *adj.* tasty; delicious 8
sacar *v.* to take out 10
  sacar fotos to take photographs 5
  sacar la basura to take out the trash 12
  sacar(se) una muela to extract a tooth; to pull a tooth 10
sacudir *v.* to dust 12
  sacudir los muebles dust the furniture 12
sal *f.* salt 8
sala *f.* living room; room 12
  sala de emergencia emergency room 10
salario *m.* salary 16
salchicha *f.* sausage 8
salida *f.* departure; exit 5
salir *v.* to leave; to go out 4
  salir con to go out with; to date

(*someone*) 4, 9
  salir de to leave from 4
  salir para to leave for (*a place*) 4
salmón *m.* salmon 8
salón de belleza *m.* beauty salon 14
salud *f.* health 10
saludable *adj.* healthy 10
saludar(se) *v.* to greet (each other) 11
saludo *m.* greeting 1
  saludos a... greetings to . . . 1
sandalia *f.* sandal 6
sándwich *m.* sandwich 8
sano/a *adj.* healthy 10
se *ref.pron.* himself, herself, itself, *form.* yourself, themselves, yourselves 7
se *impersonal* one 10
  Se nos dañó... The . . . broke down on us. 11
  Se hizo... He/she/it became . . . 5
  Se nos pinchó una llanta. We had a flat tire. 11
secadora *f.* clothes dryer 12
sección de (no) fumar *f.* (no) smoking section 8
secretario/a *m., f.* secretary 16
secuencia *f.* sequence
sed *f.* thirst 3
seda *f.* silk 6
sedentario/a *adj.* sedentary; related to sitting 15
seguir (e:i) *v.* to follow; to continue 4
según *prep.* according to
segundo/a *adj.* second 5
seguro/a *adj.* sure 5
seis *adj., pron.* six 1
seiscientos/as *adj., pron.* six hundred 5
sello *m.* stamp 14
selva *f.* jungle 13
semáforo *m.* traffic signal 11
semana *f.* week 2
  fin *m.* **de semana** weekend 4
semestre *m.* semester 2
sendero *m.* trail; trailhead 13
sentarse (e:ie) *v.* to sit down 7
sentir(se) (e:ie) *v.* to be sorry; to feel 7; to regret 13
señor (Sr.) *m.* Mr.; sir 1
señora (Sra.) *f.* Mrs.; ma'am 1
señorita (Srta.) *f.* Miss 1
separado/a *adj.* separated 9
separarse (de) *v.* to separate (from)
septiembre *m.* September 5
séptimo/a *adj., pron.* seventh 5
ser *v.* to be 1
  ser aficionado/a (a) to be a fan (of) 4
  ser alérgico/a (a) to be allergic (to) 10
  ser gratis to be free of charge 14

serio/a *adj.* serious
servilleta *f.* napkin 12
servir (e:i) *v.* to serve 8; to help 5
sesenta *adj., pron.* sixty 2
setecientos/as *adj., pron.* seven hundred 5
setenta *adj., pron.* seventy 2
sexismo *m.* sexism
sexto/a *adj., pron.* sixth 5
sí *adv.* yes 1
si *conj.* if 4
SIDA *m.* AIDS
sido *p.p.* been 15
siempre *adv.* always 7
siete *adj., pron.* seven 1
silla *f.* seat 2
sillón *m.* armchair 12
similar *adj. m., f.* similar
simpático/a *adj.* nice; likeable 3
sin *prep.* without 13, 15
  sin duda without a doubt
  sin embargo however
  sin que *conj.* without 13
sino *conj.* but 7
síntoma *m.* symptom 10
sitio *m.* **Web;** Web site 11
situado/a *p.p.* located 14
sobre *m.* envelope 14; *prep.* on; over 2
sobrino/a *m., f.* nephew; niece 3
sociología *f.* sociology 2
sofá *m.* couch; sofa 12
sol *m.* sun 4
solar *adj. m. f.* solar 14
solicitar *v.* to apply (*for a job*) 16
solicitud (de trabajo) *f.* (job) application 16
sólo *adv.* only 3
soltero/a *adj.* single; unmarried 9
solución *f.* solution 13
sombrero *m.* hat 6
Son las... It's . . . o'clock. 1
sonar (o:ue) *v.* to ring 11
sonreído *p.p.* smiled 14
sonreír (e:i) *v.* to smile 9
sopa *f.* soup 8
sorprender *v.* to surprise 9
sorpresa *f.* surprise 9
sótano *m.* basement; cellar
soy I am 1
  Soy yo. That's me. 1
  soy de... I'm from . . . 1
su(s) *poss. adj.* his; her; its; *form.* your; their; 3
subir(se) *v.* to go up; to get on/in (*a vehicle*) 11
sucio/a *adj.* dirty 5
sucre *m.* Ecuadorian currency 6
sudar *v.* to sweat 15
suegro/a *m., f.* father-in-law; mother-in-law 3
sueldo *m.* salary 16
suelo *m.* floor 12
sueño *n.* sleep 3
suerte *f.* luck 3

suéter *m.* sweater 6
sufrir *v.* to suffer 10
  sufrir muchas presiones to be under a lot of pressure 15
  sufrir una enfermedad to suffer (from) an illness 10
sugerir (e:ie) *v.* to suggest 12
supermercado *m.* supermarket 14
suponer *v.* to suppose 4
sur *m.* south 14
sustantivo *m.* noun
suyo/a(s) *poss.* (of) his/her; (of) hers; (of) its; (of) *form.* your, (of) yours, (of) their 11

T

tal vez *adv.* maybe 5
talentoso/a *adj.* talented
talla *f.* size 6
  talla grande large 6
taller *m.* **mecánico** mechanic's repairshop 11
también *adv.* also; too 2
tampoco *adv.* neither; not either 7
tan *adv.* so 5, 8
  tan pronto como as soon as 14
  tan... como as . . . as 8
tanque *m.* tank 11
tanto *adv.* so much 12
  tanto... como as much . . . as 8
  tantos/as... como as many . . . as 8
tarde *adv.* late 7
  tarde *f.* afternoon; evening; P.M. 1
tarea *f.* homework 2
tarjeta *f.* (post) card 4
tarjeta de crédito *f.* credit card 6
tarjeta postal *f.* postcard 4
taxi *m.* taxi(cab) 5
taza *f.* cup 12
te *fam. pron.* you 6
  Te presento a... I would like to introduce you to . . . 1
  ¿Te gustaría? Would you like to? 7
  ¿Te gusta(n)... ? Do you like . . . ? 2
té *m.* tea 8
  té helado iced tea 8
teatro *m.* theater
teclado *m.* keyboard 11
técnico/a *m., f.* technician 16
tejido *m.* weaving
teleadicto/a *m., f.* couch potato 15
teléfono (celular) *m.* (cell) telephone 11
telenovela *f.* soap opera
teletrabajo *m.* telecommuting 16

televisión *f.* television 11
televisión por cable *f.* cable television 11
televisor *m.* television set 11
temer *v.* to fear 13
temperatura *f.* temperature 10
temprano *adv.* early 7
tenedor *m.* fork 12
tener *v.* to have 3
  tener... años to be . . . years old 3
  Tengo... años. I'm . . . years old. 3
  tener calor to be hot 3
  tener cuidado to be careful 3
  tener dolor de to have a pain in
  tener éxito to be successful 16
  tener fiebre to have a fever 10
  tener frío to be cold 3
  tener ganas de (+ *inf.*) to feel like (*doing something*) 3
  tener hambre *f.* to be hungry 3
  tener miedo de to be afraid of; to be scared of 3
  tener miedo (de) que to be afraid that 13
  tener planes *m., pl.* to have plans 4
  tener prisa to be in a hurry 3
  tener que (+ *inf.*) *v.* to have to (*do something*) 3
  tener razón *f.* to be right 3
  tener sed *f.* to be thirsty 3
  tener sueño to be sleepy 3
  tener suerte to be lucky 3
  tener tiempo to have time 4
  tener una cita to have a date, an appointment 9
tenis *m.* tennis 4
tensión *f.* tension
tercero/a *adj., pron.* third 5
terminar *v.* to end; to finish 2
  terminar de (+*inf.*) to finish (*doing something*) 4
terremoto *m.* earthquake
terrible *adj. m., f.* terrible 13
ti *prep., obj. of prep., fam.* you 8
tiempo *m.* time; weather 4
  tiempo libre free time 4
tienda *f.* shop; store 6
  tienda de campaña tent 5
tierra *f.* land; soil 13
tinto/a *adj.* red (wine) 8
tío/a *m., f.* uncle; aunt 3
tíos *m.* aunts and uncles 3
título *m.* title
tiza *f.* chalk 2
toalla *f.* towel 7
tobillo *m.* ankle 10
tocadiscos compacto *m.* compact-disc player 11
tocar *v.* to play (*a musical instrument*); to touch 13

todavía *adv.* yet; still **5**
todo *m.* everything **5**
  todo el mundo the whole
    world; all over the world **13**
  Todo está bajo control.
    Everything is under control. **7**
  (todo) derecho straight
    ahead **14**
  ¡Todos a bordo! All aboard! **1**
todo/a *adj.* whole; all **4**
todos *m., pl.* all of us **1**; *m., pl.*
  everybody; everyone **13**
todos los días every day **10**
tomar *v.* to take; to drink **2**
  tomar clases to take
    classes **2**
  tomar el sol to sunbathe **4**
  tomar en cuenta take into
    account **8**
  tomar fotos to take photos
  tomar la temperatura to take
    someone's temperature **10**
tomate *m.* tomato **8**
tonto/a *adj.* silly; foolish **3**
torcerse (el tobillo) *v.* to sprain (one's
  ankle) **10**
torcido/a *adj.* twisted;
  sprained **10**
tormenta *f.* storm
tornado *m.* tornado
tortilla *f.* kind of flat bread **8**
  tortillas de maíz flat bread
    made of corn flour **8**
tos *f., sing.* cough **10**
toser *v.* to cough **10**
tostado/a *adj.* toasted **8**
tostadora *f.* toaster
trabajador(a) *adj.* hardworking **3**
trabajar *v.* to work **2**
trabajo *m.* job; work; written work **16**
traducir *v.* to translate **8**
traer *v.* to bring **4**
tráfico *m.* traffic **11**
tragedia *f.* tragedy
traído/a *p.p.* brought **14**
traje *m.* suit **6**
  traje de baño *m.* bathing
    suit **6**
tranquilo/a *adj.* calm; quiet **15**
  ¡Tranquilo! Stay calm! **7**
transmitir to broadcast **18**
tratar de (+ inf.) *v.* to try to (*do*
  something) **15**
Trato hecho. It's a deal.
trece *adj., pron.* thirteen **1**
treinta *adj., pron.* thirty **1**
  y treinta thirty minutes past the
  hour (time) **1**
tren *m.* train **5**
tres *adj., pron.* three **1**
trescientos/as *adj., pron.* three
  hundred **5**
trimestre *m.* trimester; quarter **2**
triste *adj.* sad **5**
tú *fam. sub. pron.* you **1**
  Tú eres... You are . . . **1**

tu(s) *fam. poss. adj.* your **3**
turismo *m.* tourism **5**
turista *m., f.* tourist **1**
turístico/a *adj.* touristic
tuyo/a(s) *fam.poss. pron.* your; (of)
  yours **11**

U

Ud. *form. sing.* you **1**
Uds. *form., pl.* you **1**
último/a *adj.* last **15**
un, uno/a *art.* a; one **1**
  una vez más one more time **9**
  una vez once; one time **6**
único/a *adj.* only **3**
universidad *f.* university;
  college **2**
unos/as *pron.* some **1**
urgente *adj.* urgent **12**
usar *v.* to wear; to use **6**
usted *form. sing.* you **1**
  ustedes *form., pl.* you **1**
útil *adj.* useful **1**
uva *f.* grape **8**

V

vaca *f.* cow **13**
vacaciones *f. pl.* vacation **5**
valle *m.* valley **13**
vamos let's go **4**
vaquero *m.* cowboy
  de vaqueros *m., pl.* western
varios/as *adj. m. f., pl.* various **8**
vaso *m.* glass **12**
veces *f., pl.* times **6**
vecino/a *m., f.* neighbor **12**
veinte *adj., pron.* twenty **1**
veinticinco *adj., pron.* twenty-five **1**
veinticuatro *adj., pron.* twenty-four **1**
veintidós *adj., pron.* twenty-two **1**
veintinueve *adj., pron.* twenty-nine **1**
veintiocho *adj., pron.* twenty-eight **1**
veintiséis *adj., pron.* twenty-six **1**
veintisiete *adj., pron.* twenty-seven **1**
veintitrés *adj., pron.* twenty-three **1**
veintiún, veintiuno/a *adj., pron.*
  twenty-one **1**
vejez *f.* old age **9**
velocidad *f.* speed **11**
  velocidad máxima *f.* speed
    limit **11**
vendedor(a) *m., f.* salesperson **6**
vender *v.* to sell **6**
venir *v.* to come **3**
ventana *f.* window **2**
ver *v.* to see **4**
  ver películas to see movies **4**
  a ver let's see **2**
verano *m.* summer **5**
verbo *m.* verb
verdad *f.* truth **9**
  ¿verdad? right? **1**

verde *adj., m. f.* green **6**
verduras *pl., f.* vegetables **8**
vestido *m.* dress **6**
vestirse (e:i) *v.* to get dressed **7**
vez *f.* time **6**
viajar *v.* to travel **2**
viaje *m.* trip **5**
viajero/a *m., f.* traveler **5**
vida *f.* life **9**
video(casete) *m.* video
  (cassette) **11**
videocasetera *f.* VCR **11**
videoconferencia *f.* video conference
  16
vidrio *m.* glass **13**
viejo/a *adj.* old **3**
viento *m.* wind **4**
viernes *m., sing.* Friday **5**
vinagre *m.* vinegar
vino *m.* wine **8**
  vino blanco white wine **8**
  vino tinto red wine **8**
violencia *f.* violence
visitar *v.* to visit **4**
  visitar monumentos *m., pl.*
    to visit monuments **4**
visto/a *p.p.* seen **14**
vitamina *f.* vitamin **14**
viudo/a *adj.* widowed **9**
vivienda *f.* housing **12**
vivir *v.* to live **3**
vivo/a *adj.* bright; lively; living **4**
volante *m.* steering wheel **11**
volcán *m.* volcano **13**
vóleibol *m.* volleyball **4**
volver (o:ue) *v.* to return **4**
volver a ver(te, lo, la) *v.* to see (you)
  again
vos *pron.* you **1**
vosotros/as *form., pl.* you
votar *v.* to vote **18**
vuelta *f.* return trip **5**
vuelto/a *p.p.* returned **14**
vuestro/a(s) *poss. adj.* your **3**

W

walkman *m.* Walkman

Y

y *conj.* and **1**
  y cuarto quarter after (time) **1**
  y media half-past (time) **1**
  y quince quarter after (time) **1**
  y treinta thirty (minutes past
    the hour) **1**
  ¿Y tú? *fam.* And you? **1**
  ¿Y Ud.? *form.* And you? **1**
ya *adv.* already **6**
yerno *m.* son-in-law **3**
yo *sub. pron.* I **1**
  Yo soy... I'm . . . **1**
yogur *m.* yogurt

Z

zanahoria *f.* carrot **8**
zapatería *f.* shoe store **14**
zapatos (de tenis) *m., pl.* (tennis)
 shoes **6**

English-Spanish

A

A.M. **mañana** *f.* 1
able: be able to **poder (o:ue)** *v.* 4
aboard **a bordo** 1
accident **accidente** *m.* 10
accompany **acompañar** *v.* 14
account **cuenta** *f.* 14
accountant **contador(a)** *m., f.* 16
accounting **contabilidad** *f.* 2
ache **dolor** *m.* 10
acid **ácido/a** *adj.* 13
    acid rain **lluvia ácida** 13
acquainted: be acquainted with **cono-cer** *v.* 8
action **acción** *f.*
active **activo/a** *adj.* 15
actor **actor** *m.,* **actriz** *f.* 16
addict (*drug*) **drogadicto/a** *adj.* 15
additional **adicional** *adj.*
address **dirección** *f.* 14
adjective **adjetivo** *m.*
adolescence **adolescencia** *f.* 9
adventure **aventura** *f.*
advertise **anunciar** *v.*
advertisement **anuncio** *m.* 16
advice **consejo** *m.* 9
    give advice **dar** *v.* **un consejo** 9
advise **aconsejar** *v.* 12
advisor **consejero/a** *m., f.* 16
aerobic **aeróbico/a** *adj.* 15
    aerobic exercises **ejercicios aeróbicos** 15
    aerobics class **clase de ejercicios aeróbicos** 15
affected **afectado/a** *adj.* 13
    be affected by **estar** *v.* **afectado/a por** 13
affirmative **afirmativo/a** *adj.*
afraid: be afraid (of) **tener miedo (de)** 3
    be afraid that **tener** *v.* **miedo (de) que** 13
after **después de** *prep.* 7 **después (de) que** *conj.* 14
afternoon **tarde** *f.* 1
afterward **después** *adv.* 7; **luego** *adv.* 7
again **otra vez** 15
age **edad** *f.* 8
agree **concordar** *v.* agree; **estar** *v.* **de acuerdo** 16
agreement **acuerdo** *m.* 16
AIDS **SIDA** *m.*
air **aire** *m.* 6
    air pollution **contaminación del aire** 13
airplane **avión** *m.* 5
airport **aeropuerto** *m.* 5
alarm clock **despertador** *m.* 7
alcohol **alcohol** *m.* 15
alcoholic **alcohólico/a** *adj.* 15

all **todo/a** *adj.* 4
    All aboard! **¡Todos a bordo!** 1
    all of us **todos** 1
    all over the world **en todo el mundo** 13
allergic **alérgico/a** *adj.* 10
    be allergic (to) **ser alérgico/a (a)** 10
alleviate **aliviar** *v.* 15
almost **casi** *adv.* 10
alone **solo/a** *adj.*
along **por** *prep.* 11
already **ya** *adv.* 6
also **también** *adv.* 2
alternator **alternador** *m.* 11
although *conj.* **aunque**
aluminum **aluminio** *m.* 13
    (made of) aluminum **de aluminio** 13
always **siempre** *adv.* 7
American (*North*) **norteamericano/a** *adj.* 3
among **entre** *prep.* 2
amusement **diversión** *f.* 4
and **y** 1, **e** (*before words beginning with **i** or **hi***) 4
    And you? **¿Y tú?** *fam.* 1; **¿Y Ud.?** *form.* 1
angry **enojado/a** *adj.* 5
    get angry (with) **enojarse** *v.* **(con)** 7
animal **animal** *m.* 13
ankle **tobillo** *m.* 10
anniversary **aniversario** *m.* 9
    (wedding) anniversary **aniversario (de bodas)** 9
announce **anunciar** *v.*
announcer (*TV/radio*) **locutor(a)** *m., f.*
annoy **molestar** *v.* 7
another **otro/a** *adj.* 6
answer **contestar** *v.* 2; **respuesta** *f.* 9
answering machine **contestadora** *f.* 11
antibiotic **antibiótico** *m.* 10
any **algún, alguno/a(s)** *adj.* 7
anyone **alguien** *pron.* 7
anything **algo** *pron.* 7
apartment **apartamento** *m.* 12
apartment building **edificio de apartamentos** 12
appear **parecer** *v.* 8
appetizers **entremeses** *m., pl.* 8
applaud **aplaudir** *v.*
apple **manzana** *f.* 8
appliance (*electric*) **electrodoméstico** *m.* 12
applicant **aspirante** *m., f.* 16
application **solicitud** *f.* 16
    job application **solicitud de trabajo** 16
apply (*for a job*) **solicitar** *v.* 16
    apply for a loan **pedir** *v.* **préstamo** 14
appointment **cita** *f.* 9

have an appointment **tener** *v.* **una cita** 9
appreciate **apreciar** *v.*
April **abril** *m.* 5
aquatic **acuático/a** *adj.* 4
archaeologist **arqueólogo/a** *m., f.* 16
architect **arquitecto/a** *m., f.* 16
area **región** *f.* 13
arm **brazo** *m.* 10
armchair **sillón** *m.* 12
army **ejército** *m.*
around here **por aquí** 11
arrange **arreglar** *v.* 5
arrival **llegada** *f.* 5
arrive **llegar** *v.* 2
art **arte** *m.* 2
    fine arts **bellas artes** *f., pl.*
article *m.* **artículo**
artist **artista** *m., f.* 3
artistic **artístico/a** *adj.*
arts **artes** *f., pl.* 17
as **como** *conj.* 8
    as . . . as **tan... como** 8
    as a child **de niño/a** 10
    as many . . . as **tantos/as... como** 8
    as much . . . as **tanto... como** 8
    as soon as **en cuanto** *conj.* 14; **tan pronto como** *conj.* 14
ask (*a question*) **preguntar** *v.* 2
    ask for **pedir (e:i)** *v.* 4
asparagus **espárragos** *m., pl.*
aspirin **aspirina** *f.* 10
at **a** *prep.* 1
    at + *time* **a la(s)** + *time* 1
    at home **en casa** 7
    at least **por lo menos** 10
    at night **por la noche** 7
    at the end (of) **al fondo (de)** 12
    At what time . . . ? **¿A qué hora...?** 1
    At your service. **A sus órdenes.** 11
attend **asistir (a)** *v.* 3
attic **altillo** *m.* 12
attract **atraer** *v.* 4
audience **público** *m.*
August **agosto** *m.* 5
aunt **tía** *f.* 3
    aunts and uncles **tíos** *m., pl.* 3
automatic **automático/a** *adj.* 14
    automatic teller machine (ATM) **cajero automático** 14
automobile **automóvil** *m.* 5; **carro** *m.*; **coche** *m.* 11
autumn **otoño** *m.* 5
avenue **avenida** *f.*
avoid **evitar** *v.* 13
award **premio** *m.*

B

backpack **mochila** *f.* 2
bad **mal, malo/a** *adj.* 3
   It's bad that . . . **Es malo
     que...** 12
   It's not at all bad. **No está
     nada mal.** 5
bag **bolsa** *f.* 6
bakery **panadería** *f.* 14
balanced **equilibrado/a** *adj.* 15
   balanced diet **dieta
     equilibrada** 15
balcony **balcón** *m.*
ball **pelota** *f.* 4
ballet **ballet** *m.*
banana **banana** *f.* 8
band **banda** *f.*
bank **banco** *m.* 14
bargain **ganga** *f.* 6; **regatear** *v.* 6
baseball (*game*) **béisbol** *m.* 4
basement **sótano** *m.*
basketball (*game*) **baloncesto** *m.* 4
bath **baño** *m.*
   take a bath **bañarse** *v.* 7
bathe **bañarse** *v.* 7
bathing suit **traje** *m.* **de baño** 6
bathroom **baño** *m.* 7; **cuarto de baño**
   m.
be **ser** *v.* 1; **estar** *v.* 2
be . . . years old **tener... años** 3
beach **playa** *f.* 5
beans **frijoles** *m., pl.* 8
beautiful **hermoso/a** *adj.* 6
beauty **belleza** *f.* 14
   beauty salon **peluquería** *f.* 14;
     salón *m.* **de belleza** 14
because **porque** *conj.* 2
   because of **por** *prep.* 11
become (+ *adj.*) **ponerse (+ *adj.*)** 7;
   convertirse *v.* 6
bed **cama** *f.* 5
   go to bed **acostarse (o:ue)** *v.* 7
bedroom **alcoba** *f.* **cuarto** *m.* **recámara** *f.*
beef **carne de res** *f.* 8
   beef soup **caldo de patas** 8
been **sido** *p.p.* 15
beer **cerveza** *f.* 8
before **antes** *adv.* 7; **antes de** *prep.* 7;
   antes (de) que
     conj. 13
beg **rogar (o:ue)** *v.* 12
begin **comenzar (e:ie)** *v.* 4; **empezar
   (e:ie)** *v.* 4
behalf: on behalf of **de parte
   de** 11
behind **detrás de** *prep.* 2
believe (in) **creer** *v.* **(en)** 3
bellhop **botones** *m., sing.* 5
beloved **enamorado/a** *adj.* 5
below **debajo de** *prep.* 2
belt **cinturón** *m.* 6
benefit **beneficio** *m.* 16
beside **al lado de** *prep.* 2

besides **además (de)** *adv.* 10
best **mejor** *adj.* 8
   the best **el/la mejor** *m., f.* 8 **lo
     mejor** *neuter*
better **mejor** *adj.* 8
   It's better that . . . **Es mejor
     que...** 12
between **entre** *prep.* 2
bicycle **bicicleta** *f.* 4
big **gran, grande** *adj.* 3
bill **cuenta** *f.* 9
billion: billion **mil millones** *adj., pron.*
   5
biology **biología** *f.* 2
bird **ave** *f.* **pájaro** *m.*
birth **nacimiento** *m.* 9
birthday **cumpleaños** *m., sing.* 9
   birthday cake **pastel de
     cumpleaños** 9
   have a birthday **cumplir** *v.*
     años 9
biscuit **bizcocho** *m.*
black **negro/a** *adj.* 6
blackberry **mora** *f.* 8
blackboard **pizarra** *f.* 2
blanket **manta** *f.* 12
block (city) **cuadra** *f.* 14
blond(e) **rubio/a** *adj.* 3
blouse **blusa** *f.* 6
blue **azul** *adj. m., f.* 6
boarding house **pensión** *f.* 5
boat **barco** *m.* 5
body **cuerpo** *m.* 10
bone **hueso** *m.* 10
book **libro** *m.* 2
bookcase **estante** *m.* 12
bookstore **librería** *f.* 2
boot **bota** *f.* 6
bore **aburrir** *v.* 7
bored **aburrido/a** *adj.* 5
   be bored **estar** *v.* **aburrido/a** 5
   get bored **aburrirse** *v.*
boring **aburrido/a** *adj.* 5
born: be born **nacer** *v.* 9
borrow **pedir prestado** 14
borrowed **prestado/a** *adj.* 14
boss **jefe** *m.*, **jefa** *f.* 16
bottle **botella** *f.* 9
   bottle of wine **botella de
     vino** 9
bother **molestar** *v.* 7
bottom **fondo** *m.* 12
boulevard **bulevar** *m.*
boy **chico** *m.* 1; **muchacho** *m.* 3
boyfriend **novio** *m.* 3
brakes **frenos** *m., pl.* 11
bread **pan** *m.* 8
break **romperse** *v.* 10
   break a leg **romper(se) la
     pierna** 10
   break down: The . . . broke down
    on us. **Se nos dañó
     el/la...** 11
   break up (with) **romper** *v.* **(con)** 9
breakfast **desayuno** *m.* 8

have breakfast **desayunar** *v.* 8
breathe **respirar** *v.* 13
bring **traer** *v.* 4
broadcast **transmitir** *v.*
   emitir *v.*
brochure **folleto** *m.*
broken **roto/a** *adj.* 10
   be broken **estar roto/a** 10
brother **hermano** *m.* 3
   brother-in-law **cuñado** *m., f.* 3
   brothers and sisters **hermanos**
     m., pl. 3
brought **traído** *p.p.* 14
brown **café** *adj.* 6; **marrón** *adj.*
brunet(te) **moreno/a** *adj.* 3
brush **cepillar** *v.* 7
   brush one's hair **cepillarse el
     pelo** 7
   brush one's teeth **cepillarse los
     dientes** 7
build **construir** *v.* 4
building **edificio** *m.* 12
bullfight **corrida** *f.* **de toros** 4
bump into (*meet accidentally*) **darse
   con**
burned (out) **quemado/a** *adj.* 11
bus **autobús** *m.* 1
   bus station **estación** *f.* **de
     autobuses** 5
business **negocios** *m. pl.* 16
   business administration **admi-
    nistración** *f.* **de empresas** 2
   business-related **comercial**
     adj. 16
   businessman **hombre** *m.* **de negocios**
    16
   businesswoman **mujer** *f.* **de negocios**
    16
busy **ocupado/a** *adj.* 5
but **pero** *conj.* 2; **sino** *conj.* (*in negative sentences*) 7
butcher shop **carnicería** *f.* 14
butter **mantequilla** *f.*
buy **comprar** *v.* 2
by **por** *conj.* 11
   by phone **por teléfono** 7
   by plane **en avión** 5
bye **chau** *interj. fam.*

C

cabin **cabaña** *f.* 5
cable television **televisión** *f.*
   por cable *m.* 11
café **café** *m.* 4
cafeteria **cafetería** *f.* 2
cake **pastel** *m.* 9
calculator **calculadora** *f.* 11
call **llamar** *v.* 7
   call on the phone **llamar por telé-
    fono** 11
   be called **llamarse** *v.* 7
calm **tranquilo/a** *adj.* 15
   Stay calm! **¡Tranquilo!** 7

calorie **caloría** *f.* 15
camera **cámara** *f.* 11
camp **acampar** *v.*
can **lata** *f.* 13
can **poder (o:ue)** *v.* 4
Canadian **canadiense** *adj.* 3
candidate **aspirante** *m. f.* 16; candi-
    date **candidato/a** *m., f.*
candy **dulces** *m., pl.* 9
capital (city) **capital** *f.* 1
car **coche** *m.* 11; **carro** *m.* 11;
    auto(móvil) *m.* 5
caramel **caramelo** *m.*
card **tarjeta** *f.* 4; (*playing*)
    carta *f.* 5
care **cuidado** *m.* 3
    take care of **cuidar** *v.* 13
career **carrera** *f.* 16
careful: be careful **tener** *v.*
    cuidado 3
carpenter **carpintero/a** *m., f.* 16
carpet **alfombra** *f.* 12
carrot **zanahoria** *f.* 8
carry **llevar** *v.* 2
cartoons **dibujos** *m, pl.* **animados**
case: in case (that) **en caso (de) que**
    13
cash (a check) **cobrar** *v.* 14;
    efectivo *m.* 14
    cash register **caja** *f.* 6
    pay in cash **pagar** *v.* **al contado**
    pagar en efectivo
cashier **cajero/a** *m., f.* 14
cat **gato/a** *m., f.* 13
celebrate **celebrar** *v.* 9
cellar **sótano** *m.*
cellular **celular** *adj.* 11
    cellular telephone **teléfono**
    celular *m.* 11
cereal **cereales** *m., pl.* 8
certain **cierto** *m.;* **seguro** *m.* 13
chair **silla** *f.* 2
chalk **tiza** *f.* 2
champagne **champán** *m.* 9
change **cambiar** *v.* **(de)** 9
channel (*TV*) **canal** *m.*
character (*fictional*) **personaje**
    m.
    main character **personaje**
    principal
chauffeur **conductor(a)** *m., f.* 1
chat **conversar** *v.* 2
cheap **barato/a** *adj.* 6
check **comprobar** *v.;* **revisar** *v.* 11;
    (*bank*) **cheque** *m.* 14
    check the oil **revisar el**
    aceite 11
checking account **cuenta** *f.*
    corriente 14
cheese **queso** *m.* 8
chef **cocinero/a** *m., f.* 16
chemistry **química** *f.* 2
chest of drawers **cómoda** *f.* 12
chicken **pollo** *m.* 8
child **niño/a** *m., f.* 3

childhood **niñez** *f.* 9
children **hijos** *m., pl.* 3
Chinese **chino/a** *adj.*
chocolate **chocolate** *m.*
    chocolate cake **pastel** *m.* **de**
    chocolate 9
cholesterol **colesterol** *m.* 15
choose **escoger** *v.* 8
chop (*food*) **chuleta** *f.* 8
Christmas **Navidad** *f.* 9
church **iglesia** *f.* 4
citizen **ciudadano/a** *m., f.*
city **ciudad** *f.* 4
class **clase** *f.* 2
    take classes **tomar** *v.* **clases** 2
classical **clásico/a** *adj.*
classmate **compañero/a** *m., f.* **de**
    clase 2
clean **limpio/a** *adj.* 5;
    limpiar *v.* 12
    clean the house *v.* **limpiar la**
    casa 12
clear (*weather*) **despejado/a**
    adj. 5
    clear the table **quitar** *v.* **la**
    mesa 12
    It's (very) clear. (*weather*)
    Está (muy) despejado. 5
clerk **dependiente/a** *m., f.* 6
climb **escalar** *v.* 4
    climb mountains **escalar**
    montañas 4
clinic **clínica** *f.* 10
clock **reloj** *m.* 2
close **cerrar (e:ie)** *v.* 4
closed **cerrado/a** *adj.* 5
closet **armario** *m.* 12
clothes **ropa** *f.* 6
    clothes dryer **secadora** *f.* 12
clothing **ropa** *f.* 6
cloud **nube** *f.* 13
cloudy **nublado/a** *adj.* 5
    It's (very) cloudy. **Está (muy)**
    nublado. 5
coat **abrigo** *m.* 6
coffee **café** *m.* 8
    coffee maker **cafetera** *f.*
cold **frío** *m.* 4; (*disease*); **resfriado** *m.*
    10
    be (*feel*) cold **tener frío** 3
    It's cold. (*weather*) **Hace frío.** 4
college **universidad** *f.* 2
collision **choque** *m.*
color **color** *m.* 6
comb one's hair **peinarse** *v.* 7
come **venir** *v.* 3
comedy **comedia** *f.*
comfortable **cómodo/a** *adj.* 5
commerce **negocios** *m., pl.* 16
commercial **comercial** *adj.* 16
communicate (with) **comunicarse** *v.*
    (con)
communication **comunicación**
    f.
    means of communication

    medios *m. pl.* **de comuni-**
    cación
community **comunidad** *f.* 1
compact disc (CD) **disco** *m.* **com-**
    pacto 11
    compact disc player **tocadiscos** *m.*
    sing. **compacto** 11
company **compañía** *f.* 16; **empresa** *f.*
    16
comparison **comparación** *f.*
completely **completamente**
    adv. 16
composer **compositor(a)**
    m., f.
computer **computadora** *f.* 1
    computer disc **disco** *m.* 11
    computer monitor **monitor**
    m. 11
    computer programmer **progra-**
    mador(a) *m., f.* 3
    computer science **computación**
    f. 2
concert **concierto** *m.*
conductor (*musical*) **director(a)** *m., f.*
confirm **confirmar** *v.* 5
    confirm the reservation **confir-**
    mar la reservación 5
congested **congestionado/a**
    adj. 10
Congratulations! (*for an event such as*
    a birthday or anniversary)
    ¡Felicidades! 9; (*for an*
    event such as an engagement
    or a good grade on a test)
    f., pl. **¡Felicitaciones!** 9
conservation **conservación** *f.* 13
conserve **conservar** *v.* 13
consume **consumir** *v.* 15
contact lenses **lentes** *m. pl.* **de con-**
    tacto
container **envase** *m.* 13
contamination **contaminación**
    f. 13
content **contento/a** *adj.* 5
contest **concurso** *m.*
continue **seguir (e:i)** *v.* 4
control **control** *m.* 7; **controlar** *v.* 13
    be under control **estar bajo**
    control 7
conversation **conversación** *f.* 2
converse **conversar** *v.* 2
cook **cocinar** *v.* 12; **cocinero/a** *m., f.*
    16
cookie **galleta** *f.* 9
cool **fresco/a** *adj.* 5
    It's cool. (*weather*) **Hace**
    fresco. 5
corn **maíz** *m.* 5
corner **esquina** *m.* 14
cost **costar (o:ue)** *v.* 6
cotton **algodón** *m.* 6
    (made of) cotton **de algodón** 6
couch **sofá** *m.* 12
couch potato **teleadicto/a**
    m., f. 15

cough **tos** *f.* 10; **toser** *v.* 10
counselor **consejero/a** *m., f.* 16
count (on) **contar** *v.* **(con)** 12
country (*nation*) **país** *m.* 1
countryside **campo** *m.* 5; **paisaje** *m.* 5
couple (*married*) **pareja** *f.* 9
course **curso** *m.* **materia** *f.*
courtesy **cortesía** *f.*
cousin **primo/a** *m., f.* 3
cover **cubrir** *v.* 14
covered **cubierto** *p.p.* 14
cow **vaca** *f.* 13
cowboy **vaquero** *m.*
crafts **artesanía** *f.*
craftsmanship **artesanía** *f.*
crater **cráter** *m.* 13
crazy **loco/a** *adj.* 6
create **crear** *v.*
credit **crédito** *m.* 6
    credit card **tarjeta** *f.* **de crédito** 6
crime **crimen** *m.*
cross **cruzar** *v.* 14
culture **cultura** *f.*
cup **taza** *f.* 12
currency exchange **cambio** *m.* **de moneda** 8
current events **actualidades** *f., pl.*
curriculum vitae **currículum** *m.* 16
curtains **cortinas** *f., pl.* 12
custard (*baked*) **flan** *m.* 9
custom **costumbre** *f.* 1
customer **cliente** *m., f.* 6
customs **aduana** *f.* 5
    customs inspector **inspector(a)** *m., f.* **de aduanas** 5
cycling **ciclismo** *m.* 4

D

dad **papá** *m.* 3
daily **diario/a** *adj.* 7
    daily routine **rutina** *f.* **diaria** 7
damage **dañar** *v.* 11
dance **bailar** *v.* 2; **danza** *f.* **baile** *m.*
dancer **bailarín/bailarina** *m. f.*
danger **peligro** *m.* 13
dangerous **peligroso/a** *adj.*
date (*appointment*) **cita** *f.* 9; (*calendar*) **fecha** *f.* 5; (*someone*) **salir** *v.* **con (alguien)** 9
    date: have a date **tener una cita** 9
daughter **hija** *f.* 3
    daughter-in-law **nuera** *f.* 3
day **día** *m.* 1
    day before yesterday **anteayer** *adv.* 6
deal **trato** *m.*
    It's a deal. **Trato hecho.**
    It's no big deal. **No es para tanto.** 12

death **muerte** *f.* 9
decaffeinated **descafeinado/a** *adj.* 15
December **diciembre** *m.* 5
decide **decidir** *v.* 3
decided **decidido/a** *adj.* 14
declare **declarar** *v.* 18
deforestation **deforestación** *f.* 13
delicious **delicioso/a** *adj.* 8; **rico/a** *adj.* 8; **sabroso/a** *adj.* 8
delighted **encantado/a** *adj.* 1
dentist **dentista** *m., f.* 10
deny **negar (e: ie)** *v.* 13
department store **almacén** *m.* 6
departure **salida** *f.* 5
deposit **depositar** *v.* 14
describe **describir** *v.* 3
described **descrito/a** *p.p.* 14
desert **desierto** *m.* 13
design **diseño** *m.* 3
designer **diseñador(a)** *m., f.* 16
desire **desear** *v.* 2
desk **escritorio** *m.* 2
dessert **postre** *m.* 9
destroy **destruir** *v.* 13
develop **desarrollar** *v.* 13
diary **diario** *m.* 1
dictatorship **dictadura** *f.*
dictionary **diccionario** *m.* 1
die **morir (o:ue)** *v.* 8
died **muerto/a** *p.p.* 14
diet **dieta** *f.* 15
    balanced diet **dieta equilibrada** 15
    be on a diet **estar a dieta** 15
difficult **difícil** *adj. m., f.* 3
dining room **comedor** *m.* 12
dinner **cena** *f.* 8
    have dinner **cenar** *v.* 8
directions **direcciones** *f., pl.* 14
    give directions **dar direcciones** 14
director **director(a)** *m., f.*
dirty **ensuciar** *v.* 12; **sucio/a** *adj.* 5
    get dirty **ensuciar** *v.* 12
disagree **no estar de acuerdo** 16
disaster **desastre** *m.*
discover **descubrir** *v.* 13
discovered **descubierto** *p.p.* 14
discrimination **discriminación** *f.*
dish **plato** *m.* 8
    main dish *m.* **plato principal** 8
dishwasher **lavaplatos** *m., sing.* 12
disk **disco** *m.* 11
disorderly **desordenado/a** *adj.* 5
dive **bucear** *v.* 4
divorce **divorcio** *m.* 9
divorced **divorciado/a** *adj.* 9
    get divorced (from) **divorciarse** *v.* **(de)** 9
dizzy **mareado/a** *adj.* 10
do **hacer** *v.* 4
    do aerobics **hacer ejercicios**

    aeróbicos 15
    do errands **hacer diligencias** 14
    do household chores **hacer quehaceres domésticos** 12
    do stretching exercises **hacer ejercicios de estiramiento** 15
doctor **doctor(a)** *m., f.* **médico/a** *m., f.*
documentary (*film*) **documental** *m.*
dog **perro/a** *m., f.* 13
domestic **doméstico/a** *adj.*
    domestic appliance **electrodoméstico** *m.* 12
done **hecho/a** *p.p.* 14
door **puerta** *f.* 2
dormitory **residencia** *f.* **estu-diantil** 2
double **doble** *adj.* 5
    double room **habitación** *f.* **doble** 5
doubt **duda** *f.* 13; **dudar** *v.* 13
    There is no doubt that . . . **No cabe duda (de) que...** 13; **No hay duda (de) que...** 13
Down with . . . ! **¡Abajo el/la...!** 15
downtown **centro** *m.* 4
drama **drama** *m.*
dramatic **dramático/a** *adj.*
draw **dibujar** *v.*
drawing **dibujo** *m.* 17
dress **vestido** *m.* 6
    get dressed **vestirse (e:i)** *v.* 7
drink **beber** *v.* 3; **bebida** *f.* 8; **tomar** *v.* 2
    Do you want something to drink? **¿Quieres algo de tomar?** 8
drive **conducir** *v.* 8; **manejar** *v.* 11
driver **conductor(a)** *m., f.* 1
drug *f.* **droga** 15
    drug addict **drogadicto/a** *adj.* 15
due to **por** *prep.* 11
    due to the fact that **debido a** 3
during **durante** *prep.* 7; **por** *prep.* 11
dust **sacudir** *v.* 12
    dust the furniture **sacudir los muebles** 12
dying: I'm dying to (for) . . . **me muero por...** 1

E

each **cada** *adj. m., f.* 6
eagle **águila** *f.* 1
ear (*outer*) **oreja** *f.* 10
early **temprano** *adv.* 7
earn **ganar** *v.* 16
earthquake **terremoto** *m.*
ease **aliviar** *v.* 15
east **este** *m.* 14

to the east **al este** 14
easy **fácil** *adj.* 3
eat **comer** *v.* 3
ecology **ecología** *f.* 13
economics **economía** *f.*
ecotourism **ecoturismo** *m.* 13
Ecuador **Ecuador** *m.* 1
Ecuadorian **ecuatoriano/a** *adj.* 3
effective **eficaz** *adj. m., f.* 8
egg **huevo** *m.* 8
eight *adj., pron.* **ocho** 1
eight hundred *adj., pron.* **ochocien-
    tos/as** 5
eighteen *adj., pron.* **dieciocho** 1
eighth *adj., pron.* **octavo/a** 5
eighty *adj., pron.* **ochenta** 2
either . . . or **o... o** *conj.* 7
elect **elegir** *v.*
election **elecciones** *f. pl.*
electrician **electricista** *m., f.* 16
electricity **luz** *f.* 12
elegant **elegante** *adj. m., f.* 6
elevator **ascensor** *m.* 5
eleven *adj., pron.* **once** 1
e-mail **correo** *m.* **electrónico** 4
    e-mail message **mensaje** *m.*
        electrónico 4
    read e-mail **leer** *v.* **el correo
        electrónico** 4
embarrassed **avergonzado/a**
    adj. 5
embrace (each other) **abrazar(se)** *v.*
    11
emergency **emergencia** *f.* 10
    emergency room **sala** *f.* **de
        emergencia** 10
employee **empleado/a** *m., f.* 5
employment **empleo** *m.* 16
end **fin** *m.* 4; **terminar** *v.* 2
    end table **mesita** *f.* 12
energy **energía** *f.* 13
engaged: get engaged (to) **comprome-
    terse** *v.* **(con)** 9
engineer **ingeniero/a** *m., f.* 3
English (*language*) **inglés** *m.* 2;
    inglés, inglesa *adj.* 3
enjoy **disfrutar** *v.* **(de)** 15
enough **bastante** *adj.* 10
entertainment **diversión** *f.* 4
entrance **entrada** *f.* 12
envelope **sobre** *m.* 14
environment **medio ambiente**
    m. 13
equality **igualdad** *f.*
equipped **equipado/a** *adj.* 15
eraser **borrador** *m.* 2
errand *f.* **diligencia** 14
establish **establecer** *v.* 16
evening **tarde** *f.* 1
event **acontecimiento** *m.*
every day **todos los días** 10
everybody **todos** *m., pl.* 13
everything **todo** *m.* 5
    Everything is under control.
        Todo está bajo control. 7

exactly **en punto** *adv.* 1
exam **examen** *m.* 2
excellent **excelente** *adj.* 5
excess **exceso** *m.* 15
    in excess **en exceso** 15
exchange **intercambiar** *v.* 8
    in exchange for **por** 11
exciting **emocionante** *adj. m., f.*
excursion **excursión** *f.* 4
excuse **disculpar** *v.* 8
Excuse me. (*May I?*) **Con permiso.** 1;
    (*I beg your pardon.*) **Perdón.** 1
exercise **ejercicio** *m.* 15
    hacer ejercicio 15
exit **salida** *f.* 5
expensive **caro/a** *adj.* 6
experience **experiencia** *f.*
explain **explicar** *v.* 2
explore **explorar** *v.* 4
    explore a city/town **explorar
        una ciudad/pueblo** 4
expression **expresión** *f.*
extinction **extinción** *f.* 13
eye **ojo** *m.* 10

F

fabulous **fabuloso/a** *adj* 5
face **cara** *f.* 7
facing **enfrente de** *prep.* 14
fact: in fact **de hecho** 5
fall (down) **caerse** *v.* 10
    fall asleep **dormirse (o:ue)** *v.* 7
    fall in love (with) **enamorarse**
        v. **(de)** 9
fall (season) **otoño** *m.* 5
fallen **caído** *p.p.* 14
family **familia** *f.* 3
famous **famoso/a** *adj.* 16
fan **aficionado/a** *adj.* 4
    be a fan of **ser aficionado/a
        a** 4
far from **lejos de** *prep.* 2
farewell **despedida** *f.*
fascinate **fascinar** *v.* 7
fashion **moda** *f.* 6
    be in fashion **estar** *v.* **de moda** 6
fast **rápido/a** *adj.* 8
fat **gordo/a** *adj.* 3; **grasa** *f.* 15
father **padre** *m.* 3
father-in-law **suegro** *m.* 3
favorite **favorito/a** *adj.* 4
fax (machine) **fax** *m.* 11
fear **miedo** *m.* 3; fear **temer** *v.* 13
February **febrero** *m.* 5
feel *v.* **sentir(se) (e:ie)** 7
    feel like (*doing something*) **tener
        ganas de (+ *inf.*)** 3
festival **festival** *m.*
fever **fiebre** *f.* 10
    have a fever **tener** *v.* **fiebre** 10
few **pocos/as** *adj. pl.* 5
field: major field of study **especial-
    ización** *f.* 16

fifteen *adj., pron.* **quince** 1
fifth *adj., pron.* **quinto/a** 5
fifty *adj., pron.* **cincuenta** 2
fight *adj., pron.* **luchar** *v.* **(por)**
figure (*number*) **cifra** *f.*
file **archivo** *m.* 11
fill **llenar** *v.* 11
    fill out a form **llenar un
        formulario** 14
    fill the tank **llenar el
        tanque** 11
finally **finalmente** *adv.* 15; **por último**
    7; **por fin** 11
find **encontrar (o:ue)** *v.* 4
    find (each other) **encontrar(se)** *v.*
    11
fine arts **bellas artes** *f., pl.*
fine **multa** *f.*
    That's fine. **Está bien.** 11
finger **dedo** *m.* 10
finish **terminar** *v.*
    finish (*doing something*)
        terminar *v.* **de (+*inf.*)** 4
fire **incendio** *m.* **despedir (e:i)** 16
firefighter **bombero/a** *m., f.* 16
firm **compañía** *f.* 16; **empresa**
    f. 16
first **primer, primero/a** *adj.* 5
fish (*food*) **pescado** *m.* 8; **pescar** *v.* 5;
    (*live*) **pez** *m.* 13
    fish market **pescadería** *f.* 14
fisherman **pescador** *m.* 5
fisherwoman **pescadora** *f.* 5
fishing **pesca** *f.* 5
fit (*clothing*) **quedar** *v.* 7
five *adj., pron.* **cinco** 1
five hundred *adj., pron.* **quinientos/as**
    5
fix (*put in working order*) **arreglar** *v.*
    11
fixed **fijo/a** *adj.* 6
flag **bandera** *f.*
flank steak **lomo** *m.* 8
flat tire: We had a flat tire. **Se nos
    pinchó una llanta.** 11
flexible **flexible** *adj.* 15
flood **inundación** *f.*
floor (*story in a building*) **piso** *m.* 5;
    suelo *m.* 12
    ground floor **planta** *f.* **baja** 5
    top floor **planta** *f.* **alta** 5
flower **flor** *f.* 13
flu **gripe** *f.* 10
fog **niebla** *f.* 4
foggy: It's (very) foggy. **Hay (mucha)
    niebla.** 5
folk **folklórico/a** *adj.*
follow **seguir (e:i)** *v.* 4
food **comida** *f.* 8
foolish **tonto/a** *adj.* 3
foot **pie** *m.* 10
football **fútbol** *m.* **americano** 4
for **para** *prep.* 11; **por** *prep.* 11
    for example **por ejemplo** 11
    for me **para mí** 8

forbid **prohibir** v. 10
foreign **extranjero/a** adj.
    foreign languages **lenguas**
      f. pl. **extranjeras** 2
forest **bosque** m. 13
forget **olvidar** v. 10
fork **tenedor** m. 12
form **formulario** m. 14
forty **cuarenta** m. 2
forward **en marcha** adv. 15
four adj., pron. **cuatro** 1
four hundred adj., pron. **cuatrocien-**
    tos/as 5
fourteen adj., pron. **catorce** 1
fourth adj., pron. **cuarto/a** m., f. 5
free **libre** adj. m., f. 4
    be free (of charge) **ser gratis** 14
    free time **tiempo libre** 4; **ratos**
      libres 4
freedom **libertad** f.
freezer **congelador** m.
French **francés, francesa** m., f. 3
    french fries **papas** f., pl **fritas** 8
    patatas f., pl **fritas** 8
frequently **frecuentemente** adv. 10;
    con frecuencia 10
Friday **viernes** m., sing. 2
fried **frito/a** adj.8
    fried potatoes **papas** f., pl.
      fritas 8; **patatas** f., pl.
      fritas 8
friend **amigo/a** m., f. 3
friendly **amable** adj. m., f. 5
friendship **amistad** f. 9
from **de** prep. 1; **desde** prep. 6
    from the United States adj.
      estadounidense 3
    from time to time **de vez en**
      cuando 10
    He/She/It is from . . . **Es de...** 1
fruit **fruta** f. 8
    fruit juice **jugo** m. **de fruta** 8
    fruit store **frutería** f. 14
full **lleno/a** adj.11
fun **divertido/a** adj. 7
    fun activity **diversión** f. 4
    have fun **divertirse (e:ie)** v. 9
function **funcionar** v. 11
furniture **muebles** m., pl.12
furthermore **además (de)** adv. 10
future **futuro** adj. 16; **porvenir** m. 16

G

gain weight **aumentar** v. **de peso**
    engordar v.
game **juego** m. 5; (match)
    partido m. 4
    game show **concurso** m.
garage **garaje** m.
garden **jardín** m. 12
garlic **ajo** m.
gas station **gasolinera** f. 11
gasoline **gasolina** f. 11
geography **geografía** f. 2

German **alemán, alemana** adj. 3
get **conseguir (e:i)** v. 4; **obtener** v. 16
    get along well/badly with
      llevarse bien/mal con 9
    get bored **aburrirse** v.
    get off (a vehicle) **bajar** v. **(de)**
      11
    get on/in (a vehicle) **subir(se)** v. **a**
      11
    get up **levantarse** v. 7
gift **regalo** m. 6
girl **chica** f. 1; **muchacha** f. 3
girlfriend **novia** f. 3
give **dar** v. 9; (as a gift) **regalar** 9
glass (drinking) **vaso** m. 12; **vidrio** m.
    13
    (made of) glass **de vidrio** 13
glasses **gafas** f., pl. 6
    sunglasses **gafas** f., pl.
      oscuras/de sol
gloves **guantes** m., pl. 6
go **ir** v. 4
    go away **irse** 7
    go by bus **ir en autobús** 5
    go by car **ir en auto(móvil)** 5
    go by motorcycle **ir en**
      motocicleta 5
    go by plane **ir en avión** 5
    go by ship **ir en barco** 5
    go by subway **ir en metro** 5
    go by taxi **ir en taxi** 5
    go by the bank **pasar por el banco**
      14
    go by train **ir en tren** 5
    go by **pasar** v. **por** 5
    go down; **bajar(se)** v. 11
    go fishing **ir de pesca** 5
    go for a hike (in the mountains) **ir**
      de excursión (a las montañas)
      4
    go out **salir** v. 9
    go out with **salir con** 4, 9
    go through customs **pasar por la**
      aduana 5
    go up **subir** v. 11
    go with **acompañar** v. 14
    Let's go. **Vamos.** 4
goblet **copa** f. 12
going to: be going to (do something) **ir**
    a (+ inf.) 4
golf **golf** m. 4
good **buen, bueno/a** adj. 1, 3
    Good afternoon. **Buenas**
      tardes. 1
    Good evening. **Buenas**
      noches. 1
    Good morning. **Buenos días.** 1
    Good night. **Buenas noches.** 1
    I'm good, thanks. **Bien,**
      gracias. 1
    It's good that . . . **Es bueno**
      que... 12
good-bye **adiós** m. 1
    say good-bye (to) **despedirse** v.
      (de) (e:i) 7
good-looking **guapo/a** adj. 3

government **gobierno** m. 13
graduate (from) **graduarse** v.
    (en) 9
grains **cereales** m., pl. 8
granddaughter **nieta** f. 3
grandfather **abuelo** m. 3
grandmother **abuela** f. 3
grandparents **abuelos** m. pl. 3
grandson **nieto** m. 3
grape **uva** f. 8
grass **césped** m. **hierba** f.
grave **grave** adj. 10
gray **gris** adj. m., f. 6
great **fenomenal** adj. m., f. 5
green **verde** adj. m., f. 6
greet (each other) **saludar(se)**
    v. 11
greeting **saludo** m. 1
    Greetings to . . . **Saludos a...** 1
grilled (food) **a la plancha** 8
    grilled flank steak **lomo a la**
      plancha 8
ground floor **planta baja** f. 5
guest (at a house/hotel) **huésped** m., f.
    5 (invited to a function)
      invitado/a m., f. 9
guide **guía** m., f. 12
gym **gimnasio** m. 4
gymnasium **gimnasio** m. 4

H

hair **pelo** m. 7
hairdresser **peluquero/a** m., f. 16
half **medio/a** adj. 3
    half-brother **medio hermano** 3;
      half-sister **media hermana** 3
    half-past . . . (time) **...y**
      media 1
hallway **pasillo** m. 12
ham **jamón** m. 8
hamburger **hamburguesa** f. 8
hand **mano** f. 1
Hands up! **¡Manos arriba!** 15
handsome **guapo** adj. 3
happen **ocurrir** v.
Happy birthday! **¡Feliz cumpleaños!**
    9
happy **alegre** adj. 5; **contento/a** adj. 5;
    feliz adj. 5
    be happy **alegrarse** v. **(de)** 13
hard **difícil** adj. m., f. 3
hard-working **trabajador(a)**
    adj. 3
hardly **apenas** adv. 10
haste **prisa** f. 3
hat **sombrero** m. 6
hate **odiar** v. 9
have **tener** v. 3
    have to (do something) **tener**
      que (+ inf.) 3; **deber**
      (+ inf.) 3
head **cabeza** f. 10
headache **dolor de cabeza** m. 10
health **salud** f. 10

healthful **saludable** *adj. m., f.* 10
healthy **sano/a** *adj.* 10
　lead a healthy life **llevar** *v.* **una vida sana** 15
hear **oír** *v.* 4
heard **oído** *p.p.* 14
hearing: sense of hearing **oído** *m.*
heart **corazón** *m.* 10
heat **calor** *m.* 4
Hello. **Hola.** *interj.* 1; (*on the telephone*) **Aló.** 11; **¿Bueno?** 11; **Diga.** 11
help (to) **ayudar** *v.* **(a)** 12; **servir (e:i)** *v.* 5
　help each other **ayudarse** *v.* 11
her **su(s)** *poss.* 3; hers **suyo/a(s)** *poss.* 11
here *adv.* **aquí** 1
　Here it is. **Aquí está.** 5
　Here we are in . . . **Aquí estamos en...** 2
Hi. **Hola.** *interj.* 1
highway **autopista** *f.* **carretera** *f.*
hike **excursión** *f.* 4
　go on a hike **hacer una excursión; ir de excursión** 5
hiker *m., f.* **excursionista** 4
hiking **de excursión** 4
hire **contratar** *v.* 16
his **su(s)** *poss. adj.* 3; **suyo/a(s)** *poss. pron.* 11
history **historia** *f.* 2
hobby **pasatiempo** *m.* 4
hockey **hockey** *m.* 4
holiday **día** *m.* **de fiesta** 9
home **casa** *f.* 4
　home page **página** *f.* **principal** 11
homework **tarea** *f.* 2
hood **capó** *m.* 11
hope **esperar** *v.* 2
　I hope (that) **Ojalá** *interj.* 13
horror **horror** *m.* 17
hors d'oeuvres **entremeses** *m., pl.* 8
horse **caballo** *m.* 5
hospital **hospital** *m.* 10
hot: be hot (*weather*) **hacer calor** 5; (*feel*) **tener calor** 3
hotel **hotel** *m.* 5
hour **hora** *f.* 1
house **casa** *f.* 4
household chores **quehaceres** *m. pl.* **domésticos** 12
housewife **ama** *f.* **de casa** 12
housing **vivienda** *f.* 12
How . . . ! **¡Qué...!** 3
　how **¿cómo?** *adv.* 1
　How are you? **¿Qué tal?** 1
　How are you? **¿Cómo estás?** *fam.* 1
　How are you? **¿Cómo está usted?** *form.* 1
　How did it go for you . . .? **¿Cómo le/les fue...?** 15

How is it going? **¿Qué tal?** 1
How is/are . . . ? **¿Qué tal...?** 2
How much/many? **¿Cuánto/a(s) ?** 1
How may I help you? **¿En qué puedo servirles?** 5
How much does it cost? **¿Cuánto cuesta...?** 6
How old are you? **¿Cuántos años tienes?** *fam.* 3
however **sin embargo** *adv.*
hug (each other) **abrazar(se)** *v.* 11
humanities **humanidades** *f., pl.*
hunger **hambre** *f.* 3
hundred **ciento** *m.* 2
hungry: be hungry **tener** *v.* **hambre** 3
hurricane **huracán** *m.*
hurry **apurarse** *v.* 15
　be in a hurry **tener** *v.* **prisa** 3
hurt **doler (o:ue)** *v.* 10
　It hurts me a lot . . . **Me duele mucho...** 10
husband **esposo** *m.* 3

I

I am . . . **Yo soy...** 1
I hope (that) **Ojalá (que)** *interj.* 13
I wish (that) **Ojalá (que)** *interj.* 13
ice cream **helado** *m.* 9
　ice cream shop **heladería** *f.* 14
iced **helado/a** *adj.* 9
　iced tea **té helado** 8
idea **idea** *f.* 4
if **si** *conj.* 4
illness **enfermedad** *f.* 10
important **importante** *adj.* 3
　be important to **importar** *v.* 7
impossible **imposible** *adj.* 13
improbable **improbable** *adj.* 13
improve **mejorar** *v.* 13
in **en** *prep.* 2
　in the afternoon **de la tarde** 1; **por la tarde** 7
　in the evening **de la noche** 1; **por la noche** 7
　in the morning **de la mañana** 1; **por la mañana** 7
　in love with **enamorado/a de** 5
in front of **delante de** *prep.* 2
increase **aumento** *m.* 16
incredible **increíble** *adj.* 5
inequality **desigualdad** *f.*
infection **infección** *f.* 10
inform **informar** *v.*
injection **inyección** *f.* 10
　give an injection *v.* **poner una inyección** 10
injure (oneself) **lastimarse** *v.* 10
　injure (one's foot) **lastimarse (el pie)** 10
inner ear **oído** *m.* 10

insist (on) **insistir** *v.* **(en)** 12
installments: pay in installments **pagar** *v.* **a plazos** 14
intelligent **inteligente** *adj.* 3
intend to **pensar** *v.* **(+ *inf.*)** 4
interest **interesar** *v.* 7
interesting **interesante** *adj.* 3
　be interesting to **interesar** *v.* 7
international **internacional** *adj. m., f.*
Internet **red** *f.* **Internet** *m.*
interview **entrevista** *f.* 16; interview **entrevistar** *v.* 16
interviewer **entrevistador(a)** *m., f.* 16
introduction **presentación** *f.*
invest **invertir (i:ie)** *v.* 16
invite **invitar** *v.* 9
iron (clothes) **planchar** *v.* **la ropa** 12
Italian **italiano/a** *adj.* 3
its **su(s)** *poss. adj.* 3 , **suyo/a(s)** *poss. pron.* 11

J

jacket **chaqueta** *f.* 6
January **enero** *m.* 5
Japanese **japonés, japonesa** *adj.* 3
jeans **bluejeans** *m., pl.* 6
jewelry store **joyería** *f.* 14
job **empleo** *m.* 16; **puesto** *m.* 16; **trabajo** 16
　job application **solicitud** *f.* **de trabajo** 16
jog **correr** *v.* 3
journalism **periodismo** *m.* 2
journalist **periodista** *m., f.* 3; **reportero/a** *m., f.* 16
joy **alegría** *f.* 9
　give joy **dar** *v.* **alegría** 9
joyful **alegre** *adj.* 5
juice **jugo** *m.* 8
July **julio** *m.* 5
June **junio** *m.* 5
jungle **selva, jungla** *f.*
just **apenas** *adv.* 10
　have just (*done something*) **acabar de (+ *inf.*)** 6

K

key **llave** *f.* 5
keyboard **teclado** *m.* 11
kilometer **kilómetro** *m.* 11
kind: That's very kind of you. **Muy amable.** *adj.* 5
kiss (each other) **besar(se)** *v.* 11; **beso** *m.* 9
kitchen **cocina** *f.* 12
knee **rodilla** *f.* 10
knife **cuchillo** *m.* 12
know **saber** *v.* 8; **conocer** *v.* 8

L

laboratory **laboratorio** *m.* 2
lack **faltar** *v.* 7
lake **lago** *m.* 5
lamp **lámpara** *f.* 12
land **tierra** *f.* 13
landlord **dueño/a** *m., f.* 8
landscape **paisaje** *m.* 13
language **lengua** *f.* 2
laptop (computer) **computadora** *f.* **portátil** 11
large (*clothing size*) **talla grande** *adj.* 6
last **durar** *v.* **pasado/a** *adj.* 6; **último/a** *adj.* 15
  last name **apellido** *m.* 9
  last night **anoche** *adv.* 6
late **tarde** *adv.* 7
later **más tarde** *adv.* 7
  See you later. **Hasta la vista.** 1; **Hasta luego.** 1
laugh **reírse (e:i)** *v.* 9
laughed **reído** *p.p.* 14
laundromat **lavandería** *f.* 14
law **ley** *f.* 13
lawyer **abogado/a** *m., f.* 16
lazy **perezoso/a** *adj.*
learn **aprender** *v.* 3
leave **salir** *v.* 4; **irse** *v.* 7
  leave a tip **dejar una propina** 9
  leave for (*a place*) **salir para** 4
  leave from **salir de** 4
  leave behind **dejar** *v.* 16
left **izquierdo/a** *adj.* 2
  be left over **quedar** *v.* 7
  to the left (of) **a la izquierda (de)** 2
leg **pierna** *f.* 10
lemon **limón** *m.* 8
lend **prestar** *v.* 6
less **menos** *adv.* 10
  less . . . than **menos… que** 8
  less than (+ *number*) **menos de (+ *number*)** 8
lesson **lección** *f.* 1
let **dejar** *v.* 12
let's see **a ver** 2
letter **carta** *f.* 4
lettuce **lechuga** *f.* 8
liberty **libertad** *f.*
library **biblioteca** *f.* 2
license (*driver's*) **licencia** *f.* **de conducir** 11
lie **mentira** *f.* 9
life **vida** *f.* 9
  in my life **en mi vida** 15
lifestyle: lead a healthy lifestyle **llevar una vida sana** 15
lift **levantar** *v.* 15
  lift weights **levantar pesas** 15
light **luz** *f.* 12
like **como** *prep.* 8; **gustar** *v.* 2
  I like . . . **me gusta(n)…** 2

I like . . . very much *v.* **Me encanta…** 2
Do you like . . . ? **¿Te gusta(n)…?** 2
likeable **simpático/a** *adj.* 3
likewise **igualmente** *adv.* 1
line **línea** *f.* 4; **cola** (*queue*) *f.* 14
listen to **escuchar** *v.* 2
  Listen! (*command*) **¡Oye!** *fam., sing.* 1; **¡Oigan!** *form., pl.* 5
  listen to music **escuchar música** 2
  listen to the radio **escuchar la radio** 2
literature **literatura** *f.*
little (*quantity*) **poco/a** *adj.* 5
live **vivir** *v.* 3
living room **sala** *f.* 12
loan **préstamo** *m.*; **prestar** *v.* 6, 14
lobster **langosta** *f.*
located **situado/a** *adj.*
  be located **quedar** *v.* 14
lodging **alojamiento** *m.* 5
long **largo/a** *adj.* 6
look for **buscar** *v.* 2
lose **perder (e:ie)** *v.* 4
  lose weight **adelgazar** *v.* 15
lost **perdido/a** *adj.* 14
  be lost **estar perdido/a** 14
lot of, a **mucho/a** *adj.* 2
love (*another person*) **querer (e:ie)** *v.* 4; (*things*) **encantar** *v.* 7 ; **amor** *m.* 9
  in love **enamorado/a** *adj.* 5
luck **suerte** *f.* 3
lucky: be lucky **tener suerte** *adj.* 3
luggage **equipaje** *m.* 5
lunch **almuerzo** *m.* 8
  have lunch **almorzar (o:ue)** *v.* 8

M

ma'am **señora (Sra.)** *f.* 1
mad **enojado/a** *adj.* 5
magazine **revista** *f.* 4
magnificent **magnífico/a** *adj.* 6
mail **correo** *m.* 14; **enviar** *v.*, **mandar** *v.* 14
  mail carrier **cartero** *m.* 14
mailbox **buzón** *m.* 14
main **principal** *adj. m., f.* 8
maintain **mantener** *v.* 15
make **hacer** *v.* 4
  make the bed **hacer la cama** 12
make-up **maquillaje** *m.* 7
man **hombre** *m.* 1
manager **gerente** *m., f.* 16
many **mucho/a** *adj.* 2, 3
  many times **muchas veces** 10
map **mapa** *m.* 1
March **marzo** *m.* 5
margarine **margarina** *f.* 8

marinated fish **ceviche** *m.* 8
  marinated shrimp **ceviche de camarón** 8
marital status **estado civil** *m.* 9
market **mercado** *m.* 6
marriage **matrimonio** *m.* 9
married **casado/a** *adj.* 9
  get married (to) **casarse** *v.* **(con)** 9
marvelous **maravilloso/a** *adj.* 5
marvelously **maravillosamente** *adv.* 18
massage **masaje** *m.* 15
masterpiece **obra maestra** *f.*
match (*sports*) **partido** *m.* 4
  match **hacer** *v.* **juego (con)** 6
mathematics **matemáticas** *f., pl.* 2
matter **importar** *v.* 7
maturity **madurez** *f.* 9
maximum **máximo/a** *m.* 11
May **mayo** *m.* 5
maybe **tal vez** 5; **quizás** *adv.* 5
mayonnaise **mayonesa** *f.* 8
meal **comida** *f.* 8
means of communication **medios** *m. pl.* **de comunicación**
meat **carne** *f.* 8
mechanic **mecánico/a** *m., f.* 11
  mechanic's repair shop **taller mecánico** 11
media **medios** *m., pl.* **de comunicación**
medical **médico/a** *adj.* 10
medication **medicamento** *m.* 10
medicine **medicina** *f.* 10
medium **mediano/a** *adj.* 6
meet (each other) **encontrar(se)** *v.* 11
meeting **reunión** *f.* 16
menu **menú** *m.* 8
message (*telephone*) **recado** *m.* 11
Mexican **mexicano/a** *adj.* 3
Mexico **México** *m.* 1
microwave **microonda** *f.* 12
  microwave oven **horno** *m.* **de microondas** 12
middle age **madurez** *f.* 9
midnight **medianoche** *f.* 1
mile **milla** *f.* 11
milk **leche** *f.* 8
million **millón** *m.* 5
million of **millón de** *m.* 5
mine **mío/a(s)** *poss.* 11
mineral **mineral** *m.* 15
  mineral water **agua** *f.* **mineral** 8
minute **minuto** *m.* 1
mirror **espejo** *m.* 7
Miss **señorita (Srta.)** *f.* 1
mistaken **equivocado/a** *adj.* 5
modem **módem** *m.* 11
modern **moderno/a** *adj.*
mom **mamá** *f.* 1
Monday **lunes** *m., sing.* 2
money **dinero** *m.* 6

monitor **monitor** *m.* 11
month **mes** *m.* 5
monument **monumento** *m.* 4
moon **luna** *f.* 13
more **más**
   more . . . than **más... que** 8
   more than (+ *number*) **más de**
     (**+ *number***) 8
morning **mañana** *f.* 1
mother **madre** *f.* 3
mother-in-law **suegra** *f.* 3
motor **motor** *m.* 11
motorcycle **moto(cicleta)** *f.* 5
mountain **montaña** *f.* 4
mouse **ratón** *m.* 11
mouth **boca** *f.* 10
move (*to another house/city/country*)
   mudarse *v.* 12
movie **película** *f.* 4
   movie star **estrella** *f.* **de**
     cine
   movie theater **cine** *m.* 4
Mr. **señor (Sr.)** *m.* 1
Mrs. **señora (Sra.)** *f.* 1
much **mucho/a** *adj.* 2, 3
municipal **municipal** *adj. m., f.* 4
murder **crimen** *m.*
muscle **músculo** *m.* 15
museum **museo** *m.* 4
mushroom **champiñón** *m.* 8
music **música** *f.* 2
musical **musical** *adj.*
musician **músico/a** *m., f.*
must: It must be . . . **Debe ser...** 6
my **mi(s)** *poss. adj.* 3; **mío/a(s)**
   poss. pron. 11

N

name **nombre** *m.* 5
   in the name of **a nombre de** 5
   last name *m.* **apellido** 9
   My name is . . . **Me llamo...** 1
   be named **llamarse** *v.* 7
napkin **servilleta** *f.* 12
national **nacional** *adj. m., f.*
nationality **nacionalidad** *f.* 1
natural **natural** *adj. m., f.* 13
   natural disaster **desastre** *m.*
     natural
   natural resource **recurso** *m.*
     natural 13
nature **naturaleza** *f.* 13
nauseated **mareado/a** *adj.* 10
near **cerca de** *prep.* 2
necessary **necesario/a** *adj.* 12
   It is necessary that . . . **Hay**
     que... 14
neck **cuello** *m.* 10
need **faltar** *v.* 7; **necesitar** *v.* 2
negative **negativo/a** *adj.*
neighbor **vecino/a** *m., f.* 12
neighborhood **barrio** *m.* 12

neither . . . nor **ni... ni** *conj.* 7; neither
   tampoco *adv.* 7
nephew **sobrino** *m.* 3
nervous **nervioso/a** *adj.* 5
network **red** *f.*
never **nunca** *adj.* 7; **jamás** 7
new **nuevo/a** *adj.* 6
newlywed **recién casado/a**
   m., f. 9
news **noticias** *f., pl.* **actualidades** *f.,*
   pl.
newscast **noticiero** *m.*
newspaper **periódico** 4; **diario**
   m.
next **próximo/a** *adj.* 16
nice **simpático/a** *adj.* 3; **amable** *adj.*
   m., f. 5
niece **sobrina** *f.* 3
night **noche** *f.* 1
   night stand **mesita** *f.* **de**
     noche 12
nine *adj., pron.* **nueve** 1
nine hundred *adj., pron.* **novecien-**
   tos/as 5
nineteen *adj., pron.* **diecinueve** 1
ninety *adj., pron.* **noventa** 2
ninth *adj., pron.* **noveno/a** 5
no **no** 1; **ningún, ninguno/a(s)** *adj.* 7
   no one **nadie** *pron.* 7
   No problem. **Ningún**
     problema. 7
   no way **de ninguna**
     manera 16
none **ningún, ninguno/a(s)**
   adj. 7
noon **mediodía** *m.* 1
nor **ni** *conj.* 7
north **norte** *m.* 14
   to the north **al norte** 14
nose **nariz** *f.* 10
not **no** 1
   not any **ningún, ninguno/a(s)**
     adj. 7
   not anyone **nadie** *pron.* 7
   not anything **nada** *pron.* 7
   not bad at all **nada mal** 5
   not either **tampoco** *adv.* 7
   not ever **nunca** *adv.* 7; **jamás**
     adv. 7
   not very well **no muy bien** 1
   not working **descompuesto/a**
     adj. 11
notebook **cuaderno** *m.* 1
nothing **nada** *pron.* 1
noun **sustantivo** *m.*
November **noviembre** *m.* 5
now **ahora** *adv.* 2
nowadays **hoy día** *adv.* 5
nuclear **nuclear** *adj. m., f.* 13
number **número** *m.* 1
nurse **enfermero/a** *m., f.* 10
nutrition **nutrición** *f.* 15

O

o'clock: It's . . . o'clock **Son**
   las... 1
   It's one o'clock. **Es la una.** 1
obey **obedecer (c:zc)** *v.*
obligation **deber** *m.*
obtain **conseguir (e:i)** *v.* 4; **obtener** *v.*
   16
obvious **obvio/a** *adj.* 13
occupation **ocupación** *f.* 16
occur **ocurrir** *v.*
ocean **mar** *m.* **océano** *m.* 13
October **octubre** *m.* 5
of **de** *prep.* 1
   of course **claro que sí** 16; **por**
     supuesto 16
offer **oferta** *f.* 12; **ofrecer (c:cz)** *v.* 8
office (*medical*) **consultorio** *m.* 10;
   oficina *f.* 12
often **a menudo** *adv.* 10
Oh! **¡Ay!** 10
oil **aceite** *m.* 8
okay **regular** *adj.* 1
   It's okay. **Está bien.** 11
old **viejo/a** *adj.* 3; old age **vejez** *f.* 9
older **mayor** *adj. m., f.* 3
   older brother, sister **hermano/a**
     mayor *m., f.* 3
oldest **el/la mayor** 8
on **en** *prep.* 2: **sobre** *prep.* 2
   on behalf of **por** *prep.* 11
   on the dot **en punto** 1
   on time **a tiempo** 10
   on top of **encima de** 2
once **una vez** 6
one *adj., pron.* **un, uno/a** 1
   one hundred **cien(to)** 5
   one million **un millón** 5
   one more time **una vez más** 9
   one thousand **mil** 4
   one time **una vez** 6
   one way (*travel*) **ida** *f.* 5
onion **cebolla** *f.* 8
only **sólo** *adv.* 3; **único/a** *adj.* 3
   only child **hijo/a único/a**
     m., f. 3
open **abierto/a** *adj.* 5; **abrir** *v.* 3
open-air **al aire libre** *n.* 6
opera **ópera** *f.*
operation **operación** *f.* 10
opposite **en frente de** *prep.* 14
or **o** *conj.* 7
orange **anaranjado/a** *adj.* 6; **naranja** *f.*
   8
orchestra **orquesta** *f.*
order **mandar** 12; (*food*) **pedir (e:i)** *v.*
   8
   in order to **para** *prep.* 11
orderly **ordenado/a** *adj.* 5
ordinal (*numbers*) **ordinal** *adj.*
other **otro/a** *adj.* 6

our **nuestro/a(s)** *poss. adj.* 3; *poss. pron.* 11
out of order **descompuesto/a** *adj.* 11
outside **fuera** *adv.* 8
outskirts **afueras** *f., pl.* 12
oven **horno** *m.* 12
over **sobre** *prep.* 2
own **propio/a** *adj.* 16
owner **dueño/a** *m., f* 8

P

P.M. **tarde** *f.* 1
pack the suitcases **hacer** *v.* **las maletas** 5
package **paquete** *m.* 14
page **página** *f.* 11
pain **dolor** *m.* 10
   have a pain in the (knee) **tener** *v.* **dolor de (rodilla)**
paint **pintar** *v.* 17
painter **pintor(a)** *m., f.* 16
painting **pintura** *f.*
pair **par** *m.* 6
pants **pantalones** *m., pl.* 6
pantyhose **medias** *f., pl.* 6
paper **papel** *m.* 2; (*report*) **informe** *m.*
   paper money **billete** *m.* 8
paragraph **párrafo** *m.* 5
Pardon me. (*May I?*) **con permiso** 1; (*Excuse me.*) Pardon me. **Perdón.** 1
parents **padres** *m., pl.* 3; **papás** *m., pl.* 3
park **estacionar** *v.* 11; **parque** *m.* 4
partner (*one of a married couple*) **pareja** *f.* 9
party **fiesta** *f.* 9
pass **pasar** *v.* 12
passed **pasado/a** *p.p.* 15
passenger **pasajero/a** *m., f.* 1
passport **pasaporte** *m.* 5
past **pasado/a** *adj.* 6
pastime **pasatiempo** *m.* 4
pastry shop **pastelería** *f.* 14
patient **paciente** *m., f.* 10
patio **patio** *m.*
pay in cash **pagar** *v.* **al contado; pagar en efectivo** 14
pay in installments **pagar** *v.* **a plazos** 14
pay the bill **pagar** *v.* **la cuenta** 9
pea **arveja** *m.* 8
peace **paz** *f.*
peach **melocotón** *m.*
pear **pera** *f.*
pen **pluma** *f.* 2
pencil **lápiz** *m.* 1
penicillin **penicilina** *f.* 10
people **gente** *f.* 3
pepper (*black*) **pimienta** *f.* 8

perfect **perfecto/a** *adj.* 5
perhaps **quizás** 5; **tal vez** 5
periods **plazos** *m., pl.* 14
permission **permiso** *m.* 1
person **persona** *f.* 3
pharmacy **farmacia** *f.* 10
phenomenal **fenomenal** *adj.* 5
photograph **foto(grafía)** *f.* 1
physical (*medical examination*) **examen** *m.* **médico** 10
physician **doctor** *m.* 3
physics **física** *f. sing.* 2
pick up **recoger** *v.* 13
picture **cuadro** *m.* 12
pie **pastel** *m.* 9
pill (tablet) **pastilla** *f.* 10
pillow **almohada** *f.* 12
pineapple **piña** *f.* 8
pink **rosado/a** *adj.* 6
place **lugar** *m.* 4; **poner** *v.* 4
plaid **de cuadros** *adj.* 6
plan (*to do something*) **pensar** *v.* **(+ inf.)** 4
plane **avión** *m.* 5
plans **planes** *m., pl.* 4
   have plans **tener planes** 4
plant **planta** *f.* 13
plastic **plástico** *m.* 13
   (made of) plastic **de plástico** 13
plate **plato** *m.* 12
   platter of fried food **fuente** *f.* **de fritada** 8
play **drama** *m.* **comedia** *f.* **jugar (u:ue)** *v.* 4; (*a musical instrument*) **tocar** *v.* (*a role*) **hacer el papel** (*cards*) **jugar a (las cartas)** 5; (*sports*) **practicar deportes** 4
player **jugador(a)** *m., f.* 4
playwright **dramaturgo/a** *m., f.*
plead **rogar (o:ue)** *v.* 12
pleasant **agradable** *adj. m., f.* 5
Please. **Por favor.** 1
Pleased to meet you. **Mucho gusto.** 1; **Encantado/a.** *adj.* 1
pleasing: be pleasing to **gustar** *v.* 7
pleasure **gusto** *m.* 1; **placer** *m.* 15
   It's a pleasure to . . . **Gusto de (+ inf.)**
   It's been a pleasure. **Ha sido un placer.** 15
   The pleasure is mine. **El gusto es mío.** 1
poem **poema** *m.*
poet **poeta** *m., f.*
poetry **poesía** *f.*
police (force) **policía** *f.* 11
   police officer **policía** *m.*, **mujer policía,** *f.* 11
political **político/a** *adj.*

politician **político/a** *m., f.* 16
politics **política** *f.*
polka-dotted **de lunares** *adj.* 6
poll **encuesta** *f.*
pollute **contaminar** *v.* 13
polluted **contaminado/a** *m., f.* 13
   be polluted **estar contaminado/a** 13
pollution **contaminación** *f.* 4
pool **piscina** *f.* 4
poor **pobre** *adj.* 6
population **población** *f.* 13
pork **cerdo** *m.* 8
   pork chop **chuleta** *f.* **de cerdo** 8
portable **portátil** *adj.* 11
   portable computer **computa-dora** *f.* **portátil** 11
position **puesto** *m.* 16
possessive **posesivo/a** *adj.* 3
possible **posible** *adj.* 13
post office **correo** *m.* 14
postcard **postal** *f.* 4; **tarjeta postal** *f.* 4
poster **cartel** *m.*
potato **papa** *f.* 8; **patata** *f.* 8
pottery **cerámica** *f.*
practice **entrenarse** *v.* 15; **practicar** *v.* 2
prefer **preferir (e:ie)** *v.* 4
pregnant **embarazada** *adj. f.* 10
prepare **preparar** *v.* 2
preposition **preposición** *f.*
prescribe (*medicine*) **recetar** *v.* 10
prescription **receta** *f.* 10
present **regalo** *m.* 6; **presentar** *v.*
press **prensa** *f.*
pressure: be under a lot of pressure **sufrir** *v.* **muchas presiones** 15
pretty **bonito/a** *adj.* 3; **bastante** *adv.* 13
price **precio** *m.* 6
   fixed price **precio** *m.* **fijo** 6
print **estampado/a** *adj.* 6; **imprimir** *v.* 11
printer **impresora** *f.* 11
private (*room*) **individual** *adj.* 5
prize **premio** *m.*
probable **probable** *adj.* 13
problem **problema** *m.* 1
profession **profesión** *f.* 3
professor **profesor(a)** *m., f.* 1
program **programa** *m.* 1
programmer **programador(a)** *m., f.* 3
prohibit **prohibir** *v.* 10
promotion (*career*) **ascenso** *m.* 16
pronoun **pronombre** *m.*
protect **proteger** *v.* 13
protein **proteína** *f.* 15
provided that **con tal (de) que** *conj.* 13

psychologist **psicólogo/a**
  m., f. 16
psychology **psicología** *f.* 2
publish **publicar** *v.*
Puerto Rican **puertorriqueño/a** *adj.* 3
Puerto Rico **Puerto Rico** *m.* 1
pull a tooth **sacar** *v.* **una muela** 10
purchases **compras** *f., pl.* 5
pure **puro/a** *adj.* 13
purple **morado/a** *adj.* 6
purse **bolsa** *f.* 6
put **poner** *v.* 4; **puesto/a** *p.p.* 14
  put a letter in the mailbox **echar**
  una carta al buzón 14
  put on (*a performance*)
    presentar *v.*
  put on (*clothing*) **ponerse** *v.* 7
  put on makeup **maquillarse**
    v. 7

Q

quality **calidad** *f.* 6
quarter **trimestre** *m.* 2
  quarter after (*time*) **y cuarto** 1;
  y quince 1
  quarter to (*time*) **menos cuarto**
  1; **menos quince** 1
question **pregunta** *f.* 2
quickly **rápido** *adv.* 8
quiet **tranquilo/a** *adj.* 15
quit **dejar** *v.* 16
quiz **prueba** *f.* 2

R

racism **racismo** *m.*
radio (*medium*) **radio** *f.* 2; radio
  (*receiver*) **radio** *m.* 2, 11
rain **llover o:ue** *v.* 5; **lluvia** *f.* 13
  It's raining. **Llueve.** 5
raincoat **impermeable** *m.* 6
rainforest **bosque** *m.* **tropical** 13
raise (*salary*) **aumento** *v.* **de**
  sueldo 16
read **leer** *v.* 3; **leído/a** *p.p.* 14
ready **listo/a** *adj.* 15
reap the benefits (of) **disfrutar** *v.* **(de)**
  15
reason **razón** *f.* 3
receive **recibir** *v.* 3
recommend **recomendar (e:ie)**
  v. 8
recycle **reciclar** *v.* 13
recycling **reciclaje** *m.* 13
red **rojo/a** *adj.* 6
red-headed **pelirrojo/a** *adj.* 3
reduce **reducir** *v.* 13
  reduce stress/tension **aliviar el**
  estrés/la tensión 15
refrigerator **refrigerador** *m.* 12
region **región** *f.* 13
regret **sentir (e:ie)** *v.* 13
related to sitting **sedentario/a** *adj.* 15

relationships **relaciones** *f., pl.*
relatives **parientes** *m., pl.* 3
relax **relajarse** *v.* 9
remain **quedarse** *v.* 7
remember **acordarse (o:ue)** *v.* **(de)** 7;
  recordar (o:ue) *v.* 4
remote control **control remoto** *m.*
rent **alquilar** *v.* 12; **alquiler** *m.* 12
repeat **repetir (e:i)** *v.* 4
report **informe** *m.* 18; **reportaje** *m.*
reporter **reportero/a** *m., f.* 16
representative **representante** *m., f.*
request **pedir (e:i)** *v.* 4
reservation **reservación** *f.* 5
resign (from) **renunciar (a)** *v.* 16
resolve **resolver (o:ue)** *v.* 13
resolved **resuelto/a** *p.p.* 14
resource **recurso** *m.* 13
responsibility **deber** *v.*
rest **descansar** *v.* 2
  the rest **lo/los/las demás**
  pron. 5
restaurant **restaurante** *m.* 4
résumé **currículum** *m.* 16
retire (from work) **jubilarse** *v.* 9
return **regresar** *v.* 2; **volver (o:ue)** *v.* 4
  return trip **vuelta** *f.* 5
returned **vuelto/a** *p.p.* 14
rice **arroz** *m.* 8
rich **rico/a** *adj.* 6
ride **pasear** *v.* 4
  ride a bicycle **pasear en**
  bicicleta 4
  ride a horse **montar a**
  caballo 5
ridiculous **ridículo/a** *adj.* 13
right **derecha** *f.* 2;
  right here **aquí mismo** 11
  right now **ahora mismo** 5
  right there **allí mismo** 14
  right away **enseguida** *adv.* 9
  be right **tener razón** 3
  to the right (of) **a la derecha**
  (de) 2
  right? (*question tag*) **¿no?** 1;
  ¿verdad? 1
rights **derechos** *m.*
ring (*a doorbell*) **sonar (o:ue)**
  v. 11
river **río** *m.* 13
road **camino** *m.* 11
roast chicken **pollo** *m.* **asado** 8
roasted **asado/a** *adj.* 8
role **papel** *m.*
rollerblade **patinar** *v.* **en línea** 4
romantic **romántico/a** *adj.*
room **habitación** *f.* 5; **cuarto**
  m. 7; (*large, living*) **sala** *f.* 12
roommate **compañero/a**
  m., f. **de cuarto** 2
roundtrip **de ida y vuelta** 5
  roundtrip ticket **pasaje** *m.* **de**
  ida y vuelta 5
routine **rutina** *f.* 7
rug **alfombra** *f.* 12

run **correr** *v.* 3
  run errands **hacer**
  diligencias 14
  run into (*have an accident*)
  chocar (con) *v.* 11; (*meet*
  accidentally) **darse con**
rush **apurarse** *v.* 15
Russian **ruso/a** *adj.*

S

sad **triste** *adj.* 5
said **dicho/a** *p.p.* 14
sake: for the sake of **por** 11
salad **ensalada** *f.* 8
salary **salario** *m.* 16; **sueldo**
  m. 16
sale **rebaja** *f.* 6
salesperson **vendedor(a)** *m., f.* 6
salmon **salmón** *m.* 8
salt **sal** *f.* 8
same **mismo/a** *adj.* 3
sandal **sandalia** *f.* 6
sandwich **sándwich** *m.* 8
Saturday **sábado** *m.* 2
sausage **salchicha** *f.* 8
save (*on a computer*) **guardar**
  v. 11; save (money) **ahorrar**
  v. 14
savings **ahorros** *m.* 14
  savings account **cuenta** *f.* **de**
  ahorros 14
say (that) **decir (que)** *v.* 9; **declarar** *v.*
scarcely **apenas** *adv.* 10
scared: be scared (of) **tener miedo**
  (de) 3
schedule **horario** *m.* 2
school **escuela** *f.* 1
science **ciencia** *f.*
  science fiction **ciencia ficción**
  f.
scientist **científico/a** *m., f.* 16
scream **gritar** *v.* 7
screen **pantalla** *f.* 11
scuba dive **bucear** *v.* 4
sculpt **esculpir** *v.*
sculptor **escultor(a)** *m., f.*
sculpture **escultura** *f.*
sea **mar** *m.* 5; **océano** *m.* 5
season **estación** *f.* 5
seat **silla** *f.* 2
second **segundo/a** *adj.* 5
secretary **secretario/a** *m., f.* 16
sedentary **sedentario/a** *adj.* 15
see **ver** *v.* 4
  see (you) again **volver a**
  ver(te, lo, la)
  see movies **ver películas** 4
  See you. **Nos vemos.** 1
  See you later. **Hasta la vista.** 1;
  Hasta luego. 1
  See you soon. **Hasta pronto.** 1
  See you tomorrow. **Hasta**
  mañana. 1

seem **parecer** *v.* 8

seen **visto/a** *p.p.* 14

sell **vender** *v.* 6

semester **semestre** *m.* 2

send **enviar; mandar** *v.* 14

separate (from) **separarse** *v.*
    (de) 9

separated **separado/a** *adj.*

September **septiembre** *m.* 5

sequence **secuencia** *f.*

serious **grave** *adj.* 10

serve **servir (e:i)** *v.* 8

set (*fixed*) **fijo** *adj.* 6

    set the table **poner la mesa** 12

seven *adj., pron.* **siete** 1

seven hundred *adj., pron.* **setecien-
    tos/as** 5

seventeen *adj., pron.* **diecisiete** 1

seventh *adj., pron.* **séptimo/a** 5

seventy *adj., pron.* **setenta** 2

sexism **sexismo** *m.*

shame **lástima** *f.* 13

    It's a shame that . . . **Es (una)
        lástima que…** 13

shampoo **champú** *m.* 7

shape **forma** *f.* 15

    be in good shape **estar en
        buena forma** 15

share **compartir** *v.* 3

sharp (*time*) **en punto** 1

shave **afeitarse** *v.* 7

shaving cream **crema** *f.* **de afeitar** 7

shellfish **mariscos** *m., pl.* 8

ship **barco** *m.* 5

shirt **camisa** *f.* 6

shoe **zapato** *m.* 6

    shoe size **número de zapato** *m.* 6

    shoe store **zapatería** *f.* 14

    tennis shoes **zapatos** *m., pl.* **de
        tenis** 6

shop **tienda** *f.* 6

shopping, to go **ir de compras** 6

    shopping mall **centro
        comercial** *m.* 6

short (*in height*) **bajo/a** *adj.* 3; (*in
    length*) **corto/a** *adj.* 6

short story **cuento** *m.*

shorts **pantalones cortos**
    m., pl. 6

should (*do something*) **deber** *v.*
    (*+ infin.*) 3

show **espectáculo** *m.;* **mostrar (o:ue)**
    v. 4

shower **ducha** *f.;* **ducharse** *v.* 7;
    bañarse *v.* 7

shrimp **camarón** *m.* 8

sick **enfermo/a** *adj.* 10

    be sick **estar enfermo/a** 10

    get sick **enfermarse** *v.* 10

sightseeing: go sightseeing **hacer tur-
    ismo** 5

sign **firmar** *v.* 14; **letrero** *m.* 14

silk **seda** *f.* 6; (made of) **de
    seda** 6

silly **tonto/a** *adj.* 3

silverware **cubierto** *m.* 12

similar **similar** *adj. m., f.*

since **desde** *prep.* 6

sing **cantar** *v.* 2

singer **cantante** *m., f.*

single **soltero/a** *adj.* 9

    single room **habitación** *f.*
        individual 5

sink **lavabo** *m.*

sir **señor (Sr.)** *m.* 1

sister **hermana** *f.* 3

sister-in-law **cuñada** *f.* 3

sit down **sentarse (e:ie)** *v.* 7

six *adj., pron.* **seis** 1

six hundred *adj., pron.* **seiscientos/as**
    5

sixteen *adj., pron.* **dieciséis** 1

sixth *adj., pron.* **sexto/a** 5

sixty *adj., pron.* **sesenta** 2

size **talla** *f.* 6

    shoe size **número de zapato** *m.* 6

skate (in-line) **patinar** *v.* **(en
    línea)** 4

ski **esquiar** *v.* 4

skiing **esquí** *m.* 4

    water-skiing **esquí** *m.*
        acuático 4

skirt **falda** *f.* 6

sky **cielo** *m.* 13

sleep **dormir (o:ue)** *v.* 4; **sueño** *m.* 3

    go to sleep **dormirse
        (o:ue)** *v.* 7

sleepy: be sleepy **tener** *v.* **sueño** 3

slender **delgado/a** *adj.* 3

slim down **adelgazar** *v.* 15

slow **lento/a** *adj.* 11

slowly **despacio** *adv.* 8

small **pequeño/a** *adj.* 3

smart **listo/a** *adj.* 5

smile **sonreír (e:i)** *v.* 9

smiled **sonreído** *p.p.* 14

smoggy: It's (very) smoggy. **Hay
    (mucha) contaminación.** 4

smoke **fumar** *v.* 8, 15

smoking section **sección** *f.* **de fumar**
    8

    (no) smoking section *f.* **sección
        de (no) fumar** 8

snack (in the afternoon) **merendar** *v.*
    15; afternoonsnack
        merienda *f.* 15

    have a snack **merendar** *v.* 15

sneeze **estornudar** *v.* 10

snow **nevar (e:ie)** *v.* 5; **nieve** *f.* 8

snowing: It's snowing. **Nieva.** 5

so (*in such a way*) **así** *adj.* 10; **tan**
    adv. 8

    so much **tanto** *adv.* 12

    so so **así así** 1, **regular** 1

    so that **para que** *conj.* 13

soap **jabón** *m.* 7

    soap opera **telenovela** *f.*

soccer **fútbol** *m.* 4

sociology *f.* **sociología** 2

sock **calcetín** *m.* 6

sofa **sofá** *m.* 12

soft drink **refresco** *m.* 8

software **programa** *m.* **de
    computación** 11

soil **tierra** *f.* 13

solar **solar** *adj., m., f.* 13

solution **solución** *f.* 13

solve **resolver (o:ue)** *v.* 13

some **algún, alguno/a(s)** *adj.* 7;
    unos/as *pron.* 1

somebody **alguien** *pron.* 7

someone **alguien** *pron.* 7

something **algo** *pron.* 7

sometimes **a veces** *adv.* 10

son **hijo** *m.* 3

song **canción** *f.*

son-in-law **yerno** *m.* 3

soon **pronto** *adj.* 10

    See you soon. **Hasta pronto.** 1

sorry: be sorry **sentir (e:ie)** *v.* 13

    I'm sorry. **Lo siento.** 1

    I'm extremely sorry. **Mil
        perdones.** 4

soup **caldo** *m.* 8; **sopa** *f.* 8

south **sur** *m.* 14

    to the south **al sur** 14

Spain **España** *f.* 1

Spanish (*language*) **español** *m.* 2;
    español(a) *adj.* 3

spare time **ratos libres** 4

speak **hablar** *v.* 2

specialization **especialización**
    f. 16

spectacular **espectacular** *adj. m., f.* 15

speech **discurso** *m.*

speed **velocidad** *f.* 11

    speed limit **velocidad** *f.*
        máxima 11

spelling **ortográfico/a** *adj.*

spend (*money*) **gastar** *v.* 6

    spend time **pasar tiempo** 4

spoon (*table or large*) **cuchara**
    f. 12

sport **deporte** *m.* 4

    sports-loving **deportivo/a**
        adj. 4

    sports-related **deportivo/a**
        adj. 4

spouse **esposo/a** *m., f.* 3

sprain (an ankle) **torcerse** *v.* **(el
    tobillo)** 10

sprained **torcido/a** *adj.* 10

    be sprained **estar torcido/a** 10

spring **primavera** *f.* 5

stadium **estadio** *m.* 2

stage **etapa** *f.* 9

stairs **escalera** *f.* 12

stairway **escalera** *f.* 12

stamp **estampilla** *f.* 14; **sello**
    m. 14

stand in line **hacer** *v.* **cola** 14

star **estrella** *f.* 13

start (*a vehicle*) **arrancar** *v.* 11

state **estado** *m.* 5

station **estación** *f.* 5

statue **estatua** *f.*

status: marital status **estado
    civil** *m.* 9

stay **quedarse** *v.* 7
Stay calm! **¡Tranquilo!** *adj.* 7
stay in shape **mantenerse en forma** 15
steak **bistec** *m.* 8
steering wheel **volante** *m.* 11
step **etapa** *f.* 9
stepbrother **hermanastro** *m.* 3
stepdaughter **hijastra** *f.* 3
stepfather **padrastro** *m.* 3
stepmother **madrastra** *f.* 3
stepsister **hermanastra** *f.* 3
stepson **hijastro** *m.* 3
stereo **estéreo** *m.* 11
still **todavía** *adv.* 5
stock broker **corredor(a)** *m., f.* **de bolsa** 16
stockings **medias** *f., pl.* 6
stomach **estómago** *m.* 10
stone **piedra** *f.* 13
stop **parar** *v.* 11
stop (*doing something*) **dejar de** (+ *inf.*) 13
store **tienda** *f.* 6
storm **tormenta** *f.*
story **cuento** *m.* **historia** *f.*
stove **estufa** *f.*
straight **derecho** *adj.* 14
straight ahead **(todo) derecho** 14
strange **extraño/a** *adj.* 13
It's strange that . . . **Es extraño que...** 13
strawberry **frutilla; fresa** *f.* 8
street **calle** *m.* 11
stress **estrés** *m.* 15
stretching **estiramiento** *m.* 15
stretching exercises **ejercicios** *m. pl.* **de estiramiento** 15
strike (*labor*) **huelga** *f.*
stripe **raya** *f.* 6
striped **de rayas** *adj.* 6
stroll **pasear** *v.* 4
strong **fuerte** *adj.* 15
struggle (for) **luchar** *v.* **(por)**
student **estudiante** *m., f.* 1; **estudiantil** *adj.* 2
study **estudiar** *v.* 2
stuffed-up (*sinuses*) **congestio-nado/a** *adj.* 10
stupendous **estupendo/a** *adj.* 5
style **estilo** *m.* 5
suburbs **afueras** *f., pl.* 12
subway **metro** *m.* 5
subway station **estación** *f.* **del metro** 5
success **éxito** *m.* 16
successful: be successful **tener éxito** 16
such as **tales como** 4
suddenly **de repente** *adv.* 6
suffer **sufrir** *v.* 10
suffer from an illness **sufrir una enfermedad**
sufficient **bastante** *adj.* 10

sugar **azúcar** *m.* 8
suggest **sugerir (e:ie)** *v.* 12
suit **traje** *m.* 6
suitcase **maleta** *f.* 3
summer **verano** *m.* 5
sun **sol** *m.* 4
sunbathe **tomar** *v.* **el sol** 4
Sunday **domingo** *m.* 2
sunglasses **gafas** *f., pl.* **oscuras/de sol; lentes** *m., pl.* **de sol**
sunny: It's (very) sunny. **Hace (mucho) sol.** 5
supermarket **supermercado** *m.* 14
suppose **suponer** *v.* 4
sure **seguro/a** *adj.* 5
be sure **estar seguro/a** 5
surf (*Internet*) **navegar** *v.* **(en)** 11
surprise **sorprender** *v.* 9; **sorpresa** *f.* 9
survey **encuesta** *f.*
sweat **sudar** *v.* 15
sweater **suéter** *m.* 6
sweep (the floor) **barrer (el suelo)** 12
sweets **dulces** *m., pl.* 9
swim **nadar** *v.* 4
swimming **natación** *f.* 4
swimming pool **piscina** *f.* 4
symptom **síntoma** *m.* 10

T

table **mesa** *f.* 2
tablespoon **cuchara** *f.* 12
tablet (*pill*) **pastilla** *f.* 10
take **llevar** *v.* 2; **tomar** *v.* 2, 8
take care of **cuidar de** 13
take (someone's) temperature **tomar la temperatura (a alguien)** 10
take (*wear*) a shoe size *v.* **calzar** 6
take a bath **bañarse** *v.* 7
take a shower **ducharse** *v.* 7
take into account **tomar** *v.* **en cuenta** 8
take off **quitarse** *v.* 7
take out (the trash) *v.* **sacar (la basura)** 10
take photos **tomar fotos sacar fotos**
talented **talentoso/a** *adj.*
talk *v.* **hablar** 2; **conversar** *v.* 2
talk show **programa** *m.* **de entrevistas**
tall **alto/a** *adj.* 3
tank **tanque** *m.* 11
tape (audio) **cinta** *f.* 11
tape recorder **grabadora** *f.* 1
taste **probar (o:ue)** *v.* 8
tasty **rico/a** *adj.* 8; **sabroso/a** *adj.* 8
tax **impuesto** *m.*
taxi(cab) **taxi** *m.* 5
tea **té** *m.* 8

teach **enseñar** *v.* 2
teacher **profesor(a)** *m., f.* 1; (*elementary school*) **maestro/a** *m., f.* 16
team **equipo** *m.* 4
technician **técnico/a** *m., f.* 16
telecommuting **teletrabajo** *n.* 16
teleconference **videoconferencia** *f.* 16
telephone **teléfono** *m.* 11
cellular telephone **teléfono** *m.* **celular** 11
television **televisión** *f.* 11
television set **televisor** *m.* 11
tell (that) **decir** *v.* **(que)** 9
temperature **temperatura** *f.* 10
ten **diez** *adj., pron.* 1
tennis **tenis** *m.* 4
tennis shoes **zapatos** *m., pl.* **de tenis** 6
tension **tensión** *f.* 15
tent **tienda** *f.* **de campaña** 5
tenth **décimo/a** *adj., pron.* 5
terrible **terrible** *adj. m., f.* 13
terrific **chévere** *adj.*
test **prueba** *f.* 2; **examen** *m.* 2
Thank you. *f., pl.* **Gracias.** 1
Thank you (very much). **(Muchas) gracias.** 1
Thank you very much. **Muchísimas gracias.** 9
Thanks (a lot). **(Muchas) gracias.** 1
Thanks again. **Gracias una vez más.** 9
Thanks for everything. **Gracias por todo.** 9
that **que** *conj.* 12
that (one) **ése, ésa, eso** *pron.* 6; **ese, esa,** *adj.* 6
that (*over there*) **aquél, aquélla, aquello** *pron.* 6; **aquel, aquella** *adj.* 6
that which **lo que** *conj.* 12
that's why **por eso** 11
theater **teatro** *m.*
their **su(s)** *poss. adj.* 3; **suyo/a(s)** *poss. pron.* 11
then **después** (*afterward*) *adv.* 7; **entonces** (*as a result*) *adv.* 7; **luego** (*next*) *adv.* 1; **pues** *adv.* 15
there **allí** *adv.* 5
There is/are . . . **Hay...** 1;
There is/are not . . . **No hay...** 1
therefore **por eso** *adv.* 11
thin **delgado/a** *adj.* 3
thing **cosa** *f.* 1
think **pensar (e:ie)** *v.* 4; (*believe*) **creer** *v.* 3
think about **pensar en** *v.* 4
third *adj., pron.* **tercero/a** 5
thirst **sed** *f.* 3
thirsty: be thirsty **tener sed** 3
thirteen *adj., pron.* **trece** 1
thirty *adj., pron.* **treinta** 1; thirty

(*minutes past the hour*) **y treinta; y media** 1

this **este, esta** *adj.*; **éste, ésta, esto** *pron.* 6
  This is . . . (*introduction*) **Éste/a es...** 1
  This is he/she. (*on telephone*) **Con él/ella habla.** 11

thousand **mil** *m.* 5
three **tres** 1
three hundred *adj., pron.* **trescientos/as** 5
throat **garganta** *f.* 10
through **por** *prep.* 11
throw **echar** *v.* 14
Thursday **jueves** *m., sing.* 2
thus (*in such a way*) **así** *adj.* 10
ticket **boleto** *m.* **entrada** *f.* **pasaje** *m.* 5
tie **corbata** *f.* 6
time **vez** *f.* 6; time **tiempo** *m.* 4
  buy on time **comprar a plazos** *m., pl.*
  have a good/bad time **pasarlo bien/mal** 9
  We had a great time. **Lo pasamos de película.**
times **veces** *f., pl.* 4
  many times **muchas veces** 10
tip **propina** *f.* 9
tire **llanta** *f.* 11
tired **cansado/a** *adj.* 5
  be tired **estar cansado/a** 5
title **título** *m.*
to **a** *prep.* 1
toast (*drink*) **brindar** *v.* 9
  toast **pan** *m.* **tostado** 8
toasted **tostado/a** *adj.* 8
toaster **tostadora** *f.*
today **hoy** *adv.* 2
  Today is . . . **Hoy es...** 2, 5
together **juntos/as** *adj.* 9
tomato **tomate** *m.* 8
tomorrow **mañana** *f.* 1
  See you tomorrow. **Hasta mañana.** 1
tonight **esta noche** *adv.* 4
too **también** *adv.* 2
  too much **demasiado** *adv.* 6; **en exceso** 15
tooth **diente** *m.* 7; tooth **muela** *f.* 10
tornado **tornado** *m.*
tortilla **tortilla** *f.* 8
touch **tocar** *v.* 13
tour an area **recorrer** *v.*; **excursión** *f.* 4
  go on a tour **hacer una excursión** 5
tourism **turismo** *m.* 5
tourist **turista** *m., f.* 1; **turístico/a** *adj.*
toward **hacia** *prep.* 14
towel **toalla** *f.* 7
town **pueblo** *m.* 4
trade **oficio** *m.* 16
traffic **circulación** *f.* **tráfico** *m.* 11

traffic signal **semáforo** *m.* 11
tragedy **tragedia** *f.*
trail **sendero** *m.* 13
  trailhead **sendero** *m.* 13
train **entrenarse** *v.* 15; **tren** *m.* 5
  train station **estación** *f.* **(de) tren** *m.* 5
trainer **monitor** *m., f.* 15
translate **traducir** *v.* 8
trash **basura** *f.* 12
travel **viajar** *v.* 2
  travel agency **agencia** *f.* **de viajes** 5
  travel agent **agente** *m., f.* **de viajes** 5
  travel documents **documentos** *pl. m.* **de viaje**
traveler **viajero/a** *m., f.* 5
  traveler's check **cheque de viajero** 14
tree **árbol** *m.* 13
trillion **billón** *m.* 5
trimester **trimestre** *m.* 2
trip **viaje** *m.* 5
  take, go on a trip **hacer un viaje** 5
tropical forest **bosque** *m.* **tropical** 13
truck **camión** *m.*
true **cierto/a** *adj.* 13
trunk **baúl** *m.* 11
truth **verdad** *f.* 9
try **intentar** *v.* 8; **probar (o:ue)** *v.* 8
  try (*to do something*) **tratar de (+ inf.)** 15
  try on **probarse (o:ue)** *v.* 7
t-shirt **camiseta** *f.* 6
Tuesday **martes** *m., sing.* 2
tuna **atún** *m.*
turkey *m.* **pavo** 8
turn **doblar** *v.* 14, 9
  turn off (*electricity/appliance*) **apagar** *v.* 11
  turn on (*electricity/appliance*) **poner** *v.* 11; **prender** *v.* 11
twelve *adj., pron.* **doce** 1
twenty *adj., pron.* **veinte** 1
twenty-eight *adj., pron.* **veintiocho** 1
twenty-five *adj., pron.* **veinticinco** 1
twenty-four *adj., pron.* **veinticuatro** 1
twenty-nine *adj., pron.* **veintinueve** 1
twenty-one *adj., pron.* **veintiún, veintiuno/a** 1
twenty-seven *adj., pron.* **veintisiete** 1
twenty-six *adj., pron.* **veintiséis** 1
twenty-three *adj., pron.* **veintitrés** 1
twenty-two *adj., pron.* **veintidós** 1
twice **dos veces** 6
twisted **torcido/a** *adj.* 10; be twisted **estar torcido/a** 10
two *adj., pron.* **dos** 1
  two hundred **doscientos/as** 5
  two times **doce veces** 1, 6

U

ugly **feo/a** *adj.* 3
uncle **tío** *m.* 3
under **bajo** *adv.* 7; **debajo de** *prep.* 2
understand **comprender** *v.* 3; **entender (e:ie)** *v.* 4
underwear **ropa interior** 6
unemployment **desempleo** *m.*
United States **Estados Unidos** *m. pl.* 1
university **universidad** *f.* 2
unless **a menos que** *adv.* 13
unmarried **soltero/a** *adj.* 9
unpleasant **antipático/a** *adj.* 3
until **hasta** *prep.* 1; **hasta que** *conj.* 14
up **arriba** *adv.* 15
urgent **urgente** *adj.* 12
use **usar** *v.* 6
useful **útil** *adj. m., f.*

V

vacation **vacaciones** *f. pl.* 5
  be on vacation **estar de vacaciones** 5
  go on vacation **ir de vacaciones** 5
vacuum **pasar** *v.* **la aspiradora** 12
  vacuum cleaner **aspiradora** *f.* 12
valley **valle** *m.* 13
various **varios/as** *adj. m., f. pl.* 8
VCR **videocasetera** *f.* 11
vegetables **verduras** *pl., f.* 8
verb **verbo** *m.*
very **muy** *adv.* 1
  very much **muchísimo** *adv.* 2
  Very good, thank you. **Muy bien gracias.** 1
  very well, thanks. **muy bien gracias** 1
vest **chaleco** *m.* 6
video **video** *m.* 11
  video(cassette) **video(casete)** *m.* 11
  video conference **videoconferencia** *f.* 16
  videocamera **cámara** *f.* **de video** 11
vinegar **vinagre** *m.*
violence **violencia** *f.* 18
visit **visitar** *v.* 4
  visit monuments **visitar monumentos** 4
vitamin **vitamina** *f.* 15
volcano **volcán** *m.* 13
volleyball **vóleibol** *m.* 4
vote **votar** *v.*

W

wait for **esperar** *v.* 2
waiter **camarero/a** *m., f.* 8
wake up **despertarse (e:ie)** *v.* 7

walk **caminar** *v.* 2
  take a walk **pasear** *v.* 4
Walkman **walkman** *m.*
wall **pared** *f.* 12
wallet **cartera** *f.* 6
want **querer (e:ie)** *v.* 4
war **guerra** *f.*
warm (oneself) up **calentarse**
  v. 15
wash **lavar** *v.* 12
  wash one's face/hands **lavarse** *v.*
    la cara/las manos 7
  wash oneself **lavarse** 7
washing machine **lavadora** *f.* 12
watch **mirar** *v.* 2; **reloj** *m.* 2
  watch television **mirar (la)**
    televisión 2
water **agua** *f.* 8
  water pollution **contaminación**
    del agua 13
  water-skiing *m.* **esquí**
    acuático 4
way **manera** *f.* 16
weak **débil** *adj. m., f.* 15
wear **llevar** *v.* 6; **usar** 6
weather **tiempo** *m.* 5
  It's bad weather. **Hace mal**
    tiempo. 5
  It's good weather. **Hace buen**
    tiempo. 5
weaving **tejido** *m.*
Web site **sitio** *m.* **Web** 11
wedding **boda** *f.* 9
Wednesday **miércoles** *m., sing.* 2
week **semana** *f.* 2
weekend **fin** *m.* **de semana** 4
weight **peso** *m.* 15
  lift weights **levantar** *v.* **pesas** *f., pl.*
    15
welcome **bienvenido/a(s)** *adj.* 12
well **pues** *adv.* 2; **bueno** *adv.* 2
well-being **bienestar** *m.* 15
well organized **ordenado/a** *adj.* 5
west **oeste** *m.* 14
  to the west **al oeste** 14
western (*genre*) **de vaqueros** *adj.*
what **lo que** 12
  what? *adj., pron.* **¿qué?** 1;
  At what time . . . ? **¿A qué**
    hora...? 1
  What a . . . ! **¡Qué...!** 1
  What a pleasure to . . . ! **¡Qué**
    gusto (+ inf.)...
  What a surprise! **¡Qué**
    sorpresa! 9
  What day is it? **¿Qué día es**
    hoy? 2
  What did you say? **¿Cómo?** 1
  What do you think? **¿Qué**
    le/les *form.* **parece?** 9
  What happened? **¿Qué**
    pasó? 11
  What is the date (today)? **¿Cuál**
    es la fecha (de hoy)? 5
  What is the price? **¿Qué precio**

    tiene? 6
  What is today's date? **¿Cual es la**
    fecha de hoy?
  What pain! **¡Qué dolor!** 10
  What pretty clothes! **¡Qué ropa**
    más bonita! 6
  What size do you take? **¿Qué**
    talla lleva (usa)? 6
  What time is it? **¿Qué hora**
    es? 1
  What's going on? **¿Qué**
    pasa? 1
  What's happening? **¿Qué**
    pasa? 1
  What's like? **¿Cómo es...?** 3
  What's new? **¿Qué hay de**
    nuevo? 1
  What's the weather like? **¿Qué**
    tiempo hace? 4
  What's wrong? **¿Qué pasó?** 11
  What's your name? **¿Cómo se**
    llama (usted)? *form.* 1
  What's your name? **¿Cómo te**
    llamas (tú)? *fam.* 1
when **cuando** *conj.* 7
  When? **¿Cuándo?** 2
where *adj., conj.* **donde**
  where? (*destination*) **¿adónde?**
    2; (*location*)**¿dónde?** 1
  Where are you from? **¿De**
    dónde eres (tú)? (*fam.*) 1;
    ¿De dónde es (Ud.)?
    (*form.*) 1
  Where is . . .? **¿Dónde**
    está...? 2
  (to) where? **¿adónde?** 2
which? **¿cuál(es)?** *adj., pron.;* **¿qué?**
  2
  which ones? **¿cuáles?** 2
while **mientras** *adv.* 10
white **blanco/a** *adj.* 6
  white wine **vino blanco** 8
who **quien** 1; **que** *pron.* 12; **quien(es)**
  pron. 12
  who? **¿quién(es)?** 1
  Who is . . . ? **¿Quién es...?** 1
  Who is calling? (*on telephone*)
    ¿De parte de quién? 11
  Who is speaking? (*on telephone*)
    ¿Quién habla? 11
whole **todo/a** *adj.* 4
whose **¿de quién(es)?** 1
why? **¿por qué?** *adv.* 2
widower/widow **viudo/a** *adj.* 9
wife **esposa** *f.* 3
win **ganar** *v.* 4
wind **viento** *m.* 4
window **ventana** *f.* 2
windshield **parabrisas** *m.,*
  sing. 11
windy: It's (very) windy. **Hace**
  (mucho) viento. 5
wine **vino** *m.* 8
  red wine **vino tinto** 8
  white wine **vino blanco** 8

wineglass **copa** *f.* 12
winter **invierno** *m.* 5
wish **desear** *v.* 2; **esperar** *v.* 13
  I wish (that) **Ojalá que** 13
with **con** *prep.* 2
  with me **conmigo** 4, 8
  with you **contigo** *fam.* 8
within **dentro de** *prep.* 16
without **sin** *prep.* 13, 15; **sin que** *conj.*
  13
  without a doubt **sin duda**
woman **mujer** *f.* 1
wool **lana** *f.* 6
  (made of) wool **de lana** 6
word **palabra** *f.* 1
work **trabajar** *v.* 2; **funcionar** *v.* 11;
  trabajo *m.* 16
  work (*of art, literature, music,*
    etc.) **obra** *f.*
  work out **hacer gimnasia** 15
world **mundo** *m.* 11
worldwide **mundial** *adj. m., f.* 5
worried **preocupado/a** *adj.* 5
worry (about) **preocuparse** *v.* (**por**) 7
  Don't worry. **No se preocupe.**
    form. 7
worse **peor** *adj. m., f.* 8
worst **el/la peor, lo peor**
Would you like to? **¿Te**
  gustaría? 4
write **escribir** *v.* 3
  write a letter/post card/e-mail message **escribir una**
    carta/(tarjeta) postal/
    mensaje electrónico 4
writer **escritor(a)** *m., f.*
written **escrito/a** *p.p.* 14
wrong **equivocado/a** *adj.* 5
  be wrong **no tener razón** 3

X

X-ray **radiografía** *f.* 10

Y

yard **jardín** *m.* 12; **patio** *m.*
year **año** *m.* 2
  be . . . years old **tener . . .**
    años 3
yellow **amarillo/a** *adj.* 6
yes **sí** *interj.* 1
yesterday **ayer** *adv.* 6
yet **todavía** *adv.* 5
yogurt **yogur** *m.*
You don't say! **¡No me digas!** *fam.;*
  ¡No me diga! *form.* 11
You're welcome. **De nada.** 1; **No hay**
  de que. 1
young **joven** *adj.* 3
  young person **joven** *m., f.* 1
  young woman **señorita** *f.* 2
younger **menor** *adj. m., f.* 3
younger: younger brother, sister *m., f.*

hermano/a menor 3
youngest **el/la menor** *m., f.* 8
your **su(s)** *poss. adj. form.* 3
   your **tu(s)** *poss. adj. fam. sing.* 3
   your **vuestro/a(s)** *poss. adj.*
    form. pl.
   your(s) *form.* **suyo/a(s)**
    poss. pron. form. 11
   your(s) **tuyo/a(s)** *poss.*
    fam. sing. 11
youth *f.* **juventud** 9; (young person)
   joven *m., f.* 1

Z

zero **cero** *m.* 1

Índice

450

Text Credits

348-349 © Carlos Fuentes, un fragmento de *La Muerte de Artemio Cruz*, 1962, reprinted by permission of Carmen Ballcels Agencia Literaria.

374-375 © Cristina Peri Rossi, "14," de *Indicios Pánicos*, 1970, reprinted by permission of the author.

396-397 © Augusto Monterroso, *Imaginación y destino*, Santiago, Mosquito, 1999, reprinted by permission of International Editors' Co. Barcelona.

Fine Art

99 *Triptych of the Rains: Part 3, To Turn Green Again* by Tomás Sánchez. **102** *(Caña de azúcar)* by Diego Rivera. **155** *Las Meninas* by Diego Rodríguez de Silva y Velázquez.

Illustration Credits

Sophie Casson: 14, 16, 17, 18, 19, 40, 41, 64, 66, 80, 82, 110, 133, 134, 147, 161, 174, 185, 194, 198, 199, 220, 238, 262, 272, 285, 297, 320, 324, 366, 369, 395

Debra Spina Dixon: 3, 26, 27, 56, (r) 78, 79, 88, 106, 107, 118, 119, 130, 131, 141, 158, 159, 182, 183, 210, 234, 235, 260, 261, 282, 283, 308, 309, 330, 331, 356, 357, 378

Herman Mejia: 247

Sebastia Serra: 78 (bl)

Pere Virgili: 54, 56, 58, 70, 73, 116, 117, 120, 123, 124, 132, 146, 178, 179, 192, 211, 292, 359, 370

Yayo: 7, 31, 59, 83, 111, 135, 163, 187, 215, 239, 265, 287, 313, 326, 327, 335, 361, 383

Photography Credits

AGEfotostock: 300

Carlos Gaudier: 115 (l), 126, 127

Corbis Images: Cover (ml) Premium Stock. **16** tr of page: (tl, ml) Mitchell Gerber, (tmr) Yoshikazu Tsuno. **17** (bl) Reuters NewMedia, Inc. **29** (t) Bettmann, (b) Yann Arthus-Bertrand. **35** (tr) Jon Hicks. **43** Pierre-Philippe Marcon. **49** Schwarz, Shaul. **50** (tl) Buddy Mays, (tr) Patrick Ward, (bl) Mitchell Gerber, (bcl) Rufus F. Folkks, (bcr) Reuters NewMedia, Inc. Jim Ruymen, (br). **51** (tc) Nik Wheeler, (tl, br) Danny Lehman, (tr) Buddy Mays, (bl) Richard Cummins. **64** (tl) Reuters NewMedia, Inc., (bl) Catherine Karnow. **65** (tl) Wally McNamee, (ml) Mitchell Gerber, (bl) Mark E. Gibson, (tr) Ted Spiegel, (tmr), (bmr) Neal Preston, (br) Reuters NewMedia, Inc. **78** (b) Jeffrey L. Rotman. **79** (tl) Galen Rowell, (bl) David Samuel Robbins, (tr) Neal Preston. **87** (tl) Reuters NewMedia, Inc. Desmond Boylan, (tr) Reuters NewMedia, Inc. Lucas Nunez, (bl) Danny Lehman. **91** (tl, tr) Chris Trotman, (bl) Warren Morgan. **101** Bill Ross. **102** (t) Morton Beebe, (bl) Bettmann. **103** (bl) Brian A. Vikander. **115** (tr) Nik Wheeler. **119** (tl) Sergio Carmona, (ml, bmr) Steven E. Sutton, (bl) Henry Diltz, (tr) Chris Trotman, (tmr) Reuters NewMedia, Inc. Brian Snyder, (br) Reuters NewMedia, Inc.Gary Hershorn. **153** Elke Stolzenberg. **154** (t) Patrick Ward, (b) Heino Kalis. **155** (t) Jean-Pierre Lescourret, (br) Mark L. Stephenson. **182** (mr) Lois Ellen Frank. **183** (bl). **191** (tl) Owen Franken, (tr) Reuters NewMedia, Inc. Ricky Rogers. **197** (tr, ml), (tm) Peter Barrett. **205** Galen Rowell. **207** (tr) Francoise de Mulder, (bl) Rick Price, (br) Moshe Shai. **210** (bl). **219** (tr) Patrick Ward, (b) AFP. **249** Patrick Kovarik **255** William Sallaz. **256** (tl) Jeremy Horner, (tr) Javier Pierini. **257** (tl) Dave G. Houser, (tr) Miki Kratsman, (bl) Page Nicolas, (br) Owen Franken. **269** (m) Carlos Dominguez, (b) Carl Purcell. **278** Najlah Feanny-Hicks. **291** (tl) Owen Franken, (b) K. M. Westermann. **299** Tony Arruza. **303** Owen Franken. **304** (l) Dave G. Houser, (r) Craig Lovell. **305** (tl) Kevin Schafer, (tr) Tony Arruza, (bl) Buddy Mays, (br) Yann Arthus-Bertrand. **308** (tr) Kevin Schafer. **309** (tc) Buddy Mays. **310** (tr) Stephanie Maze, (br) Roger Tidman. **312** (l) Joel W. Rogers, (r) Stephanie Maze. **317** (tr), (br) Hubert Stadler. **325** Kennan Ward. **339** (tr) Patrick Ward. **344** (bl) R. W. Jones. **348** Randy Faris. **349** Keith Dannemiller. **351** Bettmann. **352** (t) Jaques M. Chenet, (bl), (br) Bettmann. **353** (t) Bernard Bisson, (b) Bill Gentile. **365** (tl) Joel W. Rogers, (b) Pablo San Juan. **367** (l) Todd Gipstein, (r) Westlake Stock-Oz Productions. **373** (b) Robert Weight. **387** (tl) Joyce Naltchayan, (tr) Steve Azzara, (b) Bill Gentile. **396** Catherine Karnow. **399** Dave G. Houser. **400** (tl) Tibor Bognar, (tr) Bob Krist, (bl) Stan Honda, (br) Ron J. Berard. **401** (t, br) Jeremy Horner, (tl) Steve Chenn.

Getty Images: Cover: (c) Stephen Simpson. **78** (tl) John Kelly. **98** (t) Phil Hunt, (b) Ghislain & Marie David de Lossy. **103** PhotoDisc. **182** (mr) Mitch Hrdlicka. **206** (b) Ken Fisher.

Latin Focus: **16** tr of page: (bl, tr) Jimmy Dorantes, (bm) Vince Bucci, (br) John Castillo. **196** Moises Castillo. **317** Scott Sady. **339** (tl) Jimmy Dorantes.

Diana Patiño de Gee: 191 (c)

About the Authors

Philip Redwine Donley received his M.A. in Hispanic Literature from the University of Texas at Austin in 1986 and his Ph.D. in Foreign Language Education from the University of Texas at Austin in 1997. Dr. Donley has taught Spanish at Austin Community College, Southwestern University, and the University of Texas at Austin. He has published articles and conducted workshops about language anxiety, language anxiety management, and the development of critical thinking skills, and is involved in research about teaching languages to the visually impaired. Dr. Donley is also the co-author of two other introductory college Spanish textbook programs published by Vista Higher Learning, **VISTAS** and **PANORAMA**.

José Luis Benavides received his Ph.D. in Interdisciplinary Studies at the University of Texas at Austin in 1997 and currently holds a dual appointment as Assistant Professor in the Department of Modern and Classical Languages and Literatures and the Department of Journalism at California State University, Northridge. In addition to teaching Spanish, journalism, and communications, Dr. Benavides has worked as a writer, editor, and translator for several major publishers in the United States.

Solivia Márquez is a Spanish Language and Literature instructor at Boston University. She received a degree in English Philology at the *Universidad de Alicante*, Spain, and her M.A. in Hispanic Language and Literatures at Boston University in 1997. She is currently working on her Ph.D. in Hispanic Language and Literatures at Boston University.

Mar Caribe

Barranquilla
Maracaibo
Caracas ★
Puerto España
★ Trinidad

Venezuela

Medellín
R. Orinoco
Georgetown
Paramaribo
Colombia
★ Bogotá
Guyana ●
● Cayena
● Cali
Surinam
Guayana
Pasto ●
R. Magdalena
Francesa

★ Quito
R. Negro
R. Amazonas

Ecuador
● Belém
Guayaquil ●
● Iquitos
Manaus ●

Perú
R. Madeira

Cordillera de los Andes
● Recife

Lima ★
● Cuzco
Brasil
● Salvador
Lago Titicaca
★ Brasilia
Arequipa ●
★ La Paz
R. Paraguay
Arica ●
Sucre ★
Bolivia
R. Paraná
Iquique ●
● Belo Horizonte

Océano
Pacífico
Antofagasta ●
Paraguay
São Paulo ●
● Rio de Janeiro
● Salta
Santos ●
Asunción ★

Chile
R. Uruguay

Córdoba ●
R. Paraná
Porto Alegre ●

Valparaíso ●
Mendoza ●
● Rosario
Uruguay
★ Santiago
Buenos Aires ★
★ Montevideo

Océano
Atlántico
Concepción ●
Argentina

● Bahía Blanca

Puerto Montt ●
N

Cordillera de los Andes
O ◄──► E

S

Estrecho de
Magallanes
Islas Malvinas
Punta Arenas ●

Tierra
del Fuego
América del Sur